天津市档案馆指南

天津市档案馆 编

Tianjin Municipal Archives

天津社会科学院出版社

图书在版编目（CIP）数据

天津市档案馆指南 /天津市档案馆编. -- 天津 :
天津社会科学院出版社, 2024.5
ISBN 978-7-5563-0925-2

Ⅰ. ①天… Ⅱ. ①天… Ⅲ. ①地区档案馆－天津－指
南 Ⅳ. ①G279.272.1-62

中国国家版本馆 CIP 数据核字(2023)第 202453 号

天津市档案馆指南
TIANJINSHI DANGANGUAN ZHINAN
选题策划：韩　鹏
责任编辑：吴　琼
责任校对：李思文
装帧设计：高馨月
出版发行：天津社会科学院出版社
地　　址：天津市南开区迎水道 7 号
邮　　编：300191
电　　话：（022）23360165
印　　刷：北京盛通印刷股份有限公司
开　　本：787×1092　　1/16
印　　张：49.25
字　　数：1009 千字
版　　次：2024 年 5 月第 1 版　　2024 年 5 月第 1 次印刷
定　　价：298.00 元

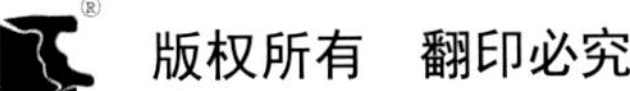

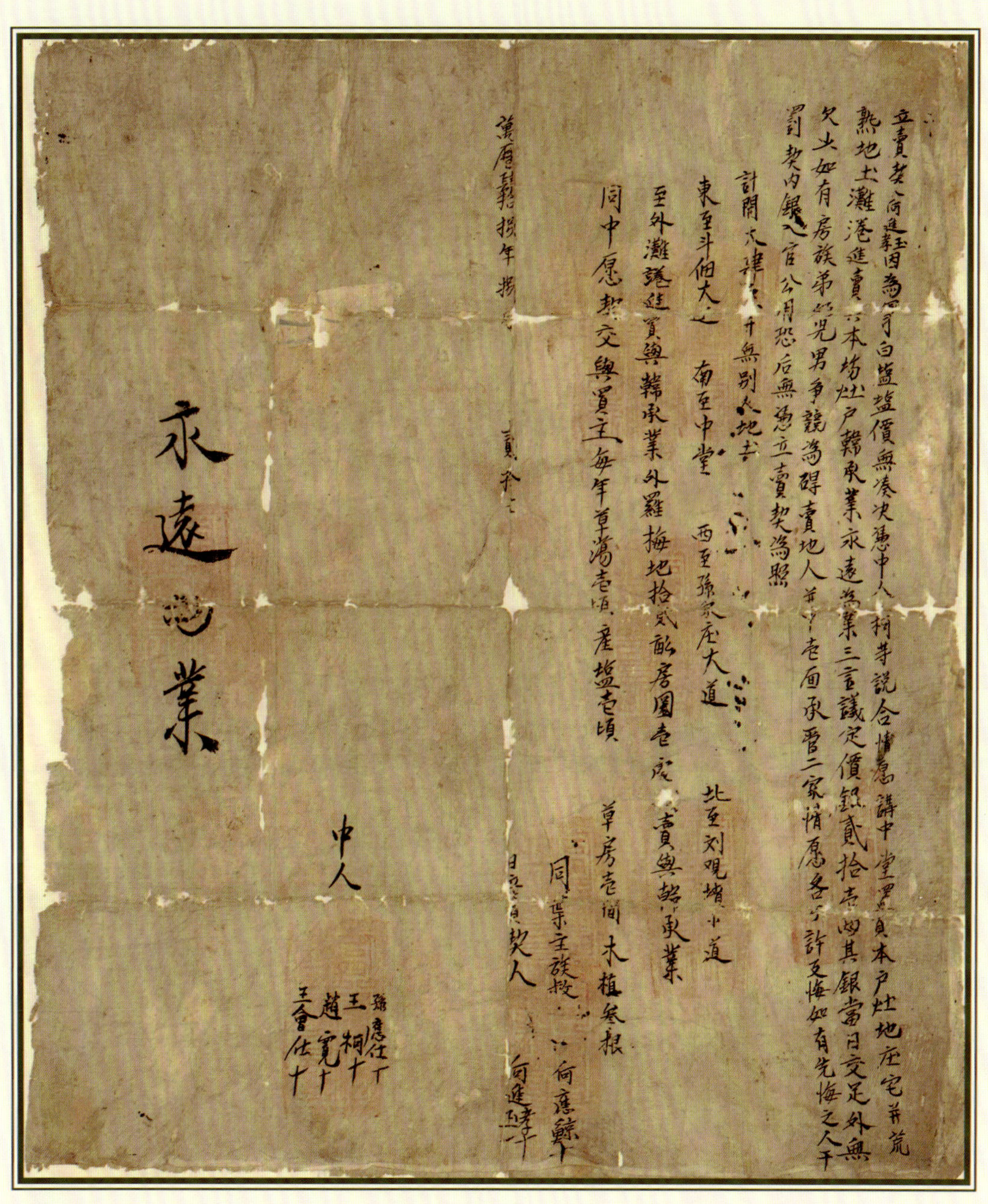

立賣契人何進孝因為[illegible]白鹽鹽價無[illegible]決憑中人柯等說合情愿講中堂[illegible]本户灶地庄宅并荒
熟地土灘港進賣[illegible]本坊灶户韓承業永遠為業三言議定價銀貳拾[illegible]其銀當日交足外無
欠少如有房族弟侄兄男爭競為碍賣地人并中壹面承管二家情愿各不許反悔如有先悔之人干
罰契内銀入官公用恐后無憑立賣契為照

計開大律[illegible]並無別人地[illegible]
東至斗伯大之　南至中堂　西至孫家庄大道　北至刘观墳小道
至外灘港進賣與韓承業外羅梅地拾貳畝房園壹處賣與韓承業
同中愿契交與買主每年草蕩壹頃　產鹽壹頃　草房壹間　木植叁根
同業主族叔　何應[illegible]

萬曆肆拾捌年[illegible]　貳拾[illegible]日立賣契人　何進孝

永遠為業

中人　孫應仕　王柯　趙寬　王會仕

明万历四十八年房地契（1620年）

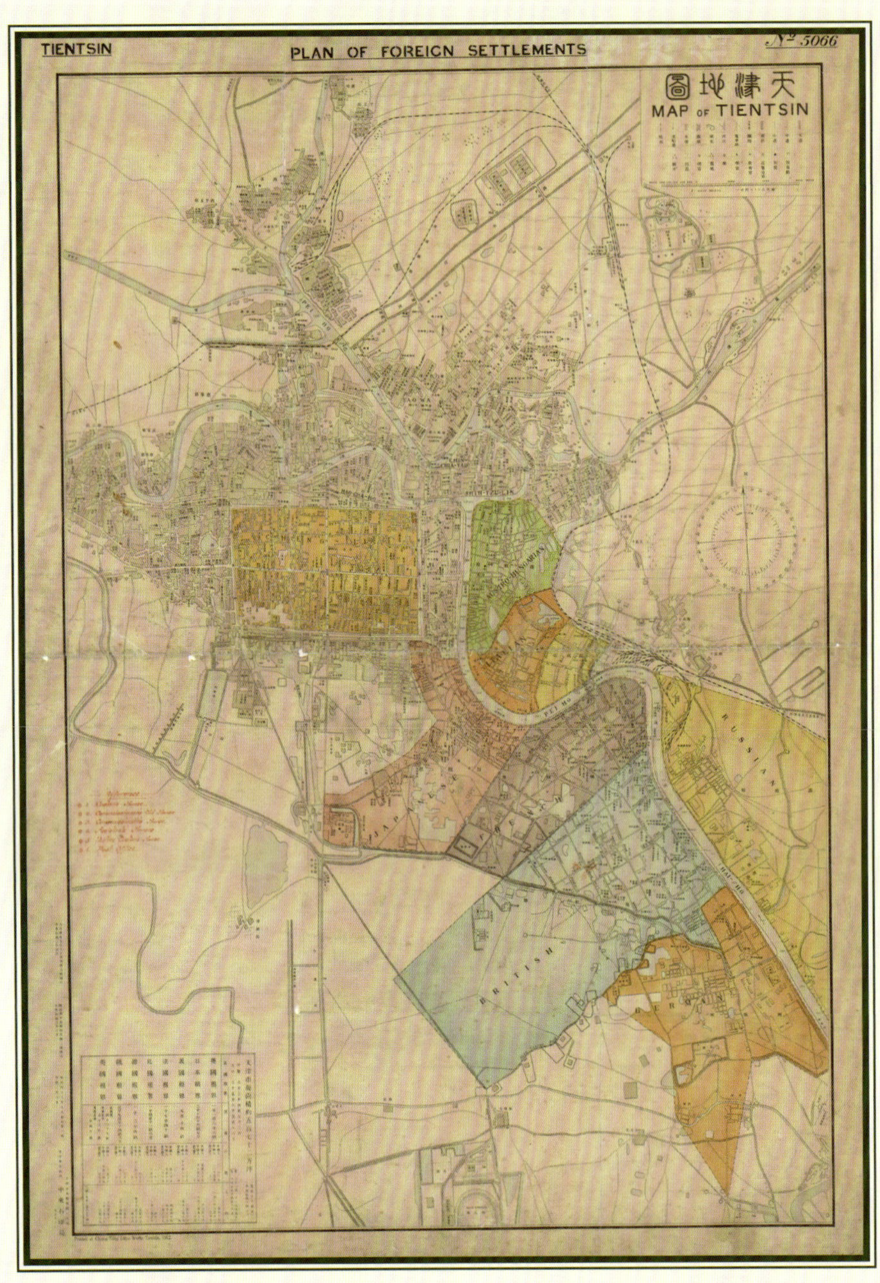
TIENTSIN
PLAN OF FOREIGN SETTLEMENTS
Nº 5066
天津地圖
MAP OF TIENTSIN
JAPANESE
FRENCH
BRITISH
RUSSIAN
GERMAN

天津地图（1912年）

民国时期邮政人员制服图样

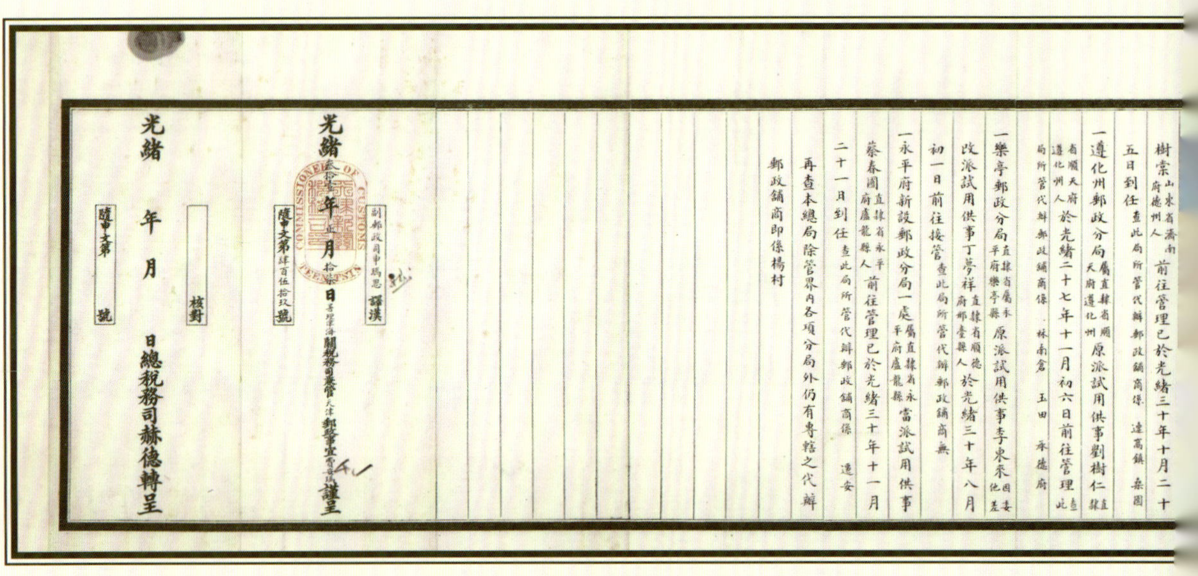

樹崇山東省濟南府德州人前往管理已於光緒三十年十月二十五日到任查此局所管代辦郵政鋪商係　達高鎮　桑園

一遵化州郵政分局屬直隸省順天府遵化州原派試用供事劉樹仁直隸省順天府遵化州人於光緒二十七年十一月初六日前往管理查此局所管代辦郵政鋪商係　林南倉　玉田　承德府

一樂亭郵政分局直隸省屬永平府樂亭縣原派試用供事李東來因妻化差改派試用供事丁夢祥直隸省順德府邢臺縣人於光緒三十年八月初一日前往接管查此局所管代辦郵政鋪商無

一永平府新設郵政分局一處屬直隸省永平府盧龍縣當派試用供事蔡春圃直隸省永平府盧龍縣人前往管理已於光緒三十年十一月二十一日到任查此局所管代辦郵政鋪商係　遷安

再查本總局除管界內各項分局外仍有專轄之代辦郵政鋪商即係楊村

副郵政司申瑪思譯漢

光緒叁拾壹年正月拾柒日署理津海關稅務司兼管天津郵政事宜賀謹呈

隨申文第肆百伍拾玖號

核對

光緒　年　月　日總稅務司赫德轉呈

隨申文第　號

天津邮政总局第一届派遣邮局执事人员案由清折（1905年）

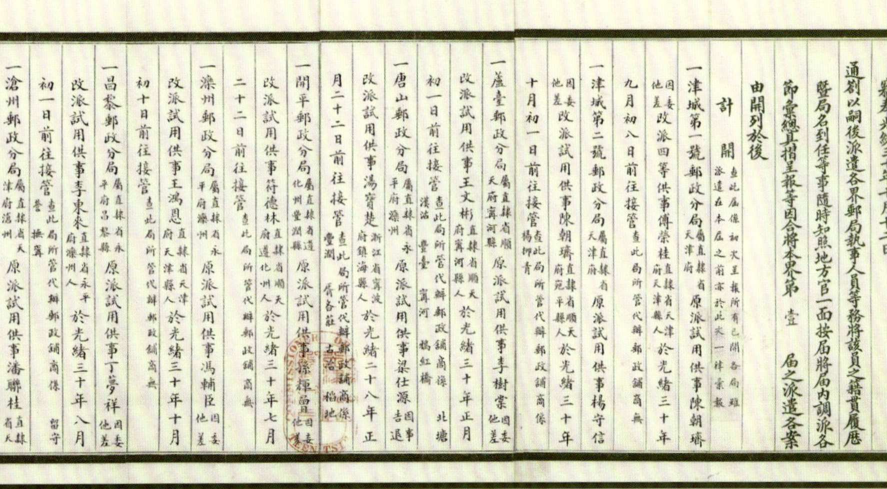

天津郵政總局

自光緒叁拾年拾月初壹日起

第壹屆派遣郵局執事案由清摺

至光緒叁拾年拾貳月貳拾玖日止

竊奉光緒三十年十月十二日
通劄以嗣後派遣各界郵局執事人員等務將該員之籍貫履歷
暨局名到任等事隨時知照地方官一面按屆將屆內調派各
節彙總具摺呈報等因合將本界第壹屆之派遣各案
由開列於後
計　開　查此屆係初次呈報所有已開各局雖派遣在本屆之前亦於此次一律彙報
一津城第一號郵政分局 屬直隸省天津府 原派試用供事陳朝璹
因委他差 改派四等供事傅榮桂 直隸省天津府天津縣人 於光緒三十年
九月初八日前往接管 查此局所管代辦郵政舖商無
一津城第二號郵政分局 屬直隸省天津府 原派試用供事楊守信
因委他差 改派試用供事陳朝璹 直隸省順天府宛平縣人 於光緒三十年
十月初一日前往接管 查此局所管代辦郵政舖商係楊柳青
一蘆臺郵政分局 屬直隸省順天府寧河縣 原派試用供事李樹棠 因委他差
改派試用供事王文彬 直隸省順天府寧河縣人 於光緒三十年正月
初一日前往接管 查此局所管代辦郵政舖商係北塘漢沽豐臺寧河鴉紅橋
一唐山郵政分局 屬直隸省永平府灤州 原派試用供事梁仕源 因事告退
改派試用供事湯寶楚 浙江省寧波府鎮海縣人 於光緒二十八年正
月二十二日前往接管 查此局所管代辦郵政舖商係豐潤胥各莊古冶稻地
一開平郵政分局 屬直隸省遵化州豐潤縣 原派試用供事孫輝曾 因委他差
改派試用供事符德林 直隸省順天府遵化州人 於光緒三十年七月
二十二日前往接管 查此局所管代辦郵政舖商無
一灤州郵政分局 屬直隸省永平府灤州 原派試用供事馮輔臣 因委他差
改派試用供事王鴻恩 直隸省天津府天津縣人 於光緒三十年十月
初十日前往接管 查此局所管代辦郵政舖商無
一昌黎郵政分局 屬直隸省永平府昌黎縣 原派試用供事丁夢祥 因委他差
改派試用供事李東來 直隸省永平府灤州人 於光緒三十年八月
初一日前往接管 查此局所管代辦郵政舖商係留守營撫寧
一滄州郵政分局 屬直隸省天津府滄州 原派試用供事潘聯桂 直隸省天津府滄州人 於光緒二十七年六月十一日前往管理 查此局所管代

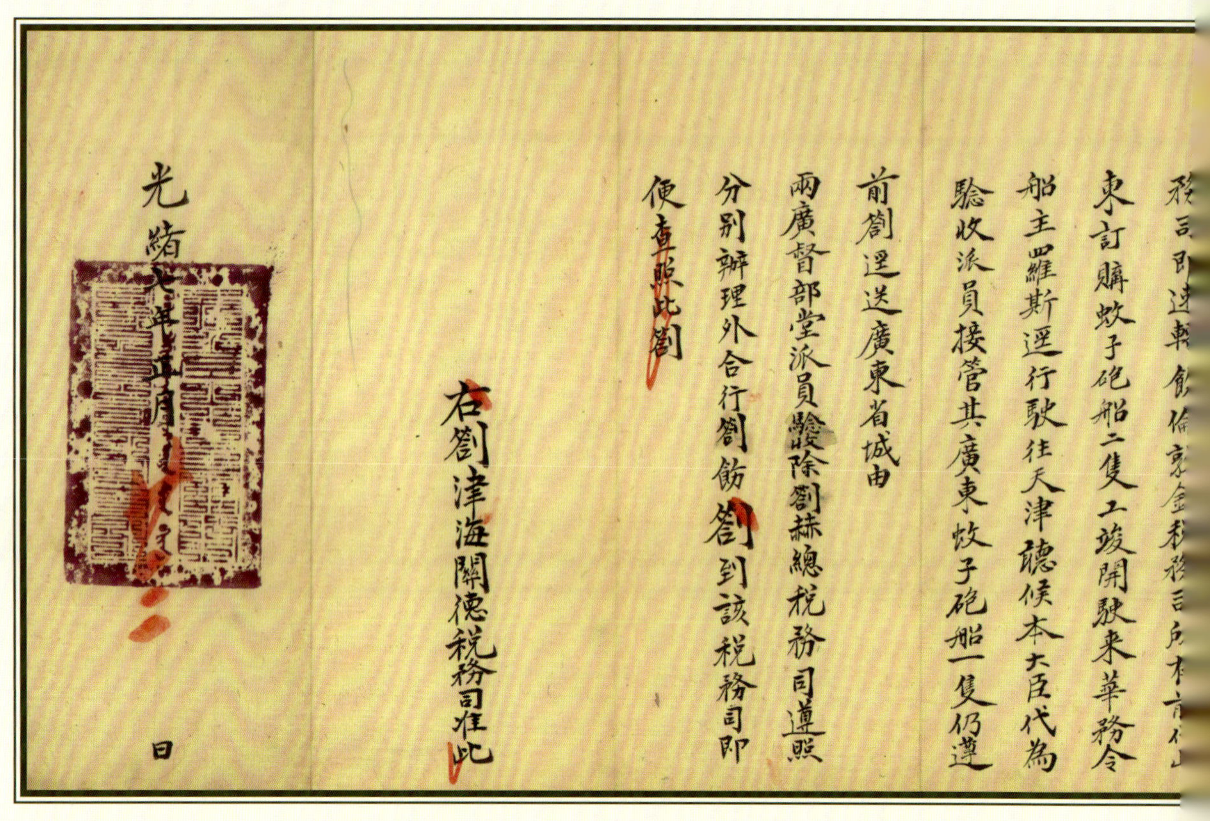

直隶总督李鸿章为山东订购英国蚊子炮船事致天津海关税务司德璀琳札（1881年）

劄

欽差大臣辦理北洋通商事務太子太傅文華殿大學士直隸總督部堂一等肅毅伯李 為

劄飭事案於上年九月間據赫總稅務司
呈稱廣東山東購辦蚊子大砲船共三隻將
次造成擬由英國輪船公司保薦船主包送
来華當經劄覆該總稅務司轉飭將廣
東所訂一隻逕送廣東省城驗收山東所訂
二隻逕送烟台由
山東撫部院派員驗收並咨行各省在案茲
山東撫部院函称将来該二隻蚊船到後是否
合式利用能否精堅齊全東省無熟諳船學
之人請仍飭逕駛津沽以便本大臣料理接收
等因自應准照所請變通辦理應行知總稅

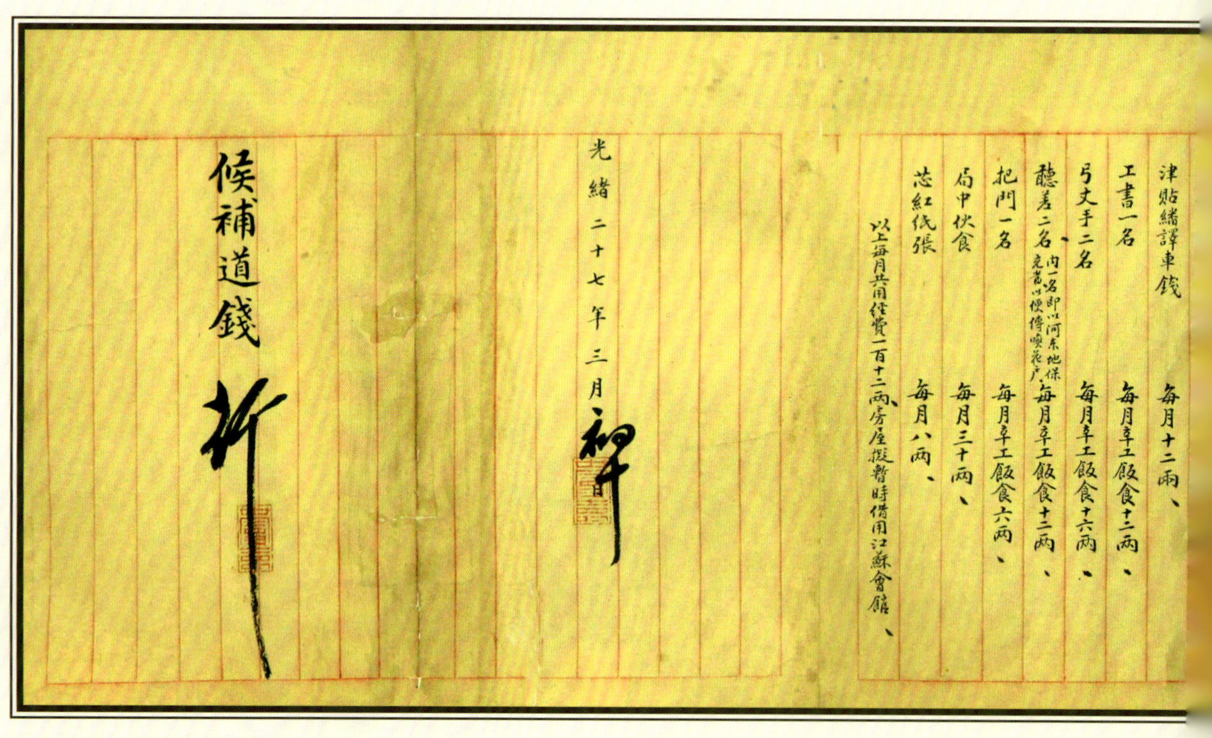

津貼繙譯車錢　每月十二兩、

工書一名　每月辛工飯食十二兩、

弓丈手二名　每月辛工飯食十六兩、

聽差二名（内一名即以河东地保充当，以便传唤花户）　每月辛工飯食十二兩、

把門一名　每月辛工飯食六兩、

局中伙食　每月三十兩、

芯紅紙張　每月八兩、

以上每月共用經費一百十二兩、房屋擬暫時借用江蘇會館、

光緒二十七年三月

候補道錢

李鸿章为天津增设俄国通商市场的札（1901年）

敬稟者竊職道昨奉
憲札以天津河東地方增設俄國通商市場飭令職道會同天津道
及俄國派出之員查照合同界址逐一勘定其英俄互爭地段務令
彼此讓出遷改以弭爭端等因奉此職道查俄國在天津新立租
界民處失業時有謠傳亟須早為勘定以清界限其英俄互爭
地段應俟到津詳細查明究竟因何糾葛酌量議結以免爭執
惟定界之後界內之地亦須速為清理從前英法近年德日在津
設立租界界內房屋地畝皆係地方官與領事會議價值由該
國出價購買房屋有新舊瓦土之分地畝有遠近高低之別此次
俄國立界已於約款第二條聲明自應仿照辦理其所佔地段甚
寬花戶既多必須逐一勘估丈量攢造清冊向該國領價按戶給
發事多周折約須數月方能集事職道擬請添派佐雜一員幫
同辦理並須添用工書文手聽差數名現時經費支絀一切減省
每月計須經費一百十二兩謹另具清摺呈請
察核如蒙
允准請先給發兩箇月應用肅稟敬頌
鈞祺伏乞
垂鑒職道○謹稟

計呈清摺
一　稟
北洋大臣李

謹將辦理天津俄國租界所須經費開具清摺敬呈
憲鑒

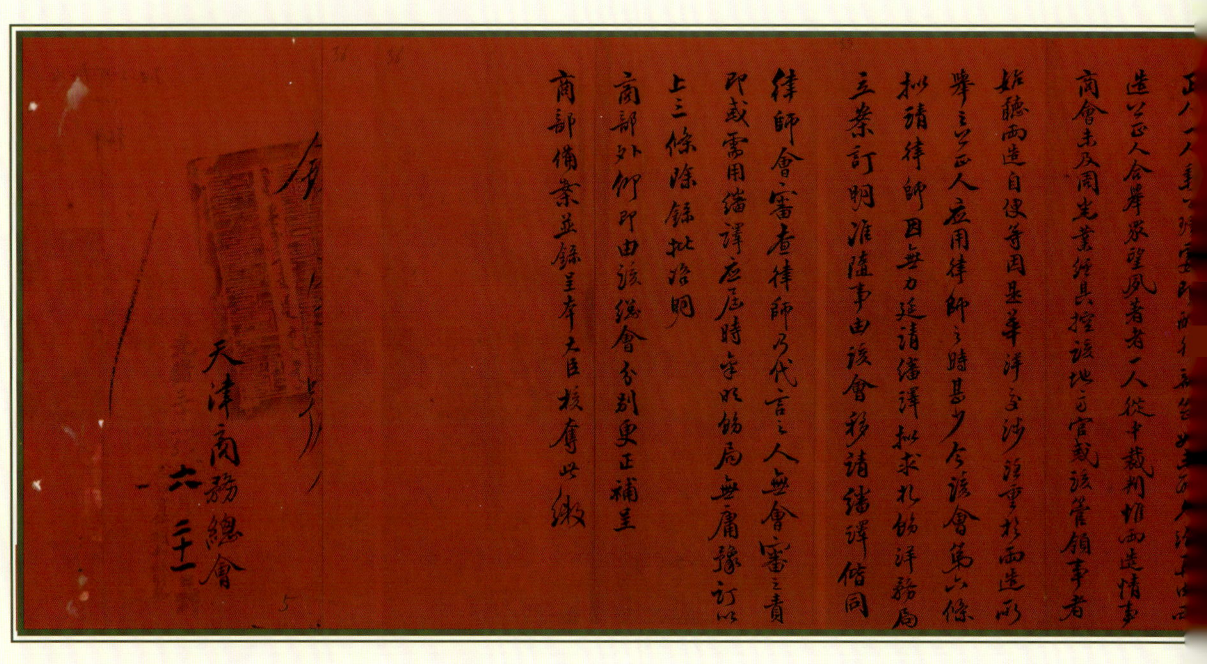
延公正人會羣眾望夙著者一人從中裁判始而延請事
商會未及周先董紳具控該地方官或該管領事者
始聽兩造自便等因是華洋交涉訟事於兩造所
舉之公正人應用律師之時甚少今該會第六條
擬請律師因無力延請繙譯擬求札飭洋務局
立案訂明准隨事由該會移請繙譯偕同
律師會審查律師乃代言之人無會審之責
即或需用繙譯應届時案照飭局無庸豫訂以
上三條除錄批飭知
商部外仰即由該總會分別更正補呈
商部備案並錄呈奉大臣核奪此繳
天津商務總會
六 二十一

直隶总督袁世凯为修改《试办便宜章程三十条》事致天津商会的批文（1905年）

天津商務總會 [illegible]

光緒三[illegible]年[illegible]月初三日到

稟呈商會酌擬試辦便宜章程三十條請立案由

[illegible]

批

字摺均悉。查該總會便宜章程有可議者數處：一曰坐辦宜裁撤也。查部章第四款商務總會派總理一員、協理一員，本無坐辦名目。第十款凡開議時應以總理為主席，議決登冊者由主席簽字作准，是部中命意注重總理一人。今該會既添坐辦名目，第二十條又云本會坐辦有管轄全會收發各項事件之權，是總理無權而坐辦全權，侵越甚矣。一曰公舉宜實行也。查部章第五款商會董事應由就地各商家公舉為定，總會約以自二十員以至五十員為率。今該會第四款云本會遵照部章，先約會董十數員，不曰公舉而曰約，似總理協理坐辦即有無限之權。查部章商會董事應由各商家公舉，而總理協理由各會董會議公推，所以聯絡商情，大孚眾望者，全在公舉二字。乃之樞紐非少數之總理等人可以任便糾約也。一曰華洋交涉之案之無庸常年延請律師也。查部章第十

[illegible]

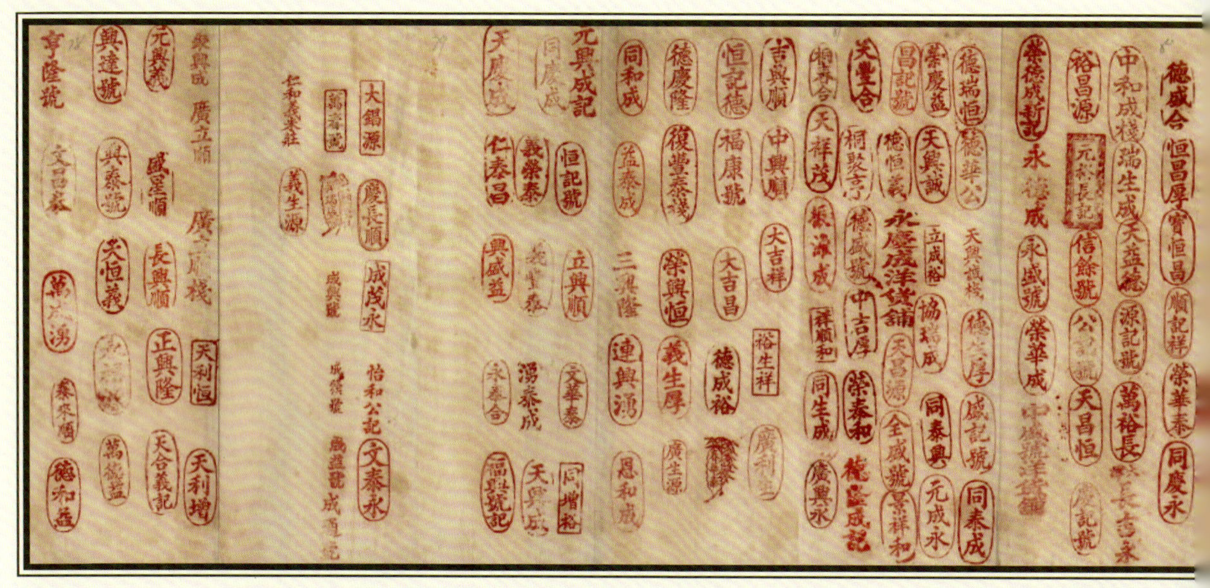

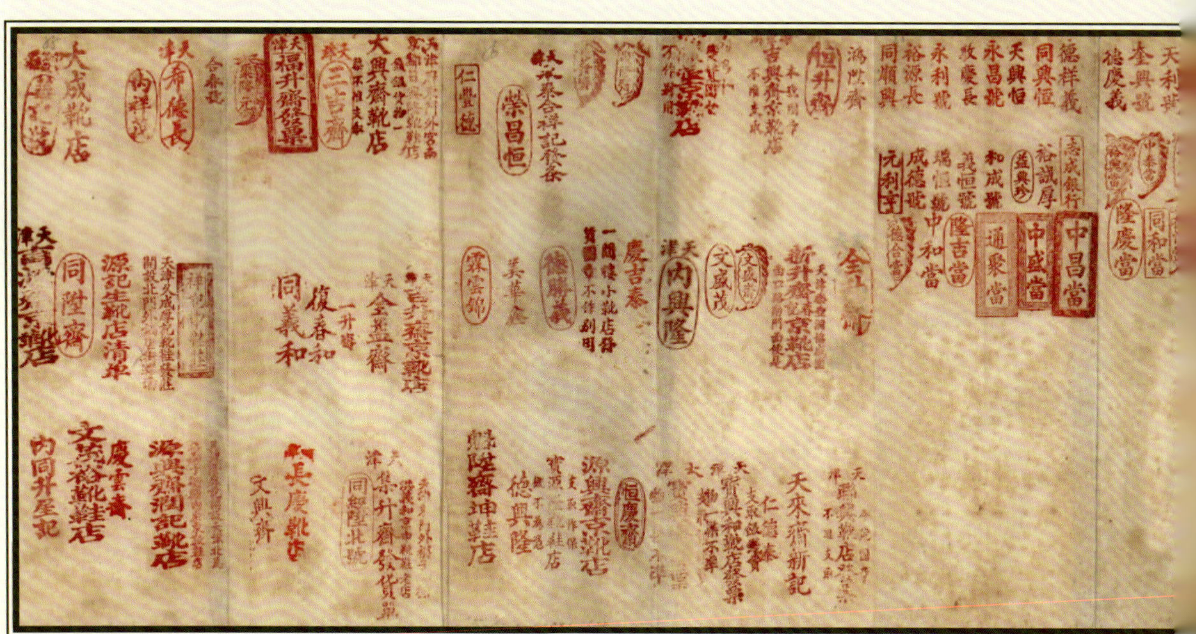

天津商务总会商户戳记

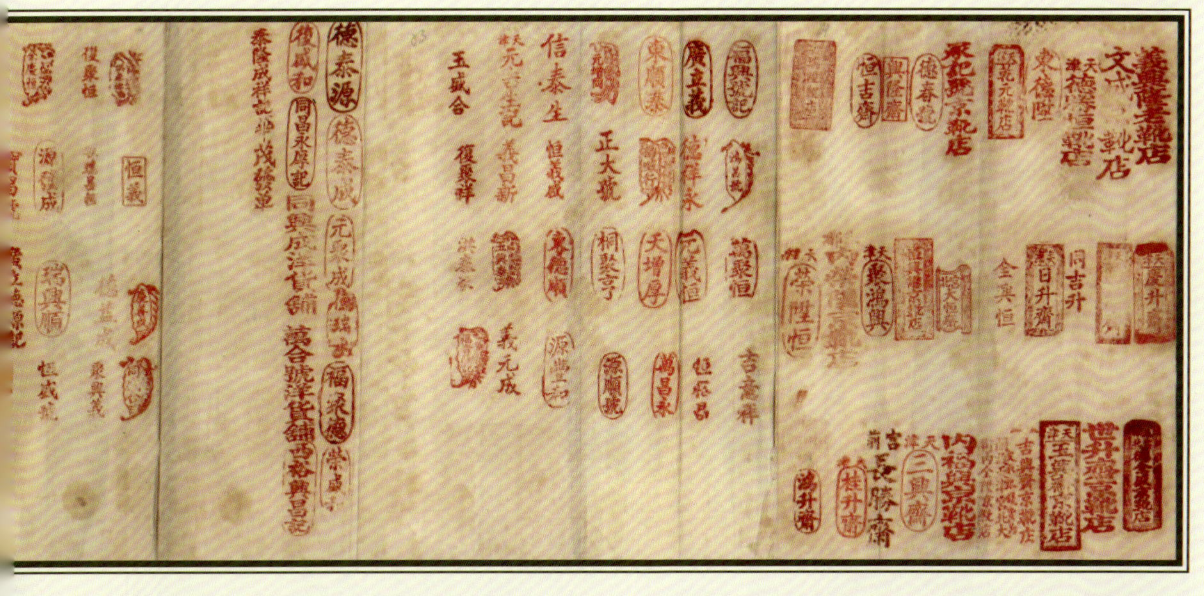
德泰源
德泰成
東順泰
信泰生
正大號
天增厚
萬聚恒
全興恒
同吉升
日升齋
三興齋
玉盛合
復聚祥
義元成
源豐和
源順號
萬昌永
元義恒
德祥永
恒吉齋
德春堂
桂升齋
同興成洋貨舖
萬合號洋貨舖
恒義
瑞興順

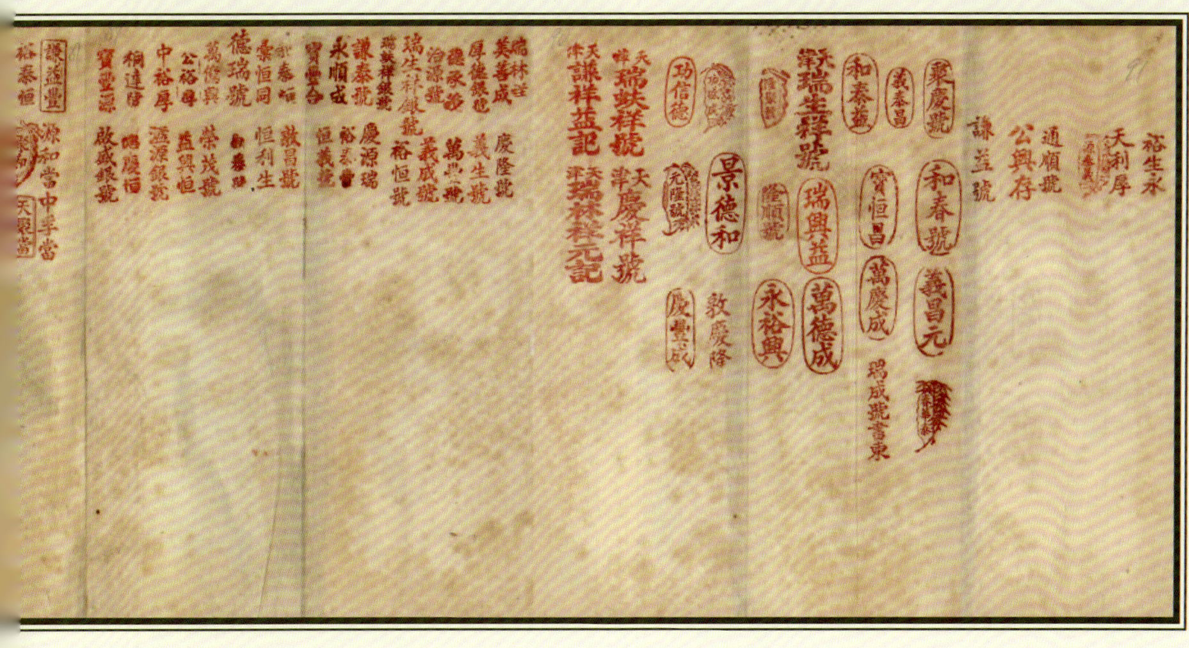
裕生永
天利厚
通順號
公興存
謙益號
聚慶號
和春號
義昌元
寶恒昌
萬慶成
和泰益
瑞興益
萬德成
永裕興
景德和
敦慶隆
功信德
瑞生祥號
瑞蚨祥號
慶祥號
謙祥益記
瑞林祥元記
慶隆號
義生號
德瑞號
謙泰號
永順成
中裕厚
慶源號
裕恒號
義成號
敦昌號
恒利生

三義圖
請用國貨
閩粵會館西
天津北馬路
聚義工廠

競爭實業
益記工廠

誠孚管理
彩
恒源紡織有限公司
開設天津河北

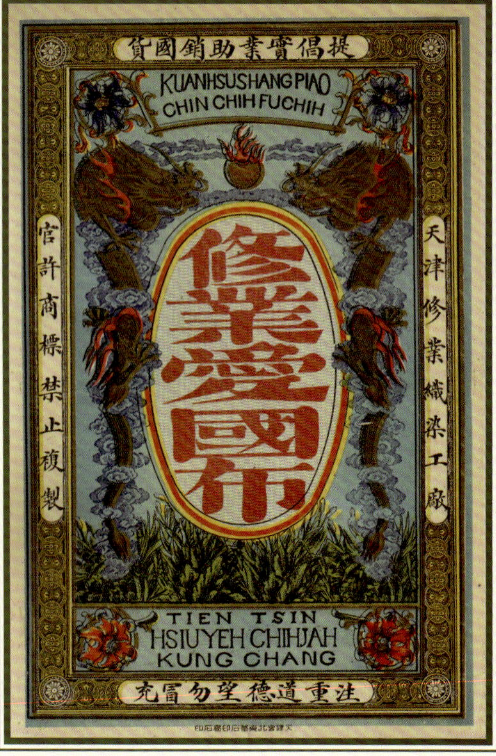
提倡實業助銷國貨
KUANHSUSHANG PIAO
CHIN CHIH FUCHIH
修業愛國布
官許商標禁止複製
天津修業織染工廠
TIEN TSIN
HSIUYEH CHIHJAH
KUNG CHANG
注重道德望勿冒充

民国时期商标

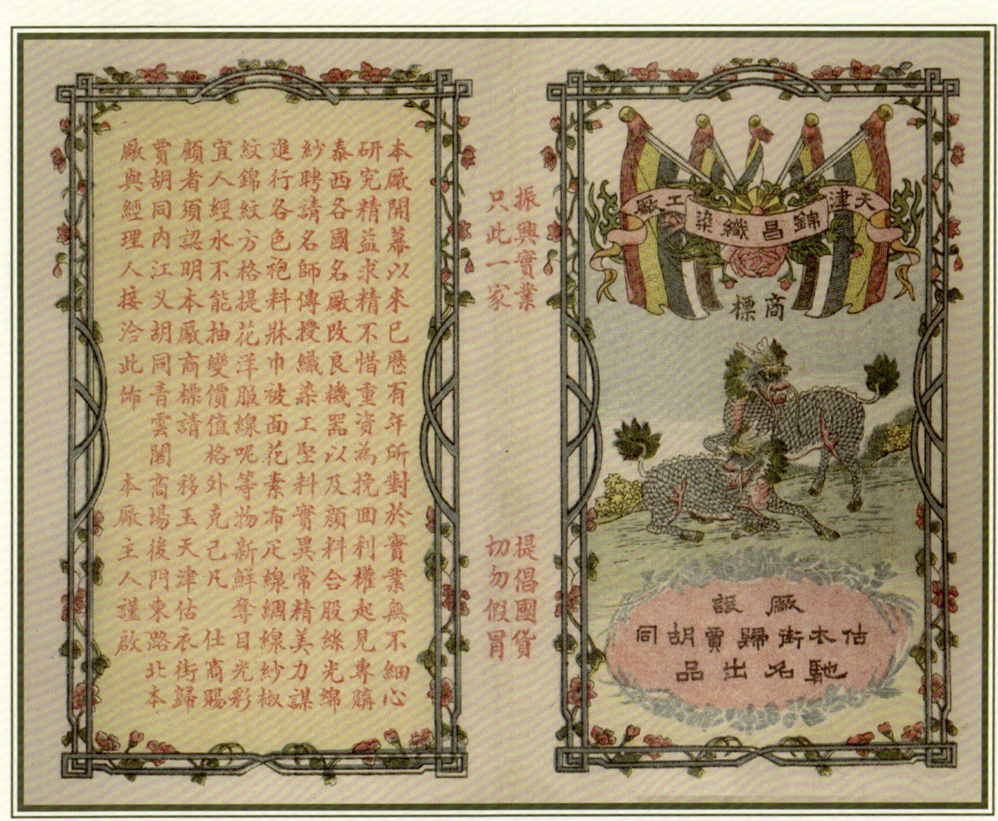
本廠開幕以來已歷有年所對於實業無不細心
研究精益求精不惜重資為挽回利權起見專購
泰西各國名廠改良機器以及顏料合股絲光綿
紗聘請名師傳授織染工堅料實異常精美力謀
進行各色袍料絲巾被面花素布疋線綢線紗椒
紋錦紋方格提花洋服線呢等物新鮮奪目光彩
宜人經水不能抽變價值格外克己凡仕商賜
顧者須認明本廠商標請移玉天津估衣街歸
賈胡同內江义胡同青雲閣 商場後門東路北本
廠與經理人接洽此佈 本廠主人謹啟
振興實業
只此一家
提倡國貨
切勿假冒
天津錦昌織染工廠
商標
廠設
估衣街歸賈胡同
馳名出品

芝蘭員記
天津絲光愛國布商標
瑞記工廠
本廠開設在天津西馬路
宣講所對過春德胡同內

民国时期商标

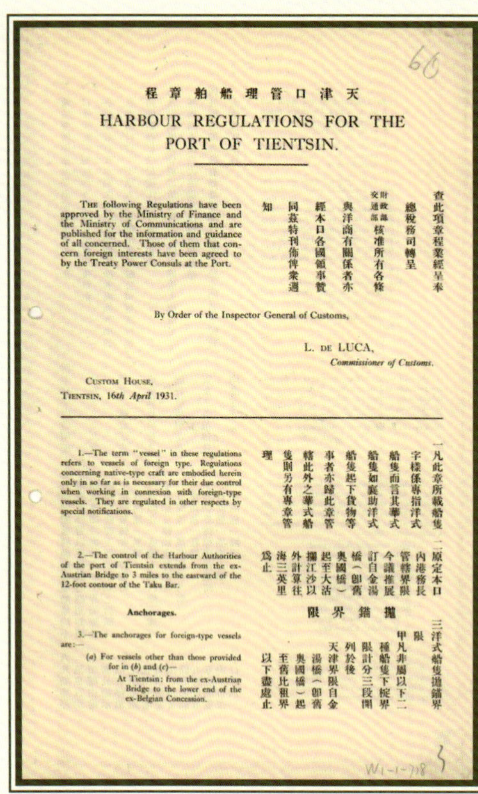

天津口管理船舶章程

HARBOUR REGULATIONS FOR THE PORT OF TIENTSIN.

THE following Regulations have been approved by the Ministry of Finance and the Ministry of Communications and are published for the information and guidance of all concerned. Those of them that concern foreign interests have been agreed to by the Treaty Power Consuls at the Port.

查此項章程業經呈奉總稅務司轉呈財政部交通部核准所有各條與洋商有關係者亦經本口各國領事贊同茲特刊佈俾衆週知

By Order of the Inspector General of Customs,

L. DE LUCA,
Commissioner of Customs.

CUSTOM HOUSE,
TIENTSIN, 16*th April* 1931.

1.—The term "vessel" in these regulations refers to vessels of foreign type. Regulations concerning native-type craft are embodied herein only in so far as is necessary for their due control when working in connexion with foreign-type vessels. They are regulated in other respects by special notifications.

一凡此章所載船隻字樣係專指洋式船隻而言其華式船隻如襄助洋式船隻起下貨物等事者亦歸此章管轄此外之華式船隻則另有專章管理

2.—The control of the Harbour Authorities of the port of Tientsin extends from the ex-Austrian Bridge to 3 miles to the eastward of the 12-foot contour of the Taku Bar.

二原定本口內港務長管轄界限今議推展訂自金湯橋（卽舊奧國橋）起至大沽攔江沙以外計算往海三英里爲止

Anchorages.

攏錨界限

3.—The anchorages for foreign-type vessels are:—

(*a*) For vessels other than those provided for in (*b*) and (*c*)—

At Tientsin: from the ex-Austrian Bridge to the lower end of the ex-Belgian Concession.

三洋式船隻拋錨界限

甲凡非屬以下二種船隻下椗界限計分三段開列於後

天津界限自金湯橋（卽舊奧國橋）起至舊比租界以下盡處止

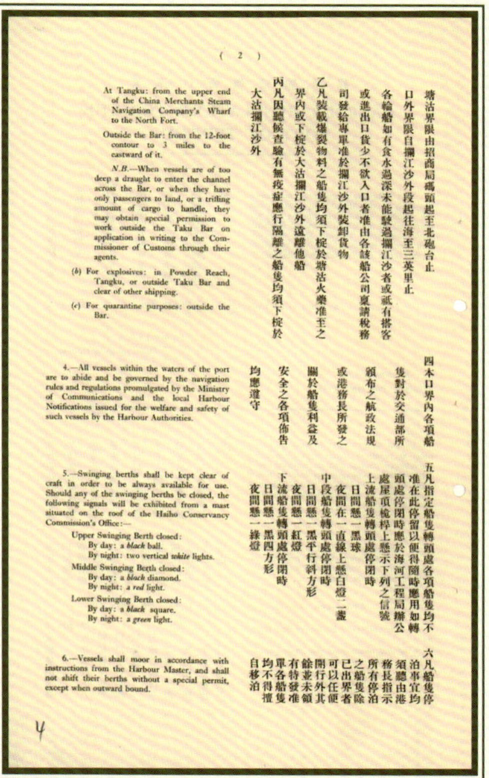

(2)

At Tangku: from the upper end of the China Merchants Steam Navigation Company's Wharf to the North Fort.

Outside the Bar: from the 12-foot contour to 3 miles to the eastward of it.

N.B.—When vessels are of too deep a draught to enter the channel across the Bar, or when they have only passengers to land, or a trifling amount of cargo to handle, they may obtain special permission to work outside the Taku Bar on application in writing to the Commissioner of Customs through their agents.

(*b*) For explosives: in Powder Reach, Tangku, or outside Taku Bar and clear of other shipping.

(*c*) For quarantine purposes: outside the Bar.

塘沽界限由招商局碼頭起至北砲台止

口外界限自攔江沙外段起往海至三英里止

各輪船如有食水過深未能駛過攔江沙者或祇有搭客或進出口貨少不欲入口者准由各該船公司稟請稅務司發給專單准於攔江沙外裝卸貨物

乙凡裝載爆裂物料之船隻均須下椗於塘沽火藥准至之界內或下椗於大沽攔江沙外遠離他船

丙凡因聽候查驗有無疫症應行隔離之船隻均須下椗於大沽攔江沙外

4.—All vessels within the waters of the port are to abide and be governed by the navigation rules and regulations promulgated by the Ministry of Communications and the local Harbour Notifications issued for the welfare and safety of such vessels by the Harbour Authorities.

四本口界內各項船隻對於交通部所頒布之航政法規或港務長所發之關於船隻利益及安全之各項佈告均應遵守

5.—Swinging berths shall be kept clear of craft in order to be always available for use. Should any of the swinging berths be closed, the following signals will be exhibited from a mast situated on the roof of the Haiho Conservancy Commission's Office:—

Upper Swinging Berth closed:
By day: a *black* ball.
By night: two vertical *white* lights.

Middle Swinging Berth closed:
By day: a *black* diamond.
By night: a *red* light.

Lower Swinging Berth closed:
By day: a *black* square.
By night: a *green* light.

五凡指定船隻轉頭處各項船隻均不准在此停留以便得隨時應用如轉頭處停閉時應於海河工程局辦公處屋頂桅桿上懸示下列之信號

上流船隻轉頭處停閉時
日間懸一黑球
夜間在一直線上懸白燈二盞

中段船隻轉頭處停閉時
日間懸一黑平行斜方形
夜間懸一紅燈

下流船隻轉頭處停閉時
日間懸一黑四方形
夜間懸一綠燈

6.—Vessels shall moor in accordance with instructions from the Harbour Master, and shall not shift their berths without a special permit, except when outward bound.

六凡船隻停泊事宜均須聽由港務長指示所有停泊之船隻除已出界者可以任便開行外其餘並未領有特發准單各船隻均不得擅自移泊

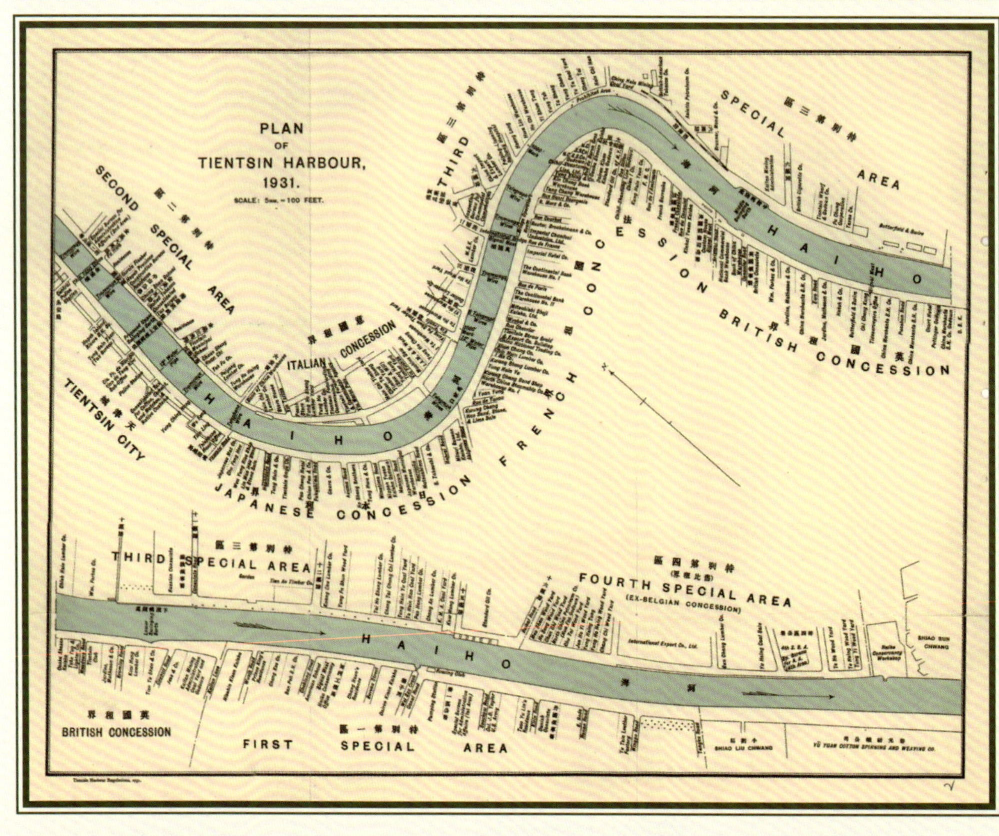

天津口管理船舶章程（局部）附天津港口平面图（1931年）

万国桥（今解放桥）附近水下电缆管道铺设照片

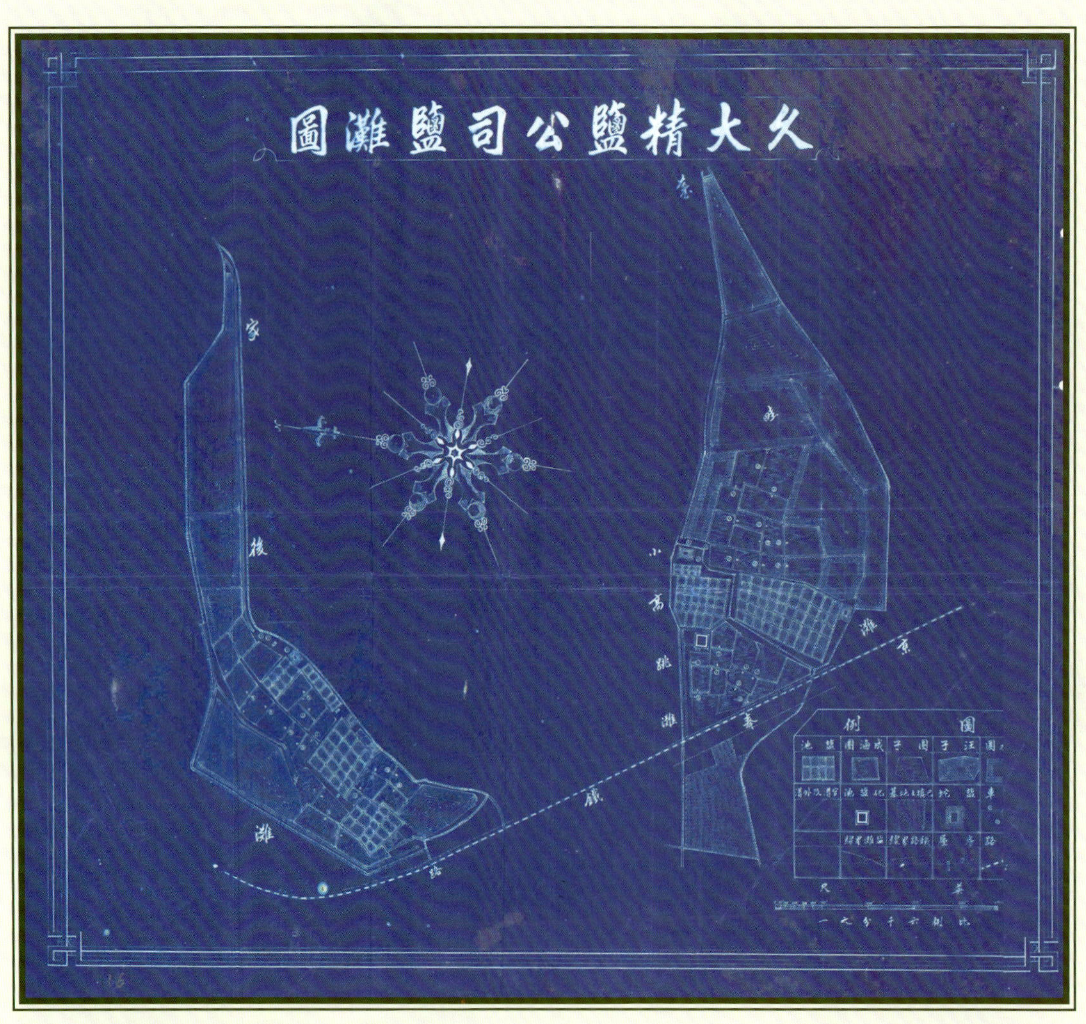

久大精盐公司盐滩图

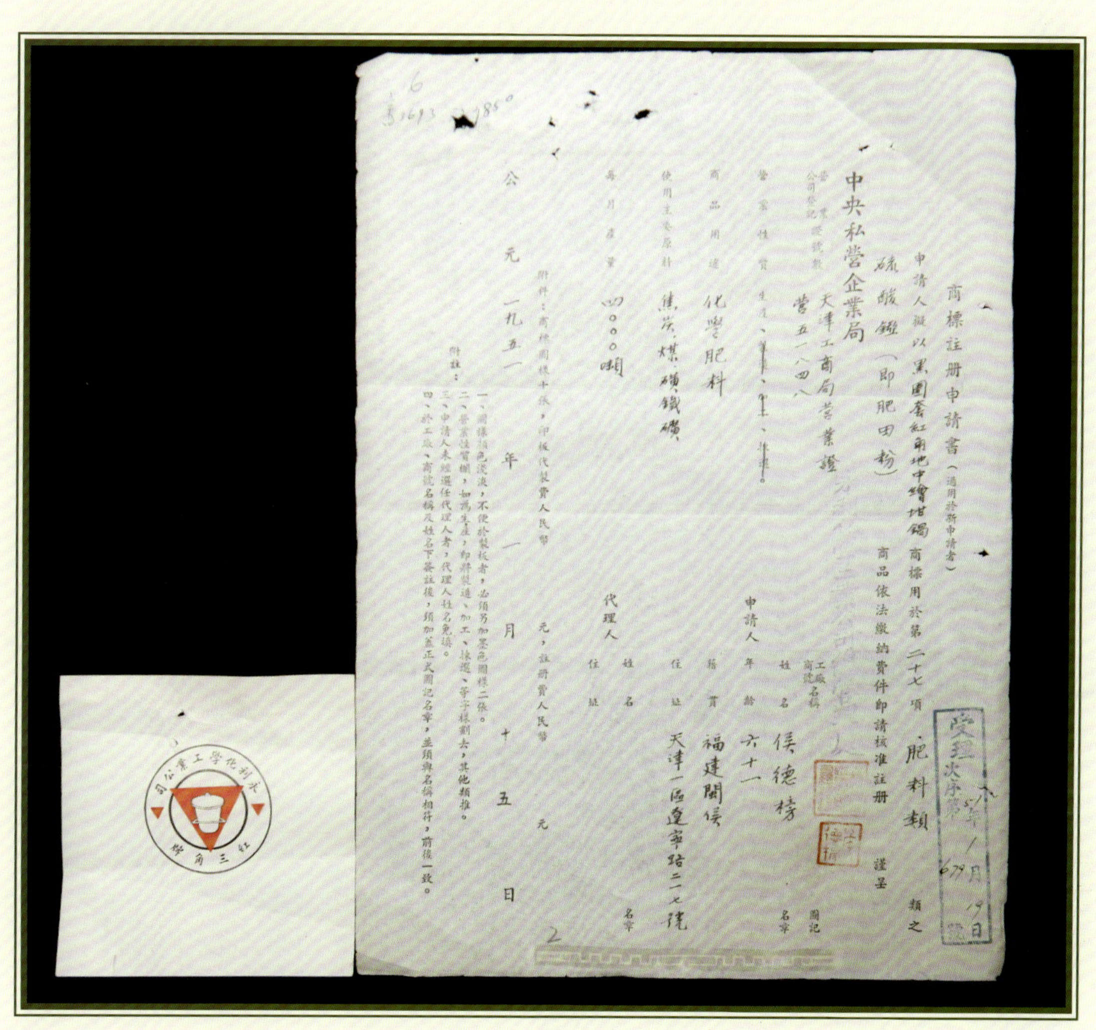

商標註冊申請書（適用於新申請者）

申請人擬以黑圓套紅角地中繪坩堝商標用於第二十七項肥料類類之

硫酸錏（即肥田粉）

商品依法繳納費件即請核准註冊 謹呈

中央私營企業局

營業公司登記號數 天津工商局營業證 營五一八四八

營業性質 生產、運銷

商品用途 化學肥料

使用主要原料 焦炭、煤、磺、鐵礦、

每月產量 四〇〇〇噸

申請人 工廠商號名稱 圖記

姓名 侯德榜 名章

年齡 六十一

籍貫 福建閩侯

住址 天津一區遼寧路二一七號

代理人 姓名 名章

住址

附件：商標圖樣十張，印版代製費人民幣　　元，註冊費人民幣　　元

公元一九五一年一月十五日

附註：

一、商標顏色深淺，不便於製版者，必須另加墨色圖樣二張。

二、營業性質欄，如為生產，即將製造、加工、揀選、等字樣劃去，其他類推。

三、申請人未經選任代理人者，代理人姓名免填。

四、於工廠、商號名稱及姓名下簽註後，須加蓋正式圖記名章，並須與名稱相符，前後一致。

受理次序第 51年1月19日 679號

永利化学工业公司红三角牌商标注册申请书（1951年）

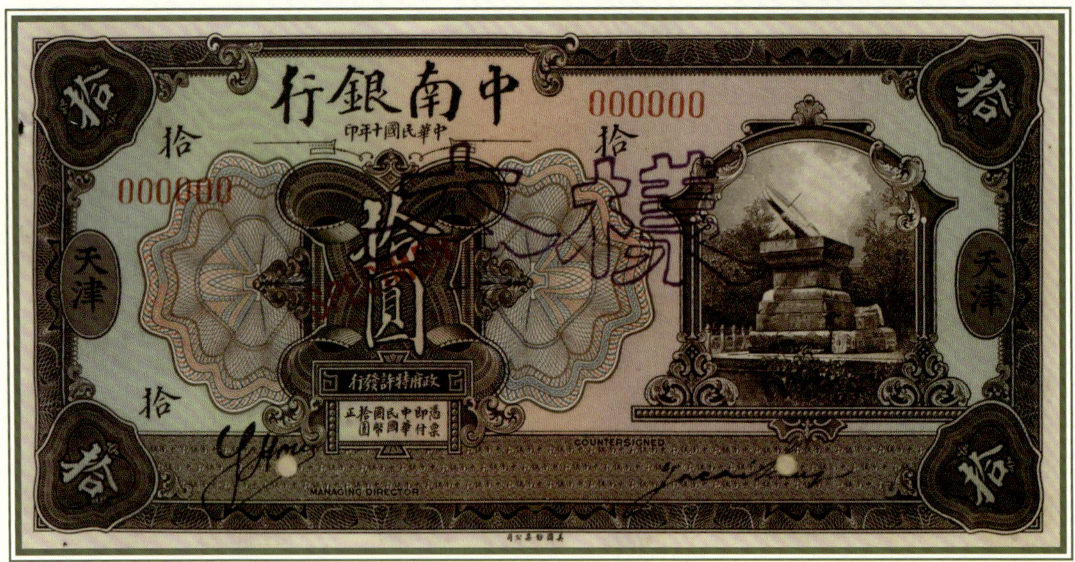

天津中南银行发行旧币票样（1921年）

天津中南银行发行旧币票样（1921年）

人民解放軍天津市軍事管制委員會佈告

軍字第一號

奉人民解放軍平津前線司令部政治部電令天津市國民黨匪軍已全部殲滅塘沽大沽地區匪軍亦即將就殲爲維持社會安定建立革命秩序着在天津地區東至塘沽大沽西至楊柳青南至靜海北至楊村組織軍事管制委員會實行軍事管制任命黃克誠譚政黃敬黃火青許建國王世英李聚奎鍾偉袁昇平爲軍事管制委員會委員並以黃克誠爲主任譚政黃敬爲副主任等因本會已於一月十五日遵命組織就緒並已到職視事特佈告週知

此佈

主任　黃克誠

副主任　譚政　黃敬

中華民國三十八年一月十五日

中国人民解放军天津市军事管制委员会解放天津的军字第一号布告（1949年1月15日）

珍品档案库房

标准化档案库房

国家重点档案编目工作现场

档案数字化加工现场

档案接收工作

档案征集工作

档案开放日市民参观档案抢救修复基地

档案仿真复制工作室

设备监控与系统管理区

计算与存储机房

政府公开信息查阅服务中心

档案文件资料查阅服务中心

天津城市记忆展

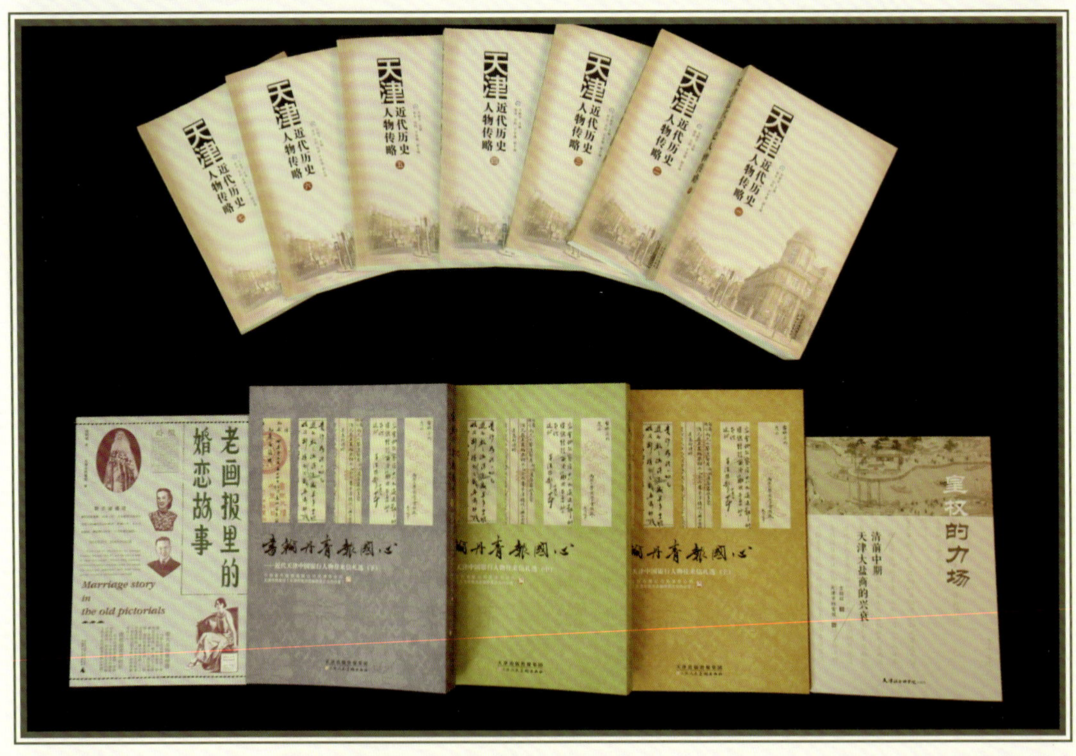

天津市档案馆近年编著的专著及档案文献汇编

《天津市档案馆指南》编委会

主　　　任　李　晶

常务副主任　宗　毅

副　主　任　吴爱民　莫洪胜　于学蕴

编　　　委　(按姓氏笔画排序)

于　洁　仇伟海　冯　宏　李　绮　张　妍

张　骏　陈兰义　胡卫东　郭文春

主　　　编　张　妍

编　　　辑　(按姓氏笔画排序)

王丹丹　刘铁男　张　菊　张　媛　赵　恺

赵鲁东　郜雪平　韩晨琛

再版前言

档案是人类社会活动的原始记录。一个城市或地区的档案馆就是贮藏和查阅这个城市(地域)过往岁月的场所。

天津市档案馆成立于1964年1月21日,作为国家省级综合性档案馆和天津市档案史料的保管基地与利用中心,馆藏档案涉及了天津政治、经济、文化、科技、教育等各个领域,保存了比较完整的天津城市记忆,构成了生动的爱国主义教育资源,对坚定文化自信、培育和践行社会主义核心价值观、研究天津历史,都具有十分重要的历史借鉴意义。

2018年,天津市档案馆按照市委、市政府要求,进行机构改革与职能整合。重新组建后的天津市档案馆,更加注重于满足广大群众查阅历史档案的需求,更加注重于发挥档案讲述城市历史、树立“四个自信”的作用,使档案馆成为传承精神根脉,记录时代华章的优质资源库、共享库。

习近平总书记指出:档案工作存史资政育人,是一项利国利民、惠及千秋万代的崇高事业。为贯彻落实习近平总书记重要批示精神,更好地服务党和国家工作大局、服务人民群众,我馆依据《档案馆指南编制规范》(DA/T3-1992),结合馆藏实际编撰本书。

本书在1996年出版的《天津市档案馆指南》基础上进行了修订、补充和完善。全书以全宗为单位,采取篇下设章的体例,由天津市档案馆概况、馆藏档案、非全宗形式档案、馆藏资料和附录五部分组成。馆藏档案全宗介绍部分作为全书的主体,按历史时期进行分类,主要介绍了立档单位的机构沿革、全宗概况和主要内容,以尊重历史、实事求是为原则,编写力求客观、准确、精炼。

除编辑人员外,参与本书编写工作的还有林洁、汤荣宏、付文新、刘新芝、尚媛、黄呈、刘健雄、张硕硕及天津市档案馆各相关部门供稿人。在此向参与编写工作的全体人员表示感谢!

在编写《天津市档案馆指南》的过程中,由于水平有限,不妥之处在所难免,敬请读者批评指正。

天津市档案馆

2024年5月

凡　例

1. 本指南所收录介绍的档案全宗历史时期划分遵照馆藏原有基础。

2. 本指南所收录介绍的档案全宗名称遵照馆藏原有全宗名称。

3. 本指南为馆藏重要档案全宗介绍，所列全宗档案内容，并非全部对外开放，具体情况查阅者可向接待人员咨询。

4. 本指南涉及的组织机构、会议等名称，在不产生歧义的情况下，首次出现时用全称，重复出现时大多采用简称或习惯称谓。

5. 本指南清代、民国档案时间采用历史朝代纪年，括注公元纪年；日伪档案时间采用公元纪年。

6. 本指南“全宗介绍”部分，对机构和档案进行了简要介绍，内容为原始案卷内容摘录，为保持档案原貌，保留当时表述方式和语言风格，未做调整改动。

7. 本指南有立档单位的成立裁撤时间与档案起止时间不一致的情况，由于参考资料有限，无法考证，遵照馆藏原有基础情况据实收录。

目　录

第一篇

天津市档案馆概况

第一章　历史沿革

天津市档案馆(以下简称市档案馆)是新中国成立后建立的省级综合性档案馆,是中国共产党天津市委员会(以下简称中共天津市委、市委)直属的文化事业机构,是集中统一管理全市档案资料的基地和研究利用档案的中心。

1957 年 5 月,天津市档案馆筹备处建立,归口天津市人民委员会(以下简称市人委)档案管理处,内部机构设有党内档案组、撤销机关档案组、旧政权档案组,办公地点在市人委。

1964 年 1 月 21 日,天津市档案馆正式成立,是市委、市人委直属的党政合一的科学文化事业机构,负责接收和管理全市的革命历史档案、旧政权档案和撤销机关档案,馆址在和平区解放路 205 号。同年 8 月,馆址迁至赤峰道 51 号;1972 年,馆址迁址至和平区大同道 16 号。

1980 年 3 月 21 日,中共天津市委决定,建立天津市档案局,恢复天津市档案馆。市档案局、档案馆均为中共天津市委、天津市人民政府(以下简称市政府)直属机构。

1983 年 8 月,中共天津市委决定,天津市档案局和天津市档案馆为两个机构、一套班子,为市委、市政府直属机构。

1991 年 1 月,天津市档案局(馆)迁至南开区复康路 11 号增 1 号至今。

1998 年 4 月,根据市委、市政府有关文件精神,天津市档案局、天津市档案馆为一个机构、两块牌子,履行全市档案事业行政管理和档案保管利用两种职能,为市委、市政府直属机构,由市委管理。

2001 年 6 月,根据市委、市政府有关通知精神,天津市档案局是市委、市政府主管全市档案工作的职能机构,天津市档案馆是集中管理档案的事业单位。市档案局与市档案馆合署办公,为一个机构、两块牌子。

2002 年 7 月 1 日,经市委批准,市档案馆已公开现行文件利用中心正式成立。

2007 年 10 月,经市政府批准,市档案馆设立政府信息公开查阅服务中心。

2009 年 5 月,按照市委有关文件规定,市档案局(馆)作为市委、市政府直属事业单位,人员参照公务员管理。

2018 年 11 月,按照全市机构改革工作部署,市档案局(馆)行政职责划入市委办公厅,市委办公厅对外保留市档案局牌子;将市档案局(馆)行政职责以外的职责与天津市地方志编修委员会办公室的职责整合,重新组建天津市档案馆,加挂天津市地方志编修委员会办公室牌子,为市委直属事业单位。

天津市档案馆历任馆领导名单

历任馆长名单

姓名	职务	任职时间
续　挺	馆长(市档案处处长兼)	1964 年 1 月—1965 年
李玉田	馆长(市档案处处长兼)	1965 年 5 月—1968 年
赵　光	局(馆)长	1983 年 8 月—1987 年 6 月
陈锦秀	局(馆)长	1987 年 6 月—1990 年 3 月
王水田	局(馆)长	1990 年 10 月—1993 年 3 月
孙志廉	局(馆)长	1993 年 3 月—2002 年 9 月
荣　华	局(馆)长	2002 年 9 月—2013 年 12 月
方　昀	局(馆)长	2013 年 12 月—2018 年 11 月
	馆长	2018 年 11 月—2020 年 1 月
阎　峰	馆长	2020 年 1 月—2023 年 4 月
李　晶	党委书记(市委副秘书长、市档案局局长兼)	2023 年 4 月至今

历任副馆长名单

姓名	职务	任职时间
张桂英	副馆长	1964 年 1 月—1966 年
张自省	副馆长	1965 年 5 月—1968 年
李士和	副馆长(市档案局副局长兼)	1981 年 2 月—1983 年 10 月
董铁岭	副馆长	1981 年 2 月—1983 年 8 月
		1996 年 1 月—1999 年 8 月
孙鹏云	副局(馆)长	1983 年 8 月—1995 年 10 月
陈锦秀	副局(馆)长	1983 年 8 月—1987 年 4 月
赵再良	副局(馆)长	1983 年 8 月—1993 年 5 月
刘传林	副局(馆)长	1987 年 5 月—1995 年 6 月
宋国梁	副局(馆)长	1993 年 3 月—2005 年 7 月

续表

姓名	职务	任职时间
刘同芝	副局(馆)长	1996年4月—2012年8月
张俊桓	副局(馆)长	1998年5月—2014年12月
王昌军	副局(馆)长	1998年5月—2007年9月
方　昀	副局(馆)长	2001年6月—2013年12月
吴　芬	副局(馆)长	2005年7月—2011年4月
杨文杰	副局(馆)长	2011年5月—2016年3月
李　政	副局(馆)长	2012年10月—2018年11月
	副馆长	2018年11月—2020年3月
荆　浩	副局(馆)长	2015年9月—2018年11月
	副馆长	2018年11月—2021年11月
于全太	副局(馆)长	2016年4月—2018年11月
	副馆长	2018年11月—2023年5月
吴爱民	副馆长	2018年11月至今
关树峰	副馆长	2018年11月—2020年12月
莫洪胜	副馆长	2022年8月至今
宗　毅	副馆长	2023年4月至今

历任巡视员名单

姓名	职务	任职时间
董铁岭	副巡视员	1992年3月—1996年1月
杨文杰	副巡视员	2009年1月—2011年5月
李津海	副巡视员	2011年3月—2013年7月
林学奇	副巡视员	2011年5月—2015年7月
刘同芝	巡视员	2012年8月—2014年7月
张俊桓	巡视员	2014年12月—2016年4月
于学蕴	副巡视员	2015年9月—2017年9月
	二级巡视员	2017年9月至今
张长林	副巡视员	2016年6月—2018年11月

第二章　工作概况

一、档案接收和征集工作

1989 年,天津市档案局(馆)增设征集接待处,1998 年改称征集接待部,2004 年调整为征集接收部,2022 年,为适应新形势发展要求,天津市档案馆将内设机构调整为接收征集部。档案接收是档案工作中极为重要的一环,依照《中华人民共和国档案法》《中华人民共和国档案法实施条例》和《各级各类档案馆收集档案范围的规定》的要求,天津市档案馆主要承担市级机关、团体、企事业单位和其他组织具有永久保存价值的各种载体档案、本市重大活动、重点工作和突发事件档案及有关天津历史档案、资料的接收工作,组织开展散存在社会上的境内外珍贵档案和地方志文献、资料的征集、搜索工作。2003 年,市委办公厅、市政府办公厅联合印发《关于加强天津市重要会议和重大活动档案管理工作的意见》,进一步规范了重要会议和重大活动档案接收工作。2013 年 4 月 1 日,《天津市档案收集办法》(津政令第 58 号)正式施行。自 2004 年以来,天津市档案馆先后制定了《天津市档案馆接收档案规范》《天津市档案馆接收档案范围和程序的规定》《天津市档案馆接收档案实施细则》《天津市档案馆档案接收质量检查办法》《天津市档案馆收集档案范围细则(试行)》等规范性文件,进一步强化档案接收要求、拓展档案收集范围、完善馆藏档案资源,确保天津市档案资源的齐全完整。

档案征集是补充完善馆藏资源、保护与抢救历史文化遗产的重要手段。天津市档案局(馆)先后制定了《天津市征集对国家和社会有保存价值档案资料的实施办法》《天津市档案馆境外档案征集工作规定》《征集工作实施细则》等制度,面向社会多渠道开展档案征集工作。同时,天津市档案馆积极创新档案征集工作新模式,先后开展了境外档案征集、历史名人档案资料征集、重大历史事件档案征集、劳模档案征集、知青档案资料征集、非物质文化遗产档案征集以及红色档案资料征集等,并探索开展了天津方言语音建档工程。近年来,天津市档案馆先后征集到较为珍贵的档案资料有清代同仁堂张家京药铺药目、清代总兵曹勷个人档案、“海关大龙”邮票、民国时期天津法国工部局落成纪念石碑、毛泽东为《天津日报》题写的刊头手迹、侯锋院士和邹竞院士个人档案等。这些珍贵的档案资料丰富了馆藏资源,填补了馆藏空白。

二、档案整理和数字化工作

档案整理工作是档案业务的基础工作和关键环节，是档案馆履行法定职能最基础、最重要的技术支撑。天津市档案馆自建馆以来曾多次组织力量，对馆藏档案进行了比较全面、系统的清理鉴定与整理加工。2018 年以来，天津市档案馆承担机构改革单位、混改企业档案的移交进馆工作，为保证进馆档案质量，减轻基层单位负担，通过开展“走进档案”专题培训班、成立档案整理工作专班等一系列举措，集中力量对该部分档案进行了规范化整理工作，逐步实现了馆藏档案的有序保管、及时开放和便捷利用。

天津市档案馆馆藏档案数字化工作于 2007 年正式启动，为全面提升以信息化为核心的档案管理与服务现代化水平，按照“存量数字化、增量电子化”的战略实施计划，逐步建立以档案数字资源为主导的档案资源体系。近年来，天津市档案馆逐步加速存量档案数字化进程，积极依托国家重点档案项目和市财政资金支持，持续加大数字化工作力度，截至 2023 年底，累计完成档案数字化 92 万卷，为档案馆实现数字转型打下坚实的基础。

三、档案保护和修复工作

为加强档案保护修复，拓宽档案抢救修复范围，天津市档案馆建立了档案抢救修复基地。基地面积 400 余平方米，保护技术用房包括：档案修复室、仿真复制室、音像档案工作室、档案缩微拍照室、冲洗室、备品库；主要开展的保护技术工作包括：档案的安全检查，库房温湿度监测和调控，档案防光、防火、防盗、防潮和防虫霉等预防性保护工作，以及档案消毒、去污、修复、仿真复制、音像档案数字化、缩微胶片拍摄等抢救修复工作。同时，进一步加强档案保护技术科研、档案保护人才培养与对外技术支持。

近年来，随着向对破损档案进行最小干预的修复理念的转变，档案修复工作多以手工修复为主，到目前基地已修复破损档案 90 万余页。为了保护馆藏珍贵档案原件，2007 年，基地组建仿真复制工作室，为展陈制作档案复制件 1 万余页。2008 年，音像档案制作室成立，主要负责馆藏音像档案的抢救，馆重大活动音视频档案的采集、编辑及馆专题片的拍摄制作等工作。音像制作室成立至今完成抢救馆藏音像档案 1 万余盘，拍摄制作了援藏、援疆、院士近百位名人的口述档案，丰富了馆藏资源。“十三五”期间完成馆藏破损档案修复 15 万页，抢救音像档案 3500 盘，制作档案仿真件 4500 余页。

四、档案信息化工作

天津市档案馆构建了网络布局合理的档案信息系统,系统分别部署在局域网、政务网和互联网三个部分。局域网部署档案信息资源管理系统,建成档案资源总库、管理库和利用库,承载档案数据接收、著录、编目、开放审核和辅助实体档案管理等档案馆主要业务,实现档案数字资源长期安全保存。通过多年的努力,已建成涵盖馆藏档案的案卷级、文件级目录数据库和全文库。政务网部署电子档案接收系统,可以在线、离线方式接收档案电子目录、原生电子档案数据,进行真实性、完整性、可用性、安全性检测;民生档案“一站式”服务平台连接市、区两级档案馆,汇聚各档案馆 20 多个门类 300 余万条档案信息,提供馆际民生档案查档利用服务,实现“异地查档、跨馆出证”。互联网部署天津档案方志网站、微信公众号等,2020 年,为适应机构改革档案方志工作融合发展要求,天津档案网和天津方志网进行整合,面向社会宣传档案方志工作,开设有馆藏一览、在家看档案、珍档展示、专题展厅、展览预约、编研成果等栏目,提供档案方志查阅等服务。

市档案馆开展电子档案接收工作时间较早,2020 年,对电子档案接收管理系统进行迭代升级,可通过在线或离线方式接收立档单位电子档案,对移交接收的电子档案进行四性检测,依据国家相关标准对电子档案进行版式转换和电子档案长期保存数据包封装,累计接收文书类电子档案 25 万余件。

市档案馆对接全市政务信息资源共享交换平台,每年向平台归集开放档案目录数据。深化全市民生档案“一站式”平台利用服务,不断向各级各类涉民机关单位扩展,覆盖到全市各区并向街镇、社区延伸。天津档案网站先后多次在中国人民大学组织的全国副省级以上档案网站测评中名列前茅。开通档案方志抖音账号,全方位开展档案方志文化宣传和服务。

五、档案开放利用工作

根据《中华人民共和国档案法》以及相关规定,天津市档案馆建立馆藏档案开放审核办法,规范档案开放程序,实现档案开放审核工作法治化、规范化、常态化。截至 2022 年,总计向社会开放馆藏档案 78 万余卷,涵盖反映天津政治、经济、文化、教育、社会生活等方方面面。通过“天津档案方志网”分期分批向社会公布开放馆藏档案目录 123 万余条、档案全文 150 万页。

市档案馆查阅利用大厅设有档案文件资料查阅服务、政府信息公开查阅服务和地方志资料查阅场所,分设开放档案目录和全文阅览区、开放档案阅览室、控制档案阅览室、名誉馆员室、方志资料阅览室、馆档案编研书籍阅览区，满足不同利用者的查档、用档需求。了解掌握利用者需求层次，推出便民惠民服务举措。延长查阅时间，开通节假日预约服务。针对老年人查档需求，推出个性化服务举措，采取“关怀模式”和“长辈模式”为老年人提供更周全、更贴心的服务。建立“名誉馆员”服务新机制，鼓励、扶持社会、高校等各界研究人才，开发利用馆藏档案资源，创建让服务对象信赖的优质的档案服务品牌。

市档案馆针对档案查阅利用、政府公开信息查阅利用、民生档案“一站式”服务平台、全国档案查询利用服务平台等各项工作，细化工作流程，完善制度要求，提升规范管理和高效服务水平。2018年修订《天津市档案馆馆藏档案资料查阅利用规定》经市委、市政府同意组织实施。

“十三五”以来，市档案馆接待档案和政府公开信息查阅2.5万人次，接收政府公开备案文件3.2万件，调阅档案20.8万卷。市档案馆扩大民生档案跨馆远程利用服务的覆盖面，与18家省市档案馆签订《馆藏民生档案异地跨馆远程利用服务协议书》，共建民生档案异地跨馆远程利用服务机制。2020年，市档案馆与北京市、上海市、河北省档案馆签署了民生类档案跨馆利用合作协议，推进京津冀协同发展，实现资源共享、协同发展。

查阅档案及政府公开信息接待时间：

工作日上午8:30至11:30

下午1:30至4:30

档案查档咨询电话:022-23678909

政府公开信息咨询电话:022-23678983

社会公众持身份证等有效身份证件即可到馆查阅利用已开放的馆藏档案和政府公开信息。利用未开放的档案，须凭单位介绍信等证明材料，按有关规定办理。

六、档案宣传工作

天津市档案馆围绕重大纪念活动、主题教育等举办展览，传承红色基因，赓续红色血脉，弘扬社会主义核心价值观。近年来，先后举办了“红星照耀中国——外国记者眼中的中国共产党人”“家风耀中华”“信仰的力量——中国共产党人的家国情怀档案展”“‘不忘初心、牢记使命’主题教育档案文献展”“‘百年恰是风华正茂’主题档案文献展”等线下展览，“庆祝新中国成立70周年工业档案文献网络展”“档案中的红色故事之天津抗战展”“建筑沧桑：天津解放北路街区记忆档案图片展”“铭记历史　砥砺前行——天津抗美援朝档案图片展”“红色丰碑——天津市革命旧址展”等线上展览，全面提升改造“天津城市记忆展”。与市档案局、市委党校联合建成党性教育主题教室，为全市党员干部提供党性教育平台。举办“砥

砺奋进六十载　继往开来谱新篇——天津市档案馆建馆60周年展览”，展示默默耕耘，积极进取的兰台基因。

依托天津市爱国主义教育基地和全国中小学档案教育社会实践基地，在“6·9”国际档案日、“9·5”档案开放日推出系列宣传活动。与机关、企业事业单位、学校、社区等开展共建、主题党(团)日、体验课、公益巡展、文化讲堂等活动，普及档案、档案法相关知识，让市民群众在活动中了解家乡历史、增强档案意识。推出“档案记忆”直播节目、“我和我的祖国”快闪活动等，制作天津入选《中国档案文献遗产名录》文创书签、《档案魔方——装在口袋里的历史》漫画口袋书等档案文创宣传品。

近年来，市档案馆发挥互联网和新媒体的优势作用，制作推出多种文化产品。市档案馆联合天津电视台、市委党校制作大型党史人物纪录片《曙光》，拍摄大型生态文明纪录片《海河》和红色主题微电影《没有共产党就没有新中国》等，在天津广播电台播讲《天津红色遗址故事》《国家档案遗产中的天津传奇》等档案文化节目。开设天津档案方志抖音号，制作发布系列短视频。在天津档案方志网和微信公众号上推出“天津解放”“盛世文化的挫折”“清代人物——曹勷”“租界合约”等专题档案及“档案微视频”“带你观摩档案修复技术的神奇”“乡愁有声”“津皖音缘”等档案文化内容。内容丰富、创新形式、多措并举，市档案馆爱国主义教育基地弘扬爱党、爱国、爱家乡的作用得到充分发挥。

七、档案编研工作

近年来，天津市档案馆认真贯彻落实习近平总书记对档案工作一系列重要指示批示精神，深度挖掘馆藏档案资源，积极开展档案资料编纂和研究工作，不断拓展和丰富档案编研开发形式和内容，充分发挥档案编研资政育人作用，致力于讲好党的故事、中国故事、天津故事。

市档案馆公开出版发行档案资料编纂成果主要有《天津商会档案汇编》(10辑)、《天津邮政史料》(5辑)、《天津近代工业档案选编》(上、下卷)、《近代天津中国银行档案选编》[上卷、中卷(上、下两册)、下卷(上、下两册)]、《天津近代电力档案史料选编》《中俄(苏)交往天津档案史料选编》(上、下册)等50余种。市档案馆积极开发馆藏红色档案资源，与中共天津市委党校(中共天津市委党史研究室)合作编纂《中共天津历史档案选编》，1921—1949年为第一卷，1949年之后(含1949年)，每年一卷。特别是围绕天津近代租界档案，点校出版了《天津英租界工部局史料选编》《旧天津日租界》，影印出版了“天津租界档案”第一辑《英租界档案》。2016年，为推动租界档案史料开发工作向纵深发展，《近代天津租界档案史料选编》项目积极申请国家社科基金并获得成功。围绕长芦盐业档案，先后编纂出版了《清代长芦盐务档案史料选编》《长芦盐务档案史料选编》(1928—1948)、《北洋时期长芦盐务档案史料选编》等。

市档案馆公开出版发行档案资料研究成果:《天津近代历史人物传略》(7卷本)、《天津运河故事》《皇权的力场:清前中期天津大盐商的兴衰》《举火烧天:天津抗日杀奸团纪事》等。此外,市档案馆还围绕近代天津历史撰写了群众喜闻乐见的大众型文化产品:“天津旧事”系列丛书,如《天津老教堂》《天津老戏园》《天津老南市》《旧天津的大案》《旧天津意奥租界故事》《老天津风尚志》等;“老画报”系列,如《北京老画报》《天津老画报》《上海老画报》《民国画报人物志》《老画报里的婚恋故事》;“档案中的画报画刊”系列丛书,即中国近代画报大系之《中国近代画报史稿》《报刊文论卷》《公牍档案卷》;以及《天津档案与历史》(4辑)等。

此外,还与天津交通广播、天津生活广播展开合作,先后推出《开启红色档案,追寻党的故事》等系列节目。

第三章　馆藏档案综述

天津市档案馆馆藏档案年代久远，卷帙浩繁。经过近60年的积累，市档案馆已经初步建立起门类齐全、结构合理、内容丰富，能为社会各方面提供有效服务的馆藏体系。主要包括明清档案、民国档案、革命历史档案和中华人民共和国成立后档案。截至2023年，共有馆藏档案1177个全宗，183万余卷，66万余件。馆藏中华人民共和国成立前档案453个全宗，83万余卷，主要来源于天津市军事管制委员会和天津市人民政府接收的国民政府档案；还有一部分是档案馆建馆后，由原保管单位或档案主管部门、代保管部门陆续向天津市档案馆移交的档案；少量是由外省市有关单位转移或征购进馆的档案，进馆后的历史档案无销毁和重大变动。革命历史档案和中华人民共和国成立后档案共724个全宗100万余卷，66万余件，主要来源于天津市级党政机关、企事业单位、群众团体和社会组织等移交的档案。

一、明清档案

馆藏明清档案除曹勷个人档案、天津习艺所全宗全部为清代档案外，其余明清档案零散分布于馆藏30余个全宗中，内容涉及明清时期的内政、外交、军事、经济、司法、文教、社情民情等。其中，天津开埠后形成的档案，见证了帝国主义对中国进行侵略、打开中国大门、攫取中国财富的过程，也是天津沦为半封建半殖民地港口城市的真实记录。珍贵档案有明万历四十八年（1620年）房地契档案，这也是天津市档案馆馆藏档案中年代最为久远的档案；1901年天津都统衙门告示；1993年5月征集进馆的曹勷个人档案，诰命、奏折、咨文、家谱等；1903年创办的中国近代第一座新式监狱“罪犯习艺所”相关档案；近代天津慈善机构广仁堂筹建、成立等相关档案；中国遣使会19世纪中后期在中国传教活动的档案；入选《清史图录》的档案等。在清代档案中，中国北方地区早期商会档案、中国近代邮政起源档案、李鸿章在津筹办洋务档案入选了《中国档案文献遗产名录》。

二、民国档案

馆藏民国档案是天津市档案馆馆藏历史档案中的主体部分，数量大、范围广、内容丰富，真实记录了民国时期天津政治、经济、文化、教育、工业及社会变迁的全貌，是研究民国时期天津历史及中国近代史的重要史料。馆藏民国档案按照所属历史时期与年代分为北洋政府和民国时期档案（1912—1937 年）、日伪时期档案（1937—1945 年）、国民党时期档案（1945—1949 年）。

北洋政府和民国时期档案于天津沦陷时遭日机轰炸，损毁严重。天津市档案馆建馆后，对这一时期档案进行了多方面的组织接收和征集。日伪时期档案详尽地反映了日伪政权以天津和华北作为侵华战争的“兵站”和“基地”，在天津进行军事侵略、高压政治、经济掠夺、奴化教育、文化控制活动的历史罪恶，也反映了中国共产党及各派抗日力量反抗日本侵略的战斗史实，是研究日本侵华史、抗日战争史和天津地方史的重要依据。国民党时期档案为国民党天津市政府及其所属机构形成的档案，反映了国民党统治后期政治腐败、经济凋敝、物价飞涨、民怨沸腾的内外交困的社会状况。

馆藏民国档案较为珍贵的还有民国时期天津各行业同业公会档案、近代天津各会馆团体档案、近代天津工业档案、近代天津金融档案，此外还有黄兴、李宗仁、张学良、宋美龄等名人档案。在民国档案中，近代海河流域治理档案和“永久黄”企业档案入选了《中国档案文献遗产名录》。

三、革命历史档案

馆藏革命历史档案记录了在抗日战争时期和解放战争时期，中共天津地下党组织与国民党反动政府、日本帝国主义进行斗争的情况以及天津市军事管制委员会和市委、市政府带领天津市人民顺利完成城市接管、建立人民政权、恢复发展国民经济、整治社会秩序等重要工作和历史进程，是研究中共党史和天津革命斗争史的珍贵史料。内容涉及中共地下党组织领导天津学运、工运、民运和进行统战工作、开展革命斗争档案，天津市军事管制委员会接管及建立人民政权档案，肃清敌伪反动残余势力，建立革命秩序，接收敌伪财产档案等。

四、中华人民共和国成立后档案

中华人民共和国成立以后的档案，是馆藏档案的主体。主要为中共天津市委、天津市人民政府，以及市委、市政府各部门，各民主党派、群众团体及撤销机关、企事业单位形成的档案，档案数量大，保存完整，真实地记录了中华人民共和国成立以来天津的政治、经济、文化、城市建设等各个方面的发展概况，全面系统地反映了天津人民在市委、市政府领导下，进行社会主义革命和建设，进行改革开放和社会主义现代化建设，步入中国特色社会主义新时代，建设现代化天津的伟大征程。

馆藏档案除大量文书档案外，还有少量声像档案、实物档案等其他载体档案，和重要领导人题词档案。较为珍贵的有毛泽东、周恩来、刘少奇等同志的讲话录音；毛泽东 1964 年为《天津日报》题写的刊头；刘少奇于中华人民共和国成立初期视察天津工作时多次发表讲话的原始记录及 1951 年 8 月写给黄敬、黄火青的亲笔信；周恩来为《天津青年报》的题词；朱德、彭德怀为纪念登高英雄杨连第烈士牺牲五周年题写的题词等。

第四章　馆藏资料综述

天津市档案馆馆藏资料 7.5 万余册，上架排列长度 950 余米，主要通过接收、征集、购买等进入馆藏。馆藏资料主要分为清代和民国时期资料、革命历史和中华人民共和国成立后资料，内容涵盖 1930 年至 2020 年反映天津在政治、经济、文教卫生、市政建设、人民生活等方面的政策法令和专题资料汇编，以及各种类型的专业书籍和报刊杂志等。馆藏清代和民国时期资料主要包括法规、公报、报告、年鉴统计、史志、专著、名录、外文资料、报纸、期刊画册等，内容涉及政治、经济、文化、教育、市政、司法、公共事业等多方面。馆藏革命历史和中华人民共和国成立后资料主要包括党、政、军机关及群众团体形成的资料，内容涉及组织监察、宣传统战、外交侨务、政法公安、劳动人事、计划统计、工业交通、城建公用、农林水利、财税金融、商业贸易、文化教育、科技卫生等方面的汇编、著作和报纸杂志等。

这些资料为编史修志、学术研究和举办展览提供了重要的信息资源，在一定程度上弥补了档案的不足，具有参考价值和辅助作用。

第二篇

馆藏档案

第一章　馆藏清代档案

天津习艺所
全宗号 J166

一、机构概况

1903 年,清政府开始进行司法改革,学习日本的监狱管理经验,创办了中国近代第一座新式监狱“罪犯习艺所”。习艺所为清末关押犯人的场所,兼办收养乞丐等无家可归人员。由于此类人员不能与罪犯同宿及同厂工作,因而天津习艺所呈报添建天津游民习艺所收养、教育贫民。

二、档案情况及内容介绍

馆藏该全宗档案共 2 卷,档案起止时间为 1903—1904 年。编有案卷目录和文件目录可供检索。

档案主要内容如下:

有天津习艺所为添建游民习艺所呈报天津府、天津道以及天津工程总局的折、工程预算书、工程图;请拨占用民户房价银两折;请拨建游民习艺所应用工、料银两折;收到各种费用的折;清查所管围墙内公地报告,天津市监狱官有土地明细表等。

曹勷个人档案
全宗号 J167

一、人物概况

曹勷个人档案是天津市档案馆于 1993 年 5 月征集进馆的第一份个人珍贵档案，也是馆藏年代较早（康熙六十一年，即公元 1722 年）的历史档案之一。曹勷字圣瓛，河北交河县人，生于 1694 年，1713 年（清康熙五十二年）联捷进士，曾任陕西凉州兴汉总兵、陕西宁夏水利都司，加都督衔。

二、档案情况及内容介绍

馆藏该全宗档案共 26 卷，上架排列长度 0.43 米，档案起止时间为 1722—1913 年，档案按“问题”分类排列。编有案卷目录和文件目录可供检索。

档案主要内容如下：

有康熙封曹勷之父为怀远大将军、封曹勷之母为淑人的诰命；曹勷在圆明园受雍正召见后自书札记及谢恩本稿；曹勷请雍正圣安奏折；曹勷为叩谢雍正颁赐御书“福”字等物奏折；曹勷为叩谢雍正颁赐貂尾冠等物奏折；凉州镇属标永庄官兵手镜；延绥总兵张广泗为请都督府曹勷挑选精兵会同迎敌致曹勷咨文；曹勷在狱中供单；曹勷个人履历；曹氏家谱及购地契约等。

第二章　馆藏民国时期档案

党务、政务档案

中国国民党天津特别市执行委员会
全宗号 J220

一、机构概况

中国国民党天津特别市执行委员会是中国国民党天津特别市党部执行委员会的简称，通常又称国民党天津市党部。1928 年开始，国民党在天津设立国民党党务指导委员会。其后，根据不同时期进行改组和更换。国民党党务指导委员会是 1928 年至 1929 年的领导机构，潘云起、韩振声、杨亦周、莫子镇等充任委员。1929 年选举成立国民党天津市执监委员会，由杨亦周、宋藩周、苏蓬仙充任委员和党委，但同年即被解散。后由陈石泉、刘不同等组成天津整理委员会。1930 年派邵华、张学铭、刘震章加强该会领导。1935 年国民党政府与日本签订“何梅协定”，根据条文规定，蒋介石下令解散党部，党务活动停止。日本投降后，国民党天津市党部以时子周任党部主委，苏吉亨任书记长。1946 年，国民党中央派邵华继任主委。1947 年，实行党团合并，加派三民主义青年团王任远等五人任委员。此时，国民党天津市党部组织机构设有总务组、组训组、宣传组、视导组、党员通讯组、农工运动委员会，国民党在津单位有平津铁路特别党部、津浦铁路特别党部、八区公路特别党部、中华海员特别党部；国民党中央宣传部在津有《民国日报》、正中书局、中央通讯社天津分社、中央广播电台天津分台；国民党中央在津控制企业有恒大企业公司信用证所属各厂（东亚烟草厂、东亚面粉厂、中华火柴厂），并在各工、商、农、妇女、教育、社会等部门设立控制监视网进行反革命活动。直至 1949 年 1 月天津解放后，国民党天津市党部统治告终。

二、档案情况及内容介绍

馆藏该全宗档案包括国民党天津市党部、三民主义青年团天津支部以及中统局、军统局、国防部二厅等三部分内容,共有档案 573 卷,上架排列长度 14.36 米,档案起止时间为 1945—1949 年,档案按“机构-年度-问题”分类排列。编有案卷目录可供检索。

档案主要内容如下:

(一)国民党天津市党部

有人事任免材料;党务工作人员任用暂行规程,国民党党员参加党务工作详细办法;组训宣传工作纲要,以及实施训练办法;天津特别市党务整理委员会工作总结报告,国民党第一届执行委员会会议记录;该部与有关单位来往文书;各行业工会成立、改选、区党部名册,党团统一文件等。

(二)三民主义青年团天津支部

有各分部筹备处团员总甄核,各区队部成立材料;各分团主任、书记名册;河北省党政团共同工作纲领、代电,党团合并,分队活动办法及宣传活动要点;天津支团部筹备处 1948 年工作计划、工作报告、证件等。

(三)中统局、军统局、国防部二厅

有天津区所属单位工作计划、工作报告、会议记录;戡乱建国委员会计划纲要;军人之家实施办法;中央党通局的指示、来往函件、电报等。

天津市参议会
全宗号 J3

一、机构概况

天津市参议会成立于 1946 年 6 月,是国民政府行政院在天津特设的民选、民意机构。主要职能是向市政府提出建议,听取市政府施政报告和提出质询,审议各项议案等。其常设机构为天津市参议会驻会委员会。议长由时子周担任,秘书长由郝遇林担任。1949 年 1 月天津解放后,该会自行撤销。

二、档案情况及内容介绍

馆藏该全宗档案共615卷，上架排列长度8.7米，档案起止时间为1935—1949年，档案按"年度-问题"分类排列。编有案卷目录和文件目录可供检索。

档案主要内容如下：

（一）综合类

有天津市参议会职权条例，组织人事条例；秘书处人事条例，国民政府聘用、派用人员管理条例，实施办法及遴用资格审核表；蒋介石给天津市参议会的训词；各省市参议会致天津市参议会的贺电、代电；各省市、县参议会或临时参议会参议员遴选补充规程；各省市参议会关于中央驻省市、县机关应向所在地参议会报告工作电文；市参议会各种委员会审查报告书；会计室报表及移交清册；参议员身份证、聘书；参议会历届、历次驻委会会议记录；历届、历次参议会会议记录；市政府送市政会议例会记录；临时会议议案等。

（二）提案议案类

有历届、历次大会关于民政自治、财经建设、文化教育、卫生、妇女等方面提案；对市政府各局、处施政报告的决议文件；市参议会驻会委员会关于惩治汉奸、禁烟戒毒、取缔影院女招待、安定民生、稳定物价、平粜购粮、救济难民、解决煤荒，以及新生活运动、国民教育、公用事业等方面议案；各省市参议会为反对莫斯科外长会议干涉内政、收回澳门、稳定物价、维护人权等问题给国民政府的文电等。

天津市政府
全宗号 J2

一、机构概况

1945年日本投降后，原天津特别市政府由国民党当局接管，1945年10月国民党天津市政府成立，直属国民政府行政院领导，是天津市地方行政领导机构。天津市政府职能是负责天津市各方面工作。历任市长有张廷谔、杜建时。政府内部机构设有秘书处、总务处、人事处、会计处、统计处、外事处、新闻处、参事室、机要室。下属单位有民政局、财政局、教育局、社会局、地政局、卫生局、工务局、公用局、警察局、天津市训练团等。1949 年 1 月天津解放后，国民党天津市政府由中国人民解放军天津市军事管制委员会接管。

二、档案情况及内容介绍

馆藏该全宗档案共 11800 卷，上架排列长度 194.13 米，档案起止时间为 1926—1949 年，档案按“机构－年度”分类排列。编有案卷目录和文件目录可供检索。

档案主要内容如下：

（一）综合类

有市政府组织原则，简化机构方案；天津市政府工作计划、施政报告，天津市戡乱建国动员计划，改进政治实施纲要；有关办理接收敌伪产业、禁烟戒毒、社会治安等方面工作呈蒋介石报告；天津市政府各局、处工作报告，会计报告；各机关成立、启用印信、任免就职、机构变动及调整文件；善后事业委员会、战略顾问委员会成立文件；党政接收委员会机构调整及行政院关于各省市增设新闻处训令；市政府新委任人员登记表、人事报表，以及考核、考绩情况材料；国民党中央政府及行政院颁发国籍法、兵役法、提审法、国防法、矿业法，及有关财政、内政、外交、公用、警政、民政、监察、任用审查、抚恤奖金、处理敌伪产业文件等。

（二）行政类

有国民党中央党员通讯局在津设联络处的代电；国民党驻港澳党支部召开党代会给天津市政府的代电；中国民主社会党政纲；行政院、内政部关于各省市变更行政区域训令；行政院检发经济改革方案训令；开放沿海港口训令；市政府关于兑换敌伪币制法令，改革币制报告，物价指数报告，平抑物价文件；天津市政府土地登记实施办法、公用土地管理办法，地价查报表；市政府及工务局、民政局、社会局、公用局有关市政建设、道路、桥梁修缮、河道疏浚、邮电、公路、公园、公墓、电汽车等公用事业管理方面报告、指令、函电及报表；救济院及难民管理文件；交通管理规则；渔业保护、摊贩管理规定等。

（四）文教卫生类

有教育局工作计划报告，行政业务规定办法；职业学校学生毕业试验报告；国民教育调查统计表；私立中学统计表；国民学校教职员薪级支给标准；关于国立政治大学、河北省立医学院、工学院、国立兽医学院、私立天津工商学院等学校成立、启用印信文件材料；关于药品调查、普通防疫、传染病防治方面文件；各医院、诊所成立备案材料；部分报纸登记备案材料，戏曲审查文件，天津图书馆报告书，广播电台接收专员办事处结束工作的公函等。

(五)军事司法类

有行政院、北平行辕有关国防及紧急军政措施训令、代电;行政院关于肃清烟毒办法及查缉毒品奖励办法训令;陆军在乡士兵管理暂行规则;军粮储备委员会成立及军官学校成立文件;天津市政府转国民政府1947年大赦令;市政府转内政部编组保甲户口办法,关于办理国民身份证训令;天津市户口统计表、登记册;警察局防火宣传计划及消防工作呈文;警政统计表,呈报各区火警、火险、盗匪、凶杀等治安情况报告,缉获烟毒案犯日报表等。

(六)外事侨务类

有内政部抄发国籍法代电,境内外国人出入及居留规则;经济部关于调查外商工厂的公函;市政府对白俄侨民及无国籍侨民管理训令;关于日侨归国携物规定;各机关申请留用日籍人员报告等。

天津市各区公所(2—12区)
全宗号 J30—J39、J162、J163

一、机构概况

天津市共有12个区公所,相继于1945年9月至11月成立。各区公所是天津市地方区级政权机构,受国民党天津市政府领导,政务工作的实施由社会局、民政局指导。其主要职能是负责各所辖区内保甲划编、工商管理、农业管理、城建卫生、文化教育、地方治安、人口登记、民众训练,以及选举、兵役、征夫、禁毒、配给、救济、抚恤等事务。各区公所设区长1人,内部机构设有民政股、经济股、文化股、警卫股、户管股等。1949年1月天津解放后,各区公所由中国人民解放军天津市军事管制委员会接管。

二、档案情况及内容介绍

馆藏12个区公所全宗档案共3318卷,上架排列长度58.19米,档案起止时间为1932—1949年,档案按“机构-年度”分类排列。编有案卷目录和文件目录可供检索。

档案主要内容如下:

(一)组织类

有市政府任命各区区长派令及各任区长交接清册;各区参议员选举事务所组织系统表,

参议员选举投票所主任姓名表;各区参议员选举监察员姓名清册,选举登记及编造名册办法;保长、甲长、牌长候选推举办法;各区保甲编组计划、保甲区域分配图;区民代表会代表选举实施办法、选举程序;各区保呈送区民代表选民统计表等。

(二)工商管理类

有天津市各区公所关于工厂资本额、组织形式、开工年限、产品种类、年产值、工人数量、厂房面积、地价估算呈报文件;各区工厂登记清册、公司调查清册,商品调查统计办法及其报表;各区商号油、粮、煤炭货物存量调查统计表;关于汽车、大车、人力车、兽力车等输力编组、登记、使用、征用,及运费标准、伤亡抚恤、损失赔偿办法;市政府令各区查禁黑市交易及各区公所经济股、民政股、警卫股查禁结果上报的呈文;关于6种生活必需品价格及高级职业人、手艺人、普通工人日工资调查表等。

(三)农业管理类

有各区牲畜场、农场、林场、渔场等经营性质、资本总额、产品种类、年产总值、从业人员数量调查表;各区关于可耕地面积、灌溉面积、肥料种类、平均亩产、种植种类、荒地面积、农民数量调查统计表;各区耕地租佃数量、租户、佃户姓名及租佃额情况调查呈报文件;天津市农业善后推广辅导会各区分会成立材料及其工作会议记录等。

(四)城市建设类

有天津市道路名称改定对照表;天津市新界道路图;各区白河堤埝保护工程施工责任及办法,道路维护训令;各区市政建设费预算,请拨款决算及申领使用办法;地方建设费征收办法,房地产税征收规则;区民房地产申领、换契、遗失补契办法,关于整理地籍及土地移转登记办法;房地产税征收规则等。

(五)文教卫生类

有各区文化股训令审查小人书及办法;各区学校请拨款修缮危漏校舍给区公所呈文;各区机关团体办理民众识字班办法;各区成立教育基金会呈文、饬令、公函及会议记录;天津市医师分区名册;各区防疫委员会检疫注射班工作地点一览表;各区各年度卫生防疫实施办法等。

(六)户籍管理类

有各区户口清查队名册;关于公民证、国民身份证、国民党员证发放、换发及登记办法;市警察局户口大清查办法;市民政局户口抽查办法;各区警察机关调查户口与户政机关联系办法;各区奉政府令军队、宪兵、警察联合清查户口文件;户口清查登记表,人口失踪登记表,各单位来、往、雇、辞人员登记表等。

（七）兵役类

有各区现役军官证明；关于壮丁、免役、缓征申请、审查办法；役龄男子身份调查办法、异动统计表；志愿兵应征志愿书；各区拨交新兵名册；征募新兵敛款奖惩办法等。

（八）配给类

有天津市市民配给暂行规则（草案）；天津市市民配给配卖店管理规则（草案）；天津市政府关于扰乱市民配给惩罚办法（草案）；各区配给机构系统表；天津市封存物资配给市民计划草案；各区各年度食粮等配给计划及配给数量明细表；配给户口变动情况月报表等。

天津县政府（1912—1937年）
全宗号 J51

一、机构概况

1912年，天津在行政建制上废除了原天津直隶州与天津府，同年在天津城内建立了天津县政府，隶属直隶省领导。其主要职能是负责该县辖区内各乡、镇行政、土地、农业、工商、税收、治安、教育、卫生、公用、社团等各方面的管理事项。1937年7月，日本侵略军占领天津后，天津县政府被天津县公署取代，成为日伪统治机构。

二、档案情况及内容介绍

馆藏该全宗档案共507卷，上架排列长度9.57米，档案起止时间为1903—1937年，档案按“问题-年度”分类排列。编有案卷目录和文件目录可供检索。

档案主要内容如下：

（一）房地产类

有1903年至1936年，天津县关于征收田、房、佃房、旅租、苇塘、鱼塘及买卖、典当房地产税契登记簿，总账；有关退让租地、撤销地亩、勘查环城围墙位置、置办田产、田房交易监证人方面材料；天津县各租户领换执照、佃户更名倒租、修缮、拆盖房屋用印登记表；天津县辖区内申请减租、追缴欠款、证明产权、用地招标、地亩状况、财产登记表及图册；白庙、宜兴埠、陈家沟地亩图等。

（二）财税类

有天津县政府关于整理全县财政管理事项公函、训令；1936年全县地方各款项收支公布表；县政府关于追缴北洋公司及各租户历年拖欠学校租金批令、通知；经征处收取学校学产、善产租款数目报告单；关于各乡长协助教育、保护学校经费按时发放指令、训令，及各小学校开办登记、经费使用文件等。

（三）法规类

有天津县政府财政收支系统法规；县政府关于违反印花税款、擅垦苇荒、占地盖房、侵占地界、占用马路、整治官吏贪污情况报告及处理意见等。

（四）教育类

有河北省教育厅及天津县政府有关教育工作训令、指令；省教育厅关于增设农业课程报告；天津县中小学、私塾情况调查及统计报表；普通与高等检定考试规程；中等学校特种教育纲要及教务安排通知；县政府关于成立短期小学培训班训令、简章及教职员、学生名单；职员保证书、学生志愿书、毕业生一览表，家务教育、义务教育实施计划、概况调查材料等。

天津县政府（1945—1949年）
全宗号 J53

一、机构概况

1945年8月日本投降后，原日伪天津县公署结束工作，国民党恢复建立天津县政府，其职能是负责天津全县行政事务，监督所属机关、区、乡公所及学校等各项工作。1949年1月天津解放后，天津县政府由中国人民解放军天津市军事管制委员会接管。

二、档案情况及内容介绍

馆藏该全宗档案共1693卷，上架排列长度23.5米，档案起止时间为1922—1949年，档案按“问题-年度”分类排列。编有案卷目录和文件目录可供检索。

档案主要内容如下：

（一）综合类

有河北省政府发布的政令和法规，宪政实施纲要；天津县关于建设工作计划草案、办法；政府税捐征收工作报告；天津县警察工作概况报告；各乡公所、农会、合作社、农场统计工作调查材料；关于妇女会、民众自卫老年队、护路军、职业团体统计材料等。

（二）组织人事类

有天津县政府各项人事工作制度，改革体制规定、办法及公务员服务法施行条例；河北省关于县长审查、考试、任用标准材料；关于选举县市参议员、国民大会代表情况材料；1946年至1947年天津县政府官员一览表，地方各级行政官吏、知名人士统计表；天津县各商会办事细则、章程、会法、工作概况及会议记录、职员名册；中国童子军县市理事会组织规程；天津县理事会名册等。

（三）民政军警类

有国民政府户籍法、户口清查办法实施细则；河北省各级户政机构编制表；各县战乱期间检查户口暂行办法，户政人员考核奖惩文件；河北省关于保甲规约、组织设立、人员配备相关文件；保甲人员考核登记表、证明书及各保甲修堤、领取物资材料；河北省政府关于农会实施办法规定；河北省各县（市）关于新兵征集所修建办法；红十字会关于申请救济物资、抚恤士兵文件材料等。

（四）财税金融类

有天津县财务监察委员会组织章程、会议记录；中央财政经济法令汇编；中央银行管理外汇办法及出口贸易办法；金圆券发行委员会组织规程；有关币制改革、管制黄金外币文件材料；中国农业银行有关办理农场贷款暂行办法；天津县政府关于修筑城防工事向银行贷款问题材料；颁布的各种税法、税则及暂行条例；河北省粮食部关于田赋征收、清查地亩、田赋整理、调查、催征、督导、收解、运拨的各项规定办法等。

（五）公路邮电类

有河北省关于公路修建、护路管理及整顿汽车等问题的指令、规定、办法；天津县有关修建、保护公路、桥梁和护路工作汇报；北平至静海间公路图及牲车路线表；河北省政府关于保护电信线路恢复铁路交通的指示、规定和办法等。

（六）农林水利类

有河北省粮食部关于粮食管理各项规定，非常时期违反粮食管理治罪暂行条例；粮食储运人员奖惩办法；关于成立征购军粮委员会材料；各农场地亩产权纠纷材料；天津县临时防汛水利机构设置、人员配备、修堤防汛、水患急赈、堤防岁修等问题的决定、办法；1945年至

1947 年天津县有关防汛、抢险、观测、修堤及水利经费问题文件材料等。

(七)外事类

有 1947 年至 1948 年天津县政府发放护照文件和外事工作规定、办法、暂行条例;关于遗留物资处理意见等。

(八)教育卫生类

有河北省天津县关于教育工作规定、办法;1947 年天津县教育特种基金管委会组织章程;河北省教育厅关于纪念教师节活动通知及天津县执行情况汇报;天津县乡镇关于整理镇容、街巷卫生情况材料;河北省政府关于加强学生体育保健训令;国民学校体操实施标准程序;关于成立国立国术体育师范专科学校的公函等。

天津市社会局
全宗号 J25

一、机构概况

天津市社会局于 1928 年成立,是国民党天津市政府直属机关。1949 年 1 月天津解放后,该局工作结束,共经历了北洋军阀、日伪统治、国民党政府三个时期。这三个时期的社会局,都是当时天津市政府的职能机构。虽然内部机构设置不尽相同,但主要职能基本一致,即负责全市社会福利、社团与工商登记、地方自治、劳工、农业经济及文化事业等事项。

北洋军阀时期天津市社会局设 3 个科。第一科负责社会福利、社团登记、房屋纠纷处理等事项;第二科负责工商登记及工商管理等事项;第三科负责劳工行政、脚行登记、劳资纠纷处理等事项。日伪统治时期,1942 年局内机构设 4 个科,即社会福利救济科、工商管理科、劳工行政科、物资配售科。1944 年市政府将该局工商管理科和物资配售科的部分业务合并,组建成立了天津市经济局。1945 年 10 月国民党政府时期,市政府将市经济局撤销,其负责事项归并社会局。此时,局内科室重新划分,共设 4 室 7 科。4 室即:秘书室、人事室、会计室、合作室。7 科即:地方自治科、工商管理科、团体组训科、劳工行政科、社会福利科、文化事业科、总务科。

天津市社会局历任局长共 11 人,即:鲁涤平(1929—1930 年),刘晋叶(1930—1931 年),吴瓯(1931—1932 年),邓庆澜(1932—1934 年),马彦翀(1935—1936 年),文访苏(1937—

1939 年)，蓝振德(1939—1943 年)，赵济武(1943 年)，朱崇信(1943—1945 年)，郭绒蕴(1945 年)，胡梦华(1945—1949 年)。

二、档案情况及内容介绍

馆藏该全宗档案共 10211 卷，上架排列长度 177.48 米，档案起止时间为 1909—1949 年，档案按“机构-年度”分类排列。编有案卷目录和文件目录可供检索。

档案主要内容如下：

(一)综合类

有该局及下属单位员额编制说明，人事组织章程及办事细则；市政府发官吏捐俸赈灾文件；关于员工所得税文件，公务员退职金、所得税计算方法；市政府财政会计工作制度、财会管理办法汇编；追加预算限制办法，机关公款存汇办法，会计法规，公库法及有关事项文件；市政府关于军用物品请批办法；天津市行政及事业机构设置文件；该局历任局长就职通告等。

(二)法规制度类

有市政府颁发工厂法、农会法、兵役法、公司法、破产法、矿业法、邮政法、招商法、海商法、商标法、保险法、出版法、森林法、国籍法、户籍法、会计法等法令；市政府制发各级政府组织法，公务人员管理规程，政务警务法规，考试法则及规程，行政人员训练规程，人民团体组织规程，各级各种会议规程等；市政府关于抗战损失调查办法，抗战阵亡官兵抚恤办法，外侨在华组织、团体管理办法；天津市金融管理办法；公有土地管理办法，赈灾救济办法，红十字会管理办法；禁烟禁毒办法；医药品管理办法；汽车管理办法；民航飞机搭乘办法；报纸、杂志、电影管理办法等。

(三)登记类

有天津市社会局举办公司登记会议文件，处理未经登记擅自营业公司情况材料；天津市保险、银行、贸易、房地产、食品、化工等行业公司申请登记文件，以及各公司解散、迁址、停业、复业、改组、更名、开设分号材料；有英、美、法、意、俄、日、瑞士、丹麦等国家外商在津开办银行、信托公司、房地产公司、进出口贸易公司、洋行、商社、工厂、货栈等申请登记文件；天津商会及卷烟、火柴、制革、粮食、汽车等行业公会呈请备案文件；天津市员工消费合作社章程、准则；天津市合作社会议记录及决议事项材料；各合作社月度、年度报告及与社会局来往文书等。

（四）劳工类

有天津市部分工厂企业管理规则；市政府制发职工福利法规；工会法实施细则；工会组织规程；天津市部分行业员工待遇办法；天津市失业工人临时救济委员会文件；天津市防止工人工潮办法；社会局呈市政府劳资纠纷情况报表及处理结果等。

（五）管理类

有市政府关于统购、统销棉花实施细则，平价售粮通告；天津市粮食流通管理办法；各种服务性行业价格限定办法；市政府年度农林建设要点，农业生产统计调查表，年度农作物收获数量统计表；社会局改进菜市营运报告，菜市地摊租金设定办法，处理菜市铺房纠纷结果材料；国家度量衡标准方案，度量衡法规、章程；天津市度量衡检定所呈报业务函件，检定所年度检定费预算、决算书；社会局关于天津市各种物品配给原则及价格制定方法；天津市人口详查材料及难民失业情况报告等。

（六）社会福利类

有天津市政府安置抗战剿匪阵亡将士办法；市荣军眷属救济委员会工作办法；天津市慈善团体工作汇报；关于开展儿童福利工作竞赛文件；救济外地来津学生办法；该局殉职官警抚恤办法，难民救济计划，赈灾工程安排，救济院各项工作报告，筹设妇女济良所报告，收容街游乞丐投宿办法；天津市孔庙实业调查表；市政府推行新生活运动材料；天津市墓地管理办法等。

天津市民政局
全宗号 J26

一、机构概况

1947 年 4 月 14 日成立天津市政府民政处，1948 年 1 月 1 日改称天津市政府民政局，1948 年 3 月 12 日改称天津市民政局，隶属于国民党天津市政府。该局主要负责天津市地方自治、区域划分、区保组织、人事、选举、禁烟禁毒、礼俗、民众训练、壮丁调查、新兵征集、警保联系，以及在津军人管理和军属抚恤等项工作。成立初期其内部机构设有秘书室、视察室及自治科、户政科、军事科。1947 年 12 月，增设会计室和事务科。1948 年 4 月，又增设人事室、统计室及专员 3 人。天津市民政局设局长 1 人，由冯步洲担任。1948 年 12 月 24 日，局长一职由曹钟麟代理。1949 年 1 月天津解放后，该局由中国人民解放军天津市军事管制委员会接管。

二、档案情况及内容介绍

馆藏该全宗档案共 629 卷，上架排列长度 11.6 米，档案起止时间为 1947—1949 年，档案按“机构-问题”分类排列。编有案卷目录和文件目录可供检索。

档案主要内容如下：

（一）综合类

有天津市民政局等部分机关单位及外地驻津单位组织规程；天津市军事、警务、党政、财政、机关行政法规；天津市有关退休、抚恤、土地、捐税、医药、卫生、救济、教育、公用工作方面的法规；天津市民选举办法；天津市政府文书工作规程；平津区敌伪产业处理局关于处理敌伪产业各项规定、办法；天津市警察局关于身份证明书发放及管理办法；天津市政府施政报告；物价检查报告；天津市参议会函询兵款报告；该局对城防工事检查报告；年度植树工作报告；遗失证章补办规定；天津市电信线路保卫措施等。

（二）人事财务类

有该局人事会议记录，人事任免、调迁、奖惩、退休、请假材料；员役动态登记，人员年度统计报表，员额编制调整意见书；雇员月考办法；员工配给食粮、物品名册；为加强城防向财政局申请经费报告；各项经费收支材料；军需经费支应记录；天津市各区公所会计报告，各区、保年度预算书；各区、保征集民伕费用报告等。

（三）地方自治类

有天津市地方自治工作竞赛办法；市政府有关地方建设问题令及各局、各区公所呈文、函件；区建设委员会组织规则；区公所组织规程；区、保长选举办法，各区、保年度工作措施；区、保民众大会实施要点及保甲管理办法；有关消防、保洁、整顿市容工作安排文件材料；该局整理户籍工作报告，户政人员考核办法；区警保联席会议记录；该局收各区、保更新保甲番号报告；自治工作执行报告；局内外公务统计表；人口统计表；有关年鉴事项；天津市 1947 年区域划分图等。

（四）征兵类

有市政府征兵法令，征召兵役条例，1947 年志愿兵征召办法；各区公所军需费用及征兵申请、报告；该局新兵征集工作报告，对全市役龄男子调查报告，兵役后续征召及补换实施办法；各机关、工厂申请缓征、缓召初审名册；各区、保民众自卫队成立报告及训练计划；甲、乙种国民兵集训编制表等。

(五)禁烟禁毒类

有天津市政府禁烟改进意见,市政府召开历次禁毒会议记录;该局呈报实施提前肃清烟毒计划,1948年禁烟宣传要点,部分年度肃清烟毒报告表;戒烟所、戒烟医院工作报告等。

(六)其他类

有市政府关于市民义务劳动实施计划;该局制定天津市敬老尊贤办法;收购私有枪弹办法;查禁邪教规定;各区公所劳军优恤报告;新生活运动大会安排;救济难民汇报等。

天津市教育局
全宗号J110

一、机构概况

天津市教育局于1928年正式成立,是天津市政府直属的全市教育工作管理机构,主要负责全市各级学校教育、社会教育及学术团体、图书馆、博物馆、公共体育场、音乐、戏剧、电影、播音和美化教育及其他教育文化事项。该局内部机构最初设2室3科,后增设到5室3科,即秘书室、督学室、统计室、会计室、人事室和一、二、三科。一科负责文书、事务、出纳等事项;二科负责教职员检定、进修、初小学生纳费、免费,私立小学、幼稚园行政管理等事项;三科负责市立民国学校、幼稚园经费管理和行政管理,社会教育实施及在教机关筹备管理,国民体育实施计划的推行与指导、考核,学生保健检查及推进等事项。1949年1月天津解放后,该局由中国人民解放军天津市军事管制委员会接管。

二、档案情况及内容介绍

馆藏该全宗档案共5935卷,上架排列长度73.8米,档案起止时间为1905—1955年,档案按“年度—问题”分类排列。编有案卷目录和文件目录可供检索。

档案主要内容如下:

(一)学校教育类

有天津市政府关于各小学采用二部制办法;督学视察国民学校报告;天津市政府关于恢

复北洋大学原在西沽等地学产接收训令；关于私立南开、桃林小学任用教员呈文；私立耀华中学从军复员高级毕业生成绩表证明书；私立建华中学廉价购买办公用具等情况报告；私立慈泽中学初、高中应届毕业生考试日程表；私立胜育、红卍慈小学新聘教员资历表；天津市十区十一保国民学校建校问题批件；各私立小学呈报更动人事、增聘、辞退教员文件，以及各国民学校关于呈报修建、扩充校舍、开学增班请示文件等。

（二）社会教育类

有全市各民教馆为调整社教区域划分范围、更改名称函件；天津市社教机关工作检讨会文件；第五民教馆呈送设英语班等办法及放映电影经过报告书；各民教馆关于成立国民教育班呈文及工作大纲；市立博物院关于将该院原址收回以便迁入呈文；市立第一体育场呈报租用场地规则；第一图书馆呈报捐款及罚金办法；督学报告视察各社教机关情况文件；天津市立美术馆移交美术作品清册等。

（三）人事财会类

有天津市政府关于各年度经费办法及国库收支结算办法；该局及附属机关职员薪俸清册；各区学生成绩表、毕业生履历表及教职员名册；关于公务员内外调任条例；该局教职员总登记表及公私立中小学教职员一览表；该局拟定天津市私立中学奖金办法及各级学校办理社会教育办法；该局及附属机关会计人员资历表；该局应变费申请书、修缮费概算书和收支对照表等；该局及附属机关各项经费、抚恤金、学费清册等。

（四）调查统计类

有教育部令发布全国教育统计简编及国民教育工作成绩考核表；教育部颁发初、高中复学人数统计表；天津市中小学校调查表及学校概况调查表；全市各区在学、失学人数调查表及收复区各省市中等学校调查表；天津市私立各级学校呈送抗战时期财产损失表及私立中等学校收学杂费概况等。

（五）其他类

有全市各学校种痘办法及移交清册；天津市现行区域地图及各机关函索全市校名地址、刊物、章则；该局及附属机关财产保管文件；关于教科书改售定价及售价表；绥远教育厅有关公、自费留学生办法及民政处函送招考户籍干事简章等。

天津市卫生局
全宗号 J116

一、机构概况

天津市卫生局于 1945 年 8 月成立，是天津市政府直属的卫生管理机构，主要负责管理全市的卫生、保健、医药、医疗、防疫、卫生教育等事务。陆涤寰任该局局长。其内部机构设有 4 科，一科负责文书、庶务和出纳；二科负责医药行政管理及卫生防疫；三科负责保健及训练；四科负责环境卫生、饮食卫生、行业卫生和公厕管理。另设有秘书室、人事室、会计室、统计室、技术室。1949 年 1 月天津解放后，该局工作结束。

二、档案情况及内容介绍

馆藏该全宗档案共 1247 卷，上架排列长度 25.8 米，档案起止时间为 1937—1949 年，档案按“年度-问题”分类排列。编有案卷目录和文件目录可供检索。

档案主要内容如下：

（一）综合类

有市政府各局、处组织规程；该局及附属单位组织规程、办事细则；各年度年鉴，公文摘要；行政会议记录，工作报告；接收医疗机关一览表，接收各药厂留用药品清册，移交处理局医药器械清册；关于市立各医院成立日期问题与有关单位来往函件等。

（二）人事类

有该局关于成立人事室训令，关于所属各医院人事任免训令；职员考绩表、履历表、保证书、人事异动登记表、人事统计旬报表；关于职工福利待遇规定，所属各医院职员名册等。

（三）业务类

有该局关于管理药商暂行办法，管理医务人员章则，取缔妨害卫生案件处理规定；关于各私立医院业务状况调查表；预防传染病工作计划，各月业务工作报告，救济物资分配办法；所属各医院关于库存药材清册及药品消耗表册，各医院申请拨用药材清册；医师、助产士、药剂师等开业领取执照申请书，卫生营业管理人申请许可证材料等。

（四）财会类

有该局接收日伪公立医院房屋蓝图及财产估价表；公有物品清册，公有物品残毁实存报告；关于医疗单位员工共济金规定；该局经费预算、概算；附属各单位房地产、家具清册；各医院收支报表等。

天津市公用局
全宗号 J84

一、机构概况

天津市公用局于 1945 年 10 月 3 日正式成立，是天津市政府直属的公用事业管理机构，主要负责管理全市市营和民营水厂、电厂、汽车、市场、菜市、公墓、渡口、车辆、船舶以及公共场所广告等公用事业。其内部机构设 5 室 4 科，即秘书室、技术室、人事室、会计室、统计室和第一科、第二科、第三科、第四科。第一科负责文件收发、缮写、校对、典字、印信、保管档案以及庶务事项；第二科负责自来水及电气事业之监督指导及检验取缔事项；第三科负责电车、公共汽车监督及取缔事项；第四科负责汽车、马车、货车、人力车、脚踏车等一切交通工具及度量衡、公共广告场所、菜市、码头管理，取缔以及检验各种车辆、发给行车和驾驶人凭照等事项。1949 年 1 月天津解放后，该局由中国人民解放军天津市军事管制委员会接管。

二、档案情况及内容介绍

馆藏该全宗档案共 1637 卷，上架排列长度 28.8 米，档案起止时间为 1904—1949 年，档按“问题”分类排列。编有案卷目录和文件目录可供检索。

档案主要内容如下：

（一）人事类

有市政府人事处及各局人事室职员姓名、职务分担表；有关人事章则、制度、规定和办法汇编；人事管理通则、人事异动统计旬报表、任用人员注意事项；高级人员资历表、现有员额调查表、工役登记动态表等；人事室移交册及图表；职工出勤月报；人事工作报告，员工任免、调动履历表及证明书；职工动态表、各机关人事调查表；关于所属监理机构人员铨审等。

（二）业务类

有各省市监理业务通讯表；研讨水电节约办法及维护水电应变法；关于船舶管理章则及检验各种车捐办法；管理接收各项电业材料和提供有关煤焦管理资料；对码头仓库管理、取缔规则；关于外轮行驶海河及驳运规则和渡船检查登记声请书、审核表；全市人力车登记证、捐牌清册、颁发汽车执照文件；法商电力公司供电线路图；开滦矿务局函达供给煤斤办法等。

（三）统计类

有市政府统计处为绘制各局政绩统计图颁发注意事项，全市户口统计资料；编送天津市公用事业专辑材料；天津电业和其他统计资料；编送1946年（民国三十五年）度年鉴资料及全市车辆动态统计；统计人员任用及印信刊发办法、统计法令；实际收支统计表及征收规费、工本费概况表等；呈送1948年（民国三十七年）1—7月市政统计资料及1946年度统计总报表；关于电汽车乘客人数、票价收入统计；统计室组织规程、办事细则；各机关员役薪饷及各单位统计表格等。

（四）财会类

有会计法令、会计月报、会计纪录报告表；机构人数及经费调查表、收支明细表和决算表；职工出差及加班膳宿杂费办法；各年度概算表；电、汽车临时管理处财务报告、会计报表及营业收支明细表、决算表；汽车管理业务收款日报表；稽查队呈报财产增减表以及所属各单位会计报告；天津市自来水厂现金出纳表等。

天津市地政局
全宗号 J101

一、机构概况

天津市最早的地政机构是1929年成立的天津市土地局，先后划归天津市财政局、土地官产办事处、天津特别市财政局管理，1931年被裁撤。抗日战争胜利后，于1945年11月16日正式成立天津市地政局，主要负责办理地产税契事务，兼管天津市所有官产事项。其内部机构设有4室3科，即秘书室、会计室、人事室、统计室以及总务科、地籍科和地政科。1949年1月天津解放后，该局由中国人民解放军天津市军事管制委员会接管。

二、档案情况及内容介绍

馆藏该全宗档案共 3138 卷，上架排列长度 43.2 米，档案起止时间为 1945—1950 年，档案按“机构-问题”分类排列。编有案卷目录和文件目录可供检索。

档案主要内容如下：

(一)综合类

有全国各地标准时间推行办法；市政府秘书处关于起草市政府组织规程事项函件，关于开会通知表的规定及填送办法；天津市征收地捐暂行规则；地政署参事室有关地政法规函件；市警察局函送全市现行区域地图；该局编辑天津业刊地政资料汇编和组织规程；该局拟定地籍整理办法及澄清吏治没收财产办法；人事室拟定工役录用及管理暂行办法；土地测量队登记处组织规程草案；土地清查处家具清册等。

(二)人事类

有市政府关于人事管理通则及职员缺额临补办法；现有人员应行裁减数目表；设置人事管理机构情形调查表及任用职员的请示和市政府批复；职员调动、任免及辞职事项请示和上级批复；人事室关于填送新任人员资历表应注意事项规定；人事异动月报动态表及职员名册等。

(三)业务类

有地政部关于币制改革后规定地价及征收土地税费补充办法；市政府函送土地面积调查表；市财政局关于研讨 1946 年度房捐实施办法，天津市各区税契标准房地价表；关于地籍整理各项业务报表和整理税契办法；代管逾期未登记土地办法、调查表及各机关检送房地标准价表；关于节约用电办法和调整电价表等。

(四)财会类

有市政府关于会计报告表办法训令，关于下发金融管理、国库收支等办法；地政署关于抄发 1946 年(民国三十五年)度国库收支办法训令；概算编造办法及决算办法；会计处检送各种簿表、价目表；有关存款利率更改函件等。

天津市工务局
全宗号 J90

一、机构概况

天津市工务局于1945年10月3日正式成立,是天津市政府直属的市政管理机构,主要负责市内道路、桥梁、下水道、码头、市民建筑、防汛与水文记录、地形图测绘和交通、市容、刨路、路线规则、公园和农林管理等事项。其内部机构先后设有5室4科,即秘书室、技术室、会计室、人事室、统计室、总务科、工程科、建筑科和材料科,下辖各区工程处。1949年1月天津解放后,该局由中国人民解放军天津市军事管制委员会接管。

二、档案情况及内容介绍

馆藏该全宗档案共3975卷,上架排列长度72.9米,档案起止时间为1926—1949年,档案按"问题"分类排列。编有案卷目录和文件目录可供检索。

档案主要内容如下:

(一)综合类

有天津市县各机关组织规程;市公共工程委员会组织规程及天津市经收各项规程规则;天津市建筑物取缔规则及道路行道树株管理办法;天津市属公墓管理规则;抗战期间各战区、各行政机关复员建设拨借国防工事材料办法;市工务局组织大纲及简化机构办法,管理路线暂行规则及工程进行办法,关于恢复破坏城镇、重建规划以及因工刨路暂行规则等。

(二)人事类

有设置人事管理机构调查表及职员资历表、工夫匠役异动表;人事异动文件及役工退休办法和服务参考统计表;职员委任调免文件;公务员年恤金发给办法;考试及格人员调查及员额调查表,公务员审查资历及新任到差职员表;职员请假、奖惩条例及各区工程处人事调动表等。

(三)业务类

有申请营业执照文件及旧法租界区地下高压电线线路图;电车、电灯公司刨路竣工书及补修第一区自来水公司刨路面验收证明书;河东下水道工程处清理验收各项工程文件材料;疏浚金钟河竣工图和金汤桥、菜市大街下水道工程图;下水道设计测量队实施程序表;全市道路系统勘定路线图;天津市各区道路调查及土地、户口调查表,天津市各桥梁调查表;新市区全图及道路、桥梁、公园一览表等。

(四)财会类

有1948年(民国三十七年)度天津市政府总预算编审办法和市库出纳会计制度;市工务局收支清册草稿及币制改革有关会计事务暂行处理办法;经费新预算表及1945年(民国三十四年)度会计报告表;1946年(民国三十五年)度下半年岁出入临时事业费等应收付款明细表及财产库存表;关于修配、添补筑路工具预算表等。

天津市财政局(1928—1937年)
全宗号J54

一、机构概况

天津市财政局于1928年10月成立,是天津市政府直属的财政管理机构,主要负责全市的财政收入、支出、捐务、税务等项工作。该局内部机构先后设有第一科(主要负责总务、会庶和审核事宜)、第二科(主要负责税务和捐务事宜)、第三科(主要负责出纳、票照、稽查事宜)及契税检验处、捐务牙税处、税务电业处、土地官产办事处等。1937年卢沟桥事变后,该局工作结束。

二、档案情况及内容介绍

馆藏该全宗档案共4764卷,上架排列长度77.9米,档案起止时间为1928—1937年,档案按"年度-问题"分类排列。编有案卷目录和文件目录可供检索。

档案主要内容如下:

(一)人事类

有该局职员调升和录用名册,职员保证书和履历表,职员调查表;科长以上职员月薪名册;历任局长委任职员任命书;公务人员动态表,职员考勤办法等。

(二)规程类

有天津市营业税征收章程,该局组织章程,财政旬刊、简章,会计研究会章程;印花税、所得税征收条例,各项税务规程,征收卷烟税、邮包税、屠宰税、牙税及皮毛税章程等。

(三)收入类

有各行业呈缴税款及捐款规定;各机关催解捐款文件材料;华商赛马会公益捐款报单,贫民工厂乞丐捐款收据,棉商公会呈缴税款单据,当业公会呈缴当税文据,牛羊肉牙税包商呈缴税款清单,席行牙税包商呈缴税款请示及收款条;各机关缴各年度节余款数目清单;该局收款处收款条例等。

(四)支出类

有该局每年拨给卫生局、工务局、港务局、教育局、国选事务所等单位经费数目清册;各单位举办义务教育、纪念活动、赈灾活动呈请拨给经费请款单;修建儿童运动场、车站、万国桥、金钢桥、聂公碑、街道马路及疏浚墙子河每年支出公共设施工款领款凭单;每年拨给市妇女协会、无线电台、警察人员等各种津贴费用清册;发放全市有关单位抚恤金费、诉讼费、旅差费、奖金、补助费、医疗费等项支出登记表册等。

(五)预算类

有各机关、学校、团体年度预算表、预算书及报告;全市财政收入整顿状况;该局预算格式及科目纲则,编造各年度概算书和计算书汇集等。

(六)银行类

有天津市银行运钞护送办法;银行注册章程;银行公会查复兑换券条例;该局办理国货银行招股办法等。

(七)交待类

有各单位卸任营业牌照税函送该局交待清册;各征收所和牙行稽征所交待材料;该局历任局长、处室及征收所交待清册;关于各商号交待办法等。

(八)印花类

有市政府关于执行财政部旧印花税票办法训令;查获商品违反印花税票条例;市邮政局代售印花登记文件;市警察局检查印花税情况报告及处理登记材料;该局关于登记调换旧印花税票通知;印花税法施行例案辑览等。

(九)烟酒牌照类

有市政府关于烟酒牌照税征收施行细则及暂行章程;商号注销领照申请书、通知书,各商号呈请免税及向该局补发营业牌照登记;烟酒牌照股抽查催征报告表,烟酒牌照股办理违章案件报告表等。

(十)税捐类

有该局关于调查收捐办法;各机关查询收捐种类比较表;整顿白契和整顿漏税办法;牙税调查表契税章程;粮食牙行营业税处罚办法;各商号捐率表等。

(十一)报单类

有市政府收支各款报告册;各机关收款报告表;屠兽场收入和捐收报表;市教育局教育经费收支清册;市公安局清洁费报告表册等。

天津市财政局(1945—1949年)
全宗号 J56、J56f

一、机构概况

天津市财政局于1946年10月成立,是天津市政府直属的财政管理机构,负责天津市财政收入、支出、捐务、税务等事项。李金洲任该局局长。该局内部机构设有5个业务科:第一科负责市及该局岁入岁出款项收支解交;第二科负责各种税捐的征收督检;第三科负责金融业务及契税征收;第四科负责田赋和土地税稽征;第五科负责营业税征收督查。另外,还设有秘书室、会计室、人事室、统计室、福利委员会、城防财务委员会及地方建设费征收办事处,在市内8个区分别还辖有8个税捐稽征处,负责各区税捐工作。1949年1月天津解放后,该局工作结束。

二、档案情况及内容介绍

馆藏该两个全宗档案共83446卷,上架排列长度855.9米,档案起止时间为1741—1951年,档案按"问题-年度"分类排列。编有案卷目录和文件目录可供检索。

档案主要内容如下:

(一)综合类

有该局各种规章条例;局务会会议记录;接收日伪天津特别市财政局产业物资清册和报告;人事规章制度,人事更调表,职员名册,职员履历表及考勤表;关于员工福利规定;配给职员物资办法及配发实物清册等。

（二）会计类

有该局关于修缮房屋、工程建筑等临时经费清册；会计事务暂行处理办法，会计室组织规程，会计审计章则；关于接收日伪时期事业机构存款及产业变价办法；关于拨付各项临时经费文件；该局职员薪金名册，各区稽征所职员领取生活补助费清册等。

（三）税捐类

有该局关于各种税捐征收细则及关于各区商号歇业停止征收营业税通知；各区商号纳税底簿、呈请开业登记申请书、撤销登记申请书等。

（四）财务类

有该局财政改制办法和整理省市财政办法；关于各商号金融物价管理规定；关于限制东北汇款紧急措施及兑换流通券办法，自治费征收保管支用办法；关于摊派杂捐调查表等。

（五）市产类

有该局关于接管天津市公产规定，接收市产报告表、登记册及目录；整理市产办法；租赁市产房地租户调查清册及租约；出租市产房地租金数额表等。

（六）营业税类

有该局关于各项营业税实施细则；处理违章漏税案件报告；营业税审定查账报告表及申报单；各业公会申报营业税清册；各区商号呈请减免营业税申请书及该局批复等。

（七）出纳类

有海河工程处等单位关于申请借款问题与该局往来函件；银行存款所得税免税申请书等。

（八）统计类

有该局编送各项统计报表，组织系统及附属机构名称表；天津市经济指数及金融物价行市汇报；各机关函送该局统计刊物及商品价格表等。

（九）票据类

有该局关于各娱乐场商印制票券管理办法；核发票据日报表；各娱乐场商呈缴该局票券结账单及遗失票照登记表等。

（十）印花税

有该局关于印花税章则；印花检查报告表；印花税票记账编报办法；典卖财产契据粘贴印花规定；洽办代销印花税手续及印花税票合同；印花税检查员名单等。

(十一)公库类

有该局关于公营机关款项集中市库办法;垫发各机关员工福利用款办法;会计室函送各机关经费清册;各区征收所呈送该局筵席娱乐捐报告表等。

(十二)地政类

有该局关于房地买卖契税、所得税及遗产税征收办法,契税实施细则;关于商民买卖房产投税情形调查报告;法院、地政局等单位关于询问房地价格、换验投税契证及查询业户登记更名等问题与该局往来公函等。

天津市财政局各区捐务征收所全宗汇集
全宗号 J57

一、机构概况

天津市财政局于 1944 年 5 月训令 8 个区先后成立区级税收单位——捐务征收所。主要负责管理所在区的各项捐税征收事项,各所隶属于天津市财政局。各区捐务征收所所长分别是:第一区郭茂林,第二区陈任民,第三区徐朝彦,第四区刘益缓,第五区王宪文,第六区杜卿村,第七区岳文浩,第八区周朝璋。各所由所长负责办理一切事务,各所内设有 2 个组:总务组,负责文书、人事、行政、会计,以及其他不属于征收组事项;征收组,负责税捐费款征收事项。1949 年 1 月天津解放后,各区捐务征收所工作结束。

二、档案情况及内容介绍

馆藏该全宗是由天津市第一至八区捐务征收所档案汇集而成,共有档案 1121 卷,上架排列长度 10 米,档案起止时间为 1914—1949 年,档案按“年度-问题”分类排列。编有案卷目录和文件目录可供检索。

档案主要内容如下:

(一)综合类

有各所奉令成立材料、组织章则、规程;各区征收所办公地址一览表、员役名册及区域略图;财政局公务员任用办法,公务员犯赃治罪条例;各区征收所警役名册及捐警保证书,警役进退及处理办法;人事变动及职员到任材料;公务员限期戒烟办法及保结切结表;新旧任所长更替交待清册;机关管理工作竞赛通则;各征收所接收各项税捐票照数目缮造清册;征收各项捐税考成规则;各区征收所勤务成绩统计表及人事会议记录等。

(二)业务类

有各区捐务征收所成立前清理敌伪财政局所属稽征处各项捐税材料;成立后征收营业税、车捐、房地产捐、游乐捐、筵席捐、旅宿捐、盐商户特捐以及冰窖捐、土药特税、卷烟牌照税、使用牌照税、屠宰税、土地税、建设费、募马料差价等捐税征收标准;领发税捐册呈缴存根;征收数目表及各种捐税调查表,各项税捐状况及整理情形报告,各商号营业情况调查表;商号请求减免营业税材料及财政局批复;各区商号索引目录和纳税登记簿等。

(三)财会类

有各所公务员出差津贴办法;职员值班办法和员役值班加班费支给办法;各所概算书和计算书,会计单表、册报,征收各种所得税税率表等。

天津市财政局捐务牙税办事处
全宗号 J58

一、机构概况

天津市财政局捐务牙税办事处于 1932 年 5 月正式成立。该处是市财政局下属的税收机构,主要负责办理一切捐务及皮毛、鸡鸭卵、油蜡、木炭牙税暨包商承办各种牙税。该处内部机构设有 4 个股:总务股,负责文书、人事、行政和会计事项;权算股,负责各税捐的征收稽核、各项票照及各征收旬报、月报事项;征收股,负责各税捐的征收及税捐簿记的登记事项;稽查股,负责稽查偷漏税捐及督饬人员外出工作事项。该处还负责其下辖 29 个征收所的各项牙税捐务工作。

二、档案情况及内容介绍

馆藏该全宗档案共 281 卷,上架排列长度 4. 05 米,档案起止时间为 1932—1933 年,档案按“问题-年度”分类排列。编有案卷目录和文件目录可供检索。

档案主要内容如下：

（一）综合类

有该处改组成立并使用印鉴文件；暂行规程、办事细则；所属征收所征解考成暂行规程；每周重要工作报告表；行政工作计划及报告，该处视察各征收所工作报告表；该处职员委任和人事变动材料；稽查员工作报告文件；各征收所文卷、家具、票照移交清册等。

（二）业务类

有该处整顿各征收所税收办法；关于一切税收均交入大陆银行函件；各征收所收取皮毛税、鸡鸭卵、油腊、木炭、猪肉、牛羊肉牙税数目比较表；各征收所请取税票及上交税单备案材料；各征收所日、月、旬税款报告表，整顿税收、报税、收税、纳税款数目表，催缴各商号捐款及呈解各项捐税函件等。

（三）财会类

有该处暨各征收所职员薪水册；收入计算书及岁出岁入概算书；各征收所领取各项经费底册及造送支付预算书等。

天津市财政局粮食牙行营业税稽征所
全宗号 J59

一、机构概况

天津市财政局粮食牙行营业税稽征所是天津市财政局下属机构，主要负责稽核粮食牙行营业税和防止偷漏税。该所在市水陆交通便利处设立登记室，专门负责入市粮食登记，粮食交易工作，并在各要道分设登记室，统计入市粮食数目，从而进行税收，并从交易佣金中抽收牙税，呈报财政局。1937 年，该所工作结束。

二、档案情况及内容介绍

馆藏该全宗档案共 93 卷，上架排列长度 0.9 米，档案起止时间为 1936—1942 年，档案按“年度-问题”分类排列。编有案卷目录和文件目录可供检索。

档案主要内容如下：

（一）综合类

有该所组织章程草案，办事细则，所得税暂行条例，施行细则；工作报告和处务会议记录；历任所长任职文件；各分所分卡一览表；发文簿及戳记清单；财会支付预算书、决算书等。

（二）人事类

有该所职员请假规则，员役姓名和任职日期清册；职员保证办法；职员履历表，职员任务一览表，职员录；人事任免材料；职员薪俸表册；职员保证书等。

（三）法规类

有财政局关于稻糟税率办法；该所收税办法；偷税处罚办法；查获漏税粮食送案办法；粮食入市违章处罚办法；食粮调节暂行办法等。

（四）税收类

有天津市入市粮食统计及征收税款概算书，税款逐月比额表；财政局关于发放粮食运输通行证的布告；商号偷税罚款和私运粮米罚款材料；华洋商行及各斗店出口过路粮食留底清册；该所与各分会有关业务联络文件；购买杂粮各类吨数地点及运销地点表；各种票照移交清册；粮食、棉类估价表，天津县各税包商铺保结单等。

天津市财政局土地官产办事处
全宗号 J98

一、机构概况

天津市财政局土地官产办事处于 1933 年 5 月成立，是天津市财政局直属的官产土地管理机构，主要负责全市有关土地官产、办理土地房屋使用、配调租税等事项。其内部机构设有总务股、土地股、官产股、测量股及测量队。

二、档案情况及内容介绍

馆藏该全宗档案共 376 卷，上架排列长度 3.6 米，档案起止时间为 1926—1936 年，档案按“年度-问题”分类排列。编有案卷目录和文件目录可供检索。

档案主要内容如下：

（一）综合类

有官产总处章程及修正章程通知；暂行规程及办事细则，计划、工作报告；知县参议会组织法、参议员选举法文件等。

（二）人事类

有行政院核定裁员减薪办法及规程草案，聘任人员惩戒办法，人事委任令；文牍专员分派职务及公务员甄别审查办法，各机关人事任免、职员甄审、考勤办法等。

（三）业务类

有财政部令发限制田亩加赋办法；关于转令填报本市区域面积农田、荒田、坟地、洼地、房产价、地皮价、房屋租价等调查表；业户登记注销、补契注销及业户税契材料等。

（四）财会类

有市财政局令颁预算法，函送预算、决算、概算书及 1932 年 5 月至 12 月份支出计算书；1932 年 1 月至 1933 年 4 月支付预算书；关于预算、概算经费等收入支出报告；天津市 1932 年地方普通岁入岁出概算书等。

天津市政府卫生工程处
全宗号 J91

一、机构概况

天津市政府卫生工程处于 1945 年正式成立，是天津市政府直属的卫生工程管理机构，主要负责监督全市自来水工程、下水道工程以及自来水水质检验等事务。其内部机构设有秘书室、人事室、会计室、统计室、化验室及工务科、设计科和总务科。该处于 1946 年撤销。

二、档案情况及内容介绍

馆藏该全宗档案共 175 卷，上架排列长度 4.05 米，档案起止时间为 1945—1946 年，档案按“机构-问题”分类排列。编有案卷目录和文件目录可供检索。

档案主要内容如下：

(一)综合类

有该处工作计划、工作报告、年鉴;开办费预算书和概算书;统计室经办各项统计工作,化验室移交仪器、药品、财产清册;各机关组织法等。

(二)人事类

有该处职员任免、调补、抚恤、福利、奖惩事项办法;人事法令,职员请假、考勤及附属机关员额统计表、人事变动报表;请领薪饷、考绩条例及应注意事项;机关职员名册等。

(三)业务类

有该处关于电流节约、电话安装、物品借出资料,以及疏浚、整理墙子河,组建施工队和动工决定;整理北站沿线污水坑、兴修府署街下水道、修理第六区小刘庄厚德里水沟工程文件等。

天津市度量衡检定所
全宗号 J249

一、机构概况

仅据本全宗现有档案,无法查考机构概况。

二、档案情况及内容介绍

馆藏该全宗档案共 25 卷,上架排列长度 0.9 米,档案起止时间为 1934—1937 年,档案按“问题”分类排列。编有案卷目录可供检索。

档案主要内容如下:

有天津市度量衡检定所决算报告书、支出计算书、支付预算书、收入计算书、收入预算书;长期检查费支出计算书,长期检查费支付预算书;检定费岁入概算书,检定费收入预算书;经常费支出计算书。

河北省会公安局
全宗号 J225

一、机构概况

国民党天津市公安局是随着国民党1928年在天津设立“指导委员会”而成立。1933年，天津市公安局改为河北省会公安局，1935年又改为天津市公安局。该局主要负责全市的治安、交通、消防、户籍、司法等警务工作。内部机构设有第一科、第二科、保安队、外事科等。

国民党天津市公安局1930年至1937年历任局长及任职时间表

时间	机关名称	官衔	姓名	在职时间
民国十九年(1930年)	天津市公安局	局长	张学铭	一年余
民国二十一年(1932年)	天津市公安局	局长	王一民	九个月
民国二十二年(1933年)	河北省会公安局	局长	宁向南	一年余
民国二十三年(1934年)	河北省会公安局	局长	李俊襄	一年余
民国二十四年(1935年)	天津市公安局	局长	刘玉书	一年余
民国二十五年(1936年)	天津市公安局	局长	孙维栋	数月
民国二十五年(1936年)	天津市公安局	局长	程希贤	
注:1933年5月16日天津市公安局改为河北省会公安局,直属省政府领导,局长宁向南。1935年6月10日河北省会公安局改为天津市公安局,局长刘玉书。1936年6月19日局长孙维栋辞职,程希贤接任。				

二、档案情况及内容介绍

馆藏该全宗档案共128卷，上架排列长度3.48米，档案起止时间为1929—1937年，档案按“机构-年度-问题”分类排列。编有案卷目录可供检索。

档案主要内容如下：

（一）综合类

有政府职员给假条例及公务员任用法；奉发公债条例；保安警察干部训练、职员请假等规则规程；有关市局、分局机构改称，颁布官俸表，公文标点办法；关于整顿市容交易所交易税条例等训令;接管比租界工部局事项及筹划成立特别第四区公署的训令及报告;市府抄发有关小本借贷处组织规则,医师甄别办法等。

(二)组织人事类

有该局关于官警奖惩、纪律制度、任用条例、委任调遣、升迁调补、启用印信等训令;关于抄知最低工资劳动契约法规及遣送海员回国公约等训令;关于海上公安局等单位划归天津市政府后警察规则、加俸恤金服装等训令;特别分局改组事项的训令、报告、名册;关于官员任免升迁调补的训令、报告;局长刘玉书、李俊襄办理接交事项的训令、公函;局长程希贤、孙维栋办理接交事项及分局长兼任公署主任的训令、报告、表册等。

(三)警务类

有关于官警制服等级规定办法,卫队服装携枪规则;办理移交事项、制定勤务法规及外单位规则条例;警察局组织、海上公安局组织及冬防规章办法;筹办卫生警察训练班、组织手枪班等训令;审理盗匪案件及暂行办法;办理诈讼复判暂行条例;关于改进官警教育实施方案、警察现状调查表,本局及各省公安局改称警察局之训令、公函、报告;外国人入境护照查验、办理事项的训令等。

天津市警察局

全宗号 J219

一、机构概况

1945 年,国民党政府派李汉元来津任天津市警察局局长,毛文佐、齐庆斌任副局长。国民党天津市警察局名义上是维持社会治安,实际上是国民党保密局(军统局)控制单位之一。1945 年 10 月,李汉元到任后,有 120 余人加入该局,进行特务控制,并设特务组。该局的主要机构设置有秘书班、督察处、政治科、总务科、行政科、司法科、外事科、会计科、人事室、统计室、13 个分局和水上分局、保安警察总队、刑事警察队、消防警察队,以及外侨出入境护照查验所、警察训练所、警察医院等。

二、档案情况及内容介绍

馆藏该全宗档案共 54953 卷,上架排列长度 470.24 米,档案起止时间为 1945—1949 年。档案按“机构-年度-问题”分类排列。编有案卷目录可供检索。

档案主要内容如下：

（一）综合类

有警察局组织规程草案，消防队组织规程；各单位组织规程草案；保警总队、刑事警察队、消防总队、消防队、警察分局、外侨护照查验所、警察医院、警察教练所等办事细则；官警奖惩暂行办法，公务员惩戒法，义勇警察奖惩规则，长警潜逃暂行办法；公务员、雇员给恤办法；交通团总务部人事课函查成绩照会；警察局驻卫警察派遣办法等。

（二）人事类

有市政府人事管理规则，警察局人事管理规则草案，公务员登记规则；公务员任用审查须知，人事考核注意事项；主要物资管制处人员任免，总务人事考察、登记，会计人员任免；警察局训练所招募学警；警察局职员履历表、人员考绩表、长警编制名册等。

（三）警务类

有清奸小组实施办法，机场宪兵排加强检查暂行办法；主要物资管制处处理规程，物资出境审核细则，市民配售办法；警察局会议决议；警察局行政科抽查户口报告表；特务科每日工作报告总表等。

天津市警察局第九分局
全宗号 J42

一、机构概况

天津市警察局第九分局隶属于天津市警察局，主要负责管辖范围内的治安、消防、交通、户籍、司法等警务工作。

二、档案情况及内容介绍

馆藏该全宗档案共 1271 卷，上架排列长度 21.75 米，档案起止时间为 1947—1948 年，档案按“问题”分类排列。编有案卷目录和文件目录可供检索。

档案主要内容如下：

有 1947 年至 1948 年天津市警察局第九分局管辖区域内的国民身份证申请书。

各县公署警察局全宗汇集
全宗号 J230

一、机构概况

仅据本全宗现有档案,无法查考机构概况。

二、档案情况及内容介绍

馆藏该全宗是由武清县和天津县两个县公署警察局档案汇集而成,共有档案 149 卷,上架排列长度 5.7 米,档案起止时间为 1929—1948 年,档案按“机构-年度-问题”分类排列。编有案卷目录可供检索。

档案主要内容如下:

(一)武清县公署警察局

有武清县党政工作人员训练所同学录;武清县警察局编制表、呈文、月报表、简略图,桐柏联勤区报告;武清县政工队花名册;武清县自卫队花名册、枪支弹药清册;武清县警察局保安大队训令;武清县警察所呈文、月报表、治安情形略图;杨村党政军、警、民联合办事处人民护路队花名册;骑兵第九师第一旅第三团训令;河北保安司令部训令,县政府密令,通令;河北省保安二十四团花名清册;河北省人民自救先锋队各队一览表;武清县临时参议会材料;武清县 1935 年度小学教员暑期讲习会同学录;武清县兵役协进会委员姓名、简历清册;武清县警察局所属县城、河西务、蔡村、崔黄口、梅厂、杨村、黄花店、王庆坨警察所薪俸清册等。

(二)天津县公署警察局

有天津县政府情报报告表;县长资格审查、各科官职员报到名册及接交清册;天津县政府职员履历表;调查抗战时期流亡人员的训令报告;天津县辖境驻在机关部队调查及各项训令章则;免役缓征申请书,免役保甲证明书等。

天津市文化运动委员会
全宗号 J247

一、机构概况

天津市文化运动委员会成立于 1946 年 2 月 10 日，其主要负责规划天津市文化运动的各种方案，办理中央文化运动委员会的指示事项，联系有关机构办理奖励学术提倡科学及改良社会风气，举办各项文化服务活动调查联系并辅导各文化团体及文化界人士的工作。该会下设文艺、新闻、音乐、自然科学、社会科学、教育、电影戏剧、宗教、美术、国际文化、出版、广播 12 个组。时子周、苏吉亨任该会正、副主任委员。

二、档案情况及内容介绍

馆藏该全宗档案共 7 卷，上架排列长度 0. 45 米，档案起止时间为 1946—1948 年，档案按“问题”分类排列。编有案卷目录和文件目录可供检索。

档案主要内容如下：

有中央文化运动委员会工作报告；省市文化运动委员会、天津市文化运动委员会组织规程；市青年文艺研究会、戏剧电影协会等各项章程；市文化运动委员会美术会会员名册，美术作家协会名册；该会会议记录、情报、往来函电；天津市奖助清寒学生存根及收据等。

天津民国日报社
全宗号 J224

一、机构概况

天津民国日报社于 1945 年成立，1949 年 1 月结束工作。该社社长为卜青茂，总编辑庞宇振，总经理王子彦，总主笔有张润宇、付夫、张铸时等。该社隶属于国民党中央宣传部，在国民党天津市政府直接领导下进行宣传报道工作。内部机构设有编辑室、总务室、事务组、广告组、校对组、采访组、资料组、制版印刷组、发行组等。该报版面责任主要由总编辑负责。具体分工为第一、二版面由主笔室负责;第三版面由资料组负责;第四版面由采访组负责;第五版面由秘书室负责;第六版面由会计组负责;广告由经理部负责。

二、档案情况及内容简介

馆藏该全宗档案共 35 卷,上架排列长度 1.3 米,档案起止时间为 1945—1947 年,档案按“问题-年度”分类排列。编有案卷目录可供检索。

档案主要内容如下:

有天津民国日报社工作人员调查表、履历书、保证书;该社职员、国民身份证、新闻记者公会会员证;关于社务等会议记录;该社与北平分社收支贷款事项与中央财委会等单位的来往文书;有关投稿人姓名、地址及标题留底清册;新二代半月刊、河北新闻、小公报呈请准予创刊复刊等事项;关于正中书局拟出版小学生杂志以及留用日籍人员杂件等。

国民大会天津代表选举事务所
全宗号 J4

一、机构概况

国民大会天津代表选举事务所于 1945 年 10 月 15 日成立,隶属于国民政府国大代表选举总事务所,是临时机构。其主要职能是按照选举总事务所指令,指挥监督天津市各区、各团体办理选举事宜。事务所由市长兼选举总监督,设总干事 1 人,以及总务组、审查组、选务组 3 个工作机构。除办理选举事项外,还代办有关代表交通、接待工作,安排外省市代表来津、膳食住宿等。1946 年 5 月 31 日,该所结束工作。

二、档案情况及内容介绍

馆藏该全宗档案共 36 卷,上架排列长度 0.9 米,档案起止时间为 1945—1948 年,档案按“年度-问题”分类排列。编有案卷目录和文件目录可供检索。

档案主要内容如下：

有国民党中央选举法令；有关选举人资格、选举程序、区域选举、诉讼事项方面文件；选举中各种组织工作文件；办理选举管理员、筹划选举准备工作报告；各种印信、呈文、电文底稿、一般公函、代电，以及收发文簿；各种经费预算、收支单据及统计表；购置物品及杂物事项材料等。

天津市政府诉愿审议委员会
全宗号 J5

一、机构概况

天津市政府诉愿审议委员会于 1947 年 2 月 22 日成立，是天津市政府的诉愿审议常设机构，该机构设委员 2 人，顾问 2 人，参事 1 人。其主要负责审理民间个人及团体与政府机关发生的有关交涉事件。1949 年 1 月天津解放后，该会工作结束。

二、档案情况及内容介绍

馆藏该全宗档案共 35 卷，上架排列长度 1.2 米，档案起止时间为 1945—1949 年，档案按“年度-问题”分类排列。编有案卷目录和文件目录可供检索。

档案主要内容如下：

有该委员会组织章程、办事细则，成立情况报告及各种收发文簿、送稿簿；天津市各界市民、团体、企业因不服社会局、财政局、警察局、地政局、工务局等有关国家机关勒令停业、吊销执照、拆除建筑、扣留契证等处分事项而提起诉愿材料等。

天津市训练团
全宗号 J140

一、机构概况

天津市训练团于 1947 年 4 月筹建,同年 5 月 15 日正式开班训练。该团直属于国民党天津市政府,并受内政部指导监督,是天津市政府培训行政人员,提高管理能力的干部教育专门机构。训练对象为市属各局、处在任干部,保甲人员,民众自卫队大、中分队队副以上人员,中小学教职员,事业单位人员及人民团体干部。训练团设主任 1 人,由市长兼任,下设训练委员会。其内部机构设有总务处、教务处、训导处、毕业学生辅导处,以及军训队部和会计室。1949 年 1 月天津解放后,该团由中国人民解放军天津市军事管制委员会接管。

二、档案情况及内容介绍

馆藏该全宗档案共 7 卷,上架排列长度 0.4 米,档案起止时间为 1947—1948 年,档案按"问题"分类排列。编有案卷目录和文件目录可供检索。

档案主要内容如下:

有该训练团工作概况及团刊;人事任免文件;员工福利委员会会议记录;训练团第五期同学录;团队辅导基金、保管金、筹借图书资料购置金管理文件等。

天津市政府公营事业管理处
全宗号 J68

一、机构概况

天津市政府公营事业管理处于 1945 年 11 月 1 日成立,其主要负责全市公营机械、电机、化学、染织、酿造、皮革和印刷等工厂的业务和技术改进等事项。该处处长由时任市财政局长李金洲兼任,内部机构设有秘书、技术、会计等科室。该处先后接收工厂 62 家,1946 年奉令将其中 52 家分两批移交给经济部接管,余下 10 个工厂由该处自行经营管理。1946 年 11 月,天津市政府公营事业管理处奉令结束工作,改组为天津市企业公司筹备处。

二、档案情况及内容介绍

馆藏该全宗档案共 326 卷,上架排列长度 5.85 米,档案起止时间为 1939—1947 年,档案按“年度-问题”分类排列。编有案卷目录和文件目录可供检索。

档案主要内容如下:

(一)综合类

有该处成立并启用关防文件材料;组织大纲;重要工作计划、报告;市政府公务员内外调任条例施行细则;人事管理规则、职员通则、职员奖惩办法规则和请假规则;科长以上人员姓名表及调查表,职员任免书和职员人数表,新录用人员名册,各厂领导姓名表;平时成绩考核说明及工人动态表等。

(二)管理类

有该处所辖各厂库名称及单位数表,所属工厂经营概况;所属消费合作社成立章程及社员名册等。

(三)工厂类

有该处自行管理油脂化学厂、第一纺织厂、油墨厂、第二化学厂、第三化学厂、第一冷藏库、第一酱油厂、机器厂、制钉厂、印刷所等单位成立章程;生产计划表和营业计划书,各厂生产预算及实际产量表,工作月报表;各厂拟售货品种类、数量及最低价格出售办法;各厂商标式样及销售计划;各厂购买材料物品请示及上级批复文件;各厂有关贷款问题与银行的来往函件;各厂工人临时工价表,实物工资统计表,各项费用支出明细表,员工薪金表等。

天津市政府官产处
全宗号 J97

一、机构概况

天津市政府官产处成立于 1931 年 6 月 15 日,是天津市政府直属的官产管理机构,主要负责官产房屋土地的使用调配等事项。

二、档案情况及内容介绍

馆藏该全宗档案共48卷，上架排列长度0.9米，档案起止时间为1931—1932年，档案按“问题”分类排列。编有案卷目录和文件目录可供检索。

档案主要内容如下：

(一)综合类

有商号、堂号请求发给官产契照，及公民个人按章购买官地请求查勘的呈文与该处的批复；河北官产总处检送卷宗目录清册；调查官产房地报告表，官产地基平面图，官地收价执照等。

(二)官产管理类

有河北省、天津市政府关于给价收回前官产处官产及对河岸、河淤、湖泽公产严予保管的训令；直隶全省官产、旗产荒地清理处关于官地增价认买的布告及通知；天津市政府关于公产情形复杂等问题的议决案，以及对该处标卖官产验单的来函；天津特别市官产局房产勘估报告表等。

(三)官产纠纷类

有个人、海关、公司等关于地界、地价、地契、产权、强占民地、占用官产，以及购买河流、废闸、空地、拆毁戏楼等纠葛案起诉与天津地方法院、高等法院对此纠纷案件之民事判决书；河北省官产局关于公民购买官地呈请秉公裁决的调查报告；天津市公安局关于官产调查须由当地警察协助的训令；市民关于官产纠纷的举报及该处调查报告等。

天津市土地办事处
全宗号 J100

一、机构概况

天津市土地办事处成立于1935年9月，是天津市土地管理机构，主要负责本市民有土地的测量、评价、开发、征用、调配及房产转移等事项。其内部机构设地政股、测绘股、事务股，周克昌担任该处处长。

二、档案情况及内容介绍

馆藏该全宗档案共 87 卷，上架排列长度 0.9 米，档案起止时间为 1935—1936 年，档案按“问题”分类排列。编有案卷目录和文件目录可供检索。

档案主要内容如下：

（一）综合类

有天津市暂行建筑规则，市民请修沟路暂行办法，天津市特别第一区公署取售河水及洋井水办法；各省市训练初级地政人员办法大纲及地政经费筹集办法；该处组织规则、办事细则、通知、布告、各种联契清册等。

（二）土地管理类

有该处派员调查地价办法及调查地价应需各费清册；土地征收登记报告表；河北省高等法院、天津市地方法院关于调查市民税契的来函；有关收买地亩、代制蓝图及土地登记、官产价款文件等。

（三）财会类

有该处经常费支出预算书及收入支出计算书，临时费及制图费支出计算书；收支对照表；各项账簿清册；官产价款、地照费、测量费等各项数目清册；关于该处交纳印花税费文件等。

天津市党政接收委员会

全宗号 J14

一、机构概况

天津市党政接收委员会于 1945 年日本投降后成立，其职责是接收、清查天津市日伪机构财产。该机构设主任 1 人，监察员若干名。1947 年，该委员会将业务移交给河北平津区敌伪产业处理局后正式撤销。

二、档案情况及内容介绍

馆藏该全宗档案共212卷，上架排列长度2.15米，档案起止时间为1945—1946年，档案按“问题”分类排列。编有案卷目录和文件目录可供检索。

档案主要内容如下：

有天津市党政接收委员会组织通则；该会对财政、金融、盐务、关务等机构接收及实施办法；布告、通知、封条、货物运输通行证件等；接收物资盗卖情形处理办法，日侨及其财产管理办法；接收机构及物资明细表等。

天津区汉奸财产清查委员会
全宗号 J16

一、机构概况

国民党军事委员会调查统计局、天津市政府、天津市党部、天津警备司令部于1945年12月底，联合组织成立了天津区汉奸财产清查委员会。该委员会属临时机构，其主要负责清查天津地区汉奸动产及不动产，监督汉奸财产的转移和对汉奸财产的暂行保管，汉奸财产调查、造册、审核、上报等项工作。该委员会设主任委员1人，由天津市市长兼任，副主任委员由军统局戴笠兼任。下设主任秘书1人，负责主持该委员会日常事务。其内部机构设行动组、侦讯组、调查组、保管组、监察组等5组，具体办理军统局、市政府等下达的清查任务。

1946年4月底，奉行政院临时驻北平办公处指示，为统筹平津敌伪及汉奸产业，所有天津区汉奸财产清查委员会工作移并河北平津区敌伪产业清查委员会天津分会办理，至此，天津区汉奸财产清查委员会工作结束。

二、档案情况及内容介绍

馆藏该全宗档案共850卷，上架排列长度9.03米，档案起止时间为1946—1947年，档案按“机构-问题”分类排列。编有案卷目录可供检索。

档案主要内容如下：

(一)综合类

有该委员会组织规程、办事细则,奉令成立、结束文件材料;筹备会议、委员会议、业务会议、主任委员指导工作座谈会等记录;日常工作、业务往来信函、电报;人员任免材料、任职保证书,及职员考勤、奖惩、辞职记录、报告;重要职员一览表,任职人员清册;车辆使用、物品发放、食粮配售等庶务工作材料等。

(二)清查管理类

有河北平津区敌伪产业债权债务清理办法,行政院惩治汉奸条例,军事委员会调查统计局逮捕汉奸办法;该委员会制发的汉奸财产清查原则,查封、处理汉奸财产注意事项,隐匿敌伪财产物资、军用品检举奖惩规则等。

天津市政府外事处
全宗号 J9

一、机构概况

天津市政府外事处设立于 1945 年 11 月,是国民党天津市政府主管对外交往事项的职能机构。其主要负责外事交涉,接待外国官员及筹备有关国际集会活动,办理外国人居住、游历注册手续,外国人入境护照查验,本国人出国护照核发,办理旅外侨民国籍证明,华侨出国归国登记等事项。该处设处长 1 人,内部机构设有秘书室、总务科、外事科。1949 年 1 月天津解放后,该处由中国人民解放军天津市军事管制委员会接管。

二、档案情况及内容介绍

馆藏该全宗档案共 632 卷,上架排列长度 7 米,档案起止时间为 1942—1948 年,档案按"问题-年度"分类排列。编有案卷目录和文件目录可供检索。

档案主要内容如下:

(一)综合类

有国民政府外交部关于外侨在华权限规定办法;处理美军人员刑事案件条例;对各国外侨出入境、居留、通商、变更国籍、产权处理、开办企业、移民、教堂登记等问题的规定、办法;

外事工作来往函件及市民上访信件材料;工作人员办理国民身份证及驻华使节访问各地接待办法材料;1946年该处工作报告及人员分工材料;特种文件处理办法规定及保密规则;卷宗目录、收发文登记簿以及收发文件统计表等。

(二)组织人事类

有市政府对该处机构设置、组织规程、人员任免指令;该处重要职员情况调查表,历届处长任职、变动、调训情况材料;职员考核、任免、异动、辞职情况报告及人员名单等。

(三)外事类

有各国领事馆领事及职员更换、变动材料;各国领事馆建立及馆址情况报告;国民政府外交部关于各国与我国签订友好协约生效日期调查;市政府公用局、外事处关于驻津各国领事馆现有数目及汽车数量统计调查材料;该处与经济合作总署关于外侨、外商问题来往函件;部分国家和中国恢复邦交文书材料等。

(四)财会类

有该处办公经费数目清单,经费预算表,申请解决交际费用报告等。

天津市前英法意租界官有资产与官有义务债务清理委员会
全宗号 J12

一、机构概况

天津市前英法意租界官有资产与官有义务债务清理委员会成立于1946年7月16日,同年10月1日对外办公,是国民政府行政院外交部在天津设立的外事处理机构。该委员会主要负责审查确定英、法、意租界及使馆界内应移交中国政府的官有资产与官有义务债务,协助接收机关接收租界与使馆内官有资产,拟定担负履行官有义务债务具体办法。该委员会设主任委员1人,由天津市市长兼任。内部机构设有秘书室和3个科。秘书室负责撰写、收发文件,保管案卷印信,庶务会计等事项;第一、二、三科,分别负责英、法、意3个租界官有资产及官有义务债务调查、登记、清理工作。该委员会于1947年6月奉外交部令结束工作。

二、档案情况及内容介绍

馆藏该全宗档案共107卷,上架排列长度1.74米,档案起止时间为1941—1948年,档案

按“机构-年度”分类排列。编有案卷目录和文件目录可供检索。

档案主要内容如下：

（一）综合类

有该委员会成立、结束文件材料，组织程序、工作方案、工作报告；人事任用令及员工名册；请拨物品和经费使用情况；委员会历次会议记录，小组业务会议记录；外交部推荐外籍顾问电函；外交部签发接收租界及北平使馆办法；北平使馆界清理英、美、法等国使用调查报告；北平清理委员会办事细则及组织系统表；上海市各租界官有义务债务担负履行具体办法等。

（二）租界清理类

有外交部关于天津英、法、意租界归天津市统一管辖训令；关于英、法两国政府所有产业清理范围公函；天津市政府租界官有资产调查函；该委员会历次清理中英、中法、中意官有资产义务、债务事项报告书，历次中英、中法联席会议记录，清理各租界所有问题节略材料；驻津各国领事馆公务函件等。

天津市日侨管理处
全宗号 J13

一、机构概况

天津市日侨管理处于 1946 年 1 月 18 日正式成立，直属于国民党天津市政府，主要负责日侨与韩侨调查、登记、管理以及感化教育和生活行动指导等项事务。该处处长由时任市长张廷谔兼任，下设主任秘书 1 人，处理日常事务。内部机构设 3 个组，分别由市警察局局长、教育局局长和市政府总务处处长兼任组长，1946 年 3 月 20 日，该处又增设韩侨集中管理所，负责集中遣送冀、晋、察、绥各省的韩侨工作。1946 年 9 月，该处工作结束。

二、档案情况及内容介绍

馆藏该全宗档案共 268 卷，上架排列长度 2.95 米，档案起止时间为 1939—1948 年，档案按“年度-机构”分类排列。编有案卷目录和文件目录可供检索。

档案主要内容如下：

（一）综合类

有该处成立、结束情况材料，奉命成立韩侨集中管理所文件；各项管理公报，发布新闻底稿；处内各类工作会议记录；总务、庶务工作材料；国民党政府对日、韩侨归国待遇办法，对日本战俘归国待遇办法；该处制定防止日本军人秘密活动规定；对平津区日人团体限制办法；各机关、工厂留用日籍技术人员限期遣送办法，留用日籍技术人员限制办法等。

（二）侨民管理类

有日侨归国准备会工作报告；日、韩侨民集中人数增减、侨民动态日报表、周报表；有关志愿留华日籍人员登记表册，各机关留用日籍技术人员名册等。

天津市日侨归国准备会
全宗号 W44

一、机构概况

天津日侨归国准备会成立于1945年10月，是日本侨民临时自治组织机构，直属天津市日侨管理处和天津市政府。该会主要负责向中国军政机关和美军请愿联络，办理日侨归国、日侨救济、物资保管和收容等工作。其组织机构设有总务部、经理部、中国方面联络部、美国方面联络部、日侨部、归国事务部、共助部。1946年5月，该会撤销。

二、档案情况及内容介绍

馆藏该全宗档案共31卷，上架排列长度0.9米，档案起止时间1945—1946年，档案按“问题-年度”分类排列。编有案卷目录可供检索。

档案主要内容如下：

有该会组织机构、办事章则、人员名单；留用日籍技术人员登记册；市政府、市日侨管理处和天津警备司令部对该会命令文件，以及管理日侨归国各项规则、制度等。

天津市各机关全宗汇集
全宗号 J250

一、机构概况

仅据本全宗现有档案,无法查考机构概况。

二、档案情况及内容介绍

馆藏该全宗是天津市警察局、天津市地方法院、天津市教育局、天津市卫生局等机关档案汇集而成,共有档案 965 卷,上架排列长度 19.35 米,档案起止时间为 1930—1958 年,档案按“机构-年度”分类排列。编有案卷目录和文件目录可供检索。

档案主要内容如下:

(一)综合类

有天津市政府组织系统表;训令摘由簿;徐州等地实地考察报告;新民会章程,民教馆暂行组织规程;行政院、河北省政府、天津保安司令部、敌产处理局职员录,天津市公署公务员履历表及所属各机关委员名单;天津华商公会名鉴;童子军申请登记表;中华民国新区域图;《中国大学年刊》《亚洲情报》刊物等。

(二)司法警政类

有惩治汉奸条例,警察官吏奖惩条例;天津警察局一分局概况;中央警官学校、警察学校、警察训练所、天津地方法院及检查处、保安公司等职员录,天津律师公会会员录;天津地方法院官册、职雇员简历表、职员薪额表;天津市民众自卫队名册,联勤平津被服厂官佐清册,五区所属各保甲户口清册,水上分局船主户口登记簿;河北省高等法院刑事诉讼卷、判决书、检察官起诉书、答辩书;案卷移交清册等。

(三)教育卫生类

有教育机关一览表,教职员及学生一览表;教职员名册,公教人员人事调查表,教职员工工资表,小学工役清册;教育研究会登记表,小学登记表;课程表,教学进度预计表;学生名册,大中学校同学录,学生成绩表,学生调查表,毕业生一览表,毕业证书;教育局财产目录表;有关学校管理文件;中医师注册簿等。

（四）工商类

有工矿企业组织规程,办事细则;天津特别市工厂联合会会员录,商号经理名单,技术员工登记表;裕国、新川等企业公司契约、合同、大事记、重估财产报告表,以及与上海、重庆关于业务问题的往来函件;上海、台湾、青岛、厦门粮食行情单,香港商业服务社报价单;工矿公司进出口行情调查表,国有、私营企业调查表;天津市经济统计月报,统计资料手册;工业问题座谈纪要合辑;有关银号账务问题文件材料等。

天津市政府各机关全宗汇集
全宗号 J254

一、机构概况

仅据本全宗现有档案,无法查考机构概况。

二、档案情况及内容介绍

馆藏该全宗档案共253卷,上架排列长度4.75米,档案起止时间为1913—1949年,档案按“问题”分类排列。编有案卷目录可供检索。

档案主要内容如下:

（一）综合类

有市政府关于教育等方面训令,市政府工作报告;市公署行政纪要;市政府、民政局、警察局等会议记录;兵役法宣传办法;平津金融业概览,民国时期国家预算关税表,印花税、税目、税率表;上海、南京、青岛等地市政实况;天钢创立概况;档案分类表等。

（二）人事类

有市政府人事管理通则,市公署官吏服务规则,英工部局职员服务规则;日本警防团组织系统表;天津市各机关首长一览表;市政府人事处关防及各项官章清册以及下属各科各项清册;保甲干部普考科目表;卫生局、工务局、警察局等人员调查表;中央委员会通讯录,建设总署、市政府职员录,国民党职员名册,河北省训练团、天津市训练团、市政府人事管理人员同学录；电汽车管理处人事档案；国民身份证书；有关各机关奖惩，年终考绩、雇员考成材料等。

（三）资料类

有《中央党务公报》《中央周刊》《天津市政府公报》《天津市单行法规汇编》《天津市社会及经济概况统计》《市政工作竞赛专辑》《资源委员会公报》《民国政府年鉴》等。

军事机构档案

天津警备司令部
全宗号 J222

一、机构概况

天津警备司令部于1945年日本投降后成立，是隶属国民党国防部领导，受国民党华北剿总指挥的特务机构，牟庭芳、陈长捷、林伟俦等历任该部正副司令。1948年7月，该部所属各单位（除稽查处统一检查组外）改编为“保密局天津站”公开机关一组。该部共设一室六处、两队一组，分别为司令部办公室、参谋处、稽查处、军法处、城防工程处、主要物资管制处、副官处、演剧二十一队、津浦北段突击总队、统一检查组。

二、档案情况及内容介绍

馆藏该全宗档案共3148卷，上架排列长度63.08米，档案起止时间为1932—1949年，档案按“机构-年度-问题”分类排列。编有案卷目录可供检索。

档案主要内容如下：

（一）综合类

有警备司令部给警务旅等有关人员调派任免的人事命令；国民党国防部人事调派升免令；联合勤务总司令部人事命令；警士名册；官兵名册；伤患官兵名册；物管处检查所军警花名册；国民党陆军184师各团官兵花名册；通讯排官兵名册；市城防工事构筑委员会、材料征购委员会、党团员及秘书处官佐、士兵、职员简历登记名册；官佐现职录及额外士兵名册；军警宪联合巡查队调用官兵，特务营第一、二连请领臂章，佩用臂章官兵姓名册；治安会议记录；整顿军风会议记录；军警宪联合办公、联合检查和联席会会议记录；加强城防工事会议记录；司令部办公室、治安联席会会议记录；警备司令部指挥部会议记录；有关官佐移动和副官处改组等报告代电；青年军联谊会天津分会成立报核公函；冀北师管区司令部等请领枪照的公函代电；为清查天津监狱收押犯人的来往公函；刑警队员在各码头执行任务等情况的呈文和代电;警备司令部致北平行辕、天津市警察局、华北剿总司令部关于外侨治安事项的代电等。

(二)法规制度类

有天津市城防委员会管理办法;公用交通宣传办法;新闻检查组人事签呈及统一发布新闻暂行条例;记者采访暂行办法;新闻组办事细则;特种户口检查办法;破获主要案件核奖办法;天津市除奸自救小组实施办法及保甲领导小组组织办法;驻卫警派遣办法及条例;警察局各机关组织规程草案与附属各单位办事细则;合格警官分管办法;派遣人员出国考察与实习办法;职员平时考核奖惩办法;治安检查办法;华北地区各省市党政军自清突击工作办法;戒严区域邮电检查、军事邮电防护范围等实施办法;天津警备司令部警备计划、警备演习计划、守备计划、加强工事计划、年度计划、冬夏防计划;三民主义促进会成立及工作计划等。

(三)案件类

有接收案件登记册;携带毒品和烟枪案、敲诈勒索民财案、军人私逃案、私运烟煤案、美军遗失机器案材料等。

宪兵第二十团
全宗号 J221

一、机构概况

宪兵第二十团于1942年由“宪兵学校第一教团”改编而成。1946年以前,该团曾担任昆明、缅甸等地区的特务勤务,隶属于国民党“宪兵司令部”,由汤永咸、易希祺等担任该团正副团长。1946年以后,该团由重庆调来天津,由曾家琳、董维翰、朝立业、张炜、魏志超等充任正副团长,其主要任务是对在津的地下党组织进行监视和限制,对地下党的工作人员采用“密捕”和“暗杀”手段,利用武装特务镇压工运、学运,控制主要物资输入解放区。该团下设1组7室,分别为特高组、警备室、司法室、书记室、政工室、军械室、军医室、副官室。此外还设有3个特务营。1947年又建立了东、南、西、北、中心区五个宪兵队,并长期设物资管制特务哨兵,配合国民党警备司令部统一检查组进行物资封锁控制工作。1948年,除分驻秦皇岛、唐山、塘沽外,驻天津市的特务营、连除配合军、警、宪、特进行“统一检查工作”外,还负责新招考的宪兵训练工作。

二、档案情况及内容介绍

馆藏该全宗档案共 592 卷，上架排列长度 16.97 米，档案起止时间为 1942—1949 年，档案按“机构-年度”分类排列。编有案卷目录可供检索。

档案主要内容如下：

(一)综合类

有宪兵第二十团团组织编制机构设置、掌管范围及本团给各营、连有关调改机构规章办法；人员调动令、任免令、官佐简历、官兵花名册；官兵补充、开调、离退、抚恤、请假等办法；奖惩规定、会议记录；通缉逃犯、逃兵的处理办法、训令等。

(二)制度规定类

有国民党国防部颁发的印信规则、密码保密要则等规定的代电；臂章使用法和加强各组织联系等办法规定的代电；华北剿匪总部“匪区”交通经济封锁实施细则等规定的代电；华北剿匪总动员麦收宣传计划纲要的训令；关于战时陆、海、空军审判规程和监察办法；国防部戒严实施办法纲要等。

(三)其他类

有知识青年志愿从军的优待办法；志愿从军女青年退役办法；关于宪兵学校初级班第一、二、三期招考办法和学校训练计划；关于慰劳过境新兵办法、营宿办法及慰劳过境新兵清查工作；该团官兵保证书、名册；军人家属优待办法；官兵犯罪案件统计表；该团各项工作的零散文件等。

天津市民众自卫队
全宗号 J223

一、机构概况

天津市民众自卫队成立于 1946 年 6 月，止于 1949 年 1 月。其演变过程分三个阶段，第一阶段(1946 年 7 月—1947 年 8 月)：是由警察局、社会局主办成立的市民训练总队部，专门从事组训工作；第二阶段(1947 年 8 月—1948 年 7 月)：是由警察局、民政局主办成立的市民自卫训练团;第三阶段(1948 年 7 月—1949 年 1 月):为进一步强化民众自卫组织,于 1948 年 8 月由天津市训练团筹组成立了民众自卫总队部,隶属于市政府领导,并受天津民众自卫指导委员会的协助,推动全市民众组训工作。

国民党民众自卫队的训练总队长、训练团的团主任都是由市长兼任;副总队长由警察局、民政局、社会局的局长兼任;区中队长由区长兼任;分队长由保长、甲长兼任;工商独立中队的中队长由工商经理兼任。除以上各首要领导都是兼职外,其他各处室组的干事、军政训指导员、督导员等都是专职人员,其主要来源是市政府各处室人员、在乡军官、高中毕业生等,大部分是通过天津市训练团的训练后分派的。天津训练团从第七期开始主要以训练民众自卫干部为主。

二、档案情况及内容介绍

馆藏该全宗档案共 201 卷,上架排列长度 4. 8 米,档案起止时间为 1946—1949 年,档案按“机构-年度-问题”分类排列。编有案卷目录可供检索。

档案主要内容如下:

(一)综合类

有市政府给该队关于退役官佐服务地方办法草案、撤销东北剿总收编的各军队注意新兵思想情况及批准政工队工作实施办法等训令;关于民众组训方案与天津市参议会的来往文书;民众自卫队呈报给市政府 1948 年下半年民众组训实施计划及批示;该队关于宣传标语及借用宣传物品与天津市政府民政局等机关来往文书,与广播电台联系广播时间的来往文书及播讲人名单,与河北省审计处天津办事处、警察局、警备司令部等机关及防护团等各驻军互相联系的来往文书,关于关防印鉴银行开户的报告与银行往来文书,关于人事调派问题与市警察局、教育局的来往文书等。

(二)人事类

有理事张序庭、名誉理事张裕葆聘书委任令;该队及所属单位关于干部提升、调派、任免的命令报告;民众自卫队队员名册;职员保证书及履历表;1948 年给人事组关于人事调派的命令以及各队的人事调派、任免材料;该部所属各大队的人事调派、任免及提升命令,有关人事调查、增薪命令以及干部支薪办法;队员月份考勤及第六政工队姓名考核表等。

(三)训练会议类

有天津市自卫训练团第二期民众自卫组训计划、训练计划纲要及改善办法,该团一至八周课目进度表、受训状况及第二期结业演习检阅计划;有天津市民众自卫总队会议记录,部务会会议记录;该队总务处各队总务干事一至九次谈话会记录,一、二、三各大队恳谈会、座谈会会议记录及各次工作报告等。

天津市筹购马料委员会
全宗号 J50

一、机构概况

天津市筹购马料委员会于 1948 年 7 月 6 日成立。该委员会设委员长 1 人,下设总干事,由民政局局长担任。其内部机构设有采购、筹款、点交、总务 4 个组,主要负责马料筹购等工作。1949 年 1 月天津解放后,该委员会结束工作。

二、档案情况及内容介绍

馆藏该全宗档案共 21 卷,上架排列长度 0.9 米,档案起止时间为 1947—1949 年,档案按“问题-年度”分类排列。编有案卷目录和文件目录可供检索。

档案主要内容如下:

有天津市筹购马料委员会筹备会会议记录;办公细则;申请拨发办公费用报告;马料供应概算、拨料收据、购料情况说明;马料接收、移交、拨发报告;马料筹购办法;请购马料报告及马料补给计划等。

军事委员会战时运输管理局平津物资运输处
全宗号 J47

一、机构概况

军事委员会战时运输管理局平津物资运输处于 1945 年 10 月 1 日成立,是中央军事委员会地方后勤运输管理部门,主要负责北平、天津、青岛、烟台等地军需物资运输业务。其内部机构设 3 科，即总务科、业务科和会计科，并下辖平津区办事处、济南代表办事处、平塘公路改善工程处、平津物资运输处、青岛物资运输处、该局平津区汽车修配厂、北平器材库和天津器材库等 8 个监管单位。

二、档案情况及内容介绍

馆藏该全宗档案共 88 卷，上架排列长度 1.8 米，档案起止时间为 1945—1946 年，档案按“问题”分类排列。编有案卷目录和文件目录可供检索。

档案主要内容如下：

有该处组织规章、工作报告书；会计报销办法及营业支出概算；该处及附属机关处理报销办法；材料收发处理程序及账目处理办法；财产增减表、收支对照表；关于职员奖惩暂行规则及职员到差日期调查表、值日宿表；人员名册及职员工役薪给津贴文件；关于借用汽油及汽车登记文件，煤运通知和电报；交通部公路总局平津区物资运输处会计表报和职员名册等。

冀北师管区司令部
全宗号 J46

一、机构概况

冀北师管区司令部成立于 1946 年 10 月 16 日，司令部设在天津市原镇南道 30 号，隶属于国防部，受河北省政府主席指挥监督，是抗战胜利后国民党政府为扩充兵源在天津设立的专门负责河北省北部和平津地区征召兵源的准军事机构。冀北师管区司令为李兆瑛。司令部下设北平、天津、唐山、昌黎 4 个团管区，与司令部同时成立。1947 年 2 月，原国防部直属的沧县团管区并归该司令部指挥，到 1947 年 9 月，其管区辖境共有北平、天津、唐山 3 市及河北省北部 43 个县。

冀北师管区司令部主要负责兵役督导、新兵征训、军需管理等工作；机关内设参谋、人事、副官、军需、预算、军医、军德、秘书、督征官、监察官、政工等 12 室 3 科。第一科负责役政宣传督导；第二科负责新兵征集征拨；第三科负责管理退役军人及民兵训练。另外，下辖的附属机构有人事评选(判)委员会、人事点析委员会、特别党团干事会。1949 年 1 月天津解放后,冀北师管区司令部及在津各团管区司令部自行撤销。

二、档案情况及内容介绍

馆藏该全宗档案共1667卷,上架排列长度33.93米,档案起止时间为1939—1949年,档案按“机构-问题”分类排列。编有案卷目录和文件目录可供检索。

档案主要内容如下:

(一)综合类

有国防部关于师团管区组织编制、机构设置、职掌范围及对冀北师管区司令部人事命令;师管区人事评选委员会组织规则,人事点析委员会组织简则,“除奸防谍”组织办法;师管区人员调动令、任免令;司令官私人信函、电报;司令、副司令、参谋长个人自传及部分官佐简历、官兵名册,退役军官证明底簿;辖区内专员、县长一览表,市、县兵役协会一览表,驻天津部队一览表;所辖团管区沿革,官佐、士兵名册;师管区行政管理、部务政务、业务讨论及兵役会议记录;各科、室及所辖团管区工作报告、统计年报;官兵消费合作社章程;兵役月刊创刊材料;师、团管区往来公函;值日簿原始记录等。

(二)征兵管理类

有国民党政府1947年新颁兵役法及全国青年从军实施纲要;国防部关于免役、禁役、缓征、缓召申请审查办法,督征新兵办法;戡乱期间征兵要则,收复地区兵员征集办法;天津市征召兵役办法;师管区年度部队缺额补充办法;辖区市、县核减征兵配额报告;妨害兵役治罪条例;严格军纪注意事项;新兵临时奖惩办法;新兵体检规则及报告表,新兵征集旬、月报表,新兵登记簿;师管区军事训练记录;军事干部年终考核办法细则;所辖团管区军事训练教育计划及批复材料;新兵训练教材,训练新兵考核材料;兵役行政考核报告;天津市民兵组织训练程序;师管区关于天津市高中及同等学校军事训练大纲等。

联合勤务总司令部平津被服总厂天津工厂管理处
全宗号J49

一、机构概况

联合勤务总司令部平津被服总厂天津工厂管理处于1946年成立。该处由其总厂直接领导，是国民党军需后勤管理机构，主要负责天津各军需工厂生产管理、材料购销等事宜。该处下辖天津被服厂、天津制革厂、天津制呢厂、天津颜料厂、天津染整厂、天津装具厂、天津针织厂、天津橡胶厂、附属材料厂等单位。其内部机构先后设有秘书室、督察室、总务课、财务课、材料课、福利课、工务课、厂警队、特务队、化学部、纺线部和技术研究委员会。1949 年 1 月天津解放后，该处由中国人民解放军天津市军事管制委员会接管。

二、档案情况及内容介绍

馆藏该全宗档案共 6750 卷，上架排列长度 159.3 米，档案起止时间为 1945—1949 年，档案按“机构”分类排列。编有案卷目录和文件目录可供检索。

档案主要内容如下：

（一）天津工厂管理处

1. 组织人事类　有天津工厂管理处沿革和业务报告书，关于处、厂合并暂行编制草案意见；工厂实况调查表，1947 年、1948 年工作计划表及各厂部移交清册；人员统计表和调查表；各厂人员月报表、旬报表，职员技工考勤统计表，职员名单、印模；该处职员薪俸表，外勤人员补助办法；员工士兵考绩分数表，工作竞赛纪念奖励优秀员工名册等。

2. 法规类　有该处各项工资办法，财务行政状况表；督察室驻津督察组织规程及工作报告；值日单位津贴办法及工作竞赛办法；该处福利物资暂行采购办法，官佐眷属参加生产工作办法；技术研究委员会组织章程等。

3. 业务类　有该处及所属各厂汽车明细表，拨给第十二兵站支部行军用材料；各厂向该处情况汇报材料；该处举办职工训练班计划，有关防护概况文件；来往商号登记表等。

4. 会议类　有该处例会记录、工作汇报记录、管理员会议记录、标购材料会议记录、福利工作会议记录；技术研究委员会会议记录；合作社临时会议记录等。

5. 其他类　有该处仓库交接清册；仓库会计卷；福利委员会设施情况材料；合作社成立股份社员业务计划等。

（二）天津被服厂

有天津被服厂 1947 年办事细则、工作计划、进度表，业务概况及报告书；直属被服厂革补工人统计表，人事任免通知，职员登记簿；官佐、技职工、兵伕名册；技工调动升补报告单；员工工作考绩表及请假登记表；该厂通令及服务规则；员工福利费提存动支办法；厂务会会议记录，年会汇报记录，会稿登记及值日官日记；下属裁剪部和第一、二、三、四、五缝纫部职工名册；员工身份证清册，缝纫部交接清册，直接工资计算表；第六、七、八缝纫部员工兵伕花名册，职工箕斗清册，发放职工稿金册；弹花部、被服厂仓库、修理部、纺线部人员统计材料；技工开补报告及技工人员保证书等。

（三）天津制革厂

有天津制革厂工作计划、办事细则；防谍、警卫业务报告书；人员组织编制状况统计表；职员技工官佐名册；士兵开补报告表；官佐年终考绩表；日籍技术人员名册；人事增补规定，工人奖惩办法；军用粮秣人员奖惩标准，职工、官兵抚恤办法；厂务会议记录，厂务汇报记录；工作日记表；关于厂内警卫治安防盗材料等。

（四）天津制呢厂

有天津制呢厂规章；值日人员统计表；留用日籍人员申告书；职工请假报告表；厂务汇报记录及厂务会议记录等。

（五）天津颜料厂

有天津颜料厂官佐工伕月报及统计表，工人待遇调整表；捐款名册；职工服务规则草案；官佐职工请假规则；工人编制及工资和人员调整暂行办法；经费预算和生产情况厂务会议记录；员工奖惩案件材料等。

（六）天津染整厂

有天津染整厂概况及业务报告书；官佐职员分配状况表，官佐士兵统计月报；职工名册；留用日籍技术人员申请书及表报；工人奖励通知；请假汇报表；军粮收发及会计处理程序；调整支给管理人员工资待遇办法；职工请假规定；厂务会议记录，技术人员联系会议记录，厂务日志等。

（七）天津装具厂

有天津装具厂概况表；移交财产清册；编制系统表，职工、士兵、工伕名册，职工交代清册和留用日籍技术人员名册；员工长伕互助办法；厂务会会议记录和专项处理事故会议记录等。

（八）天津橡胶厂

有天津橡胶厂组织沿革及办事细则；工作要点、业务概况报告；生产计划安排及完成情况文件；职工名册，员工开补申报及旬报表；各年度工资计算表；各项工作办法、规则、守则；福利课办事细则；互助会组织规程；合作社章则；工友兵伕教育实施办法；惩罚规则；生产预算书；请购材料通知报告；关于加工订货、物资供应、废品处理及验收报告书；生产报表；临时工作会议记录，厂务会议记录，课务会议记录；工作日志表等。

（九）附属材料厂

有附属材料厂1946年上半年工作计划；职员名册，留用日籍人员名册；发放员工物品登记统计材料等。

(十)天津针织厂

有天津针织厂人事变更材料,工人名册;会议记录及工作日志等。

(十一)被服总厂

有总厂组织规程及业务工作办法;各部门成立材料,工作计划;文书及接收工作规程,实施新制公文程式及文书手册,讲授大纲;1947—1948 年工作方案及改进建议书,奖惩办法;材料会计事务处理程序及有关会计法令;上级视察该厂报告;总厂会议记录等。

联合勤务总司令部河北省营产管理所天津分所
全宗号 J99

一、机构概况

联合勤务总司令部河北省营产管理所天津分所成立于 1946 年 6 月 19 日,是联合勤务总司令部河北省营产管理所的分支机构,主要负责天津地区(即天津市、沧县、静海县、军粮城、塘沽、唐山、北戴河、秦皇岛、山海关等)驻军营产工作。王泰元、王世照、田益民先后担任该所所长。1949 年 1 月天津解放后,该所由中国人民解放军天津市军事管制委员会接管。

二、档案情况及内容介绍

馆藏该全宗档案共 98 卷,上架排列长度 1. 8 米,档案起止时间为 1930—1949 年,档案按“问题”分类排列。编有案卷目录和文件目录可供检索。

档案主要内容如下:

(一)综合类

有国防部营产调查规则、营产管理规则、营产管理实施细则;军政部收缴降军武装物资验收处理办法;联合勤务总司令部驻津各单位组织细则,以及关于军事机关、学校、部队举办小规模农场办法;该所工作计划、业务会议记录、交接证明书;业务执掌表、职员名册、官兵清册及薪饷证明册;垦荒契约、地基地亩租户清册、军需物品数量表等。

(二)营产管理类

有河北省营产管理所营产状况调查表,平津区营房调查组调查报告;该所调查各处营房、营产工作报告及所辖区营产状况清册、营产租照、营产月报表;天津市营房、营地、营产概况调查表等。

(三)营房建设类

有河北省营产管理所修改库房及各部房顶工程作法说明书;该所营房添建工程计划说明书、工程图纸、工料报告表、工程器材清册;沧县等地营房建物配置图、军用地基图、营房土地面积对照表、仓库地契细目等。

(四)财会类

有该所经费开支标准、支出预算书、计算书、统计表,临时费支付预算书、计算书;地亩租金征收预计清册、租金收入预算书;现金出纳表等。

在津机构、社会团体档案

行政院院长临时驻平办公处
全宗号 J21

一、机构概况

行政院院长临时驻平办公处成立于1946年1月1日,系行政院设立的临时机构,受行政院直接领导。其主要职能是负责指挥与督导平津唐地区敌伪产业的接收、处理、恢复生产、控制物价和加强交通管理等工作。内部设主任1人,另设副主任、专门委员、秘书、处员、顾问、办事员等若干人;下辖天津分处、河北平津区敌伪产业清查委员会。1946年7月底,该处结束工作。

二、档案情况及内容介绍

馆藏该全宗档案共39卷,上架排列长度4.3米,档案起止时间为1946—1947年,档案按“问题”分类排列。编有案卷目录和文件目录可供检索。

档案主要内容如下:

有河北平津区敌伪产业清查委员会、经济部冀热察绥区特派员办公处、河北平津区敌伪产业处理局等单位对敌伪产业调查、接收、处理,以及对非敌伪产业解冻等问题呈请公函和该处批复;交通部平津区特派员办公处呈报有关华北铁路、交通、电信、煤炭、运输等事项函电、报表;北平中国银行、市政府社会局统计室及中央银行、交通银行、中国银行、农民银行四行联合办事处天津分处等单位呈报有关平津地区物价日报表、银行行市日报表、批发零售日报表、平粜换运粮食的报告等。

行政院院长临时驻平办公处天津分处
全宗号 J22

一、机构概况

行政院院长临时驻平办公处天津分处,建立于 1946 年 1 月 21 日,受行政院院长临时驻平办公处领导。其主要职能是对天津地区的敌伪产业接收处理、恢复生产、发展经济加强督导。内部设处长 1 人,秘书主任、秘书、办事员等若干人。1946 年 7 月 31 日,该处结束工作。

二、档案情况及内容介绍

馆藏该全宗档案共 38 卷,上架排列长度 0. 43 米,档案起止时间为 1945—1946 年,档案按“问题”分类排列。编有案卷目录和文件目录可供检索。

档案主要内容如下:

有该处接收敌产呈文,经费问题呈文及其上级回复函件;与有关单位会谈备忘录,与有关军政部门间往来公函;该处及其上级与天津、北平、河北等有关机关单位座谈会记录;为调查、处理个人隐匿敌产事与河北平津区敌伪产业处理局等单位间往来公函;因粮食、布匹问题其上级发给该处训令、代电;部分企事业单位向该处请求租借、价购敌伪物资、设备文件等。

经济部冀热察绥区特派员办公处驻津办事分处
全宗号 J24

一、机构概况

抗日战争胜利后,国民党政府经济部和战时生产局为处理收复区工矿及其他有关事项,于 1945 年 9 月 1 日成立经济部冀热察绥区特派员办公处。由于所接收的敌伪工矿单位大多在天津，于同年11月7日组建经济部冀热察绥区特派员办公处驻津办事分处（以下简称驻津办事分处），设主任1人。内部机构设有秘书室、会计室，以及总务、储运、调查、供应、管理、经理6个组，并在唐山、塘沽分设事务所。其主要职能是登记处理工矿事项，处理盟国及中立国原办工矿事项，接收整理敌伪所办工矿事项，处理经济部及战时生产局负责的有关商务事项，接收经济部生产局有关机关，促进主要物资生产，办理主要物资供应，采办和接收国外必需物资等。1946年9月该办事分处结束工作，所管事业单位移交河北平津区敌伪产业处理局，留下部分人员进行善后工作，1946年12月底全部工作结束。

二、档案情况及内容介绍

馆藏该全宗档案共1403卷，上架排列长度24.8米，档案起止时间为1945—1947年，档案按“机构-问题”分类排列。编有案卷目录和文件目录可供检索。

档案主要内容如下：

（一）综合类

有驻津办事分处成立、结束工作情况材料；内部机构、人员设置材料；人员动态月报，处内各组人事任免文件；员工名册、履历表；各组接收工作报告，阶段工作小结，业务交流座谈会材料；庶务管理文件，家具、车辆、物品请领登记材料，经费使用材料等。

（二）接收类

有国民党政府接收日本产业赔偿我国损失记账办法，河北平津区敌伪产业处理局接收工作章则及各类接收办法，敌伪产业、物资管理办法；经济部冀热察绥区特派员办公处关于接收工作训令、布告，接收工厂问题会议文件等；关于天津市日籍员工征用通则，留用日人管理办法，留用日籍技术人员申请书、保证书、名册；接收工作会议记录，接收洽谈会议记录等。

（三）其他类

有天津市社会局年度概况及物价行市汇编材料；善后经济救济总署关于工矿救济原则实施方案；经济部冀热察绥区特派员办公处救济失业工厂工人会议记录，天津市各厂失业工人申请救济、提高待遇、增加福利报告；天津市工厂复工情况调查表；天津市政府标售工厂办法；该处各批次标售工厂材料，标售工厂上报表等。

监察院冀热察区监察委员行署天津办事处
全宗号 J23

一、机构概况

监察院冀热察区监察委员行署天津办事处于 1948 年 9 月 1 日成立,是监察院冀热察区监察委员行署设立的临时分支机构,受行署直接领导。其主要职能是负责天津地区调查贪污渎职等案件,监视考试与开标、出席公证会等工作。其内部设负责人 1 人,由行署调查员担任,另设有科员、办事员各 1 人。1949 年 1 月天津解放后,该处由中国人民解放军天津市军事管制委员会接管。

二、档案情况及内容介绍

馆藏该全宗档案共 14 卷,上架排列长度 0. 4 米,档案起止时间为 1940—1949 年,档案按“问题”分类排列。编有案卷目录和文件目录可供检索。

档案主要内容如下:

有该处与河北平津区敌伪产业处理局等有关单位为拆修房屋、出售物资等招标与监标事项往来函件;与天津市公务局为修复天津市内临时飞机场事项往来公文;为调查处理投机倒把、贪污营私以及隐匿敌产等事项与有关单位往来函件;与有关单位参加的粮食加工、配售等问题会议记录;天津市民食调配编制、天津市民食配售工作报告;解放后该处移交报告书等。

外交部特派河北交涉公署
全宗号 J11

一、机构概况

1870 年 11 月，直隶总督兼任北洋通商大臣，专门负责清政府涉外事务，同时设立津海关道，主要负责海关事务，外国在天津有关租界问题也由津海关道出面处理。1910 年清政府设立直隶交涉使司，专门办理租界对外交涉事项。1912 年成立直隶交涉所，继续负责租界对外交涉事务。到北洋政府时期直隶交涉所改为外交部特派直隶交涉署，1928 年定名为外交部特派河北交涉公署，成为办理各国侨民在津承租、买卖土地、完契纳税等涉外事务的专门机构。

二、档案情况及内容介绍

馆藏该全宗档案共 398 卷，上架排列长度 5.1 米，档案起止时间为 1905—1946 年，档案按“年度-问题”分类排列。编有案卷目录和文件目录可供检索。

档案主要内容如下：

有津海关道、直隶交涉使司与驻津各国总领事馆关于侨民在租界内租用、买卖土地问题往来函文；为华人在各国租界内购买房产、土地问题各国领事馆与天津县、府、直隶交涉使司官员往来信函；各国侨民、团体等转租华人土地文件材料；各国驻津领事馆关于租地、买地、卖地与交涉公署特派交涉员往来信函及特派交涉员关于地租问题照会；津外各国领事馆询问在津租地问题信函及交涉公署复函；各地交涉公署询问租界地租收费办法函件及复函；国民政府财政部 1927 年验契暂行条例；天津特别市政府验契施行办法；国民政府财政部、河北省验契专员办公处、天津特别市财政局关于租界土地验检契证联合布告等。

外交部驻平津特派员公署
全宗号 J10

一、机构概况

外交部驻平津特派员公署于 1946 年 3 月 20 日正式成立,是国民政府外交部派驻地方乙级特派员公署。该公署设特派员 1 人,内部机构设秘书室、专员室及第一科、第二科。第一科负责会计、庶务、交际、统计工作,第二科负责调查、交涉、侨务、情报工作,并设北平办事处。该公署职权范围有:护照签证;调查领事馆及外侨活动;调查处理外侨纠纷;接待外国使节,协助地方政府办理外交事项;办理外交部交办各类事项;办理外侨遣送及清理租界、使馆界事项;以及其他各类涉外事项。1949 年 1 月天津解放后,该公署由天津市人民政府外事处接管。

二、档案情况及内容介绍

馆藏该全宗档案共 697 卷,上架排列长度 7.83 米,档案起止时间为 1939—1956 年,档案按"问题-机构"分类排列。编有案卷目录和文件目录可供检索。

档案主要内容如下:

(一)综合类

有该公署组织、人事、秘书、行政、经费工作文件材料;年度各项工作计划、安排;人员考绩、考成、求职登记材料;1948—1949 年季度工作报告;该公署主要领导人私人往来函件;呈请临时费用报告;医药、出差费标准、办法;员役薪级查报材料;员工配售食粮及日用品文件材料等。

(二)外事类

有中国同古巴、挪威、巴西、苏联、阿富汗、墨西哥、加拿大等国所签友好条约;中美友好通商航海条约,与周边国家界务换文及外交部制定的法规汇编;国民政府关于出国护照办理条例,外侨护照管理规定;外籍飞机、船只越境及出入境管理办法;赴美移民办法,境外人员出入及居留规则;中英、中荷运输协定;市政府关于外商进出口贸易规定、办法等。

财政部天津货物税局
全宗号 J63

一、机构概况

财政部天津货物税局于 1945 年 12 月 24 日成立,是中央系统的税收机构,隶属财政部税务署领导。其主要负责天津地区货物税(包括矿产税、烟税、酒税及统税中的卷烟税、棉纱税、薰烟税、水泥税、麦粉税、皮毛税、茶叶税、化妆品税、饮料品税、锡箔迷信用纸税等)的征管工作。该局内部组织机构设秘书室、人事室、会计室、统计室、督导室、稽核室。又设第一科(办理各种货物税稽征查验事项)、第二科(办理领交、管理和填开各种票照事项)、第三科(办理文书、鉴印、收发、总务、出纳等事项)。该局另在市内设东站、西站、北车站查验所及大直沽、塘沽查验所,主要办理各种货物税的查验工作。还设有驻卷烟厂、棉纱厂、火柴厂、皮毛厂、麦粉厂、化妆品厂、酒厂 7 个办事处,主要办理各厂货物税的征收工作。另外在静海县、宁河县、青县设有办事处,办理各县货物税稽征事宜。1948 年 8 月财政部对直、货两税机构进行精简合并,直、货两局仍分别设置,其所属机关改为财政部国税署。1949 年 1 月天津解放后,该局工作结束。

二、档案情况及内容介绍

馆藏该全宗档案共 949 卷,上架排列长度 26.1 米,档案起止时间为 1938—1949 年,档案按“问题-年度”分类排列。编有案卷目录和文件目录可供检索。

档案主要内容如下:

(一)综合类

有财政部各省税务管理局组织条例,税务人员保证办法;该局组织条例,工作计划表及工作记名职员任命书和职员保证书,拟任人员送审书;各科室人员职掌分配表,职员个人材料,核减人员姓名表,分析职员动态材料,职员奖惩登记簿;人事报表,人事管理人员交接清册;该局派往各厂税务员备案材料等。

(二)业务类

1. 章则　有财政部货物税条例,货物税补征差额办法,财政部所属各机关没收物品处理办法;该局关于麦粉税、化妆品税、茶类税、锡箔迷信用纸税、火柴税、水泥税、卷烟税、饮料品税、皮毛税、棉纱税、国产酒税稽征规则;铁类征收矿产税办法;管理国产酒类制造商暂行办法;火柴查验处罚条例,卷烟登记章程,卷烟用纸购运规则等。

2. 报表　有该局货物税款记账表;税收旬报表和月报表,各类查征数值月报表;各办公处解交税收及呈送报表,各厂驻厂税务员呈送业务报表,卷烟纳税出厂及增减价格和卷烟销运记载表;各种货税统计表等。

3. 登记　有该局卷烟厂商商标登记表;卷烟用纸、手工卷烟户申请登记表;棉纱厂开工、停工及棉纱厂商申请登记表;火柴商号商标登记及申请书;酒商歇业申请登记表;糖类改运分运、改制改装及设备登记表;皮毛商补退情况登记表等。

(三)财会类

有该局岁入岁出计算书及会计工作报告,会计室办事细则;税收预算与实际收入比较表;职员薪俸清册和生活补助费清册,职员薪金支给标准及人数表;该局财产目录清册等。

财政部天津直接税局
全宗号 J64

一、机构概况

财政部天津直接税局于 1945 年 11 月 16 日正式成立。该局是中央系统驻津税收机构,主要负责天津市的直接税(包括所得税、营业税、特种营业税、遗产税、印花税、证券交易税、土地税、契税)稽征事宜,隶属于财政部直接税署。该局内部设有 6 室 4 科,即局长室、秘书室、人事室、审核室、会计室、统计室及第一、二、三、四科。第一科,办理营利事业所得税、特种过份利得税、综合所得税及一时营利所得税的稽征事项;第二科,办理薪给报酬所得税、证券存款所得税、财产租赁所得税、遗产及特种营业税稽征事项;第三科,办理营业税、印花税稽征事项;第四科,办理文书、鉴印、收发、庶务、出纳等事项。该局在市内 8 个区设置 8 个查征区办事处,办理各区内各税的申报、催交、调查等事项。1948 年 8 月,财政部精简机构,将全国直接税和货物税征收机构合并,但天津市直、货两局仍分别设置,其上属机关改为财政部国税署。同时,将 8 个区的办事处改为 8 个稽征所。1949 年 1 月天津解放后,该局工作结束。

二、档案情况及内容介绍

馆藏该全宗档案共 888 卷，上架排列长度 17.55 米，档案起止时间为 1938—1949 年，档案按“问题-年度”分类排列。编有案卷目录和文件目录可供检索。

档案主要内容如下：

（一）综合类

有该局各任局长交接清册；中心工作进度表和工作报告，局务会议规则和记录；该局文书法规以及与各地财政部门往来电报；经济行情剪报资料等。

（二）人事类

有该局职员任免月报表，职员离职清单，职员请假规则和签到规则，职员任命证书，铨叙部为该局人员检发送审证件；职员平时考核材料，人事工作计划、报告及规定，人员动态概况统计月报表，职员保证书和登记表，职员名册，奖惩登记簿，公务员叙级条例等。

（三）财会类

有该局会计规章，会计处理办法；年度岁出岁入决算表、预算表，征课经费会计报表；会计室办事细则；调查敌伪征税数字材料；编造各项会计报表规定；会计员工福利办法，调整职员待遇办法及支给标准表，会计室工作总结等。

（四）统计类

有该局各年度税收数字表，统计工作方案及注意事项，征收费用统计实施办法，物产物价调查材料，会计、统计人员划分办法；各查征区街巷清册，商业单位分业调查表等。

（五）所得税类

有该局营利所得税指示，营利所得税催报调查材料，洋行增资纳税文件；各商号歇业或减免所得税申请书，各地商号联系征收所得税及该局与各商号业务方面来往文件等。

（六）特种营税类

有该局开征特种营业税税法及施行细则，特种营业税罚缓规定，特种营业税要点及纳税须知；关于航空公司及公路总局征收特营税法令规定，轮船业特营税法令规定，银行钱庄、邮政储金特营税法令规定；特营税查完纳库登记簿；该局与各纳税单位关于特营税来往文件等。

（七）印花税类

有该局印花税法施行细则及修改解释文件；印花税法施行例案汇编，印花税法令，印花税印花规定及税法，印花税票记账及编制办法，代售印花规定、指示及办法等。

（八）遗产税类

有财政部遗产税法令指示；遗产估计审议委员会组织规程及委员名单；遗产税宣传实施计划进度表，遗产税征收及调查免税情况登记，遗产估计报表，纳税人申报遗产税报告表等。

（九）交易税类

有该局证券交易条例，呈报各旬证券交易税纳库数等。

（十）契税类

有该局契税法令；土地税移交市财政局接管文件；该局给财政局关于停征地捐契有关文件等。

（十一）纳税登记类

有各区纳税登记簿等。

财政部天津金融管理局
全宗号 J172

一、机构概况

财政部天津金融管理局于 1948 年 1 月 1 日正式成立，隶属于财政部，负责管理天津和北平两市的金融业务。其主要负责国家行局库及其信托部或其附属机构的放款、汇款、投资及其他交易的审查及检举事项；省市银行、中外商银行庄、信托公司、保险公司、信用合作社及其附属机构或其他经营金融业务行号的放款、汇款、投资及其他交易的审查和检举事项；银钱业联合准备委员会及票据交换所的督导及检举事项；政府机关及国营事业机关违背公款存汇办法的检举及取缔事项；非法金融机构的检举及取缔事项；黄金、外汇、外币非法买卖的检举及取缔事项；金融市场动态调查及报告事项；财政部及中央银行委办事项。施奎龄、潘鹤等先后任该局局长。其内部机构先后设有秘书处、稽核处、会计室及北平办事处。1949 年 1 月天津解放后，该局由中国人民解放军天津市军事管制委员会金融处接管。

二、档案情况及内容介绍

馆藏该全宗档案共 692 卷，上架排列长度 7.74 米，档案起止时间为 1937—1949 年，档案

按“年度-问题”分类排列。编有案卷目录和文件目录可供检索。

档案主要内容如下：

（一）综合类

有财政部颁发各项组织规程及调整商业银行资本办法；各区督导团督导员工作实施纲要及各区经济管制督导范围训令；该局金融管理、物资管理办法，机关组织动态表；任用人员各项规章办法，职员任用资格审查书；调整资本进行程序报告表；各年度决算表及结算报告；职员保证书；薪饷清单等。

（二）业务类

有金融物价商情报告表，金融动态月报表；关于使用汇票暂行办法；该局关于对各个银钱庄存放款业务检查报告及查封地下钱庄报告；各银行钱庄业务概况调查表、存放汇款月报表；票据交换数额周报表；该局与中央银行活期存款核账清单；关于各银行钱庄所有外汇资产限期登记通知等。

财政部驻冀鲁察热区财政金融特派员办公处驻天津办事处
全宗号 J175

一、机构概况

财政部驻冀鲁察热区财政金融特派员办公处驻天津办事处于 1945 年 10 月 26 日正式成立，负责天津地区清算敌伪银行和监理商业银行等工作的联络事务及执行特派员交办事项。该处内部机构除处长外，借调职员 4 人，分别担任襄办处务、总务、秘书兼会计及文牍工作。该处于 1946 年 2 月 28 日奉令结束。

二、档案情况及内容介绍

馆藏该全宗档案共 155 卷，上架排列长度 3.44 米，档案起止时间为 1934—1946 年，档案按“问题”分类排列。编有案卷目录和文件目录可供检索。

档案主要内容如下：

有该处关于盐务复员紧急措施及接收问题专题报告；关于接收人员车膳费、旅费、广告费等开支函件;关于调查天瑞银号资历营业情况材料和证明交报表,及大中、中原商业储蓄银行状况报表;关于办理财务金融失业人员登记来往文书;关于各钱庄银号申请开业、复业等事项文书和证明文件;银行、银钱、保险各业公会关于收复区商业银行复员办法和保险、代理、经纪、公证人登记领证办法;关于调查天津市钱业公会各银号填送表册等项清单,及调查商业银行、中国农工、大生、中孚、福顺德、同德、聚义、鼎丰、蔚丰等银行状况报表等。

财政部经济部天津交易所监理员办公处
全宗号 J191

一、机构概况

财政部经济部天津交易所监理员办公处于 1948 年 2 月 16 日成立,天津证券交易所同时开业。该监理员办公处职能是对交易所的证券交易行使监督检查工作,其内部机构设有检查、审核、总务 3 组,由财政部、经济部各派监理员 1 人负责其工作。1948 年 8 月 19 日,天津证券交易所奉命停止后,监理员办公处工作转为对场外证券交易的监督检查。1949 年 1 月天津解放后,该监理员办公处工作结束。

二、档案情况及内容介绍

馆藏该全宗档案共 70 卷,上架排列长度 1.72 米,档案起止时间为 1948—1949 年,档案按“年度-问题”分类排列。编有案卷目录和文件目录可供检索。

档案主要内容如下:

有该办公处监理员调职材料,人事任免材料,职员名册;监理员办事细则;交易经纪人登记、撤销材料;年度预、决算书及会计报告;天津市证券行情、成交数额材料,各上市公司增资材料,证券交易所统计报表,证券代用收据发行簿;费用、现金、转账,交割证券账簿等。

天津新闻检查所
全宗号 J6

一、机构概况

天津新闻检查所于 1933 年 7 月恢复工作，受国民党中央执行委员会宣传委员会、中央检查新闻处领导，其主要职能是根据国民党中央对新闻发表范围及途径的规定，查检天津市各种报纸、杂志，对不符合要求的新闻报道和言论禁止发表，并进行处理。该所于 1937 年 8 月被天津特别市新闻事业管理所代替。

二、档案情况及内容介绍

馆藏该全宗档案共 35 卷，上架排列长度 1.3 米，档案起止时间为 1930—1936 年，档案按“年度-问题”分类排列。编有案卷目录和文件目录可供检索。

档案主要内容如下：

有该所人事任免、启用印信文件；审扣消息表及外省市每日审扣消息通告；外省市新闻检查所启用钤记函件；天津市及外省市各报社迁移地址给该所函电；第四届中央执行委员会常务会通过的《修正新闻检查标准》；国民政府军事委员会北平分会关于《修正重要都市新闻检查办法》训令；国民党中央执行委员会宣传委员会、中央检查新闻处、冀察绥靖主任公署关于查扣报刊及新闻报道等方面指令、训令、代电；航空委员会关于航空新闻取缔办法等。

行政院华北物资供应办事处
全宗号 J236

一、机构概况

仅据史料记载，1948 年 3 月，行政院华北物资供应办事处内部机构奉令改设为总务课、储运课、配售课、料账课、会计课。其各课的主要职能是：总务课负责文书、出纳、庶务等事项；储运课负责供应物资、运输储藏及保管、运价审核、运费发放等事项；配售课负责物资供应的配售、价格的调查审核等事项；料账课负责物资收发登记、综合改进物资成本核算、编造物资统计报表等事项；会计课负责掌理现金出纳及调拨、账务处理、编制会计报表等事项。

二、档案情况及内容介绍

馆藏该全宗档案共 63 卷，上架排列长度 0.9 米，档案起止时间为 1946—1948 年，档案按“问题”分类排列。编有案卷目录和文件目录可供检索。

档案主要内容如下：

有行政院物资供应局组织系统表，职员履历表、职员名册、各库员工清册、人员编制，司机、工人、稽查兵、夫役名册以及后用人员记录表；工人考绩表；业务章程；通令、通知、调查表、信函等；该处各项章则；会议记录、通知、收发文簿、来往函电；在津各机关一览表；工役工资表、薪级薪额表、成绩考核表；司机行车出入厂时间登记簿；工人体检表以及有关人事调动文件材料；该处北平接转处职工清册、职员证章具领清册；北平天坛仓库员工名册、工人考绩表；员工奖金名册、库员夜勤表、值日员记事簿等。

资源委员会平津办事处
全宗号 J65

一、机构概况

资源委员会是国民党政府经管全国重要工矿事业的机构，前身为“国防设计委员会”，1935 年 4 月改组为“资源委员会”，是“军事委员会”的直辖机关。该会以发展全国资源为名，经办全国电力、煤、石油、钢铁、金属矿、机械、电工、化工、糖、水泥及纸等 11 类生产事业。截至 1947 年底，共管辖生产事业单位 96 个，附属厂矿 291 处。该会为了加强各单位之间的联系，便于集中办理对外接洽等事项，还在国内各事业集中地点设立了五所办事处，平津办事处就是其中的一所。

资源委员会平津办事处于 1946 年 12 月 1 日在天津成立，处长马师亮。1948 年 2 月增派杨骏昌为副处长，同年 7 月由谢树英接任处长。其主要职责是：代表资源委员会与平津唐等地军政长官及各界接洽联系，协助资源委员会所属平津唐各事业推进业务，协助平津唐各单位解决共同问题，联系督导处内联合办公的各单位人员。1949 年 1 月天津解放后，该处由中国人民解放军天津市军事管制委员会接管。

二、档案情况及内容介绍

馆藏该全宗档案共 251 卷，上架排列长度 7.2 米，档案起止时间为 1946—1949 年，档案按“问题-年度”分类排列。编有案卷目录和文件目录可供检索。

档案主要内容如下：

（一）人事类

有资源委员会平津办事处成立材料及组织规程、办事规则；人员任免、调迁、职员录；各工厂工人要求调整工资材料；资源委员会所属平津唐各单位一览表等。

（二）业务类

有调查在津各单位接收敌伪事业及房地产情况材料；各单位申请出售产品以解决生产资金困难的函件；办理所属各单位申请转运物资、钞票出境许可证明书，统筹各单位申请外汇购买材料，经办撤退来津东北员工眷属招待食宿工作；资源委员会在津各厂情况报告、1946 年及 1947 年工作报告书等。

（三）财会类

有所属各单位拨付分摊款项、调整职工待遇、公务员生活指数等。

（四）其他类

有国民党警备司令部关于主要物资管制办法；资源委员会颁发的各项法令、办法、指示、通知；平津各事业单位座谈会、联席会及小组会会议记录等。

东北物资调节局平津办事处
全宗号 J102

一、机构概况

东北物资调节局平津办事处于 1948 年 2 月 1 日成立，最初定名为东北物资调节局天津办事处,同年7月1日改组,更名为东北物资调节局平津办事处。该处为东北物资调节局的派出机构,主要负责管区内燃料、粮食、纱布、杂品等的购换、调查、供应、运输、加工等工作。办事处设主任1人,内部机构设有会计科、业务科、总务科,并设专员、秘书各1人。1948年12月5日,该处结束工作。

二、档案情况及内容介绍

馆藏该全宗档案共60卷,上架排列长度1.7米,档案起止时间为1947—1950年,档案按“问题”分类排列。编有案卷目录和文件目录可供检索。

档案主要内容如下:

有人事任免文件,组织章则;办事处事务报告、会计报告、请示文件;关于粮食、煤炭、麻袋、日用品、面粉、木材、棉纱、猪鬃等物资调运函件、电报;各机关、团体请调各类物资呈文等。

中央信托局天津分局
中央信托局河北平津区敌伪产业清理处全宗汇集
全宗号J20

一、机构概况

中央银行于1934年筹设中央信托局,中央信托局天津分局于1935年10月15日成立。1937年卢沟桥事变后,该分局撤销,1945年11月16日复业。中央信托局天津分局经理由恽思担任,主理分局各项事务,内部机构设有文书、会计、出纳、购料、信托、储蓄、保险、房地产、仓库运输等部门,并设天津、唐山2个办事处。1949年1月天津解放后,该分局由中国人民解放军天津市军事管制委员会接管。

中央信托局河北平津区敌伪产业清理处于1948年11月10日成立,系由行政院河北平津区敌伪产业处理局改组而成。该处工作由中央信托局北平分局经理张楚兼任,处内事务主要由主任秘书周志钟负责。内部机构设秘书、业务、清算、逆产、保管调查、评价等组室。1949年1月天津解放后,该清理处由中国人民解放军天津市军事管制委员会接管。

二、档案情况及内容介绍

馆藏该全宗是由中央信托局天津分局与中央信托局河北平津区敌伪产业清理处档案汇集而成，共有档案 10615 卷，上架排列长度 100.62 米，档案起止时间为 1914—1949 年，档案按“机构-年度”分类排列。编有案卷目录和文件目录可供检索。

档案主要内容如下：

（一）中央信托局天津分局

1. 综合类　有中央信托局条例汇编，人事章则汇总；天津分局组织规程、人事管理章则；该分局各科、组组织规程，各部门办事简则；人事任免文件，人事座谈会记录，拟增员呈报上级函件；人事动态报告，员工录用、暂用办法；职员待遇说明，各项福利规则，员工薪级变动、功过记录、考绩晋升材料；中央信托局总裁及理事名册；天津分局职员履历材料等。

有中央银行、中国银行、交通银行、农民银行四联行会议记录；天津分局内部工作联系会记录；年度、月份局务会会议记录；中央信托局对天津分局业务监督、工作考核、实地视察等工作情况材料等。

有天津分局财会章则，备用金管理办法；请领购物品、房产、粮食报告，房地产契约、图证材料；业务联系通讯录；刊登广告底稿；员役配售粮食、物品材料；资助职工子女教育费暂行办法等。

2. 金融类　有关于财政经济紧急处理办法命令；政府颁发当前财政经济措施施政改进方案，非常时期取缔日用重要物品囤积居奇办法；美金公债条例，财政部绥靖区财政金融紧急措施实施办法，银楼业收兑及制造金饰管理办法；天津市政府经济汇报规程等。

3. 调查统计类　有天津市政府统计室编天津市经济指数及金融物价行市汇报；天津经济统计月报，年度天津市场概况，1946 年天津每日足金、美钞价比及股票、粮价指数报告；联合征信所平津分所对天津市一般金融情况调查报告书；天津分局调查各地物价行市函电等。

4. 会计类　有中央政府总预算编审办法；中央信托局各类单据贴印花办法；天津分局与各地联行、分局、办事处办理汇兑业务往来函件，外埠汇入款及申请办款信函、电报；该分局对押汇、汇款、汇兑、保险、贴现、借款、储蓄、美金公债、证券等业务往来函电，与各地联行、分局、办事处互换印鉴往来文书等。

5. 仓储购料类　有中央信托局普通仓库营业规则；天津分局经租仓库码头月报表，仓库租赁合约留底簿，承租、更换仓库材料，储藏物品收货通知单；中央信托局垫款代购物料章则，垫款代购合约样本；天津分局办理购料业务规则，代购物资合约副本清册，为客户联系购料业务往来函件、电报；中央信托局储运处组织规程，天津分局仓库运输科组织规程、营业规则;代理各地分局、办事处、机关、企事业单位运输各种物资函电、文书等。

6. 进出口类　有该分局报津海关税务司公署关于海关税公函;海关税则;天津分局代办进出口业务文件;秦皇岛港进出口调查材料等。

(二)中央信托局河北平津区敌伪产业清理处

1. 综合类　有该清理处成立、结束情况材料,组织规程;业务会议记录,清理工作座谈会记录;职员服务、录用、请假、退休、抚恤、奖惩、考绩、保证金、年金规则;该清理处向中央银行天津分行申请经费报告;员工配售粮食材料等。

2. 章则办法类　有行政院修正立法院委托处理逆产事业单位管理办法;收复区全国性事业接收委员会组织规程,收复区隐匿敌伪财产、物资及军用品检举奖惩规则;财政部接收人员须知;接收敌伪银行整理结束办法;中央信托局接收敌伪机构会计、出纳部分手续及步骤摘要;出售敌伪土地、房屋、家具暂行办法,逆产处理办法;天津市敌伪房产清理委员会办事大纲;该清理处办理天津市敌伪房地产、家具、土地、房屋及出售租赁办法,租赁房屋契约样本等。

天津市临时处理隐匿敌伪物资委员会
全宗号 J15

一、机构概况

1945 年日本投降后,成立天津市临时处理隐匿敌伪物资委员会,以便清查隐匿的敌伪物资及对敌伪物资动产、现款处理审核。该委员会是国民政府行政院河北平津区敌伪产业处理局的临时机构。该委员会设主任委员 1 人及职员若干人,内部机构设有秘书室、总务组、调查组、审核组、管理组、会计组、宣导组。1946 年初,该委员会撤销。

二、档案情况及内容介绍

馆藏该全宗档案共 249 卷,上架排列长度 2. 58 米,档案起止时间为 1933—1946 年,档案按“问题”分类排列。编有案卷目录和文件目录可供检索。

档案主要内容如下:

有天津市政府统计室颁布调查发现敌伪物资填报表册及收复隐匿日伪物资、军用品等检举奖惩规则;银行申报内存物资文件;木材行申报存留木材表册;各有关工厂申报存有原料、成品报表及申报存有股本、存款、家具、粮食、棉花、煤炭、军用钢材文件等。

河北平津区敌伪产业清查委员会天津分会
全宗号 J17

一、机构概况

1946 年 2 月 1 日成立河北平津区敌伪产业调查委员会,该委员会先后接收北平区汉奸财产清查委员会、清理日伪隐匿资产委员会和日伪占用公私房、房地产清理委员会等机构,于 1946 年 4 月 1 日改称河北平津区敌伪产业清查委员会。1946 年 4 月 23 日成立河北平津区敌伪产业清查委员会天津分会,该分会执行国民政府行政院和河北平津区敌伪产业清查委员会指示,主要负责对敌伪物资财产进行调查、侦讯、清理、暂管、造册、移交、统计工作,以及敌伪资产纠纷审议,密报敌伪资产清查和对密报者奖励等工作。

河北平津区敌伪产业清查委员会天津分会设会长 1 人,内部机构设秘书、稽核、督察 3 个室,及 4 个处。第一处负责敌伪资产综合调查;第二处负责密报隐匿资产的清理;第三处负责敌产查封接收及暂保管;第四处负责敌伪占用房地产清理。1946 年 7 月 15 日天津分会结束工作,所有未了事宜及清查产业物资,交河北平津区敌伪产业处理局接收,1946 年 7 月底所有移交工作结束。

二、档案情况及内容介绍

馆藏该全宗档案共 1087 卷,上架排列长度 11. 18 米,档案起止时间为 1929—1947 年,档案按“机构-问题”分类排列。编有案卷目录可供检索。

档案主要内容如下:

(一)综合类

有河北平津区敌伪产业清查委员会关于敌伪存款解冻方法,汉奸家属生活补助办法,隐匿检举奖惩办法;该分会清查工作方案;合作社章则,各处、室工作规章;北平、青岛等地分会奖惩举报隐匿办法等。

(二)人事类

有该分会成立、结束材料及组织纲要;职员任免文件,职员薪俸材料、奖惩办法,招考员工备案材料等。

(三)行政管理类

有该分会行政管理工作纲要;清查工作进度报告,各处、室工作安排汇报,处、室工作通报;业务会议记录;清查工作调查、统计书表;庶务杂事材料等。

行政院河北平津区敌伪产业处理局
全宗号 J19

一、机构概况

行政院河北平津区敌伪产业处理局于 1945 年 12 月 1 日正式成立,地址在北平市东郊民巷,属于国民政府接收敌伪各种产业专门设置的机构。其上级机关为行政院收复区全国性事业接收委员会,同时受国民政府军事委员会委员长北平行营的监督指导。后来由于北平方面事务逐渐减少,天津方面事务较多,该局即迁至天津,与其所辖天津办公处合并,北平则成立了北平办公处,处理当地事宜。此外,该局还在唐山、石家庄(石门)、张家口、太原等地设有办事处。

该局局长曾由孙越崎(1945 年 12 月—1946 年 12 月)、张子奇(1946 年 12 月—1947 年 11 月)、张楚(1947 年 11 月—1949 年 1 月)担任。该局内部机构设有 2 处、4 组、8 委及 1 所、1 室。各部门的职能分别是:秘书处,负责文件收发、撰拟、缮校、典章印信,职员任免迁调,统计、会计、出纳、档案以及庶务勤杂事项;清算处,负责敌伪产业的清算,处理价款的记账及审核事项;第一组,负责敌伪工矿、商店等企事业单位的接收、处理及审核发还事项;第二组,负责敌伪隐匿物资的接收、处理及审核发还事项;第三组,负责敌伪房地产、家具的接收、处理及审核发还等事项;第四组,负责汉奸财产的接收、保管、处理及发还等事项;事业单位监理委员会,负责经济部冀热察绥区特派员办公处移转新接管的工矿生产单位的监管、运用,以及由该局指定的各种事项;药品器材清理委员会,负责敌伪药品和卫生器材类的接收、分配、运用、出售等事项;工业器材处理委员会,负责接收敌伪工业器材的分配、运用、出售等事项;日用品处理委员会,负责处理敌伪日用品事项;各受托机关报支处理费用审核委员会,负责各受托机关报支处理费用的审核事宜；评价委员会，负责敌伪产业（包括工厂、物资、房地产）的评估价值和房地产的标售事项；工矿事业复工督导委员会，负责接收工矿复工督导事宜；法律顾问委员会，负责有关法律问题的案件审查并提出意见；零星物资处理事务所，负责除日用品、药品器材、工业器材以外零星敌伪物资的处理工作；经济资料室，专门收集各报刊登载的有关经济方面的资料，并分类、汇订成册。

1948 年 11 月，该局奉行政院令改组为中央信托局河北平津区敌伪产业清理处，由中央信托局领导，该局即行撤销。

二、档案情况及内容介绍

馆藏该全宗档案共 68701 卷，上架排列长度 569.75 米，档案起止时间为 1919—1949 年，档案按“机构-问题”分类排列。编有案卷目录可供检索。

档案主要内容如下：

（一）综合类

有行政院及有关机构关于查封、接收、出售、租借、发还、处理敌伪产业与外侨产业方面章则、法规；该局及所辖单位工作报告；局长训话记录；该局内部机构及所辖机构建立、结束、地址变动公文与训令及组织章程，外区处理局成立文件、组织规程；人事任免、考核、考绩、福利待遇方面规章制度；文书处理、档案管理工作指令、信函；员工合作社章程；理监事会会议记录等。

（二）人事类

有职员任免及保证材料；工作分配、招考聘任、人员资遣、奖惩函件；人事调查表、履历表、职员进退薪级登记表，及日本技术人员留用文件等。

（三）财会类

有该局概算、预算书；员工福利物品、伙食津贴、寒衣费发放的请示与该局批复；杂项庶务文件等。

山东省政府各机关
全宗号 J255

一、机构概况

仅据本全宗现有档案,无法查考机构概况。

二、档案情况及内容介绍

馆藏该全宗档案共 11 卷,上架排列长度 0.45 米,档案起止时间为 1946—1948 年,档案按“问题”分类排列。编有案卷目录和文件目录可供检索。

档案主要内容如下:

有山东省政府收容济南战役脱险来津省县市级公教人员登记表;天津纸浆造纸公司总务室警卫队人员名册等。

长芦盐务管理局
全宗号 J138

一、机构概况

长芦盐务管理局于 1937 年正式成立,是河北省的盐务管理机构,负责芦台、塘沽、汉沽等地芦盐生产及销售。

二、档案情况及内容介绍

馆藏该全宗档案共 3857 卷,上架排列长度 84.28 米,档案起止时间为 1921—1949 年,档案按“问题”分类排列。编有案卷目录和文件目录可供检索。

档案主要内容如下：

有盐场全图及计划分布图，北塘贮盐场布局图，丰财场滩坨全图；久大精盐公司、兴芦开滩公店、塘沽新河等盐田、盐滩、盐场图；永利、久大工厂及北塘、蛏头沽、大沽、大清河等码头平面图；汉沽盐田蒸发池与结晶池以及塘沽新河盐田等平面图；大沽码头、久大精盐公司陇海铁路大浦盐厂、大沽运盐沟水路桥及华北盐业运盐道路桥工程等工程图；兴中公司盐业事务所精盐厂综合图、邓沽盐田导水管平面设计图以及塘沽区塘新盐田蓝图等。

英国工部局
全宗号 W19

一、机构概况

英国工部局办公大楼——戈登堂，于 1890 年 5 月落成竣工，地址在天津英租界维多利亚道（现天津和平区解放北路）。该局是天津英国租界行政管理的执行机构，具体负责英租界内的一切事务，下设财政处、工程处、警务处、电务处、水道处和卫生医官（卫生处）。该局的日常工作由董事长负责，实际大权由英国总领事操纵。1941 年太平洋战争爆发，日军接管英租界，英国工部局也完全被日军控制。抗战胜利后，1945 年 11 月 24 日，国民政府行政院训令天津市政府，组成“天津市前英、法、意租界官有资产与官有义务、债务清理委员会”，清理工作从 1946 年 12 月开始，到 1947 年 5 月结束。至此，天津英租界正式被收回，英国工部局的活动也随之结束，局内留守部分人员处理英租界、英工部局和英国侨民的善后事宜，直至 1953 年全部撤走。

二、档案情况及内容介绍

馆藏该全宗档案共 2039 卷，上架排列长度 69.3 米，档案起止时间为 1890—1953 年，档案按“问题”分类排列。编有案卷目录可供检索。

档案主要内容如下：

（一）房地产类

有英租界及英租界推广租界土地出租登记册、地契抄件底册及地契译文，英租界土地移交通知单底册；英租界房地产租金估价册、估价单；特别行政区房地登记及勘丈通告；交涉署联契、英租界各种房地产契约、合同、房屋建筑蓝图及各种房屋保险、火险清单和单据等。

(二)财会类

有英国工部局董事会财务报告;董事会议有关政务、财务记录;资产负债表,预算与实际收入的对比报表;建设费用报表,总会计与总工程师往来的文件、通知、函件和报表;天津英文学堂、耀华学校给英国工部局的各年预算书、往来函件及各种财会报表;关于英租界土地税额规定;工程处、电务处、水道处、总务处各年度流水账、现金账、分录账、工程制造工作账,公债发行簿;英文学堂、耀华学校现金账等。

(三)其他类

有英国工部局各处室中国及外籍职员人事档案;1900 年以来英国驻华公使报告合订本;1906—1922 年英工部局董事会工作报告及下年度预算;1916 年、1921 年和 1928 年法租界规章等。

天津英国商会
全宗号 W20

一、机构概况

天津英国商会成立于 1915 年 9 月,是英商在津所建社会团体,隶属于伦敦总会。其职责是搜集资料、情报,加强英商之间合作。该会设主席、副主席各 1 人,其下设管理商会业务及经费的商会委员会及税务小组、仓库小组、房地产小组、工资小组、进口小组、出口小组等专门小组委员会。该会在抗战时期被日本接管,抗战胜利后改称“天津英国商人协会”。1946 年更名为天津英国同人会,同年 11 月恢复天津英国商会名称。该会于 1952 年通过决议解散。

二、档案情况及内容介绍

馆藏该全宗档案共 117 卷,上架排列长度 2. 25 米,档案起止时间为 1905—1952 年,档案按“问题-年度”分类排列。编有案卷目录可供检索。

档案主要内容如下：

（一）综合类

有天津总商会会议记录；天津总商会会员报告；商会章程；历年年会记录；入会申请书，委员会聘书和辞职书；该会与政府机关有关商会活动情况、外地商会组织及天津其他侨民商会交流情况来往函件；各种细则、法规及中国报纸摘选的译文等。

（二）财会类

有现金账、损益计算书、债券、会费收入底账等。

天津联谊共济会
全宗号 W22

一、机构概况

天津联谊共济会成立于1926年，是带有宗教色彩的社会团体，隶属于伦敦总会。其职责是促进会员之间沟通、联系及经济协作，共济共谊。天津联谊共济会内设总监、秘书、执事委员会，下设合一共济会、皇家共济会、唐山共济会、海克斯共济会、授叶共济会。该会于1953年宣告结束。

二、档案情况及内容介绍

馆藏该全宗档案共64卷，上架排列长度1.8米，档案起止时间为1900—1950年，档案按“问题”分类排列。编有案卷目录可供检索。

档案主要内容如下：

有英国工部局信托委员会管理空地的会议记录，唐山联谊共济会会议记录；共济会执事名单；共济会章程、规定、守则、年鉴；共济会工作手册；天津俱乐部章程，会议记录，财产目录；会员与共济会之间来往函件、通知；会员通信录；民园体育场蓝图，底账、总账，体育场管理委员会会议记录，租赁体育场的费用收支单；天津国际医院的药品盘存表，委托汇丰银行保管收据副本，保险单，便条等。

意大利驻津领事馆
全宗号 W194

一、机构概况

1902 年 6 月 7 日，由意大利公使嘎里纳与天津海关道唐绍仪签订协议，在海河左岸划定意租界，设立意大利驻津领事馆，是意租界的最高权力机关，对外以工部局名义行使一切权力。意租界行政机构为市政局，设秘书 1 人，下设工程、卫生、捐务三处；另设有警察局（初称巡捕房），与市政局平行。租界内还设有董事会，由居住在该租界内的意籍侨民中选举董事五人组成，协助意领事馆处理界内一切事务。

1945 年 8 月日本投降，国民党政府颁布《接收租界及北平使馆办法》，规定接收天津的英、法、意租界地，从此意租界正式由中国政府收回，意驻津领事馆也随之关闭。

二、档案情况及内容介绍

馆藏该全宗档案共 17 卷，上架排列长度 0.9 米，档案起止时间为 1912—1943 年，档案按“问题–年度”分类排列。编有案卷目录可供检索。

档案主要内容如下：

有 1912 年至 1943 年部分商号、银行、行栈在意租界内买卖房地产的税契和向意国领事馆、工部局申请登记过户手续文件；天主教教堂壁画和雕塑图书资料等。

天津居留民团
全宗号 W43

一、机构概况

天津居留民团（以下简称居留民团）创设于 1907 年 9 月，是日本在天津日租界的统治机构，其主要职能是负责天津日租界以内的一切事务。居留民团是在日本总领事馆指挥下工作的，有时还直接接受来自日本天皇和外务省的命令。居留民团的行政机构为行政委员会，委员会由7名委员组成，日籍委员占半数以上，会长、副会长也由日本人担任。1936年日本外务省下令将居留民团参事会制改为居留民团长制，行政机构由原来的三部扩大为五部，即：总务部、工务部、卫生部、业务部、财务部。居留民团又设有民团武装，建立了“日本义勇队”，下辖4个中队及4个班。1936年天津居留民团改制后的第一任民团长是臼井忠三。居留民团的最早办公所地址在日租界吾妻街（今天津和平区佳木斯路），1908年迁至福岛街（今和平区多伦道）。1945年抗战胜利后，天津日租界由国民党天津市政府收回，天津居留民团的活动停止。

二、档案情况及内容介绍

馆藏该全宗档案共1764卷，上架排列长度50.4米，档案起止时间为1912—1945年，档案按“问题-年度”分类排列。编有案卷目录可供检索。

档案主要内容如下：

有日租界内各商行、株式会社、工厂企业法人纳税申请书；各种法人纳税调查簿；各年度收入、支出预算表和决算书；有关居留民团向日本政府及横滨正金银行、朝鲜银行等借款、抵押的财会、债务文件；各种总账、分类账等。

天津商会
全宗号 J128

一、机构概况

天津商会是代表天津工商业资产阶级利益，以振兴商务和实业，繁荣市场为宗旨，由全市工商各业按行业组织起来的社会团体。为适应天津工商经济的发展，1902年8月，直隶总督袁世凯札令设立了官办的商务局。1903年5月13日，天津洋布绸缎、粮食和银钱各行商在天津北马路当行公所创办了天津商务公所，经众商公举卞煜光、宁世福、王贤宾、么联元4人为董事。1904年11月16日，天津商务公所改名为天津商务总会，先后担任总理、协理的有王贤宾、宁世福、吴连元、叶兰舫、卞月廷等。1918年，天津商务总会依法改组为天津总商会,先后选举叶登榜、卞月廷、张品题、王君直为正、副会长。1931年,天津总商会依法改组为天津市商会(1931—1950年),简称天津商会,先后担任主席(会长、理事长)的有张品题、纪华、徐柏园、王竹林、刘静山、屈秀章、邸玉堂、姬奠川、毕鸣岐等。

1905年天津商会创始初期,全市入会行商32行、商号521家。1910年时,入会行商为56行,1911年已达64行。1946年全市加入商会的会员共139行业,25490家。1947年天津商会所属各行业同业公会会员为146行业,商店数达3万家。1903年,天津商会内部机构初设时只有文案、司事各2名。天津商务总会期间内部机构设有文牍处(秘书处)、评议处、考察处、会计处、庶务处。天津总商会期间内部机构设有文牍股、交际股、会计股、庶务股、调查股,以及评议会和公断处。天津市商会期间内部机构设有秘书处、商事科、总务科、财务科,后调整为文书室、总务组、商务组和调查组。1950年,天津商会由天津市工商业联合会取代。

二、档案情况及内容介绍

馆藏该全宗档案共14045卷,上架排列长度162米,档案起止时间为1903—1955年,档案按"问题-年度"分类排列。编有案卷目录和文件目录可供检索。

档案主要内容如下:

(一)综合类

有该商会组织沿革,机构改组及章程函件;商会整理委员会成立函件;天津绅商组织维持国权国土会函件;巴黎和会外交失败商户罢市电函;反日救国学生检查日货传单;东北沦陷组织慰劳抗日将士捐物电函;直隶各地商务分会创设、改选报告;各省市商会章程、改选、海外华埠商会成立函册;直隶农务总会立案及北洋商学公会成立及章程;天津工务分会移交函册;组织商民选举国民大会代表、立法委员、参议员选票;调查日本劫掠我国物资及交涉归还的调查表册等。

(二)人事类

有商会公举总理、协理、递补委员、聘请职员记录及名单;商会选举会董、正副会长会议记录及登记表;聘任交际委员会成员聘函;同业公会会员资格审查报告书及登记表册;各同业公会董事调查及名册;天津工商研究总会会员名册;商会会长审查表册;人事登记调查表、履历表;各同业公会会长任职、辞职报告书,监事更换、改选结果报告,会员登记表、调查表、入会申请表,以及会员身份证明书、保证书等。

(三)业务类

有该商会制定、转发的各项工商法令、章则;商会关于棉纱、棉布管理、粮米管理办法;商会工作报告、工作计划;商业调查表册;市场物价调查材料;物价调整、印花税管理及营业税管理函件;商会参与维护金融、改良币制、接济市面函件;商会组织商品陈列通令,商会组织购粮平粜、召集讨论粮食事宜记录;商会组织商业团体赴日本、越南、新加坡等地考察函件,以及赴美国、巴拿马赛会函件;商会欢迎美国、英国、德国、日本经济实业考察团函件;中日联商组织恳亲会会议记录;组织学生赴美国工厂练习函件;运入美国棉花查验通告;调查俄国纸币通告;外商加入商会规定;国内主要物资出境登记办法等。

(四)经济类

有该商会收支预算、收支报告、收入比较年报表;商会财务报告、会费管理账簿;消费合作法规;改订征收会费办法;商会改订酒税办法;货物税、所得税、印花税征收办法;营业牌照税征收细则;旅店捐、会筵席税征收规则;关于收购小麦面、玉米粉、棉花、卷烟等价格规定;商会召开平抑物价恳谈会会议纪要;各同业公会物价行情报告;有关物价、粮价、产销状况调查材料;各商号呈请营业加价报告;赋税研究委员会、营业税评议委员会成立及会议记录;商会关于天津市行销各地物产及市内产物调查表册;商号物资储存调查表册;举办全国经济调查通知;天津市茶叶运销概况调查表册;天津市矿业细目表册;天津市场概况调查表册等。

(五)会议类

有该商会各项集议事由册;商会改选会议记录;商会常务董事会会议记录、董事会会议记录、监事会会议记录、董监联席会会议记录;各组、室会议记录;公断委员会会议记录;营业评议委员会会议记录;各同业公会改选委员会会议记录,公会理事长座谈会会议记录;商会整理委员会会议记录;商会会员大会记录;中华全国商业联合会会议记录等。

天津市各行业同业公会全宗汇集
全宗号 J129

一、机构概况

天津市各行业同业公会是全市工商业者按行业自发组织的社会团体,共包括 148 家同业公会。天津市最早的同业公会是 1796 年至 1820 年(清嘉庆年间)办理银钱兑换业务的钱号公所,1879 年染料研究公所成立。1908 年木商公益保险会的成立,成为天津各行业同业公会诞生的重要标志。这一时期随着工商业经济的发展,各行业同业公会相继成立。到

1942 年,全市各行业同业公会发展到 126 家,1944 年为 145 家,后增加到 148 家。天津市各行业同业公会隶属天津市社会局,旨在反映各个行业工商从业者的意愿,维护各个行业工商业者的权益,促进全市工商业的发展。1947 年天津市工业协会成立后,一些同业公会脱离市商会,改由工业协会管理。1948 年中华民国各行业同业公会全国联合会成立后,各行业公会分别隶属中华民国各行业同业公会全国联合会。

天津市各行业同业公会一般都设有董事、候补董事,董事任期 4 年,由董事互选产生常务董事,组成常务董事会,负责该行业公会的日常工作。天津市各行业同业公会于 1950 年 3 月由天津市工商业联合会接管。

二、档案情况及内容介绍

馆藏该全宗是由天津市 148 家工商行业公会档案汇集而成,共有档案 11104 卷,上架排列长度 132 米,档案起止时间为 1884—1954 年,档案按“机构-年度”分类排列。编有案卷目录和文件目录可供检索。

档案主要内容如下:

(一)综合类

有各行业同业公会有关常务董事、执委、常务委员会会议记录和行业会议记录;选举理、监事和董事、常务董事人员名册、委员名单、会员名册;会员入会志愿书、登记表、职员名单、职员保证书、履历表;各同业公会筹建成立、改组、改选材料及组织章程、办事细则等。

(二)业务类

有各行业同业公会有关商号营业状况调查及货物统计表、营业报告书、营业税额清册;各会员商号换领、补领营业执照及开业、歇业、注销报告及统税税收事项;有关调整价格文件;申请登记检验书及保证书;商业调查表、特种产品调查表、需用外汇调查表;投资数目表及资本税登记和货物税表;有关解决劳资纠纷、调解商号纠纷文件材料等。

天津市灰煤商业同业公会煤炭购销供应处
全宗号 J95

一、机构概况

天津市灰煤商业同业公会煤炭购销供应处成立于 1946 年 11 月 7 日，是商业同业公会团体机构，由天津市灰煤商业同业公会全体理监事与认缴运用金会员公推的监察人共同组织。该处以购运煤炭、充裕天津市民燃料及平价售价为宗旨，主要负责民用煤炭的采购、运输、购销、购进数量统计、分配等事项。其内部机构设有购运组、会计组、配售组、事务组。

二、档案情况及内容介绍

馆藏该全宗档案共 84 卷，上架排列长度 2.7 米，档案起止时间为 1935—1947 年，档案按“问题”分类排列。编有案卷目录和文件目录可供检索。

档案主要内容如下：

（一）综合类

有天津市灰煤商业同业公会煤炭购销供应处章程草案、办事细则、会议记录；该处职员名册、保证书、薪金表、人事分配表；职员服务规则，认缴运用金会员名册；租用厂地合同；有关人事任免材料等。

（二）业务类

有天津市灰煤同业公会关于平售民用煤的通知、通告，以及对该处煤灰分配、数量、价格等方面的意见报告；该处关于对灰煤来价、售价、差亏价、成本、脚力、煤商利润的提供建议书；平售煤斤计划书及办法；营业情况报告书；煤炭成分分析表；各区配售清册，抽签售煤办法说明书等。

（三）财会类

有煤商贷款运用状况及保证书；购煤需款预算表、款项收支报告表、质押透支契约，纯益分配表、会员红利分配表、配售商品账目等。

天津各社会团体全宗汇集
全宗号 J251

一、机构概况：

仅据本全宗现有档案，无法查考机构概况。

二、档案主要内容介绍

馆藏该全宗是由天津日报社、历史博物馆、和平文化馆、历史教学社等单位档案汇集而成，共有档案 113 卷，上架排列长度 1.8 米，档案起止时间为 1906—1948 年，档案按“机构”分类排列。编有案卷目录和文件目录可供检索。

档案主要内容如下

(一)天津日报社

有华北民族工商业及民族资本实地考察报告书，东北经济概况；法院人事法规汇编；有关理监事会会议记录，西北区业务会议记录；有关工会原始材料；《河北省政府公报》《河南司法公报》《国际新闻》《天津丛刊》《西康疆域溯古录》《流芳史》《中国当代名人传》等。

有河北省公署、直隶保安司令部、北洋政府、河北省高等法院、天津市地方法院、行政院平津区敌伪产业处理局等职员录；中央训练团、陆军军官学校、天津职业训练班、通讯学校技术员训练班等同学录；京师各学府直隶同乡录；中央训练团党政训练班教职员名册；河北省校尉、官、役名簿；天津律师公会会员录；天津印刷业公会新闻组名册；天津各机关首长通讯录，国民大会代表通讯录等。

(二)历史博物馆

有职员录，南开学校同学录，河北省立工学院校友录；市一中、市立商学院毕业纪念册；有关天津市教育局义务教育委员会文件材料；天津圣功纪念刊及其他各类纪念刊物等。

(三)和平区文化馆

有天津市政统计、市况辑要；有关灾情文件材料；青年军预备干部通讯录；邮政总局成立二周年纪念册等。

(四)历史教学社等其他社会团体

有陆军部队内务规则;官佐职守章程;官兵成绩考语表册;中央训练团党政训练班教职员名册;河北省校尉官退役名簿以及广东省音乐会证明;《新都年鉴》《天津特别市公署公报》等。

天津市各会馆团体全宗汇集
全宗号 J134

一、机构概况

天津市各会馆团体是由在津地方商人筹组建立的一省或一地的同乡帮会,他们是以联络乡谊为纽带,以维护在津同乡绅商权益,救济贫寒人,施医舍药为目的的社会团体。天津市各会馆团体 15 个单位先后于 19 世纪末至 20 世纪初成立,分别是安徽会馆、闽粤会馆、云贵会馆、山西会馆、广东会馆、山东会馆、江苏会馆、浙江会馆、江西会馆、怀庆会馆,以及天津市保赤堂、天津市备济社、天津正宗救济会、天津市崇善东社、天津市济生社善堂等省地同乡会馆及社会慈善团体。各会馆团体组织管理早年为值年制,即每年选举若干人值年负责管理馆务工作。后来陆续改为董事制,即由同乡选举董事会,推举常务董事,再由常务董事推举出董事长负责日常馆务及一切事宜。直到 1956 年,经天津市人民政府批准,将各会馆一切事务交天津市民政局办理,各会馆宣告结束活动。

(一)各会馆情况

安徽会馆始建于 1908 年(清光绪三十四年),由安徽旅津同乡杨士骧、李鸿章、周玉山等人发起,由绅士商人捐资创办,地址在天津南开区三马路一带。该会于 1956 年结束活动。

闽粤会馆建于 1739 年(清乾隆四年),由闽(厦门)与粤(潮州)来津商人投资创办,地址在天津红桥区针市街一带。该会馆于 1956 年结束活动。

云贵会馆建于 1911 年(清宣统三年),由云南、贵州旅津同乡陈小石等联合各商帮集资建立,地址在天津河北区宇纬路一带。该会馆于 1956 年结束活动。

山西会馆建于 1829 年(清道光九年),由山西旅津商人冯承凝、贾汉英发起,联合各商帮集资建立,地址在天津锅店街一带。该会馆于 1956 年结束活动。

广东会馆于 1903 年(清光绪二十九年)建立,由广东唐绍仪、陈照常、梁炎卿等人倡议募捐建成,地址在天津城里鼓楼一带。该会馆于1956年结束活动。

山东会馆于1930年建立,由山东同乡胳武唐、王燕泉发起创立,地址在天津大沽路一带。该会馆于1956年结束活动。

江苏会馆建于1887年(清光绪十三年),由江苏吴大征、季士周等人发起,向同乡捐款,由余澄甫筹建,地址在天津东门内仓敖街一带。该会馆1956年结束活动。

浙江会馆建于1886年(清光绪十二年),由浙江张敬熙、王铭槐等人发起创办,地址在天津户部街一带。该会馆于1956年结束活动。

怀庆会馆建于1868年(清同治七年),由怀庆张建堂等30家药商发起,由旅津怀庆邦药商集资兴建,地址在天津曲店街一带。该会馆1956年结束活动。

江西会馆建于1821年(清道光元年),由江西抚州六县在津瓷商筹建,地址在天津北马路一带。该会馆1956年结束活动。

(二)各慈善机构情况

天津市保赤堂建于1851年(清咸丰元年),由盐商华义堂创建,地址在天津鼓楼南二道街一带。该堂于1954年结束活动。

天津市备济社建于1875年(清光绪元年),由盐商李筱楼、李子香等人发起并捐资兴建,地址在河东粮店街一带。该社于1954年结束活动。

天津正宗救济会建于1939年,由钱德芳征求慈善同仁数人,拟仿红十字会办法成立,地址在天津鼓楼北大街一带。该会于1954年结束活动。

天津市崇善东社建于1919年,由江苏督军李纯等人发起组建,地址在天津河东尚师坟地旁。该社于1954年结束活动。

天津市济生社善堂建于1885年(清光绪十一年),由李长青、顾梦臣等人发起创办,地址在天津老城东门里一带。该堂于1954年结束活动。

二、档案情况及内容介绍

馆藏该全宗是由15个会馆团体档案汇集而成,共有档案1153卷,上架排列长度18.45米,档案起止时间为1848—1956年,档案按“机构”分类排列。编有案卷目录和文件目录可供检索。

档案主要内容如下:

(一)安徽会馆

有安徽会馆章程、议案及议事簿;会馆平面图;董事会及业务会议记录,征信录,董事异动情况报告;职员任用和同乡录;安徽义园清理整顿和安葬移柩登记清册;旅津安徽中小学成立及结束文件材料等。

(二)闽粤会馆

有闽粤会馆议事簿;租约房地账簿,各种地契、契约;闽粤义园文件材料等。

(三)云贵会馆

有云贵会馆会议记录;业务收支报告和修建云贵会馆各处捐款册,该馆总账册等。

(四)山西会馆

有山西会馆沿革、章程、办事细则;董事及职员履历表,董事会议记录;山西旅津同乡会事业计划书;私立天津山西中学和山西小学董事会文件;山西会馆捐款数目清册;会馆流水账、工程账、家具账、房租账和总账等。

(五)广东会馆

有广东会馆会议记录;业务工作报告,会馆土地征用及房地产租赁情况报告;广东山庄埋葬尸体名册,葬坟执据及存根;会馆移交申请书,总账簿等。

(六)山东会馆

有山东会馆会议记录,董事会议记录;会馆募捐救济难民,同乡求助、求援筹建山东医院材料;山东旅津同乡会沿革、章程、组织系统表、财产状况表、会员调查表及同乡会委员履历表,同乡会刊和信稿簿;山东会馆收支款项清册,会馆土地明细表,会馆蓝图碑文;1939 年天津水灾照片及账簿等。

(七)江苏会馆

有江苏会馆章程,董事会议记录;会馆业务报告及历年收支款项报告书清单;会员登记表;房地租约、合同、单据;会馆与民政局、教育局有关学校等单位的来往文件;江苏会馆公墓土地情况登记表;会馆蓝图,历年账簿等。

(八)浙江会馆

有浙江会馆的议事录和董事会议记录;该馆人员履历表,遣送被难同乡回籍人员申请书;浙江义园章程,浙江殡仪馆章程;浙江旅津同乡录,浙江会馆学务委员会旅津公学收支征信录;会馆义园调查表,私立天津浙江中小学校教职员履历表及学期工作报告书;浙江学校历年预算表及移交清册;会馆账册等。

(九)江西会馆

有江西会馆同乡录和会议记录;会馆收支报告;会馆房地产登记、契约;会馆流水账、收支账等。

(十)怀庆会馆

有怀庆会馆会议记录和开会提议案等。

(十一)天津市保赤堂

有天津市保赤堂创设沿革、概况表、章程和董事会章程,组织系统财产目录表;董事履历表和职员一览表,董事会议记录,不动产登记证明书;1940—1946年有关卫生防疫与卫生局的来往函件;该堂房屋平面图等。

(十二)天津市备济社

有天津市备济社创设沿革、概况表、章程;董事履历表、职员一览表,财产目录表;该社会议记录和工作报告等。

(十三)天津正宗救济会

有天津正宗救济会会议记录、情况调查表,以及社会团体登记暂行办法等。

(十四)天津市崇善东社

有天津市崇善东社组织章程;发起人名册、职员名册、社员名册;社会团体登记清册、印鉴清册、财产目录表;该社申请减免地租及地政局批复;房租收入一览表及不动产登记证明照片等。

(十五)天津市济生社善堂

有天津市济生社善堂收支单据和房屋租赁材料等。

天津市奖助优秀贫寒学生运动委员会
全宗号 J114

一、机构概况

1948年2月,由时任天津市市长杜建时倡议成立天津市奖助优秀贫寒学生运动委员会。该委员会主要职责是资助品质优秀、家庭贫寒的学生完成学业,是一个济贫助学的社会慈善组织。该委员会设主任委员1人,由时任市长杜建时兼任,设常务主席1人,主持日常工作。1948年7月,该委员会解散。

二、档案情况及内容介绍

馆藏该全宗档案共 14 卷,上架排列长度 0.45 米,档案起止时间为 1948 年 2—7 月,档案按“问题”分类排列。编有案卷目录和文件目录可供检索。

档案主要内容如下:

有该委员会会议及常务委员会会议文件;天津市奖助优秀贫寒学生实施纲要;奖助金征集办法及分配记录;历次选拔优秀学生报告;学生领取资助金办法;天津各学校申请资助学生人数汇总表等。

天津市儿童福利委员会
全宗号 J111

一、机构概况

天津市儿童福利委员会于 1947 年 2 月成立,是由国民政府行政院救济总署冀热平津分署邀天津热心社会福利事业人士及儿童福利专家筹集组成。其主要职能是拟定儿童福利计划、实施办法,开展儿童生活救济,福利款物的申请、募集、保管、配发工作以及儿童营养品的使用指导,并参加行政院救济署福利工作。该委员会设主任 1 人,负责日常事务,内部机构设有总务、募集、训导、医务、娱乐 5 个股。1949 年 1 月天津解放后,该委员会结束工作。

二、档案情况及内容介绍

馆藏该全宗档案共 10 卷,上架排列长度 0.4 米,档案起止时间为 1947—1948 年,档案按“问题”分类排列。编有案卷目录和文件目录可供检索。

档案主要内容如下:

有天津市儿童福利委员会成立大会及第一次会议签到簿;该委员会组织简章、工作概况、工作报告,工作计划、总结、工作日记、会议记录;申请物资往来函件;办理儿童领养办法;天津市儿童福利机关一览表;河北儿童福利站站务日志;有关人事调配培养等。

天津市救济院
全宗号 J131

一、机构概况

天津市救济院前身是1687年建立的育黎堂,1739年改称为普济堂,1824年又称育黎堂,1911年与栖流所合并后仍称育黎堂。1915年改名为天津教养院,1926年又改为游民收容教养所,1929年称为天津第一贫民救济院,1933年又改称为市立救济院,1936年正式称为天津市救济院。

天津市救济院是由天津地方一些绅士、商人集资筹办,以收留乞丐、游民,教授工艺、使其自食其力为宗旨的社会慈善团体,隶属于天津市社会局。天津市救济院下设总务组、管教组、习艺所和施诊所。此外,还设有附属学校、冬季临时救济分所等机构。其中总务组负责文书、会计及不属其他各组的事项;管教组负责对收养的残病院民施以特殊训练,使之能擅长一技,自谋生活;习艺所负责传授院民掌握织造布匹、线袜及各种印刷技艺;施诊所负责院民就医诊断、护理。1949年1月天津解放后,该院由天津市民政局接管。

二、档案情况及内容介绍

馆藏该全宗档案共1479卷,上架排列长度27米,档案起止时间为1912—1948年,档案按"年度-问题"分类排列。编有案卷目录和文件目录可供检索。

档案主要内容如下:

(一)1915年以前时期

有育黎堂归并栖流所需筹经费申请报告;育黎堂呈请设立孤儿学校以及孤儿学校开学日期、简章、规则、奖励办法、年满考试结业文件;贫民人数及收支各款清册;该院挑选贫民送住习艺所习艺,育黎堂归属教养院文件材料等。

(二)1915年至1936年时期

有育黎堂创办救济院请预拨款立案的请示;救济院组织大纲;院务会会议记录;院董事会规则;院民劳役队及院丁服务简章,院民出入办法和收容院民标准;该院编造预算、决算材料，各年度经费报告书；该院请各纱厂收留工徒函件；人事任免及职员请假材料；筹办冬季临时救济分所材料等。

（三）1936年至1948年时期

有天津市救济院成立，工作人员就职及接收一切公物并启用新钤记的文件；该院组织系统表，新院组织大纲及各项简章；该院和各所划分组织办法及预算草案；修正公务员退职暂行规则；游民收容所管理简则；院民名册及院民出入院统计表；各界社会名人捐物款备案材料；该院教育所改为工读学校文件；职工履历证明书等。

天津区救济特捐募集委员会
全宗号 J133

一、机构概况

天津区救济特捐募集委员会成立于1948年3月23日，该委员会下设两个分会：北平分会、唐山分会，成立时间分别为1948年4月1日和4月14日。委员会及分会的委员组成情况为：天津区救济特捐募集委员会共有委员16名，主任委员杜建时；副主任委员喻傅鉴；委员有胡梦华、李金洲、宋如金、时子周、李烛尘、姬奠川、徐世章、郭紫峻、马法五、卞喜孙、何思源、许惠东、刘瑶章、郝侃曾。北平分会：主任委员何思源；副主任委员许惠东；委员唐嗣尧、郭存会、赵延博、韩诵裳、张民治、邓萃英、周炳琳。唐山分会：主任委员郝侃曾；副主任委员张文澜；委员徐冠洲、赵文波、宋征华、高汝源、汪广平、王承廉、林伟傅、莫汉英、毛尔康、魏星辰、赵相卿、周琴西、杨惠全、黄礼候。

天津区救济特捐募集委员会负责本区（包括天津、北平、唐山）的救济特捐募集事宜。委员会设总务组（组长孔令朋），具体负责文书会议及部署其他各组事项；调查组（组长张锡藩），负责认捐人与捐额的调查及有关捐募政策事项；审核组（组长张子奇），负责救济特捐的审核及登记统计等事项；宣传组（组长陈嘉详），负责捐募的宣传及发布新闻事项。1949年天津、北平、唐山解放后，该委员会及所属分会，均由中国人民解放军天津市军事管制委员会接管。

二、档案情况及内容介绍

馆藏该全宗档案共计17卷,上架排列长度0.9米,档案起止时间为1948—1949年,档案按“问题”分类排列。编有案卷目录和文件目录可供检索。

档案主要内容如下:

有各区救济特捐募集委员会组织规程;天津区救济特捐募集委员会议事规则草案;救济特捐募集对象及审核标准;救济特捐用途、分配办法;天津、北平、唐山三市办理救济特捐的情况;募委会对特捐人的褒奖文件等。

天津市广仁堂
全宗号J130

一、机构概况

天津市广仁堂的前身是1878年由官绅集捐银洋筹建的津河广仁堂,1936年改名为天津市广仁堂。该堂以收恤灾区妇女和嫠孤为宗旨,系社会慈善机构,隶属于天津市社会局。该堂设董事会主持堂中一切事宜,董事会下设秘书股、会计股、经租股,办理财政、收租等事务,另在堂内设堂长及文牍、会计、庶务、管理、训导等分股,管理内部行政事务。

该堂内部机构有:敬节堂,负责夫亡未嫁寡居的妇女生活起居;慈幼所,专门收养灾区儿童;蒙养所,负责对寡妇儿童进行四书五经、诸子百家教育;力田所,负责对孀妇之子及恤子,雇老农教习耕耘;工艺所,负责对孀妇之子及恤子教授刻字、印书、编织等工艺;施诊所,负责治疗堂内妇孺疾病及堂外施舍医药;女工厂,从事织布、缝纫、印刷等。此外,该堂还对贫苦市民施医、施棺、冬赈及恤嫠等。1949年1月天津解放后,该堂由天津市民政局接管。

二、档案情况及内容介绍

馆藏该全宗档案共594卷,上架排列长度10.5米,档案起止时间为1878—1955年,档案按“年度-问题”分类排列。编有案卷目录和文件目录可供检索。

档案主要内容如下：

（一）组织章程类

有该堂筹建、成立及组织沿革文件；该堂成立旧章及整顿后的新章；择地开办、延聘员绅、兴办女医学堂材料；整顿女工厂章程；堂内各项事宜规定、办事细则；幼稚园章程；学生奖助金暂行规程；敬节所和教养所工作概况及改进计划；1947年度工作总结；该堂被市人民政府接收后呈报该堂组织概况；市民政局调查该堂情况表册，接收前后该堂各种清册；该堂历年征信录等。

（二）人事会议类

有该堂选派议绅员司及总董事交接委任员司文件；约聘顾问材料；进退司员登记表；董事会议案草底；1932—1947年董事会议记录；选举总董及董事任期内移交各文件；该堂堂务会议提案及会议记录等。

（三）经费类

有督宪批准每年认捐经费银500两材料；藩司分饬天河两府各属捐助经费及天津海关道咨送该堂岁捐经费文件；天津道咨送该堂经费和天津县申解该堂岁捐经费材料；社会各界名人为该堂捐资银两登记表册等。

（四）土地类

有该堂征地建堂的备案材料及查找该堂遗失地亩文件；该堂出租地亩数目清册和收取地租登记表册；该堂与南洼、东洼等处地亩纠纷、裁卖、租地合同，及一些地亩契纸、租照、照片、碑文等。

（五）出入堂类

有该堂留养妇孺花名册；妇孺开除与收养名册；节妇及子女自愿入堂志愿书和照片，节妇请求出堂申请书；节妇病故名单，节妇病故注销、保结申请书；敬节所收养节妇及节妇子女出入堂备案材料；该堂收领恤子、幼女出入堂情况登记表；恤女入堂及择配材料；各署移送留养恤女及恤女为婚、出嫁材料；请领恤女为养女和收养绥远灾区童女登记材料等。

中华民国红十字会天津分会
全宗号 J135

一、机构概况

中华民国红十字会天津分会成立于 1947 年 2 月，其前身是 1911 年 9 月成立的中国红十字会天津市分会，1937 年天津沦陷后，曾被迫停止活动。该分会是国际性民间慈善服务团体，其职责是专门从事社会救济、组织征募运动等慈善活动。其内部机构设有文书科、会计科、庶务科、医务科，其下附设诊疗所、医疗救护队及杨村镇、郑庄子、郭庄子 3 个支会。1949 年 1 月天津解放后，该分会改组为中国红十字会天津分会。

二、档案情况及内容介绍

馆藏该全宗档案共 181 卷，上架排列长度 2 米，档案起止时间为 1934—1951 年，档案按“年度-问题”分类排列。编有案卷目录和文件目录可供检索。

档案主要内容如下：

(一)综合类

有中华民国红十字总会、分会组织规程；该分会理事会议记录，职工大会决议案文件；该分会组织机构成立、改选、改组备案文件；该分会理事、董事调查表；人事任免、迁调、考绩、奖惩、员工福利等文件材料；该分会财务管理方面文件及会计报告，经费预算书等。

(二)业务类

有该分会推展医疗服务工作报告；到各工场防疫注射表册，免费医治伤病员统计表，诊疗所病历；该分会收容难民、配岁食粮办法；孤老户呈请资助报告及该分会批复；有关赈粮、赈衣，办理儿童奶站，救济失乳贫困婴儿文件材料；该分会与美国、日本红十字会办理关于查询日、德籍人在津下落等国际通讯服务事项往来函电等。

(三)其他类

有该分会与地方法院、警备区司令部等关于救护药品配售、捐拨、提运等来往函件；与其他学会关于借用救护设备及医疗器械往来函件等。

公共事业档案

海河工程局
全宗号 W3

一、机构概况

海河工程局(Hai Ho Conservancy)成立于1897年,同时组建海河工程委员会。海河工程局是一个由中外共建、共管,专门治理天津海河的清政府官方机构,主要负责有关海河的裁湾清淤、疏浚河道、修建堤坝、架设桥梁、兴建码头、开辟航道、船舶修理等事项。海河工程局内部最高组织形式为董事会,由5位董事组成,其中外国人占4席。董事会下设行政、工程技术两大部门,一切行政事务统由秘书长主持;有关工程技术事务则归总工程师负责处理。工程技术部又分为总务及测量部、工厂与船坞部、挖泥部、海口部4个部门。历年董事及主要负责人有:海菲司莱(Hiffislay)、阔登(Quiatton)、福来克(Frake)、辛塞尔(Sincioul),还有雅斐乐、牛门、甘博乐、甘布、崔德哈、默森、山角、大卫等人。

1938年,日本为扩大海河工程局的管理权,将海河工程局大部分人员都换成日本人,文件也改用日文。1945年抗日战争胜利后,国民党天津市政府委派杨豹灵为局长,将海河工程局予以接收,改名为天津市政府海河工程局。1946年,海河工程局改属于水利委员会直接领导,并委派徐世大为局长。1947年,水利委员会改组为水利部后,该局即由水利部管辖。1949年1月天津解放后,该局由中国人民解放军天津市军事管制委员会接管。

二、档案情况及内容介绍

馆藏该全宗档案共1875卷,上架排列长度78.3米,档案起止时间为1898—1949年,档案按“问题-年度”分类排列。编有案卷目录可供检索。

档案主要内容如下:

(一)行政事务类

有海河工程委员会行政职责和工作报告;该局有关治理海河事项与各国领事往来函件;

总工程师魏立进(Vleegn Thart)工作报告;1923—1946年海河工程局年报;领事会、董事会、局务会会议记录;资产情况报告书;该局与津海关监督往来函件;抗战期间损失调查及敌产处理文件等。

(二)组织人事类

有组织条例和规章;局长就职文件及各部门负责人就职通告;职工录用、人员任免、求职、调职人员名册;中外职员推荐、考勤、违纪、处罚、请假、离职、奖励、增资、医务等方面文件;人事登记、人事动态文件;人事法规和各部门人员调查表;雇工办法及局职员录;有关船员平时与年终考绩、训练文件;介绍实习生、毕业生登记等文件;接收组织、改组人事、接收物资等文件;有关组织人事工作训示、法规等。

(三)工程业务类

有关于海河河道主要工程报告;有关航道工程资料;海河码头疏浚业和航道挖泥情况报告表;关于修治永定河、墙子河、卫津河、北运河工程文件;建造万国桥、西河桥等工程会议记录,拟建规格工作报告及规格说明书、合同照片等文件;有关大沽口大堤及港口情况资料;海河上、中、下游转头地资料;海河沿岸淤泥浚挖情况资料;关于海河及大沽河航道、河道状况报告;海河沿岸码头设计及改进河道报告;葛沽裁湾等承包工程合同和契约;有关防汛和水文测量资料;有关复兴轮、建设轮、快利轮、浚利轮、通凌轮等船舶建造书、验收报告及协议书、照片等文件;海河工程处各船综合资料;有关船舶机器购置及维修文件;新造挖泥船机器设备和拖轮等设备设计图纸及有关文件;关于船舶登记、出租、出售、出借管理章程及合同;冬季结冰期航行规章办法,港口服务规定;有关撞凌、结冰期报告和水文咨询资料;船舶碰撞事件记录;天津气象测量记录报告;工程处总章程施行细则及历年工程章程会议记录等。

(四)财会账册类

有海河工程局总收入来源及资产情况报告;各年财政状况及各种捐税征收情况、公债情况报告;财务预算、储备基金情况报告,各年度财政工作报告;有关工程费用、船舶费用、桥梁工程费用收入预算,经费预算及各种捐税收解、支付情况报告;职工救济金配给、同人薪津编制概算经费报告;会计报告,会计法规和有关股票及海河公债文件;该局经费、新增值工作费用、请款与拨款及审计文件;该局1901—1945年的收支账目、收支单据、收支凭证及工资单;1939—1945年的现金簿、现金账本、现金日记账、现金借贷账及职工养老金、储蓄金、退职金、死亡金、借出资金等账册;1925—1931年总分录账;职员工资名册及各种费用补贴账册;关于食、煤津贴财务账和抚恤报表及统计月报、各年现金收支表、零星购置账等。

(五)法规通告类

有国民政府内政、外交、经济、交通,电信、工务、水利法规、法令及章程;船舶、海关通告;

关于航标、沉船布告，工程情报及其他训令等。

（六）杂项文件类

有海河工程局简史；海河工程局职工罢工、工潮材料；日伪财产处理和抗战损失调查材料；关于海河伏汛、汛情、洪水、防汛、灾民损失资料；有关会议刊物、书籍、剪报、资料等。

天津市整理海河委员会
全宗号 J103

一、机构概况

天津市整理海河委员会成立于 1928 年 10 月 8 日，是天津市整理海河工程管理机构。主要负责海河工程测量、地质调查，河道、船闸等工程的监督、检查及实施。其内部机构设有秘书处、工务处、总务处、会计处。1933 年 12 月，该委员会撤销。

二、档案情况及内容介绍

馆藏该全宗档案共 1802 卷，上架排列长度 24.6 米，档案起止时间为 1904—1948 年，档案按“年度-问题”分类排列。编有案卷目录和文件目录可供检索。

档案主要内容如下：

（一）综合类

有河北省政府关于整理海河函电；海河工程局有关海河淤塞及防洪急救方法草案；全国水利法规汇编；审计部审核该委员会证明书；该委员会组织章程、征收土地章程、工作报告、历次会议记录及议决文件，处长手册、职员录及有关人员任免、升调、薪俸文件材料等。

（二）勘测类

有外国专家视察工程报告及建议书；关于对海河工程改道、堤坝分界、地形调查测量报告，对海河上游地势、放淤区域地亩勘查文件材料；海河水深图等。

（三）工程预算类

有整理海河计划书，整理海河第二期治标工程计划预算书，整理海河计划账目；工程筹备事项、材料计划、工料估价文件；编制工程进行程序报告，及有关组织施工文件材料等。

（四）工程类

有关于钻验地质及建闸、筑坝、围堤、桥梁、涵洞、海河改道等工程设计、施工、检查、验收文件；有关工程技术资料，工程招标、投标、开标、合同方面文件；工程完竣清单、试验报告、总结报告；关于与远东公司、盖苓公司等施工单位租用施工机械、工款、工料、工程修复业务工作往来函件等。

（五）财会类

有会计规程、办事细则；疏浚河北省海河工程短期公债条例，承销合同及还本付息表；账目报告、收支报告、公债基金旬报表；有关工程贷款、行政经费支付、工程经费支付、提存款项文件；该委员会与银行印鉴、结算单、存款户头等方面往来函件；各种保险证券等。

天津市整理海河善后工程处
全宗号 J104

一、机构概况

天津市整理海河善后工程处成立于 1934 年 1 月 15 日，是海河工程善后管理机构，主要职能是继续办理海河未完成的治标工程。其内部机构设有文书室、设计室、会计室。1935 年 3 月，该处撤销。

二、档案情况及内容介绍

馆藏该全宗档案共 255 卷，上架排列长度 3 米，档案起止时间为 1929—1935 年，档案按“年度-问题”分类排列。编有案卷目录和文件目录可供检索。

档案主要内容如下：

（一）综合类

有河北省政府建设厅颁布结束整理海河委员会善后办法大纲；组织章程、工作报告；机构成立、处长就职、关防官章，以及有关人员任免、聘用、薪俸文件材料等。

（二）工程类

有市整理海河委员会第二期治标工程计划书；工程说明书、投标章程、工程合同；有关建闸、围堤、水渠、放淤、涵洞等工程接收、设计、施工、验收方面文件；工程技术资料；开工报告、工程报表、水利调查表；关于工程预算、决算、概算、日支出计算文件；该处与平成工程公司等施工单位关于工程款项、工料业务事项往来函件等。

华北水利委员会
全宗号 J105

一、机构概况

华北水利委员会是华北地区水利工程管理机构，隶属于行政院水利委员会，主要负责华北地区内河航运、水利、防涝、水渠等工程的勘测、设计、实施、督导等业务工作。其内部机构设有总务处、工务处。

二、档案情况及内容介绍

馆藏该全宗档案共 219 卷，上架排列长度 3 米，档案起止时间为 1935—1951 年，档案按“年度-问题”分类排列。编有案卷目录和文件目录可供检索。

档案主要内容如下：

（一）经费预算类

有河北省政府关于查询前海河工程决算书来函；华北水利委员会与天津县政府关于办理海河工程经费问题来往函件；工程占地给价办法；工程预备费及各项经费预算书；工程专款、工款利息、管理费、事业费、行政费等计算书；工程经常费与临时费支出计算书及工程补偿款项文件；各项工程收支对照表；工程材料计算表等。

（二）工程类

有接收海河治标工程报告；关于疏浚海河、建闸、决口堵筑、堤防培修、伏汛放淤、涵洞等工程方面测量调查、计划、设计、招标、合同、施工、验收文件；工程技术资料；工程验收报告表等。

天津第一航务工程局
全宗号 J232

一、机构概况

仅据本全宗现有档案,无法查考机构概况。

二、档案情况及内容介绍

馆藏该全宗档案共案 56 卷,上架排列长度 1.35 米,档案起止时间为 1928—1949 年,档案按“问题”分类排列。编有案卷目录和文件目录可供检索。

档案主要内容如下:

有交通部塘沽新港工程局组织规程、会议记录、局长训话;华北航业总公会所属团体一览表;职员名册、员工考核清册、履历表、职工动态报表;天津特别市港务局业务报告、交通部平津区铁路管理局公报(第十五期)、东北运输局天津材料购运所杂件和摩托车购买事项文件等。

直隶全省内河行轮董事局
全宗号 J106

一、机构概况

直隶全省内河行轮董事局成立于 1914 年,是由直隶省行政公署与大沽造船所合资创办,主要职责是办理直隶全省内河航运的监视、检查、保护、税捐及运费等事项。1928 年 8 月更名为天津特别市政府直辖内河航运局,1930 年 1 月更名为津保磁沽内河航运局,1934 年更名为河北省内河航运局。其内部机构先后设有总务股、航运股、稽查股、技术股。1937 年,该局撤销。

二、档案情况及内容介绍

馆藏该全宗档案共1028卷，上架排列长度12米，档案起止时间为1914—1935年，档案按“年度-问题”分类排列。编有案卷目录和文件目录可供检索。

档案主要内容如下：

（一）综合类

有直隶省行政公署、大沽造船所合资兴办直隶全省内河行轮合同；直隶全省内河行轮总处与大沽造船所订立制造船只合同；外交部聘用洋员合同；交通部关于航商责任权限条例；直隶实业厅关于该局添招商股扩充营业函件；巡按使委派该局历任董事指令；天津特别市政府关于直隶湾改为渤海湾、直隶海峡改为渤海海峡训令；直隶全省内河行轮董事局组织章程、办事细则；局务会记录；行政计划与行政状况报告书；职员录及员司辞退、奖惩、考绩文件材料；国民政府军事委员会等机关调查船舶、水道资料等。

（二）航运管理类

有营业状况报告书；津保、津磁、栏沽、南运各河流域县名、水程里数及水势大略情况报告；轮船吃水量、水面高度调查表；各航线开航、停航事宜及有关开辟新航线文件；各航路河道航线图，沿途各站地名表、客票价目表；内河行轮搭客规则，售票司事服务规则；有关船只相撞、沉没及保险情形文件材料等。

（三）基本建设类

有修筑桥梁交通办法；船舶检查丈量章程；该局与大沽造船所关于船舶制造、工料价值、船只修理、检查及验收来往函件；进坞船只检查、修缮文件；有关航路各站建筑坚固码头、水道测量及购买沿河地基文件材料等。

（四）稽查类

有该局稽查报告；关于津保、津磁等总站严禁走私文件；护航队护照、客货船船照、运货报税文件材料等。

（五）财会类

有收支各款银元数目清册；岁出预算书、支出计算书、不动产登记书；营业盈亏统计表，清算资产报告表，资产负债数目清册；大沽造船所收支清册等。

交通部公路总局第八区运输处
全宗号 J108

一、机构概况

交通部公路总局第八区运输处于 1946 年 3 月在天津成立,是运输业务管理机构,主要负责办理冀、鲁、察等地公路运输的调度、管制、监理、营业运价等业务。其内部机构设有处长室、秘书室、人事室、总务科、业务科、材料科。另外,还下辖有分处、车辆保养场、材料库、监理所等 24 个附属单位。郭大雄、韩善甫先后任处长。

二、档案情况及内容介绍

馆藏该全宗档案共 1386 卷,上架排列长度 30.6 米,档案起止时间为 1906—1949 年,档案按“年度-问题”分类排列。编有案卷目录和文件目录可供检索。

档案主要内容如下:

(一)综合类

有交通部公路运输管理局通令、章则汇订材料;关于人事管理训令;组织规程、布告通知、工作报告、会议记录、移交清册、职员名册;各路线通车情况及公路车务管理概要;有关人员任免、迁调、雇用、辞退、薪资、考绩、奖惩、福利、抚恤文件材料等。

(二)运务类

1. 合同　有该处与邮局运输邮件合同,与各分处租车合约,与中国旅行社代售客票及代揽货运合约;各分处与货运代办站、海运服务社、各商号营业承运合约等。

2. 规章　有运务计划、营运章则、汽车管理办法;区域划分及调整客货运价规定,运价调整节超奖惩办法等。

3. 图表　有交通路线图、营业图表、各路线里程表、客车时刻表;货物分等运输里程表、通车里程票价表、车辆行车里程月报表;业务运量报表、运输成本计算表;各分处货运量及客运量登记表、承运货料清单;汽车运输业申请表等。

(三)监理类

有交通部公路总局公路汽车监理章则;汽车驾驶人员管理规则;监理所代收监理各项费

用清册;北平、青岛等分处汽车肇事月报;有关驾驶人员登记、车辆注册、过户、报废、补领牌照文件材料等。

(四)财会类

有会计规章制度,总分类账余额明细表;营业预算、概算、决算、收支报表;票据清单、印花税统计表册;财产清册及增减表;会计请款、领款、拨款、汇款、暂付款、周转金、转账文件材料等。

(五)材料类

有材料管理章则,节约组织规程;材料调拨清册,材料节超奖罚办法;有关材料询价、估价、定购、调拨、提运、验收、结存文件材料等。

交通部公路总局汽车器材总库平津分处
全宗号 J109

一、机构概况

交通部公路总局汽车器材总库于 1945 年 11 月 30 日成立,1946 年 5 月 1 日成立平津器材分处,下设北平器材库、天津器材库 2 个直属库,主要负责办理天津汽车器材的储备供应业务,并督导下属各器材库业务工作。该处内部设处长 1 人,主理处内各项事务。1949 年 1 月天津解放后,该分处由中国人民解放军天津市军事管制委员会接管。

二、档案情况及内容介绍

馆藏该全宗档案共 233 卷,上架排列长度 1.5 米,档案起止时间为 1945—1949 年,档案按“问题”分类排列。编有案卷目录和文件目录可供检索。

档案主要内容如下:

(一)综合类

有该处成立材料;年度工作报告、业务会议记录;人事任免及员工福利材料;财务报表、器材管理章则、物资调运办法等。

（二）器材管理类

有交通部公路总局关于华北重要物资管理规定；各区、局购料、领料记录；管区内各铁路局、公路局领料情况记录；各种原材料、物资、器材管理办法；天津市物资价格变动通告等。

天津市公用局运输事务所
全宗号 J85

一、机构概况

天津市公用局运输事务所于 1945 年 3 月 23 日正式成立，是隶属于市公用局的运输管理机构，主要负责管理全市码头、脚行、车站、搬运等行业，制订运输标准价格，办理客货运输事项等。其内部机构设有 2 科 4 股，即营业科、总务科和营业股、会计股、事务股、车务股。

二、档案情况及内容介绍

馆藏该全宗档案共 345 卷，上架排列长度 5. 4 米，档案起止时间为 1925—1949 年，档案按“问题”分类排列。编有案卷目录和文件目录可供检索。

档案主要内容如下：

（一）人事类

有人事调查表、人事管理材料，1948 年人事统计月报；有关职员抚恤、退休办法；员工薪饷待遇、请假及考勤办法，员工名册和职员工役保证书等。

（二）业务类

有业务计划和业务报告；1947 年包运柏油运费估价函件；关于煤运输送及配煤价格事项函件；焦煤运输大队工作职务分配表；海河码头脚行起卸搬运价目表；公共设施被毁调查表等。

（三）财会类

有市政府总务处关于煤运费清算事项函件；市公用局关于财产及统制账训令；接收各产业物资需款计划概算函件；1948 年公有财产增减报告表；1945 年大型载重汽车车捐总簿；各工厂发放工资应向管理局接洽训令等。

天津市公用局公共汽车管理处
全宗号 J86

一、机构概况

天津市公用局公共汽车管理处于 1948 年 1 月正式成立,是隶属于市公用局的汽车管理机构,主要经营公共汽车管理等业务,为市内职工交通营运服务。其内部机构设 1 室 3 科,即会计室、机务科、业务科和总务科。1949 年 1 月天津解放后,该处停止工作。

二、档案情况及内容介绍

馆藏该全宗档案共 118 卷,上架排列长度 1. 8 米,档案起止时间为 1946—1948 年,档案按“年度-问题”分类排列。编有案卷目录和文件目录可供检索。

档案主要内容如下:

(一)综合类

有市公用局关于改订办公时间和简化文书用纸办法训令;该处与交通部公路总局器材总库、上海区供应处洽购敌伪交通公司全部财产事项来往文书;关于电车部、汽车部两部门划分办法及财产划分文书等。

(二)人事类

有人事调动、任免文书;关于员工受训、奖励、考勤办法以及职员甄审、请假证明文件等。

(三)业务类

有关于调整公共汽车路线请示报告及通告;呈报汽车票价计算公式报告及公用局批复;关于增辟宁园游览车路线报告和公用局批复及公告;电车管理处填发电车免费乘车证文书;与各机关为拨借汽车、汽油事项来往文书等。

(四)财会类

有天津市库出纳会计制度;公用局关于会计事项指示;关于配合币制改革有关会计事务暂行处理办法;向公用局呈报各月份会计报告;关于稽核薪津、代修客车修理费、电费及存、借款文书等。

天津市公用局电车临时管理处
全宗号 J87

一、机构概况

1945 年 11 月 9 日,天津市公用局接收了天津交通公司电车部,改称天津市公用局电车汽车临时管理处电车部。1948 年 1 月 1 日,电车部从中划分出来,单独经营,成立了天津市公用局电车临时管理处。该处是天津市公用局下设的电车管理机构,主要负责全市电车管理事宜。其内部机构设 3 室 4 科,即会计室、人事室、秘书室、车务科、业务科、技术科和总务科。

二、档案情况及内容介绍

馆藏该全宗档案共 1052 卷,上架排列长度 20.7 米,档案起止时间为 1905—1949 年,档案按“问题”分类排列。编有案卷目录和文件目录可供检索。

档案主要内容如下:

(一)综合类

有机构沿革和天津电车电灯公司新旧合同;组织变动及章则、制度汇集文件;关于编制天津市公用事业概况汇集资料;其他机关换发证章及规定办法;关于汽车部接收物资车辆批文及有关机关组织规程工作方案和实施办法等。

(二)人事类

有关于修正人事管理通则、命令和劳资纠纷评断办法;关于人事缺额补用规定及人事任免文件;人事室关于内部人事异动册;该处员工发放薪给规定;关于员工调查及考核、考绩命令,职员、工役名册等。

(三)业务类

有关于电车线路建筑及维修事项文书;订购员工制服合同及发放办法;关于召开稽查会议通知;关于红、蓝牌电车接轨后规定车辆行驶办法及花牌电车变更路线报告;关于汽车路线增辟调整及其建议事项报批来往文件;关于汽车收车时间通知及有关公务人员乘坐电车优待办法报批文件;有关车辆右侧通行办法和汽车部经营办法;汽车部购买材料和订购汽车需用汽油文件,汽车部业务状况报告及调整路线报告,汽车部庶务股保管物品报告单及各地厂商来函推销材料物品文件等。

(四)财会类

有关于成立会计室报告;关于经费收支管理办法、缴纳各项税款办法、军政机关公款存汇办法及关于公用事业价格计算公式训令;收支概况及经费管理办法规定和编造概算通知;流动资产账和现金账等。

河北邮政管理局
全宗号 W2

一、机构概况

1878 年,全国海关总税务司赫德与北洋大臣李鸿章商定,指派天津海关税务司德璀琳,以天津为中心,在天津、北京、牛庄(营口)、烟台、上海 5 处海关试办邮政。1879 年,赫德决定向其他口岸推广办理邮递事项,海关邮务总办事处暂设天津。于是,天津成为中国近代邮政发祥地和试办时期的管理中心。1896 年,清政府批准由海关兼办邮政,正式开办大清邮政,全国划分为 35 个邮界,大清邮政津局随之成立。至 1913 年,全国按行政区划分邮界,天津邮政总局改称为直隶邮政管理局。1928 年直隶省改为河北省,1929 年直隶邮政管理局更名为河北邮政管理局。

河北邮政管理局是邮政事业管理机关,主要负责办理河北省、天津市信函、包件、汇兑及储金业务。其内部组织管理上,曾设邮务长 1 人,历任均由外国人担任,负责河北省、天津市邮区工作;副邮务长 2 人(外国人、华人各 1 人),分别负责天津本地业务和河北省内地业务;会计长 1 人,也由外国人担任,负责河北省、天津邮区会计事宜。1936 年邮务长改称局长,其内部机构设有本地业务股、内地业务股、总务股、计核股。

1937 年卢沟桥事变后,华北地区邮政事业由日伪政权控制。1945 年抗日战争胜利后,该局由国民党接管,直至 1949 年 1 月天津解放。

二、档案情况及内容介绍

馆藏该全宗档案共4754卷,上架排列长度197.1米,档案起止时间为1877—1948年,档案按"年度-问题"分类排列。编有案卷目录可供检索。

档案主要内容如下:

(一)综合类

有邮政总局邮政法规、章程、条例、纲要,邮政业务通令、训令、指令、公报、公告、代电;邮政储金汇业局法规汇编、条例、施行细则、通饬;邮政总办通谕、公函,邮政事务总论;邮政事务年报,邮政储金年报;河北邮政管理局局谕、通函、会议记录、视察报告;邮政业务状况调查材料;邮政业务情况月报、季报、半年报、年报;1946年河北邮区接收报告书,局本地业务股报告、签呈等。

(二)组织类

有河北邮政管理局重改直隶裁驿归邮章程;直隶邮区巡员对天津民信局调查材料;关于天津民信局停业关闭材料;关于"客邮"在天津邮界、直隶邮区设置情况详细表以及撤销文件;天津海关书信馆成立材料;1897年邮政津局设立文件;清代津城分局开办日期一览表;1904年天津邮政总局所属分局及信柜名册;天津邮政支局变迁情况表;直隶邮区组织机构表,各邮政局所详情表;河北邮区内地各局建局时间表;河北邮政管理局封发国内各地平常邮件直封及转口局名表;天津邮界所属内地分局、代办邮政铺商开办日期一览表;天津设立代售邮票处名单;直隶邮区设立代办所县城名单;河北邮区邮政代办所开办时间表;河北邮政管理局批复有关申请添设代售邮票处函件等。

(三)人事类

有邮政总局人事规章汇编;管员供事规则,华班执事局务规则,巡查供事规则,邮政员考试条例,内地局长训练办法,邮务人员训练办法;员工假期管理规定,信差须知,邮务人员等级表;邮政人员题名录、统计表等。

有历届派遣邮局执事案由清折;邮车员工工作及待遇情形表;训练和调动人员季报表,员工配置表;邮务员工登记卡,员工甄拔、录用、变动、更换、离职、奖惩、医疗、抚恤文件材料等。

(四)邮务类

有该局封发接收各类邮件统计表,寄发《北洋官报》统计表;经办邮件和包裹总报表,局所各项业务对比表;邮资沿革表、邮政寄费清单,开发、兑付汇票详情表,汇票业务对比表;邮政储金备忘录；历年储金概况表及业务报告书；代理发行印花税票、邮转电报业务文件；邮件查询、遗失、损毁、保险、汇票挂失、违禁品拿获函件；追查和交换国际邮件函件等。

（五）邮政运输类

有天津海关书信馆组建骑差邮路，开辟海上邮路及组织冬季陆路邮运安排；国际航空邮线清册；1906 年天津投递及收取邮件组织方法；天津租界区投递业务量及出班时间表；1918 年直隶邮区开辟“北方万里邮路”文件；有关部门建立旱班、铁道、汽车、水运、航空邮路业务来往文件；邮路里程统计表；村镇邮路改组情形及改组后业务状况比较表等。

（六）财会类

有河北邮区属局账务手册，邮界司账简要指南，邮政账目规则；华北邮政资金运用暂行规程；该局财务收支账、收支记录、收支统计表；账务和川旅费、账务稽核文件等。

交通部天津电信局
全宗号 J92

一、机构概况

交通部天津电信局于 1945 年 10 月 12 日正式成立，是国民政府交通部下属的邮电管理机构，主要负责管理天津市电信、电报、电话等通讯业务事项。该局内部机构设有 4 科 2 室 1 库，即总务科、工务科、报务科、话务科、会计室、人事室及材料库。1949 年 1 月天津解放后，该局由中国人民解放军天津市军事管制委员会接管。

二、档案情况及内容介绍

馆藏该全宗档案共 5294 卷，上架排列长度 70. 52 米，档案起止时间为 1905—1955 年，档案按“问题”分类排列。编有案卷目录和文件目录可供检索。

档案主要内容如下：

（一）综合类

有组织及各课室分掌事务规程；特警局组织规程；管理广播台设置规则、公用电话营业规则；管理差役宿舍规则及招商经理规则；兼办邮务办法和收复区日方通讯管制办法；关于规定话务员惩罚、员工待遇、修理运料车辆及购料手续办法等。

（二）人事类

有员工调查表、履历表、动态汇报表和考勤表；甄用收复区员工标准以及员工改善待遇办法；有关员工请假、给假暂行规定；有关员工褒奖电函等。

（三）业务类

有交通部及总局关于装置无线电话技术问题工程函件及电报价目表；工作效率比较表；各区无线电通报联络时间表；市内外各区线路图；报告各局总机容量及用户数函件；成语电码本及无线运用、电话营业状况调查表和报告；关于修理津德、津秦、秦榆、唐卢、平津等地线路工程文件及调整电话机件赔偿价目办法等。

（四）财会类

有交通部电信局关于员工年终奖金考发标准电函，收支电报规定单；关于重新规定每月会计业务电报呈报办法和收支款项奖金差给办法；机关各级主管人员特别办公费支给数额表；关于天津电信局从 1948 年 1 月份起电信员工年资奖励金清单；有关夜班费、加班费规定；唐山电信局呈报出纳金检查报告书等。

天津市公用路灯管理委员会
全宗号 J88

一、机构概况

天津市公用路灯管理委员会于 1946 年成立，是公用事业机构，负责天津市公用道路路灯管理、增添、装拆；路灯设备改善与维护；交通指挥灯伞管理、拆修、增建和一切路灯管理事项。该委员会由天津市警察局、工务局、公用局、冀北电力公司天津分公司、法商电力公司等单位组成，隶属于国民党天津市政府领导。该委员会设主任委员 1 人，由公用局局长兼任，委员若干人由其他几个单位派任，设秘书 1 人，会计 1 人。1949 年 1 月天津解放后，该委员会工作结束。

二、档案情况及内容介绍

馆藏该全宗档案共 51 卷，上架排列长度 0.9 米，档案起止时间为 1945—1950 年，档案

按“年度—问题”分类排列。编有案卷目录和文件目录可供检索。

档案主要内容如下：

（一）综合类

有天津市路灯管理办法，天津市路灯合同草案，天津市路灯设备概要，天津市各年度修理路灯工作报告；天津市警察局兼路灯管理委员会业务人名表，业务职员异动通知书；该委员会职员配备物品福利清册，各种物品登记簿及购入领出各种物品清册等。

（二）业务类

有天津市交通路灯图，路灯装置地点表，道路等级分析表及各分局呈报路灯有无及损坏地点数目调查表；天津市各分局、区公所呈请安装路灯以利治安的请示及该委批复；冀北电力天津分公司各区路灯设置数目表，送配电线路架设工料预算；津法商电力分公司用户安装电表使用电流合同；油漆路灯工作说明及估价单；公用用料单及电费通知单等。

（三）财会类

有该委员会函请天津市银行函准立户存支款项报告；收支报告表和收支对照表；各种物品估价单；各种应用账簿明细表，明细分类账和总账等。

天津市煤焦供应委员会
全宗号 J94

一、机构概况

天津市煤焦供应委员会于 1946 年 11 月 6 日成立，该委员会设主任委员 1 人，主理内部事务，其下设总务组、分配组、管制组。该委员会职权范围主要依照河北平津区燃料管理委员会核定，每月将开滦煤矿、门头沟煤矿及长城煤矿煤炭量分配给天津市各工厂、学校、机关、部队及市民需用，对天津市灰煤业公会工作实行督导，对采运等环节遇到的问题随时与各部门协调，核定煤斤零售价并督察执行。1947 年 2 月 15 日，该委员会奉令结束工作。

二、档案情况及内容介绍

馆藏该全宗档案共 133 卷，上架排列长度 3.3 米，档案起止时间为 1946—1947 年，档案

按“问题-年度”分类排列。编有案卷目录和文件目录可供检索。

档案主要内容如下：

（一）综合类

有该委员会成立文件和组织人事材料；煤炭供应工作会议记录；员工福利办法；经费请拨报告及收支情况材料等。

（二）煤焦管理类

有河北平津区燃料管理委员会业务会议记录，用煤审核委员会会议记录；天津市灰煤业公会工作汇报，煤炭营运工作报告；各煤栈存煤数量统计报表等。

（三）煤炭配售类

有天津市各机关、企业、文化团体、金融界等申请配煤报告函件；天津市用煤及分配煤斤通知、布告及天津市用煤配售方法；申请配煤单位名册，分配煤斤统计数表等。

教育卫生档案

天津私立特一中学　天津市立工业职业学校全宗汇集
全宗号 J112

一、机构概况

天津私立特一中学由纽传善于1932年创办,最初只开设初中班,1933年先后增设小学部、高中部。学校设董事会,由严家诰任董事长,董事会下有校长校务会负责学校工作,校务会下设教务、训育、事务3个组管理日常工作。1937年卢沟桥事变后,校舍被日本军队强占,学校处于停顿状态。1945年日本投降后,于翌年5月校舍收回,重新开学。1949年6月,天津私立特一中学和中正学校合并。

天津市立工业职业学校于1948年1月成立筹备处,同年9月16日由天津市教育局批复正式成立,学校设校长1人,由闫仪三担任,当年招收小学毕业生,学制5年,属高级中专,设机械科、织染科共4个班。

1949年9月7日,天津市教育局奉天津市人民政府令,决定市立工业职业学校与私立特一中学合并,改名为天津市立工科职业学校。

二、档案情况及内容介绍

馆藏该全宗档案共135卷,上架排列长度1.85米,档案起止时间为1936—1949年,档案按“机构-问题”分类排列。编有案卷目录和文件目录可供检索。

档案主要内容如下:

(一)天津私立特一中学

有该校董事会章程;校董及校务会会议记录;教职员工登记表;教学、教务、学生管理方面文件材料;军训材料;历届初、高中毕业生名册;教职工配售粮食情况材料;新建、修缮教学设施情况报告;该校与银行筹借贷款往来文书;小学部行政、教务会会议记录,教学研究情况材料;教职员工报表,学生学籍管理材料;员工粮食配售情况材料等。

（二）天津市立工业职业学校

有该校呈报组织人事大纲及各项管理制度汇编；校务会议记录；教学进度、教材安排；各项教务活动规定及通知；教职员工名册；招生情况报告；年度各科学生在籍登记簿；员工粮食配售记录；修缮校舍投标文书；经费使用情况材料等。

天津市各中学全宗汇集
全宗号 J252

一、机构概况

天津市各中小学全宗汇集档案，主要包括天津市第一中学、第十九中学、第二十九中学、第三十一中学、第三十三中学、第九十中学、女一中、女三中、河大附中、南开中学、小孙庄中学、仰山中学、第一医院护士学校等有关人事、财务及教学档案。

二、档案情况及内容介绍

馆藏该全宗档案共3205卷，上架排列长度41.85米，档案起止时间为1906—1953年，档案按“机构”分类排列。编有案卷目录和文件目录可供检索。

档案主要内容如下：

（一）天津市第一中学

1. 综合类　有教育部、河北省教育厅颁发的各项教育法规；教育总会简章；行政院电告全国书；中国教育年鉴概况，全国盲哑教育概况；河北省各县实施义务教育及普通教育概况；义务教育计划，中学毕业生会考文件；会议记录、通知、布告、收发文簿；开展“科技运动”“读书运动”“学生讲演”等各种活动文件；各项节约办法；校产清册、工程合同、修缮说明书；各种刊物及书籍介绍等。

2. 组织人事类　有教育厅关于教职员任用的规定；历任教育厅长就职文件；河北省各公立机关一览表；教员薪俸标准及服务通则；校长薪俸数目表；本校规章、学校迁址文件；宣统元年（1909年）学校要略表；学校概况一览表；各学校更换校长及启用印信钤记；校长任命就职通知；历年教职员一览表；市立二中等移交钤记图章清册，教职员通讯录；有关教职员任免、聘任、进退、福利文件材料等。

3. 教务类　有各学校招考章则，历年招生简章，招生计划；呈报招收初中职业班和招考新生试题；续招体育师范班及入学标准与体育成绩合并计算文件材料；教学科目、各学期每周教学及自习时数；呈报搜集自编教材及教学经过文件；教职员授课时数表；修正及应用初高中课程标准；教材大纲及图书模型用具挂图；师范学堂及天津师范学校同学录；寄宿生总名册、学生生活调查表、学生成绩表；短期小学师资训练及新生一览表；历届毕业生一览表；学历证明文件；毕业生各项表册；学生休学、退学、复学办法；学校退转学调查表；呈报学生奖学金办法；介绍毕业生就业及毕业生服务状况表；全国学术机关概况调查表；回国留学生现在国内服务状况调查表；河北省各县教育状况调查表；本校附小历年教育统计表；中等教育、社会教育、劳工教育、体育概况、健康教育概况调查表；师范学校等各种报表；学校教育状况及设施统计表；学校教科参考书籍调查表；配给食粮统计表；教育厅机关支付预算书；河北省地方教育概算清册；教育岁入岁出概算总册；各校经费稽核委员会章程及经费有关规定；银行优待教育费储存办法；学堂征收学费及历年免收各县学生学费汇存；学校经费事项及收支计算书；天津市立中学等会计分工、分类账、领款证明书、各种凭证传票、收支对照表、现金出纳账、所得税清册；呈请拨款修建校舍及修缮经费清册；学校与银行往来账等。

（二）第十九中学

1. 综合类　有广东中学校舍平面图及说明书；工作计划、布告、收发文簿、私人信件、综合文件；广东中学财产目录表、账目名册；中学食粮配给调查表等。

2. 组织人事类　有广东中学董事会组织规程、立案表册、会议记录、交接清册；学术科实施报告；广东中学军训总队官佐离职报告，军训备案表；广东会馆董事及同乡会会议记录；学校概况表；教育局一科中小学教职员名册；广东中学教职员及工役名册、登记表、调查表等。

3. 教务类　有广东中学学籍册、学生名典、初高中历届毕业生名册、毕业生调查表、新生转入名册、学生成绩表、毕业证书；广东中学学生一览表；学生动态一览表；旅津广东中学学生分数单等。

（三）第二十九中学

有课程表等。

（四）第三十一中学

有河北省政府职员录；天津市私立初级崇化中学校董会立案、组织规程；聘请董事及教职员文件；进修中学教职员名册及学校概况；教务会会议记录；关于考试、举办教育试验检定文件；进修中学学生一览表；崇化中学学籍簿；学生名册、成绩表、保证书；各种刊物；有关捐款、食粮配给文件材料等。

（五）第三十三中学

有中国大学同学录、年刊；国立政治大学第一届毕业纪念册等。

（六）第九十中学

有各校招生简章说明书；河北省中学学生毕业会考规则；中等教育情况表；市新学中学职员聘请书；学生学籍、名册、统计表；新学中学历届毕业生一览表；毕业成绩册；学生课程表；有关学生运动、童子军训练文件材料等。

（七）女一中

1. 组织人事类　有教职员名册、服务证明书；教职员工役户口册；接收女一中教职员工役名册；聘用各科教员一览表；义务学校教职员一览表；中等学校调查表；各级办学人员证件领取簿；人事变动月报表；公务人员及公役津贴名册；教职员、工役薪额工资表及生活维持费分配表。

2. 教务类　有学生名册、志愿书、登记表、学生证号底册、修业证明书、毕业证；历届毕业生名册；补习班毕业生名单；毕业生历年各项成绩表册；教育人员子女免费额名册；毕业生呈验证书名册；毕业生状况调查表；有关学生退、转、复、休学及插班文件材料等。

（八）女三中

有初高中毕业生名册；普育女子中学登记表；学生交费名册；学生成绩底册；周会记录等。

（九）河大附中

有青年团收文材料等。

（十）南开中学

有社会局、工务局等政府机关工作报告；天津市岁入岁出总概算书；南开中学同学录等。

（十一）小孙庄中学

有中大年刊，中大校友会会刊等。

（十二）仰山中学

有修正私立学校规程；学校历届校长接办校务文件；教职员徽章名册、教员名册一览表；国立四中同学录；师范毕业生名单；清寒学生资助金、奖学金文件等。

（十三）第一医院护士学校

有该校学生名册、证明书；新生一览表；学校招生、学生考试、学生入退学及毕业文件；体育卫生统计表；经费预算、经济账目；治安事项及人事保险文件；有关公教人员奖惩、福利文件材料等。

天津市各小学全宗汇集
全宗号 J253

一、机构概况

天津市各小学全宗汇集档案，主要包括保定道小学、河北区于厂街小学、长沙路小学、抗大小学、浙江路小学、沈庄子余善里小学、河东区靶挡村小学、河西区北洋桥小学、谦德庄小学、小树林小学、河东区第二中心小学、第一幼儿园等有关人事及教学档案。

二、档案情况及内容介绍

馆藏该全宗档案共 456 卷，上架排列长度 8.1 米，档案起止时间为 1919—1949 年，档案按“机构”分类排列。编有案卷目录和文件目录可供检索。

（一）保定道小学

有私立慈惠小学清册；事务科各股办事细则，发文簿；学生应遵守制度文件材料等。

（二）河北区于厂街小学

有民国教育宗旨；会议记录、通知；公教人员、师生情况，以及警察、教育子女免费入学调查表；童子军组织报表；教职员保证书，有关教师辞聘、薪金、福利文件；学生毕业成绩表册，考试公布榜；学校财务预算，经费清单，财产登记表；配给面粉、煤、布匹清册表等。

（三）长沙路小学（原新亚小学）

有天津市公署关于教育教学等方面的指示、训令、通告、通知；教职员工一览表、调查表、聘书存根，以及教职员薪金、福利文件；市训团受训人员名册及考核表；童子军登记表；教师实用教案；学生及插班生名册，各级学生一览表，毕业生成绩报告表，考试摸底及教学进度表，毕业证书；员工消费合作社会计报告，支出对照表等。

（四）抗大小学

有教职员役名单，教职员资历表、调查表、聘书、介绍信；有关教员薪金、福利文件；会议记录、通知；建校委员会募捐成绩日报、底册，捐资兴学事实表；学校开办购置费概算书、分类账，学校经费清单、领款收据、经费汇报单等。

(五)浙江路小学

有教育法规;各校招生简章;市教育机关人事变更、学校立案文件;教职员履历表、身份证明书;学校体育、卫生设施及学校调查表;有关教育协进会及租界教育联合会文件;小学课程标准及实施、教材运用、教课书审查文件;学校成绩考查测验,小学毕业会考,科学演讲比赛,各种讲习会,以及各年级应报事项表册;各校毕业生名册,毕业证书;月报表;有关捐款事项文件等。

(六)沈庄子余善里小学

有国民学校职员服务标准;教职员一览表;毕业证书;学校设施建设文件等。

(七)河东区靶挡村小学

有天津市教育局关于教学等方面训令,会议记录、通知、通令、呈文底稿,收发文簿等。

(八)河西区北洋桥小学

有人民银行罗斯路办事处公函;河南第九区行政督察专员公署保安司令部委任状、实业部证书等。

(九)谦德庄小学

有工商附中毕业纪念刊、武清初级农业职工学校毕业纪念册等。

(十)小树林小学

有本校同学录,南开学校同学录等。

(十一)河东区第二中心小学

有教育研究会会章及示范教学训导方案;新旧任校长及各项清册;会议记录;教职员应聘书,师资登记考核以及有关教职员薪俸、退休、抚恤、聘用文件材料;失学儿童调查表;毕业生名册、毕业生成绩单;介绍出版书籍材料等。

(十二)第一幼儿院(原第十八小学)

有训育方针;校长会议提案;有关教职员抚恤、工资、福利文件;教科书目表,教学进度表,学生作品展览,毕业生成绩表;财政登记表等。

教育部青年辅导队
全宗号 J228

一、机构概况

教育部青年辅导队成立于 1946 年 1 月，隶属教育部青年复学就业辅导委员会，其职能为辅导青年复学就业，扶助清寒学生及谋求青年福利。该处设主任 1 人，干事 2 人，书记 1 人，会计 1 人，同时设总务股、业务股，掌握处内事务。

二、档案情况及内容介绍

馆藏该全宗档案共 276 卷，上架排列长度 7.2 米，档案起止时间为 1945—1948 年，档案按“问题”分类排列。编有案卷目录和文件目录可供检索。

档案主要内容如下：

有失学青年登记表，青年重新登记表；教育部平津特派员接收办公处材料；天津青年复学就业指导委员会法规汇编；职业介绍材料；报考空军青年军及伞兵名单等。

河北省立女子师范学院
全宗号 J164

一、机构概况

河北省立女子师范学院创立于 1929 年，以培养全省中小学师资和地方教育行政人才及研究女子教育方法为办学宗旨，是该省女子师范教育最高学府。其内部机构设有教务处、训导处、总务处、秘书室及教生实习、招考、图书、出版 4 个委员会，下设师范部、中学部、小学部、幼稚园部。齐璧亭担任该院院长。

二、档案情况及内容介绍

馆藏该全宗档案共377卷，上架排列长度4.95米，档案起止时间为1934—1949年，档案按“年度-问题”分类排列。编有案卷目录和文件目录可供检索。

档案主要内容如下：

（一）综合类

有教育部、河北省教育厅颁发各项教育法规；河北省立女子师范学院一览表册和师范中学部一览表册；该院有关教育、教学、组织人事、经费等情况调查统计及通知、布告、院务会议记录；学生获国际奖学金概况等。

（二）组织人事类

有该院沿革，组织大纲；人事任免办法，教职员审查办法，教职员工名册；教育学会工作人员分配名单；职员福利委员会简则等。

（三）教务类

有该院招生简章、成绩报告单、注册人数、入学通知、学生登记表、旁听生注册表；教学标准，教材采用方法、中学课程草案、课程增减及各系科目表；学籍规则、学生志愿书、毕业证书、修业证明、各届各系学籍簿等。

（四）财会类

有该院会计制度；会计室组织规程草案及办事细则；经费稽核委员会组织简则；教育应变费、临时费及现金出纳簿；收支对照表，经济清册等。

国立国术体育师范专科学校
全宗号 J165

一、机构概况

国立国术体育师范专科学校于1933年8月创办，直属国民政府，是为全市培养体育师资人才的市立高等专科学校。其内部机构设有教务、训导和总务3处及会计室、军训部等。该校于1945年宣告结束。

二、档案情况及内容介绍

馆藏该全宗档案共45卷,上架排列长度1.35米,档案起止时间为1930—1949年,档案按“问题”分类排列。编有案卷目录和文件目录可供检索。

档案主要内容如下:

有该校概况报告表;全国各专科以上学校概况简表;转学办法及学生服兵役办法;教职员奖励金办法及该校招生、入学材料,学生留学、退学、转学、复学登记册;训导人员资格审查条例及各科、部聘任教员候选人名单;教职员、学生及历届毕业生名册;毕业、肄业生成绩清册和成绩表;会计室人事月报表;应变费支出计算书和收支对照表及补助教职工应变费清册;分类账和现金出纳簿;知识青年志愿从军简历表及从军学生统计名册;教职员数、学生数、班级数及经费数一览报告简表等。

天津市各社教区民众教育馆全宗汇集
全宗号 J113

一、机构概况

天津市第一至第九社教区民众教育馆,是天津市教育局派驻各区从事民众文化教育活动的区级事业单位。其主要职能是负责各所在区的社会教育、民众文化补习,开展新文化生活和娱乐活动。天津市各社教区民众教育馆前身是1929年前后各区相继建立的5所通俗讲演所、2处新民教育馆、6处通俗图书馆、10处新民阅书报所。1938年10月,天津特别市公署令将各阅书报所改设为天津特别市第一至第九社教区新民教育馆。1946年7月,天津市政府教育局根据调整社教馆工作范围将其改称为天津市第一至第九社教区民众教育馆。天津市各社教区民众教育馆内部机构先后设有4个组:教导组,负责广播、通俗讲演;识字班,组织职业培训、妇女知识讲座、科学知识讲座、工商农业法律方面探讨;阅览组,负责图书阅览管理、放映电影幻灯、新闻展览壁报宣传;康乐组,负责健身体操运动会、医疗内外科、防疫等;生计组,负责家庭手工业编织、刺绣、裁缝、图画、工艺、养花、种菜。1949年1月天津解放后,各民教馆工作结束。

二、档案情况及内容介绍

馆藏该全宗是由天津市第一至第九社教区民众教育馆等9个单位档案汇集而成，共有档案726卷，上架排列长度10.42米，档案起止时间为1929—1948年，档案按"问题-年度"分类排列。编有案卷目录可供检索。

档案主要内容如下：

（一）综合类

有各民教馆概况、沿革、组织规程、工作计划书、工作报告及会议记录；各民教馆现状调查表；各区会员改选区会理监事材料；天津市社会教育促进会概况、理监事名册、入会申请书及会员名册；天津市社会教育执行委员会各社教区分会组织规程及委员名册；各民教馆员工考绩规则，职员一览表，各民教馆历任馆长交接清册等。

（二）业务类

1.社会教育　有各民教馆关于成立儿童识字班招生简章、音乐研究班规则、漫画研究班办法、初级英语班招生简章、妇女职业补习班办法、职业进修函授班简章、举办民众识字班办法；各民教馆有关社会教育的请示及教育局批复材料；各民教馆举办各种培训班的通知，私立补习学校一览表，民众教育识字课程表以及各种培训学生名册、教员名册、学生考试成绩单和毕业证书等。

2.社会活动　有教育局关于审查年画办法和取缔小人书办法，阅览图书规则；各民教馆图书登记表；举办中西画展、游艺活动、新闻照片展览、国术表演、棋类比赛、电影放映、图书调览、电台讲演等各种活动办法；开展各项社会活动向有关单位下发的通知以及组织各项活动的备案材料；各种活动比赛成绩册等。

（三）财会类

有教育局公务员特种抚恤及退职金暂行规则；各民教馆年度经费及事业费材料，职员生活指数表，各项经费清单，职工生活补助费清册，预算书和计算书，会计人员简历材料等。

天津市各区卫生事务所全宗汇集
全宗号 J117

一、机构概况

天津市第一至第九区卫生事务所于 1936 年 4 月 1 日同时成立,隶属于天津市卫生局领导,是负责管理各所辖区域的防疫、保健、医药等卫生事务的事业机构。第一区卫生事务所所长李允恪,第二区卫生事务所所长王执中,第三区卫生事务所所长冀佩璋,第四区卫生事务所所长胡廼祯,第五区卫生事务所所长张鸿勋,第六区卫生事务所所长刘焕英,第七区卫生事务所所长紫伯谦,第八区卫生事务所所长奎璐,第九区卫生事务所所长候扶桑。各区卫生事务所内部设有所长和医师,负责所内政务和业务工作。1949 年 1 月天津解放后,各区卫生事务所由中国人民解放军天津市军事管制委员会接管。

二、档案情况及内容介绍

馆藏该全宗是由天津市第一至第九区卫生事物所档案汇集而成,共有档案 475 卷,上架排列长度 6 米,档案起止时间为 1936—1949 年,档案按“机构-问题”分类排列。编有案卷目录和文件目录可供检索。

档案主要内容如下:

(一)综合类

有天津市卫生局关于各区卫生事务所成立、所长任命及各区卫生事务所应添调查员训令;天津市卫生局关于成立第六救护所训令及关于严查伪造执照训令;各区卫生事务所组织规章、组织系统表;各区卫生事务所关于迁移地址及人员调离与市卫生局来往函件;各区卫生事务所职员每月纳税额计算表,每月员役生活费支付预算清册,各项临时经费预算、概算清册等。

(二)业务类

有天津市政府关于禁毒治罪暂行条例;天津市卫生局关于各区卫生事务所免费查验各种医师营业执照并重新注册训令;关于取缔私行种痘训令,种痘记录表,药医管理办法;各区卫生事务所药品清册,医药收费统计月报表,医疗价格收费表,挂号收入计算表;各区卫生事务所关于防疫注射通知,霍乱预防注射和检疫工作报告,施诊工作调查报告,春秋季防疫工作办法;戒烟医院烟民出院登记册等。

卫生部天津市中央医院
全宗号 J122

一、机构概况

卫生部天津市中央医院于 1946 年 12 月 1 日正式开诊。该院是隶属卫生部的综合性医院,负责华北地区一般疾病的治疗及医务人员培训等,陈崇寿任该院院长。其内部机构设有事务室、会议室、人事室、秘书室及内科、外科、小儿科等,还设有审议委员会、教学委员会、设计考核委员会,并附有护士学校。1949 年 1 月天津解放后,该院由中国人民解放军天津市军事管制委员会接管。

二、档案情况及内容介绍

馆藏该全宗档案共 264 卷,上架排列长度 3 米,档案起止时间为 1943—1949 年,档案按“问题-年度”分类排列。编有案卷目录和文件目录可供检索。

档案主要内容如下:

(一)综合类

有该院沿革记述、组织规程,医务人员工作规则;该院会议记录;各年度政绩比较表,工作简报表;该院关于成立审议委员会、考核委员会及临床训练班等问题给卫生部呈文及卫生部批复等。

(二)人事类

有该院聘用、派用人员管理条例实施办法;人员编制表;职员任职、离职、请假通知;职员待遇及褒奖、福利、抚恤办法;职员名册、考绩表及聘用人员动态月报;各年度职员领取物品清册、名册;该院护理讲习班名册等。

(三)业务类

有该院人员体格检查表及健康检查证明书;职工及其家属就诊优待办法;该院致警备部

关于索要伤患官兵医疗费公函;该院致中央电工器材厂等有关单位关于采购物资、修建房屋问题公函等。

天津市立第一医院
全宗号 J123

一、机构概况

天津市立第一医院是1930年由社会热心人士募集捐款成立的,是市属医疗卫生事业单位,主要负责全市疾病治疗、医务人员培训等工作,李允恪任该院院长。其内部机构设有总务室、会计室、饮食部、护理部及内科、外科、眼科、小儿科、化验室,并附设高级护士职业学校。1949年1月天津解放后,该院由中国人民解放军天津市军事管制委员会接管。

二、档案情况及内容介绍

馆藏该全宗档案共926卷,上架排列长度11.4米,档案起止时间为1929—1955年,档案按"问题-年度"分类排列。编有案卷目录和文件目录可供检索。

档案主要内容如下:

(一)综合类

有天津市政府关于利用邮件私运药品查禁办法训令;天津市卫生局关于助产学校合并该院指示;该院公务员任用条例,高级护士职业学校章程;职工及退役军官身体状况调查表;该院为办公用房、职工宿舍修缮问题与有关单位来往文书等。

(二)人事类

有天津市卫生局关于该院人员编制、人员任免训令,该院关于职工奖励及惩处等问题向卫生局请示及卫生局批复;关于职工级别变动、津贴调整向卫生局请示及卫生局批示;医务人员进修学习规定;职员职务表,人事统计报表,高级护士职业学校职员名册等。

(三)业务类

有该院关于向卫生局呈送改善医院工作意见书;医护人员业务训练规定;收费规则及收费单据;增加购置药品规定;每周工作报告表,各科治疗疾病统计月报表,传染病、各类疾病分类治疗人数月报表;药品器械清单;建筑及医疗设备图表;该院关于购置疫苗及药品与其他医院往来文书等。

(四)财会类

有该院各年度岁入岁出概算书,决算报告书,临时经费支出计算书,门诊收费旬报表;职工薪金收据等。

天津市立第四医院
全宗号 J124

一、机构概况

天津市立第四医院为综合性医疗卫生机构,隶属于天津市卫生局,负责疾病治疗及医务人员培训等工作,徐铸森任该院院长。其内部机构设有会计室、事务室及内科、外科、妇产科、儿科、眼科、耳鼻喉科等。

二、档案情况及内容介绍

馆藏该全宗档案共 99 卷,上架排列长度 1.2 米,档案起止时间为 1945—1949 年,档案按"年度-问题"分类排列。编有案卷目录和文件目录可供检索。

档案主要内容如下:

(一)综合类

有该院关于组织编制及成立防护团等问题向卫生局请示及卫生局批示;行政管理规定,工作总结报告;财产物资清册,收发文簿,房屋使用调查报告;各医院关于成立就职、启用印信公函等。

(二)人事类

有卫生局关于人事机构管理规则训令;该院人事管理规定;职工名册、考勤表、考核表;该院关于薪金待遇、津贴调整等问题向卫生局请示文件;招考员工规章等。

(三)业务类

有卫生局关于防疫工作、禁烟禁毒训令;关于药品管理、收费标准训令;该院药品种类名称、管理办法及配发通知单；办理失学、失业青年体格检查鉴定报告书；特约免费治疗病人合约及军人优待治疗办法；医院器械消耗清册，收费标准价目表，疾病分类统计表等。

天津市传染病医院
全宗号 J126

一、机构概况

天津市传染病医院隶属于天津市卫生局，是医疗卫生事业单位，主要负责全市传染病病人治疗及传染病预防和宣传工作，刘绍武任该院院长。其内部机构设有院长室、医务室、护理室、调剂室、事务室、会计室、人事室。1949 年 1 月天津解放后，该院由中国人民解放军天津市军事管制委员会接管。

二、档案情况及内容介绍

馆藏该全宗档案共 62 卷，上架排列长度为 1.7 米，档案起止时间为 1945—1949 年，档案按“年度-问题”分类排列。编有案卷目录和文件目录可供检索。

档案主要内容如下：

（一）综合类

有卫生局关于该院工作人员内外调任及奖惩办法训令；人事任用制度规定，人员出国进修和受训规定，财政管理规定办法；职工及公役名单，任用人员资历表；医药价格收费表，职工薪金表，各年度各种款项明细表；该院关于人员调动事项与其他医院来往文书等。

（二）业务类

有该院药品移交清册；职工家属减免医疗费用介绍信；各种流行性、传染病和染病情况统计报表及防疫措施；善后救济总署赠送该院物品清册等。

天津美以美会妇婴医院
全宗号 W18

一、机构概况

天津美以美会妇婴医院建于1872年,它是一所教会医院,其宗旨是救济天津市贫苦病人并传教。天津美以美会妇婴医院在昌黎设有分院,其资金主要来自国际救济委员会、中美救济委员会、中国国际救济委员会的捐款。该院著名医生有朱世英、范权等。该院于1951年6月由天津市人民政府接管,改名为儿童医院。

二、档案情况及内容介绍

馆藏该全宗档案共27卷,上架排列长度0.9米,档案起止时间为1914—1950年,档案按“问题”分类排列。编有案卷目录可供检索。

档案主要内容如下:

(一)综合类

有该院与中国国际救济委员会、北京华北中华基督教卫理公会、上海教会联合会会计处有关捐款、进口医疗器械往来函件;北京同仁医院、北京妇婴医院、苏州医院、北大医院关于联系病床、介绍医生、分配捐款的来函;天津慎昌洋行与该院关于购买X光胶片及药品往来函件;医院健康记录表,药房记录表;美以美会会议记录、护士工作月报表等。

(二)业务类

有医院病房管理制度,护士及服务员职责范围规则;关于使用各种药物一览表;手术室器械名称、按摩术办法及护士工作时间表;化验室各种常规化验检验表,显微镜台架各部位分析图及中心供应室的设备记录;医院有关病人统计、救济工作、医疗统计、保健工作的报告表;库存药物明细表、医院设备登记表、各种药物准备分配表、免费病人统计表等。

(三)财会类

有该院对账单,预算表、支付表及财会报告;1915年至1947年医院费用账,借贷通知;1950年临时收入账记录及部分薪金表;现金收支日报表及收支对照日报表等。

天津德美医院股份公司
全宗号 W47

一、机构概况

天津德美医院股份公司创立于 1925 年，在美国内华达州注册，是由德国人集资筹建的股份制医院，其主要职能是治疗、护理。该医院有大夫 5 人，护理人员 8 人，创办人伯瑞尔是该院院长兼大夫。1943 年 2 月 2 日，该医院曾改名“华德医院”，抗日战争胜利后又恢复原名。1946 年因经济困难而停业清理，将房产及医疗设备出租苏联公民协会，租期满后又改租给中国大夫潘其壎等人，成立“德美医院和记有限公司”。1949 年 1 月天津解放后，在该公司基础上成立干部疗养院，后改为红十字医院。

二、档案情况及内容介绍

馆藏该全宗档案共 41 卷，上架排列长度 1.8 米，档案起止时间为 1924—1951 年，档案按“问题-年度”分类排列。编有案卷目录可供检索。

档案主要内容如下：

有该院章程及董事会关于修改补充章程决议案；1925—1942 年董事会记录及决议案，股东会议记录；该院办理注册及登记的有关文件；股东名册；雇用职工合同及职工服务说明书；1936 年发行股票、债券及换发新股票文件材料；缴税单据；医院房屋建筑蓝图，家具设备清册，医疗设备及库存药品清册；资产负债表及损益计算书等。

海关、商检、贸易档案

天津海关
全宗号 W1

一、机构概况

天津海关于1861年3月23日成立,隶属于全国海关总税务司署,同时受天津海关道、天津海关监督公署督察。天津海关业务管辖范围曾发展到东起大沽至山海关渤海沿线,西至北京、张家口,南至京山铁路沿线,北至长城广阔地域。主要职能除负责进出口船货、人员、物品的监管与征税缉私工作外,还管理国内运输的“常关”业务,包揽了航道维护、灯标设施、港口管理等海港事务。除此之外,还兴办过邮政,管理过商标,同时通过外籍税务司插手国家的外交、政治、国防事务。

天津海关初创时期,设税务司1人,帮办1人,扦子手(即稽查员)7人,通事(翻译)2人,警办8人,水手20人。1868年,天津海关设立了税务部和海务部。除原设税务司1人外,增设副税务司2人,税务司下设总务课、秘书课、会计课、统计课、监查课、验查课。民国时期,天津海关内部机构增设稽查课、缉私课、港务课。到1930年前后,又增设了验估课,一直延续到日本占领时期。1941年太平洋战争爆发后,日本侵略者对天津海关组织机构进行了大规模调整,天津海关机构共设有31个股、9个所。抗日战争胜利后,天津海关基本恢复了1930年前后的建制,其内部机构设有总务课、验估课、检查课、缉私课、港务课、秘书课、会计课、关产课。

天津海关下属机构曾先后管辖过秦皇岛分关、北平分关、塘沽分关,管理过邮政、常关、海务工作等部门。天津海关最高负责人——税务司,从建关起至抗日战争胜利为止,共有63任,都由外国人担任(其中在1941年12月—1944年1月日本人控制总税务司署期间,改称海关长)。1945年8月日本投降以后,天津海关税务司先后由中国人卢斌和卢寿汶担任。1949年1月天津解放后,天津海关由华北对外贸易接管处接管。

二、档案情况及内容介绍

馆藏该全宗档案共 14145 卷，上架排列长度 572.4 米，档案起止时间为 1859—1949 年，档案按“机构-年度”分类排列。编有案卷目录可供检索。

档案主要内容如下：

（一）综合类

有海关总税务司署各项海关法规汇编，关栈章程、章则及制度概略；海关业务通令、指令、训令、手令、公告；海关总税务司署统计科、秘书科、查缉科、审计科、总务科通启；海关进出口贸易季报、年报、年册、年刊、十年报告；华北六港外国贸易统计月报、年报；天津海关税务司谕、令、人字令、布告；天津海关办公室、秘书课、总务课、验估课工作程序、办事细则，外班工作细则；天津进出口贸易概况；天津海关致总税务司署及各科呈文，与海务巡工司来往密函；致秦皇岛分关、北平分关手令及笺函；与秦皇岛分关、北平分关业务来往函件；与各国驻津领事来往函件；与天津海关监督公署来往公函；与天津有关银行来往函件；与各地海关来往函件；天津海关函件簿、文函存稿、收发文摘由簿；与海关总税务司署收发文登记簿，与天津海关监督公署收发文登记簿，与其他有关单位收发文登记簿等。

（二）组织人事类

有海关总税务司署编发的《海关起源》《海关制度沿革》及《海关志》《常关志》；天津海关各历史阶段变化情形材料，海关常关沿革及业务概况，天津海关大事记；海关总税务司署及各埠海关税务司名录，各地海关职员题名录，临时职员名录，职员动态及职员任调公报、更动公报；天津海关内勤、外勤人员章则，办事细则，工作须知；查缉人员工作手册；人事工作月报表，员工调动记录簿；海关职员名单，华洋员工卡片，洋员及家属人口报表，职雇员眷属调查表；职员退休、家属抚恤报表，华洋人员录用、任免、待遇文件等。

（三）税务类

有海关总税务司署进出口税税则及索引；税则分类须知，税则归类价格表，税则分类议决书；转口税税则，转口货物及出口货物完税价格表；机制货物转口税则，邮包税税则；关税纪实；1911 年以来海关和常关税款征收及处理情况文件；税收登记单，税收报表；免税放行令、文，放行军火令、文；天津海关与三口通商大臣、天津海关道、天津海关监督公署关于税务问题来往函件等。

（四）验估类

有天津海关验估通告，出口货物限价表，机制货物出口估价册，常关土货估价册；验货查验报告，验货报单总结，货物查验估价分类季报、半年报、年报；天津海关与海关总税务司署及各地海关有关验估事项抄件等。

(五)缉私类

有海关总税务司署缉私条例，缉私奖金分配问题指示，对缉私船事项的指示；海关罚则评议会组织规程暨办事细则，查缉人员工作手册；天津海关缉获私货登记本，缉私报告单，缉获走私情况报告书；处分通知书，罚款收据，罚款充公案情况表，处理罚款充公案件提存分配表，扣押货物凭单，投标保证金收据；缉获货物放行令；有关防止日伪人员走私在长城各口设卡文件；秦皇岛分关缉私报告；常关缉获烟土、吗啡等禁品季报副本；与海关总税务司署巡工司及天津海关缉私舰艇来往公文等。

(六)海务类

有海关总税务司署灯塔章则，新关灯塔灯船诫程；海关船只章则，内河航行章则，丈量航舶章则；通商各关海江警船示册，灯塔、灯船、浮标、浮椿总册，沿海及内河航路标志总册；航灯和航行公报，沿海灯塔志，海关船只驾驶与主管人员须知；海务科航船布告，海务工作年报；天津海关管理船舶章程、港口章程，港务布告、通告；港务长月报、视察日志；海务课年报，卸货批准单，船舶碰撞纠纷处理文件，海难报告书；大沽口助航设备、航道航标、引水、沉船及打捞文件等。

(七)财会类

有海关总税务司署海关理账诫程，会计章则，会计账目管理指示、规定；天津海关关于会计账务致有关银行、部门函件；关于预算、发薪问题文件；天津海关税收账、日记账、经费账、分类账及年终总账；工资账，员工储金账，年终酬劳金账；河工捐、桥捐账，海河附税日记账；奉天厘金账，码头捐账，杂项账，杂项收入函件、报告、笺启，账目余额表，经费报表，传票；常关经费账，收支月报表；分卡税收开支文件；各报关行押金文件等。

(八)关产类

有天津海关关产位置图，关产清册，关产详情登记表；办公大楼建筑平面图、照片；公属房部署图，冷热水管、暖气装置图，家具清册；增设建筑设计图，修缮工程包工估价单；职工宿舍平面图、地基图；常关建筑平面图，修建报表，说明书、工程蓝图；秦皇岛分关各项契约、合同；北平分关建筑设计图；塘沽分关办公室、税务司及职员住宅建筑蓝图、说明书、照片及修建蓝图等。

(九)邮政类

有邮政总局邮政通令，邮政事务总论，邮政储金事务总论；邮政会计账目管理指示；清代发行邮票、欠资票、代封笺、明信片、加急信件单票图样；天津海关税务司德璀琳试办邮政初期活动文件；天津海关收到海关总税务司署上海造册处发来中国历史上第一批邮票记录，及随发北方各通商口岸使用记录；天津海关邮政账目及当年出售邮票款项、邮费款项记录；海关邮政冬季邮运安排、资费清单，管理“大清邮政津局”文件等。

（十）租界类

有袁世凯为准天津美租界由英国工部局管辖札饬天津海关道唐绍仪文件；天津海关道、英国领事为推广租界事项会衔告示，英国领事为修葺道路查收税捐事项致天津海关道函，及天津海关道复函；德租界设立合同，德国推广租界合同；日本国租界合同，日租界续立条款及继立文凭，日租界各段地价，日本推广租界合同；设立俄、意、奥、比租界的合同、批文、扎、谕、咨文等。

津海关接收敌伪码头仓库办事处
全宗号 J137

一、机构概况

津海关接收敌伪码头仓库办事处成立于 1946 年 1 月 12 日，是接收处理日伪在津产业的一个专门办事机构，主要负责办理天津地区接管、运用敌伪码头、仓库，及保管码头、仓库内敌伪物资等事项。其内部设主任 1 人、监察长 2 人，下设内勤、外勤 2 个部门。1948 年 10 月 19 日，该办事处撤销。

二、档案情况及内容介绍

馆藏该全宗档案共 240 卷，上架排列长度 7 米，档案起止时间为 1945—1948 年，档案按“年度-问题”分类排列。编有案卷目录和文件目录可供检索。

档案主要内容如下：

（一）综合类

有津海关税务司通令；该办事处通告、工作报告、会议记录；敌伪产业处理局清理工作程序及发还非敌伪产业通知书、委托书；津海关与各有关机关、商人关于敌伪产业问题来往函件;该办事处职员名册,人员调整、提升、薪金文件材料等。

(二)接收类

有津海关接收敌伪码头、仓库移交书,仓库清册,接收登记册,物资统计表等。

(三)财会类

有津海关与敌伪产业处理局关于经费拨支问题来往函件;该办事处经费预算书,处理费计算书,各种账簿及费用清单表册等。

输出入管理委员会天津区办事处
全宗号 J136

一、机构概况

输出入管理委员会天津区办事处于 1947 年 2 月 15 日正式成立,是国民政府行政院输出入管理委员会下属的办事机构,负责办理河北、绥远、山西、察哈尔、东北三省、热河等地区进出口商品登记及输入许可证审核的专门机构。该处内部机构设秘书室和一、二、三科。一科负责进口商品登记、发给许可证、编制卡片等事项;二科负责调查审核事项以及审核指定银行所发许可证是否合乎规定等事项;三科负责审核物品输入许可证、申请书及审核所需调查等事项。1949 年 1 月 16 日,该办事处停止工作。

二、档案情况及内容介绍

馆藏该全宗档案共 365 卷,上架排列长度 7.8 米,档案起止时间为 1937—1948 年,档案按"年度-问题"分类排列。编有案卷目录可供检索。

档案主要内容如下:

(一)综合类

有该办事处与国外有关公司关于货物运输电文;与上海输出入管理委员会关于暂停、恢复银行结汇电函;关于禁止运输物品训令;有关贸易管理资料;关于日商易货办法和日商货物输出入表;该处申请输入商号索引、登记厂商清单等。

（二）人事类

有该办事处职员任用文件，职员考勤办法；员工补助及子女教育费暂行办法；关于员工生活补助费薪俸簿，薪俸工饷及有关人员推荐材料等。

（三）业务类

有中外商号申请许可证业务文件；作废许可证目录表和有关购置汽油文件；关于修改许可证通知，关于进口商品登记调查报告及关于皮毛估价办法、化学品登记申请书处理表等。

天津商品检验局
全宗号 J159

一、机构概况

天津商品检验局成立于1929年8月，是由天津毛革肉类出口检验所演变而来。该局是商品检验机关，曾先后隶属于国民政府工商部、实业部、经济部。其主要负责检验肉类、棉花、粮食、皮毛、肥料、植物油等进出口商品业务，取缔搀杂、搀伪，增进国际贸易等。内部机构先后设有秘书室、事务处、棉花检验处、化学工业品检验处、农产品检验处、牲畜正副产品检验处等。

二、档案情况及内容介绍

馆藏该全宗档案共324卷，上架排列长度5.85米，档案起止时间为1932—1948年，档案按“年度-问题”分类排列。编有案卷目录和文件目录可供检索。

档案主要内容如下：

（一）综合类

有经济部制定战后中国贸易制度与经济事业制度；中国进出口贸易协会天津分会进出口贸易办法；美国关于货品输出许可办法；该局组织条例；出口商品研究委员会组织章程；局务会记录，工作计划与报告，移交清册；日伪时期该局历年演变概况，职员录、公务员履历表、政绩比较表；职员任免、审查、考绩、奖金、福利、恤金文件材料等。

（二）业务类

1. 商检标准　有该局商品检验条例、细则、标准、项目及报验须知，复验办法、内销检验及猪鬃检验办法，样棉处分办法；该局与实业部、天津社会局、物资调解委员会、三井洋行、津纺公司关于商品检验标准，申请发放证书、更改品名、免验及就地验收、过期注销业务来往函件等。

2. 计划、报告　有该局业务计划、棉花分级检验计划书；业务工作报告；商品检验收入情况报告；有关报验、检验、稽查方面工作月报，商品检验年刊等。

3. 会议、统计　有经济部商品检验会议文件；该局进出口商品数量、价值统计表；商品检验统计表；天津商检统计资料等。

（三）财会类

有实业总署关于概算编制原则文件；该局经费概算、预算、决算、收入计算书，月报表；历年经费收支数目清册；财产目录、财产增减表；该局与盐业银行关于提解款业务来往文件等。

美孚石油公司
全宗号 W4

一、机构概况

美孚石油公司总部设在美国纽约，其在中国上海、香港、广东、汉口、南京、青岛均设有分公司，天津分公司成立于 1908 年，是美国商人在津设立的企业。其主要职能是进口、推销、储运各种石油产品及有关商品。公司内设秘书部、营业部。并先后于北京、石家庄、保定、新乡、郑州、太原、德州、张家口、秦皇岛、西安等地设办事处，各办事处下设若干代销店。天津分公司以天津、北京为中心，通过各地代销店及商品广告大力推销各种油产品。其中尤以“老美孚”牌、鹰牌、虎牌煤油销量最大。至 1937 年卢沟桥事变前，美孚天津分公司煤油销量达 3 万吨，汽油约 5 千吨，润滑脂 8 百吨，并与亚细亚、德士古在津公司联合，垄断了整个华北石油市场，获利丰厚。1941 年 12 月太平洋战争爆发后，美孚天津分公司所有财产被日本占领并接管，业务完全停顿。抗日战争胜利后，特别是 1946 年国民政府《公司法》颁布及《中美商约》签订后，美孚石油公司在津分公司业务迅猛发展，石油储量增加。1949 年 1 月天津解放后，天津分公司虽与我国华北石油公司订有供油和租赁油池合同，但不久朝鲜战争爆发,1950 年 7 月 11 日,美孚在纽约总公司电告上海在华总公司,停止石油供货,无法继续营业。1952 年 6 月,美孚天津分公司正式歇业。

二、档案情况及内容介绍

馆藏该全宗档案共 4078 卷,上架排列长度 70.2 米,档案起止时间为 1913—1952 年,档案按“问题”分类排列。编有案卷目录可供检索。

档案主要内容如下:

(一)业务类

有该公司业务往来函件;经济情报参考资料;各项业务合同;出售各种油产品价格表;各项货运规定;仓储存货报告;业务电报;与总公司的往来函件;各种业务报表;度量衡规定;油罐标准表;汽油产品服务手册等。

(二)财会人事类

有总公司下达的各项会计规章制度;发票及提货单、财产损失索赔单、财产清单、各项费用单;会计手册及税则;销售总账、现金账、工资账,工资表及各种单据;华员职工名单,外籍职工名单等。

天津美商德士古煤油公司
全宗号 W5

一、机构概况

德士古煤油公司成立于 1902 年,原系美国得克萨斯石油公司(The Texas Co.)。该公司于第二次世界大战后与美国加利福尼亚州石油公司合并,更名为“Caltax Co.”中文名称仍为“德士古煤油公司”。德士古总公司设于美国纽约,分支公司遍布中国北京、上海、南京、福州、台北、天津、沈阳、青岛、香港、厦门、汕头、广州、汉口、九江、重庆、长沙等地。

天津德士古分公司于 1919 年开业,当时有职工 10 人,1932 年职工人数增至 65 人。其主要职能是经营美国进口的石油产品。如汽油、煤油、柴油、润滑油、润滑脂、沥青及其他石油产品等。1945 年日本投降后,天津分公司人事变动频繁,首任经理为卢叔慕(D. H. Rowsome)，副经理卜德兰（B. E. Butland）。1946年9月至1948年4月鲍威尔（J. W. Fowell）任经理，弗池（G. K. Fitch）任副经理。1949年6月至10月，卜德兰任经理。从1949年8月28日起，成立经理委员会，代理经理行使权限。1950年3月1日经理委员会解散，1951年6月1日由魏立索夫任代理经理。天津分公司于1951年9月30日，经天津市人民政府工商局批准歇业。

二、档案情况及内容介绍

馆藏该全宗档案共8311卷，上架排列长度168.75米，档案起止时间为1925—1952年，档案按“机构-问题”分类排列。编有案卷目录可供检索。

档案主要内容如下：

（一）综合类

有该公司与上海总公司及其他部门的往来函件，与中央信托局订货合同；结欠战前代理店账款、押金及征购征用德士古物资财产价格表；财务会计事项文件，包括财产盘存、拨款、费用支出及收入，银行往来、税金及保险价格等往来函件；人事、个人往来信件；职工保单，外籍人员出入境申请书、求职书以及分工职掌等；公司表报及财会账表，包括有总账、分类账、试算表、传票、收据、发货票，有关保单等。

（二）业务类

有关油品的进销、合同、供应文件；代理店加油站组织文件；客户专卷，调研资料；关于油品化验及规格等往来函件；向客户推荐油品等文件；进出口规章、手续文件，港口及海关规章，陆、海、空运输事项文件；大沽口冰冻潮汐报告；各种船只起运到达及载运情况的往来函件；与上海总公司、当地机构企业的往来函件；各种规章制度、指示通知手册；财产管理修建事项；房地产的购置、租赁及未了财务的往来函件；油品销售比较表；装卸搬运费统计资料；各类油品销售情况统计检查日报；油品价格以及关于统计事项函件等。

（三）北京支公司

有北京支公司与上海总公司、天津分公司、其他分支公司及当地有关部门的往来函电；有关北京支公司的财会、运输、营业、仓储经营活动事项的往来函件等。

（四）天津河东仓库

有商品及各项财产盘存文件；仓储经营活动文件；关于包装物、油池管线、财产保护修缮以及运输、财会等事项往来函件等。

天津公懋洋行
全宗号 W7

一、机构概况

1915 年美国人富礼查（E. W. Frazar）在天津成立公懋公司（天津公懋洋行），最初进行进出口贸易，由中国出口山货、皮毛、猪鬃、大豆及油籽等原料作物，进口大小五金、轮胎及各种配件。1926 年改为有限公司（Frazar Federal Inc.），并通过天津公司在北京、青岛、太原等地及东北地区设立分公司。1941 年太平洋战争爆发，公懋公司在中国各地的机构均被日本接管。1945 年抗战胜利后恢复营业。1949 年 1 月天津解放后，公懋公司将北京、济南、青岛三分公司并入天津，主要进行汽车修配业务。1953 年 2 月 6 日，天津公懋公司由天津市人民政府接管。

二、档案情况及内容介绍

馆藏该全宗档案共 6462 卷，上架排列长度 85.95 米，档案起止时间为 1922—1953 年，档案按“问题”分类排列。编有案卷目录可供检索。

档案主要内容如下：

（一）业务类

有天津公懋公司与美国克瑞斯（Chrysler）汽车公司、美国派卡特（Packard）汽车公司及日本汽车公司有关订购汽车、零件、询问车价及互作商品宣传等业务往来函件；与上海马迪公司、天津花旗银行、交通银行等单位有关买卖、修理汽车等业务往来函件；与上海、青岛、西安分公司及代销店业务往来函件等。

（二）财会类

有各年资产负债表；订货单、运输及各种保险单据等。

美丰洋行
全宗号 W8

一、机构概况

美丰洋行 1925 年在天津成立,是美国福特汽车公司在中国华北独家代理处,主要职能是经营进口汽车、汽车零件及拖拉机,并兼做汽车修理业务。该行属独资经营企业,下设汽车修理厂,在北京设有分行,香港设有办事处。内部机构设总经理室、经理室、营业部、会计部、出纳部及修理部。有外籍职员 5 人,华籍职员 52 人,经理乐继礼、瑞卡德,会计兼出纳主任邓炳基,营业部长许炳文。1941 年太平洋战争爆发后,该行连同北京分行均被日本人接管。1945 年日本投降后,该行于 1946 年恢复营业。1952 年 6 月,该行由中国工业器材公司天津市公司交电批发部(天津市五金交电公司前身)接管。

二、档案情况及内容介绍

馆藏该全宗档案共 305 卷,上架排列长度 8.1 米,档案起止时间为 1913—1953 年,档案按“问题”分类排列。编有案卷目录可供检索。

档案主要内容如下:

(一)综合类

有该行经销合同;上海福特公司通告;美国领事馆来函;该行股票清单;合同协议书;1951—1953 年移交财政局清册,库存清册,商品检验报告书;该行建立新账规定;职工薪水单;现金账、费用账、日记账、销货账等各种账册;调整行市表、资产负债表及损益计算表等。

(二)业务类

有该行修理完工报表,车胎及油料销货表;出让汽车收据,顾客提取汽车收据;商品销售登记表,汽车零件销售月报表;发货通知单、订购单、海运提单及运费单等;该行与美国福特公司订购卡车事项文件;营业额申报表、汽车零件价目表等。

天津美国总统轮船公司
全宗号 W9

一、机构概况

天津美国总统轮船公司成立于 1938 年 11 月 21 日，总公司设于美国旧金山，中国境内以上海为中心，各口岸均设有分公司或代理商。天津美国总统轮船公司是美商在津设立的股份制企业，主要经营轮船客货运输，其业务持续到 1941 年太平洋战争爆发，由瑞士百利洋行代理。

二、档案情况及内容介绍

馆藏该全宗档案共 811 卷，上架排列长度 14.85 米，档案起止时间为 1927—1941 年，档案按“问题-年度”分类排列。编有案卷目录可供检索。

档案主要内容如下：

（一）综合类

有美国旧金山总公司、上海总公司、天津美国商会及同业公会有关文件；太平洋水运公会通告及会议记录；该公司与运货商订立的转运合同细则；与其分公司及其他行商有关运输业务的往来信件；与广东保险公司、伦敦保险公司等为分担共同海损费用的往来函件及公司有关经纪人佣金问题文件等。

（二）业务类

有 1936—1941 年天津美国总统轮船公司申请去美国中外旅客的客运记录；1936—1940 年公司运货记录；1937—1940 年货物损失登记及赔偿事项文件；1937 年货运关税新条例；公司与运货商订立的危险物品管理办法及各种货物运输通知单等。

（三）财会类

有公司中外职员薪金表；1936—1940 年出口货物月报表、货物明细表；货运单据及进口货物单据；应收账款表、资产负债表、银行核对表等。

天津慎昌洋行
全宗号 W11

一、机构概况

天津慎昌洋行于1916年1月成立,是美国商人在津设立的股份制企业。其主要职能是经营进口贸易,同时兼营房产、仓库出租业务。进口商品主要品种有电灯泡、电线、收音机、电冰箱、洗衣机、X光机器及医疗器材。慎昌洋行总公司设于美国巴尔的摩,分公司遍设于纽约、华盛顿、伦敦,及中国北京、上海、广州、天津、汉口、香港、重庆等地。中国境内的分公司都由上海分公司领导,天津分公司会计不独立,账目在沪决算。该行因太平洋战争爆发业务中断,到1945年8月日本投降后又行复业。1952年11月14日,该行被批准歇业。

二、档案情况及内容介绍

馆藏该全宗档案共978卷,上架排列长度24.3米,档案起止时间为1924—1954年,档案按"问题"分类排列。编有案卷目录可供检索。

档案主要内容如下:

(一)综合类

有经济部和工商部颁发的营业执照;行政日志;劳资协议书;歇业文件;职工履历表,职工聘任文件;资产负债表、损益表、费用表;总账、现金登记账、销货账、支付凭证、现金传票;该行与银行间联系业务及拨款事项往来文件,与总公司、相关分公司有关财务上的往来文件等。

(二)业务类

有该行与总公司、国内各分公司关于进口货物及办理各项手续的往来文件,与津、京客户订购电器、医疗器材的往来文件;房产蓝图、房产登记、租赁合同、房产估价单、房产清单,与租户的往来文件等。

天津公利洋行
全宗号 W12

一、机构概况

天津公利洋行是美国商人在津设立的企业，总行设在美国旧金山，分行设于日本东京、新加坡、印度孟买，中国上海、天津等地。其主要职能是经营进出口贸易，进口医药工业产品、化学原料、颜色染料、五金机械、机器用具、建筑材料、麦粉食品、玻璃油漆等，出口油蜡、子仁等。该行在太平洋战争期间停业，抗日战争胜利后于1946年5月复业。1950年8月，该行被批准歇业。

二、档案情况及内容介绍

馆藏该全宗档案共814卷，上架排列长度13.95米，档案起止时间为1946—1951年，档案按“问题”分类排列。编有案卷目录可供检索。

档案主要内容如下：

（一）综合类

有经济部颁发的执照照片底版，歇业文件；职员谋职自荐信，职员人事变动文件；资产负债表、资产负债平衡表；现金账、总账、费用底账、销售账、账单、过账传票等。

（二）业务类

有该行与国内外总行、分行、厂商、银行的业务往来文件；业务报告、报表，销售合同，出口货物合同；运货单；保险单据；输入货物许可证；商业情况报告书等。

美古绅洋行天津分行
全宗号 W13

一、机构概况

美古绅洋行总行设于美国纽约,天津分行成立于 1925 年 7 月,是美国商人在津设立的企业。其主要职能是制造地毯,出口地毯和羊毛。第二次世界大战前,该行大量收购羊毛和制造地毯出口。抗日战争爆发后,该行被日军接管,改为满蒙毛织株式会社第二工场,生产军用品。抗日战争胜利后,1946 年 4 月该行被收回继续经营。1951 年,该行结束营业。

二、档案情况及内容介绍

馆藏该全宗档案共 532 卷,上架排列长度 15.3 米,档案起止时间为 1932—1951 年,档案按“问题”分类排列。编有案卷目录可供检索。

档案主要内容如下:

(一)组织人事类

有该行赴敌伪产业处理局收回工厂经过材料;总行授权书;与纽约总行的往来函电;经理处理事务备忘录;与美国驻津领事馆、市商会、同业公会的往来函件;有关放假、加班工作时间,劳动纪律,工人调动,工资标准等问题的通告;职员求职、复职信函等。

(二)业务类

有该行与国内外商行、公司采购机器物料、销售地毯和羊毛的往来函件;洗毛、纺毛线、织毛料毛毯、洗净地毯、修补地毯、代存地毯的业务材料;地毯生产记录;与银行的往来信函;不动产估价汇总表;总账、分类账、银行账、现金账、客户往来账、银行往来账;会计凭证,会计报表;出口地毯装船单据等。

天津远东皮毛行
全宗号 W14

一、机构概况

天津远东皮毛行成立于1936年，地址在天津市原十区建设路33号，后迁至旅顺道4号，是美籍俄商在天津开设的皮毛分公司。其主要职能是经营皮毛出口及化工原料、小五金进口业务。该行由纽约远东皮毛公司直接领导，远东皮毛公司在中国的业务主要以天津为主。1953年11月，该行申请歇业。

二、档案情况及内容介绍

馆藏该全宗档案共100卷，上架排列长度4.5米，档案起止时间为1938—1954年，档案按“问题”分类排列。编有案卷目录可供检索。

档案主要内容如下：

(一)综合类

有该行与纽约总行往来函件，与有关单位业务往来函件及电报；内部组织、业务规章条款；增加股金证明书；中央银行关于外汇管理的条例；华北对外贸易管理局颁发的进出口商品特种营业证照片底版，所得税缴款书底片；该行与美国领事馆往来公文，美国领事对该行增加股金的证明与财政说明；有关日军在上海扣押该行货物的往来函件；天津泰东行报告代该行保管皮货张数文件；职工姓名表等。

(二)财会类

有该行1937—1941年资产负债表及损益表，1947—1948年资产负债表；税务报告表；银行存折，现金支付单据；现金账、银行往来账、总账、分录账、货品销售账等。

天津德盛洋行
全宗号 W15

一、机构概况

天津德盛洋行成立时间不详，是美国商人在津设立的企业，其主要职能是经营皮毛、绸缎呢绒、化学原料。该行于 1953 年歇业。

二、档案情况及内容介绍

馆藏该全宗档案共 15 卷，上架排列长度 0.9 米，档案起止时间为 1941—1953 年，档案按“年度-问题”分类排列。编有案卷目录可供检索。

档案主要内容如下：

有该行售货合同；现金售货单；存货账、费用底账、资产负债表、盘盈盘亏和收入开支表；保险单、发文簿等。

天津吉时洋行
全宗号 W16

一、机构概况

天津吉时洋行成立于 1948 年 4 月 12 日，是美国商人在津设立的企业。其主要职能是经营金属材料、机器、纸张等商品的进出口业务。该行于 1951 年歇业。

二、档案情况及内容介绍

馆藏该全宗档案共 8 卷，上架排列长度 0.45 米，档案起止时间为 1946—1951 年，档案

按“年度-问题”分类排列。编有案卷目录可供检索。

档案主要内容如下：

有该行经营许可证；与总行的业务来往函件；售货单据、货品表、月报、费用明细账等。

天津英商太古公司
全宗号 W23

一、机构概况

英商太古公司总部设于英国伦敦，其分公司遍布世界各地。1860 年之前其在香港设立了英商太古公司，经营航运、贸易、保险、油漆、制糖等业务。其轮船代理业务是以英商太古轮船有限公司名义出现，在中国沿海各港口及内河各口岸、建设分支机构，包括厦门、广州、上海、汉口、芜湖、威海卫、青岛、烟台、天津、牛庄（营口）、九江、无锡、南京、汕头、宜昌、重庆、长沙、常德、沙市、宁波、福州等二十一处，以承运中国沿海、内河口岸的货物运输，垄断我国航运事业，获利颇巨，并逐年扩大。在日本、朝鲜等国沿海港口亦设立了分支机构。

天津太古公司成立于 1860 年，属英商在华企业，其职能主要为代理太古系统各分支机构的业务，以承运中国沿海及内河口岸的货物运输为主。1902 年成立天津太古轮船公司，1904 年又成立了太古驳船公司，并在塘沽设立了铁厂和小型船坞等。天津太古公司内部组织机构设有“七部一室”，即轮船部、驳船部、栈埠部、保险部、贸易部、会计部、出纳部和经理室，各部都有英籍经理 1 人，华籍经理 1 人，职员若干名。1941 年太平洋战争爆发，天津太古公司由日本接管，1945 年日本投降后复业。1950 年天津太古公司将驳船、小火轮、船坞及设备作价卖给天津招商局，1954 年董事会议决定将该公司全部资产及债务转让给中国。1955 年 1 月 1 日，该公司全部业务由中国外轮代理公司天津分公司接管。

二、档案情况及内容介绍

馆藏该全宗档案共 4123 卷，上架排列长度 162 米，档案起止时间为 1902—1955 年，档案按“问题-年度”分类排列。编有案卷目录可供检索。

档案主要内容如下：

（一）综合类

有天津太古公司商号登记记录；该公司向上海太古公司报告日军占领天津后各方面情况材料；1939年天津遭受水灾情况的报告；该公司与各贸易商号、洋行及客户业务往来函件；太古轮船公司工人响应罢工情况报告；平、津两地物价指数表；该公司与津海关、电业局、海员工会、劳动局、招商局等单位关于业务、行政问题往来函件；津海关港务处布告；1936年天津经济指数及金融物价行情材料等。

（二）组织人事类

有太古公司组织机构情况和全体职员名单、简历及卡片等；职员调动函件，经理的人事材料；关于买办的提升、求职、养老金问题文件等。

（三）业务类

1.货运　有该公司有关托运、存货等管理办法规章；货运往来函件；船务问题函件；太古公司为法军从天津至上海运输军用物资的函件等。

2.驳船　有该公司关于驳船运输问题往来函件；驳船检修情况的报告，驳船动态及装运进出口货物记录；租船合同；天津太古驳船公司库存物资簿，新港建设情况报告等。

3.贸易　有该公司关于贸易业务的往来函件；贸易合同，进出口贸易，货物订货通知单等。

4.保险　有该公司关于各种货物运输申请保险的信件及保险条例；有关保险费率、保险索赔的文件及保险单；天津太古公司保险账簿；与日本轮船碰撞事故问题的信函等。

5.旅客　有该公司有关轮船进出口检疫及旅客检疫等事项函件；旅客旅费订票登记函件，旅客行李及海关检查文件；海关颁发的走私惩罚条例，入境旅客规则。

6.财务　有该公司贸易金额财务信函；各项账目、转账情况说明草稿及货费表、运费佣金表、转账信函；进出口价格账单，各项支付单据，现金日记账、收支流水账等。

7.索赔　有该公司有关货物残损索赔、遗失索赔、被盗索赔、撞船索赔等问题的往来函件；货物索赔账等。

8.仓库　有该公司关于仓库检修、储存货物报告表；仓库职工管理条例；关于栈租费的信函；太古栈埠提取货物账、积存账、提取账，货物日报表及进出口货物收支账等。

9.糖业　有该公司进口糖的业务往来函件；关于糖市场情况信函；报告糖价的函件；关于走私糖问题往来函件；该公司经营糖商情况报告及定货单，与国际出口公司商谈贸易的信函等。

10.油漆　有该公司购买油漆的信函；关于油漆定货、原料出口、进货等事项的函件；卖货账、价目比较供销合同等。

天津颐中烟草公司
全宗号 W24

一、机构概况

天津颐中烟草公司成立于 1921 年,是英、美联合投资的英美烟草公司在津设立的子公司,其主要职能是从事纸烟制作、生产、销售及经营房地产、印刷广告等业务。英美烟草公司是英美财团垄断烟草业的国际托拉斯,成立于 1902 年,1903 年在中国上海成立了分公司;1919 年在上海设立驻华英美烟草公司总部,同年英美烟草公司以大英烟草的名义在津筹建工厂,1921 年正式建成投产。1934 年天津英美烟草公司分为颐中烟草公司、颐中烟草运销公司。

在组织机构上,颐中烟草公司设分公司经理,受上海董事会领导,负责管理公司全面业务。经理之下设工厂总监(英美和华人总监各 1 名)负责管理公司的卷烟生产。下辖配烟部、烟梗部、切烟部、造烟部、装烟部、大盒部、瓦木部、机部、发电部和医务室等 10 个部门。经理所辖部门还有会计部(洋账房)、华账房、人事部。

颐中烟草运销公司设部经理 1 人(称督办),直属上海分公司董事会领导,掌握辖区内的全盘业务。其下设四个分部、一个顾问室和四个营业区。四个部有运输部、广告部、订货部、会计部,各部均设外籍正主任、华籍副主任各 1 人,四个营业区有北方区(天津)、芦汉区(石家庄)、边塞区(张家口)、山东区(青岛),各区设外籍经理 1 人、督销 3 人,每区划分几个营业段,各段设华人段长。

1941 年太平洋战争爆发,日本接管了两个公司,分别改名为“日本军管理颐中公司天津工场”和“日本军管理颐中公司天津事务所”。1945 年日本投降后,两个公司又被英美财团收回继续经营,1948 年两个公司合并统称“天津颐中烟草公司”,内部以“制造部”和“销售部”区别。1952 年,该公司由天津工业管理局所属企业公司接管,改名为“国营天津卷烟厂”。

二、档案情况及内容介绍

馆藏该全宗档案共 2409 卷,上架排列长度 87. 3 米,档案起止时间为 1912—1952 年,档案按“年度-问题”分类排列。编有案卷目录可供检索。

档案主要内容如下：

（一）综合类

有上海总公司董事会会议记录及决议抄件，上海董事会对天津区工作指示文件；天津分公司关于中外籍职员的雇用、薪金、福利、津贴、离职等有关人事问题与上海总公司的来往函件；上海总公司 1943 年工会法及工厂法译文；1948 年政府所得税条例；1939—1940 年总公司所属各地经理店组织名称注册登记；该公司组织章程及备忘录；组织机构、工厂规章制度等。

（二）业务类

有天津分公司向上海总公司的业务报告，天津地区所属各经销段的业务报告；该公司生产安排和原料采购、产品销售有关问题的文件；公司的销售制度及销售合同；新产品登记；工厂设备维护保养制度等。

（三）财会类

有上海总公司关于会计工作指示文件；中外职员工资底账；资产负债表、代理店总账、现金账、广告品总账；有关销售损益综合报表的计算方法；关于保险、汇款差额、银行账务与上海总公司往来文件等。

天津和记洋行
全宗号 W25

一、机构概况

天津和记洋行于 1923 年正式成立，是英国垄断联合国际有限公司设在天津的分支机构，隶属英国伦敦总公司和上海管理处管理。其主要职能是经营蛋品加工、冷藏，牛、羊、鸡、鸭等冻肉罐头及猪鬃、油料等土特产品的出口，进口马口铁、机械零件、面粉、油漆等业务。该厂组织机构设有经理、副经理（英），下设洋账房、厂内稽查、总机械师，下辖部门有华账房、厂务部、蛋品及野禽部、冷库、物料库、制桶部、修建部。华账房下辖分庄、支庄、河运转运处、铁路转运处等。1952 年，该行被中国畜产公司华北公司收购，该公司业务正式结束。

二、馆藏情况与内容介绍

馆藏该全宗档案共2510卷，上架排列长度72.45米，档案起止时间为1924—1952年，档案按“问题-年度”分类排列。编有案卷目录可供检索。

档案主要内容如下：

（一）综合类

有该行购地、筹建文件材料，组织章程、分庄规章、组织机构概况；股东名单、董事名单；上海管理处与该行关于资本问题的来往信函；外籍员工福利、津贴、任免等人事问题的通函、表报、来往函件；买办雇用、薪金、分红等文件；外籍职员薪金表，中国职工薪金表、职工名单、人事制度；该行1923—1929年资本支出概要；1930—1947年该行设分庄材料；工人工作情况报告等。

（二）业务类

有该行各项业务措施；业务工作报告；设备情况及生产能力情况材料；各分庄鲜蛋库存检查报告；各车间、科室、分庄及养禽场器具用品检查报告，工作日报、产品数量报告、报表；各类购货清单、产品数量表、各分庄购货成本簿、取货栈单存报簿；1929—1935年冷冻品装船明细表；1946—1947年猪鬃出口统计表；1936年收购华北鸡蛋市场统计表；1939年1月至10月天津出口数量比较表；关于产品盈利情况上报上海管理处的信函等。

（三）财会类

有该行各年度财务报告，财会制度；与伦敦总公司及上海管理处财务月报表，账务报告；现金付款凭证，支票付款记账凭证，资产负债表、结账报表、流水账、部分年度账目表等。

天津山海关有限公司
全宗号 W26

一、机构概况

天津山海关有限公司于1902年2月11日在香港正式成立，是英商在津所建股份制企业，总公司设在天津。该公司内部组织机构设股东会、董事会、经理室（内设经理、副经理、会计、推销等),经理室下设三个组:业务组、厂务组、总务组,各组均设主任领导。该公司主要职能是经营汽水、饮料等。该公司原名为万国矿水公司(也称通和汽水公司),是天津地区第一家汽水公司。1905年该公司更名为山海关汽水公司。1930年,随着公司规模日益扩大,生产主要集中在山海关、天津,在北京设分公司,唐山设有分厂。抗日战争爆发后,公司被日本人占领,改名为日商麒麟麦酒公司。1945年抗日战争胜利后,该公司被收回继续经营,于1953年经天津市人民政府外事处批准转让给天津市企业公司,此后更名为天津市地方国营山海关汽水厂。

二、档案情况及内容介绍

馆藏该全宗档案共582卷,上架排列长度10.8米,档案起止时间为1902—1952年,档案按“问题”分类排列。编有案卷目录可供检索。

档案主要内容如下:

(一)综合类

有公司成立之初组织章程概要,营业牌照;董事会会议记录;产权转让书;商标注册证;租约;股东会议记录,包括股东分红、董事选举、董事会报告;股东登记册;股票转让登记册,股票存根及公司资金、设备、业务说明材料;公司改革文件;公司与铁路、领事馆、洋行等往来函件;关于人员聘用、薪金调整、股票过户、股息、劳保、福利待遇、劳资会议方面文件等。

(二)业务类

有该公司与英国、日本公司关于购买各种机器设备及配件、各种香料、汽水瓶、盖等往来函件;与美国可口可乐等公司关于运送可口可乐混合亮剂、广告材料、购买各种香料、过滤纸等往来函件;订购机械及各种原料文件;汽水原料调配、化验、营销及汽水质量检验方面文件;自来水、电力、锅炉设施的安装等相关文件;各种翻译资料、合同等。

(三)财会类

有该公司资产负债表、损益表、财产估价表、年终盘存表、职工工资留底、原材料月报表、库存流水表、账册、保险单、契约等;与汇丰银行关于买卖外汇、办理收支账款等来往函件;公司向中国银行申请外汇的文件;与麦加利银行、中央银行、交通银行关于股票红利转账、营业、账务相关函件等。

天津隆茂洋行
全宗号 W27

一、机构概况

天津隆茂洋行成立于1905年，是英商在津设立的股份制企业。其主要职能是经营棉花榨包出口、毛棉加工出品及出租仓库业务。隆茂洋行总公司设在上海，直接负责天津、香港、汉口、宜昌、重庆等分公司的业务及行政管理。

二、档案情况及内容介绍

馆藏该全宗档案共398卷，上架排列长度12.6米，档案起止时间为1900—1952年，档案按“问题”分类排列。编有案卷目录可供检索。

档案主要内容如下：

（一）综合类

有该行组织章程，规章制度，营业税则；董事会会议记录、股东会会议记录；隆茂洋行职员子弟参加英国空军学校受训情况文件；英国都会通训；各类业务合同；日本占领期间英美侨民财产管理文件；汉口隆茂洋行罢工斗争有关文件；中、外籍职员薪金表；有关公司人事任用、外调、工资休假文件；公司职员工资基金及保险有关文件等。

（二）业务类

有该行向上海总公司进出口业务报告，天津隆茂洋行同英国伦敦、中国上海、汉口等公司有关进出口业务的往来报告、电报与函件；购地建厂及购置、安装机器的有关文件；该行出售产业有关函件等。

（三）财会类

有中、外籍职员工资账、进出口货物保险账、华账房流水账、销货账、货物购进底账、现金收支账、万年红账、杂项现金开支项目等。

先农工程公司
全宗号 W28

一、机构概况

先农工程公司成立于1901年3月22日,是英商在天津设立的股份制公司,主要职能是经营出租房地产业务。狄更生(英籍)曾任董事会主席,其他股东也由外国人担任,中华人民共和国成立后董事会全由我国股东担任。1950年1月27日,董事会决议将先农工程公司改名为先农工程股份有限公司。该公司停业时间不详。

二、档案情况及内容介绍

馆藏该全宗档案共1681卷,上架排列长度69.3米,档案起止时间为1901—1954年,档案按"问题"分类排列。编有案卷目录可供检索。

档案主要内容如下:

有该公司成立的沿革;董事会会议记录,股东大会会议记录;利斯克目公司组织章程和股东理事名单;关于缴纳公司注册年费、买卖各种股票、分配股息等问题文件;关于代理经租、增减房租、买卖房地、抵押贷款、催收租金及收租、出租等业务相关函件;该公司账册、财会报表,股票单据、押租单据、传票等。

永昌泰股份有限公司
全宗号 W29

一、机构概况

永昌泰股份有限公司成立于1935年,地址在天津市原十区彰德道四号泰来大楼及曲阜道三号大光明电影院,是英商在天津所建股份制有限公司,总部设在香港。其主要职能是经营房地产业及旅馆、电影院等。公司所建的大明电影院、大光明电影院、泰来饭店是津城著名的娱乐场所和高级饭店。内部设有泰来饭店部、大光明电影院部、大明电影院部、房产开发部、租赁管理部等。

二、档案情况及内容介绍

馆藏该全宗档案共219卷，上架排列长度7.2米，档案起止时间为1924—1955年，档案按“问题-年度”分类排列。编有案卷目录可供检索。

档案主要内容如下：

（一）综合类

有该公司与联合国难民组织往来函件；天津房产公司接管该公司文件；公司简史；与纽约花旗银行关于借款购买汽车事往来函件等。

（二）业务类

有该公司出售、租赁房产契约、租约；泰来饭店与客户代订房间等业务往来文件；大光明电影院租赁影片制度更改方面文件；大光明影院遭伤兵袭扰及歇业方面文件等。

（三）财会类

有该公司总账、现金账、总分类账、银行往来账、工资账；资产负债表、损益表、广告费账及收据、文具清单、契约、纳税报告表、商业税申报表等。

安利有限公司
全宗号 W30

一、机构概况

安利有限公司是1919年由德商瑞记洋行改组而成，其主要职能是经营进口交通设备、军械、五金器材，出口畜产品并兼营房地产业务。安利总公司设在上海，在英国伦敦、美国纽约、中国香港、重庆、汉口、北平、天津、奉天、昆明、营口等地设有分公司，并在香港注册。1931年九一八事变后，该公司在东北、华北地区业务受到影响，1934年进行裁员并停办进出口业务。1949年1月天津解放后，该公司停止营业。

二、档案情况及内容介绍

馆藏该全宗档案共325卷,上架排架长度9.45米,档案起止时间为1896—1956年,档案按“问题”分类排列。编有案卷目录可供检索。

档案主要内容如下:

(一)综合类

有该公司成立沿革和经营情况文件;天津外商总商会和英国商会会议记录;该公司与上海总公司、各分公司关于房屋、租赁、纳税、汇款等问题的往来函件;1924年该公司负责人关鲁佛去大连、奉天等地视察收集的军事、政治、经济情报;关于职员调动、待遇、增薪、休假等问题文件;中国职工工资表等。

(二)业务类

有该公司送给油商和用户的各种机器油类送货单和货价单,各种机器油类价格表;与各分公司有关进出口货物的业务往来信函;各类专用密码电报本及房地产蓝图;1924年与北洋政府签订150万英镑修建沧石铁路合同;与雇用进出口买办或代理人签订的合同;该公司现金账、分类账、日记账、银行往来账、现金分类账;进出口货物登记表、资产负债损益表等。

普丰洋行
全宗号 W31

一、机构概况

普丰洋行于1924年在天津成立,隶属于上海总公司。该行为英商在华所设私营洋行,主要职能是经营房地产经租业务。内部设经理、司账、襄理各1人,职员若干名。1949年1月天津解放后,该行继续经营,于1956年参加公私合营。

二、档案情况及内容介绍

馆藏该全宗档案共86卷,上架排列长度2.25米,档案起止时间为1915—1955年,档案

按“问题”分类排列。编有案卷目录可供检索。

档案主要内容如下：

有旧英工部局债券；该行有关租赁问题与客户间往来函件，订立合同、契约；向银行租用保险库存放物品的文件；怡和洋行、仁立洋行地基蓝图；上海电力公司债券，总账、银行往来账、现金账、总分类账等。

河东业兴有限公司
全宗号 W32

一、机构概况

河东业兴有限公司成立于 1903 年，是英商在天津设立的股份制企业，主要职能是经营房产经租业务。经营区域有大王庄、车站区、卫德大院、香港路、马场道。抗日战争时期，该公司经营区房屋损坏严重，抗日战争胜利后，公司竭力修缮，但欠租严重。1954 年，该公司将产权全部移交天津市房产公司，公司宣告结束。

二、档案情况及内容介绍

馆藏该全宗档案共 65 卷，上架排列长度 2. 25 米，档案起止时间为 1903—1954 年，档案按“问题”分类排列。编有案卷目录可供检索。

档案主要内容如下：

有该公司 1941—1949 年股东会议记录，股东名单；1930—1937 年结算报告及 1938 年发放股息的名单，董事会议和股东会议记录；该公司为办理房产经租业务与租户的往来信件、协议书、计租表；房屋修缮报告、费用开支单；1945—1954 年欠租户名及数目单；资产负债表、租金账、押租账、现金收入账、总账、分录账等。

敖禄士洋行
全宗号 W33

一、机构概况

敖禄士洋行成立于1923年,是英商私人企业,总部设在天津,其主要职能是经营房屋租售业务。总经理卞汉儒,内部有华人职员十余人。另开设皇宫饭店,是津门著名游乐场所。1941年太平洋战争爆发后,该行被日军占有,1945年抗日战争胜利后恢复营业。1949年1月天津解放后,继续经营,1954年由天津房产公司将其资产全部买下,该行宣告结束。

二、档案情况及内容介绍

馆藏该全宗档案共29卷,上架排列长度1.35米,档案起止时间为1923—1954年,档案按"问题"分类排列。编有案卷目录可供检索。

档案主要内容如下:

有该行各种备忘录;有关行政事务与各机关单位往来函件;资产负债试算表,总账、分录账、银行账、业务底账、现金账,支票收入及付出传票等。

仁记洋行
全宗号 W34

一、机构概况

仁记洋行(英商甘霖山有限公司)成立于1911年,在香港注册登记,是英商在天津所建股份制有限公司。其主要职能是经营秦皇岛房地产出租业务。该行由甘得霖兄弟五人合股经营,由甘得霖任公司经理,并雇用华人职员为其看管、经租房屋。1941年,该行被日军占有。

二、档案情况及内容介绍

馆藏该全宗档案共20卷，上架排列长度0.9米，档案起止时间为1914—1941年，档案按“问题”分类排列。编有案卷目录可供检索。

档案主要内容如下：

有甘霖山公司组织章程；甘得霖兄弟间来往函件；有关劳资、股权、股息等问题往来文件；房屋租赁、修缮、管理等方面的契约、合同、保险单据、照片、发票、印签等。

隆祥洋行
全宗号 W35

一、机构概况

隆祥洋行创立于1936年，是由中、英、俄商合资组成的洋行，总部在天津，无分支机构。其主要职能是经营进出口贸易、代理轮船保险、报关及运输业务。总经理为温特、冯葛瑞、龙乾，并雇用华人职员十余人，下设总务部、文牍部、报送部、货运部、仓库等。太平洋战争爆发后，该行被日军接管，1945年抗日战争胜利后重新由英国人经营。1949年1月天津解放后，该行继续营业，1951年申请解散停业。

二、档案情况及内容介绍

馆藏该全宗档案共44卷，上架排列长度2.7米，档案起止时间为1931—1951年，档案按“问题”分类排列。编有案卷目录可供检索。

档案主要内容如下：

有该行合伙契约；该行与内、外事处美资管制冻结小组来往函件，与国外轮船有关货物代理、报送仓储方面业务来往函件、契约、合同；货物登记账、各种经营账、结算账等。

保禄洋行
全宗号 W36

一、机构概况

保禄洋行创立于1914年,为英商在天津所建的私人企业,总部设在天津。其主要职能是从事水灾火灾保险、公证及商品检验业务。1938年该行与英商普来洋行合并,增加尺务衡量业务。1941年太平洋战争爆发后,该行被日军占有,日本投降后重新成立。1949年1月天津解放后,该行继续经营。1950年天津商检局成立,保禄洋行业务终止解散。

二、档案情况及内容介绍

馆藏该全宗档案共12卷,上架排列长度0.45米,档案起止时间为1918—1950年,档案按"问题"分类排列。编有案卷目录可供检索。

档案主要内容如下:

(一)综合类

有保禄洋行营业执照;呈送社会局历年情况调查表、营业额申请表、税款缴纳书;保禄洋行就日常事务与各机关、单位间往来函件等。

(二)业务类

有营业税条例,印花税条例;该行有关海务衡量、商品检验方法、各种检验结果的报告书;英国食品部蛋品规格标准,保禄洋行与上海化验室等单位之间关于蛋品化验问题的来往函件;保禄洋行为老世昌洋行检验桐油的有关文件;保禄洋行赴秦皇岛进行大豆过磅衡量的有关文件;保禄洋行开发的商品检验及海务衡量证书;保险办法有关规定;有关尺务衡量的办法、规定;有关共同海损赔偿问题的资料;海关出口舱单等。

卜内门股份有限公司天津分公司
全宗号 W37

一、机构概况

卜内门股份有限公司天津分公司成立于1900年,是英国垄断企业卜内门股份有限公司在华设立的分支机构之一,天津分公司隶属香港分公司和上海分公司管理。主要职能是经营进口碱类、化工原料、化肥、医药等业务。太平洋战争爆发后,该分公司被日本接管,日本投降后于1945年9月复业。1953年12月,该分公司业务结束。

二、档案情况及内容介绍

馆藏该全宗档案共28卷,上架排列长度0.9米,档案起止时间为1946—1953年,档案按“问题-年度”分类排列。编有案卷目录可供检索。

档案主要内容如下:

有该公司各项指示通告;上海及香港卜内门公司通告;公司为办理进出口业务与国内外厂商的往来函件;上海卜内门公司给天津卜内门公司有关财务、账目的函件等。

高林股份有限公司
全宗号 W38

一、机构概况

高林股份有限公司的前身是1875年由英国商人高林、狄更生等人在天津合资成立的高林洋行。1919年2月18日,高林洋行改组为股份有限公司,并在香港登记注册,属于外商在天津设立的股份制贸易商行。该公司内部设有经理、副经理共3人,1939年后改设经理1人,由海维林担任,下属雇用中国职员二十余人,其办公地址在天津市原十区大沽路127号。

1947 年 3 月 22 日，该公司在天津重新登记，其营业所设在天津市原十区中正路利顺德大饭店内。其主要职能是经营进出口贸易，以经销出口羊皮、羊毛、棉花、草制品及土特产为主，并代理经销进口五金机械及打包加工业务，此外还从事代理买卖货物，收取佣金及代客保管证券股票、房地产等项业务。1949 年 1 月天津解放，同年 9 月该公司申请参加天津市房地产业小组。1956 年 1 月，该公司业务经营结束。

二、档案情况及内容介绍

馆藏该全宗档案共 46 卷，上架排列长度 2.7 米，档案起止时间为 1933—1956 年，档案按“问题-年度”分类排列。编有案卷目录可供检索。

档案主要内容如下：

（一）综合类

有该公司历史沿革及经营情况材料；公司股东会议记录，股东名单、职工名单；公司组织条例，营业执照，产业产权证书；该公司向天津市人民政府登记代理仁记洋行业务文件材料；关于租赁问题与租用单位来往文件等。

（二）业务类

有该公司与客户签订的货物合同及业务往来信函；与客户订立的租约、解除租赁关系及修缮问题的业务往来函件；与国外有关公司关于谈判进出口贸易业务的往来函件；英国工部局、上海英国工部局及上海华懋公司发行的债券及业务电码本等。

（三）财会类

有该公司分类账、现金账、日记账；银行每日结存表、营业纳税情况报告表；银行对账单；该公司与各有关单位关于租赁仓库、进口出口货物、代客保管债券等事项的对账单及往来函件等。

天津裕中饭店有限公司
全宗号 W39

一、机构概况

天津裕中饭店有限公司成立于 1903 年，是英商在天津设立的股份制企业，其主要职能是经营旅店、饭店业务。在组织机构上，饭店设董事 3 人，董事会下设管理秘书处，由英商会代行管理饭店财政，并设经理助理 2 人，管理饭店业务。1937 年卢沟桥事变后，增设赌场及回力球场，1942 年被日本接管，改名为“帝国饭店”，1945 年抗日战争胜利后，英国人又继续营业，1950 年饭店申请停业。

二、档案情况及内容介绍

馆藏该全宗档案共 34 卷，上架排列长度 0.9 米，档案起止时间为 1903—1954 年，档案按“问题”分类排列。编有案卷目录可供检索。

档案主要内容如下：

有该公司 1903 年组织条例；在香港及内地登记证书、房地产登记；该公司 1903—1949 年组织、经营情况说明，年报及股东会议报告；董事会会议记录；股东名册；饭店股票及营业税表；雇员薪金问题有关文件；该公司与伦敦麦加利银行及纽约大通银行有关外汇函件；总账、日记账、银行往来账、现金账、分户转账和餐具账等。

永兴洋行
全宗号 W41

一、机构概况

永兴洋行成立于 1900 年，是法商在天津设立的私人企业，隶属法国巴黎总行。其主要职能是经营蛋品、油籽等土特产品出口业务，进口五金、化工原料等业务。该行经理为俞铁汉（译名），内部设出口部、进口部、华账房等。1941 年太平洋战争爆发后，该行被日本人接管，1945 年抗日战争胜利后恢复经营，于 1956 年申请歇业。

二、档案情况及内容介绍

馆藏该全宗档案共 928 卷，上架排列长度 35.1 米，档案起止时间为 1915—1956 年，档案按“问题”分类排列。编有案卷目录可供检索。

档案主要内容如下：

(一)综合类

有股东会议记录;该行组织章程;永兴洋行历史沿革、组织机构一览表;人事、劳资等方面文件;中国职员在中法“老西开事件”爆发后提出辞职文件等。

(二)业务类

有永兴洋行关于出口蛋黄、蛋白、盐黄、蜜黄、猪鬃、猪羊肠衣、大小皮张、山羊毛、绵羊毛、油脂、大豆、草帽辫等土畜产品与欧美各国客商来往函件,订立合同,索赔及单据等;该行就进口汽车零料、大小五金、机械、颜料、化肥等化工产品与国内外客商往来函件、订立合同等。

(三)财会类

有该行会计月报,收支结算表;会计制度,过账方法;资产负债表、损益表;1939年度永兴洋行房屋账目报表;进口业务年终结账报告表、出口业务年终结账报告表;总分类账、现金账、日记账、银行往来账、经租账;出口发票记录簿、汇票记录簿、电汇付款账等。

天津中法义隆房产公司
全宗号 W42

一、机构概况

天津中法义隆房产公司于1919年成立,是法商在天津设立的股份制企业,其主要职能是经营房地产买卖、出租及代收房地租金业务。中法义隆房产公司是比商义品公司的附属机构,第一次世界大战结束后,比商义品公司接管旧奥租界奥国人之房产,合并了原河东建造公司,建立了中法义隆房产公司,以义品公司副经理法国人萨英科为经理。1953年,该公司与天津房产公司合并。

二、档案情况及内容介绍

馆藏该全宗档案共262卷,上架排列长度10.8米,档案起止时间为1908—1954年,档案按“问题”分类排列。编有案卷目录可供检索。

档案主要内容如下:

（一）综合类

有该公司董事会记录、董事及查账员报告；公司 1919 年组织章程，公司沿革，人事组织，产权来源情况文件；法国企业厂商登记，公司董事、股东登记；1909 年公司发行债券情况文件；公司 1925—1952 年产业说明及自产代理经租表；包工合同、经租合同和契证照片底版等。

（二）业务类

有该公司关于房地产买卖、房屋申请过户和产权登记，催缴房租和欠租，增租交纳房地产税，筑堤捐款文件；公司与住户关于修缮房屋、增租、搬迁、续租问题的来往函件等。

（三）财会类

有公司资产负债损益表，现金账、产业账、银行往来账、日记账；租赁合同登记簿、住户居住情况簿、印花税票簿等。

华德贸易公司
全宗号 W48

一、机构概况

华德贸易公司成立于 1931 年 2 月 1 日，是由中德商人合作经营的私营企业，同年 9 月 15 日，该公司向驻天津德国总领事署登记为“德商”洋行，地址设在天津原英租界大沽路 108 号。该公司主要职能是经营羊皮、肠衣、羊毛、干蛋品、驼绒、山羊绒、花生等各种土产品出口业务。公司内部机构设经理室、办公室、华人经理室，下辖机构有天津肠衣厂、华北协和制蛋厂、天利货栈。1946 年，该公司停止营业。

二、档案情况及内容介绍

馆藏该全宗档案共 74 卷，上架排列长度 2.7 米，档案起止时间为 1921—1945 年，档案按“问题”分类排列。编有案卷目录可供检索。

档案主要内容如下：

（一）综合类

有该公司组织章程；中外员工人事方面文件；公司经营情况统计；1931—1938 年财务报告；银行信用证、美国金融行情等文件。

（二）业务类

有该公司历年从天津装运出口德国及欧美各地货物（羊毛、羊绒、驼绒等）数量统计表；出口货物价值计算、化验单、报价单；部分年度出口商品成交记录；该公司与国外各厂商联系出口业务的往来函件等。

天津礼和洋行
全宗号 W49

一、机构概况

天津礼和洋行成立于 1893 年，是德商在天津组建的股份制有限公司，总部设在德国汉堡，在我国各大城市都建有分行。其主要职能是经营羊毛、驼毛、马毛、羊绒等各种产品出口贸易。股东经理有德国人傅连汉、鲍斯曼和米禄斋等人。1945 年日本投降后，该行由国民政府接管。

二、档案情况及内容介绍

馆藏该全宗档案共 51 卷，上架排列长度 1.35 米，档案起止时间为 1925—1941 年，档案按“问题”分类排列。编有案卷目录可供检索。

档案主要内容如下：

有德国汉堡礼和洋行关于出口地毯、梳洗毛等价格的往来文件；该行关于出口羊毛、驼毛、马毛问题的往来文件；关于出口羊绒等问题与汉堡总行往来文件；订购机器的订单及天津礼和洋行密电码等。

宝丰洋行
全宗号 W50

一、机构概况

宝丰洋行成立于1925年,是德商在天津所建股份制有限公司,其主要职能是从事皮毛、蛋品等土特产品出口贸易,经营范围包括山羊皮、羊毛、肠衣、棉花、苦杏、猪鬃、马尾、蛋品等。该行在组织上为经理负责制,下设出口部、肠衣厂、华账房等,经理为德国人莱斯,有外籍职员十余人,华员十余人。1941年,该行倒闭。

二、档案情况及内容介绍

馆藏该全宗档案共40卷,上架排列长度1.8米,档案起止时间为1925—1940年,档案按"问题"分类排列。编有案卷目录可供检索。

档案主要内容如下:

有该行与外商关于皮毛、蛋品、肠衣、核桃仁、油脂等土畜产品出口业务来往函件;各类产品出口情况,包括成本计算、报价、运销、检验、调研等文件;各类报表、单据及行政往来函件;各项业务工作活动详细记录;与中国经济讨论处关于大米生产方面问题的来往函件;记录业务工作的各种簿册等。

美最时　克福满　禅臣三洋行全宗汇集
全宗号 W51

一、机构概况

(一)美最时洋行

美最时洋行成立于1936年12月,是德商在天津建立的私人企业,隶属于德国汉堡总公司,其主要职能是从事山羊毛、绵羊毛及皮张等土特产品出口及西药的进口业务。经理苗玉霖、陶克福,其下设翻译、会计、业务员等华人职员十余人。1945 年日本投降后,该行申请歇业。

(二)克福满洋行

克福满洋行成立于 1904 年,是德商在天津建立的私人企业,隶属于德国汉堡总公司,其主要职能是从事进出口国际贸易。经理克福满,下设猪鬃马尾部、山货部、桃仁部、肠衣部、棉麻部、绒毛部、华账房。1926 年,该行停业。

(三)禅臣洋行

禅臣洋行成立于 1911 年,是德商在天津建立的私人企业,隶属于德国汉堡总公司,其主要职能是从事蛋品、皮毛等土特产品出口及大小五金、西药、化工原料进口业务。总经理杨宁士,下设出口部、进口部。1945 年日本投降后,该行申请歇业。

二、档案情况及内容介绍

馆藏该全宗档案共 7 卷,上架排列长度 0. 45 米,档案起止时间为 1911—1944 年,档案按“问题”分类排列。编有案卷目录可供检索。

档案主要内容如下:

(一)美最时洋行

有该行蛋品出口成本计算草稿、蛋品成本计算及检验生鸡蛋方法的文件资料;关于蛋品出口与客商往来函件等。

(二)克福满洋行

有该行关于商号名称、地址及经营范围记录;甘草膏化验证等。

(三)禅臣洋行

有禅臣洋行与中国机械部关于进口事宜往来函件等。

义品地产公司
全宗号 W53

一、机构概况

义品地产公司于 1907 年在天津成立,隶属于比利时布鲁塞尔总公司,是比商私营房地产公司。其主要职能是从事抵押放款、定期存款、委托保管买卖房地产、代理经租等业务。该公司主要负责北平、天津、秦皇岛、济南等地区房产开发及租赁业务。其租赁对象主要是在华外商、高级买办及一些洋行等。经理为白兰新,设副经理 1 人,下设工程部、保管部、会计部,并在北平、济南设有分公司。1949 年 1 月天津解放后,该公司继续经营,主要是经营房地产租赁业务。1955 年 11 月,该公司业务结束。

二、档案情况及内容介绍

馆藏该全宗档案共 5567 卷,上架排列长度 129. 6 米,档案起止时间为 1900—1956 年,档案按“问题”分类排列。编有案卷目录可供检索。

档案主要内容如下:

(一)综合类

有义品地产公司成立历史沿革,公司组织机构设置文件;组织章程;董事会会议记录;总公司有关人事变动问题的来函;公司股东名册;职工奖惩条例,津贴发放办法等。

(二)业务类

有老西开土地征用问题文件;房屋租赁条例;关于出售地产与客户往来函件;义品公司抵押放款及与借款人来往函件,及签订借款合同等。

(三)财会类

有抵押放款明细表;外籍职员家具清单;债务人账目清单及发货单;年终结算表,损益表;总账、分类账、银行往来账、日记账、现金账等。

天津比国沙城电器制造厂工程联络处
全宗号 W54

一、机构概况

天津比国沙城电器制造厂工程联络处前身是1949年成立的上海沙城远东分行，该分行1950年3月在天津成立办事处，1953年2月改组为天津沙城电器制造厂工程联络处，是比利时沙城电器厂与中国客商进行贸易交往的联络站。其主要职能是介绍沙城电器厂全部电气产品，技术咨询联络，帮助中国客户订购沙城电器厂产品。该处由沙城电器厂直接领导，其经费由沙城总厂拨给。该处共有成员10人，总经理弗莱德律·达尔蒙(德国)、主任朱寅(常务主持)、工程师兼会计赵慕贞、秘书储家瑞、档案员柴金华、中文打字员王子明、英文打字员道拉诺斯、事务员张玉山、工友邢玉华。1961年，该处歇业。

二、档案情况及内容介绍

馆藏该全宗档案共866卷，上架排列长度13.5米，档案起止时间为1948—1961年，档案按“问题”分类排列。编有案卷目录可供检索。

档案主要内容如下：

(一)综合类

有沙城电器厂简史；沙城电器厂与中国进口公司会谈记录；联络处性质概述，组织机构情况，人事材料；劳资福利方面规定；企业变更登记申请书，财税报表等。

(二)业务类

有沙城电器厂订购灯泡、电线、电度表、电熔器、电阻器、发电机、汽轮机及电话、电缆、电话传动机等电讯设备与客户来往函件；与铁道部关于订购火车及铁路电气化技术研讨方面文件；与银行关于汇兑、转账、存款等来往函件；与机械进口公司、中国国际贸易促进协会有关业务的会议记录；与总厂关于业务及运输方面函件等。

(三)资料类

有沙城电器厂技术图纸、照片、资料及设备说明书、技术报告等；有关业务、交际、运输等方面电报；各种单据、报表、货单、财务月报表等。

天津瑞士百利洋行
全宗号 W55

一、机构概况

天津瑞士百利洋行于1937年在上海瑞士总领事馆注册登记，是瑞士商人在天津所建的股份制有限公司，地址在天津市原一区承德道16号，其主要职能是代理运输、保险及肠衣的出口业务。该行总部设在瑞士首都，在中国共建立6家分行，即北平、天津、上海、沈阳、哈尔滨、大连。天津分行内部由总经理全权负责，下设仓储部、航运代理部、保险代理部、总务部，1949年1月天津解放后，该行继续经营。1960年，该行歇业。

二、档案情况及内容介绍

馆藏该全宗档案共875卷，上架排列长度30.6米，档案起止时间为1931—1960年，档案按“问题”分类排列。编有案卷目录可供检索。

档案主要内容如下：

（一）综合类

有该行股东集股合同，组织机构设置，经理委任、经理报告书等文件；职工名册，劳资协议书，出售房产、物资文件；哈尔滨分行备忘录，股东名册，人事组织文件；给天津外事处财务报告、工作汇报；该行向瑞士驻华领事馆汇报记录；有执照照片及申请解冻银行存款文件等。

（二）业务类

有该行与各代理轮船公司有关装卸、运输货物及预付佣金所定的合同；与港商、日商、英商、瑞商等关于代理权限、航运情况、预付水运费等来往函件；同上海、大连分行关于出口蛋黄、羊毛等来往函件；轮船事故调查报告书；库存物资清单、仓库卡片、出口货物及运费收入统计表等。

（三）财会类

有该行与北平分行关于如何分配运输佣金及其他财会方面来往函件；与瑞士总行关于营业额、保险费、账目来往函件；各种财会表、职工工资表、资产债务表、损益表、会计月报、财会账单、业务结算表;总分录账、运输账、代理人账、沈阳总账、分类账、保险账、财产资金账、仓库收发货物账;各种传票等。

陆安股份有限公司
全宗号 W56

一、机构概况

陆安股份有限公司成立于1926年2月1日,是瑞士商人在天津设立的私营企业,总部设在瑞士,其主要职能是经营房地产业务。该公司经理陆伯纳(B. LOUP),下设翻译、现金记账员、业务员、工资财会员等6人。1941年太平洋战争爆发后,部分房产被征用,业务清淡。1945年抗战胜利后,业务逐渐好转。1949年1月天津解放后,该公司继续经营,1954年底该公司由天津房地产管理局接管。

二、档案情况及内容介绍

馆藏该全宗档案共25卷,上架排列长度0.9米,档案起止时间为1933—1954年,档案按“问题”分类排列。编有案卷目录可供检索。

档案主要内容如下:

(一)综合类

有该公司呈给天津市私营房地产同业小组关于陆安公司沿革、组织情况的文件;该公司要求驻华瑞士公使同中国政府商洽向瑞士汇款事来往函件;天津市私营房地产同业小组组员名单;天津市私营企业重估资产评审委员会房屋估价标准;市法院对陆安大楼计租标准通知书等。

(二)业务类

有该公司房屋租约及与客户间关于租房修缮等问题往来函件;呈市政府外事处关于修理国民饭店函件;与客户间关于增租、续租等业务来往文件;天津市工人合作建筑公司租用陆安公司房产文件等。

(三)财会类

有该公司营业税、所得税申报表;1953年4—12月账簿暂记清单;1953年及1954年1—

5月份现金支出情况摘录表;收支月报、季报表、缴款计算单;资产负债分类账、损益分类账、现金账、日记账、银行往来账;转账及现金支付传票;1954年1—5月租金及银行来往收入传票;1954年1—5月份现金支付传票等。

立多利房产股份有限公司
全宗号 W57

一、机构概况

立多利房产股份有限公司成立于1938年11月1日,是意大利商人在天津设立的股份制企业。其主要职能是经营房地产及银行业务。

二、档案情况及内容介绍

馆藏该全宗档案共1157卷,上架排列长度35.1米,档案起止时间为1934—1953年,档案按“问题”分类排列。编有案卷目录可供检索。

档案主要内容如下:

(一)综合类

有该公司董事会、股东会会议记录;组织章程;股东名册,经理任免文件;董事长、董事和经理的职权范围文件等。

(二)业务类

有该公司关于房屋租赁合同、房屋保险、续租、修理以及住户自建房屋等事项与住户来往函件;有关回力球场管理、维修与客户订立的合同;举办比赛、音乐会、时装舞会相关文件等。

(三)财会类

有该公司总账、分类账、现金账、日记账、租金账、放款账、房地产账、资产负债表、损益表、存款清单等。

天津海昌洋行
全宗号 W58

一、机构概况

天津海昌洋行成立于1924年,是荷兰人柯林克(P. G. KINK)在天津设立的私人企业。其主要职能是经营进出口业务,进口货物有西药、化学原材料、照相机、胶卷、化妆品、铁丝、原铁等,出口货物有胶料、蓖麻子,北平和烟台出品的各种酒、人工花、红砖、玻璃、北平出品的挂屏(陈设品)等。该行总行设在上海,分行设在北平、天津、汉口、重庆、昆明和香港。天津分行经理是罗生、杜恩(译名),下设翻译、会计、业务员等华人职员数名。1941年太平洋战争爆发后,该行被日军占有,1945年抗日战争胜利后恢复营业,1951年,该行申请歇业。

二、档案情况及内容介绍

馆藏该全宗档案共116卷,上架排列长度4.95米,档案起止时间为1924—1943年,档案按“问题”分类排列。编有案卷目录可供检索。

档案主要内容如下:

有上海总行和天津分行内部函件;该行与关系客户关于业务联系、买卖交易等文件;代理旧金山人寿保险公司在天津业务文件;货物账、流水账、往来底账、现金账、财会报表;该行与有关经销商订立委托售货账目等。

天津大陆油厂
全宗号 W59

一、机构概况

天津大陆油厂于1936年成立,是俄商私人企业。其主要职能是提炼、制作各种食物油及机器油等，总公司设于天津。总经理谷立维，有技师23人，正式工人十余人。该厂抗战时期被日本人占有，业务中断。1945年抗日战争胜利后，该厂财产由国民政府接管。1949年1月天津解放后，该厂重新开业。1955年，该厂歇业。

二、档案情况及内容介绍

馆藏该全宗档案共244卷，上架排列长度10.8米，档案起止时间为1936—1955年，档案按“问题”分类排列。编有案卷目录可供检索。

档案主要内容如下：

（一）综合类

有该厂建筑执照和申请书；同业公会会员全年月报表；与海关往来信函；油厂、税务局、工会等单位通知；该厂致市人民政府及有关部门函件；经理谷立维个人文件等。

（二）业务类

有该厂与外埠销货商来往函件，定期统计报表；与上海等地业务来往函件，及加工合同、协议、市场油价分析、生产月报表；与各客商订货来往函件等。

（三）财会类

有该厂费用总账、零件账、现金账、存物账、应收应付账、销货账、转账传票；职工借支账、销货分类账；会计报告、报表、损益计算书、杂项单据、全年会计表报；加工成本概算及1949年零星开支等。

中美工商建设股份有限公司
全宗号W60

一、机构概况

中美工商建设股份有限公司于1946年3月在上海创立，并分别在天津、沈阳等地设立分公司。经营不久，总公司迁移天津办公，上海改为分公司。该公司属于华商私人股份制贸易商行，其主要职能是经营汽车、化学原料、土畜产品、工艺品等进出口贸易。其内部组织设有董事长、董事、总经理、副总经理，地址在天津市原一区滨江道44号新华大楼307室。1949年1月天津解放后，该公司由中国人民解放军天津市军事管制委员会接管。

二、档案情况及内容介绍

馆藏该全宗档案共337卷，上架排列长度8.1米，档案起止时间为1946—1949年，档案按“问题-年度”分类排列。编有案卷目录可供检索。

档案主要内容如下：

（一）综合类

有该公司章程、历史沿革，在上海社会局注册登记材料及照片；天津社会局关于成立该公司批复；该公司筹建和解散沈阳汽车运输公司文件；公司股东名单，职工工资表等。

（二）业务类

有该公司给东北行辕要求提货函件；上海分公司业务报告；与重庆、沈阳、上海、青岛、秦皇岛、香港有关商行业务往来电报，与美国旧金山有关公司往来电报；该公司代理行名册、合同、提货单、估计订货表；华北人民政府外汇管理暂行办法；财政部天津直接税局通知书、核税表，中国货币与美金旬计表等。

（三）财会类

有该公司资产负债表、经费预算表、库存表、科目月报表、经费决算表及各种账册等。

天津义记进出口行
全宗号 W61

一、机构概况

天津义记进出口行成立于1942年，是华商私人贸易商行。其主要职能是经营地毯、蛋品、山货等的出口业务及五金建筑材料的进口业务。该行经理林墨农，下设副经理、襄理、会计、外文秘书等职员若干名。1949年1月天津解放后，该行继续经营，1956年参加公私合营。

二、档案情况及内容介绍

馆藏该全宗档案共393卷，上架排列长度5.4米，档案起止时间为1947—1955年，档案

按“问题-年度”分类排列。编有案卷目录可供检索。

档案主要内容如下：

(一)业务类

有绒毛联营社章程及会议记录；联营协议书；进出口业务转让文件；出口许可证；银行信用证；工商联同业公会决议通知；该行与美国船行的运货合同；有关五金、铁片进口许可证，蛋品及地毯出口许可证；对英、法、美、日出口蛋品、花生等业务往来函件；该行与香港、上海、广州业务往来电报；关于蛋品、芝麻等发往香港、广州的电报；该行与天津汇丰银行有关信用证问题往来函件等。

(二)财会类

有该行总账、分录日记账、货物账、明细分类账、银行往来账、现金账、各项开支账；日记簿、现金簿、仓库补助分类簿等。

天津海华行
全宗号 W62

一、机构概况

天津海华行于 1947 年 1 月 15 日在天津成立，为华商私人贸易商行。其主要职能是经营化工原料、西药、电工器材的进口业务，及地毯、草帽辫、蛋品、栗子、生仁等土特产品的出口业务。该行内部设经理 1 人，职员 2 人。1949 年 1 月天津解放后，该行继续经营，至 1956 年参加公私合营。

二、档案情况及内容介绍

馆藏该全宗档案共 95 卷，上架排列长度 1. 8 米，档案起止时间为 1946—1956 年，档案按“问题-年度”分类排列。编有案卷目录可供检索。

档案主要内容如下：

(一)业务类

有该行与中国进出口公司天津分公司签订订购合同，与中国畜产公司天津分公司签订订购合同及出口合同;进口商品损失、运输、纳税等单据;该行向天津市外贸局申请许可证留底,向银行开立保证信及贷款申请书、保证书、证明书留底;与国内外客户关于出口土畜产品、进口化工原料、西药业务往来函件等。

(二)财会类

有该行总账、现金账、分类账、存货账、现金日记账、资本账、银行分户往来账、销货及应收款账、商品购销分类账、进货及应付货款账等。

天津中国化学工业社
全宗号 W63

一、机构概况

天津中国化学工业社成立于 1946 年 3 月 16 日,属于华商私人贸易商行,由吴佛相、李肇如二人合资开办。其主要职能是经营进出口贸易,以进口染料、颜料、中间体化工原料、油毡、石蜡,出口蛋品、草帽辫、苦杏仁、桃仁、毛绒、鱼虫等为主。除经营进出口业务外,该社还自建一个染料厂(厂名为中染化工厂),制造百寿牌红绿硫化青和直接元青、靛蓝等染料。该社内部机构设有经理部和业务部,经理为李肇如,办公地址在天津市原一区滨江道 44 号新华大楼 6 楼,在北平设有一个办事处。1949 年 1 月天津解放后,该社继续经营,至 1956 年 1 月,该社参加公私合营。

二、档案情况及内容介绍

馆藏该全宗档案共 839 卷,上架排列长度 14.4 米,档案起止时间为 1946—1956 年,档案按“问题-年度”分类排列。编有案卷目录可供检索。

档案主要内容如下:

(一)业务类

有该社与国内外有关商行、厂商业务往来函件、电报,与国外及香港厂商订购货物合同、订货单;该社申请进出口许可证留底;商品检验鉴定证明书,染料商品化验报告单;出口物资单据抄本及委托书;进口货物成本计算表,销货日报表,易货记录及各项业务统计报表;与天津市进出口各联营组协议书及补充协议书；与天津市进出口商业同业公会、有关银行往来文件；该社北平办事处财产表；有关业务、商品价格、商品规格方面参考资料等。

(二)财会类

有该社总账、总分类账、日记账、现金账、资产明细账、各项开支账、各种流水账及各年度报表、科目余额表等；该社与国外有关厂商订购货物单据、出口物资单据、发票；客户订货账、客户收付账、出口存货账、进出口货底账、外币账；该社销货账、损益账、税款账，与有关银行往来账等。

天津信华进出口行
全宗号 W65

一、机构概况

天津信华进出口行于 1946 年 7 月在天津成立，隶属于上海总行，是华商私人贸易商行。其主要职能是经营日化原料、科学仪器、医疗器材、西药、五金、电工、麻袋等的进口业务，及国药、绒毛、豆类等土畜产品出口业务。经理为宗以信、陈伯元，下设副经理、襄理、会计、外文秘书等职员若干名。1949 年 1 月天津解放后，该行继续经营，至 1956 年参加公私合营。

二、档案情况及内容介绍

馆藏该全宗档案共 280 卷，上架排列长度 4. 05 米，档案起止时间为 1946—1956 年，档案按“问题-年度”分类排列。编有案卷目录可供检索。

档案主要内容如下：

(一)业务类

有进口专业组会议记录；各种报价单；进出口贸易商业同业公会通知；税务局下发法规指令；货物保险单；联营组织章程；该行与国内各公司关于购买五金、化工原料等往来函件，与国外各公司关于出口土畜产品的往来函件等。

(二)财会类

有该行总分类账、明细分类账、资本账、日记账、商品账，资产试算表、进口花费详表、装载船期表、提单登记本、许可证流水表等。

锦文行
全宗号 W66

一、机构概况

锦文行于1947年11月在天津成立,是华商私人贸易行。其主要职能是经营土特产、国药等的出口业务,及化工染料、五金、麻袋等的进口和报关业务。经理刘锦雄,副经理杨文润,资方代表为襄理何少臣,劳方为业务主任黄国华,业务外勤容朝锟,会计陈长虹、窦庆意,勤杂工有张永元、谢星照。1949年1月天津解放后,该行继续营业,1956年,加入天津市公私合营土产联合出口公司。

二、档案情况及内容介绍

馆藏该全宗档案共161卷,上架排列长度3.6米,档案起止时间为1938—1958年,档案按“问题-年度”分类排列。编有案卷目录可供检索。

档案主要内容如下:

有该行劳资协议书;与北平、香港、广州、上海等地客商有关进口五金、化工、染料等业务的往来函件;进出口许可证、出口商品检验许可证;该行总账、总分类账、现金账、日记账、进销货分类账、商品明细账、商品购销明细账等。

惠隆股份有限公司
全宗号 W67

一、机构概况

惠隆股份有限公司于1946年8月成立,是华商在天津投资股份制有限公司。公司董事长为李叔良,常务董事兼总经理言镕甫,副董事长余君飞,另聘李佑田、周世昌为副经理。该公司开业之初,经营以颜料为主的进口化工原料,还经营上海花布。为适应业务需要,1947年在上海设立分公司,在北平开设协昌绸布庄。1949年1月天津解放后,主要业务以进出口贸易为主,出口有冬菜、国药、地毯、皮张、山干货等,进口有化工原料、西药、仪器等。1956年7月,该公司加入天津市公私合营土产联合出口公司。

二、档案情况及内容介绍

馆藏该全宗档案共268卷,上架排列长度7.2米,档案起止时间为1946—1956年,档案按“问题-年度”分类排列。编有案卷目录可供检索。

档案主要内容如下:

有该公司会议记录;公司章程;股东名册;1946年—1947年的股份账户;该公司贸易业务函电;各种单据;许可证;信用证;资产负债表、会计决算表等。

永亨利记贸易行
全宗号 W69

一、机构概况

永亨利记贸易行于1947年在天津成立,是华商私人合伙经营的药材贸易商行。主要职能是经营参茸、黄芪等土产药材的进出口业务。该行设经理、副经理等职务,经理为姚敬舆。地址在天津市原二区柳家胡同2号,并在香港设有分号永亨利仁记,该分号地址在香港文咸东街68号。1949年1月天津解放后,该行继续经营,于1956年1月参加公私合营,加入天津市公私合营药材联合出口公司。

二、档案情况及内容介绍

馆藏该全宗档案共469卷,上架排列长度9米,档案起止时间为1942—1956年,档案按“问题-年度”分类排列。编有案卷目录可供检索。

档案主要内容如下:

（一）综合类

有该行合伙契纸；1952年订立的劳资双方竞赛合同，劳资协议章程及会议记录；印花税凭证鉴别表、印花税缴纳手册；商业调查表；外贸部编印贸易管理暂行条例，易货贸易管理暂行办法；工商联合会文件及会议通知；天津市国药交流会议业务参考资料；商检局颁发的商检证；致天津市外贸局行政函件及报表留底；人事组织报表等。

（二）业务类

有该行与东北地区，河北省，上海、广州及香港商号有关药材业务往来函件、电报；国内药材市场价格表；该行在天津物资交流大会上签订的销售合同、购货合同；进出口成交月报；进出口业务成交通知单及信用状收条；进出口额统计表；进出口土产购销细目报表；天津市进出口业同业公会国药出口议价单；1954年参茸概况简叙；该行各种进出口业务合同等。

（三）财会类

有该行各年营业税留底；各年损益计算表、成本计算表、资产负债表、盈余分配表，利润分配调查表，及各年重估财产表和清产核资文件材料；有该行总账、总分类账、进出口统计账及现金日记簿等。

锦全庆记
全宗号 W70

一、机构概况

锦全庆记成立于1934年，属于华商合伙经营药材贸易商行。主要职能是经营南北药材的进出口贸易，出口业务以枸杞、当归、生地、山药、珍珠为主，并进口沉香，犀角、冰片等南药。内部设经理部，经理为施珍堂，地址在天津市原北马路府署街西箭道26号。1949年1月天津解放后，该行继续经营，1956年1月，该行参加公私合营，加入天津市公私合营药材联合出口公司。

二、档案情况及内容介绍

馆藏该全宗档案共602卷，上架排列长度13.5米，档案起止时间为1933—1956年，档案

按“问题-年度”分类排列。编有案卷目录可供检索。

档案主要内容如下：

（一）业务类

有该行申请开业文件；该行与国内商行及香港有关商号业务往来函件、电报；该行报关单、进口税单、出口许可证、出口国药议价单、香港存货号码结算单；进出口货物搭配计划表及合同；进出口许可证及电报留底簿，出口物资调查表和易货留底；参加华北区物资交流大会签订的合同；劳资会议记录、典型户会议记录；天津市工商业联合会通知等。

（二）财会类

有该行总分类账、进出口货物总账、分类账、各种流水账、现金账、银行往来账；现金出纳簿、日记簿等。

天津泰记行
全宗号 W71

一、机构概况

天津泰记行成立于1947年，地址在天津市原二区针市街板桥胡同2号，从业人员共10人，其中劳方9人，资方1人，经理为卜施芳。其主要职能是经营药材业务，主要药材有鹿茸、鹿角、黄花、白芍、生地、牛黄、砂仁、木香等。1949年1月天津解放后，该行继续经营，1956年1月该行参加公私合营，加入天津市公私合营药材联合出口公司。

二、档案情况及内容介绍

馆藏该全宗档案共329卷，上架排列长度6.75米，档案起止时间为1942—1956年，档案按“问题”分类排列。编有案卷目录可供检索。

档案主要内容如下：

（一）综合类

有该行与国内外商行的业务往来函件、合同、协议；海关处分通知书；所得税申报表、资产负债表、损益计算表、购销计划月报表；出口提单及电报，出口议价单、信用状、许可证留底;进出口国药联营组协议草案等。

(二)财会类

有该行流水账、分户账、商品账、现金账、日记账和结余表等。

公和号
全宗号 W72

一、机构概况

天津公和号成立于 1939 年 2 月,是以经营中药材为主的华商私人贸易商行,是香港万和隆(后改为同德行)中药行的分支机构之一,主要经营当归、黄芪、枸杞、白芍等中药材的出口业务。1946 年该行由潭宏业独资经营。1949 年 1 月天津解放后,该行继续经营,1951 年又改为合资组织形式,经理为温绰余。该商行地址在天津市原八区针市街 114 号。1956 年 1 月,该行参加公私合营,加入天津市公私合营药材联合出口公司。

二、档案情况及内容介绍

馆藏该全宗档案共 691 卷,上架排列长度 22.5 米,档案起止时间为 1932—1956 年,档案按“问题-年度”分类排列。编有案卷目录可供检索。

档案主要内容如下:

(一)业务类

有该行与国内客户、香港商号业务往来函件、电报;购进与出口商品统计表;出口货物申请许可登记;1952 年物资交流会签订的订货合同;国药交流会文件;国药小组会议记录;调整资本报告书;商品加工成本表、报税表;该行发往各地行情表及国内各地药材行情表;天津区进口南药名称、规格及暂行规定;业务电汇及信用状等。

(二)财会类

有该行总账、现金出纳账、各种分类账;与银行往来账;药材牙税登记簿;货物出入库登记簿;1951 年度暂行会计制度,统一会计科目登记簿及修改会计科目说明等。

同义公药行
全宗号 W74

一、机构概况

同义公药行是天津中草药行批发商兼代客商行,成立于 1931 年 6 月,地址设在天津市原八区针市街 57 号。同义公最初由黄继英及杨雅林二人合资而成,1931 年黄杨二人与他人合资,组织成立同义公药行。黄继英任该行经理,杨雅林任副理(司账),并有商店职工十余人。同义公药行属华商私企,出口以中药材为主,进口以南货等为主,以香港为主要业务对象,与河南、内蒙古、山西等地都有来往,在香港出口以甘草、当归、枸杞、发菜、苍术为主,进口以木香、槟榔、砂仁、豆蔻、牛黄为主,并长期驻香港 1 人,同时做行商业务代客买卖。1949 年 1 月天津解放后,于 1950 年该行经营进出口贸易兼药材埠际贸易,不再代客买卖。1954 年,该行迁入天津市原八区金华园街大沟北 9 号。1956 年,该行加入天津市公私合营联合进出口贸易公司,专做药材进出口业务。

二、档案情况及内容介绍

馆藏该全宗档案共 282 卷,上架排列长度 5.85 米,档案起止时间为 1932—1956 年,档案按“问题”分类排列。编有案卷目录可供检索。

档案主要内容如下:

(一)业务类

有该行业务合同;与同业药行往来函件及内地客户往来函件;与郑州、包头、兰州、广州、香港等客户,以及与天津对外贸易管理局、海关、津港同义公等往来函件;许可证提单;出口单据及各种月报表;资产负债表、各种月报表;国内行情单及所得税申报表;联营组协议书及工作报告;联营后与香港及内地来往函电等。

(二)财会类

有该行总账、往来账、总分类账、杂项账、银钱流水账、卖户账、存货账、损益账、银行往来账、现金日记账、出口账、销货账、商品账、市情账、平栈账、出入流水账、应收账款分户账、佣金账、存货补助分类账、外埠采购总账、库存实数分类账等。

荣茂昌行
全宗号 W75

一、机构概况

荣茂昌行的前身是荣茂号，主要经营洋广杂货，成立时间不详，地址在估衣街。1947年改组为荣茂昌记，增加了面粉和布匹的经营。1949年5月改组为荣茂昌行，经营进出口贸易，地址在天津市原一区承德道68号，从业人员共11人，其中劳方7人，资方4人，经理萧浩彬、副经理张向禄和潘春沂。该行以经营粮谷、油脂为主，兼营部分土产。该行1954年开始经营废棉，进口货物大部分为五金、化工原料等。1956年1月，该行参加公私合营，加入天津市公私合营原麻联合出口公司，后改组为天津工艺品出口公司。

二、档案情况及内容介绍

馆藏该全宗档案共161卷，上架排列长度4.95米，档案起止时间为1942—1956年，档案按“问题”分类排列。编有案卷目录可供检索。

档案主要内容如下：

有该行国内外客户的名单和与客户业务往来函件；该行股东章程及变更书；天津市工商业联合会进出口商业临时工作委员会各项通知；该行经营情况登记表、各种行情单、协议书、合同收据、商检证、出口表报及股东名单；股本、流水、日记、费用、仓库、分户、往来、销货成本、存货等各种账册和总账等。

辛中贸易股份有限公司
全宗号 W76

一、机构概况

辛中贸易股份有限公司于 1942 年 6 月 14 日在天津成立,属于华商私人贸易商行。该公司主要经营进出口贸易,进口废旧报纸、五金工具、医疗器械、化工原料等;出口粮、油、桃仁、豆类、麻类、蛋品等土特产品及废棉;另外,代办津沪贸易许可证。张四维任该公司经理,下设副理、襄理等职员若干人,另外下辖香港分庄、天津分庄。1949 年 1 月天津解放后,该公司继续经营,1956 年 1 月,该公司参加公私合营。

二、档案情况及内容介绍

馆藏该全宗档案共 452 卷,上架排列长度 12.6 米,档案起止时间为 1937—1956 年,档案按"问题-年度"分类排列。编有案卷目录可供检索。

档案主要内容如下:

(一)业务类

有该公司章程、业务会议记录;与美国、加拿大、澳大利亚及中国香港等地商行就进口化工产品业务往来函件、合同;与国内客户关于收购土特产品事往来函件,订立合同、费用清单;与国外客户有关土特产品出口往来函件及订立合同、装船单据、化验单、出口许可证;该公司进出口计划书;与进出口同业公会间往来函件及订立合同;与银行就资金问题往来函件等。

(二)财会类

有该公司会计表报、年度决算表;资产明细账、各项开支账、总账、总分类账、日记账、现金账册等。

丰隆贸易有限公司
全宗号 W79

一、机构概况

丰隆贸易有限公司于 1945 年 11 月在天津成立，该公司是华商私人贸易商行，其主要经营畜产品、蛋品、油类等土特产品的出口及化工原料、五金、西药等进口业务。公司经理为杜华灵，下设副理、襄理、会计、外文秘书等职员若干名。1949 年 1 月天津解放后，该公司继续经营，1956 年参加公私合营。

二、档案情况及内容介绍

馆藏该全宗档案共 401 卷，上架排列长度 9.9 米，档案起止时间为 1941—1956 年，档案按“问题-年度”分类排列。编有案卷目录可供检索。

档案主要内容如下：

（一）业务类

有该公司章程，股东会议记录；劳资合同；进出口同业公会下发该公司认购公债文件；进出口许可证；与英国、日本、瑞典、联邦德国等国外客户就有关进口化工原料、西药、五金工具及出口土特产品往来文书；与国内客户关于出售西药、化工原料、五金工具及收购土畜产品往来函件；订立合同、报价单、收据、提货单、化验单、保险单等。

（二）财会类

有该公司各种会计报表、资产负债表、损益计算表、负债明细表；资金情况月报表、开支总表、收支计划明细表、所得税申请表及该公司财产清点估价记录；该公司总账、资产明细账、现金账、日记账、流水账，各项开支费用账等。

同生贸易行
全宗号 W80

一、机构概况

同生贸易行于1946年在天津成立，是华商私人贸易商行，主要经营油料、化工原料、纺织器材的进口及草帽辫、麻类、蛋品等土特产品出口业务。该行经理为王柏年，其下设副理、襄理、会计、外文秘书等职员若干名。1949年1月天津解放后，该行继续营业，于1956年参加公私合营。

二、档案情况及内容介绍

馆藏该全宗档案共340卷，上架排列长度12.6米，档案起止时间为1946—1956年，档案按"问题-年度"分类排列。编有案卷目录可供检索。

档案主要内容如下：

（一）业务类

有该行章程、业务会议记录；进出口许可证；与英国、美国、日本等国外客户就进口五金工具、化工原料、纺织器材等往来函件及订立合同、化验单、保险单等；为收购及出口土特产品与国内外客户业务往来函件、订立合同、发票、清单、装船单据等。

（二）财会类

有该行资产负债表、会计科目调整明细表；天津国际贸易联营组月报表，草帽辫购销联营社经常费用明细表；损益决算表、计算表；该行总账、资产分录账、银行往来账、现金账、现金日记账、流水账、进货账、商品分类账、文具账及各项费用明细账等。

利兴进出口行
全宗号 W83

一、机构概况

利兴进出口行成立于1940年，初期为合伙经营，1948年改为独资经营，地址在天津市原一区长沙道永安里3号，从业人员共7人，资方1人，余良苞任经理。该行主要经营草帽辫、草帽业务，出口北美洲、欧洲、大洋洲等地。1949年1月天津解放后，该行继续经营，1956年1月参加公私合营，加入天津市公私合营原麻联合出口公司，后改组为天津工艺品出口公司。

二、档案情况及内容介绍

馆藏该全宗档案共114卷，上架排列长度2.7米，档案起止时间为1948—1956年，档案按"问题"分类排列。编有案卷目录可供检索。

档案主要内容如下：

有该行1946—1956年来往电报、信函、许可证、出口商品日报表；与各国洋行业务往来函件、电报；1948—1956年日记账、总账、进货账、银行往来账等。

华有贸易股份有限公司
全宗号 W84

一、机构概况

华有贸易股份有限公司前身是华友企业股份有限公司，成立于1945年，主要经营国内外贸易。1950年缩减了国内贸易部分，专营国外贸易，同年7月初，改组为华有企业股份有限公司，后又改组为华有贸易股份有限公司，继续经营进出口贸易业务。公司地址在天津市原一区解放北路111号。该公司主要股东及组织机构为：股东董事王雨东、马一青、杨固之、张建廷、孟栋丞,股东监察人冯紫墀,总经理马一青,副理杨固之,监理王雨生。该公司1950年专营草帽辫出口业务,1951年开始进口业务,1953年逐渐开展代购代销业务。1954年6月,该公司参加草辫联营组,1956年1月,参加公私合营,加入天津市公私合营原麻联合出口公司。

二、档案情况及内容介绍

馆藏该全宗档案共161卷,上架排列长度4.95米,档案起止时间为1946—1956年,档案按“问题”分类排列。编有案卷目录可供检索。

档案主要内容如下:

有该公司与中国香港地区,及英国、德国、荷兰、美国、瑞典、日本等国家有关贸易客户的往来业务函件;银行信用证、订货、商检证书、检验、装运等各种单据;董事名单;各种会计报表、明细表;与内地及香港分行的往来函件、电报等;联营组文件、会议记录、明细表、代理合同;进出口成本计算表;与日本日华贸易兴业株式会社往来业务函件、会计报表、资金情况、协议书、代理进出口登记簿及成交记录;1950—1955年的各种账册等。

裕发合贸易行
全宗号 W85

一、机构概况

裕发合贸易行为郭品三独资经营的出口贸易行,于1946年7月成立,地址在天津市原一区松江路18号。该行经理郭品三(兼任益中公司经理、中国土产贸易行经理),副理刘及三、何竞成、张乙公、孔绍平,会计张福铭、报关顾兼钧、外柜范恩贵。该行是华商私企,出口业务以废棉、麻类及油脂油料为主,进口业务以大小五金化工原料为主。1950年,该行业务停顿。1956年1月,该行加入天津市公私合营原麻联合出口公司。

二、档案情况及内容介绍

馆藏该全宗档案共17卷,上架排列长度0.45米,档案起止时间为1946—1956年,档案

按"问题"分类排列。编有案卷目录可供检索。

档案主要内容如下:

有该行1955年工商业所得税额申报附表;业务洽谈记录、进口许可证、财产目录与材料;资产负债表、业务情况表;合同、协议书;资产负债表;费用账、商品分类账、应收应付账、预付费用账、同业往来账、现金收支日记账等。

合记工厂
全宗号W88

一、机构概况

合记工厂于1947年在天津开业,地址在天津市原二区南马路葫芦罐12号,主要经营针织业并附设出口部,出口部地址在天津市原五区大沽路133号后院北楼,两处合伙经营。该厂经营针织业,会计独立;其出口业务始于1949年,出口部经营草帽辫及地毯出口,会计不独立。该厂经理为聂巨川,职工11人。1949年1月天津解放后,该厂继续经营,1956年1月,该厂参加公私合营,加入天津市公私合营原麻联合出口公司。

二、档案情况及内容介绍

馆藏该全宗档案共94卷,上架排列长度2.7米,档案起止时间为1931—1956年,档案按"问题"分类排列。编有案卷目录可供检索。

档案主要内容如下:

有该厂与中国香港地区,及英国、美国、法国、瑞士、加拿大、意大利、德国、日本等国家的公司往来业务函件及发票、订单、提单、说明书;1949—1955年的各种合同协议书、出口许可证、保险单、单据和报表;1949—1956年的各种账册、进销货簿、日记簿等。

增懋行
全宗号 W89

一、机构概况

增懋行于1946年6月在北平成立,1950年迁移天津,地址设在天津市原一区滨江道新华大楼407室,经理为张汝纶,副理为张伯纶、张福骈。该行属华商私人贸易商行,在北平以经营进口自行车及零件为主,为英国鹰牌自行车厂在华北总代理行。另外出口少量肠衣、五加皮酒、地毯工艺品等。在天津主要经营进口化工原料、五金、仪器、颜料;出口油脂、油料、肠衣、马尾、山干货、蛋品、绒毛、皮张、废棉等。1949年1月天津解放后,该行继续经营。1956年1月,该行参加公私合营,加入天津市公私合营原麻联合出口公司。

二、档案情况及内容介绍

馆藏该全宗档案共233卷,上架排列长度7.2米,档案起止时间为1946—1956年,档案按"问题-年度"分类排列。编有案卷目录可供检索。

档案主要内容如下:

(一)业务类

有该行与英国、美国、日本、印度、瑞士等国家,及中国香港有关商行客户业务往来函件、电报和登记簿;与国内客户业务往来函件;进出口许可证、合同;与同业公会、出口联营组、银行等往来函件;该行股东合伙契约及协议书等。

(二)财会类

有该行总账、分类账、资产负债明细分类账、损益分类账、资本账、日记账、费用账、商品明细分类账、流水账、现金账、银行往来账、现金日记账、进货账、卖货账、销货账、存货账、仓库账、印花账;该行同业往来账、会计报表、资产负债表等。

永亨贸易股份有限公司
全宗号 W90

一、机构概况

永亨贸易股份有限公司成立于 1946 年 11 月，属于华商私人贸易商行，经营组织形式为股份制。该公司主要经营进口西药、染料、五金、化工原料等；出口油脂、油料、粮谷等，经理为李庆湘，公司地址在天津市原一区新华南路 253 号。1949 年 1 月天津解放后，该公司继续经营，1956 年 1 月，该公司参加公私合营，加入天津市公私合营原麻联合出口公司，后改组为天津工艺品进出口公司。

二、档案情况及内容介绍

馆藏该全宗档案共 649 卷，上架排列长度 20.7 米，档案起止时间为 1938—1957 年，档案按“问题-年度”分类排列。编有案卷目录可供检索。

档案主要内容如下：

（一）业务类

有该公司与英、美、日等国及香港有关商行客户业务往来函件、电报和单据；与国内客户业务往来函件、电报，进出口计划书、进出口货记录；海关报单、税单、许可证单据；国外客户名单表及价格单；外埠行情及各项行情单；工商税、所得税申报表；经营商品月报表；与外贸局、商检局、同业公会、银行等单位文书往来函件等。

（二）财会类

有该公司总账、总分类账、资产明细账、负责明细分类账、股本账、利息账、现金账、销货成本账、销货收入账、销货费用账、国外订货账、出口货账、进货账、日记账、日用账、损益账、分户账、管理费用账、仓库存货账、银行往来账；该公司资产负债表、流动资产估价记录表、成本计算表、损益计算书、会计表报、余额表及各种杂项表报等。

万隆股份有限公司
全宗号 W91

一、机构概况

万隆股份有限公司原名万隆贸易行，于1946年在天津成立，由中德商人合股兴办，1947年增资改组为万隆股份有限公司，总公司设在天津，分公司设在上海、沈阳等地。该公司主要经营五金、化学原料、药品等进口业务，及土特产品和手工业品出口业务。公司设经理、副经理、顾问、会计各1人，职员、工役7人。公司下设鼎盛面粉厂。1949年1月天津解放后，该公司继续经营，于1956年参加公私合营。

二、档案情况及内容介绍

馆藏该全宗档案共640卷，上架排列长度12.6米，档案起止时间为1935—1956年，档案按“问题-年度”分类排列。编有案卷目录可供检索。

档案主要内容如下：

（一）综合类

有该公司简史、组织章程和机构概况；公司股东股权历次变更沿革；人事概况；董事、监察人名册，股东名册；公司会议纪要和会议记录；1951—1953年天津物资交流会章程、细则、计划、总结、方案及人员名单；中国进出口贸易协会天津分会、中国进出口公司天津分公司关于进出口贸易计划、商品进出口业务会记录、代表提案等文件；天津市进出口商业同业公会规章制度、业务会议草案、业务会议记录、同业公会会章、会员名单、会员股息、股利明细表；所属鼎盛面粉厂章程及职工工资、福利文件等。

（二）业务类

有该公司与国内外客户业务合同、协议书及联系业务往来函件；与国内各银行结汇往来函件；与所属分公司联系业务文件；公司人员外出收购业务文件；部分年度进出口统计和营业情况统计材料；与天津海关、税务局、港务局关于经营商品税收问题文件；商品出口许可证、货物发票、装运货物单据、报价单、议价单及成品单；所属鼎盛面粉厂营业计划、加工合同、产品产值以及采购原料和销售产品情况文件材料等。

(三)财会类

有该公司1946—1955年部分年度资产负债表、损益计算书、会计报表、销货表、财务决算报表、所得税申报表;公私合营时清产核资财务报表、年度财务决算表;总账,现金销售账、日记账、商品账、商品分类账、材料账、购销账、补助账、存货账、分户账、各项往来账等。

天津东泰新股份有限公司
全宗号W96

一、机构概况

天津东泰新股份有限公司的前身是山西省的太原日进五金行,该行于1936年4月24日创立于山西省太原市,属于华商私人贸易商行,为合伙经营组织形式,后在天津等地设立了支行。卢沟桥事变后,总行业务停止,而后着手在天津筹设总行。1939年,在天津设立了日进五金总行,1941年12月,改组为天津东泰新贸易行。1946年,该行将各地支行陆续收回,1949年1月天津解放后,该行继续经营,于1952年10月,改为股份制经营组织形式,更名为天津东泰新股份有限公司,公司地址在天津市原一区承德道52号。该公司主要经营国内外贸易,以进口大小五金、化工原料、汽车材料、纸张、矿物油为主,并出口土特产及中药材等。公司设有经理部,经理为药耀南。1956年1月,该公司加入天津市公私合营杂品联合出口公司。

二、档案情况及内容介绍

馆藏该全宗档案共623卷,上架排列长度9.9米,档案起止时间为1936—1956年,档案按"问题-年度"分类排列。编有案卷目录可供检索。

档案主要内容如下:

(一)综合类

有该公司组织章程、办事细则、公司资金、股东情况文件;公司变更申请登记;公司各种会议记录;公司劳资协议书;天津对外贸易局、工商局关于该公司换照批复通知等。

(二)业务类

有该公司业务会议记录;关于进出口业务调查及概算表;与国外客户关于进出口业务往来函件、电报;与国内有关厂商业务往来函件、电报;客户业务合同及协议书;关于国外厂商征信调查表及合作计划草稿;该公司资金情况月报及进销货留底;公司财产报告及存货明细报表,所得税申报表;估价单、报价单、议价表、保险单等。

(三)财会类

有该公司各年度总账、客户往来总账,定货、购货、销货总账,开支费用总账、银号往来总账、外币各户往来总账、公积金总账、来往杂项总账;资本账、现金日记账、现金月记账、开支明细账、各种分类账、清查账册;年度资产负债表;财产报告;公司流动资金、冻结外汇情况报表、年终库存表;该公司与银行对账单、借款契据等。

南侨股份有限公司天津分公司
全宗号 W97

一、机构概况

南侨股份有限公司总部设在上海,1943 年设立了南侨股份有限公司天津分公司。该公司属于华商私人贸易商行,经营组织形式为股份制,主要经营进口化工原料、橡胶、西药,出口山干货、豆类、土特产等。其内部组织设有董事长、常务董事、董事、监察、经理。该分公司地址在天津市旧特管区东马路 7 号。1949 年 1 月天津解放后,该公司继续经营,1956 年 1 月,该公司参加公私合营,加入天津市公私合营杂品联合出口公司。

二、档案情况及内容介绍

馆藏该全宗档案共 281 卷,上架排列长度 7.2 米,档案起止时间为 1943—1956 年,档案按“问题-年度”分类排列。编有案卷目录可供检索。

档案主要内容如下:

(一)综合类

有该公司章程、营业登记表;董事、监事表;劳资协商组织章程;营业统计规定;人事组织、资金情况材料等。

(二)业务类

有该公司业务报告书;合同、成交协议;主要商品进销数量月报表;与国内外进出口商行业务往来函电;报价单;保险单等。

(三)财会类

有该公司资产负债表;损益计算书;工商所得税申报表;纳税月报;商品存货报表;销货清单;结账单;与国内有关部门商品对账单;该公司总账、日记账、明细账、辅助账等。

天津镒友新记商行
全宗号 W99

一、机构概况

天津镒友新记商行于1941年10月成立,为华商私人贸易商行。其业务职能是经营进出口贸易,进口五金工具、纺织器材;出口蛋品、地毯等土特产品。该行经理江杏农、高仰达,其下设副理、襄理、会计、外牍等职员若干人。1949年1月天津解放后,该行继续经营,于1956年参加公私合营。

二、档案情况及内容介绍

馆藏该全宗档案共344卷,上架排列长度10.8米,档案起止时间为1941—1956年,档案按"问题-年度"分类排列。编有案卷目录可供检索。

档案主要内容如下:

(一)综合类

有该行人事、组织机构方面文件;申请公私合营文件;天津国际贸易第一联营组业务总结报告及联营组会议记录、组员经营能力、资产负债调查材料;天津国际贸易联营组工作细则;天津进出口商业同业公会出口研究小组会议记录;天津进出口业土产购销组联营社办事细则及会计决算报表;天津劳动就业委员会关于劳动力统一调配暂行办法;天津百货进口组进口货物计划表;华北城乡交流展览会计划草案;该行关于进口五金工具、纺织器材、西药与国外客户往来函件，订立合同及到货清单、保险单、化验单等；该行就土畜产品出口与国外客户往来文书；就西药、化工原料销售与国内客商往来文书等。

（二）财会类

有该行资产负债表、财务报表及历年资本盈亏情况报表；化工厂损益表；薪金表及改变工资计算单位表；明细账、日记账、辅助账等。

南洋股份有限公司天津分公司
全宗号 W100

一、机构概况

南洋股份有限公司于 1940 年由国内一些实业家、银行家、华侨、知名人士发起成立，1947 年 4 月，正式成立南洋股份有限公司天津分公司，属华商私人股份制企业，主要经营进出口贸易，出口业务以皮毛、猪鬃、土产、山货为主；进口业务以五金器材、化工原料为主。该公司地址在天津市原十区开封道 29 号，经理是马熙鸣，设副经理、业务主任、会计各 1 人，下设猪鬃加工厂。1948 年该公司业务收缩，仅靠贷款及押汇维持业务。1949 年 1 月天津解放后，该公司恢复营业，于 1956 年参加公私合营。

二、档案情况及内容介绍

馆藏该全宗档案共 398 卷，上架排列长度 6. 3 米，档案起止时间为 1947—1956 年，档案按“问题-年度”分类排列。编有案卷目录可供检索。

档案主要内容如下：

（一）综合类

有总公司简史、公司章程；该公司经理简历表及职员登记表、保证书、聘任书、工资表和离职证明书；股东名册、董事和监察人名单；1952 年该公司关于天津财产清估会议程序和会议记录、总结报告；1952 年天津市工商联给该公司通知材料；天津市同业公会通知和会议记录；天津市工商业账簿与发票管理实施细则；天津市草帽辫购销联营社章程等。

（二）业务类

有该公司 1949—1952 年业务会议记录；业务经营概况；有关商品购销价格表、成本估价单;运货情况记载、代客买卖备忘录;1950 年公司国外贸易商调查表;出口物资调查表、天津区主要商品输出估计表;1949—1952 年度税收表;该公司与北平百货公司、华美洋行、天津铁路局等订立购销商品合同;与先农工程股份有限公司订立房屋租赁合同;公司所属猪鬃加工厂合同;与国内、国外客户联系进出口业务往来函件等。

(三)财会类

有该公司资产负债表、损益计算表、会计日报表;各种费用登记账、业务费用账、借款账、日记账、分类账、家具账等。

德程津行
全宗号 W102

一、机构概况

德程津行于 1949 年 5 月 1 日成立,倪晋德任经理,地址在天津市原一区昆明路 36 号,1952 年迁至天津市原五区北平道 68 号。该行主要经营化工原料、土产、五金进出口业务。初期有职员黄雰、黄镇昌两人,1950 年倪晋德之妻马聘儒加入该行,后由倪晋德、马聘儒共同经营。1956 年 1 月,该行加入天津市公私合营联合进出口公司。

三、档案情况及内容介绍

馆藏该全宗档案共 45 卷,上架排列长度 0.9 米,档案起止时间为 1949—1956 年,档案按“问题”分类排列。编有案卷目录可供检索。

档案主要内容如下:

有该行进出口业务成交文件材料;该行与各国厂商联系业务往来文件;与国内各机关企业往来文件及该行账册等。

晋华贸易行
全宗号 W104

一、机构概况

晋华贸易行于 1946 年 5 月正式成立，属于股份制私人贸易行，张联亨任经理，李秀三任副理，地址在天津市原一区迪化道太和里 10 号，1954 年 7 月迁址到天津市原五区浙江路 10 号。该行主要经营进出口贸易业务，1946—1948 年主要贸易对象是美国，进口交通工具、建筑器材、染料、化工原料、呢绒、毛织品、食品，出口北京手工艺品；1949 年 1 月天津解放后，主要贸易对象为日本、中国香港，进口纸张、化工原料、五金、西药，出口山货、粉丝、绸缎。该行组织机构设经理（兼英文秘书）、副理（兼日文秘书）及会计、营业员（兼打字员）、事务员各 1 人。1956 年 1 月，该行加入天津市公私合营联合进出口公司。

二、档案情况及内容介绍

馆藏该全宗档案共 213 卷，上架排列长度 3.6 米，档案起止时间为 1944—1956 年，档案按“问题-年度”分类排列。编有案卷目录可供检索。

档案主要内容如下：

（一）综合类

有该行历史沿革、组织机构及人事概况；该行在天津市社会局呈请登记及批复；1956 年财产清点记录；该行致华北对外贸易管理局函件；关于房屋租赁事项与有关单位来往函件；该行申请公私合营材料；天津市进出口商业同业公会各项通知、公函、报表等。

（二）业务类

有该行业务概况材料、营业计划；与有关公司、厂家订购商品合同；进出口贸易商行登记、调查表；该行进口商品许可证、成本计算表；订购和销售记录、装船单据、报关纳税及结汇凭证、报价单；与美国、日本、英国等国家及中国香港地区各厂商联系业务往来函件；与国内客户联系业务合同、定单、确认书、保险单、报关纳税单据及索赔文件等。

（三）资料类

有 1949—1954 年国内外各厂商报价资料；进出口商品样本及说明书；1950—1953 年进

出口商品调研资料等。

（四）财会类

有该行资产负债表、损益计算表；总账、现金账、现金出纳账、明细账；与有关单位及私人财务交往函件、收据等。

兴华科学仪器行天津分行
全宗号 W105

一、机构概况

兴华科学仪器行天津分行自1950年开始筹备，于1953年正式开展业务，由李拱北任经理，史鹏勋任副理。该行隶属于上海市双口道110号的兴华科学仪器行总行，总行从1947年正式成立后，与美国及联邦德国建立业务关系。该行坐落在天津市解放南路40号，专门经营进口科学仪器，通过联邦德国施米德公司独家代理美国及联邦德国等产品。1956年1月，该行与中国进出口公司天津分公司合营，成立天津市公私合营联合进出口公司。

二、档案情况及内容介绍

馆藏该全宗档案共406卷，上架排列长度5.4米，档案起止时间为1946—1956年，档案按“年度-问题”分类排列。编有案卷目录可供检索。

档案主要内容如下：

有该行进出口业务成交文件材料；与各国厂商往来联系业务的文件；与国内各机关企业往来文件等。

天津惠安行
全宗号 W110

一、机构概况

惠安行于 1937 年在天津成立,为华商私人独资贸易商行,1940 年 3 月改为合伙经营。1942 年 1 月正式成立惠安津行,1943 年该行在上海设立了分行惠安沪行,同时在广州设庄。1946 年 4 月惠安津行进行了改组,总行设在天津,称为天津惠安行,又分别在上海、广州、香港设立分行,各称上海惠安行、广州惠安行和香港惠安行,并在天津设立肠衣加工厂。1947—1950 年,该行又先后在台北、青岛和汉口设立了惠安分行。该行主要经营内外贸易,进口化工原料、橡胶、五金、西药、纸张、呢绒、麻袋及量具等;出口羊皮、肠衣、蛋品、桐油、苎麻、芝麻、油籽、生米及杏仁等山货土产。总行设有总经理部,总经理为杨厚成,天津行经理为刘啸东,地址在天津市原一区哈尔滨道 86 号。1956 年 1 月,该行与中国进出口公司天津分公司合营,成立天津市公私合营联合进出口公司。

二、档案情况及内容介绍

馆藏该全宗档案共 796 卷,上架排列长度 16.2 米,档案起止时间为 1936—1956 年,档案按“问题-年度”分类排列。编有案卷目录可供检索。

档案主要内容如下:

(一)综合类

有该行合伙依据契约及营业申请登记书;关于改组增资登记;行务管理各项规定制度;营业注册连保单、登记证;工商业登记申请书;股东人事及营业范围变更登记文件;上报各机关营业调查表留底;各种行政会议记录;各分支机构登记及资金情况报表;总行、分行换证登记及设立肠衣厂登记文件;劳资协商会议章程及有关劳资问题文件;该行关于人员聘用、调动、离职等问题文件;总行、分行职员录及子女教育情况调查表;通行证留底;申请公私合营文件;合营核资调整表等。

(二)业务类

有该行与国外厂商客户业务往来文书;与国内各地厂商业务往来函件、电报;与各分行业务往来函件、电报抄本、长途电话记录；该行业务会议记录；进出口业务合同、协议书；进出口货物报关单、货物报价单、契约、单据；有关进出口业务资料、情报；该行与各有关银行业务往来文书；肠衣加工分类记录报表等。

（三）财会类

有该行各年度总账、分类账、现金账、股本账、商品账、日记账、进货账、销货账、往来账、费用账、损益账、补助账、零售账；历年会计决算表、财会决算账表、资产负债表、会计报表及有关单据；历年薪金表及分红记录；与各分行有关财务会计事项往来函件，该行各分行财会报告等。

兴达贸易行
全宗号 W115

一、机构概况

兴达贸易行前身是华北兴达股份有限公司，是由庄绍园、雷沐梅、宋晏林和韩佩璋等人于1946年集资建立，总经理为庄绍园，主要经营进出口及仓库储存业务。该公司在锦州、沈阳设办事处，兼营国内土特产品及运输业务。1949年1月天津解放后，股东发生变化，企业进行改组，撤销锦州、沈阳办事处，于1951年7月1日更名为兴达贸易股份有限公司。1951年，该行参加天津国外贸易联营组，主要经营大小五金、交通器材、化工原料、文具纸张、建筑材料、电气材料等。1952年8月，根据职工建议改为兴达贸易行，经营进出口业务及代天津市百货公司批发部储存货物。

二、档案情况及内容介绍

馆藏该全宗档案共116卷，上架排列长度1.8米，档案起止时间为1945—1956年，档案按“年度”分类排列。编有案卷目录可供检索。

档案主要内容如下：

该行与各国厂商为联系进出口业务的往来函电；进出口商品的报价单、装船单、提单；与国内各机关企业往来文件等。

天津三一企业有限公司
全宗号 W116

一、机构概况

天津三一企业有限公司原名天津三一企业公司，主要出资人是黄恕之。天津三一企业公司于 1949 年 6 月批准成立，地址在天津市大沽路 114 号，后迁址解放北路 133 号，组织形式为合伙经营。该公司在天津设有三一航业分公司，在上海及广州设有三一企业分公司，在烟台、沈阳和汉口设办事处。1950 年 11 月，天津三一航业公司并入三一企业公司，海外以香港为总公司，国内以天津为总公司。

1951 年 10 月 20 日及 25 日，天津三一企业公司召开股东会议，议决增资改组，组织形式改为有限公司。1952 年经天津工商局批准，将企业名称改为天津三一企业有限公司，经理为黄恕之，副理为童德明、周士达。1954 年 9 月，童德明改任经理，杨洁为副理。该公司主要经营进出口贸易，进口主要有五金、化工、西药、油类、麻袋等；出口主要有油脂、油料、籽饼、豆类、山货、矿产、猪鬃等。1955 年 12 月 5 日，该公司向中国进出口公司天津分公司申请参加公私合营。

二、档案情况及内容介绍

馆藏该全宗档案共 370 卷，上架排列长度 6.75 米，档案起止时间为 1949—1956 年，档案按“年度-问题”分类排列。编有案卷目录可供检索。

档案主要内容如下：

有该公司关于航运业务和进出口商品与国内各单位及国外各厂商的往来函电；关于航运业务文件材料等。

三泰华行
全宗号 W117

一、机构概况

三泰华行于 1946 年 8 月在上海正式成立,为戴天吉独资经营。1949 年 10 月申请迁津继续经营进出口业务,1950 年 10 月,经批准在天津正式营业,地点设在滨江道新华大楼 408 室,戴天吉任经理,职工 7 人;之后根据业务发展增加副经理邵宝祥、唐宝乾、朱声振、戴卢生、张宝汇及工勤杨想来等人。该行主要经营进口各种科学仪器及医疗器材,出口土产。1956 年,该行参加公私合营,加入天津市公私合营联合进出口公司。

二、档案情况及内容介绍

馆藏该全宗档案共 157 卷,上架排列长度 3. 15 米,档案起止时间为 1946—1956 年,档案按“年度-问题”分类排列。编有案卷目录可供检索。

档案主要内容如下:

有该行关于进出口商品业务与国内各单位、国外各厂商的往来函电等。

华仪工程贸易行天津分行
全宗号 W118

一、机构概况

华仪工程贸易行成立于 1947 年,地点在上海四川北路 1356 号,由周源桢发起并组织,其性质是合伙经营,由合伙人周源桢、朱之傑、鲍熙年 3 人共同筹集,周源桢为总经理。1949 年 1 月天津解放后,该行在天津设立分行,资本额由总行筹拨,由李林荫负责经营并任经理,马增湘任监理兼会计。该行主要经营进出口贸易,以进口联邦德国、瑞士科学仪器为主。

1956 年参加公私合营时，该行加入天津市公私合营联合进出口公司。

二、档案情况及内容介绍

馆藏该全宗档案共 162 卷，上架排列长度 2. 25 米，档案起止时间为 1947—1956 年，档案按“年度-问题”分类排列。编有案卷目录可供检索。

档案主要内容如下：

有该行组织机构及内部联系材料；财务会计及与相关银行联系材料；与相关机关及公会联系材料；进出口业务类文件等。

平津隆泰贸易行
全宗号 W119

一、机构概况

平津隆泰贸易行成立于 1946 年，地址在天津市原一区承德道海关胡同 3 号，由刘哲忱独资创办，经理刘哲忱，副经理温绍征，襄理张汝翼，有职工 11 人。1949 年 1 月天津解放前该行主营进口贸易，进口大小五金、西药、工具等；天津解放后兼营进出口贸易，出口马尾、山羊毛、蛋品、桃仁、桐油、花生油等。该行于 1955 年 12 月 31 日申请与中国进出口公司天津分公司公私合营，1956 年 1 月加入天津市公私合营联合进出口公司。

二、档案情况及内容介绍

馆藏该全宗档案共 171 卷，上架排列长度 3. 15 米，档案起止时间为 1946—1956 年，档案按“年度-问题”分类排列。编有案卷目录可供检索。

档案主要内容如下：

有该行业务成交文件材料；该行与国内外各厂商联系进出口业务往来文书；报价单、提单、发票、装船单据等。

亨通贸易股份有限公司
全宗号 W120

一、机构概况

亨通贸易股份有限公司成立于 1933 年 10 月,属于华商私人贸易商行,经营组织形式为股份制。该公司经营进出口贸易,主要进口面粉、大小五金、化工原料、纸张、呢绒、自行车零件;出口猪鬃、羊毛、皮张、蛋品、桃仁、油籽、山货、肠衣、草帽辫等。公司内部设股东会和董事会,下设经理部,经理为王芷洲。公司开业地址在天津市旧法租界四号路 83 号,先后迁至天津市原一区哈尔滨道、大沽路、浙江路等处。1949 年 1 月天津解放后,该公司继续经营,于 1956 年 1 月公私合营,加入天津市公私合营联合进出口公司。

二、档案情况及内容介绍

馆藏该全宗档案共 1047 卷,上架排列长度 36 米,档案起止时间为 1930—1955 年,档案按“问题-年度”分类排列。编有案卷目录可供检索。

档案主要内容如下:

(一)综合类

有该公司沿革、简史;公司筹设登记及股东会议文件;该公司章程、申请验发执照书、执照照片及变更登记、换证文件;有关改选董事、监事的变更登记文件,公司股东会、董事、监事会议文件,股东名簿;公司人事变更、资产营业人事情况表;公司职工会议记录,公司劳资协商会议记录;公司行政、组织各项规定及有关通知等。

(二)业务类

有该公司业务会议记录及营业报告;公司与国内外客户厂商业务往来函件、电报;公司派往国外人员联系进口业务往来函件;出口货物进货报告;进出口订货合同及装运单据;与香港及欧洲各国厂商联系进出口业务情况及成交业务统计表留底;出口货物市场情况报告及调研资料;商情资料;手工艺品参考资料表;与有关银行联系业务往来文书等。

(三)财会类

有该公司各年度总账、总分类账、股东账、现金账、明细账、流水账、损益账、各项开支账、进口总账、出口清账、进出口往来账、进出口存货月总账、进出口定货分户账、仓库货物账、外汇结算账;与银行及钱庄往来账、暂记存账、欠款账;该公司各年度决算书、决算报表、会计报表;该公司与有关银行及洋行买卖外汇往来文书,外汇结汇收账通知单;进出口货物损益计算表、出口商品成本计算表、埠际贸易损益计算表、资产负债、费用开支、货物成本等报表留底及出口货物发票、单据等。

中英贸易商行
全宗号 W121

一、机构概况

中英贸易商行成立于 1935 年 10 月,由刘树镛、王孟钟共同出资组成。当时适值英商安利洋行进口部歇业,其雇员均被中英行接收。1939 年由刘树镛任经理,负责全面工作及国外联系。该行系合伙经营,1949 年 1 月天津解放前经营手工业,为工矿、铁路机构进口五金原料及工矿器材;天津解放后主要为进出口公司及各单位进口五金、器材,出口地毯、国药等。该行除经营进出口业务外,另创立中建螺丝钉厂,专门生产木螺丝钉。1955 年 10 月,由天津市人民政府批准参加公私合营,受天津市机电工业局领导。

一、档案情况及内容介绍

馆藏该全宗档案共 90 卷,上架排列长度 2.25 米,档案起止时间为 1936—1956 年,档案按“年度-问题”分类排列。编有案卷目录可供检索。

档案主要内容如下:

有该行业务成交文件材料;该行与各国厂商往来联系业务文件;与国内相关机关、企业往来文件等。

天津兴安商行
全宗号 W122

一、机构概况

天津兴安商行于 1946 年 12 月成立，为华商私人合伙经营，是兴安商行上海总行设在天津的分支机构。天津兴安商行主要经营北平、张家口、包头、太原、石家庄、德州等地区的进出口贸易业务。进口主要有西药、化工原料、医疗器械及大小五金等；出口主要有国药、粉丝、豆类、油料、草帽辫及土特产品等。该行设经理 2 人、副理 2 人，设会计、出纳、组织员、报关员、仓库员、杂务员各 1 人，外勤人员 9 人。1949 年 1 月天津解放后，该行经营方向转向投资工业生产，于 1955 年 12 月参加公私合营。

二、档案情况及内容介绍

馆藏该全宗档案共 314 卷，上架排列长度 9 米，档案起止时间为 1946—1956 年，档案按“问题-年度”分类排列。编有案卷目录可供检索。

档案主要内容如下：

（一）综合类

有该行组织机构概况；股东名单、职工名单；1947—1948 年总行红利分配情况材料；有 1950 年上海总行、该行及青岛行重估财产报告；该行 1953 年关于筹集转业资金计划、转业问题劳资协议书，1954 年资产情况统计表等。

（二）业务类

有总行和该行部分年度营业报告书；1951 年业务会议记录、总结报告；1953—1955 年经营情况调查表、商业调查表、销货成本表；与中国香港及美国有关公司、厂家业务往来函件等。

（三）财会类

有该行部分年度资产负债表、损益计算表；1946—1955 年部分年度总账、日记账、进货账、存货账、销货账、资本账、分类账、费用账、现金账、商品账、往来账、损益账、仓库账、明细账等。

大华贸易商行
全宗号 W124

一、机构概况

大华贸易商行于 1941 年 10 月由许克光独资创设,经营国内贸易,1946 年改营进口贸易,以颜料五金为大宗商品,其次进口化工、西药、电工器材、汽车材料及科学仪器等,出口方面为各种土特产,如:南药、草帽辫、油脂油料、山干鲜货、肠衣、蛋品、桃仁、地毯、废棉及豆类等。1949 年 1 月天津解放后,该行继续经营至 1950 年改组,各股东退出,由许克光个人筹资继续进出口贸易。

二、档案情况及内容介绍

馆藏该全宗档案共 47 卷,上架排列长度 1. 8 米,档案起止时间为 1946—1956 年,档案按“年度-问题”分类排列。编有案卷目录可供检索。

档案主要内容如下:

有该行与香港荣记行、泰隆洋行,及美国、英国相关公司业务往来文件;该行一般业务往来文件;1949—1953 年财会账册等。

兴隆洋行
全宗号 W164

一、机构概况

兴隆洋行于 1895 年由德国人吉勃里创立,1922 年将其字号及铺底作价出兑与叶星海、李缓才、王兰生、王烈卿、高少洲等人继续经营,吉勃里本人也加入一部分资金,叶星海任总经理,高少洲任副经理。1923 年 4 月公司改组,股东稍有变更,经协商,将兴隆洋行卖与兴隆公司各股东,对外仍称兴隆洋行,对内称兴隆公司。该行主要经营进出口业务,还兼做存栈代理、保险以及押款业务。该行进口业务有粮食、染料、化工产品、药品、化妆品、五金器材、旧报纸等;出口业务有绒毛、蛋品、草帽辫、猪鬃、马尾、桃仁、杏仁、花生、果米等。1949 年 1 月天津解放后,该行继续经营,1956 年该行参加公私合营。

二、档案情况及内容介绍

馆藏该全宗档案共 104 卷,上架排列长度 2.7 米,档案起止时间为 1925—1955 年,档案按“年度”分类排列。编有案卷目录可供检索。

档案主要内容如下:

有该行对外往来函件;国内往来函件;出口单据;电报副本;该行组织机构、资金人员、经营情况、财会账簿等。

辅中物产贸易股份有限公司
全宗号 W165

一、机构概况

辅中物产贸易股份有限公司于 1943 年开业,是由前福中公司改组而来。福中公司 1940 年开业,主要业务为出口猪鬃,进口食粮。1943 年由天津金融实业界资耀华、杨天受、前开滦总办娄鲁青、久丰保险公司总经理谭志清等接任,改称辅中物产贸易股份有限公司。1948 年扩大增资,1954 年股东人数 167 人,资方 2 人,谭志清任总经理,徐继仁任经理。韩朝佑任副理,江星璇、李永麻任襄理,谈念曾任肠衣厂经理,张林峰任肠衣厂厂长。

该公司 1948 年以前出口以猪鬃为主,1948—1949 年出口以绒毛、肠衣为主,进口以五金、化工原料为主;1951 年起绒毛、肠衣改为特许出口,除代理国营公司出口绒毛、肠衣外,自营改为豆类、杂粮,进口以五金、化工、西药为主。该公司 1953 年起拓展麻棉出口路线及小土特产辣椒干等业务,进口以五金为主;1954 年出口以绒毛、肠衣等为主,进口化工原料等。1954 年,该公司先后加入蒙古包废毛毡出口联营组,进口第一联营组、畜产出口第三联营组等。

二、档案情况及内容介绍

馆藏该全宗档案共 78 卷，上架排列长度 1.8 米，档案起止时间为 1945—1956 年，档案按“年度”分类排列。编有案卷目录可供检索。

档案主要内容如下：

有该公司出口单据；电报副本；国内往来函件；对外往来函件；该行组织机构、资金人员、经营情况、财会账簿、重大活动材料等。

人人企业股份有限公司天津分公司
全宗号 W167

一、机构概况

人人企业股份有限公司于 1945 年在重庆成立，1945 年冬迁至上海，1950 年 12 月 12 日上海总公司改称上海分公司，在天津设立总管理处。1953 年底，为简化机构，将天津总管理处撤销，与上海分公司合并为总公司。天津分公司于 1948 年 3 月 18 日成立，当时因无输出入管理委员会执照，故无业务。1949 年 8 月在对外贸易管理局登记后，正式开始业务，会计不独立。资方代理人、经副理各 1 人，劳方 10 人，经理为张继盛，副理为刘其昶。该公司经营国际贸易，进口业务为五金、化工、车胎等；出口业务为土产、蛋品、绒毛等。

二、档案情况及内容介绍

馆藏该全宗档案共 21 卷，上架排列长度 0.9 米，档案起止时间为 1947—1956 年，档案按“年度”分类排列。编有案卷目录可供检索。

档案主要内容如下：

有该公司出口单据；电报副本；国内往来函件；对外往来函件；该公司组织机构、资金人员、经营情况、财会账簿材料等。

大来贸易行
全宗号 W168

一、机构概况

大来贸易行于1946年7月成立，当时称为大来物产贸易股份有限公司，为合资经营，主要股东有雍剑秋、徐端甫等十几人，总经理为李鹏远。1949年4月开设肠衣厂，1950年1月进行改组，选雍鼎臣为总经理，潘拨生为经理。1953年1月，经股东会决议，股份有限公司宣告结束。后改组为合伙组织，并改名为大来贸易行，1953年5月7日申报在案，在工商局换证登记时改为雍鼎臣独资。该行从业人员10人，其中资方1人，资代3人，劳方6人，无分支机构。主要出口有肠衣、绒毛、猪鬃、山货；进口有化工、五金、科学仪器等。

二、档案情况及内容介绍

馆藏该全宗档案共34卷，上架排列长度0.9米，档案起止时间为1946—1956年，档案按"年度"分类排列。编有案卷目录可供检索。

档案主要内容如下：

有该行出口单据；电报副本；国内往来函件；对外往来函件；该行组织机构、资金人员、经营情况、财会账簿材料等。

益中行
全宗号 W172

一、机构概况

益中行前身为益发贸易公司，1946年4月1日由王子嘉接任，改为独资经营，自任总经理，利用原有人才设备改组为益中行，经营进出口业务。1949年8月8日该行再次改组，聘谢汀锡任经理，孙德卿任副理，附属的益中制毛厂由宋舜卿任厂长。该行在职人员共25人，另有固定工人30名，流动工人300—400名。中华人民共和国成立初期曾代华北猪鬃公司、华北油脂公司进口猪鬃、油脂、油料等。该行经营品类有出口猪鬃、马尾、土产等，进口大五金、染料、化工原料等，并代畜产公司加工猪鬃、马尾等产品，向国外推销。1955年12月，该行申请参加公私合营。

二、档案情况及内容介绍

馆藏该全宗档案共31卷，上架排列长度0.9米，档案起止时间为1948—1955年，档案按“年度”分类排列。编有案卷目录可供检索。

档案主要内容如下：

有该行国内往来函件、对外往来函件、电报副本、出口单据等；该行组织机构、资金人员、经营情况、财会账簿等。

中美企业股份有限公司
全宗号 W184

一、机构概况

中美企业股份有限公司1945年7月1日创办于重庆，1946年1月迁移至天津市正式营业，随后在北平、上海成立了分公司，在兰州、包头、广州成立了办事处，并在天津市建立了肠衣加工厂、绒毛加工厂、猪鬃加工厂和汽车修配厂，在香港、东京、纽约成立了分行。1948年在天津解放前夕，总公司迁往上海，在上海解放前又迁往广州。1949年1月天津解放后，中国人民解放军天津市军事管制委员会接管该公司，并接收了肠衣加工厂、绒毛加工厂、猪鬃加工厂，接收后各厂工作人员继续工作。该公司在1950年1月被批准恢复营业，北京分公司、兰州办事处也同时复业，上海分公司和包头、广州办事处、汽车修配厂皆已结束工作，香港、东京、纽约等分行继续营业。1950年该公司与纽约分行断绝了业务联系，1951年上半年该公司新建的肠衣加工厂结束业务。1951年下半年该公司又在东郊杨家台建立了化工厂，生产炭黑，1954年初结束生产。兰州办事处于1952年初结束办公，1953年上半年又结束了北京分公司的经营活动，至此国内分支机构已全部结束。

该公司在创立会上选举了董监事，成立了董事会和监事会，并聘请了马更生为总经理，齐守愚为协理。主要股东有马木斋、李筱峰、齐守愚、高韶亭、李翰园等。该公司迁至天津后，又增加股东多人，主要有边洁清、孙润生、赵子贞、王晋生、李少珊等大小股东有三百余人。

该公司各分支机构的人员除东京分行是由当地任用者外，都由总行分派，这些机构的业务经营上都服从于总行。中华人民共和国成立后，北京分公司的主要业务是代总行推销进口货物，分支机构香港、东京两分行主要是代总行经营进出口业务，经营范围主要是进口机器电气器材、大小五金、汽车及汽车零件等，出口绒毛、肠衣、油料、豆类等。1956 年 1 月，该公司参加公私合营，加入天津市公私合营畜产联合出口公司。

二、档案情况及内容介绍

馆藏该全宗档案共 104 卷，上架排列长度 2.7 米，档案起止时间为 1946—1955 年，档案按“年度”分类排列。编有案卷目录可供检索。

档案主要内容如下：

有该公司出口单据；电报副本；国内往来函件；对外往来函件；涉及组织机构、资金人员、经营情况、财会账簿等。

益成物产贸易公司
全宗号 J189

一、机构概况

益成物产贸易公司成立于 1947 年 4 月 26 日，其前身是通成公司。该公司主要业务是经营农、工、矿业产品，在国内运销及部分产品进出口贸易和代客买卖货物。该公司设董事长 1 人，由徐端甫担任。内部机构设秘书、稽核各 1 人及总务科、营业科。另设有青岛分公司和驻沪代表。1950 年 3 月 27 日，该公司歇业清理，同年 5 月 24 日经工商局批准撤销登记。

二、档案情况及内容介绍

馆藏该全宗档案共49卷，上架排列长度1.72米，档案起止时间为1947—1950年，档案按“问题-年度”分类排列。编有案卷目录和文件目录可供检索。

档案主要内容如下：

有该公司章程，组织系统设置情况材料；申请临时登记及撤销登记材料；董事、监察人、股东名册，员工名簿；董事会、监察会往来函件；公司业务会议记录；公司经营种类一览表；该公司与银行、企业、分公司、客户业务往来函电，为采购粮食、棉花、土特产品等与各地商号往来函电及与驻外地采购员业务往来函电；营业概况报告；公司收文、发文、录电簿等。

大业进出口贸易股份有限公司天津分公司
全宗号 J196

一、机构概况

大业进出口贸易股份有限公司天津分公司是1949年由大业盐号天津分号及大业公司天津办事处合并组成，隶属于上海总公司，是上海银行投资的私人企业，主要经营进出口业务兼营埠际土产业务。该公司设正、副经理各1人，正、副会计各1人，助办、办事员数十人。1949年1月天津解放后，该公司继续经营，于1955年申请歇业。

二、档案情况及内容介绍

馆藏该全宗档案共290卷，上架排列长度5.22米，档案起止时间为1946—1955年，档案按“问题-年度”分类排列。编有案卷目录和文件目录可供检索。

档案主要内容如下：

（一）综合类

有该公司人事、组织机构方面规章制度；人事通函及人事任免、变动文件；公司清理总结报告及申请歇业文件；各地行、处一览表及机构增撤文件，各地办事处盐业会议记录；芦盐驻津办事处简章；总公司建立简史，及有关人事变动、机构变革方面指示、通函；华中区盐运商办事处组织章程,工作计划、总结;盐业协进会委员、会员名单及该会简章、组织规则和理监事会议记录等。

(二)业务类

有关于运输、购销食盐、废棉等事与总公司、各机关和国内外客户往来函件、签订合同及表报;湖北盐运处盐务通函;市场通讯、业务旬报;沪市金融经济情况通讯;港澳商情通讯;水灾火灾保险方面文件等。

(三)财会类

有总公司关于账务处理指示;公司日记账,职工薪津表,资产重估文件,资产负债表;原始单据等。

中国旅行社天津分社
全宗号 J198

一、机构概况

中国旅行社天津分社于1927年7月1日成立,是在上海银行天津分行旅行部的基础上改组而成,隶属于上海中国旅行社。其主要职能是以客、货运输为主,同时代办旅行、报关业务。内部机构设有营业组、运务组、报验组、会计组。抗日战争时期,该社由日伪华北区经理管理。1949年1月天津解放后,该社继续经营,于1954年申请歇业。

二、档案情况及内容介绍

馆藏该全宗档案共45卷,上架排列长度1.2米,档案起止时间为1925—1954年,档案按"问题"分类排列。编有案卷目录和文件目录可供检索。

档案主要内容如下:

(一)综合类

有该社关于机构改组、人事任免文件;社长来函副本;分社情况报告;清理方案等。

(二)业务类

有该社关于代购火车票及旅游咨询、客运等与有关客户往来函件;关于客运等问题与中国旅行社及各地分社、联社、铁路局等单位来往函件；中国旅行社业务通讯等。

（三）财会类

有该社关于薪金调整方面文件及开支月报等。

天津和源贸易行
全宗号 W92

一、机构概况

天津和源贸易行成立于1951年8月，地址在天津市原二区民族路36号，该行经理张伯伦，副经理张宜庵，襄理齐兆政，会计赵国栋。其主要职能是经营进出口贸易，进口的主要品种有西药、五金，出口的主要品种有铁钉、铁丝、绒毛、蛋品等。1956年1月，该行加入天津公私合营杂品联合出口公司。

二、档案情况及内容介绍

馆藏该全宗档案共197卷，上架排列长度2.7米，档案起止时间为1947—1956年，档案按“问题”分类排列。编有案卷目录可供检索。

档案主要内容如下：

（一）综合类

有该行经营情况及进出口专业组组员和联营组会议记录，组织章程，组员名单；该行变更登记，公私合营申请书，申请合营投资明细表；国外资金申报表，工商所得税申报表；联营组资产负债表；进出口计划书，推销和收购计划表及合同协议书材料等。

（二）业务类

有进出口同业公会关于税务、易货、转汇、检验运费通知；该行工人救济金报告书；银行借款契约；该行与国外客户及国内有关单位业务往来文件；价格单、议价单、发票、提单材料等。

（三）财会类

有总账、日记账、明细账等。

天津晋达贸易行
全宗号 W94

一、机构概况

天津晋达贸易行的前身是上海晋达贸易行，上海晋达贸易行成立于1949年2月，创始人孙世赏，主要经营西药、染料等业务，于1950年5月经批准歇业。1951年8月孙世赏等人在天津改组上海晋达贸易行，成立天津晋达贸易行，地址在天津市和平区营口道24号，主要股东为王树枬、张鑫波、高砥中、孙世赏、吕殿兴、王祝三，董事长为王树枬、经理为孙世赏，副经理为吕殿兴。该行主要经营进出口贸易，进口商品种类很多，有西药、化工原料、科学仪器、照相器材、文具纸张、五金工具、汽车零件、有色金属材料等；出口商品有豆类、刺绣制品、中药材等，经营方式为自购自销或代国营转购销。1956年1月，该行参加公私合营，加入天津市公私合营杂品联合出口公司。

二、档案情况及内容介绍

馆藏该全宗档案共122卷，上架排列长度2.7米，档案起止时间为1947—1956年，档案按“问题”分类排列。编有案卷目录可供检索。

档案主要内容如下：

有该行投资天一制药社文件；该行资金财产及人员情况；申请公私合营文件；与国内外客户业务往来函电；所得税申报表；会议记录；报价单；该行总账、资本账、开支费用账、货品账、日记账等。

通成公司天津分公司
全宗号 J195

一、机构概况

通成公司天津分公司成立于 1927 年 10 月,是一般性贸易运输货栈,其主要经营粮、棉、煤等农矿产品的购销及运输业务。其内部机构设有煤业部、棉业部、粮业部,各部设经理、副理各 1 人。1945 年抗日战争胜利后,该公司被国民政府财政部训令解散清理。

二、档案情况及内容介绍

馆藏该全宗档案共 357 卷,上架排列长度 10.44 米,档案起止时间为 1928—1943 年,档案按"机构"分类排列。编有案卷目录和文件目录可供检索。

档案主要内容如下:

(一)综合类

有该公司历史沿革、公司章程、组织规则及人事制度、办事细则;董事会会议记录,机构改革、人事变动文件;公司所属塘沽办事处呈送机构调整、人事变动草案;公司及所属售煤处关于请发执照呈文;北平分公司登记执照文件及股东名册;公司与中英煤矿公司关于成立门头沟联合售煤处文件;公司购买平西矿区文件;公司有关日常事务,与各单位往来文件及收发文簿等。

(二)业务类

有该公司棉业部业务日志,编发市行目录,关于购买棉花事项与固城、济南、武汉等地办事处往来函件;各地棉田产量及函送各地汇款情况统计资料;该公司关于皮、棉行情调查文件;各地棉业公会章程和中国棉业贸易公司章程汇集;各地棉花价格报表;国内外棉花研究会通讯录;公司煤业部与晋北矿务局、山西大同矿业公司等单位关于购买煤炭来往文件,与北宁、平绥等铁路局关于运煤事项来往文件,与各洋行间关于销煤等事项往来文件;公司粮业部向加拿大温哥华粮务公司订购面粉事项专卷;天津市面粉与银钱业往来情况调查报告;中国西北地区粮、棉、煤购销情况调查报告等。

(三)财会类

有该公司与各地办事处有关账务、会计方面往来文件,河北省营业税征收章程及交纳所得税暂行条例等。

三井洋行
全宗号 W198

一、机构概况

三井洋行是日本三井物产株式会社在华支店的俗称。1907 年,该行在中国东北开办三泰油房,经营粮食的贩运和代销等业务。1917 年后,陆续在上海、天津、青岛、汉口等地设立分行,配合日本政府在华的扩张政策,参与对华铁路借款、工矿投资、轮船运输等业务。抗日战争胜利后,该行由国民政府接收。

二、档案情况及内容介绍

馆藏该全宗档案共 2080 卷,上架排列长度 122.98 米,档案起止时间为 1904—1956 年,档案按“年度-问题”分类排列。编有案卷目录可供检索。

档案主要内容如下:

有该行关于津浦铁路业务函件、报告,与银行往来函件、账目表;出口业务函件、单据;货运合同;商品明细表;损益明细表、决算书、精算账、分类账;敌伪产业处理局账目、清册等。

金融档案

天津证券交易所
全宗号 J181

一、机构概况

天津证券交易所从 1947 年 5 月开始筹备,1948 年 2 月 16 日正式开业。该所系企业股份有限公司,其业务受财政部、经济部派出的天津交易所监理员监督检查,主要职能是买卖有价证券,以股票业务为主。该所由股东大会通过章程,选举理事、监察人、经理,呈报财政部、经济部发给执照营业。其内部机构设有业务、财务、事务 3 处及秘书室。1948 年 8 月 19 日,国民政府改革币制发行金圆券后,命令津沪两地证券交易所暂行停业。1949 年 1 月天津解放后,根据中国人民解放军天津市军事管制委员会通知,该所于 4 月清理结束。

二、档案情况及内容介绍

馆藏该全宗档案共 80 卷,上架排列长度 1. 72 米,档案起止时间为 1947—1949 年,档案按“年度-问题”分类排列。编有案卷目录和文件目录可供检索。

档案主要内容如下:

(一)综合类

有该所筹备成立的请示及社会局批复;该所章程及组织大纲概况;成立天津证券交易所发起人名单及筹备委员名册;推任理、监事及聘任经理材料,常务理事长及常务理事名册,理、监事调查报告书;各科室职员任职一览表,职员聘任及辞职材料;股东名册;经纪人信用调查表;该所营业细则及营业执照,营业概算书和计算书;该所筹备常务会会议记录,筹备委员会会议记录,创立会议记录和开幕会议记录,理监事联席会及监察人常务会会议记录等。

(二)章则类

有该所关于证券上市办法,关于证券升降限度变通办法,证券增资后新股上市开盘办法;关于证券涨(跌)停后第二日开盘办法;该所证券交易办法,对挂失股票防止流通办法,对零股买卖交易办法;对交易价格升降之限度规定,交易场务暂行规则,严禁场外交易事项规定;该所改订暂行交割办法及短期库券上市交割办法、公告等。

(三)业务类

有该所股份代理授权证书和股份代表人名册,经纪人关于审查经营业务证件及交纳保证金事项文件;该所上市成交单位及叫价单位表、逐月成交对照表;13家厂商股票上市备案材料;无证拟定成交单位名册;证券上市户办理增资来往公函;该所有关证券交易业务与上海、南京、北平证券金融机构来往函件等。

联合征信所平津分所
全宗号 J192

一、机构概况

联合征信所平津分所是由联合征信所于1947年4月在天津设立的分支机构。该分所业务范围是办理平津地区公私经济征信事务,经济金融专门研究,印刷发行征信新闻天津版与平津金融业概览等书刊,经办工商企业调查、人事调查和金融物价调查等。该分所设经理1人,职工数十人,在北平设有办事处。1948年5月1日,该所工作结束。

二、档案情况及内容介绍

馆藏该全宗档案共35卷,上架排列长度0.86米,档案起止时间为1946—1948年,档案按“问题”分类排列。编有案卷目录和文件目录可供检索。

档案主要内容如下:

有平津分所为业务、人事、总务、刊物编辑出版等事项向总所发函底稿;因业务、刊物出版、该所组建等事项向天津市、河北省有关机关单位发函底稿;因业务、稿酬、刊物编辑出版向总所、南京分所、平津分所外地通讯员等发函底稿;组织方案、年度工作报告和业务简则;编发《天津市一般金融经济情况报告书》及有关素材记录稿,《天津市经济动态周报》及天津每周商情(表)等;总所职员考核表、所员登记表、人事调查表,平津分所普通所员名录,北平办事处业务报告等。

久安信托股份有限公司
全宗号 J201

一、机构概况

久安信托股份有限公司(简称久安信托公司)于1931年9月29日在津成立。该公司是股份制有限公司,其主要职能是:介绍贷款、保管货物、代理保险、代理买卖房产和货物,经租房屋和办理其他信托事务。该公司董事长是周止庵,经理尤士琦、言镕甫,内部机构设有总务部、会计部、出纳部、营业部,还设立有东马路办事处、黄家花园办事处及上海分公司。抗日战争时期,公司被改为久安商业银行,抗日战争胜利后,恢复原字号。1952年,该公司参加公私合营。

二、档案情况及内容介绍

馆藏该全宗档案共364卷,上架排列长度6.45米,档案起止时间为1920—1952年,档案按“问题-年度”分类排列。编有案卷目录和文件目录可供检索。

档案主要内容如下:

(一)综合类

有该公司历史沿革,章程、组织规则、办事细则、人事管理规则;董、监事名册、副理名册、股东名册;董事会会议记录、总经理条谕;机关变动、人事任免文件;该公司与董事、股东、同业公会及有关各单位就事务性问题往来函件;营业执照、印鉴样本、房屋契证等。

(二)业务类

有该公司业务会议记录、业务报告,营业员工作日报及外勤人员工作日记摘要;该公司对厂商信用调查报告和公司关于买卖证券业务、托办业务、存汇业务、存放款业务,以及股票抵押登记、买卖房产等业务与客户往来函件;同业公会及联合管委会金融工作会议记录;银行公会关于金融工作指示;该公司与中国实业银行、麦加利银行、花旗洋行有关金融、房产等业务往来函件;有关股票买卖办法及交易所章程等。

(三)财会类

有该公司预算留底;1950—1952年该公司财务计划、总结;1947—1949年该公司资产负债表、财产估价表、收据报表及清算报告;各项开支收据及电报费账单;货品部营业报告表留底;中华平安保险公司、纺织印染厂库存商品清单、对账单;该公司与英商瑞隆洋行有关账务方面往来函件等。

中央合作金库信托部驻津办事处
全宗号 J180

一、机构概况

中央合作金库信托部驻津办事处于 1948 年 3 月成立,地址在天津原一区罗斯福路 302 号。该处主要负责办理供销信托、委托购销、运输业务和代理保险业务,营业区域为北宁线的冀东区各县和津浦线的静海县。该处正、副主任均由河北省分库副经理兼任。1948 年 9 月,该处奉命结束业务,1949 年 1 月天津解放后,其档案随中央合作金库河北省分库一并由中国人民解放军天津市军事管制委员会金融处接管。

二、档案情况及内容介绍

馆藏该全宗档案共 32 卷,上架排列长度 0.43 米,档案起止时间为 1947—1948 年,档案按"年度-问题"分类排列。编有案卷目录和文件目录可供检索。

档案主要内容如下:

(一)综合类

有中央合作金库信托部驻津办事处成立,启用印信及各机关贺函;联席会会议记录及移交清册;该处关于人事任免及异动文件材料等。

(二)业务类

有中央合作金库信托部存货处理办法;该处关于购运、采购、配售煤炭、面粉、毛线、肥田粉、棉纱业务计划及办法;该处所辖各合作社托购物品计算单及收购成品申请书;该处存货报告表及进销货品月报表,物品保险单;与各分支库互相委托采购物品协约;与保险公司业务往来函件等。

(三)财会类

有该处各年度捐益匡计表,年度结算整理项目及数额清册,年度预算要点和编造决算书;该处与各分支库款项往来记账办法;与中安盐号合作煤斤事项总分类账目及传票凭单等。

中央合作金库河北省分库
全宗号 J173

一、机构概况

中央合作金库河北省分库于 1947 年 3 月 21 日正式成立,其负责掌管的主要业务,除辅导合作事业、办理合作放款外,并兼营一般银行业务。先后任该分库经理的有陈长兴、王彦超等,其内部机构设有总务、营业、会计、辅导、信托、出纳 6 个组。1949 年 1 月天津解放后,该分库由中国人民解放军天津市军事管制委员会金融处接管。

二、档案情况及内容介绍

馆藏该全宗档案共 449 卷,上架排列长度 6. 02 米,档案起止时间为 1947—1949 年,档案按"年度-问题"分类排列。编有案卷目录和文件目录可供检索。

档案主要内容如下:

(一)综合类

有中央合作金库关于筹备成立河北省分库训令;中央合作金库理事及常务理事会会议记录,库务会会议记录;该分库组织规则;与同业行庄互换印鉴往来函件;关于成立日期、地址与各分库往来函件;关于保险、储运等问题与湖南、四川等地分库往来文书等。

(二)人事类

有中央合作金库关于该分库人员任免训令;该分库关于发放职员薪金及生活补助费规定、标准表;职员保证书、考绩表、考勤日报表;职员抚恤规则,关于人事异动问题与各地分库往来函件等。

(三)业务类

有中央合作金库存放汇款各项规定办法,调整存款利率训令,外币债券处理办法;该分库关于汇津汇款及调拨款项问题向中央合作金库请示及中央合作金库批复;该分库关于业务区域划分问题与中央合作金库往来文书;关于协助国库及中央银行天津分行等单位代售印花税票、债券等有关函件,各县合作社、企业及商号关于申请抵押贷款问题与该分库往来函件等。

中央合作金库第五区区稽核办公室
全宗号 J190

一、机构概况

中央合作金库第五区区稽核办公室,于 1948 年 5 月 5 日在天津市开始办公,是中央合作金库总库的派出单位。该办公室辖有河北分库、北平分库、东北分库、张家口支库、锦州支库、归绥支库、包头分理处、大同分理处、沈阳城内分理处、涿县分理处及信托部天津办事处等单位,其职责是负责辖区各分库、支库、分理处、办事处业务、账务、财务稽核、表报审核、巡回检查等项工作。1948 年 12 月,因合作金库稽核工作调整简化,改区域稽核为巡回稽核,该办公室随之撤销。

二、档案情况及内容介绍

馆藏该全宗档案共 54 卷,上架排列长度 0. 86 米,档案时间为 1948 年,档案按“问题”分类排列。编有案卷目录和文件目录可供检索。

档案主要内容如下:

有中央合作金库总库存放款规定办法;总库常务理事会会议记录,审核座谈会会议记录;巡回检查报告编制说明及补充规定;财政部关于财政经济紧急处理办法;该办公室关于对各分库审核通知书;职员任用、调迁、考绩材料,服务简章;稽核工作汇报;内部往来账目簿;结算、决算注意事项,投资简章,会计制度;致总库稽核室电报稿;与各分库、支库关于业务调整意见及划分往来文书、函电副本;关于派遣警卫问题与警察局往来文书等。

中国银行天津分行
全宗号 J161

一、机构概况

中国银行天津分行成立于1912年10月11日，是由天津大清银行演变而来，属于官商合办金融机构。该分行于1922年奉令划为区域银行，随即北平、河北、山西、陕西等地区分行改为支行归其管辖。该分行主要职能是办理经营存放款、汇兑、期票、证券、公债、发行货币、买卖生金银、国际贸易结算、保险及代保管等业务。其内部机构先后设有文书股、业务股、营业股、会计股、出纳股、信托股、外汇股。1949年1月天津解放后，该分行由天津市人民政府接管。

二、档案情况及内容介绍

馆藏该全宗档案共5750卷，上架排列长度184.47米，档案起止时间为1912—1964年，档案按“年度-问题”分类排列。编有案卷目录和文件目录可供检索。

档案主要内容如下：

（一）综合类

有中国银行条例、复业办法，经营计划书，布告、通知；关于分行、支行组织章程；该分行规章制度、业务方针，调查各地银行情况报告书；该分行董事会会议记录、行务会议提案文件；该分行成立经过、机构调整，津辖行裁撤日期文件；行长调任、职员名册及有关人员任免、提升、调动、奖惩、晋级、加俸文件材料等。

（二）业务类

1. 存放款　有总行外币存款规则；该分行放款规则，放款合同，抵押借款契约；各支行押品放款请示、报告；该分行与总处、各支行关于对军政机关、铁路、建设基金、农业、粮食业、盐业放款业务来往函电；天津市整理海河委员会、华北水利委员会关于海河工程借款来函；该行与复兴号等商号关于救济贷款事项来往文书；与总行、各分行、济安自来水公司等单位关于抵押透支、股票押款事项来往函件等。

2. 汇兑　有总行外汇管理办法;华北、华中银行通汇办法;该分行票据承兑贴现办法,汇款申请书,买入外汇报告书,外汇买卖各种统计表;外汇牌照参考资料;在津券兑现风潮中各项报道文件;有关办理外币汇票及押汇业务文件材料等。

3. 投资　有该分行与总行关于外币、股票、证券投资业务事项往来函件;投资豫丰纱厂、渤海化学公司、陕西省咸阳酒精厂文件材料等。

4. 信托　有该分行与总行、沪行关于托购外币、代购银元、代售股票、代办国库券等业务方面来往函件;日本、伦敦、纽约等地托收票据记录材料;该分行委托外地商号、银号代介汇款、代兑津券、托收汇票文件及代理授权书;信托公司工作程序手册等。

5. 货币发行　有总行关于货币改革制度通函;该分行造币合同,新币发行办法,运钞通知书;该分行与总行发行局、出纳局关于铸造银元,印制、发行、运送钞票业务,及通用货币情况来往函件;有关各地钞票、辅币流通、兑现文件材料等。

6. 代理国库　有各支行关于经募公债业务请示、报告及津行批复;盐业总厂盐包洋元清册;该分行与总行、沪行关于认购公债及公债还本付息等业务往来函件;与总行国库局关于经收盐款、印花税及税收手续来往函电;有关办理爱国库券及代收水灾捐款文件材料等。

7. 证券　有证券交易所会议记录;该行与总行、同业、机关关于办理股票、证券业务事项来往函件;该分行所属各处购买期票手续程序表,购买权申请书,股款收据;有关办理海河公债文件材料等。

8. 债权、债务　有该行与总行关于债务方面来往函件;该行代财政部赎回开平股票垫款及用关税等款拨还外债函件;关于企业、商号整理旧债案,旧债债权书、契约;有关票据存款纠葛及旧欠催收文件材料等。

9. 稽核　有该分行检查库存账目报告;该分行与总管理处关于查账问题来往函电等。

10. 仓库、保险　有该分行仓库保管押品报告;中国银行仓库调查表;该分行与总管理处关于选择货栈事来往文书;有关投保火险、房屋保险等文件材料。

(三)财会类

有中国银行账目报告;董事会会计议案报告,有关账务处理问题通知;该分行与总行出纳局、会计处关于记账方法、转账手续、现金出纳、准备金、往来款项利息核算等业务问题来往函件;该分行往来客户存款总账,各科目分类账;该分行及支行开支预算书,资产负债表,损益说明书等。

中央银行天津分行
全宗号 J170

一、机构概况

中央银行总行设于上海,1928 年 11 月 1 日正式成立开业,其职责包括经理国库、发行兑换券、铸发国币、经募国内外公债。1931 年 4 月 10 日,中央银行天津分行正式成立,地址在英租界中街 9 号。同年 5 月 9 日,奉财政部令接办天津海关税收事宜。1935 年 6 月 1 日,中央银行天津分行改为一等分行,主要业务是代理国库,发行钞票,贴现存款,抵押放款,国内外汇兑等。1937 年 7 月,天津沦陷后,该行址被日本华北交通股份有限公司天津运输营业所占用。1945 年 11 月 16 日,该行复业,地址在原十区中正路 115 号,主要办理中央银行规定的业务和财政部授权的检查金融机构业务。1946 年 1 月,该行又接办天津银钱业票据交换所,3 月 4 日起实施政府授权暂行办理管理外汇任务。该行历任经理有李达(宏章)、副经理谈公远、经理卞喜孙、副经理俞丹榴及黄襄成、李庆云、乔智千等。1949 年 1 月天津解放后,该行由中国人民解放军天津市军事管制委员会金融处接管。

二、档案情况及内容介绍

馆藏该全宗档案共 1350 卷,上架排列长度 31.82 米,档案起止时间为 1931—1949 年,档案按“问题-年度”分类排列。编有案卷目录和文件目录可供检索。

档案主要内容如下:

(一)组织人事类

有中央银行天津分行复业、停业及设立分支行机构函件;该行同人录;高级人员变动来往函电;人事任免升迁事项函件;员工保证书,雇员雇用、雇工推荐函件;行员调职通知书,行员调职撤退规定办法;关于人事待遇及福利事宜的来往函电;四行联办处津处会议记录等。

(二)业务类

有中央银行关于废两改元,组织兑换委员会办理银、元兑换函电;检查金融业务情况函电;经营外币、外钞、外汇业务文书;有关金融管制业务文书;运送钞票的来往函件;收兑黄金的有关函件;收兑黄金、外币运往上海的来往电报;收兑小额券办法;关于各地汇率事项来往文书;与各银行互送印鉴文书等。

中央银行天津分行接收联银清算组
全宗号 J194

一、机构概况

中央银行天津分行接收联银清算组 1945 年 8 月组成,其职能主要是接收中国联合准备银行天津分行执行清算事宜,属金融清算监理委员会下设清算处领导,是中央银行接收组之一。1945 年接收工作结束后,该清算组撤销。

二、档案情况及内容介绍

馆藏该全宗档案共 47 卷,上架排列长度 1.72 米,档案起止时间为 1941—1946 年,档案按“问题”分类排列。编有案卷目录和文件目录可供检索。

档案主要内容如下:

有中央银行天津分行联银清算组接收中国联合准备银行天津分行组织大纲及人员名册、印模清册;中国联合准备银行天津分行行员服务待遇及任免规则,清理账务款项处理办法,存款印鉴存底;市场物价指数旬报表,历年账簿及决算报表;对天津各企业华人资本有价证券调查资料;全国各省市联合准备银行分行金融月报等。

天津交通银行
全宗号 J143

一、机构概况

交通银行成立于 1908 年,属股份有限公司,总行设于北京,设天津为一等分行,名称为天津交通银行。其业务主要经营工矿、交通及公用事业的存放款、票据贴现、储蓄、仓库、代保管等事项。内部机构设有文书股、营业股、会计股、出纳股、储信股、存款股、放款股、汇款股，下设北平、张家口、石家庄、归绥、包头、保定、唐山及天津北马路8个支行。李钟楚担任经理。1949年1月天津解放后，该行由天津市人民政府接管。

二、档案情况及内容介绍

馆藏该全宗档案共919卷，上架排列长度29.24米，档案起止时间为1931—1949年，档案按“年度-问题”分类排列。编有案卷目录和文件目录可供检索。

档案主要内容如下：

（一）综合类

有交通银行组织规程，行员服务章则；该行及所属支行营业计划与报告，移交清册；有关人员调动、奖金、待遇文件材料；资产负债平衡表；存放款记账办法；支行营业储蓄资产负债余额表等。

（二）业务类

1. 存放款　有该行各种存款规则，生财细则；放款报核书，抵押借款契约，存放款清册；该行与铁路局、公司、商号、洋行等单位关于存款业务来往函件；与同业、各支行、公司关于抵押透支来往文书等。

2. 货币　有中央银行天津分行关于取缔美钞黑市临时办法及办理外汇注意事项来函；该行吸收外钞办法；与中国银行关于津钞回笼等问题来往文书；与支行关于运送钞券来往函件等。

3. 信托　有河北省银行关于委托该行代办国库税收业务来函；该行与各分行、支行有关代取代收工矿企业股票及股息来往文书；与支行关于办理代客运货来往函电；证券交易所委托该行代购代售短期债券及利率方面文件材料等。

4. 证券　有该行经收增资股款办法；与总处、支行、公司、商号关于股票过户及股息事项来往信函等。

5. 投资　有该行投资各生产工矿事业情况调查报告，及投资生产建设事业事实表；有关投资中国盐业公司、中本纺织公司文件材料等。

6. 代理国库　有该行筹办代理国库收税处明细表及契约；该行与中央津行、支行及办事处关于经收税款业务来往信函；与盐务局关于盐商纳税事项来往函电等。

7. 债务　有该行旧欠清册；与铁路局关于整理旧欠款问题来往函电等。

8. 保险　有该行与太平保险公司关于人寿保险、货物保险、火险等业务来往函电；与总行关于保险费事项来往文书等。

9. 仓库　有该行仓库押品管理规则；各支行仓库业务计划；该行仓库及各种粮栈调查报告；军管货物登记及保管物品清册等。

中国农民银行天津分行
全宗号 J187

一、机构概况

中国农民银行天津分行是中国农民银行总管理处(以下简称总处)，以接收的朝鲜银行为基础，于 1945 年 12 月 17 日正式设立。该行的金融业务主要为办理农业贷款、土地金融贷款和银行存放汇款、外汇、储蓄、信托等。该行设经理 1 人，副理、襄理若干人，内部机构有文书、会计、营业、农贷、储蓄、外汇、出纳、土地金融、信托等部门。该行在石家庄、唐山各设 1 个办公处，并在天津市内及塘沽、汉沽、昌黎、丰润、沧州设立分处。该行还附设中国农业保险公司天津代办处、中农电台天津分台、员工合作农场大津分场、农业供销公司天津分店等机构。1949 年 1 月天津解放后，该行由中国人民解放军天津市军事管制委员会金融接管处接管。

二、档案情况及内容介绍

馆藏该全宗档案共 431 卷，上架排列长度 6. 02 米，档案起止时间为 1942—1949 年，档案按“年度-问题”分类排列。编有案卷目录和文件目录可供检索。

档案主要内容如下：

(一) 业务类

有该行为洽订存欠款利息、洽商贷款、核对账务等问题向总处请示电和总处批示复函，及与中国农民银行各分行等单位为上述问题往来函电；为代理保险业务与中国农业保险公司等单位往来函件；为托收、托付问题与中国农民银行各分行等单位往来电报；为运钞券、托换钞券等问题与中国农民银行各分行等单位往来电函；为票据交换与各有关银行等单位互送印鉴往来函件；为企业票据贴现向总处备案函件及总处复函；为对机关、企业等搭放款问题与中央、中国、交通、农民四银行联合办事处天津分处(以下简称四联津处)、中央信托局、邮政储金汇业局天津分局等单位往来函件;为企业抵押借款与四联津处、津行所辖机构等单位往来函件;为企业透支借款向总处请示函件与总处通知书及复函;为押汇、洽汇、汇款、汇费、汇率等问题与四联津处等有关单位往来函电;为农业、水利及副业等事项贷款与河北省政府及其所辖地区有关单位往来函件;为收购成品、代付收购成品款等问题与中央银行及有关企业往来函件;该行业务报告等。

(二)组织人事类

有该行关于人事任免工作请示及总处批复函件;为机构设撤问题向总处请示及总处批复公函及对津行所辖机构下达通知和函件;为职员福利待遇、考勤请假、保证书等事项向总处呈文及总处批示复函;为职员调职、出差、兼职等问题请示函电及总处批复公函;中国农民银行行员年资考核表等。

(三)章则办法类

有总处关于业务章则办法和规章汇编;总处关于业务会计规则;四联津处关于存、放、汇款各项业务办法;天津市银行商业同业公会关于各项业务通令函件等。

(四)其他类

有该行关于员工生活、各种总务(庶务)事项向总处请示、报告、备案函件及总处指示、通知公函;关于金融机构、农贷、农业生产等问题调查报告;该行及所辖机构移交清册;与各联行互换印押公函;关于接收农工银行、朝鲜银行天津支店账务、家具、仓库物品变价等事项与中央银行等有关单位往来函件等。

盐业银行天津分行
全宗号 J217

一、机构概况

盐业银行天津分行于1915年5月6日成立,该行是以存放款为主,以汇兑、贴现、保管、储蓄等业务为辅,兼作买卖金银证券的商业性股份有限公司。该行内部设经理、副理和襄理,下设文书课、会计课、营业课、出纳课和保管课。1951年9月,该行与金城、中南、大陆、联合4个银行成立五行联合总管理处,实行公私合营,该行于1952年12月15日并入公私合营银行天津分行。

二、档案情况及内容介绍

馆藏该全宗档案共4130卷,上架排列长度59.34米,档案起止时间为1915—1952年,档案按“年度—问题”分类排列。编有案卷目录和文件目录可供检索。

档案主要内容如下:

(一)综合类

有盐业银行总行及分行组织纲要、办事细则、原始创办资料,各项业务章则、办法;该分行历年营业报告;盐业、交通、中南、国华四行承办北宁路局员工储金合同章则;盐业银行、金城银行、中南银行、大陆银行、联合银行“五联”总处、分处组织章程办法,盐业银行总处和各联行历史资料;华北区私营银钱业管理暂行办法;上海银行公会委员会公约、章程手续一览表等。

(二)人事财会类

有该行人事任免、员工恤养金、考勤、考试及中国人民银行天津分公司职工人身保险等文件;员工福利、工资制度和夫役规则,职工薪金表及人员名册;财务计划、报告和1952年10月财务总结;各项放款便查表、职工工资表及会计报表;1951年各行会计处决算办法及关于产业职工婚丧贷款文件;该行总管理处会计通函和商业会计法等。

(三)业务类

有该行历年业务简实报告书,及盐业银行总处绘制的存、放款统计表;华北区私营银钱业管理暂行办法;天津金融私营企业重估财产文件及与其他单位业务联系合同;该行为抵押放款业务与客户来往文书;有关存款、汇款、捐款、印鉴、股票收据、股息、减息等问题来往文书;有关抵押、捐款、欠款等问题来往文书;该行商业同业公会关于代收冬令救济款项函件;各银行关于汇兑办法及名称来函;该行收到关于存款转期、汇款解交、放款等问题函件;京行电报底簿、电报挂号表及上海证券行情表等。

金城银行天津分行
全宗号 J211

一、机构概况

金城银行总行 1917 年 4 月在天津成立,1936 年总行迁至上海,在金城银行总行原址设立了天津分行,为官商合股经营,隶属于上海总行。其主要职能是负责以下各项金融业务:各种存款、放款;国内外汇兑及押汇;买卖有价证券和生金银;代理收付款项及经理有价证券;保管证券票据及贵重物品;代募公债并经理各项债券。该行组织机构设有营业课、会计课、出纳课、事务课、国外部、储信部,下属分支机构有东马路办事处、梨栈办事处、成都道办事处、平安街办事处,以及金城货栈两处。王毅灵、杨亦周、杨洛成、许心余、刘续亨先后任天津分行经理。1951 年 9 月,该行与盐业、中南、大陆、联合 4 个银行成立五行联合总管理处,实行公私合营,1952 年 12 月 15 日并入公私合营银行天津分行。

二、档案情况及内容介绍

馆藏该全宗档案共 5077 卷,上架排列长度 98.9 米,档案起止时间为 1917—1952 年,档案按"年度-问题"分类排列。编有案卷目录和文件目录可供检索。

档案主要内容如下:

(一)综合类

有该行历史沿革、组织章程和组织机构变化概况;董事会议和股东会议记录;行务会议规则和行务会议记录;总行和该行关于人事调动、任免、晋升、薪金、考核、奖惩、福利等问题通函、报告、公布令、表报、名单、函件;股东名册、职员名册、经纪人登记表、员工登记表、保证书、员工分配表、人事调查表、考绩表、考勤表;该行代办天津救助川灾募捐文件;天津银行同业公会通函及会议记录;该行房屋建筑蓝图、说明书和房地契,经营房地产买卖文件材料等。

(二)业务类

1. 规则、报告　有总行和该行有关金融业务章则办法,该行 1918—1950 年部分年度营业报告和业务工作报告等。

2. 储蓄、存放款　有该行储蓄业务会议记录；储蓄规则；有总行和该行存、放款计息方法；该行存款利率变动报表；与各分支行存款事项往来函件；对工商业贷款文件材料；该行1933年对华北公债借款文件等。

3. 信托　有该行信托业务规则，办理信托保管、信托存款、信托资金文件等。

4. 债券　有该行代理河东奖券局销售奖券文件；与交通部代募公债合同；与中国、交通、盐业等6家银行为比利时在中国承办甘肃到海口铁路局出卖电车经营权增发债券文件；该行参与发行北京至沈阳铁路债券协议书等。

5. 证券、保险　有该行买进、出售证券合同；与天津瑞隆行等买卖证券文件及该行证券成交交割等函件；该行保险业务章则及为办理保险业务与有关单位的往来函件等。

6. 发行　有1920年总行对该行发行国库券指示函件；该行与天津交通银行、天津中国银行代理买卖短期国库券合约；参与四行准备库发行中南银行钞票文件材料等。

7. 汇兑　有各机关、厂商汇款及各分行往来汇款函件；该行各项外汇统计和结购外汇文件等。

（三）财会类

有该行会计制度；总行1950年财务计划和财务总结，以及资金运转情况报表、报告；各分行间损益办法、存欠转账规程；该行金额比较表；人员开支决算表；天津金城货栈决算书及损益报表等。

大陆银行总经理处
全宗号 J215

一、机构概况

大陆银行总经理处于1920年1月成立，是大陆银行行政办事机构，并负责办理股东会一切事宜。谈荔孙、许汉卿、谈公远等先后任该处总经理。其内部机构先后设有秘书室、顾问室、稽核室、计划室、人事室及文书课、业务课、调查课。1940年该处由津迁沪，1951年9月参加公私合营。

二、档案情况及内容介绍

馆藏该全宗档案共3355卷，上架排列长度61.92米，档案起止时间为1920—1948年，档案按“年度-问题”分类排列。编有案卷目录和文件目录可供检索。

档案主要内容如下：

（一）综合类

有财政部关于限制外币投机交易训令；大陆银行关于开业日期给财政部呈文；大陆银行章程，任用行员规则，催放款章则及印花税法实施章则；大陆银行行务会议记录；大陆银行关于派员赴各分支行查账报告；该处关于各省农工业资产调查报告，裁撤各分、支行、办事处批示；各地关于申请开办各分行、支行、办事处请示报告及该处批示；各分行、支行收发文簿、检查账务报告表及备忘录等。

（二）人事类

有大陆银行关于行员薪金规定，行员存款办法；该处历年奖金收据，奖金分配方案；大陆银行股东名单、董事及行员名单，行员考勤表及人员进退调迁簿等。

（三）业务类

有大陆银行关于改善汇款及记报款项办法，存单、本票、汇票拟编号码办法；该处对工商业行号信用调查表；各年度业务盈余分配办法；关于代募公私债券及代收付垫款等与市有关单位往来公函；与各埠商号关于更换股票存根及传票摘要往来函件；各分支行查账报告单及损益报告书，保险报告单，抵押借款担保书；各埠商号倒闭搁浅报告及关于透支契约、换发股票报告单；警察厅、铁路局及各商号等单位关于申办抵押借款问题向大陆银行各分行、支行往来公函；该处为存款、借款、捐款、荐人、应聘等事项与各分行、支行往来业务函件；该处关于广告、印鉴、签字样本、汇兑等事项与报社等有关单位来往函件；该处为各年度预决算书及人员调动等事项与各分行、支行往来函件等。

大陆银行天津分行
全宗号 J216

一、机构概况

大陆银行成立于1919年4月1日,是由谈荔孙、许汉卿等人联合集资组织的股份有限公司,总行设于天津。该行主要办理商业银行的存款、放款、汇兑、贴现并兼办储蓄、保管、信托、仓库等业务。1942年7月,上海分行改为总行,天津总行改为分行,名称为大陆银行天津分行。其内部机构设储蓄、信托、保管、仓库4个部,及5个组,分别负责文书、存款、放款与汇兑、出纳和会计工作。下属机构先后设有东马路支行、西开支行、北门外支行、河东支行、小白楼支行。1951年9月1日,该行与联合、盐业、金城、中南4个银行成立五行联合总管理处,实行公私合营。1952年12月15日,该行并入公私合营银行天津分行。

二、档案情况及内容介绍

馆藏该全宗档案共3021卷,上架排列长度61.92米,档案起止时间为1919—1955年,档案按“年度-问题”分类排列。编有案卷目录和文件目录可供检索。

档案主要内容如下:

(一)组织人事类

有大陆银行组织概况,创办简史,各项规程,办事细则;董事会历次议案、记录,行务会议记录;大陆银行历年营业报告;历年重要职员签字、印鉴汇刊及股东名册,行员录;该分行对金融市况调查报告;该分行及所属单位员工名册、志愿书、保证书、履历书;关于人员调动、提升、薪金、抚恤、福利文件及考试办法等。

(二)业务类

1.存放款　有该分行存款章程,及与往来户透支契约;与总处关于贷款业务来往函电,与各分行、机关团体、企业关于存放款业务往来函件;该行关于存放款的抵押、担保、透支、利率、转期等方面文件;天津造币厂、津浦铁路局、海河工程局、天津市政府等单位向该行借款文件材料等。

2. 汇兑　有该分行与各分行、外埠银行、企业有关汇款业务来往函件；银行间关于电汇、押汇、外汇业务来往函电；有关汇款股息、银两兑换银元文件材料等。

3. 信托　有该分行与总行关于代办进口押汇业务来往函电；代售美金、英镑汇票簿；中央银行委托该分行推行兑换券合约；太平保险公司委托代理投保案文件材料等。

4. 证券　有大陆银行关于股票业务处理函件；该分行与总行关于各联行公债金整理分配及买卖证券来往文书，与欧中公司关于买卖国际证券来往函电，与各地银行关于公债业务来往函件；关于股票过户、利息、定存、交割、增股文件；海河工程短期公债还本付息文件材料等。

5. 代理国库　有大陆银行关于征收捐税公函；该分行与天津特别市公署关于代收水灾募捐来往文书；有关办理税款收付文件材料等。

6. 债权债务　有该分行与法院关于银号倒闭、破产来往函件；各银行间关于整理旧欠、历年催收情况来往函电；关于逾期贷款文件材料及债权清册等。

7. 稽核　有总行检查各分行及外汇部、信托部账目参考材料；总行关于检查该分行账务情况报告及对稽核查出问题应行纠正指示等。

8. 仓库　有大陆银行仓库保管章则；该分行仓库业务报告，货物清单，产业调查表；与总行仓库部关于仓库租用，货栈等事项来往函件等。

（三）财会类

有总行营业、储蓄、信托三部提存公积金办法；该分行会计规程，经费开支预算表，资产负债表；该分行及各支行结账办法，与总行关于账务处理、账目核对、检查等问题来往函电；各分行间关于汇款申请、调拨、运现来往函件等。

中南银行天津分行
全宗号 J212

一、机构概况

中南银行天津分行于 1922 年 7 月成立，为股份制私人企业，隶属上海总行。其主要职能是负责：各种存款、放款；国内外汇兑及押汇；买卖有价证券；代理收付款项及经理有价证券；保管业务；仓库业务；各种储蓄；各种信托及代募公债等各项金融业务。该行组织机构先后设有文书课、会计课、营业课、出纳课，及储蓄部、外汇部、信托部，下辖分支机构有东马路办事处。天津分行历任经理是王荣基、张重威、赵元方。1951 年 9 月，该行参加公私合营，1952 年 12 月并入公私合营银行天津分行。

二、档案情况及内容介绍

馆藏该全宗档案共 1192 卷，上架排列长度 18.92 米，档案起止时间为 1922—1952 年，档案按“年度-问题”分类排列。编有案卷目录和文件目录可供检索。

档案主要内容如下：

（一）综合类

有总行及该行组织章程及管理制度；总行设立分支机构文件材料；该行简史；该行领取营业执照的申请，商业登记证；总行及该行关于人员升迁、任免、奖惩、福利、工资等人事管理方面的规则、通告、通函、表报、名单、函件；该行股东、职员名册，杂役、车夫及保证人名册，职员保证书；调整资本方案；股东会议及行务会议记录；市金融公会来函及会议记录等。

（二）业务类

1. 综合　有该行 1924—1951 年年度营业报告；1934—1951 年部分年度业务专题总结报告；1931—1935 年各类业务报表；市公私合营联合管理处 1951—1952 年业务统计报表；印鉴本和刊登广告函件等。

2. 存放款　有该行放款规定；存放款清偿条例、办法；对工商业贷、放款来往函件等。

3. 投资　有该行证券投资、生产事业投资规定；与金城、大陆、盐业银行投资天津恒源纱厂来往函件，与天津醒东公司贸易合同等。

4. 储蓄　有该行 1931—1939 年储蓄存款章则办法；部分年度储蓄利率表；关于存款和资金运用问题与总行、支行的来往函件等。

5. 汇兑、保险　有该行对国内外汇兑事项的规定，总行关于汇兑事项的指示函电；为办理汇兑事项与总行、分行、有关单位的来往函件；保险公司规则及该行办理保险业务与有关单位的来往函件等。

6. 股票、信托　有该行经办股票规则、办法；与金城、大陆银行代办天津济安自来水公司股票的协议和函件；信托投资业务规则、办理信托保管、代理买卖证券文件材料等。

（三）财会类

有该行会计规则；1931—1935 年财务处理办法、规定；总行对财会利息、对账、决算等工作办法指示；该行 1950—1952 年度财务计划报告和总结等。

浙江兴业银行天津分行
全宗号 J204

一、机构概况

浙江兴业银行于1907年5月创办,是由浙江铁路公司为振兴实业设办的金融机构,总行设在杭州,1945年迁至上海。天津分行于1915年10月成立,初称浙江兴业银行天津支行,1921年改为天津分行,主要承办存放款及汇兑业务,其内部机构设存款股、放款股、内汇股、会计股、外汇股、文牍股、调查股、收支股、信托股、证券股。1951年9月,该行参加公私合营,1952年12月并入公私合营银行天津分行。

二、档案情况及内容介绍

馆藏该全宗档案共1615卷,上架排列长度34.83米,档案起止时间为1915—1952年,档案按"年度—问题"分类排列。编有案卷目录和文件目录可供检索。

档案主要内容如下:

(一)综合类

有该行营业章程及各项办事细则;人事规程及调查表;会议章程及行务会议记录;各项福利章程,员工生活津贴制度;人员调配及机关裁撤文件;员工登记表;员工福利、保险章则及员工退职、加薪办法,员工奖励制度;制定财务计划及合理化建议材料;经理关于业务及个人函件;该行账册票据核对办法等。

(二)业务类

1.合同、报告　有该行对商业及市场调查报告;与有关工厂订立业务合同汇集;该行对经济问题调查材料;银行财务计划、总结,年终损益报告表等。

2.存放款　有该行存放款章程;债票汇款文件;业务决策办法;公债、押汇、兑换办法;汇款户款项冻结办法;利率变更通知;客户注册函件等。

3.股票　有该行股款函件;股东支取红利细则及清单;分红、信托股表;外币债券问题函件;天津市证券交易所业务函件;该行代办股息代销办法;信托保险摘要等。

4.房地产　有该行征收客户房地税材料;对不动产采取措施摘要等。

中孚商业银行天津分行
全宗号 J199

一、机构概况

中孚商业银行天津分行于1916年开业,营业地点初在天津市北马路,后迁至赤峰道,是私营商业银行。该行主要经营存款、放款、汇兑、有价证券、保管箱等银行业务。其组织机构设有7个股1个部,即文书股、出纳股、会计股、存款股、放款股、汇兑股、保管股和储蓄部。1949年1月天津解放后,该分行加入金融第一联营总管理处,于1952年12月并入公私合营银行天津分行。

二、档案情况及内容介绍

馆藏该全宗档案共1191卷,上架排列长度21.93米,档案起止时间为1915—1952年,档案按“年度-问题”分类排列。编有案卷目录和文件目录可供检索。

档案主要内容如下:

(一)组织人事类

有该行总行、总管理处及各分行成立沿革;总管理处关于组织人事管理各项章则;总行董事会、理事会、股东、各分行经理及员工姓名清册;襄理以上人员变动统计表等。

(二)业务类

有该行存款放款户名册、账册及调查、担保文函与合同,存款利率、转期、挂失、提前支取计息业务办理章则及放款抵押办法;各分行关于汇款、托收、托付、转账、电汇等业务来往电报、快邮代电及信函;有关各种纸币与外币、银元汇兑比价信息电报;该分行代兑、挤兑办法,关于储蓄存款存折、印鉴印模、账号密记保存留底及挂失申请声明等各种文件;储蓄借贷利息对照表等。

(三)财会类

有总管理处制定会计章程、决算办法、预算办法、试行办法及说明大纲;该行各年度股额清单、分红计息及红利派领清册;各分行营业状况月报表,全行各项经费支出总账;职员薪俸文件材料等。

中国实业银行天津分行
全宗号 J202

一、机构概况

中国实业银行天津分行设立于1919年4月26日,营业地点在天津市旧法租界12号路26号,是官商合办的商业银行。该分行除经营一切银行业务外,还兼办保险、储蓄、货栈等业务,并经过政府特许,发行钞票。该分行内部组织机构设有文书股、营业股、会计股、出纳股、储蓄股、证券股、外汇股、永宁保险公司和两个仓库。1949年1月天津解放后,该行即为监理行。1951年,该行撤销监理,参加公私合营,1952年并入公私合营银行天津分行。

二、档案情况及内容介绍

馆藏该全宗档案共1905卷,上架排列长度39.45米,档案起止时间为1919—1952年,档案按“年度-问题”分类排列。编有案卷目录和文件目录可供检索。

档案主要内容如下:

(一)人事类

有中国实业银行股东姓名、住址清册;董事会成员名录,各分行经理、协理履历及考绩情况表;历年职员名册及人事变动情况报告;总行制发人事任免办法,职员考绩晋升加薪奖励办法,职员抚恤办法;职员家属保养登记事项;该分行与总行、各分行及有关业务行、行政机关、工商企业、个人之间往来业务文函电报等。

(二)业务类

有该行吸纳存款办法及存款利率调整月报表;存款办法及存款注意事项文件;与北平、汉口、上海、南京、济南各分行互报存款营业状况,及托收等业务往来电报;与各机构贷款协议书;由官方、商号、个人出具的贷款偿还担保函;抵押贷款法律公证函件;贷款利率及贷款收回期限章则;该行关于代理永宁保险公司保险业务文件及证券交易所认股、代收股金业务文件;与政府机构及工商企业关于抵押透支办法及合同;国内公债还本付息分类对照表;与各分行买卖国际证券业务往来电函文稿及证券交割单;各分行公债金额整理分配方案;中国实业银行仓库保管章则、收费办法;该行仓库设备安装合同;仓库修缮费支付单据;各存货客户票单留底等。

新华信托储蓄商业银行天津分行
全宗号 J203

一、机构概况

新华信托储蓄商业银行天津分行于1917年7月成立,是新华信托储蓄商业银行的分支机构。该分行主要经营社会储蓄,兼营商业银行及信托业务。该分行设经理1人,内部机构设会计汇兑股、信托股、存款股、放款股、总务股。市内设有东马路办事处(1931年11月)、黄家花园办事处(1934年7月)、梨栈办事处(1935年10月)、旭街办事处(1936年12月)、河北大街办事处(1936年12月)、小白楼办事处(1940年3月)、北马路办事处(1947年1月)。中华人民共和国成立后,该总行即为监理行,于1951年与中国实业银行、四明银行、中国通商银行、建业银行组成公私合营银行联合总管理处,新华信托储蓄商业银行天津分行受公私合营银行联合总管理处天津分处领导。1952年,该分行并入公私合营银行天津分行。

二、档案情况及内容介绍

馆藏该全宗档案共1636卷,上架排列长度36.12米,档案起止时间为1917—1952年,档案按"年度-问题"分类排列。编有案卷目录和文件目录可供检索。

档案主要内容如下:

(一)综合类

1. 规章制度　有该行职员服务规程及营业规则;银行公会章程;会计制度,员工发薪制度;各界人士索取储蓄章程材料等。

2. 会议、报告　有该行行务会议记录;业务概述,年度营业报告,财务计划、总结;公私合营联合管理处财务计划;企业扩充借款业务会议记录等。

3. 人事管理　有总行与该行有关人事办法,行员职务调动及有关员工薪金、福利、考绩、考勤事项往来函件;该行经理关于人事通知、人员任免及调动文件;员工工资表、津贴表;股东名册、董监事名册;人事管理计划;员工储金通知等。

（二）业务类

有总行与该行关于利息、汇兑、储金、储蓄、押汇等业务往来函件；公债保管员保证书；代客户交割公债存款密押、增资等方面业务文件；该行特别开支问题材料；信托、证券、股票、公债、存款证明书；关于人寿储金办法，催收客户欠款办法；与房户关于房屋修理及房地产买卖往来函件；与客户保管业务、抵押注册、存款透支业务函件；与行业信托业务社有关信托业务往来函件等。

东莱银行天津分行
全宗号 J205

一、机构概况

东莱银行天津分行成立于 1919 年 3 月 1 日，为一般商业性银行，隶属于东莱银行青岛总行。其主要职能是办理储蓄、信贷、商业期票贴现、国内汇兑及押汇、代募公债与公司债、买卖有价证券、代理收解款项、仓库业务、信托等业务。该行经理先后由高樾栽、史润生、李华、薛秉深、刘世睽担任，内部机构设有文书部、会计部、营业部、出纳部及第一仓库、第二仓库等。天津分行于 1926 年改为总行，抗日战争胜利后总行迁往上海，天津复为分行。1949 年 1 月天津解放后，天津分行加入金融业第一联营总管理处，于 1952 年参加公私合营。

二、档案情况及内容介绍

馆藏该全宗档案共 450 卷，上架排列长度 6.88 米，档案起止时间为 1917—1952 年，档案按“问题-年度”分类排列。编有案卷目录和文件目录可供检索。

档案主要内容如下：

（一）综合类

有该行历史沿革、章程、组织规则；人事管理规则、办事细则；机构改组、人事变动、劳资方面文件；股东名册，职员录、行员一览表；该行与总行、各分行、各机关就事务性问题往来文书等。

（二）业务类

有该行营业报告；货栈年总清册；市场情况调查文件；关于通汇、电汇、押汇、保险、股票、托收、仓储、代理收解款项等各项业务文件;与总行、各分行、客户之间往来函件及订立合同,押借证书;存款章程、押汇章程、仓储规章、保险规则等。

(三)财会类

有该行财务计划、总结,财务业务说明,行员储金制度,会计规章;资产负债表,损益表等。

中国通商银行天津分行
全宗号 J207

一、机构概况

中国通商银行由清政府铁路总公司督办盛宣怀奏准清光绪帝招商设立,于 1897 年 5 月 27 日在上海正式成立,为官商合股经营的股份制企业,是中国近代第一家华资银行。中国通商银行天津分行成立于 1898 年,其主要职能是经营存款、放款、汇兑、储蓄等商业银行业务,其组织机构设有储蓄股、出纳股、会计股、营业股、文书股。1900 年八国联军侵占天津,该行损失重大,于 1905 年撤销,又于 1947 年 4 月 25 日复业。1949 年 1 月天津解放后,该行即为监理行,1952 年并入公私合营银行天津分行。

二、档案情况及内容介绍

馆藏该全宗档案共 306 卷,上架排列长度 6. 88 米。档案起止时间为 1945—1952 年,档案按"问题-年度"分类排列。编有案卷目录和文件目录可供检索。

档案主要内容如下:

(一)综合类

有该行历史沿革、组织大纲和机构增加撤销的呈报、批复、通知、通函;人事调动、任免、福利、薪金、考绩的通告、通知、名单、来往函件;人事工作条例、制度;股东名册、职员名册;该行呈报登记的文件;行务会议记录;天津银行同业公会的通告及会议记录;1950 年该行重估财产文件等。

(二)业务类

有总行对业务方针、办法指示材料;该行 1950—1951 年营业报告,业务工作计划、总结、报告；该行办理股票登记文件；储蓄部办理有奖储蓄文件；为存款、放款、汇兑、储蓄业务与总行、各分支行、其他银行以及有关机关往来信函、电函、通告、通函等。

（三）财会类

有总行对会计、统计工作指示文件；总行与该行部分年度财务计划、总结、财务报表和各项开支表；财务预算、决算，会计账务处理办法等。

中国垦业银行天津分行
全宗号 J209

一、机构概况

中国垦业银行于1926年在天津成立。1929年该行改组，总行改在上海，在中国垦业银行原址设立了天津分行，为股份制私人企业。其主要职能是经营存款、放款、储蓄、汇兑，并办理钞票发行业务。该行组织机构设有文书股、营业股、会计股、出纳股。竺玉成、贺宪章、葛逊斋、屠培成、吴树元等先后任天津分行经理。1951年，该行加入上海金融业第一联营总管理处，1952年12月15日并入公私合营银行天津分行。

二、档案情况及内容介绍

馆藏该全宗档案共597卷，上架排列长度8.6米，档案起止时间为1923—1952年，档案按“问题-年度”分类排列。编有案卷目录和文件目录可供检索。

档案主要内容如下：

（一）综合类

有该行简史、组织章程和营业执照；总行和该行通则、奖励金规则、请假规则、储蓄规则、旅费规则；该行人员任用、晋升、薪金、福利等通告、通函、表报、名单、函件；股东名册、行员名册，董事和监察人名单；行务会会议记录；金融同业公会各项会议记录；1951年华北地区城乡物资交流展览会金融业服务处文件；该行印鉴册等。

（二）业务类

有该行业务规则；总行和该行1933—1937年各年度营业报告和业务报告；总行和该行

关于发行钞票、交通钞票,以及钞票运送方面文件;该行领用中国银行天津分行兑换券议定办法;办理贴花有奖储蓄、储蓄存款资金运用文件;关于摊购库券问题与天津银行同业公会来往函件;为办理汇兑、存款、放款、有价证券、抵押放款业务与总行、分行、其他银行、工商企业单位来往电函等。

(三)财会类

有该行会计规则;1933—1942年部分年度资产负债表、损益计算表;1951—1952年财务计划和总结等。

天津中国国货银行
全宗号J179

一、机构概况

天津中国国货银行成立于1931年9月1日,隶属于中国国货银行,属官商合股经营单位,主要办理储蓄、存放款、汇兑、信托等商业银行业务。1943年1月1日,该行停业清理。

二、档案情况及内容介绍

馆藏该全宗档案共106卷,上架排列长度2.58米,档案起止时间为1931—1942年,档案按"年度-问题"分类排列。编有案卷目录和文件目录可供检索。

档案主要内容如下:

(一)综合类

有该行关于筹备成立文件;该行与总行关于事务、行务往来函件;与总行、北平行关于开支费用、职工消费等往来函件;与各地银行为更换印鉴往来函件;该行客户调查表,行员保证书,及有关人员调动、任免、提升文件材料等。

(二)业务类

有该行与总行、外地银行有关存放款、借款及抵押透支业务来往函件;与总行、银行公会、同业等关于办理申汇手续、电汇、押汇及收兑白银、法币业务来往函件;与中央银行、北平行关于钞钾、交割、票据交换等业务往来函件;银行公会关于贴用印花税与各项税收通知,及该行所得税函件;该行关于运送钞票、发行硬币文件材料等。

国华银行天津分行
全宗号 J208

一、机构概况

国华银行天津分行于1934年8月15日成立，为股份制私营企业，隶属上海总行。其主要职能是经营储蓄、信托、存款、放款、汇兑和买卖债券业务。该行早期内部机构设有会计股、营业股，1937年改设为营业股、会计股、出纳股、文书股。崔露华、商承谦先后任天津分行经理。1951年9月，该行参加公私合营银行联合总管理处，1952年12月15日并入公私合营银行天津分行。

二、档案情况及内容介绍

馆藏该全宗档案共307卷，上架排列长度6.88米，档案起止时间为1929—1952年，档案按“问题-年度”分类排列。编有案卷目录和文件目录可供检索。

档案主要内容如下：

（一）综合类

有该行筹建工作、内部机构设置及其变化的呈报、批复、通知、通函、来函；组织章程及营业执照；1931—1951年部分年度股东会议记录、行务会议记录及行务会议汇刊；天津银行公会各项章则、法令和会议记录；该行人员变动、升迁、任免、福利、奖惩的通函、通告、报告、名单、函件；董事、经理和监察人名册，股东、员工名册；储蓄规则、奖金办法、员工认购股份规定，各项捐款、应酬文件材料等。

（二）业务类

有总行金融管理各项规定；该行外汇存款业务规定，与美国大通银行联合购买中国铁路债券文件，办理有奖储蓄文件；为办理存款、放款、储蓄、信托、汇兑债券等业务与总行、分行、其他银行、有关机关企业往来信函和电函等。

（三）财会类

有该行1939—1944年损益计算书、资产负债表；1950—1951年财务计划和总结等。

天津市银行
全宗号 J178

一、机构概况

天津市银行成立于 1936 年 4 月 1 日，当时名称为天津市市民银行，属官商合股经营。成立时将天津市市立小本借贷处移交该行，故其营业范围除商业银行的存款、放款、汇款等业务外，还代理市库收付及办理本市小本工商业低利借款业务。该行于 1947 年改为纯市营金融机构，1948 年正式更名为天津市银行。其内部机构先后设有总务科、营业科、会计科(室)、公库科、稽核室、经济研究室等。常筱川、张自忠、高凌霨、温世珍、杜建时等先后任董事长。1949 年 1 月天津解放后，该行由中国人民解放军天津市军事管制委员会金融接管处接管。

二、档案情况及内容介绍

馆藏该全宗档案共 243 卷，上架排列长度 4.3 米，档案起止时间为 1935—1949 年，档案按“年度-问题”分类排列。编有案卷目录和文件目录可供检索。

档案主要内容如下：

(一)综合类

有财政部颁发金融业务管制法令及物资管理办法；该行及董、监事会组织章程、办事细则；该行营业方针，工作报告，会议记录，业务概况及报表，移交清册等；该行董、监事名单，及有关员工调整、任免、迁调、薪金、考绩、奖惩、待遇等文件材料；与有关同业、工商企业、商号等单位关于更换印鉴来往函件等。

(二)业务类

1. 存放款　有该行贴现办法，放款情形统计表，借款合同，透支契约；与同业、联行、治安维持会有关存放款业务申请、抵押、透支、利率、贴现、归还等事项往来函件；市政府、机关、企业、商号借款与农业、工商企业贷款方面文件；该行低利接济典当业文件材料等。

2. 代理国库　有该行与统税局关于缴纳所得税、营业税、印花税及短期库券、公债来往函件；有关该行捐助款项和奖品，及代收捐款文件材料等。

3. 保险、证券　有该行关于代理民安公司保险业务文件；关于证券交易所认股、代收股金，及启新洋灰公司认股、登记文件材料等。

4. 债权、债务　有该行及所属小本借贷处与公安局、各商号等关于逾期贷款业务催收、讨还方面来往函件；有关偿还银团垫款利息文件材料等。

（三）财会类

有该行会计制度；开支预算表，年度决算表；票据账目，决算盈亏拨补表，以及预决算、办公费审核备案文件；董事会关于资本股金、增资预收股金及利息损益文件材料等。

四行联合总管理处天津分处
全宗号 J193

一、机构概况

1937 年 8 月，四行联合办事总处（四行即：中央银行、中国银行、交通银行、农民银行）在上海成立。四行联合总管理处天津分处于 1945 年 10 月成立，是四行联合总管理处在天津开设的分支机构。该处主要根据总处指示负责监督指导天津地区中央、中国、交通、农民四行的业务事务。四行联合总管理处天津分处设主任委员、副主任委员各 1 人，委员 4 人。内部设业务秘书 1 人及职员若干人办理各项事务。1948 年 10 月，四行联合总管理处及天津分处同时撤销。

二、档案情况及内容介绍

馆藏该全宗档案共 262 卷，上架排列长度 6.02 米，档案起止时间为 1935—1948 年，档案按“年度-问题”分类排列。编有案卷目录和文件目录可供检索。

档案主要内容如下：

（一）综合类

有国家银行统一会计制度，银行工作人员有关规章制度，有关结清放款废约制度；与贷款银团处理贷款事项须知，银行内部调汇款项手续须知；有关银行各项业务规章；有关银行职员工薪、生活服务、福利、考绩、考勤等表册；有关人事调动、升级文件；四行联合管理处理事会议日程安排及会议记录、业务报告，天津、上海、北平等分处会议记录等。

（二）业务类

有该处协助各银行办理接收敌伪金融机构工作材料；有关核定办理各银行放款等业务文件；对金融行情的调查、研究、统计及填报有关表册；对工矿企业贷款及捐款报告书；办理存款、放款、储蓄、汇兑、贷款、投资等业务事项及庶务事项文件等。

建业银行天津分行
全宗号 J200

一、机构概况

建业银行天津分行成立于 1947 年 6 月 14 日，是一般商业性银行，隶属于建业银行上海总行。其主要职能是经营存款、放款、国内汇兑及押汇、票据贴现，代理收解款项，买卖有价证券，代募公债、堆栈等项业务。该行由蔡宝儒任经理，内部机构设有营业股、总务股、会计股、出纳股、国外部。另外，其下还设有塘沽服务处、罗斯福路办事处。1949 年 1 月天津解放后，该行银行业务终止，从事日用百货营销业务，1952 年 5 月参加公私合营。

二、档案情况及内容介绍

馆藏该全宗档案共 226 卷，上架排列长度 4. 73 米，档案起止时间为 1946—1953 年，档案按“问题-年度”分类排列。编有案卷目录和文件目录可供检索。

档案主要内容如下：

（一）综合类

有该行历史沿革、组织规则、人事制度、办事细则，机构调整、人事变动文件；总行指示；建业银行天津分行筹备处发文记录；该行购置房屋及执照登记文件；行务日志、工作计划、总结、业务报告、会议记录及职工名册等。

（二）业务类

有该行关于汇兑、信贷、存款、代募公债、代理收解款项、买卖有价证券、保险等业务与总行、各银行、客户之间往来函件；总行关于外汇业务指示；对国外部业务管理指示、规定厂商征信调查；该行计划、统计月报、工厂信贷、银行公会通函，该行有关金融问题会议记录、联行周讯等。

（三）财会类

有该行职工薪金表；会计制度，财务计划书，认缴股金文书；有关增资及金融管理处查账等方面文件；各种费用预算表、支票挂失方面文件、税则；总行关于会计账务处理、财产重估指示，及有关统一会计制度的章则、规定等。

联合商业储蓄信托银行天津分行
全宗号 J210

一、机构概况

联合商业储蓄信托银行是1948年8月1日依据《银行法》由盐业、金城、中南、大陆4家银行联合营业事务所合设的四行储蓄会和四行信托部改组而成。盐业、金城、中南、大陆银行天津联合营业所成立于1922年7月，同年11月为共同负责发行中南银行钞票，组织成立四行天津准备库，1923年6月又成立四行储蓄会天津分会。其主要业务为收集储金，办理定期不动产及储证的抵押放款，兼购少量国内公债生息业务。1928年开始营作国外汇兑业务，并购买英镑、美金债券生息。1932年又附设房产部，专门办理房屋租赁业务。1937年成立四行信托部与四行储蓄会同址办公，房地产和保管业务由信托部管辖办理。1948年8月，天津四行储蓄会和四行信托部依《银行法》改组成股份制，正式定名为联合商业储蓄信托银行天津分行。该分行设经理1人，主持分行工作。内部机构设有事务、营业、会计、出纳、储信、保管6个组，主要负责人事、庶务、存放款、储蓄、信托、账目管理、审查稽核及现金管理等项工作。1951年9月，该分行与盐业、金城、中南、大陆成立联合总管理处，正式公私合营。1952年12月15日，该分行并入公私合营银行天津分行。

二、档案情况及内容介绍

馆藏该全宗档案共1040卷，上架排列长度19.78米，档案起止时间为1922—1952年，档案按“年度-问题”分类排列。编有案卷目录和文件目录可供检索。

档案主要内容如下：

（一）综合类

1. 章则办法　有华北政务委员会金融机关管理规则；联合商业储蓄信托银行总管理处发各分行组织章程，会计科目章则办法，金融机关清理及封账办法；总管理处招考工作人员简章，同人预支劳金及储金优待办法，同人储蓄金细则；天津市证券交易所经纪人暂行办法等。

2. 组织人事　有联合商业储蓄信托银行天津分行组织系统表，组织沿革；人事变动记录，人事调用通知，该行人事配给报告书，员工名册，职员劳金情况材料，同仁薪金、级职、奖励金清单，行员请假及子女教育补助费发放记录等。

3. 会议　有联合商业储蓄信托银行行务会议记录，天津市银行、商业同业公会会议记录；该分行业务会议记录等。

4. 其他　有该行员工福利文件，行员房屋管理文件；广告底稿等。

（二）业务类

1. 储蓄信托　有该行关于储蓄业务给总行请示函件及总行批复函件；与各地储蓄会业务往来函件，关于汇款、储蓄、存款、抵押业务与客户往来函；业务竞赛材料，业务快报；四行储蓄会天津业务金融月报，该行银团各项报表；与各地信托部往来文书，托收代付业务函件等。

2. 证券　有联合商业储蓄信托银行关于债券取息指示函，押款债券权利处理函；该行关于公债业务与各客户往来文书，及储蓄公债请办与客户往来函等。

3. 联行业务　有总行召开联合业务会议文函；联行关于处理伪钞函件及通报；联行工作业务往来文书，各分库业务询查报；华北政务委员会公布取缔非金融机关收受存款及贷款通告，金融公会银行业务通告等。

4. 房地产　有该行买卖土地、房屋契约章程，房屋承租费用往来函件，借款押汇房租函件；租赁房屋合同，房屋、地产契约、租赁房屋管理办法，房屋托租材料，房地产抵押材料，房屋修缮记录等。

上海商业储蓄银行天津分行
全宗号 J214

一、机构概况

上海商业储蓄银行是由庄得之等人于 1915 年 6 月 2 日在上海创办，属于股份制商业银行。庄得之任总董事，陈光甫任总经理，主要从事一般存、放、汇款业务，进行工业投资、商业经营、国内外汇兑，同时创办旅行社，并经营保险、信托、仓库等业务。上海商业储蓄银行天津分行于 1920 年 11 月 2 日设立，最初为分理处。1924 年 3 月 20 日改为分行，为上海商业储蓄银行在天津的分支机构。

上海商业储蓄银行天津分行由资耀华任经理，内部机构设会计、出纳、仓库、文书和存款、放款 6 个组，及外汇部。投资有中国旅行社、宝丰保险公司和大业进出口贸易公司 3 家企业。该行在天津设有黄家花园、北马路、梨栈、小白楼 4 个办事处，并管辖北平支行和石家庄办事处。1951 年 9 月，该行参加公私合营，1952 年 12 月 5 日，该分行并入公私合营银行天津分行。

二、档案情况及内容介绍

馆藏该全宗档案共 1356 卷，上架排列长度 36.55 米，档案起止时间为 1923—1953 年，档案按“年度-问题”分类排列。编有案卷目录和文件目录可供检索。

档案主要内容如下：

（一）综合类

1. 章则　有上海商业储蓄银行总行章程，会计工作规程，账务处理办法等。

2. 人事　有该行报总行经理关于人事任免、安排函件，与各联行之间人事调动函件；该分行人事通知及机构变动材料，员工提拔、调动、奖励通告；重要人员印鉴样本、签字留底等。

3. 会议、报告　有总行行务会议记录，总行放款委员会会议记录，放款委员会审查会议记录；该行会计会议记录，银行公会工作记录；该行管辖行行务会议记录；经理月报，勤务工作报告书，年度营业报告书，业务统计报表；天津市商情报告，市场行情调查报告书，金融简报等。

（二）业务类

有该行营业执照；与总行总经理关于业务、账务往来函件，与各分行、各地客户联系业务往来函件，与各洋商、洋行业务工作往来信函，与机关、企业、团体、同行业业务关系往来文书；与所辖办事处关于划汇、存放款业务往来函；天津市银行公会关于所得税问题、联合放款问题函件；该行检查所辖办事处账务报告，所辖办事处历史沿革材料；各储蓄户申报挂失材料等。

山西裕华银行天津分行
全宗号 J171

一、机构概况

山西裕华银行天津分行设立于 1915 年，是私营金融机构，隶属于山西裕华银行总行，1942 年 6 月停业，1947 年 1 月复业。该行主要负责天津地区存款、放款、汇兑、贴现、债券发行等业务。该行内部机构设有营业科、会计科、出纳科、文书科等。1949 年 1 月天津解放后，该分行由中国人民解放军天津市军事管制委员会金融处接管。

二、档案情况及内容介绍

馆藏该全宗档案共 43 卷，上架排列长度 1. 29 米，档案起止时间为 1938—1949 年，档案按“年度-问题”分类排列。编有案卷目录和文件目录可供检索。

档案主要内容如下：

（一）综合类

有该分行组织沿革；关于开业日期、人员待遇规程和薪金等问题致山西裕华银行请示及山西裕华银行批复；大同银行、中国垦业银行等与该分行关于更改名称、机构成立、地址迁移和互送印鉴来往公函等。

（二）业务类

有山西裕华银行关于存放款业务等问题与该分行来往文书；该行关于稽核报表、汇款计息、报缴税款等问题向山西裕华银行请示及山西裕华银行批复；与中央银行天津分行、银行公会关于推销认购债券、股票，代收债券款及债券发行等问题来往函件；与报社等有关单位关于订阅报刊、汇款计息、城防治安等事务往来函件等。

聚兴诚银行天津分行
全宗号 J206

一、机构概况

聚兴诚银行总行于1914年在重庆创建，初为股份两合公司，1937年改为股份有限公司。聚兴诚银行天津分行成立于1918年，其主要职能是办理存款、放款、国内汇兑、储蓄等商业银行业务。该行组织机构先后设有总务部、出纳部、会计部、营业部及储蓄部、国外部。1939年，天津分行因业务不振而撤销。1946年，总行将苏州分行迁至天津营业，同年8月8日天津分行复业。1951年11月，该行加入公私合营银行总管理处，1952年12月15日并入公私合营银行天津分行。

二、档案情况及内容介绍

馆藏该全宗档案共293卷，上架排列长度6.02米，档案起止时间为1945—1952年，档案按“问题-年度”分类排列。编有案卷目录和文件目录可供检索。

档案主要内容如下：

（一）综合类

有总行及该行历史沿革、组织章程、机构概况简介；总行及该行有关机构筹备开设、增设、迁移、撤销、更名文件材料；该行1946—1948年申请开业、复业登记、注册及营业执照；1928—1952股东会议记录、行务会议记录及会议纪要；该行人事任免、调动、聘用、考绩、奖惩、福利工作报告、通函、报表、名单、函件；股东名册、行员名册、身份证明、薪金表、调查表、考绩表；人事制度及人事规程汇编；1946年该行资产清理手册；1946—1952年该行财产移交清册；1949—1951年该行资产委员会会议记录和重估财产调资验资报告；天津同业公会来函等。

（二）业务类

有总行及该行业务章程；总行关于业务方针、经营原则、营业计划指示文件材料；1928—

1952年该行部分年度经营计划、业务概况、业务会议记录、市场情况调查报告;1951—1952年该行外汇业务总结报告、外汇业务总数报表、业务情况综合报表;存款与放款规则,部分年度储蓄利率规定,放款业务报告;该行与总行及其分行间关于存款、放款、汇兑、储蓄、透支、贴现、利率、押汇、抵押、信托、保险、股票、有价证券业务问题的通函、往来信函等。

(三)财会类

有该行1951—1952年财务计划、财务总结、财务报表;1949—1952年国外部损益表、计算表、资产负债表、借贷对照表等。

仁发公钱庄天津分庄
全宗号 J176

一、机构概况

仁发公钱庄天津分庄,旧称仁发公银号天津分号,创办于1933年,总号设在太原,是私人合资开办的主要经营汇兑、存放款等业务的钱庄。1937年卢沟桥事变前停业,1946年4月复业,1948年改称仁发公钱庄天津分庄,并将总庄迁移北平,在太原改设分庄。该分庄内部机构设经理、副理和襄理,下设出纳股、会计股、营业股和总务股。1950年6月15日,该分庄停业清理。

二、档案情况及内容介绍

馆藏该全宗档案共161卷,上架排列长度2.15米,档案起止时间为1946—1950年,档案按"年度-问题"分类排列。编有案卷目录和文件目录可供检索。

档案主要内容如下:

(一)综合类

有该分庄组织章程、简史、机构改称及组织系统表;北平仁发公钱庄股份有限公司天津分庄及北平仁发公钱庄股份有限公司章程;盐业银团规程等。

(二)人事类

有仁发公银号关于人员调动提升、薪金表函件;仁发公钱庄股东名册,职工会员表及钱业调查表,职工发薪表和购买公债表;天津、山西、北平仁发公钱庄分庄和仁发公钱庄董事、监事、经理、股东人名册,北平分号调免人员文件;山西省银行职员新定待遇办法及关于人员调动函件等。

(三)业务类

有该分庄与太原本号、各处济仁号、各地商号、临汾万泉涌、西安天成庄、汉口各钱庄、石家庄积庆恒银号、北平绥远省银行等单位有关汇款业务及行情事项往来函件;关于催收货款及与同行业互送印鉴函件;太原仁发公总号关于汇款业务及各项事务联系函件;太原仁发公总号、北平分号、石家庄元盛德和积庆恒及北平长兴银号等关于汇划业务往来函件;该分庄印鉴样本等。

(四)财会类

有该分庄财产表报、开支和各科目合计表;该分庄致天津市人民银行、钱业公会有关年终决算及限期清理等函件;该分庄致北平分庄关于决算报表等问题函件;山西省银行会计规则和修改会计规则等。

川康商业银行天津分行
全宗号 J177

一、机构概况

川康平民商业银行成立于1937年9月,是由川康殖业银行、重庆平民银行、四川商业银行合并而来,1948年8月改名为川康商业银行。川康商业银行天津分行成立于1946年7月3日,主要经营存放款、国内汇兑、票据贴现、工矿投资和保管贵重物品等业务。其内部机构设有出纳股、会计股、营业股。1950年3月,该行停业清理。

二、档案情况及内容介绍

馆藏该全宗档案共128卷,上架排列长度1.72米,档案起止时间为1946—1950年,档案按"年度-问题"分类排列。编有案卷目录和文件目录可供检索。

档案主要内容如下:

(一)综合类

有总行成立简史、组织章程;商业经营说明书,营业计划,经营合同;资金概况及会计制度;董、监事名单;该行筹备成立文件,同业调查报告,同业互送印鉴往来函件;人事通讯录,职员名册及有关人员任免、调动、薪金、考绩、福利、待遇文件材料;移交清册等。

(二)业务类

有总行关于存放汇款业务工作来函;该行与稽核处有关存放款业务来往函件,与香港川盐银行等客户关于信用透支契约来往函件;与各分行、联行、懋康渝汉公司等单位有关申汇、电汇、押汇业务来往函件;与中央银行、同业关于票据交换业务来往函电;与同业关于代收税款等来往函电;有关委托办理美金库券手续及催收贷款文件材料等。

河北省银行
全宗号 J169

一、机构概况

河北省银行于 1929 年 3 月 7 日开始营业,总行原设北平,1930 年移设天津,并在北平、保定、石家庄、唐山各市区及县镇设立分支。该行成立时名称为河北银行,1930 年 12 月改为河北省银行。1937 年卢沟桥事变后,该行被日伪强行接收,于 1942 年 6 月改组为河北银行。1945 年抗日战争胜利后,是年 10 月 18 日恢复原河北省银行名称。该行经营范围主要是代理省金库及经营商业银行业务,在全省各县、市及河南、山东邻省行使并经省府批准于战前发行过银元券、辅币券和新版银元券。该行第一任行长为梁新明,以后有荆有岩(总办)、鲁穆庭(兼总办)、韩海成(总经理)、杨天受(总经理)、王振纲(总经理)、张君度(董事长兼总经理)、施奎龄(董事长)、姬奠川(总经理)等人。该行原址在天津东北角,以后曾移址过英租界 11 号路、法租界 8 号路、法租界 14 号路、日租界中街、原一区中正路 74 号。1949 年 1 月天津解放后,该行由中国人民解放军天津市军事管制委员会金融处接管。

二、档案情况及内容介绍

馆藏该全宗档案共 1548 卷,上架排列长度 53.32 米,档案起止时间为 1929—1949 年,档案按“年度-问题”分类排列。编有案卷目录和文件目录可供检索。

档案主要内容如下：

（一）综合类

有河北省银行组织章程、组织大纲；省行历史沿革、组织机构设置方案；关于设立分行、支行、办事处通函；关于建设各地办事处通函；在南京设立银行分处，在上海组织联合通信处通函；关于加入市银行公会决定；关于设立储蓄、信托两部照片；河北省银行理、监事会议记录；省银行改组及监委会结束会议记录；行务会议记录；营业报告书等各种表报；正副行长、总办、总经理、经理就职及接交函件；职员派调通知；董事会成员选举任免函件；所辖各分支银行职员任免、调动报告，及员工花名册；关于各分支行员役调动、人员增减情况来往函件；所属分支行处员役保证书等。

（二）业务类

有该行关于调拨款项、印鉴存验通告；券钞领用、兑换、暗记规定；决算库存转账办法；铜元票兑换业务规定；汇水、贴花、所得税、汇票挂失、发送印鉴办法；发兑铜元票兑换价格、取送款项补充办法；关于设立分支行处及收兑本钞的规定；办理有奖存款通知；各项义务捐款存贮规定；各县、镇合作社请求农贷案材料；奉令收回本行钞券的通知；领行仓库业务通函；关于改革币制及各项金融管制问题的通令；为各团体、学校代收募捐款项通函；关于密押问题电汇函件，代理省库问题函件，各机关及商户请减免汇水问题来往函件；各单位抵押贷款申请书；河北省各县灾情赈款拨颁办法；捐助救济费、代收冬赈费函电；各业务往来户互送印鉴函件；同业往来利息提取规定；与市银行业公会之间业务来往函电；河北省银行理、监事会会议记录；省银行改组及监委会结束会议记录；行务会会议记录；营业报告书等。

横滨正金银行天津支店
全宗号 W196

一、机构概况

横滨正金银行天津支店设立于1899年，是日本横滨正金银行在天津的分行，属于外资在华金融机构。该支店主要经营业务以国际汇兑为主，其次办理存款、放款（包括往来透支、出口押汇放款和贴现）、汇款、进出口押汇和寄存保管等业务。1937年卢沟桥事变后，该支店执行日本政府及华北伪政权委托的特殊使命，如收存海关捐税，接收英、美等在华外商银行、收存冻结存款，代日本大使馆买卖黄金、操控黄金市场等。

天津支店组织机构设有支配人席（经理）、秘书课、预金（存款）课、送金（放款）课、输出入课、贷付课、电信课、计算课、庶务课、考查课、账房等。1939 年至 1944 年，又先后在天津成立了旭街分店、宫岛街分店、东站分店及南派出所等分支机构。1943 年，总行在北京的支店升为华北各地分支店管辖行，天津支店亦归北京支店统辖。天津支店地址初设在天津英租界中街利顺德饭店南侧对面，1901 年迁至英租界中街 8 号（即现天津解放北路 80 号中国银行所在地址）。1926 年，该支店在原址就地建起新楼。

1945 年 8 月，横滨正金银行天津支店由国民政府中国银行天津分行接管，其在日本横滨的总行于 1946 年改组为东京银行。

二、档案情况及内容介绍

馆藏该全宗档案共 2094 卷，上架排列长度 63.45 米，档案起止时间为 1899—1946 年，档案按“年度-问题”分类排列。编有案卷目录可供检索。

档案主要内容如下：

（一）人事类

有该支店简史；人事文信；总行人事部来信；行员登记卡片；正金银行行员录；人事通报；委任状；1945 年日籍回国侨民名册；国民政府中国银行接收该支店有关人事问题的文件等。

（二）业务类

有该支店营业报告书；有关存、放、汇款业务的往来函件；与总行业务往来函电；与各分店业务往来函件；与客户业务往来函件；有客户资信调查表；营业日记；证券担保书；有关外商银行管理报告；外汇管理的文件；关于金融冻结文件；该行内部规章、业务密电码、专用电报密码、电信暗号等。

（三）财会类

有总行计算部通知；有该支店营业日记账、担保品明细表、担保品契约及各种债券；各种会计传票、购支票单；对账函；外汇行情表、兑换日币清单；接收后的开支单据等。

（四）资料类

有各地《时报》《金融月报》《正金周报》等报刊；各种简报贴册、金融调研资料，京津行名录、印鉴、辞典等。

德华银行天津分行
全宗号 W197

一、机构概况

德华银行天津分行于1890年开业，是德国资本在中国设置的金融机构，总行设在上海。在北京、汉口、广州、青岛等地均有分行，并以股份有限公司形式在德国柏林注册，董事会设在柏林。在第一次世界大战前，该行曾在中国发行过银元票和银两票，是参加对中国贷款的五国银行团成员之一。1917年8月，中国对德宣战后，该行即由中国接收清理。1922年，德华银行天津分行复业，其业务为代理店性质。1926年，该行正式办理银行业务，以进口押汇为大宗。1939年，德华银行改以收售德国马克汇款为主要业务，其往来存款中瑞士法郎及德国马克占十分之九，存户以德籍为主，主要是工商业存款。1945年抗日战争胜利后，该行由国民政府接管。

二、档案情况及内容介绍

馆藏该全宗档案共1795卷，上架排列长度54.9米，档案起止时间为1889—1946年，档案按“年度-问题”分类排列。编有案卷目录可供检索。

档案主要内容如下：

(一)业务类

有该行年度报告书；与国内外分行、客户、天津德商会来往函件；客户授权信；贸易商资信；该行调查业务情况函件；透支申请书；外汇买卖成交契约清册；外汇行市表等。

(二)人事类

有该行外籍人员身份介绍信；德籍职员及各客户过期保险单等。

(三)财会类

有该行对账单、抵押放款、信用证等。

(四)资料类

有银行年书、外商银行工会条例、外商行名录；各种金融调查资料及百科词典等。

中华平安股份有限公司
全宗号 W10

一、机构概况

中华平安股份有限公司成立于1928年,是美国商人在津设立的股份制企业。主要职能是经营房地产买卖、保险、代理经租、代收佣金、抵押借款、利息收入、吸收美金存款、代客买卖外国股票、代划外国存款、委托银行代买卖并代管股票、代收利息等业务。该公司以天津为中心开展业务,首先设立天津第一分公司,附属机构有达客饭店和北戴河经租处。随后于1931年和1938年在青岛、上海设分公司,扩大了投资代理范围。1941年因太平洋战争爆发,该公司业务大部分停顿。日本投降后,该公司于1946年9月重新申请登记,1948年7月其营业执照获批准。1949年1月天津解放后,该公司歇业。

二、档案情况及内容介绍

馆藏该全宗档案共807卷,上架排列长度37.35米,档案起止时间为1928—1948年,档案按“问题”分类排列。编有案卷目录可供检索。

档案主要内容如下:

(一)综合类

有公司组织章程;公司注册登记照片;历年股东年会记录,董事会议记录以及公司改组文件材料;公司人员名单、股东名单、董事名单、经理条谕簿等。

(二)业务类

有历年年度营业报告书;公司与青岛分公司、上海分公司、爱威公司、达客饭店、北戴河经租处、美国驻津领事馆、花旗银行、各关系住户关于修缮、增租、续租、欠租、退租、过户、租赁以及腾房等问题的来往信件;关于抵押及信用放款与借款人来往信件;信用放款登记簿,抵押放款登记簿;保险业务报告表,保险代理日报表,代理各保险公司合同等。

(三)财会类

有总账、分类账、现金账、银行往来账、日记账、分户账、经租账、押租账、抵押放款账、资产负债表、股票账、股票及债务投资表、董事薪金表、财务月报表、传票等。

企业档案

恒记盐号
全宗号 J182

一、机构概况

恒记盐号的前身为李亨裕盐号，于1857年（清咸丰七年）登记经营，1941年改由裕记盐号代办，1944年正式由恒记盐号代办经营，属个人投资的无限股份公司。恒记盐号外店设在河南临漳，天津为其总店。该号主要职能是代办盐业运销。1946年，该号津店停止营业。

二、档案情节况及内容介绍

馆藏该全宗档案共18卷，上架排列长度0.43米，档案起止时间为1941—1946年，档案按“年度-问题”分类排列。编有案卷目录和文件目录可供检索。

档案主要内容如下：

有该号与有关单位业务来往函件；业务公函电报底稿；致总号监理业务函件；该号外岸接交盐包数目及成本细数开列清单；抵押往来存款透支契约；配盐计划表和盐斤价格表；李亨裕记津店、外岸同人薪金单；总店各岸盐商1942年春季报告事项等。

祥业盐号　业记豫益恒盐号全宗汇集
全宗号 J197

一、机构概况

(一)祥业盐号

祥业盐号成立于1920年,是由祥记代福豫号、业记代豫丰合资组成,属一般性商业盐号,其主要职能是经销河南汝光等14县芦盐。该号经理是石松岩、林晋臣,下设副理、会计、文书等职员若干名。下辖驻马店、西平、长台关、明港、信阳、南新等分店。1923年9月,该号解散。

(二)业记豫益恒盐号

业记豫益恒盐号于1923年8月1日成立,由业记和豫益恒盐号合资组成,为一般性商业盐号,其主要职能是运销河南汝光等14县芦盐。该号经理是石长青、林谦,下设副理、文书、会计等职员若干人,下辖驻马店、西平、新店等分店。1931年,该号结束营业。

二、档案情况及内容介绍

馆藏该全宗汇集档案共130卷,上架排列长度3米,档案起止时间为1920—1931年,档案按"问题"分类排列。编有案卷目录和文件目录可供检索。

档案主要内容如下:

(一)综合类

有业记豫益恒组织章程、人员调动及成立护厂队文件;祥业盐号人员调动、花名册及办事规则;业记豫益恒申请歇业文件;阜东与业记豫益恒合并经营有关函件及领取河南入境大钞训令等。

(二)业务类

有盐号运销芦盐合同;有关联系车皮、借款、运盐、销盐等与各方面来往函件;长芦盐运使、直隶盐款清理处等部门有关盐务训令、指示及通知;长芦盐运使关于不得私自批盐交易训令等。

（三）财会类

有盐号费用清单，股金分红、薪金表，拨款款据等。

通济盐业公司天津分公司
全宗号 J213

一、机构概况

通济盐业公司是金城银行在抗日战争期间，自办经营运销食盐的股份制企业公司，总公司设在重庆，以运销川盐为主要业务。1946 年 12 月，为了便于配领运销芦盐，由金城银行担保，以赵麒瑞（沪公司经理）名义设立了通济盐业公司天津分公司，同时还设立了驻津通济盐号和驻津济记金生盐号，由通济盐业公司天津分公司代理三家请领芦盐经营、运销皖、鄂及济南、徐州、蚌埠等地业务。

二、档案情况及内容介绍

馆藏该全宗档案共 21 卷，上架排列长度 0.43 米，档案时间为 1947 年，档案按"问题"分类排列。编有案卷目录和文件目录可供检索。

档案主要内容如下：

有该公司为业务事项与总公司、沪公司及有关办事处来往函件，公司负责人与总公司、沪公司经理、副理间业务往来函件，与各地济记金生盐号往来函电等。

中和盐业公司天津分公司
全宗号 J186

一、机构概况

中和盐业公司天津分公司于 1946 年成立，是中国农民银行经办企业，主要经营运销食盐。该公司经理由中国农民银行指派,其内部机构设有总务股、业务股、会计股、运务股。1948年,经公司第八次常务董事会决议,撤销中和盐业公司天津分公司。

二、档案情况及内容介绍

馆藏该全宗档案共39卷,上架排列长度4.3米,档案起止时间为1925—1948年,档案按"年度-问题"分类排列。编有案卷目录和文件目录可供检索。

档案主要内容如下:

(一)综合类

有总公司关于所属各分支机构成立、改组及裁撤等问题函件;该公司与各地分公司互换印鉴来往文件,关于调拨汽车、购置房屋、调整租金及捐款等问题与总公司的来往函件;有关工友解雇及调整待遇材料,员工薪金办法,借调人员待遇及考绩办法,员工名册,人事任免调动等文件材料等。

(二)业务类

有该分公司盐运保险业务报表;销盐、代运盐斤等问题与总公司来往函电,总公司关于销盐问题给该公司函电;长芦盐务局颁发盐运办法;与各地互换业务通讯资料等。

(三)财会类

有总公司关于修改会计规则办法;驻员账务处理办法及有关会计事项给公司函电;关于调整出差旅费及借调人员调职出差办法;员工薪金借支登记,食盐成本变动报告等。

新记公司
全宗号 J174

一、机构概况

新记公司于1932年1月正式成立,是合股出资专办芦盐运往河南开封及各引地销售的合资有限公司。该公司设总公司于天津,分公司于河南等处,内部机构为董事制,设经理、副理和襄理各1人。该公司下设会计股、文牍股。1938年3月31日,经董事会决议该公司结束工作,至年底解散。

二、档案情况及内容介绍

馆藏该全宗档案共177卷，上架排列长度2.85米，档案起止时间为1929—1939年，档案按“问题”分类排列。编有案卷目录和文件目录可供检索。

档案主要内容如下：

有公司约章及津襄汝盐商公职章程和办事细则；向长芦盐务管理局呈请兑缴税款有关文件；关于盐运销、调拨盐款、汇款、税款、押借款、汇票及售盐价格等问题函件；天津公司外岸各种单据表册；历年同人花红单及人员任职、薪金表册；各年度决算及年度比较运价目表；公司家具清册及废图章印鉴单据等。

鼎丰泰新记煤栈
全宗号 J183

一、机构概况

鼎丰泰新记煤栈是由金城银行、通成公司和大陆银行中国大陆商业公司天津总公司投资，于1933年1月建立的。其业务范围主要是承办开滦煤矿煤炭在天津地区的分销事宜。内部设经理1人，职工与押车夫10余人。1936年，该栈结束工作。

二、档案情况及内容介绍

馆藏该全宗档案共17卷，上架排列长度0.43米，档案起止时间为1932—1936年，档案按“问题”分类排列。编有案卷目录和文件目录可供检索。

档案主要内容如下：

有该栈为购进煤炭数量、价格、质量与开滦矿务局往来函件；为运销煤炭数量、质量、价格事宜与通成公司及其第一、二售煤处及其驻平办事处、丰台办事处等单位往来函件；天津部分工厂用煤量调查统计及历年销售煤斤表；冬煤运售天津成本分析比较表；冬煤销售过程与成本计算等文件材料；以及职工、押车夫工资单和会计规程等。

盐记代办南宫县总店
全宗号 J184

一、机构概况

1930 年 1 月,南宫长泰店由盐业银行接收代办,以利还债,改称盐记代办南宫县总店。其业务范围主要是经销食盐。盐业银行专派一人任该店总司(经理),另有职员数人。1938 年,该店停业。

二、档案情况及内容介绍

馆藏该全宗档案共 19 卷,上架排列长度 0.48 米,档案起止时间为 1929—1936 年,档案按“问题”分类排列。编有案卷目录和文件目录可供检索。

档案主要内容如下:

有长芦盐运销、数量、价格及货款汇寄、税赋交纳等业务事项公函;人员薪金事项以及个人名义为人事问题发函底稿等。

交阜东南业记津店
全宗号 J185

一、机构概况

交阜东南业记津店名称中,“交阜东南”是河北省交河、阜城、东光、南皮四个县的代字。该店原为某商人开办,因能力所限交由芦纲公所办理运务,芦纲公所委托其债权人——业记(盐业银行)代运销。1926 年 10 月,业记津店在河北泊头设代办交阜东南业记总店,在四个县城内各设一店,还设有泊头总盐厂、东光盐厂。其主要业务是运销长芦盐。1928 年夏,代办交阜东南业记总店结束,业记津店的业务则由盐业银行委托他人办理。

二、档案情况及内容介绍

馆藏该全宗档案共 24 卷，上架排列长度为 0. 48 米，档案起止时间为 1923—1928 年，档案按"问题"分类排列。编有案卷目录和文件目录可供检索。

档案主要内容如下：

有为长芦盐运销、数量、价格、货款收寄等业务事项与代办交阜东南业汇总店往来公函；交阜东南四城店有关盐的销售、价格等事项公函；长芦盐运使有关增加盐价以充军饷布告；有关交阜东南地区缺盐命四县运盐训令；交阜东南四县县长为运盐事发给芦纲公所代办交阜东南业记店公函抄件等。

济安自来水公司
全宗号 W193

一、机构概况

济安自来水公司成立于 1901 年，是中英合资私人企业，其主要负责天津城厢内外的自来水过滤、清洁、供饮。1951 年，该公司与天津自来水厂合并，于 1953 年加入公私合营。

二、档案情况及内容介绍

馆藏该全宗档案共 61 卷，上架排列长度 5. 4 米，档案起止时间为 1901—1949 年，档案按"问题-年度"分类排列。编有案卷目录可供检索。

档案内容主要如下：

（一）业务类

有该公司为申请开业给直隶总督的禀文；都统衙门对开设自来水公司申请的批文；公司会议记录及招收新股、收回旧债券的文件；英国工部局 1931—1936 年董事会工作报告；新公司章程、保险章程；该公司上报天津市政府申请调整水价报告，以及与本市军政机关、企业有关供水问题来往函件；与法、俄、日、意、奥等国订立的供水合同等。

(二)财会类

有该公司城厢售水账、股票注册账、股东过户留底账、1947年增资换发新股暂记账、资产负债表等。

资源委员会冀北电力有限公司天津分公司
全宗号 J93

一、机构概况

资源委员会冀北电力有限公司天津分公司于1946年3月1日正式成立,是资源委员会冀北电力有限公司在天津的分支机构,负责天津全市内及塘沽、军粮城、杨柳青一带发电、供电事业的经营管理和建设工作。其内部机构先后设有6课1库2所,即总务课、会计课、业务课、用户课、供电课和发电课及材料库、塘沽和沧县营业所。1949年1月天津解放后,资源委员会冀北电力有限公司天津分公司由中国人民解放军天津市军事管制委员会接管。

二、档案情况及内容介绍

馆藏该全宗档案共1835卷,上架排列长度34.2米,档案起止时间为1904—1949年,档案按"年度-问题"分类排列。编有案卷目录和文件目录可供检索。

档案主要内容如下

(一)综合类

有资源委员会冀北电力有限公司关于收回比商电灯、电车公司指示办法及商谈情形报告和往来文书;关于调整工资待遇办法及有关福利问题指示;关于职工子女教育补助办法及其关系文书;公司核定员工薪资请示及总公司批复;关于编报材料预算及清查移交事项文件等;总公司资源委员会冀北电力有限公司颁发有关暂行组织条例、规程及办事细则;经济部接收华北电业天津分公司开会通知、会议记录;公司沿革概况,公用事业促进会组织章程;制订有关职员借调规章、工人管理、抚恤暂行规则、员工借支办法、职员医药费用补习办法等。

(二)业务类

有资源委员会冀北电力有限公司关于编造电气事业年报指示和下发平津唐关于电力网

调度文件;资源委员会电务处下发各电厂工程业务统计摘要;公司电灯、电力、电热更动月报和用户过户申请、停电通告,关于改善供电营业区域办法;各发电厂及变电站设备试验事项以及各机关请求协助事项文件等。

(三)人事类

有总公司资源委员会冀北电力有限公司人事任免及调派工作文书;总公司下发员工人数日报表、人员名册;所属单位组织异动决定;公司组织机构异动请示报告及总公司批复文件等。

法商电力股份有限公司天津分公司
全宗号 W40

一、机构概况

法商电力股份有限公司天津分公司,是 1916 年 10 月 19 日由法国人克立孟、布吉瑞征得法租界公议局的许可组建的,其主要职能是经营电力事业。1946 年 8 月 30 日,该公司在法国政府注册,于法国巴黎哈斯曼大街 96 号设立总公司,在天津设立分公司,定名为“法商电力股份有限公司天津分公司”。1949 年 1 月天津解放后,天津市人民政府在该公司派驻军事代表监督其继续经营,1953 年 11 月 14 日经市人民政府批准,由前天津电业局接管,改名为“天津电业局第五发电厂”。

二、档案情况及内容介绍

馆藏该全宗档案共 1483 卷,上架排列长度 54 米,档案起止时间为 1909—1953 年,档案按“问题”分类排列。编有案卷目录可供检索。

档案主要内容如下:

有法商电力股份有限公司法规;法租界公议局规章;该分公司专利事业合同;有关技术管理,人事工资文件;各种账册、年报、图纸资料、书刊等。

华北电业股份有限公司天津分公司
全宗号 W45

一、机构概况

华北电业股份有限公司天津分公司前身为冀北电力有限公司天津分公司，成立于 1936 年 3 月 1 日，是由中、日双方对半出资组成的股份制公司，是华北电业股份有限公司的分支机构，主要职能是发电、供电、售电。该公司组织机构先后共设有总务课、业务课、会计课、发电课、供电课、用户课、材料库、第一、二、三发电所及塘沽营业所。1941 年太平洋战争爆发后，日军接管比商电车电灯公司电灯部、天津英租界发电所，成为华北电业天津分公司所属第二、第三发电所。1945 年日本投降后，公司由国民党天津市政府公用局接管，改称冀北电力有限公司天津分公司，直至 1949 年 1 月天津解放，该公司业务结束。

二、档案情况及内容介绍

馆藏该全宗档案共 195 卷，上架排列长度 4.95 米，档案起止时间为 1936—1946 年，档案按“问题-年度”分类排列。编有案卷目录可供检索。

档案主要内容如下：

（一）综合类

有华北电业股份有限公司给天津分公司颁发的有关公司组织发、供、售电，人事管理，材料采购、保管、运输方面的法令、规则和办法；天津分公司沿革；股东会议记录；职务权限规定；该公司有关员工工资、津贴、奖惩，日籍员工履历书等文件；与日本居留民团的来往函件等。

（二）业务类

有该公司营业章程；1943 年公司营业情况报告书，营业报告表；天津地区特约电力用户记录表；公司与天津市政府、工商用户供电契约及电力供应文件；有关发供电设备、器材、工具的采购、调拨、修理、运输的文件等。

（三）财会类

有地区电费金额一览表，大宗电力用户电费收入明细表；财务借贷对照表等。

（四）资料类

有1940年天津电气事业概要，1941年华北电气事业概要；华北地区五年需要计划书；1942年京津地区电力供给方针，电气设备概要以及天津地区电气事业统计资料等。

天津电车电灯公司
全宗号 W52

一、机构概况

天津电车电灯公司成立于1904年，是中、比商人合作经营的企业。该公司组织机构设置分两个时期：1940年设总公司、发电厂、电车三部分；1940年以后设总务课、营业课、配电课、塘沽营业所、第一发电所、第二发电所、第三发电所。1941年太平洋战争爆发后，该公司被日本接管，归入日本华北电业天津分公司。日本投降后，1945年8月该公司由国民党公用局临时管理处接管。1949年1月天津解放后，该公司由中国人民解放军天津市军事管制委员会接管。

二、档案情况及内容介绍

馆藏该全宗档案共2597卷，上架排列长度63米，档案起止时间为1902—1950年，档案按"问题-年度"分类排列。编有案卷目录可供检索。

档案主要内容如下：

（一）综合类

有1914年4月26日清政府直隶省与比国商人双方共同订立的开办天津电车电灯公司合同，1927年订立的追加合同；天津电车电灯公司法规；该公司与布鲁塞尔总公司及其代表人关于转账支票等函件；公司人员组织情况、华员调动待遇问题文件；职工定期酬金领取办法；总务处人员组织表、电灯部人员名单；日本职员服务规则；该公司与比商义品公司签订的住房契约等。

（二）业务类

1. 电车业务　有该公司与布鲁塞尔总公司有关行车、收入、客运等往来信件；总公司下达的关于电车行车应遵守事项;电车业务营业报告,电车业务1915—1920年收入状况报告;北京电车公司规则;电车道设置电杆工程记录;电车道电位研究文件等。

2.电灯业务 有该公司电灯用电规则;电灯业务营业报告;电力分配法规;电灯用户关于核减用电度数、移表、退表、修外线等问题的来函;与军政机关关于电灯用电问题的往来函件;1915—1920年用电业务统计;发电厂建筑事项合同等。

(三)图纸类

有发电厂负荷线路图、转电处线路图;发电厂与英法电灯房负荷曲线比较;锅炉建筑图纸,发电机件图纸,变电室图纸等。

(四)财会类

有总公司各项支出报告单;职工保证金、住院费、养老金支出等现金收据;行政管理费收据;资产负债表、财务报表;1901—1925年用户总账;1936—1940年保证金账;1907—1921年材料账;1930—1941年大日记账;1913—1939年日记账;1935—1939年用户大流水账等。

天津航业股份有限公司
全宗号J168

一、机构概况

天津航业股份有限公司由周作民、叶绪耕、杨济成、范旭东、杨子南等人集资于1929年9月在天津设立,旨在发展民族航运,为工商业服务。该公司主要经营天津至塘沽、大沽口间海河驳运业务。1937年7月在上海成立分公司,其业务范围除经营天津海河驳运外,还扩及南北洋沿海、长江干线货运及码头仓库业务,并代理中外同业船舶津港进出口船务。

1949年1月天津解放后,该公司于1949年5月向天津航政局办理轮船业临时登记。1951年12月,改选董事7人、监事2人。周作民、杨济成、甘肋予、谢咸耀、王更三、李烛尘、孙啸南任董事,邵怡度、叶纲宇任监事。经理王更三常驻上海分公司,副理周汉楚常驻天津总公司,叶文耕、诸宝昌常驻上海分公司,襄理吴叔奇常驻上海分公司。

1954年,天津航业公司由公私合营银行天津分行接管;1955年,改为公私合营银行天津分行第十一仓库。

二、档案情况及内容介绍

馆藏该全宗档案共671卷，上架排列长度15.66米，档案起止时间为1929—1954年，档案按“问题-年度”分类排列。编有案卷目录和文件目录可供检索。

档案主要内容如下：

（一）组织人事类

有该公司章程、历史沿革及发起缘由函件，公司概况报告；股东会报告、历年股东名册、董、监事名册；历届股东会记录；关于成立劳务委员会及其规定函件；招收船工办法及录取人员名单；船员升级表、船员成绩表、船员考绩表；船员考绩奖金、船员临时慰问奖金清单、船员月薪单；库丁成绩表、调整工资表；轮驳船员遣散计划；中国船员名录；人事变动函件等。

（二）航运业务类

有该公司商业登记表、轮船业登记表；全市轮驳调查制表；轮驳业公会表册；航业概况报告；冰难救助工作函件、航船事故报告书；津沪船业工会业务来函及航业合作具体方案、章程；天津海关对天津船业有关通知；船舶所有权登记保存申请书；航业情况往来电函；生产、营运情况调查；航业公会存款简报及存款、捐益统计表册；公司历届股息红利发给情况报告等。

天津市第三化学厂
全宗号 J155

一、机构概况

天津市第三化学厂前身是1936年成立的天津工业株式会社，1945年12月29日更名为天津市第三化学厂，隶属于国民党天津市政府公营事业管理处，是经营生产味精和酱油等调味食品的工厂企业。王竹铭任该厂经理，内部机构设有会计科、总务科、物料科3科，以及粗制部、中制部、精制部、酱油部4个车间。

二、档案情况及内容介绍

馆藏该全宗档案共115卷，上架排列长度1.8米，档案起止时间为1909—1949年，档案按“问题-年度”分类排列。编有案卷目录和文件目录可供检索。

档案主要内容如下：

有该厂财产目录，不动产权清册及存货报告表；厂务会会议记录，工作计划月报表及工作报告；包装材料损毁表，购拨原材物料报告单，产品销售情况报告；职员名册、考绩表、薪俸报表；厂务费用及制造费用报告表；关于变更存款印鉴致天津市银行公函等。

天津市企业有限公司
全宗号 J69

一、机构概况

天津市企业有限公司正式成立于1947年10月1日，是管理天津市市营工厂企业的机构，隶属于国民党天津市政府，公司董事长由时任市长杜建时兼任。公司内部机构设4室4部，即秘书室、会计室、稽核室、企划室和总务部、工务部、业务部、贸易部。其下管辖有第一酱油厂、第二纺织厂、第三化学厂、制钉厂、制冰厂、油墨厂和机器厂。1949年1月天津解放后，该公司由中国人民解放军天津市军事管制委员会工业接管处接管。

二、档案情况及内容介绍

馆藏该全宗档案共451卷，上架排列长度8.55米，档案起止时间为1945—1949年，档案按“年度-问题”分类排列。编有案卷目录和文件目录可供检索。

档案主要内容如下：

（一）综合类

有公司筹备处组织成立材料、组织规程；公司工作计划、工作报告；公司改组意见书、经营计划书；公司成立并启用关防文件，公司章程、组织系统表；职员名册、职员登记总表、职员任用一览表；公司业务报告书、资产负债表；公司董事会会议记录、总务会会议记录和业务会会议记录等。

（二）章则类

有签呈呈阅文件暂行办法草案、业务会议议事规则；人事管理事务简则，员役考勤简则，员役请假规则，员役诊病规则；职工出入工厂携带物品使用出入证办法，学生在厂实习规则；工人增资奖金办法，加班给资办法；拨发物资转账章则，各厂加强门禁严稽出入办法，职工在厂接待私人宾客限制办法等。

（三）下辖工厂类

1. 人事　有各厂工人名册，工人异动材料，技术员登记及工人调查表，员役工人动态表；各厂工人人数及工资等级表，工人保证书及证明书，新工人入厂登记表，裁减工人清册，工人离厂报告表，人事汇报及月报表等。

2. 业务　有各厂交接清册，生产计划、销售计划和营业计划书；生产预算及实际产量表，工作月报表，设施状况调查表；财产目录调查清册，充实设备意见书，原物料清册及申请购买原物料请示报告，调整货物价格报告及公司批复材料，与其他单位互拨原材料合同，重要修缮工程明细表，各厂有关业务往来函件等。

3. 财务　有各厂管理工资预算表、职工薪金表、收支概况表；文具费用、交际费用、支用流动资金明细表；购料金额比例表，各厂成品金额报告表，各种货品佣金数额表；各厂制造费用预算书，年度预算书和概算书等。

恒源纺织股份有限公司
全宗号 J146

一、机构概况

恒源纺织股份有限公司于 1918 年成立，是在 1915 年官办的直隶模范纱厂和 1916 年商办的恒源帆布公司合并的基础上成立的私立纺织企业。该公司经营棉纱和帆布的生产及销售，其内部机构设有庶务科、人事科、工账科、纺部、织部及恒源事务所。1954 年 10 月，该公司参加公私合营。

二、档案情况及内容介绍

馆藏该全宗档案共 44 卷，上架排列长度 1.8 米，档案起止时间为 1919—1948 年，档案按“年度-问题”分类排列。编有案卷目录和文件目录可供检索。

档案主要内容如下：

有公司关于申请商标注册、商标图样呈文及商标局批复、审定书；公司历史沿革、规章制度，工厂概况调查表，生产设备概况，租房立约地契证据；年终结账及审查现金账目总报告书；职工保证书、任职通知；公司女工管理办法及工作情况日记等。

天津市仁立实业股份有限公司
全宗号 J144

一、机构概况

天津市仁立实业股份有限公司于 1931 年正式成立，是私营企业，主要生产销售粗纺呢绒、地毯、蛋品等产品。该公司设总经理、经理各 1 人、副理、襄理各 2 人。其内部机构设有总务处、会计处、营业处、采办处、材料处、稽核处及工务处。该公司下辖有天津仁立毛纺厂、仁立地毯厂、仁立蛋品厂。1954 年 12 月，该公司参加公私合营。

二、档案情况及内容介绍

馆藏该全宗档案共 58 卷，上架排列长度 1.2 米，档案起止时间为 1930—1948 年，档案按“问题”分类排列。编有案卷目录和文件目录可供检索。

档案主要内容如下：

有该公司关于处理佣工、任用工友、工人工资以及职员考勤、请假等规则，暂订补助职工员役医药费办法；织呢厂南楼织工产额规章和纺织厂行政组织草案；劳动工资科有关福利规则；公司总管理处历史沿革以及机器设备情况、工业基本情况等调查材料；仁立毛纺厂、上海分公司、北京分公司有关年终财产、盘存材料及公司损益计算书、负债表；公司董事会会议记录等。

北洋纱厂
全宗号 J145

一、机构概况

北洋纱厂于 1918 年成立,是私营纺织企业,主要经营棉纺纱锭、纺纱生产等。曹秉权任董事长,范竹斋任经理。1930 年该厂厂名改为北洋新记,1934 年称北洋公记,1936 年更名为诚孚北洋纱厂。1954 年 2 月 11 日,该厂参加公私合营。

二、档案情况及内容介绍

馆藏该全宗档案共 56 卷,上架排列长度 1.2 米,档案起止时间为 1919—1949 年,档案按“年度-问题”分类排列。编有案卷目录和文件目录可供检索。

档案主要内容如下:

(一)综合类

有天津市警察所关于北洋纱厂外地招募徒工给固城县公署公函;市社会局关于该厂成立稽查处及派调查员训令;董事会会议记录,厂务会会议记录;产业工会章程;资产负债借贷对照表,财产损失汇报表,工伤调查表;女工管理办法及年终总结账略报告等。

(二)人事类

有试用工和职工入厂志愿书、保证书;职工名册;该厂股东、董事、监察人名单;诚孚公司、恒源纺织厂、北洋纱厂同人录等。

中国纺织建设股份有限公司天津分公司
全宗号 J66

一、机构概况

中国纺织建设公司天津分公司于 1945 年 12 月 20 日正式成立,1948 年 9 月改组为中国纺织建设股份有限公司天津分公司,属于官僚资本纺织企业。其主要职责是在天津地区经营纺织品的制造与染织,纺织染原料与成品的购销,纺织机器的制造与经营等。杨亦周任经理,其内部机构先后设有秘书室、运输室、材料室、业务课、稽核室,以及员工福利委员会、资产清查委员会、建筑委员会、购料委员会、厂务督导团、原棉研究班。1949 年 1 月天津解放后,中国纺织建设股份有限公司天津分公司由中国人民解放军天津市军事管制委员会工业处接管。

二、档案情况及内容介绍

馆藏该全宗档案共 4129 卷,上架排列长度 59.4 米,档案起止时间为 1945—1952 年,档案按“问题-年度”分类排列。编有案卷目录和文件目录可供检索。

档案主要内容如下:

(一)综合类

有公司厂务会议记录;公司及所属各纺织厂组织沿革概况材料;债权、债务备忘录;各厂更名启事及印章样本;关于刊登广告、修缮管道等问题与报社、卫生局有关单位的往来函件等。

(二)人事类

有人事任免考核表,人员名册,人事日报表,职员履历表,考勤月报表,人员调查表,职工人数统计表;职称薪额清册,薪资增减及员工福利办法;员工随任直系眷属登记表;社会各单位教、职员中申请配布名册等。

(三)业务类

有关于在津购料问题往来函件;各厂纺织概况分析、扩充计划;设备概况及业务进展状况调查表、资产估价表;各年度业务工作报告,生产日报表;关于棉花质量检验等业务问题与商品检验局往来函电;各纺织厂关于机器安装、拨借及修理问题公函等。

(四)事务类

有职工领取制服办法;统一捐募运动及捐款处理规定;眷属住房及家具分配办法;职工医药费补助暂行办法;所属各纺织厂关于汽车维修、调拨、出差旅费报销等问题致该分公司公函;行政院等上级单位颁发的征兵办法,及对该分公司与下属各纺织厂缓服兵役训令等。

中国纺织建设公司天津第一纺织厂
全宗号 J156

一、机构概况

中国纺织建设公司天津第一纺织厂前身是 1937 年 2 月由日本人独资创办的裕丰纺织天津工厂。抗日战争胜利后,被国民党经济部冀热察绥区特派员办公处接收,1945 年 12 月移交中国纺织建设股份有限公司天津分公司,正式定名为中国纺织建设公司天津第一纺织厂,是中国纺织建设股份有限公司天津分公司下属纺织厂。该厂主要经营生产棉纱布、棉制品及其加工等业务。王瑞基任该厂厂长,其内部机构设有运转部、保全部、试训部、机动课、业务课、总务课、会计课、人事课。1949 年 1 月天津解放后,该厂由中国人民解放军天津市军事管制委员会工业处接管。

二、档案情况及内容介绍

馆藏该全宗档案共 185 卷,上架排列长度 4.5 米,档案起止时间为 1946—1948 年,档案按"年度-问题"分类排列。编有案卷目录和文件目录可供检索。

档案主要内容如下:

(一)综合类

有该厂历史沿革、组织系统表;厂务会议记录;物资清查处理办法、生活福利待遇办法,工资待遇及工资奖励条例、规定,工资发放办法,职工疾病、公伤医疗费处理规定,职工教育办法;职员名单、考绩表、考勤日报表;税收、利润预决算表。

（二）业务类

有职工业务工作日报；关于机械设备修理及机件修配制造总结报告书；纱布生产统计报表，产品销售估价表，采购物资及运输报表；生产管理计划统计报告，原棉纱布工艺设计试验报告；原棉配棉成分生产试验报表等。

中国纺织建设公司天津第二纺织厂
全宗号 J154

一、机构概况

中国纺织建设公司天津第二纺织厂前身是创建于 1911 年的裕元纺织股份有限公司，1936 年 4 月该公司转售于日本钟渊纺织株式会社，更名为钟渊纺织株式会社公大六厂。1945 年 12 月 25 日，被中国纺织建设股份有限公司天津分公司接收后，该厂正式定名为中国纺织建设公司天津第二纺织厂，是中国纺织建设股份有限公司天津分公司下属纺织厂。该厂主要负责棉纺制品的生产和染整。王郅隆、彭雪舟等人先后任该厂厂长，其内部机构设有工务科、营业部。1949 年 1 月天津解放后，该厂由中国人民解放军天津市军事管制委员会工业处接管。

二、档案情况及内容介绍

馆藏该全宗档案共 122 卷，上架排列长度 2.7 米，档案起止时间为 1943—1950 年，档案按“年度-问题”分类排列。编有案卷目录和文件目录可供检索。

档案主要内容如下：

（一）综合类

有工厂沿革概况，厂规及办事细则；厂务会议记录，工作日报；职工奖惩规则，工资发放规定；人事变动通知，工人花名册、职员保证书、员工薪金数目表等。

（二）业务类

有关于机器设备改进情况报告；购置机器设备、汽车申请书；纺纱机器修整计划表、出售次等纱布价格表；库存机械报告；关于更改配花成分和纱布染色成分问题与织染公会往来公函等。

（三）资料类

有天津市政班教职学员通讯录，中央训练团职员录，津职业班、会计班师友录；沪、津及青岛各厂纺织品组织表，间接物料账等。

中国纺织建设公司天津第三纺织厂
全宗号 J157

一、机构概况

中国纺织建设公司天津第三纺织厂前身是1936年由日本人创办的天津纺织公司。抗日战争胜利后，于1945年12月移交中国纺织建设股份有限公司天津分公司，正式定名为中国纺织建设公司天津第三纺织厂，是中国纺织建设股份有限公司天津分公司下属纺织厂。主要经营棉纺织品的纺织和染整。张泽生、王达甫等人先后任该厂厂长，其内部机构设有人事课、会计课、总务课及原动部，另外还设有染厂、布厂、纱厂3个分厂。1949年1月天津解放后，该厂由中国人民解放军天津市军事管制委员会工业处接管。

二、档案情况及内容介绍

馆藏该全宗档案共219卷，上架排列长度2.7米，档案起止时间为1931—1949年，档案按“年度-问题”分类排列。编有案卷目录和文件目录可供检索。

档案主要内容如下：

（一）综合类

有该厂历史沿革，工厂管理条例，厂务会议记录、工作报告；关于职工任免、调动、离职等问题的请示及天津分公司批示；各年度工作进展情形调查报告；该厂劳工补习教育办法，人事规章制度，工资待遇办法，工人名册，考勤月报表、薪金表等。

（二）业务类

有关于原棉调拨、修建厂房等问题的请示及天津分公司批示；机械设备调查表、货物保险统计表、原棉用量调查表及生产数量报告表；营业证书及营业许可证；配花成分及棉纱布试验成绩表，试验成绩比较周报，棉花整理使用入账办法等。

中国纺织建设公司天津第四纺织厂
全宗号 J147

一、机构概况

中国纺织建设公司天津第四纺织厂前身是1939年由日本人创办的三泰纱厂，后改为上海纱厂。抗日战争胜利后，于1945年12月移交中国纺织建设股份有限公司天津分公司，正式定名为中国纺织建设股份有限公司天津分公司第四纺织厂，是中国纺织建设股份有限公司天津分公司下属纺织厂。该厂主要经营棉纺织品的纺织和染整。刘持钧、陈毅德先后任该厂厂长，其内部机构设有机动课、总务课、人事课、会计课及原动部，另下辖纱厂、布厂、麻厂3个分厂，还设有员工子弟学校。1949年1月天津解放后，该厂由中国人民解放军天津市军事管制委员会工业处接管。

二、档案情况及内容介绍

馆藏该全宗档案共163卷，上架排列长度3.6米，档案起止时间为1824—1948年，档案按“年度-问题”分类排列。编有案卷目录和文件目录可供检索。

档案主要内容如下：

（一）综合类

有关于工厂规划、更改厂名和使用图章呈文及天津分公司批复；组织沿革，厂务会议记录和工作报告；征收土地计划书，工厂交接清册等。

（二）业务类

有关于购买原材料及废料处理问题的呈文及天津分公司批复；该厂配棉成分、样品检验成绩表，送货、订货办法；原棉使用情况及纱布生产概况；添购物料清单及拨发外货材料清单；各纺织厂关于借用机器设备、原材物料及代织代染纱布等问题致该厂公函等。

（三）人事类

有关于职工升级、开除工人等问题请示及天津分公司批复；人事规则，职工生活福利及劳保待遇办法，录用职工办法；该厂职工名册、合同证书等。

（四）财会类

有关于会计成本核算、资金周转和拨款转账办法，债权、债务清理办法，保险细则；现金收付转账通知单，职工薪金表，资产估价清册及估价表；各纺织厂借用临时周转金申请书等。

（五）资料类

有《津纺简讯》《纺织学刊》《用织物制造法》；公司法令章则汇编；化学工业制造工程图集及纺建要览等。

中国纺织建设公司天津第五纺织厂 全宗号 J148

一、机构概况

中国纺织建设公司天津第五纺织厂前身是1936年由日本人开办的双喜纺织株式会社。抗日战争胜利后，于1945年12月移交中国纺织建设股份有限公司天津分公司，正式定名为中国纺织建设公司天津第五纺织厂，是中国纺织建设股份有限公司天津分公司下属纺织厂。主要经营棉纺织品的纺织和染整。陈毅德、王达甫等人先后任该厂厂长，其内部机构设有会计课、人事课、总务课，另外还设有织厂、纺厂2个分厂。1949年1月天津解放后，该厂由中国人民解放军天津市军事管制委员会工业处接管。

二、档案情况及内容介绍

馆藏该全宗档案共153卷，上架排列长度2.4米，档案起止时间为1922—1949年，档案按“年度-问题”分类排列。编有案卷目录和文件目录可供检索。

档案主要内容如下：

（一）综合类

有该厂组织沿革、各年度工作报告、工作概况简报；固定资产目录；奖惩规则，办事细则等。

（二）人事类

有关于职员任免、调动等问题请示及天津分公司批示；职工福利暂行办法，职工名册，日籍职员名册,警役名册;工人年龄及工资调查表,职工考绩月报表等。

(三)业务类

有呈送中国纺织建设股份有限公司天津分公司抽查棉纱样品函件;配花成分及棉纱布试验成绩表,物料库存月报表,耗用材料统一价格表,工厂设备调查表,纺织试验周报等。

中国纺织建设公司天津第六厂
全宗号 J238

一、机构概况

中国纺织建设公司天津第六厂前身是日本人经营的大康纱厂,抗日战争胜利后,1946 年 7 月由国民党经济部接收,改称为中国纺织建设公司天津第六厂,是中国纺织建设公司天津分公司的下属纺织分厂。该厂主要生产纺织产品。张朵山任该厂厂长,内部机构有人事课、总务课、会计课、机动课、试训课、卫生室、合作社及小学校,另外还设有纱厂、布厂、纱布厂 3 个分厂。1949 年 1 月天津解放后,该厂由中国人民解放军天津市军事管制委员会工业处接管。

二、档案情况及内容介绍

馆藏该全宗共有档案 10 卷,上架排列长度为 0.45 米,档案起止年代为 1946—1949 年,档案按“年度-问题”分类排列。编有案卷目录和文件目录可供检索。

档案主要内容如下:

有该厂成立大会章程、宣言及会员代表名册、职工名册、工人名册、员工户口清册;该厂选举立法委名册等。

中国纺织建设公司天津第七纺织厂
全宗号 J160

一、机构概况

中国纺织建设公司天津第七纺织厂前身是 1916 年由近代天津著名企业家周学熙创办的华新纺织股份有限公司,后于 1936 年 8 月转售于日本钟渊纺织株式会社,更名为钟渊纺织株式会社公大第七厂。抗日战争胜利后,1945 年 12 月移交中国纺织建设股份有限公司天津分公司,正式定名为中国纺织建设公司天津第七纺织厂,是中国纺织建设股份有限公司天津分公司下属纺织厂。主要经营棉纺织品的纺织和染整。庐统之任该厂厂长,其内部机构设有会计课、总务课、人事课、机动课,另外还设有毛织工厂、印染工厂、织布工厂、纺织工厂 4 个分厂。1949 年 1 月天津解放后,该厂由中国人民解放军天津市军事管制委员会工业处接管。

二、档案情况及内容介绍

馆藏该全宗档案共 198 卷,上架排列长度 4.5 米,档案起止时间为 1936—1948 年,档案按“年度-问题”分类排列。编有案卷目录和文件目录可供检索。

档案主要内容如下:

(一)综合类

有该厂办事细则、规章制度,组织沿革,各年度厂务会议记录;关于人事任免、职员奖惩等问题的请示及天津分公司批复;资产估价表,成本预、决算书,职员薪金表;各分厂工厂概况调查书;华新纱厂招募女艺徒规则等。

(二)业务类

有关于原料调拨、储运等问题的请示及天津分公司批复;新增主要设备表,闲置机器报告表;试验成绩报告及产品登记表;关于物料购置、出售产品等问题与各纺织厂业务往来函件等。

天津纸业股份有限公司第一厂
全宗号 J149

一、机构概况

天津纸业股份有限公司第一厂,前身是1937年日本人内田隆组织成立的东洋制纸工业株式会社,1945年抗日战争胜利后,该厂由国民党河北省政府接收,更名为河北省造纸厂,同年11月改由国民党经济部接管,改名为东洋造纸厂。1946年3月,由资源委员会经营,改名为资源委员会天津纸浆造纸公司第一厂。1948年8月,该厂正式发行股票后,称天津纸业股份有限公司第一厂。该厂是天津纸业股份有限公司所辖制纸企业,主要生产各种纸张。羌逢戌任厂长,内部机构设有厂长室、研究组、计划组、修理组、机电组、制浆组、造纸组和管理课。1949年1月天津解放后,该厂工作结束。

二、档案情况及内容介绍

馆藏该全宗档案共465卷,上架排列长度7.8米,档案起止时间1770—1956年,档案按"年度-问题"分类排列。编有案卷目录和文件目录可供检索。

档案主要内容如下:

(一)综合类

有该厂组织沿革,组织规程,工人管理规则;各年度工作年报,技术业务会议记录,工厂财产调查书等。

(二)业务类

有生产程序及产纸量统计图;生产计划、增加产量计划书,各月生产进度计划;月库存及出品数量表,动力设备统计表、各年度销售日记及售纸合同;该厂洽购残纸函件;各年度成品库存变动日报等。

(三)人事类

有职工考勤办法、奖惩规则,人事异动表;职员名册、保证书、考绩考勤表及留用日籍技术工作人员名册等。

（四）财会类

有该厂员工借支款处理办法，职工与工人工资表、薪金表；财产估价表、成本计算表等。

（五）资料类

有海河平面图，仓库经营论书刊，资源委员会季刊，《天津市单行法规汇编》《金融周报》《三十年来之中国工程》等。

协和印刷股份有限公司
全宗号 J142

一、机构概况

协和印刷股份有限公司于1939年正式成立，主要职能是承接东亚烟草厂各式香烟盒皮及各类商标的印刷业务。其内部机构设3课2室，即总务课、业务课、工务课，及材料室和会计室。1949年1月天津解放后，该公司结束业务。

二、档案情况及内容介绍

馆藏该全宗档案共28卷，上架排列长度0.45米，档案起止时间为1946—1949年，档案按“机构-问题”分类排列。编有案卷目录和文件目录可供检索。

档案主要内容如下：

有该公司筹备处成立、员工管理、人事概况文件及员工福利等报告书；该公司组织章程及员工管理、医药卫生规则；有关原材料管理、配给购置等规定、通知；印刷承揽活件合同协议以及营业方面来往文件；有关各项费用支出规定办法，财产增减、购置、查核统计以及治安、保卫方面文件；有关职员任免、调动、机构调整等规定；员工薪饷、级别待遇事项通知、通告；财务决算编制说明及有关财务处理办法文件等。

日本打字机厂
全宗号 J158

一、机构概况

日本打字机厂于1940年正式创建,原隶属于日本打字机株式会社。抗日战争胜利后,由国民党经济部接收,主要生产打字机、誊写机、油墨和蜡纸等。其内部机构设工场长,其下设总务科和工务科,附设营业所及打字养成所。该厂分为机械厂和化学厂,机械厂主要生产打字机和誊写机,化学厂主要生产油墨和蜡纸等。1949年1月天津解放后,该厂由天津市人民政府接管,更名为红星工厂。

二、档案情况及内容介绍

馆藏该全宗档案共20卷,上架排列长度0.45米,档案起止时间为1945—1947年,档案按"问题"分类排列。编有案卷目录和文件目录可供检索。

档案主要内容如下:

有日本打字机株式会社天津工厂历史沿革文件;日本打字机厂决算报告书;工厂员工名册;有关配售煤油、资产、经费支出概算表、收发文簿等。

中央印刷厂北平厂天津油墨部
全宗号 J141

一、机构概况

中央印刷厂北平厂天津油墨部于1941年11月18日正式成立,是中央印刷厂在天津的下属企业,其主要业务为承印中华火柴厂胜利牌火柴盒皮。1945年,该部撤销。

二、档案情况及内容介绍

馆藏该全宗档案共4卷，案卷上架排列长度为0.45米，档案起止时间为1940—1949年，档案按“年度-问题”分类排列。编有案卷目录和文件目录可供检索。

档案主要内容如下：

有精版印刷株式会社及日本油墨厂概况材料，精版印刷厂及日本油墨厂改名为中央印刷厂北平厂等函件；天津油墨部资产明细表和财产目录；精版株式会社定款总则及有关人员情况介绍等。

天津联昌电机机械厂股份有限公司
全宗号 J152

一、机构概况

天津联昌电机机械厂股份有限公司前身是1945年由联昌电机厂、白兰商行、益众商行3家合股创设的联昌兴业股份有限公司。1948年5月14日，公司正式定名为天津联昌电机机械厂股份有限公司。该公司属私营企业，主要生产经营手电筒、水表等产品。吴又居任公司经理，内部机构设有生产计划科、经营管理科、财务科、总务科、人事科。1954年4月，该公司参加公私合营。

二、档案情况及内容介绍

馆藏该全宗档案共42卷，上架排列长度1.2米，档案起止时间为1941—1954年，档案按“问题-年度”分类排列。编有案卷目录可供检索。

档案主要内容如下：

（一）综合类

有公司管理章程、营业证章、组织系统表、营业报告及资产负债表；公司股份存根、股东名册、职员名单；关于公私合营问题向天津市人民政府工商局公私合营处申请及工商局批复等。

（二）业务类

有公私合营前产品逐年生产销量统计表、生产报表；1954 年增产节约计划表和生产计划书、生产总结；公私合营前后企业生产变化比较表，生产完成情况月报；关于标买华北精工厂经过说明及产权证明书等。

天津植物油料厂
全宗号 J153

一、机构概况

中国植物油料厂股份有限公司于 1936 年创办于上海，其下属企业天津植物油料厂于 1946 年成立。该厂主要负责生产榨炼各种食油、肥皂及颜料。1949 年 1 月天津解放后，该厂工作结束。

二、档案情况介绍

馆藏该全宗档案共 361 卷，上架排列长度 7. 8 米，档案起止时间为 1936—1949 年，档案按“问题-年度”分类排列。编有案卷目录和文件目录可供检索。

档案主要内容如下：

（一）综合类

有厂务会议记录；收发电报副本，收发文簿；工人管理规则，工资调整办法，职工薪金统计表；职工名册、保证书、职员调派书、职工人数动态表及考工办法；中国植物油料厂股份有限公司组织沿革、管理规则，各地分厂工作报告表、工作年报等。

（二）业务类

有生产量值表，物料收购价格结存表，各种油料进货日报表；汕头、湖北等地杂粮市况分析日报单；生产推销计划书、领料单，材料库存月报；关于产品价格、运输情况等问题与锦州、唐山等地往来文书；关于代中央信托局天津分局及各地收花处订购花生、采购棉花合同；关于征购原料等问题发往上海等地工厂电报等。

兴元化学公司　大沽化工厂全宗汇集
全宗号 J234

一、机构概况

该全宗由兴元化学公司和大沽化工厂两个单位汇集而成。兴元化学公司原为大阪日本赛璐璐有限公司在华分厂,该厂创立于 1938 年 3 月。抗日战争胜利后,由天津市党政接收委员会接收,后转归天津市政府公营事业管理处。1946 年 1 月,该公司正式由国民党经济部接收,其主要职能是生产棉、麻籽油、棉籽短绒等,机构性质为官辖企业。

大沽化工厂前身为日伪时期华北盐业公司的一部分,主要利用盐及其副产品制造军需品。抗日战争胜利后,由长芦盐务管理局接收,又先后移交经济部、财政总局,成为官商合办企业。1948 年,按功能将原单位划分为大沽盐田办事处和大沽化工厂。大沽化工厂全称为中国盐业股份有限公司华北分公司大沽工厂,创立于 1948 年,属官商合办企业。内部设厂长 1 人,主任工程师 1 人,主持全厂一切事务。其下设总务、财务、仓库 3 个单位。该厂历经改组,逐步由军需工业改为制碱工业。

二、档案情况及内容介绍

馆藏该全宗档案共 32 卷,上架排列长度 0. 9 米,档案起止时间为 1945—1948 年,档案按“问题”分类排列。编有案卷目录和文件目录可供检索。

档案主要内容如下:

有兴元化学公司工人名册、会议记录、通知、收文簿,社会局训令等。

有大沽化工厂厂史、交接清册,生产复工计划;久大、永利工厂厂警花名册及会议记录、指令、通知;塘沽镇除奸小组组织办法及征兵等项会议记录;塘沽盐场登记规则及调查活动卷;保安司令公署组织民众自卫队会议记录、指令等。

中国恒大企业股份有限公司
全宗号 J67

一、机构概况

中国恒大企业股份有限公司于1947年9月2日在天津正式成立，是国民党中央直属企业，主要制销烟草、面粉、火柴，并直接经营或投资其他生产事业及内外贸易事业。该公司在全国各重要城市设有分公司及办事处，主要有上海、福建、江西、汉口等分公司及北平、唐山办事处。其内部机构设有秘书处、业务处、工务处、会计处，下辖有东亚烟草厂、中华火柴厂、东亚面粉厂等企业。1948年，该公司由天津迁至上海。

二、档案情况及内容介绍

馆藏该全宗档案共639卷，上架排列长度8.1米，档案起止时间为1919—1948年，档案按"问题-年度"分类排列。编有案卷目录和文件目录可供检索。

档案主要内容如下：

（一）综合类

有公司以及所属各厂概况、历史沿革、组织规程、办事细则；各分公司启用图记函件；经理、厂长交接工作文件；公司业务计划书、工作总结及常务董事会议记录等。

（二）人事类

有该公司及所属机构人员编制、人事任免、奖惩、职员调迁规则；各办事处、分公司职员名册；职员津贴办法和薪级规定；员工保证书、请假办法、人事月报等。

（三）业务类

有该公司与各行业在原料采购、成品销售等方面来往函件、售货合约；分公司、办事处资金业务及推销成品办法等。

（四）财会类

有借款材料和贷款文件；各厂综合所得税和营业税额文件，每月材料预算表；员工出差旅费报支标准，特别办公费支给标准及各厂会计事项文件等。

（五）下辖单位类

1. 东亚烟草厂　有业务计划、生产计划，工役管理条例；烟叶采购、纸烟出售、烟税调整文件；包销商号名册；各项业务报表、经营概算书及请款文件等。

2. 中华火柴厂　有劳力计划、总结报告；整顿分厂意见书；火柴行情表，原材料盘点清册，生产统计日报表；工人考核、工役管理文件等。

3. 东亚面粉厂　有业务计划概略、麦粉检查报告书，各项生产报表；面粉行情表，面粉售价登记簿；会计事项簿和工作摘要簿等。

4. 唐山办事处　有筹组成立情况文件；人事月报，职员薪金规定，职员考核办法和职员保证清册；代销面粉、火柴、烟草月报等。

中华火柴厂
全宗号 J150

一、机构概况

中华火柴厂前身是由日本人里泽兼次郎于 1920 年 5 月 20 日创办的中华磷木株式会社。抗日战争胜利后，于 1945 年 12 月由天津市政府公营事业管理处接管，更名为第一火柴厂。1946 年 3 月，由经济部冀热察绥区特派员办公处驻津办事分处接管，更名为经济部中华磷木株式会社，同年 10 月由行政院河北平津区敌伪产业处理局事业单位监理委员会接管，更名为中华火柴工厂。1947 年 6 月，由中华恒大企业股份有限公司接管，正式定名为中华火柴厂，是隶属于中国恒大企业股份有限公司的化工企业，主要生产经营各种火柴。史泰安任经理，其内部机构设有总务课、工务课、会计课、仓库课等。1948 年底，该厂停业。

二、档案情况及内容介绍

馆藏该全宗档案共 94 卷，上架排列长度 1.2 米，档案起止时间为 1918—1948 年，档案按“问题-年度”分类排列。编有案卷目录和文件目录可供检索。

档案主要内容如下：

（一）综合类

有经济部接收中华磷木株式会社工作概况、报告及计划书，营业报告书；组织沿革、组织规程细则;厂务报告书,董监事会议记录,账簿、文卷;家具、机械工具、原料等移交清册、财产清册;职工福利简章章程等。

(二)人事类

有关于职员考核、提升、晋级、调薪、辞职等问题向中国恒大企业股份有限公司请示及批复;天津市火柴厂商业同业公会会员名册;总厂及分厂工人、职员名册、职员保证书,工人等级清册等。

(三)财会类

有中华磷木株式会社决算表及财产清册;工人工资计算法,预算报告、决算报告,固定资产折合金圆券表等。

东亚烟草厂
全宗号 J151

一、机构概况

东亚烟草厂最初是日本人于1917年成立的华北东亚烟草株式会社。1945年12月,厂名改为天津公营事业管理处卷烟厂。1946年1月,改称为经济部东亚烟草厂,同年10月改称为行政院河北平津区产业处理局事业单位监理委员会东亚烟草厂,属国营烟草企业,主要生产销售各种香烟。郑启南、俞振雄先后任该厂经理,内部机构设有总务科、工务科、会计科、业务科、劳务科及仓库等。1947年6月,该厂更名为中国恒大企业股份有限公司东亚烟草厂,1950年结束工作。

二、档案情况及内容介绍

馆藏该全宗档案共242卷,上架排列长度3米,档案起止时间为1909—1949年,档案按"年度-问题"分类排列。编有案卷目录和文件目录可供检索。

档案主要内容如下:

有经济部东亚烟草厂关于商标注册问题向经济部商标局呈文及商标局审定书;该厂设备、生产、销售状况调查表;组织系统表、组织系统员名表、劳工福利事业概况调查表,职员名册、保证书等。

有行政院河北平津区产业处理局事业单位监理委员会关于委任该厂经理及更换印鉴训令;关于购买烟叶物料等问题与青岛、上海等地处理局往来函电,订购烟叶清单、库存清单;关于募捐问题与劝募总队、学校来往函件;劳动工资报表,工会章则等。

有恒大企业股份有限公司东亚烟草厂每年所需原料清单、订购原料物料表、销售成本表;财产目录、不动产权登记表、机器设备损坏事故报告表;职工奖惩办法,厂务负责人通讯地址一览表;美国孟却利贸易公司关于推销烟叶等问题与该厂往来函电等。

天津市卫生材料厂
全宗号 J121

一、机构概况

天津市卫生材料厂于 1945 年 11 月 8 日成立,隶属于天津市卫生局,其主要负责全市卫生机构药品及卫生器材的供应。陆涤寰、冯改美等人先后任该厂厂长,其内部机构设有总务组、材料组、供应组、制剂组、会计组、统计组。1949 年 1 月天津解放后,该厂撤销。

二、档案情况及内容介绍

馆藏该全宗档案共 376 卷,上架排列长度 3 米,档案起止时间为 1945—1948 年,档案按“年度-问题”分类排列。编有案卷目录和文件目录可供检索。

档案主要内容如下:

(一)综合类:

有该厂组织沿革,规章制度;该厂成立以来工作概况、工作计划、工作报告等。

(二)人事类

有卫生局关于中日人员任用、调动、奖惩训令以及征用、留用、雇用日人训令;职员履历表、职员名册、职员人数表及职员异动统计旬报表等。

(三)业务类

有拨发各医院药品、器材清册;关于各药厂、药房、医院药品器材调查表,药品配发及医药卫生器材清册;关于各医院全年应需各种药品清单等。

(四)财会类

有医药单位银行现金存款证券清单证明;职工薪金表,生活补助清单;关于药房修理等临时费用概算书等。

安顺酒精厂
全宗号 J239

一、机构概况

安顺酒精厂前身为建于1942年的第一酒精厂,由国民党军事委员会运输统制局拨款创建,同年奉令改属军政部,名为第七燃料厂,1945年改属经济部资源委员会,定名安顺酒精厂,为官办企业,主要负责酒精及其附属品的制造。该厂设厂长1人,内部机构设有总务课、工务课、业务课、会计课。

二、档案情况及内容介绍

馆藏该全宗档案共37卷,上架排列长度0.9米,档案起止时间为1941—1947年,档案按“问题”分类排列。编有案卷目录可供检索。

档案主要内容如下:

有该厂组织章程、管理规则,创业计划书,往来公函,厂内规定,会议记录以及资委会训令;有人事任免,人员名册、职员调查表及职员录;有业务报表,业务函电、训令;行情日报单,物资移交清册、材料清册、固定资产清单等。

天津造纸厂
全宗号 J240

一、机构概况

资源委员会天津纸浆造纸有限公司(简称天津造纸厂)成立于20世纪40年代,是隶属经济部资源委员会的官商合办企业。公司设总经理1人,助理2人,管理厂内一切事务。内部机构设有总务室、业务室、会计室、技术室,另设有两个工厂,主要负责产品的生产。

二、档案情况及内容介绍

馆藏该全宗档案共24卷,上架排列长度0.9米,档案起止时间为1942—1948年,档案按“问题”分类排列。编有案卷目录可供检索。

档案主要内容如下:

有该厂组织系统表;职员名册、理事干事名册;会议记录,通知、函电底稿,实习报告;征兵命令及申请免征卷等。

天津炼钢厂
全宗号 J241

一、机构概况

天津炼钢厂成立于1945年12月,隶属行政院资源委员会华北钢铁有限公司,主要从事炼钢、轧钢、制丝、制钉、翻砂等项目生产。该厂设厂长1人、副厂长1人,内部机构设有总务课、工务课、会计课及业务一所,另设有5个分厂从事生产。天津炼钢厂成立之初隶属经济部冀热察绥区特派员办公处,后于1946年3月划归行政院资源委员会华北钢铁有限公司。1950年,该厂更名为天津炼钢厂。

二、档案情况及内容介绍

馆藏该全宗档案共272卷，上架排列长度3.6米，档案起止时间为1941—1948年，档案按“问题”分类排列。编有案卷目录可供检索。

档案主要内容如下：

（一）综合类

有天津钢铁物品委员会组织规定，物资处理会议纪录，卫生所组织规程；该厂成立文件和成立分厂材料，事业报告、启用公章、迁址函电；大陆工厂移交文件，申请加入冶制公会函件，成立员工合作社章程，各项法规、办法、通知函电；刊登广告和订阅刊物有关文件，该厂警务事项，员工福利事项，军队调动及防护计划；固定资产来往文函；资源委员会所属单位通讯录等。

（二）业务类

有该厂与各银行往来函件，与华新水泥公司、唐山制钢厂等单位的往来函件；该厂库存物资清册，出租塘沽仓库材料情况，锰钢等有关产品制法事业书；该厂工作月报；契约文函、事业概况及工厂调查；有关业务办法规定，培训技工及指示规定等；运往各地物资有关事项的往来函件，修复铁路、道岔、电机及车船增价文件；申请运输执照、该厂运输统计、职工购船票、飞机票和借用道岔文件；厂房工程、基建维修事项文件等。

（三）财会类

有银行贷款、借贷对账来往文件，运往上海材料的财务手续；会计杂项收支，会计月报年报，交纳营业税、印花税函；该厂预算、决算、创业概算，现金债务移交清册；核算报销单据、旅费、津贴、贷款清单等。

平津汽车修配总厂
全宗号J242

一、机构概况

平津汽车修配总厂于1945年3月成立，隶属于交通部公路总局，其前身是日本人创办的华北自动车株式会社。该厂主要生产制造汽车配件并经营汽车修理业务。平津汽车修配总厂厂长饶竞君，总厂下辖天津汽车制配厂、橡胶配件厂、天津营业所、北平营业所、青岛汽车修理厂、济南汽车修理厂。其内部机构设有总务组、会计组、厂务组、人事室、设计室、警稽室、供应组、业务组等。

二、档案情况及内容介绍

馆藏该全宗档案共486卷，上架排列长度9米，档案起止时间为1942—1949年，档案按“问题-年度”分类排列。编有案卷目录可供检索。

档案主要内容如下：

（一）综合类

有各种规则办法及督导委员会组织规程、各项条例，厂务会议、工作报告；厂消防队组织合同、员工互济金实施办法、通知；天津营业所会议记录，北平营业所计划报告表、租车合约、员工待遇调查表、工厂调查表等。

（二）人事类

有人员名册、工资名册；员工请假规定、报销旅费规定、账务办法、审批程序；人事室人事调迁、停用职工名单、奖励办法；有关人事规定办法及调拨名册；工代会规则及入会申请书、会员名册；天津汽配厂技工名册、北平所人事调迁事宜、人事调派职员名册等。

（三）业务类

有用料报告、月报表、销售合同、器材供应办法、工作处理手续及表报说明、工具清单、售货盘存清册、配件清册、处理物品采购、领用保管程序；支付概算书、资产清单等。

天津体育器材厂
全宗号 J243

一、机构概况

天津体育器材厂是私人股份制企业，前身是1924年由制球科、球拍科等逐渐扩大规模形成的天津春合体育用品厂。1930年在上海设立分店，1931年以后相继在全国各省及海外设立经销点。该厂主要生产皮球、球拍、标枪、铁饼、运动鞋、手套等产品。总经理傅泊川，其内部机构设有制球部、营业部、球拍部、靴鞋部。

二、档案情况及内容介绍

馆藏该全宗档案共41卷，上架排列长度0.9米，档案起止时间为1922—1947年，档案按“问题”分类排列。编有案卷目录可供检索。

档案的主要内容如下：

有该厂章程、历史沿革；临时执行会议记录、商务研究会议记录、工商联席研究会商务会议记录；厂体育协会的杂文，体育界有关名流题奖函件，国货陈列馆奖状；举办物价紧急对策讲演、实施和有关规定、公报、报告、来往函件、情况调查表；职工名册、全国军政长官题奖函件；银行减低利息的办法等。

天津工矿企业全宗汇集
全宗号 J246

一、机构概况

天津工矿企业主要包括中央无线电器材公司天津厂、天津机器厂、天津制车厂、军政部第七燃料厂、天津第八区公所、天津大德通银号、天津恒源永银号、中央银行天津分行、中国平安保险股份有限公司、兴华银号、河北省银行、天津市企业公司第一酱油厂等。其中天津机器厂成立于1946年2月，最初由日本兴亚重机株式会社、住友株式会社和兴亚铜业株式会社合并而成，隶属资源委员会，是官辖企业，主要生产自行车及零件，钢丝绳及有关附产品，三轮车及其他轻便交通工具并兼修配业务。该厂设厂长1人，副厂长2人，掌管厂内各项事务，内部机构设有总务课、业务课、工务课、会计课。

二、档案情况及内容介绍

馆藏该全宗档案共170卷，上架排列长度2.7米，档案起止时间为1923—1951年，档案按“机构”分类排列。编有案卷目录和文件目录可供检索。

档案主要内容如下：

(一)天津机器厂

有天津机器厂概况，职工名册，厂长手令、函稿，各项规定办法，业务报告，实习事项，移交清册等。

(二)天津制车厂

有管理规则，会议记录，业务往来函电，移交清册；职工名册，人事调查表，人事调派事宜，福利事项等。

(三)其他各厂

有中央无线电器材公司天津厂历史沿革、组织纲要、生产规划；电线生产委员会会议记录；第七燃料厂花名册、工资表、移交清册；员工名册、信稿、底账及其他往来账；平安保险公司贷借对照表、账簿；天津市企业公司第一酱油厂各项清册、报告；天津第八区公所员工名册、文电摘要；商情调查、业务通讯材料等。

天津发电设备总厂
全宗号 J257

一、机构概况

天津发电设备总厂始建于1938年，1958年扩建，经过“七五”“八五”期间的建设，发展成为生产成套水轮发电机组、大型水力机组和各种型号的柴油发电机组、移动电站及大型工矿机械配套设备的重点企业。

二、档案情况及内容介绍

馆藏该全宗档案共684卷，上架排列长度16.15米，档案起止时间为1938—1969年，档案按“问题”分类排列。编有案卷目录和文件目录可供检索。

档案主要内容如下：

(一)综合类

有1947年技术人员名册、员工名册，技术奖惩，人员报表，技术人员统计表，会计报表，能力工资,人事报告;人员统计表,士兵革补,职工花名册;四〇九工厂管理制度;会议记录、厂务会记录、计划总结;各工厂官佐任免名册、监察手册、简历清册;人事动态、联勤月报刊例、经理手册等。

(二)业务类

有1947年材料价格、材料报表、处理材料会计程序;收支对照表,加班费、加工费、辅助费;验收清册、移交清册、生产合同;采购制作加油车、零件,制作木箱,制呢厂配件,配制机械,制革制造的加工表册、成品检验、材料报表;各场请料,对外加工,产品制作,制作改进的报表等。

中央无线电器材厂
全宗号J235

一、机构概况

中央无线电器材厂前身是成立于1948年的中央无线电器材有限公司,最初由资源委员会于抗战期间与湖南省政府、中央广播事业管理处在长沙投资设立,是隶属于资源委员会的国有企业,主要从事各种无线电、广播及有关无线电器材配件的制造及销售,其权力机构为董事会。该公司长沙大火后迁往桂林,改组为中央无线电器材厂,总厂设在桂林,并在重庆、昆明等地设分厂,重庆分厂即为天津厂前身。1948年,资源委员会于上海改组中央无线电器材总公司,下辖南京、天津两厂。

二、档案情况及内容介绍

馆藏该全宗档案共338卷,上架排列长度7.2米,档案起止时间为1938—1950年,档案按“问题”分类排列。编有案卷目录和文件目录可供检索。

档案主要内容如下:

(一)综合类

有资源委员会附属机关通讯录;第二制造厂大事记,中央无线电器材厂概述;总公司平津营业处员工薪资统计营业记录表;天津分厂各项法令、规章、办法,大事记;员工励进会组织规程、办事细则；各项规程，报告提案、业务公函底稿、通知；有关奖金办法及考绩制度的规章制度；天津厂日人从业人员一览表，人事系统表；平津营业处福利事业的法令、规定，组织法令、组织规章、组织系统表及来往函电；天津分厂接收现状概况，固定资产明细表，炮火损失住房调查等。

（三）业务类

有天津分厂通讯器材清单、理货单、估价单、库存材料统计表、技术资料和系统图资料及有关销售、存货情况月报表；相关业务通讯、业务会议记录；购料计划往来文电，销售代电通知；电讯器材的购销及有关业务电报；代办战余电工器材谈话会议记录及有关文件；对各类纳税情况的报告；业务规章办法，电工通讯文电，电工会议提案；与天津电台电信事务所、重庆分厂、清华大学等单位的业务合约及往来函件；重庆分厂的职工名册，经费概算书、决算书、产品明细表、现金出纳表等业务活动以及发生火灾情况，上海分厂的部分技术资料材料等。

大兴纺织染厂股份有限公司
全宗号 J248

一、机构概况

大兴纺织染厂股份有限公司于 1921 年 10 月成立，是股份制的纺织企业。该公司主要生产各种纱布、织布等产品。周星裳任董事长，苏太馀任总经理，徐松滋任经理。1941 年 11 月，该公司与日本钟渊纺织株式会社山口真一合作，中方代表是张格，共同经营大兴纺织染厂股份有限公司。

二、档案情况及内容介绍

馆藏该全宗共有档案 71 卷，上架排列长度为 1.8 米，档案起止年代为 1927—1948 年，档案按“问题”分类排列。编有案卷目录和文件目录可供检索。

档案主要内容如下：

有公司章程、公司股份申请书，营业报告、会议记录；选任委员决议书、发起人间协定书；公司职员身份证明书；公司关于定款出资协议书；原所有权利者利益配当予定表；年度支付预算书、土地分纳申请书等。

农林档案

农林部河北垦业农场
全宗号 J70

一、机构概况

农林部河北垦业农场于 1946 年 4 月 1 日在天津成立,隶属国民党中央农林部,由农林部驻华北区特派员办事处直接领导。该农场主要负责兴修农田水利、改良碱地土壤、开拓荒地、增产粮食等工作。其内部机构先后设总务组、业务组、工务组、专员室、顾问室、会计室,以及购销、福利、修建、刊物出版、设计考核 5 个委员会,另管辖 7 个农区共 68 个农场,并在北平、唐山设 2 个办事处。常宗会、刘厚先后担任场长。1949 年 1 月天津解放后,该农场由中国人民解放军天津市军事管制委员会接管。

二、档案情况及内容介绍

馆藏该全宗档案共 561 卷,上架排列长度 9.9 米,档案起止时间为 1945—1949 年,档案按"年度-问题"分类排列。编有案卷目录和文件目录可供检索。

档案主要内容如下:

(一)综合类

有农林部关于农、林、牧、渔、佃、水权、土地管理、税务、屯垦、侨民投资等方面训令、指示、办法;河北垦业农场布告、公告、工作报告、工作简报、工作进度表、各项调查报告、农业通讯月刊;有关农场业务概况、营运大纲、经营方式及各农区治安情况文件材料等。

(二)组织人事类

有农林部关于人事管理及征役训令;农场组织规程及成立、启用钤记、机构设置文件;职员名册、政绩比较表;农区佃户保甲名册、催租员名表;有关职员奖惩、加薪、考核、福利及农业人才调查文件材料等。

（三）业务类

1. 农地管理　有农场农业生产会议记录、垦荒研究计划，植物、作物发育情况调查报告，各农区播种面积、收租量统计报告；历年经营耕地概况，以及有关改良碱地、改种旱田、麦种实验、病虫除治文件材料等。

2. 物资仓储　有农业物资会议记录，历年仓储业务工作简报；冷藏库经营及各农区仓库集中管理办法；农场与敌伪产业处理局关于物资处理来往函件，与津海关、信托公司有关租用仓库及房产问题来往函电等。

（四）财会类

有财务会议记录；历年经费收支及工程预算、概算文件；各农场财产物资估价清册、转账拨交清册，有关贷款实际用途及各农区欠贷情况文件材料等。

农林部冀鲁区海洋渔业督导处
全宗号 J72

一、机构概况

农林部冀鲁区海洋渔业督导处成立于 1946 年 4 月 20 日，是国民政府农林部为发展海洋渔业，改进渔业技术在天津设立的渔业监督管理机构。其主要职能是对河北、山东两省所辖渤海渔区推行渔业法令的监督指挥；对新式渔船、渔具和水产品增产、加工、保藏、运销各环节工作的指导；海洋渔业及渔区的调查；水产技术人员的培训以及对各类渔业技术的指导与推广等项工作。海洋渔业督导处设主任 1 人，主理全处事务，内部机构设有第一科、第二科、会计室。其中第一科负责海洋渔业保卫、渔业登记、渔业贷款和渔业争议调解；第二科负责技术指导、水产增殖、渔区调查、海洋气象和航行安全。1949 年 1 月天津解放，该处结束工作。

二、档案情况及内容介绍

馆藏该全宗档案共 90 卷，上架排列长度 2.7 米，档案起止时间为 1945—1949 年，档案按“问题”分类排列。编有案卷目录和文件目录可供检索。

档案主要内容如下：

（一）综合类

有该处创立文件；各项渔业管理法令、条例汇编；年度、月份工作报告；经费预算报告；处务会议记录；各督导处往来函件；物资配给文件等。

（二）业务类

有渔业工作计划，各类渔业调查统计报表；渔业改进会工作情况报告，渔业合作社工作情况报告；渔商、渔民渔业权登记材料，渔民捕鱼申请书、许可证书；天津市渔业禁航、贷款、救济物资发放规定、办法；渔税管理文件；渔区年度气象记录等。

河北田赋粮食管理处天津区储运处
全宗号 J73

一、机构概况

河北田赋粮食管理处天津区储运处成立于 1946 年 2 月 6 日，前身是河北田赋粮食管理处天津区购运处，是天津地区粮食储运管理专门机构，主要负责办理粮食的采购、储备、加工、调运、配拨、供给等业务。其内部机构先后设有仓储组、运输组、总务课、业务课、会计室，其下管辖 8 个粮食加工厂及 3 处聚点仓库。刘鉴、王磷先后担任该处处长。1949 年 1 月天津解放后，该处工作结束。

二、档案情况及内容介绍

馆藏该全宗档案共 1086 卷，上架排列长度 23.4 米，档案起止时间为 1914—1955 年，档案按“年度-问题”分类排列。编有案卷目录和文件目录可供检索。

档案主要内容如下：

（一）综合类

有粮食部关于加强金融业务管制办法训令；河北省田粮处、社会处有关田赋征实、粮食调拨与提运办法，定期在津标售及督征田赋办法；市政府关于平抑粮价、禁止粮食外运训令；组织规程、营业计划、业务规章制度、办事细则；工作报告、业务进度表、物品移交清册及下属厂仓组织编制文件材料、职员名册等。

(二)业务类

1. 调查　有河北田粮处提运各县赋粮统计表及指挥系统图;关于对天津等地粮情、购粮、运价、仓库容量、粮商贷款情况调查材料等。

2. 购销、仓储　有收购军粮会议记录;粮食加工合同,运输赋粮及筹购军粮合约,购粮证明书;粮食检验及分级规则;仓库仓储报表;有关粮食管理、调拨、提运及各仓储损耗文件;码头与货栈存放杂粮处理文件材料等。

(三)财会类

有河北省田粮处关于汇拨经费文件;会计业务报告、业务经费预算书、营业概算书、费用支出报表;各仓库提运田粮运费预算表等。

河北省农垦局
全宗号 J75

一、机构概况

河北省农垦局于 1946 年 3 月 1 日在天津成立,隶属河北省建设厅领导,是农垦管理机构,主要职能是负责经营管理河北省辖地区农场的荒地垦殖、耕地租佃、水利建设工程等事项。其内部机构设有总务组、业务组、技术组、会计室,并管辖 13 个农场、4 处仓库及农具修造厂、草绳制造厂、家畜诊疗所、消费合作社 4 个直属单位。赵光宸担任局长。1946 年底,该局撤销。

二、档案情况及内容介绍

馆藏该全宗档案共 204 卷,上架排列度 2.7 米,档案起止时间为 1940—1946 年,档案按"年度-问题"分类排列。编有案卷目录和文件目录可供检索。

档案主要内容如下:

(一)综合类

有行政院、农林部颁发农业法规;组织规程、办事细则、局务会会议记录;经营方案、业务工作进度表、公务员履历表;所属各农场工作报告、组训方案、种植工作简报;职员名册;有关组织成立、机构交接、职员任免、调动文件材料等。

(二)业务类

1. 综合　有各农场业务计划、经营计划、运行计划,粮食作物推广实施计划等。

2. 垦殖　有关于农作物品种、特性、收获量估计、蔬菜培育等调查表;各农场有关土壤、耕地面积、种植、租种、雨量、农情、病虫害施治、农田水利工程等调查报告。

3. 地租　有各农场关于对地权问题呈文及批复,勘定租额及征租办法;租地契约、合同;收租布告,农户申请发还产权、佃权及减租请愿报告等。

(三)财会类

有会计制度;收支预算、费用支出报表;各农场勘测、疏浚沟渠的请款报告;财产目录表等。

河北省合作农场实验所
全宗号 J76

一、机构概况

河北省合作农场实验所于 1947 年 2 月 8 日在天津成立,隶属河北省建设厅领导,是农垦管理机构,主要经营管理农场的荒地垦殖、耕地租佃、水利建设工程等。其内部机构设有总务组、技术组、会计室;并管辖 5 个农场、2 个直属事业单位,同时代管河北省天津区农业善后辅导推广工作队。魏儒林担任所长。1948 年 2 月,该所撤销。

二、档案情况及内容介绍

馆藏该全宗档案共 340 卷,上架排列长度 3.6 米,档案起止时间为 1946—1948 年,档案按“年度-问题”分类排列。编有案卷目录和文件目录可供检索。

档案主要内容如下:

(一)综合类

有农林部、河北省建设厅颁布农业法规;组织规程、工作计划、实施方案、工作报告、会议记录;关于所辖单位官商合办经营原则报告;各农区合作组织经营概况调查表,各区农场发展情形一览表,各农场合并、改组、机构交接,以及有关职员调派、送审、考绩文件材料等。

(二)业务类

1. 垦殖　有农林部垦殖事业调查表、耕地规则,各农场育苗造林计划,各农区指导耕农合作社工作报告,农场分配面积清册;有关农场土地使用状况、承种耕地、粮食及蔬菜栽培面积、收获量、垦务概况调查材料等。

2. 地租　有预计征收租粮调查表、收租月报表,有关测量地亩、粮食存储文件材料等。

3. 农田水利　有关农场疏浚沟渠计划,修建水渠、涵洞请示报告及批复;有关地界、筑坝、建闸、扬水设备、农具制造调查材料等。

(三)财会类

有年度岁出预算审查表,各农场经费预算表;经营收支情况调查报告,各农区收租收据及支出收入传票等。

河北省农田局
全宗号 J77

一、机构概况

河北省农田局于 1948 年 3 月 1 日在天津成立,是由河北省合作农场实验所与小站农田局合并而来,隶属河北省建设厅领导,属农田管理机构。该局主要管理农场荒地垦殖、耕地租佃、水利工程建设等。其内部机构设有总务组、业务组、技术组、秘书室、会计室,其下管辖 9 个农场、2 个直属事业单位,同时代管河北省天津区农业善后辅导推广工作队和茶淀合作难民垦荒农场。赵兰席担任局长。1949 年 1 月天津解放后,该局由中国人民解放军天津市军事管制委员会接管。

二、档案情况及内容介绍

馆藏该全宗档案共 375 卷,上架排列长度 9 米,档案起止时间为 1852—1948 年,档案按“年度-问题”分类排列。编有案卷目录和文件目录可供检索。

档案主要内容如下：

(一)综合类

有该局组织规程、办事细则;局务会会议记录;业务计划及改进纲要;职员名册、营业机构表、组织系统表;有关职员任免、调派、送审文件;农场治安情况调查材料等。

(二)业务类

1. 垦殖　有农场关于粮食标本采集、良种精选与繁殖、病虫害施治等问题请示、报告及该局批复;有关农场示范农田、秧田播种,耕地分配、农作物产量、田地施肥、蔬菜培育、荒灾、造林等垦务情况调查报告等。

2. 地租　有租粮征收工作报告、奖惩办法;各农场垦荒契约,农户调查表、土地纠纷问题文件等。

3. 农田水利　有各农场水利机械分配计划,扬水设备施用情况、疏浚沟渠工程文件材料等。

(三)财会类

有会计程序报告、结报办法、经费预算、收支报表、周转金运用情况;与银行关于透支款项、贷款加息方面来往函件等。

诚孚信托公司经理开源垦殖股份有限公司
全宗号 J188

一、机构概况

开源垦殖股份有限公司于 1920 年初,由天津市工商界人士朱启钤等 9 人发起创办。1920 年 4 月至 11 月,相继开办宁河县军粮城第一农场、大兴县南苑第二农场、汉沽茶淀后勾楼沽第三农场。该公司经营土地垦殖,从事农垦、林业、畜牧、农产品产销以及土地抵押与买卖等业务。由于公司经营不力,于 1924 年底清算解散。后该公司重招股本、重新注册,更名为新开源垦殖股份有限公司。1935 年 6 月,该公司与诚孚信托公司订立信托契约,将业务委任诚孚信托公司经理。1936 年 11 月正式定名为诚孚信托公司经理开源垦殖股份公司,由常务董事主理内部事务。该公司内部机构设有会计科、庶务科、农艺科、建筑科。1940 年 1 月,该公司将业务让与中日实业公司经营后结束工作。

二、档案情况及内容介绍

馆藏该全宗档案共402卷，上架排列长度3.05米，档案起止时间为1920—1935年，档案按“年度-问题”分类排列。编有案卷目录和文件目录可供检索。

档案主要内容如下：

（一）综合类

有该公司人事调动记录、招工材料；职员表、薪俸工资册；设立各农场委任职员记录；公司备案注册材料；业务会议记录；债票管理章程、会计年度决算书等。

（二）业务类

有公司营业报告，营业付出明细表；租地合同、地亩牙税；在天津开设碾米厂报告，分设肥料厂报告；各农场种植安排、种植计划书，畜牧管理、牲畜防疫材料，收获农产品数量盈亏报表、生产进度旬报、气象月报，采购煤炭、物品、美国棉花种子报告；公司拟设农村职业小学计划书等。

农林部天津接运办事处
全宗号 J71

一、机构概况

农林部天津接运办事处于1947年2月成立，隶属于农林部。该处负责办理接运上海运津的各类农业物资，并分发河北、山西、绥远、察哈尔、热河及东北各省等事宜，农业物资有菜籽、杀虫剂、肥料、兽医器材、小型农具等，接运专员赵云起。1949年1月天津解放后，该处由津沽区农垦管理局接管。

二、档案情况及内容介绍

馆藏该全宗档案共13卷，上架排列长度0.9米，档案起止时间为1946—1947年，档案按“年度-问题”分类排列。编有案卷目录和文件目录可供检索。

档案主要内容如下：

有农林部关于成立天津接运办事处、启用印章及洽借房屋等事宜致函河北平津区产业处理局及天津中央信托局指令；农林部关于农业救济物资储运经费动用及报销办法；农业物资运输及分配情形表；该处关于接运配拨各地菜籽、杀虫剂、肥料、农具器材等往来函电；该处关于催交代垫运费及代垫运费支出凭单；该处与各地兽医防治处、畜牧实验所等关于接运配发兽医器材的往来函件；该处仓库仓租价目表、代办提运物资取费标准表、仓库营业规则等。

天津民食调配处
全宗号 J81

一、机构概况

天津民食调配处于 1948 年 3 月 15 日成立，4 月 10 日正式开始配售。该处隶属天津市民食调配委员会，负责办理民食配售业务。胡梦华任该处处长，内部组织机构设有总务、购储、配售管理、配购证管理四组，会计、调查统计、稽核、视察四室，另外在市内各区分别设有发证所、配售店，在警察局内设外侨发证所一处。1949 年 1 月天津解放后，该处由中国人民解放军天津市军事管制委员会接管。

二、档案情况及内容介绍

馆藏该全宗档案共 18 卷，上架排列长度为 0.9 米，案卷起止时间为 1948—1949 年，档案按“年度-问题”分类排列。编有案卷目录和文件目录可供检索。

档案主要内容如下：

该处组织章程，民食配售办法，粮食配售各项制度，粮食配售法规汇编；工作实施纲要，民食调配工作报告、工作旬报；各区各保粮食配购证、地址及配售清册；天津市麦、棉、油、煤价格升降指示图；职员名册、机构表，职员考绩表，各月份职员薪金名册，职员聘请书，续补、调整、取消、辞退的粮食配售店名册；各室、组案卷文印、账簿移交清册等。

中国粮食工业公司沈阳办事处
全宗号 J82

一、机构概况

中国粮食工业公司沈阳办事处于 1946 年 12 月 1 日正式成立，隶属于中国粮食工业公司，是粮食管理机关，主要职能为办理沈阳地区粮食采购调拨事项。蔡启鳌、张英凯先后任该办事处主任。

二、档案情况及内容介绍

馆藏该全宗档案共计 39 卷，上架排列长度为 1. 8 米，案卷起止时间为 1947—1948 年，档案按“年度-问题”分类排列。编有案卷目录和文件目录可供检索。

档案主要内容如下：

（一）综合类

该处各项规章制度、工厂法规；中国粮食工业公司关于调离蔡启鳌、任命张英凯的通知；该处雇员、工友名册；财会工作制度、办法、会计月报、日报，职工薪俸津贴计算表，各年度决算表，资产业绩表，现金结存表，业务收费明细表，结账分录表等。

（二）业务类

该处关于粮豆购运、调拨、经营等问题与上海、武汉等地来往电报；关于贷款、汇款问题与中国人民银行往来函电；关于食粮物价行情报告，各月份粮食行情日报，大豆买卖契约书，粮食采购合同，运输大豆合约；关于大豆采购运输情况报告，出售大豆数量价格收支明细表，卖豆经过详情报告表；关于粮食包装运输、损耗、丢失、短少报告；关于霉豆处理问题与南京总管理处往来函电；大豆成本计算单；接拨军粮日记，接拨军粮各项费用单据等。

第三章　馆藏日伪时期档案

天津特别市政府
全宗号 J1

一、机构概况

天津特别市政府成立于1937年8月，是日伪时期天津市地方行政领导机关，其职能是掌管天津全市政法、财政、文化、教育、建设等方面地方行政管理工作。从1937年8月—1945年8月，它经历了三个历史阶段，即：日伪天津市地方治安维持会(1937年8月—1937年12月)、日伪天津特别市公署(1937年12月—1943年11月)、日伪天津特别市政府(1943年11月—1945年8月)，先后分别受平津地方治安维持会、华北临时政府、华北政务委员会等日伪政权的领导。1945年日本投降后，由国民政府接管。

各时期天津特别市政府历任市长及任职时间表

机关名称	市长姓名	就职时间
天津市地方治安维持会	高凌霨(委员长)	1937年8月1日
天津特别市公署	高凌霨	1937年12月1日
天津特别市公署	潘毓桂	1938年1月17日
天津特别市公署	温世珍	1939年3月24日
天津特别市公署	王绪高	1943年3月25日
天津特别市公署	李鹏图(代市长)	1943年10月17日
天津特别市政府	张仁蠡	1943年11月11日
天津特别市政府	周迪平	1945年3月1日

三个时期市政府组织及内部机构设置情况如下：

天津市地方治安维持会内部机构设有秘书室、第一科、第二科、第三科。其下属单位有：公安局、财政局、社会局、总务局、法院、教育局、工务局、卫生局、金融调整委员会、物资调整委员会、长芦盐务管理局、赈务委员会、北运河河务局、第一公园、天津市立美术馆、电话局、电政管理处。

天津特别市公署内部机构设有市政会议、顾问室、专员室、参事室、秘书处。秘书处下设：一科、二科、三科、外事室、技术室、视察室。下属单位有：特别第一区公署、特别第二区公署、特别第三区公署，以及警察教练所、海上警察局、警察局、社会局、卫生局、教育局、工务局、财政局、公用处、新闻事业管理所、救济院、第一公园、第三公园。

天津特别市政府内部机构设有市政会议、参事室、秘书处、宣传处、公务员生计处。下属单位有社会局、警察局、财政局、经济局、教育局、工务局、卫生局等。

二、档案情况及内容介绍

馆藏该全宗档案共 13601 卷，上架排列长度 203. 58 米，档案起止时间为 1917—1945 年，档案按“年度-机构”分类排列。编有案卷目录和文件目录可供检索。

档案主要内容如下：

（一）总务类

有日伪华北政务委员会、天津特别市政府、天津市地方治安维持会、天津特别市公署颁发的各种法规、章则、布告、训令、组织条例、办事细则；天津特别市暂行组织条例、办事规章；全国经济委员会组织条例，粮食管理委员会、侨务委员会、内政部、交通部、实业部等组织法；日伪市政会议记录及其他会议记录；市政府及各区、局年度、月份工作计划，行政概况、工作概要及政务周报；各区公署、各局处工作报告及各种来往公文等。

（二）组织人事类

有市长换届移交工作文件，启用印信有关材料；各区、局、处及部分市政要员就职、任免及其他人事变动文件；市、区政府及各局、处机构设置、成立、变更及组织情况文件材料；各区、局及各单位组织系统表；各种委任令；职员名册；职员考绩、奖惩、抚恤，及资历审查、任免调动、工资待遇文件；警卫、公役、匠夫管理、训练、支配等文件材料，工作日志表等。

（三）政治类

有各种政治组织基本情况材料；新民会、地方辅治会、保甲防护团、自卫团等组织有关文件材料；天津市宪警人员服务要领；宣传刊物发行情况文件；查禁书刊办法、细则；关于市民游行文件；治安强化运动实施计划、推动情况、旬报、周报，治安强化运动广播词、发行特刊、标语、文章及各种新闻稿件;献金总会成立及其会议记录、组织规则、实施纲要办法,强化收集铜铁物品运动新闻稿件等。

(四)治安司法类

有日伪警察局各种治安业务文件;各局、处有关治安方面各种情报汇集材料和治安报告表;冬防夏防计划纲要;警察局呈报关于派出所勤务须知,警务人员录用、官吏任用条例,治安团队暂行刑事条例;日伪警察局保甲制度、保甲条例、户口调查规则、户口统计及实施身份证文件;日伪警察局、治安辅治会及各区公所呈报各区发生治安案件呈文;日伪高等法院造送经费预算呈文;消防、防空、武器保管及其他警政规章事项文件等。

(五)经济财政类

有天津特别市政府岁出岁入预算书,临时费支出预算书,有关物资统制及粮食配给方面的管理章则、训令等;日伪天津市财政局恢复普通营业税征收章程;税捐审查会组织规则、办事细则及征收各种捐税章程;物价调整委员会有关商品物价指数与价格管理文件及布告;全市批发、零售物价表;度、量、衡检定办法;修正工商同业公会暂行条例;天津特别市商业开业歇业统计表;各单位营业报告书、各同业公会营业情况调查报告等。

(六)民政公用类

有日伪天津特别市道路、桥梁、建筑、河务等市政建设机关组织机构、管理章则、办事细则及工作报告;天津特别市道路管理暂行规程;道路名称改定表;天津特别市政府管理官公产章程;清查土地暂行章程;住宅使用条例;房地产调查报告、商民价买房屋、地产契约登记、补领房契规则;华北救灾委员会天津分会组织纲要;冬赈委员会各慈善团体承办粥厂登记表;冬赈委员会追加经费概算书;市政府有关水灾救济及社会救济方面文件等。

(七)宣传教育类

有天津特别市及部分外省市宣传组织工作调查、宣传工作计划、宣传处长会议文件材料;天津特别市政府宣传处统一发表宣传文稿暂行办法;市政府戏曲电影审查实施要领;市、区、局、处各单位宣传工作新闻稿件、广播讲演稿;天津特别市新闻记者协会成立情况文件及协会章程出版刊物登记暂行办法及管理规则,出版报纸刊物一览表,市立图书馆征集图书文献办法;日伪天津特别市教育局施政概况、工作报告;各学校教育计划,教职员名册及各种统计表等。

(八)卫生体育类

有日伪天津特别市卫生局行政工作报告;卫生局临时防疫委员会简章,霍乱防疫日志;卫生局呈送出生、死亡统计表;妇婴健康检查报告;天津市医院运营暂行规程;各医院组织规则大纲;传染病医院重要工作简略报告;部分医院建院及地址变化情况报告;天津市立体育场组织规则;天津市中、小学春季运动会办法草案;举办儿童健美比赛情况报告等。

(九)外事租界类

有天津特别市公署接见中外来宾办法;警察局外事工作手册;办理护照加签注册居留证明暂行章程;关于核定出国护照、办理国籍等训令;旅外侨民国籍证明书条例;华侨协会缘起章程;外国商行、外籍职员津薪情况表;天津市政府接管各国租界概况;接收租界电话函件;接收各国租界委员会人员名单;日本租界警备防空事项规定;天津租界外侨人口调查表;天津反英运动委员会章程;敌产管理特别会计法;天津市派遣华工有关训令等。

天津特别市公署警察局
全宗号 J40、J218

一、机构概况

天津特别市公署警察局成立于 1937 年 8 月,隶属于“警政部”,在天津特别市公署指挥下监管天津市区的治安警务,行使全市的治安、消防、交通、户籍、司法等项管理职能,并与“日本领事馆”“警察署”“天津宪兵分队”“天津陆军联络部”“天津特别市剿共委员会”“天津防务司令部”等特务机关密切勾结,在日寇特务机关治安部长洩上发一的指挥下进行特务工作。1937 年 8 月至日本投降期间,由刘玉书、周思靖、阎家琦、郑遐济、庆超等任该局正副局长。其内部机构设置有特务科、秘书室、督导处、警务科、保安科、警法科、家畜防疫科、警防科、顾问室、警察总队、侦缉总队、保安自卫团。除设上述机构外,还设有警防团、总务科、警察医院、消防队、自行车巡队、警察训练所,并设特管区分局、水上分局及一至十二分局、天津县警察局等。1945 年日本投降后,该局由国民政府接管。

二、档案情况及内容简介

馆藏全宗档案共 13488 卷,上架排列长度为 372.8 米,档案起止时间为 1921—1945 年,档案按“机构-年度-问题”分类排列。编有案卷目录可供检索。

档案主要内容如下:

（一）综合类

有天津市治安维持会周年纪念刊；1939 年天津市受水灾救护问题的报告；各区水灾损失调查表；各区收容难民调查登记表；各国在津侨民统计人数报表；天津特别市公署密令警察局实施特一、二、三区，特别行政区、日租界的改组纲要等。

（二）组织人事类

有天津特别市政府警察局沿革概略，历任长官登记表，天津特别市政府各区警察署组织系统表；警察局下达的有关整纪的训令，进行奖惩、开补、升迁、调派、考核的规定、命令，官员退进、调补、异动登记表，个人简历表；人员编制清册，各分局官警名册，薪饷登记清册，领用身份证明书清册，各区保甲人员清册等。

（三）政治活动类

有警察局开展强化治安运动纲要，天津市献机、献金委员会各组织收款手续章则草案；南开大学、天津大学（北洋大学）等反对日寇侵略上街游行罢课情况；反对日本侵略，要求增加工资、工人罢工和电报局抗交事件的情况；市公署警察局镇压学潮工潮的情况等。

（四）屠宰类

有天津市治安维持会减免屠宰税费指令；家畜防疫法及家畜检疫规则；屠宰场制定的屠宰时间变更表；全市家畜统计表；对私运、私屠、私售肉类案件罚金规定；实施狂犬病预防注射计划；马骡驴调查统计报表等。

塘沽军警署全宗汇集
全宗号 J229

一、机构概况

塘沽军警蜀全宗汇集主要由日伪塘大警察署和国民党塘大警察局构成，另包含伪长芦丰财场公署、新港工程局警卫组等 28 个单位的档案。

日伪塘大警察署，国民党塘大警察局前身是因《辛丑条约》限制驻军，于清光绪二十八年（1902 年）建立的大沽巡警局，统辖塘沽、大沽、北塘及歧口四个分署。1914 年改为大沽警察总局，原属歧口分署划归沧县。至 1928 年移设总局于塘沽，改称河北省直辖塘大公安局。1930 年北塘划归宁河县，改称塘大特种公安局。1935 年 12 月，改称塘沽警务局。1936 年组织略有变更,同年七月又改为冀东政府民政厅直辖塘沽警务局。1938 年 4 月,归河北省公署直辖,改称塘沽特种警务局。1939 年 1 月改称塘大特种警务局,同年 8 月改称塘大警察署,仍归河北省管辖。1945 年抗日战争胜利后归为河北省直辖塘大警察局。其内部机构设有秘书室、督察处、总务科、行政科、司法科;外部设三个分局,十二个派出所,两个直属警察队。1949 年 1 月天津解放后,该机构撤销。

二、档案情况及内容简介

馆藏该全宗档案共 855 卷,上架排列长度为 25. 16 米,档案起止时间为 1922—1948 年,档案按“机构-年度-问题”分类排列。编有案卷目录可供检索。

档案主要内容如下:

(一)组织人事类

有日伪塘大警察署经费收支支付预算书;所属各分局警长测验和考科表、考试成绩表、有关人事考绩表;天津特别市公署海上警察局组织系统表;国民党塘大警察局水警队、警察队第一至第三分局员警领取薪饷年赏花名册;工作概况报告书、办事规程;机关团体调查表,户口检查办法,民众自卫人员奖惩规则;该局及所属分局队官员职录表、官警伕名册;该局及所属各分局队官警伕生活补助费报核清册等。

(二)司法督察类

有日伪塘大警察署办理保甲暂行规定和接管大沽自卫团枪弹清册;河北省政府发布成立防护团队训令;日伪塘大警察署关于刑事案件统计月报表;通缉、训令、违警、罚金、没收赌资等名册;国民党塘大警察局有关自卫队、除奸组、儿童团名册;有关民众自卫队义勇壮丁组织办法及塘大盐田新河镇自卫队员名册等。

(三)行政类

有国民党塘大警察局塘沽镇长选举大会签到簿及镇保甲长花名册;关于塘大区各机关企业商店函请成立工会改选理事;有关丁家堡、郭庄子、公安街境内保甲壮丁名册;关于保甲户口清查统计表;关于一、二、三分局内驻军调查表;各机关团体请领“国民”身份证登记清册;有关戏院、乐户的开业呈请;有关局务勤务合作社代表会议汇报记录等。

天津特别市各特别区公署
全宗号 J27、J28、J29

一、机构概况

天津特别市各特别区公署均在1937年10月设立,是日伪时期天津地方区级政权机构,受天津特别市公署领导。其主要职能是负责辖区内的保甲划编、工商管理、农业管理、地方治安、自卫团训练,以及城建卫生、人口登记、兵役、献金、配给等事务。各特别区公署内部机构一般有总务组、民政组、捐务组、配给组、联保办公处。1945年日本投降后,各特别区公署即行撤销。

二、档案情况及内容介绍

馆藏该类档案有3个全宗,分别是天津特别市第一区公署、第二区公署、第三区公署,共有档案286卷,上架排列长度7.71米,档案起止时间为1905—1945年,档案按"问题-年度"分类排列。编有案卷目录和文件目录可供检索。

档案主要内容如下:

(一)综合类

有天津特别市各特别区公署关于保甲编组计划书;保甲管界划定书;各保选举牌长姓名列表;保甲牌数目统计表;联保办公处报送区公署关于经费征收、检举、自卫团训练、保甲长监督情况呈文;市公署令强化保甲治安意见书等。

(二)人事类

有各区所属联保办公处人事组织章程及主任、书记到职日期表;各保保长任期届满辞呈;联保办公处人员变动月报表、区长任命书;各特别区公署奉令强化治安户口调查办法;保甲人员身份证领用规则;各区职员身份证明书等。

(三)民政类

有各工商户关于房地产买卖过户注册、登记、契纸、换契及其章则;各特别区公署房地契据、税率划一办法及实施审查章程;天津市土地局关于各租界税契规则等。

（四）财税类

有各特别区公署编制第一级概算书摘要办法及岁入岁出概算科目；区公署公务人员所得税扣缴清单、薪给报酬调查清单、薪给报酬所得税额报告表；各保经费概算；区公署关于金融管理章程条例、查禁金融非法交易的通令、非常时期金融管制办法等。

天津县公署
全宗号 J52

一、机构概况

1937 年卢沟桥事变后，日本侵略军于 7 月 30 日占领天津，随后在原天津城厢北门内成立了天津县公署。天津县公署内部设秘书 1 人，参佐县长办理各项行政事宜，另外设一科、二科，其中一科掌管学、警、乡、治、民、刑、兵等各项行政事项；二科掌管钱、粮、课、赋、税契、更名以及水旱灾款等事项。该公署下辖财政局、建设局、教育局等局及 9 个区公所。1945 年日本投降后，天津县公署由国民政府接管，易名为天津县政府。

二、档案情况及内容介绍

馆藏该全宗档案共 1630 卷，上架排列长度 20 米，档案起止时间为 1918—1945 年，档案按“问题-年度”分类排列。编有案卷目录和文件目录可供检索。

档案主要内容如下：

（一）综合类

有河北省公署发布政令及历年法规；战争期间田赋征收实物条例、粮食征购考成办法，平均人民负担实施规定；河北省公署关于职工福利金条例、简章、组织规程；县政会议记录及各项提案、天津各县财政科长会议记录；天津预制物价委员会简章及会议记录；天津县公署、财政局、建设局、公安局、警务局有关人员任免文件；河北省公署关于调任县长训令；警务局组织系统人数调查表；世界红十字会天津县分会常务会长及普通会员表；有关财政、物资、工矿、煤炭、通信、教育、卫生事业情形调查报告等。

（二）民政司法类

天津县公署关于粮食增产、实施田赋改征实物训令；河北省公署关于查勘灾欠条例及上报蝗灾情况通知;洪水决口、禾稼淹没、食粮补偿、抚恤灾民情形材料;农村土地实态调查表;天津市警察局、县公安局公函及指令;关于政务、警察、治安情况报告等。

(三)财税金融类

有河北省公署关于取缔满洲中央银行及蒙疆银行券币流通办法训令;收用战时通用票问题和通货转进出口问题规定办法;关于取消金融限制办法通知;天津县公署存放银行款数清单等文件;河北省公署、天津市治安维持会、财政局有关补发税、所得税、印花税、杂税等税法税则规定;有关税收稽征问题文件;天津县公署关于田赋整理、征收、豁免各项规定,战时田赋征收考成规则,田赋征收各种调查表、月报册等。

(四)市政公路类

有河北省公署有关建设工作训令、规定,建设行政计划书;关于修筑南运河两岸及津塘公路指示;1943 年河渠建设事业预定表;县公署关于公路修建管理、桥梁架设、汽车管理计划、指令和规定;1944 年天津各县车辆、牛马数量统计报表及修筑公路占用民房、土地有关材料等。

(五)农林水利类

有天津县农场状况及劝导造林、土地改良、水田改造、增产增收实施办法;1939 年至 1941 年主要农作物生产量比率表;河北省关于采伐树林暂行办法规定;李明庄、南北程林庄、张贵庄等地修建飞机场文件;河北省公署关于防水对策、要领,及关于警戒区域注意事项,加强河堤树木保护等方面训令、办法;天津县公署关于卫津河地区水利开发事业设计书及议案;1941 年卫津河疏浚工程图,津河洇地灌溉工事设计书及施工办法等。

(六)文体卫生类

有河北省公署关于教育工作规定、办法;留日自费生留学证书暂行条例;天津县私塾、初等、中等教育概况调查统计材料;各级学校校长、教员、学生名单及毕业成绩表、证书;关于宣传祀孔教育手令及典礼情形材料;天津市传染病医院霍乱死亡情况统计及检疫工作报告表;天津县春季炭疽防疫实施计划;关于申请中医证书有关文件材料;天津县私立中华海员子弟小学体育考绩规则;华北体育协会职员名册及天津县预选体育选手报告表;天津县公署出席检查影片戏曲联席会议文件;部分剧团、演员、经理名单及剧目表;关于申请换发执照、片名变更备案材料等。

天津特别市新闻事业管理所
全宗号 J7

一、机构概况

天津特别市新闻事业管理所于1937年8月20日成立，属日伪天津特别市总务局管辖。其职能是负责全市及外省市在津各报纸、杂志的立案、分销、检扣等工作。1940年4月，该所撤销，其业务归日伪天津市警察局办理。

二、档案情况及内容介绍

馆藏该全宗档案共60卷，上架排列长度1米，档案起止时间为1935—1945年，档案按"年度-问题"分类排列。编有案卷目录和文件目录可供检索。

档案主要内容如下：

有该所新闻检查意见报告；该所职员任用审查报告书；领取徽章证明登记册；召集各新闻社长会议文件；该所日志；天津市及外省、市在津各种报纸、杂志立案、营业、在津分销文件材料；在津分销报刊有北平《全民报》《蒙疆报》《晨报》、上海《中华日报》《公论报》、南京《中报》《奉天晶画报》《新民周刊》《鲁东月刊》《国医卫生半月刊》《商工月刊》《中国经济评论》《兴建月刊》《新东方杂志》；在津立案报刊《泰东日报》《梨园日刊》《天津杂志月刊》《尊古书画》《半月刊》《和平建国月刊》《中华月刊》《民会生活旬刊》等。

天津特别市防护团
全宗号 J8

一、机构概况

天津特别市防护团成立于1940年12月2日，是日伪天津特别市政府领导下的地方自治武装组织，其职能是组训天津全市防空救护及其他警务。该团团长是温世珍(市长兼)，其内部机构设有总务部、警防部、防毒救护部、工作部、配给部、宣传部，另下辖13个防护分团(1—9分团、特1—3分团、水上公园分团)，共有警防人员14882人。1944年，该团结束工作。

二、档案情况及内容介绍

馆藏该全宗档案共60卷，上架排列长度1米，档案起止时间为1940—1945年，档案按“年度-问题”分类排列。编有案卷目录和文件目录可供检索。

档案主要内容如下：

(一)综合类

有防护团组织要领、施行规则、施行细则及办法；组织机构一览表；团部及分团部编组人员名单清册；各区联合防护组编组清册；防护团部、分部部长任用令；各分团组织成立日期等材料；启用警防部印鉴报告；总务部各股经管文卷、物品移交清册；经理出纳股收入支出传票等。

(二)防护活动类

有该团与天津防化司令部联络规定和天津管区防空演习计划及办法，防空紧急对策办法；防空训练计划、训练实施计划表，及所属各部、分团部工作报告；总团人员值班规则及总部人员值班表；各区公所、救护所、救护医院防空工作报告；设备情况调查报告；收容组织和药品器械计划；救护部关于空袭后负伤处理方案；收容受灾人员居住方案；关于各区影院为灌输防护人员常识放映防空影片训令；天津防空地区内车辆、灯火管制要领材料等。

华北救灾委员会天津分会
全宗号 J132

一、机构概况

华北救灾委员会天津分会于1939年8月21日正式成立，隶属于华北救灾委员会，是华北救灾委员会下属的办事机构。该分会主要负责1939年天津水灾后的救济事宜。其内部机构设有总务、赈务、救生、卫生、保安、经理、监察、联络、宣传共 9 部，各部以下设组或股，其人员均由市公署及所属机关调任。1940 年 4 月，该分会奉令结束工作。

二、档案情况及内容介绍

馆藏该全宗档案共 146 卷，上架排列长度 1.8 米，档案起止时间为 1939—1945 年，档案按“问题”分类排列。编有案卷目录和文件目录可供检索。

档案主要内容如下：

(一) 综合类

有该分会组织规程及部长联席会会议记录；水灾经费处理规程和纲要；关于呈报水灾救济工作褒奖事项文件；天津水灾损失调查表；经理部赈款旬报表；该分会现金出纳账以及车、饭费支给暂行办法，发放贫民救济金文件等。

(二) 业务类

有世界红十字会、黄十字会、蓝十字会和一心天道龙华圣教会关于呈报设立粥厂文件；中国红十字会天津分会捐衣及由满洲运粮呈请放行文件；天津市水害罹难家畜救济处理办法；华北救灾委员会调查小王庄受灾情形文件；关于体育场粥厂函谢各方捐赠借用物品文件；文化小学校长初焕文呈请救济该校职员文件等。

天津特别市公署卫生局
全宗号 J115

一、机构概况

天津特别市公署卫生局于 1937 年 8 月成立，是负责掌管全市清洁、保健、防疫、医疗医药机构人员管理、药品检验和医药学术团体登记等卫生行政工作的管理机构。侯毓汶、傅汝勤等人先后任该局局长。其内部机构设有总务科、卫生科、医务科、防疫科、保健科、医药科。1945 年日本投降后，该局结束工作。

二、档案情况及内容介绍

馆藏该全宗档案共2090卷,上架排列长度43.8米,档案起止时间为1937—1945年,档案按"年度-问题"分类排列。编有案卷目录和文件目录可供检索。

档案主要内容如下:

(一)综合类

有天津特别市公署关于该局迁移办公地点及改组训令;该局组织沿革及组织系统表;政务概况周报,各年卫生行政计划、报告及计划说明书纲要;各年度经办重要事件节略;各医院章则、组织条例等。

(二)人事类

有该局及各卫生机关职员录,新派、离职、调转人员通知书;关于所属各卫生机关人员任免指令;各医院人员职务表等。

(三)业务类

有关于筹设国立医院及在各区设立卫生事务所指令;关于卫生防疫、检验实施工作报表;医药咨询、禁毒禁烟工作调查报告;卫生防疫工作实施概况;关于水灾卫生预防、医疗、清洁、善后防疫办法及报告;该局每日工作情报;所属卫生机关各项旬、月工作报告,药品消耗月报表,各种传染病防疫报表,添置医疗设备情形报告,疾病诊疗报告表;中西医师领取执照申请书等。

(四)财会类

有该局及各区卫生事务所各月业务经费概算书;所属各医院计算结余款报告,支付各项经费预算书、申请书及医药收费报表等。

天津特别市财政局

全宗号 J55

一、机构概况

天津特别市财政局于1937年8月5日成立,是天津特别市政府直属的全市财政管理机构,负责管理天津市财政收入、支出、捐务、税务等事项。1937 年 8 月该局成立时,称为天津市治安维持会财政局,局长张志激,内部机构设有 4 个业务科,第一科主管总务、票照、会计;第二科主管各项捐税的征收;第三科主管土地的分配使用、契税的征收稽核;第四科主管预决算的审核、各项捐税的稽查调查。1938 年 1 月改称为天津特别市公署财政局,局长李鹏图,内部机构设有总务科、征收科、地政科、审核科。1944 年 7 月又改称为天津特别市财政局,局长张同亮,内部机构除原有总务科、地政科、征收科、审核科外,又增设秘书室。1945 年日本投降后,该局结束工作。

二、档案情况及内容介绍

馆藏该全宗档案共 5654 卷,上架排列长度 99 米,档案起止时间为 1937—1945 年,档案按“问题-年度”分类排列。编有案卷目录和文件目录可供检索。

档案主要内容如下:

(一)综合类

有该局组织规程,工作概况,行政报告书,每月工作计划;关于全市财政状况调查清册及征收各种捐税报告;职员保证书,年终考绩表,公务员登记册及职员异动简明表等。

(二)捐务类

有关于调整各区捐税通知,征收各种税捐证明书存根;捐务科业务工作章则;各区捐务征收所关于捐税征收请示文件;各商号呈请减免捐税及交纳捐税申请书;天津市各种捐税一览表等。

(三)出纳类

有修缮费、业务经费等临时经费申请书,呈送市政府收支月报表及清册;关于拨发公务员抚恤金证明材料;警察局、工务局、社会局等各机关单位关于申办借款问题与该局往来公函等。

(四)烟酒牌照类

有关于调整烟酒牌照税及改定烟酒牌照申请书式样训令;各烟酒商呈报该局关于领取开业牌照、歇业销照、减免营业税申请书;该局对申请商调查表等。

(五)稽征税务类

有关于核实各商号税额及补纳捐税通知;各商号关于迁移地址、更换经理人及字号向财政局请示文件;各商号歇业停纳税款申请书、缴纳税款证明书;关于征收各项税捐罚金提奖支配办法;各区商号税额簿及应纳营业税额比较表;营业税征收章程,税捐调查班、稽征处业务工作实施细则等。

(六)地政类

有该局税契登记规则;管理河道暂行规则;土地登记实施细则;土地赋税减免条例;调查整理市区官产房地办法以及修订天津市标准地价实施大纲等。

天津特别市财政局牙税稽征所
全宗号 J61

一、机构概况

天津特别市财政局牙税稽征所成立于 1938 年 2 月,隶属于天津特别市财政局,其职责是负责管理全市各项牙行营业税及牙税征收事项。其内部组织机构设有 3 个股:第一股主要负责文书、人事及不属于其他股的事务;第二股主要负责税务及现金出纳、预算事项;稽查股主要负责查验巡缉事项。此外,还先后在东车站、总车站、红桥、小刘庄、龙王庙、西营门、海河沿等处设有分所,分别管理各地方的牙行营业税和牙税等征收事项。

二、档案情况及内容介绍

馆藏该全宗档案共 304 卷,上架排列长度 3.6 米,档案起止时间为 1937—1944 年,档案按"年度-问题"分类排列。编有案卷目录和文件目录可供检索。

档案主要内容如下:

(一)综合类

有人事任免、升迁、调任材料;职员请假办法;经征人员保证书;职员身份证明书;官员考绩暂行规则,年终公务员考核情况登记表;内部机构改组文件;历任主任交接手续及清册;施行公文程式及式样规定等。

(二)业务类

1. 补税　有正华洋行由大连运来小豆照章补税备案材料;大仓洋行运输羊毛照章补税文件;关于对山白屋商店以废棉税单批运生细棉应照章补税指令;关于对裕丰纱厂由火车运

棉直接入厂未纳税调查及补税材料;关于对裕兴公司运输红粮出口照章补税函件;各商号运货未纳税案件及补税文件材料等。

2. 免税　有北支棉花会社运棉出口请求免税备案材料;德和洋行入市鸡卵请求免税行检发证单;市财政局给该所关于世界红十字会、黄十字会等运小米施粥免征牙税训令;宁河救济委员会给该所关于由津购粮请求免税放行函件;该所对国际公司运输生细棉一案应予免征牙税调查材料,以及对满蒙殖产公司买卖皮毛请免税放行批复等。

3. 其他　有该所查验本市棉花情况报告书;各米店每月出入存粮数目表;军用棉花免税物品办法;关于调查皮毛棉花等项物价市面行情比较及运送棉花、稻米持有证明方可放行规定;大王庄水陆市场粮食牙行营业税暂行办法及报单式样表等。

华北物资物价处理委员会食粮管理局天津特别市分局
全宗号 J79

一、机构概况

1937 年 8 月,日本侵占天津后,设置了华北物资物价处理委员会食粮管理局,旨在统辖华北地区的粮食。1943 年初,成立华北物资物价处理委员会食粮管理局天津特别市分局,管辖天津地区的食粮管理工作,主要负责食粮的采购、验收、运输、配给、调查、统计等事项。该局下设唐山、德县 2 个办事处。1943 年底,华北物资物价委员会撤销食粮管理局,其业务及隶属统归农务总署管理,天津特别市分局随即结束工作。

二、档案情况及内容介绍

馆藏该全宗档案共 84 卷,上架排列长度 2. 7 米,档案起止时间为 1943—1945 年,档案按“问题”分类排列。编有案卷目录和文件目录可供检索。

档案主要内容如下:

(一) 综合类

有该分局关于人事调动通知,主任到职记录;办事处章则、办法、组织规则等文件材料。

(二) 业务类

有华北物资物价处理委员会食粮管理局关于收购食粮各项法令、训令、指令;天津特别市分局及所属办事处采购食粮报告、请示;关于食粮供应及管理通知、办法、调查统计文件;机关、团体、学校面粉特殊配给报告;天津市囚粮供应办法;粮商申请加入和退出采运社报告;华北粮食公社天津地区办事处有关粮食购运、供应办法等。

天津特别市屠宰场
全宗号 J41

一、机构概况

天津特别市屠宰场是天津特别市政府直属企业,主要负责天津市家畜的屠宰、存放、交易管理工作。该屠宰场设场长 1 人,内部机构设有事务室、屠宰室、家畜交易市场、食肉市场、冷藏库等部门。

二、档案情况及内容介绍

馆藏该全宗档案共 48 卷,上架排列长度 1.7 米,档案起止时间为 1945 年 1—9 月,档案按“问题”分类排列。编有案卷目录和文件目录可供检索。

档案主要内容如下:

有市政府机关章则条例;屠宰场业务会议记录;人事变动文件,员工名册,考勤月报,职员身份证发放记录;会计预算、会计工作报告、经费计算报告;食粮配给情况材料;发放工匠身份证明书及屠宰检验证底簿;承修屠宰场工程材料;上报市政府旬、月、年报表,屠宰数量及检疫情况月报;屠宰场家畜市场规则等。

天津特别市公署公用处
全宗号 J83

一、机构概况

天津特别市公署公用处于 1938 年 8 月正式成立,是天津特别市政府直属的公用事业管理机构,主要职能是管理全市电业、水业、汽车等公用事业及用户的营运设备情况等。其内部机构先后设有一、二科,另有秘书室、技术室、稽查室和书记室。该处一科负责文书收发、撰拟和监印、校对,预算、决算,颁发俸薪及调查关于公用事业各用户的设备状况、赔偿等事项;二科负责监督各电业公司、电器商行、电灯、电车等公司的营业事项,以及市内公共汽车、各长途汽车的营业事项。1945 年日本投降后,该处结束工作。

二、档案情况及内容介绍

馆藏该全宗档案共 1068 卷,上架排列长度 13.5 米,档案起止时间为 1938—1945 年,档案按"年度-问题"分类排列。编有案卷目录和文件目录可供检索。

档案主要内容如下:

(一)组织人事类

有天津特别市公署公用处组织简章、办事细则,征集情报办法及奖惩办法;该处报市公署关于各机关人事调查表;总务局职员进、退、调及考勤处理暂行法;临时政府公务员俸额表;该处公务员恤金条例及施行细则,职员请假暂行办法,职员嘉奖、抚恤暂行办法等。

(二)业务类

有社会局函送天津市各商号开业调查表;该处稽查员服务规则;关于电车和公共汽车乘客应守规则;所属电车公司请划车票价并纳通行税办法;装修电气内线工程商店注册暂行规则;关于取缔贩卖电器次料规则及电器制造厂出品检验许可办法;关于市民节约用水、用电办法及路灯用电明细表;处理窃电赔偿费办法及装修电气工程申报表;有关征集各公司营业状况细目清单及照片;天津电灯、电车公司营业报告;该处与电车、电灯公司关于修整市内电灯杆线路往来函件;交通公司关于停驶及恢复路线申请许可函件等。

(三)财会类

有该处收支概算,特一区路灯费支付概算;该处兑换铜元票办法及现金出纳簿;该处电表校验室收支预算及各机关欠费账单等。

华北政务委员会建设总署天津建设工程局
全宗号 J89

一、机构概况

华北政务委员会建设总署天津建设工程局是华北政务委员会建设总署直属的城市建设管理机构,负责天津市区城市规划与建设管理事务。该局设局长、副局长,其内部机构设有事务科、会计科、防水科、工务科、水道科和土地科,另设有塘沽施工所。

二、档案情况及内容介绍

馆藏该全宗档案共 281 卷,上架排列长度 9 米,档案起止时间为 1938—1947 年,档案按"问题-年度"分类排列。编有案卷目录和文件目录可供检索。

档案主要内容如下:

(一)行政类

有天津都市计划及第一、三区土地收买报告;特区租用纲要和建筑暂行规则,新市街租用规则;新都市计划评定委员会关于出租地价审查规则、土地租用规则及会议记录;该局相关公告剪报、法规布告等。

(二)业务类

有华北政务委员会建设总署土地科月份业务报告;工务总署业务会议提案、土地科业务日志和会议记录;各机关、公司函请使用道路、耕种国有土地函件及土地收买概况;关于临时出租土地及出租船舶机械文件,以及出卖台账索引及建筑图纸和目录;土地业户申请书;关于修建天津防水堤图和清册;海河放淤员夫清册;该局来往文书、存根和收据等。

(三)财会类

有天津新市街第一、二区土地征用收入报告及计算书;该局 1939 年会计一览表;特三区出租土地概算书;各地用地补偿费预算额总表;发给业户补偿费文件等。

天津特别市第三公园
全宗号 J127

一、机构概况

天津特别市第三公园于 1937 年由天津市治安维持会总务局接管,并指派新任管理员冯辅民负责管理内部事务,是社会公共娱乐场所,主要承办各种娱乐项目及园林管理。1942 年,该园撤销。

二、档案情况及内容介绍

馆藏该全宗档案共 90 卷,上架排列长度 1.2 米,档案起止时间为 1937—1942 年,档案按“年度-问题”分类排列。编有案卷目录和文件目录可供检索。

档案主要内容如下:

有该园移交清册;人事概况调查表及有关员工薪俸、考绩文件;该园各年度经费预算书、支出计算书、岁出概算书;关于该园被日军及华北交通公司占用、拆改情况报告;因水灾殃及该园损失花木鱼类数目清册;园内公产种类清册;有关日商在园内承建娱乐项目文件材料等。

天津特别市内河航运局
全宗号 J107

一、机构概况

天津特别市内河航运局前身是 1914 年 6 月成立的直隶全省内河行轮总筹备处,1914 年 9 月改称为内河行轮董事局,隶属于直隶巡按使公署与海军部大沽造船所。1928 年改称天津特别市直辖内河航运局,隶属于天津市政府。1930 年改称津保磁沽内河航运局,属天津市政府、河北省建设厅、大沽造船所三方管辖。1935 年津保磁沽内河航运局归河北省建设厅管辖，1936 年改属天津市政府。1937 年卢沟桥事变后，改称天津市治安维持会内河航运局，同年又改称天津特别市内河航运局，隶属于天津特别市公署。1938 年改称河北省内河航运局，隶属于河北省公署。同年，又改称天津特别市内河航运局，隶属天津特别市公署。天津特别市内河航运局主要负责大清河、子牙河及南、北运河各线航运事项。其内部机构设总务、营业两科，及会计、文书、业务、票照、技术、庶务、稽核等股。1940 年 2 月，该局将各项职权转交华北交通株式会社。

二、档案情况及内容介绍

馆藏该全宗档案共 42 卷，上架排列长度 1.2 米，档案起止时间为 1937—1939 年，档案按“问题”分类排列。编有案卷目录和文件目录可供检索。

档案主要内容如下：

有天津特别市内河航运局组织规则条例；各项事务、庶务、会计工作报告、办法、大纲；售验票员、稽查员服务规则；各航线航行及护航办法，汽车人力车章则办法；关于添购船只扩展航线租用船只计划，航运物资器材增添报告；轮木船只冬季修理、修船临时费支出计算书等。

天津特别市公署财政局捐务征收所
全宗号 J60

一、机构概况

天津特别市公署财政局捐务征收所于 1937 年 8 月 17 日成立，是天津特别市财政局附属行政组织，负责管理全市各项捐务的调整及改进、各项捐费纳额的审查核定；各项捐务的稽查，稽征；滞纳各项捐务处分等事项。该所设主任 1 人，负责全面业务工作；下设总务组、房捐组、铺捐兼乐户捐组、车捐组、稽查组、稽征组等 6 个组和捐务征收分所 1 处。1944 年 4 月 23 日，天津特别市公署调整机构，捐务征收所撤销，改设各区征收所。

二、档案情况及内容介绍

馆藏该全宗档案共 52 卷，上架排列长度 0.9 米，档案起止时间为 1937—1944 年，档案按“年度-问题”分类排列。编有案卷目录和文件目录可供检索。

档案主要内容如下：

（一）综合类

有天津特别市营业税审查委员会规则草案，特别市营业捐章程草案，营业税条例；天津特别市公署召开研讨征收营业税各种手续会议记录；天津特别市公署财政局营业征收处组织章程，稽征处办事细则，警特区房捐清查处组织大纲草案；财务会议记录；天津特别市营业审查委员会会议记录；征收人员下辖各区征收各种捐税分配职务表等。

（二）业务类

有征收各种汽车捐章程草案；财政局给捐务征收所关于领取洋车捐照、征缴车牌和退捐车牌的指令和征收各种汽车捐牌费一览表；关于整理欠捐、漏捐、延捐及乐户欠捐办法；捐务征收所呈报各月份所售汽车车牌号码清册；免课营业税烟酒业商号户及应收营业税商号清册等。

天津特别市财政局沿河沿海船捐征收处
全宗号 J62

一、机构概况

天津特别市财政局沿河沿海船捐征收处是天津特别市财政局附属行政组织，负责管理全市船捐征收工作。该处内部机构设总务、稽征二组，并设立六个分卡：大红桥分卡、大直沽分卡、西营门分卡、杨柳青分卡、杨村分卡、大沽分卡。1937 年卢沟桥事变后，该处由财政局代管。

二、档案情况及内容介绍

馆藏该全宗档案共 73 卷，上架排列长度 3.6 米，档案起止时间为 1937—1941 年，档案

按“年度-问题”分类排列。编有案卷目录和文件目录可供检索。

档案主要内容如下:

(一)综合类

有天津特别市船户户口调查暂行规则,天津特别市公署水上警察局管理渡船暂行规则,财政局令官员考绩暂行规则;各分卡卡长任用通知单;职员呈报到差及请假签到簿;该处职员录及清册,各分卡职员姓名清册等。

(二)业务类

有调查冬季开征情况和春季开征情况报告书;各分卡缮选现存捐照及罚款收据;各区商号纳税登记簿;各分卡呈报减收捐款及内河航运公会阻挠捐收的情况登记;各卡冬季结冰影响捐收情况说明;各分卡增进捐收方案;西营门分卡呈报各河陡涨,独流、沧县一带禁止大船通航的请示;杨柳青分卡呈报杨柳青后河决口、船只禁止航行、捐收暂停的请示等。

天津特别市粮食配给办事处
全宗号 J80

一、机构概况

天津特别市粮食配给办事处于 1944 年 4 月 1 日成立,前身为 1943 年 1 月 1 日成立的天津粮食配给统制事务所。该处隶属于天津市政府,主要负责全市市民粮食配给事务。朱崇信任处长,内部机构设有总务组、会计组、配给组。

二、档案情况及内容介绍

馆藏该全宗档案共 42 卷,上架排列长度为 0.9 米,档案起止时间为 1944—1945 年,档案按“年度-问题”分类排列。编有案卷目录和文件目录可供检索。

档案主要内容如下:

(一)综合类

有天津市政府关于小麦、杂粮重量计算办法通知;该处沿革概况,实施工作报告表,历次食粮配给会议记录;公文归档管理办法,案卷清册、家具清册;各组职员职掌表,职员名册;每月员役统计旬报表、定额表、职员异动旬报表等。

(二)业务类

有该处食粮配给计划及价格表;职员配给食粮办法;关于配给标准、价格、数量、手续等方面的通知,各区配给数量明细表;商品库存表,麦粉及杂粮仓出计划表,配给工作情形表;关于将囚人列入配给总额问题与河北、天津地方法院看守所监狱来往公函;关于社会各单位领取食粮数目统计表等。

(三)财会类

有该处关于员役各月薪金报酬所得额报告表及扣缴清单;月份支付概算书,差役改订工资津贴数目表;食粮配给收支预算报告,收支款项清册、账簿表报,传票清册、各项开支余额表;关于各配卖店及市长缴纳保证金办法及缴款日期表;统税局、银行关于政府机关存款免税问题与该处的往来公函等。

天津特别市土地局
全宗号 J96

一、机构概况

天津特别市土地局是日伪时期天津市土地管理机构,主要负责办理全市土地行政事务。其内部机构设有秘书处及第一科、第二科、第三科、第四科。第一科主要掌管文书撰拟事项,编制统计报告,预算、决算的审查编制,庶务事项及民有土地争执等事项;第二科主要掌管清查市内土地,测丈全市私有、公有土地和图册,抽查已丈户地及编制、保管产地图册等事项;第三科主要掌管土地登记、民产转移、发给核准登记土地证、制发官契、税契及单据的保管事项;第四科负责掌管土地征收、审核统计和注册事项。

二、档案情况及内容介绍

馆藏该全宗档案共 1156 卷,上架排列长度 10.8 米,档案起止时间为 1927—1948 年,档案按“问题”分类排列。编有案卷目录和文件目录可供检索。

档案主要内容如下

(一)综合类

有市政府秘书处工作报告书;土地行政概要,工作计划大纲和行政报告编制办法,关于土地征收法和土地法规;市工务局因工创路章程和民修沟渠章程等。

(二)人事类

有市政府关于公务员任用条例及现有公务员甄别审查条例;关于局长就职日期呈文及科员任免、原职原薪办法;关于裁减科室训令及委任职员表等。

(三)业务类

有市政府关于房地登记问题与各有关单位往来函件;税契登记办法;土地清册;关于捐契业户限期交款领款通知等。

(四)财会类

有市政府编制1931年(民国二十年)度预算书及总会计岁入预算明细分类账;关于预算经费、开办费等各项费用支出办法函件;编制预算和收入支出调查表;岁入明细分类账及临时岁出明细分类账;职员俸薪数目表等。

河北省高等法院天津分院及检察处联合全宗
全宗号 J43

一、机构概况

河北省高等法院天津分院及检察处设立于1937年9月9日。该院的主要职能是解释法令、法规,制定地方性法规,对地方法院审理的案件重新审判,有赦免权。其内部机构设有秘书室、总务处,刑一庭、刑二庭、民一庭、民二庭和看守所,并设有院长、庭长、推事、书记官长、书记官、看守长等职。检察处独立工作,主要职能是监督政府机构在执行公务过程中的过失行为,对社会构成危害的犯罪行为,检察官代表国家对上述过失行为提请公诉。检察处有对案件进行重新审查取证及监督执法机构行使法律的权力,并设有首席检察官、检察处主任书记官、检察官通译等职。河北省高等法院天津分院及检察处的诉讼辖管39个市县。1949年1月天津解放后,该两个机构由中国人民解放军天津市军事管制委员会接管。

二、档案情况及内容介绍

馆藏该全宗档案共41495卷，上架排列长度318.87米，档案起止时间为1916—1949年，档案按“问题-年度”分类排列。编有案卷目录可供检索。

档案主要内容如下：

（一）行政类

有河北省高等法院关于天津分院院长的任、免令，历任院长交接清册；庭长、推事、书记官、检察官、职员晋升考核履历表；多个年度职员名册，人员变更登记表；律师资格考核办法，律师登记表；法医考核办法、法医登记表；会计师资格考核办法，会计师登记表；新法令、法规颁布执行宣传方案；地区级机构成立后主要负责人及其机构印鉴印模备案留底簿；各地方法院案件审理判决情况统计月报；各监狱、看守所人犯统计月报；囚粮、囚衣费用月报；卫生医药经费月报等。

（二）法规制度类

有检察处组织章程，死刑、徒刑、拘役执刑监督章程；民事诉讼费用法；减刑法；行政执行法；修正行政院、司法院组织法；法规制定标准法；印花税票暂行征收法；警察局组织法规，法院组织法；修正民事、刑事诉讼法条例；华北司法协助暂行条例；公务员犯赃治罪条例；扰乱经济秩序紧急治罪条例；贪污、渎职惩罚条例；特种刑事法庭组织条例；看守所条例；法警枪支、子弹管理条例；诉讼费征收规则；非诉讼事件处理程序；证物管理规则；司法服务奖惩规则；提存现金、有价证券、担保抵押物品、诉讼保证金规则；涉外事务处理规则；案件侦查、取证规则；民事调解强制执行规则；刑事责任鉴定检验规则；免刑，减刑复核程序；代售印花税办法；囚粮物品保管规则；改善卫生医药办法；紧急疏通在押犯办法，保外服役办法，在押犯保释办法等。

（三）诉讼类

有各类刑事、民事案件的二审、复判、复审、再议案卷等。

天津市地方法院及检察处联合全宗
全宗号 J44

一、机构概况

天津市地方法院属于法律审判机关，在法院内设有检察处，专门负责检察事务，但其工作相对独立。

（一）天津市地方法院

天津市地方法院，先后经历了日伪统治时期和国民党政府统治时期两个阶段。日伪天津市地方法院于 1937 年 9 月成立，主要受理民事、刑事诉讼案件，受日伪天津市地方治安维持会领导。1937 年 12 月改由法部领导，1940 年 3 月隶属于日伪华北政务委员会，同年 5 月改由临时处理法务委员会领导，1943 年 11 月又改由日伪华北事务署领导。1945 年日本投降后，天津市地方法院由国民党政府司法行政部领导。1949 年 1 月天津解放后，该院由中国人民解放军天津市军事管制委员会接管。

日伪统治时期，内部机构设有民事庭、民事执行处、民事调解处、刑事庭、书记室、登记处、看守所。国民党政府统治时期，内部机构设有民事庭、刑事庭、书记室、会计室、统计室、人事室、文牍处、执行处、公证处等部门，下设看守所及第三监狱。上述两个时期该院职能基本相同，主要负责办理民事及刑事案件审理，非诉讼案件审理，民事调解、执行民事强制判决，办理有关法人、物权等登记事项，办理当事人或其他关系人的法律行为公证书，依法提存有价证券、现金、诉讼保证金、担保物品，负责办理记录编纂及文牍事务等。

该院历任院长有方若（1937 年 9 月至 1938 年 1 月）、孔嘉彰（1938 年 1 月至 1938 年 7 月）、马象离（1938 年 7 月至 1940 年 1 月）、孙润棣（1940 年 1 月至 1942 年 2 月）、陈元魁（1942 年 3 月至 1943 年 12 月）、张品清（1943 年 12 月至 1945 年 9 月）、贾艮（1945 年 9 月至 1948 年 2 月）、汪涵礼（1948 年 2 月至 1949 年 1 月代理院长）。

（二）天津市地方法院检察处

天津市地方法院检察处也先后经历了日伪统治时期和国民党政府统治时期两个阶段。日伪天津市地方法院检察处于 1937 年 9 月成立，受日伪天津市地方治安维持会领导。1938 年 1 月隶属于法部，同时受日伪高等法院检察处监督，1940 年隶属于临时处理法务委员会，

1943 年又改由日伪华北事务署领导。同年 11 月，地方法院检察处改称为地方法院检察署。1945 年日本投降后，由国民党政府司法行政部领导，此时，又改称为天津地方法院检察处。1949 年 1 月天津解放后，该检察处由中国人民解放军天津市军事管制委员会接管。

日伪统治时期及国民党政府统治时期天津市地方法院检察处机构设置大体相同，均设有检察处、侦查处、记录科、统计科、检验股、庶务股。主要职能是对地方司法案件的侦查、公诉和监督刑事裁判等，并为法院审理案件做前期准备和核实工作。

该检察处历任首席官有方若（1937 年 9 月至 1938 年 1 月）、方震甲（1938 年 1 月至 1938 年 2 月）、何运衡（1938 年 2 月至 1938 年 6 月）、孙润棣（1938 年 6 月至 1939 年 6 月）、许恩麟（1939 年 6 月至 1942 年 12 月）、袁佩瑾（1942 年 12 月至 1943 年 4 月）、刘炳藻（1943 年 4 月至 1943 年 11 月）、周继武（1943 年 11 月至 1945 年 7 月）、刘永誉（1945 年 7 月至 1945 年 12 月）、杨荫衡（1945 年 12 月至 1949 年 1 月）。

二、档案情况及内容介绍

馆藏该联合全宗档案共 246371 卷，上架排列长度 1702.37 米，档案起止时间为 1937—1949 年，档案按“问题-年度”分类排列。编有案卷目录可供检索。

档案主要内容如下：

（一）天津市地方法院

1. 法规类　有国家颁布刑事法令、民事法令及关于法令解释；修正诉讼法，法院组织法；司法警察服务及奖惩规则，扩大检察规程；行政管理各项办法；改善监所条件条例，改善医药卫生办法；监犯保外服役暂行办法，在押犯人保释办法；出狱人员保护会组织规程；监所囚粮、囚衣管理规则；中医师注册暂行规则等。

2. 人事类　有该院关于人事任用、调迁、就职、交接、奖惩、抚恤、铨叙、考绩、加俸、津贴、裁减的规则、办法、训令、通告等。

3. 财会类　有关于经常费及临时费使用办法，预算、决算方案；该院与银行业务往来函件；各项费用支出账簿，会计账簿，会计师登录等。

4. 业务类　有该院年终业务报告及有关业务会议记录；案件统计报告书，检察官结案月报表；犯人清册；有期徒刑刑罚报表；看守所提押人犯清册及旬报；民事、刑事案件犯罪人员统计报表；该院对各类刑事、民事案件审理情况专门案卷。

（二）天津市地方法院检察处

1. 法规类　有国家颁布法院组织法，行政执行法，法令解释文件；减刑法；监所管理条例,财务行政征收人员犯赃犯罪暂行条例,禁烟禁毒条例;贪污处理办法,修正民事诉讼法,民事诉讼费使用法,印花税票暂行法,处理非诉讼事件程序办法,处理外侨财产办法,提存法及施行细则;天津市地方法院关于扩大检察制度,法院处理证据物品规则,警察局组织规则,司法警察服务规则,奖惩规则,对诉讼费用的征收规则,调查服务规则等。

2. 人事类　有该检察处人事任免、调遣、人员配置、职员名册;关于职员考绩、考试、抚恤、退职文件;有关该处职员薪俸、津贴发放办法;有关员工生活补助及福利费事项、职员公役奖惩办法;该处检察官就职及启用印信通知办法等。

3. 经费类　有该处制定的会计制度,收支计算书,会计各种表格造册规则;有关办公经费使用情况文件,有关实物配给及庶务经费支出统计材料;主管会计名册;会计师登录、购领新式账簿办法;该处银行存款印鉴及与中央银行往来函件等。

4. 业务类　有该处年终业务会议记录,监狱委员会会议记录;有关民事、刑事案件结案通知书,民事涉外案件报告书;民事、刑事未结、已结案件统计表;有关法警训练办法,诉讼调查方案;发放律师执照通知书,该处与律师公会业务往来函件;群众查询及疏通人犯办法,记者旁听办法等。

华北交通株式会社天津铁路局自动车处
全宗号 W46

一、机构概况

华北交通株式会社天津铁路局自动车处于1938年成立,隶属华北交通株式会社和天津铁路局。在运行线路上,受各地方驻军的控制,是日伪时期日本控制天津的交通管理机构。其主要职能是经营公路客货运输。天津铁路局自动车处下设运输、营业、技术三科,并在业务上负责指导天津铁路局所辖自动车营业所和修理厂。1945年日本投降后,该处由国民政府接管。

二、档案情况及内容介绍

馆藏该全宗档案共55卷,上架排列长度2.7米,档案起止时间为1937—1945年,档案按"问题-年度"分类排列。编有案卷目录可供检索。

档案主要内容如下：

(一)业务类

有该处部分年度营业报告书及客运、货运业务会议记录；客货运输代办合同；办理广告事项文件；有关汽车管理、维修、运输的有关文件；关于汽车附属机具设备事项文件；关于燃料、油类使用消耗情况报告；关于汽车运输线路收费情况及各项运输经费开支材料；关于运输成绩和事故报告、运输业务预算及资金运转计划等。

(二)基建类

有该处关于公路建筑、维修、基建计划，以及施工方面的文件材料；基建各项费用开支情况文件；有关基建方面的预算购置计划等。

第四章　馆藏革命历史档案

中共天津市工作委员会(地下党)
全宗号 X1

一、机构概况

1945 年 8 月中共天津解放委员会成立,同年 8 月底,改为中共天津市工作委员会,1946 年 4 月又改称中共天津市委。1947 年 3 月天津市委撤销,天津市内工作由冀中区党委城工部直接领导,原天津市委干部并入该部。1948 年 1 月冀中区党委城工部并入晋察冀中央局城工部,5 月中共中央华北局成立,原晋察冀中央局城工部改称华北局城工部,下设平津工人运动委员会、平津学生运动委员会,并设有组织室,管理平津地下党的组织工作。以上机构是解放战争时期中共天津地下党组织。华北局城工部建立后,接收了在天津的南、北、渤海、冀东等各系地下党组织,统一领导天津解放工作。1948 年 11 月平津战役开始,为准备接管天津,华北局城工部的一部分干部集中到河北省胜芳,参加组建新的天津市委员会。

二、档案情况及内容介绍

馆藏该全宗档案共 351 卷,上架排列长度 14.05 米,档案起止时间为 1936—1949 年,档案按“问题-年度”分类排列。编有案卷目录和文件目录可供检索。

档案主要内容如下:

(一)综合类

有中央、冀中区党委关于城市工作指示、决定、报告;冀中区党委、津委会关于天津工作形势与任务指示、意见;中央、华北局关于接管城市方针、政策及经验介绍材料;华北局讨论接收天津有关工作会议记录;华北局对平津地下党组织在接管城市中应做工作的指示;入城人员入城纪律规定;天津地下党组织配合中国人民解放军解放天津有关材料等。

(二)组织类

有天津市工作委员会、天津市委关于组织工作决定、指示、意见;津委会关于组织工作向区党委报告、总结,天津市委组织部建党工作报告;与天津市内外机关来往文件;冀中城工部以及津南、沧县、大成等县城工部关于机关编制表及干部名单;天津市党员干部数目及分布情况统计表、分布图;派遣关系综合情况登记表等。

(三)工运类

有冀中区党委、津委会关于天津工运工作方针任务及会议记录、工运工作总结,工运组织情况统计;该委关于天津地下军及行业纠察队建立与开展斗争情况总结汇报;天津各行业工会情况材料,裕大、津浦等工厂工人斗争情况报告等。

(四)市民类

有冀中区党委城工部、华北局城工委、津委会关于天津市民工作指示、意见、总结及讨论市民系统工作会议记录;天津市民系统登记表;审查派遣关系材料等。

(五)学运类

有天津市委关于学生工作方针、指示、报告;天津学委工作汇报和对天津中学工作意见;天津抗联会工作汇报稿;宣传反内战材料;学生联合会和学生运动纪实材料;天津教员反甄审活动材料;南开大学、北洋大学、南开中学等校党员、基干名单及南下人员名单,派遣关系登记表等。

(六)统战类

有天津市委关于统战工作意见、报告、总结;冀中八地委城工部会议记录;冀中八、九分区及北岳、冀东、渤海系统综合关系材料;胶东、晋绥、青县、交河、静海等县典型调查材料,派遣工作安排、汇报等。

(七)调查类

有冀中城工部、津委会敌工部关于开展对敌军工作指示、情况通报;津委会及华北人民政府对天津市工业、商业、金融、学校及社会阶层情况调查材料;对在津国民党特务组织情况及三青团、反动会道门等机构调查;对国民党天津市政府、财政局、社会局、警察局、教育局组织、人事等综合情况的调查材料等。

(八)津南县类

有津南县委关于组织工作决定、指示、工作总结、报告;天津县委关于宣教工作总结;津南县城工部党员登记、派遣关系材料;津南县公安局关于敌军活动情况材料;反特除奸工作总结等。

中国人民解放军天津市军事管制委员会
全宗号 X2

一、机构概况

中国人民解放军天津市军事管制委员会(以下简称军管会)是天津解放初期对全市实行军事管制,集党、政、军三位于一体的最高领导机构,该委1948年12月成立,1949年6月与中共天津市委合署办公。军管会主要负责领导各部、会、府对全市各项工作进行接管及建立人民政权等工作,并同时负责全市肃清伪反动残余势力,建立革命秩序,接收敌伪财产等项工作。

军管会内部机构设置及主要职责是:

办公厅:设有参谋处、秘书处、总务处,1949年1月又成立了房屋调整委员会。在主任、副主任及参谋长领导下,主要负责人事、文书、机要、档案、会计、出纳、交通、警卫、通讯、交际、住宿,以及不属于其他各部门的事务。

接管部:除设有办公室、检查科、资料科、会计科外,又根据接管性质设有市政、公安、工业、交通、铁道、摩托、电讯、仓库、物资、金融、外贸(海关)、贸易、卫生、农林、水利及不管等16个接管处。接管部在主任、副主任及参谋长领导下,负责组织领导对全市的各项接管工作,筹划复工和承担紧急任务的处理。

文教部(文教委员会):负责接管国民政府所辖国立和市立学校、图书馆、博物院、通讯社、报社、广播电台以及其他一切文化娱乐机关与社会教育团体。

警备司令部:在平津卫戍区司令部及天津市军事管制委员会双重领导下,负责天津警备事宜。

第二纠察总队:主要负责天津社会治安工作。

另外,在塘大区设有军管分会,负责塘大区一切接管工作。

二、档案情况及内容介绍

馆藏该全宗档案共3150卷,上架排列长度42.9米,档案起止时间为1947—1954年,档案按“年度-机构”分类排列。编有案卷目录和文件目录可供检索。

档案主要内容如下：

（一）综合类

有召开天津市各界代表会议的决定、报告、提案；劳资关系、工资待遇、干部任免文件；军管会及所属单位机构成立、人员编制的通知、请示、批复、登记表；军管会维护治安、取缔反动会道门的布告、命令；军管会佩戴使用的各种证照式样；中央、中国人民解放军总部关于城市军管期间的政策、条例、办法；天津市军管会关于接管天津市的方针、任务、政策法令、组织纲要、守则及工作总结等；军管会关于土地、房屋、军政纪律等方面的规定、办法；还有军事代表职责、任务规定、通知；有天津市政府外事处关于外国企业临时管理办法；外国新闻处停止活动通知；中央军委关于外侨管理暂行规定等。

（二）接管类

有军管会及接管部关于接管工作的决定、办法，接收城市工作总结报告；接管部各接管处组织机构、干部配备登记表；关于接管对象统计、职工动态、工商业恢复的参考资料；各接管单位概况；情况调查材料、历史沿革、人员、物资清册等。

（三）文教类

有文教部编制、工作制度、干部名单；接管工作计划、总结、报告；该部各处接收工作总结和各接收单位概况、会议记录；该部接管对象的人员名册、干部配备、人事安排及接收各校人员统计表；文教部查封取缔部分报纸、通讯社、出版社、广播电台通报、命令等。

（四）警备工作类

有天津警备司令部及天津纠察总队机构成立、隶属关系、主要领导人沿革材料；华北军区、二十兵团、东北野战军、平津卫戍区等单位命令、布告、总结；塘大区分会和区警备司令部成立的布告，各接管组接管报告及塘大区概况等。

（五）实物类

有天津市军事管制委员会印鉴、天津市军事管制委员会一号布告、纠察队袖标等。

第五章　馆藏中华人民共和国成立后档案

党务档案

中国共产党天津市委员会
全宗号 X3

一、机构概况

1948 年 12 月 13 日，中共中央任命黄克诚为中共天津市委书记兼军事管制委员会主任，着手组建天津市的党政领导机构。同年 12 月 15 日中共中央复电华北局，批准以黄克诚、黄敬、黄火青、许建国、张友渔、黄松龄、吴砚农、丘金、杨英等 9 人为中共天津市委委员，黄克诚任书记，黄敬任第一副书记，黄火青任第二副书记。1949 年 1 月 9 日，华北局电示，中共天津市常委会由黄克诚、黄敬、黄火青、许建国、张友渔 5 人组成。1949 年 1 月 15 日天津解放，市委随即进城办公。

中共天津市委是直属于中共中央领导的天津地方党的最高领导机关（1958 年 2 月—1967 年 1 月曾归中共河北省委领导）。其主要职能是：贯彻执行中央的路线、方针、政策及各项指示，负责统一领导全市各机关、团体和企事业单位的工作，加强党的思想建设和组织建设，领导全市人民进行社会主义革命和建设。市委的主要机构及其主要职能分别介绍如下：

（一）市委书记处

市委书记处成立于 1955 年 6 月，成员由市委书记和副书记组成。书记处对市委委员会和常务委员会负责，主要职责是组织市委决议的贯彻执行和执行检查情况，同时按照市委已定方针、政策处理日常工作。

（二）市委办公厅

1952 年 9 月正式成立办公厅，其成立前的机构名称为市委秘书处和总务处。办公厅是市委机构中处理日常工作的综合办事机构，该厅主要围绕市委在各个时期中心工作与方针、政策、决议的传达贯彻与执行情况进行调查研究、督促检查、综合协调等工作，并为市委领导决策提供信息和依据，为市委机关服务，为基层服务。

（三）市委政策研究室

市委政策研究室 1949 年成立，1953 年撤销，1959 年 7 月恢复。该室职能是协助市委书记处掌握全市工作动态，对全市重大问题和重要经验教训进行调查，从政策上、理论上进行研究探讨，并代市委书记处起草重要文件。

（四）市委组织部

1949 年 1 月组织部成立并开始办公。该部是市委所设立各机构中专门负责全市党的组织建设和干部管理工作的部门，主要职责是：贯彻执行党的组织工作路线、方针、政策，研究、制定全市党的组织建设和干部队伍建设规划；指导、检查全市基层党组织建设和干部管理工作；负责区、县、局领导班子的考察、任免、调配工作；规划、指导全市后备干部的培养工作；协同有关部门做好全市干部的培训工作；规划、指导全市党员发展、党员教育工作；总结与交流有关党的组织工作经验。

（五）市委监察委员会

1949 年 12 月成立市委纪律检查委员会，1955 年 7 月该委撤销，成立天津市监察委员会。1959 年 3 月改称中共天津市委监察委员会。该委是协助市委监督检查党组织和党员执行党的路线、方针、政策、决议及遵守党章、党纪情况的办事机构。

（六）市委宣传部

天津解放初，市委宣传部和市军管会文教部是一套机构两个名义。1949 年 2 月 3 日，建立天津市宣传委员会。1949 年 10 月，这几个部门合并，对内、对外统称中共天津市委宣传部。该部是协助市委开展党的宣传工作的专门机构，负责对全市党员、干部和群众进行党的理论、路线、方针政策教育，组织实施党对文学艺术、卫生、体育、学校教育、新闻出版等方面的方针、政策。

（七）市委统一战线工作部

解放后，统战工作由时任市委书记兼市长黄敬亲自抓，1949 年 12 月正式成立市委统战部。该部主要职责是：宣传、贯彻党的统战政策，协调统一战线内部各方面的关系；团结各民主党派、各界人士和非党群众、知识分子合作共同建设社会主义。

(八)市委文教工作部

解放初期,全市文教工作由市委宣传部负责,1955 年 2 月正式成立市委文教部,同年 5 月改称市委教育部,1966 年 2 月改称市委文教政治部。该部是协助市委分管全市文教工作的专门机构,主要负责贯彻执行党的教育、卫生、体育方针、政策,管理全市教育、卫生、体育等部门党的组织工作和政治思想工作。

(九)市委政法部

市委政法部成立于 1957 年 2 月 21 日,1964 年 4 月撤销。该部是协助市委贯彻党的司法工作方针、政策,指导、监督全市公安、检察、法院、司法和监察等部门党的组织工作和政治思想工作的专门机构。

(十)市委工业交通部、基建部

1952 年市委工业部成立,1956 年改为工业交通部,1957 年调整为工业部和交通建筑部,1960 年交建部撤销,分别成立交通工作部和建筑部,1962 年 5 月交通和建筑两部并入工业部。到 1966 年 5 月市委分管工交系统工作部门为市委工交政治部和市委基本建设政治部。两部职责是贯彻党的工业、交通、基建工作方针、政策,分别协助市委管理全市工业、交通、基本建设各局和市属大型工交、基建企业党的组织工作和政治思想工作。

(十一)市委财政贸易工作部

1956 年 7 月市委财政贸易工作部成立,1965 年 5 月改称财政贸易政治部。该部主要职能是协助市委管理全市财政贸易各局党的组织工作和政治思想工作,在全市财贸系统保证党的财贸工作方针、政策的贯彻落实。

(十二)市委农村工作部

1952 年 10 月天津市农村工作委员会成立,1955 年 2 月改为市委农村工作部,1957 年 12 月市委将农村工作部与市政府农林水利局等单位合并成立天津市农村工作委员会。1958 年 12 月扩大原农村工作委员会,并另建市委农村工作部,1960 年 2 月将农村工作委员会和农村工作部合并为市委农村工作委员会。1961 年 1 月市委农村工作委员会与市政府农林水利办公室合并为天津市农村工作委员会,1961 年 6 月撤销市农委,成立市委近郊农村工作委员会,1963 年撤销近郊农委,成立市委农村工作部,1966 年 1 月农村工作部改为市委农村政治部。其主要职能是协助市委管理全市农业系统各局及郊区党的组织工作和政治思想工作,负责宣传、贯彻执行党的农业和农村工作方针、政策。

1949 至 1966 年,根据中央的要求和工作需要,市委还成立了一些临时办公室,有肃反办公室、审干办公室、反右办公室,以及整风办公室、甄别办公室和粮食“三反”办公室等,主要负责贯彻落实党中央部署的政治运动工作。

二、档案情况及内容介绍

馆藏该全宗档案共39014卷，上架排列长度486米，档案起止时间为1949—1968年，档案按“年度-机构”分类排列。编有案卷目录和文件目录可供检索。

档案主要内容如下：

（一）市委书记处

有书记处、常委会、市委全会历年各次会议记录，内容涉及全市工农业生产、财贸工作、社会综合治理文件材料，工作计划、规划、总结、调查报告，党的组织建设、机构设置、人员任免文件材料等。

（二）市委办公厅

1. 综合类　有党和国家领导人来津视察指导工作的讲话记录稿；天津市第一、二届党代会及各区党代会议案、决议、报告，会议形成的其他重要文件及向中央的报告等材料；天津市第一届至第四届各界人民代表会议部分材料；传达贯彻全国及天津市党代会、各界人代会情况材料；中央及市委关于接管、恢复、治理、建设天津城市方针、政策；市委关于改进领导作风，整顿机关、团体、企事业单位的指示；关于机要、保密、文书、档案信访工作方面规定、办法等。

2. 组织、纪检类　有市委关于公开党组织的指示，组织工作若干规定汇集；关于企业党委工作职权的决定；关于党的基层组织建设、党员管理、体制改革报告；市级机关党委机构、群众团体和临时机构关于建立党的机构请示、报告及市委批复、通知；精简机构、人员编制及干部任免、调配等文件规定；市委关于严明党纪、检查处理违法乱纪行为和人员的办法、措施等。

3. 宣传、文教、卫生、体育类　有市委关于加强各级干部理论教育、政策时事教育指示、规定；关于加强全市职工群众文化教育、开展识字、速成学习的通知；开展文化艺术、新闻出版、体育工作指示、通知、报告等；关于高等、中等、中技、半工半读教育指示；关于中小学教育、职工教育、农民教育、科技教育指示、规定；关于防病治病、环境卫生、计划生育文件材料等。

4. 统战、外事类　有党和国家领导人及市委领导与工商业者谈话记录，市委对资改造工作指示、规定、报告；对民主党派、知识分子政策；关于民族、宗教、侨务工作指示；关于涉外工作、接待外宾工作指示、规定等。

5. 政法类　有市委关于公安、司法工作通知、意见；公安干警队伍建设、人员待遇意见、规划；关于社会治安保卫工作规定，户籍管理、枪支管理规定、办法；对宪法普及宣传工作通知；劳动改造、特赦、大赦工作规定等。

6. 工业、交通类　有中央、省、市委关于工业综合规划、发展纲要；关于建立和整顿生产奖励制度的几项原则规定，增产节约、劳动竞赛办法、规定；市委关于手工业生产改造、工业支援农业、支援内地的指示；县社企业生产管理文件；交通运输工作计划及机构设置安排意见；企业经营与生产管理文件规定等。

7. 财政贸易类　有市委关于财资工作指示、规定、计划；关于财政管理、银行工作、物资管理、清仓核资的规定、意见；粮食工作，包括统购统销、定量供应政策；商品收购、市场供应、市场管理、物资管理文件规定等。

8. 农林、水利类　有中央、省、市委关于农业工作指示意见，市委关于农业机构设置与配备批示、通知；农业机械化大政方针；关于水利建设、防风、防洪、抗旱、节水工作文件材料；对林业、渔业、畜牧业发展意见、规划等。

9. 民政类　有市委关于拥军优属、复员军人安置指示、规定；精减职工、压缩城市人口政策，动员还乡办法、社会福利救济办法；贯彻婚姻法等材料；征兵工作、民兵建设工作意见、报告；殡葬工作意见、办法等。

10. 劳动工资类　有市委关于劳动力管理安置、合同工管理、失业救济、以工代赈、劳动安全保护工作指示、办法；关于职工退职、退休、工资福利政策规定，工资改革、工资标准文件，农村职工、干部工资待遇、奖励，保留工资办法、规定等。

（三）市委政策研究室

有该室工作会议记录；工作计划、要点、规定、总结；关于加强天津经济工作统一领导向市委报告意见；开展调查研究工作情况向市委书记处报告；《天津工作》组织稿件范围；1950年天津工厂、私营工厂劳动生产率统计表，50人以上私营工厂职工会员数字统计表及机器铸铁业、橡胶业等基本情况统计表；关于天津工商业、市场商业调查，对物资交流、货栈贸易情况调查材料；关于工业产品质量调查，对工业生产情况调查；1953年公私合营工厂调查报告、总结，关于私营工业生产调查、手工业调查报告；1959年天津工作计划调查报告；关于市区人民生活问题向书记处报告；对贯彻农村人民公社各项政策和生产、生活问题调查；关于工人阶级队伍状况、工人学习理论调查；《天津工作》部分底稿等。

（四）市委组织部

1. 综合类　有市委及组织部关于组织工作会议通知、报告；组织部部务会议记录；组织工作计划、总结；关于基层党的机构编制、设置、隶属关系改变文件；市委所属党委关于党的机构组建、换届、改选请示及市委批复、通知；市委关于调整市、区党政组织机构意见；组织部关于整顿机关编制、压缩行政人员、工资制度改革和调整指示、通知、报告；组织部工作任务、范围及各处室业务分工制度、规定；关于干部任免通知等。

2. 组织工作类　有组织部关于党的组织建设规划、指示、通知、报告；关于整风、整党工作指示、计划方案、报告；关于发展新党员、党员教育意见；关于入党批准权限、预备党员训练、转移组织关系、解释新党章规定、意见；市委及该部关于恢复党籍、重新入党、撤销党员处分、党龄计算等问题指示；组织部关于基层组织工作、支部工作指示、报告；关于改进领导基层支部工作调查报告；在农村整风整社运动中组织建设意见，对公社生产队组织建设情况报告等。

3. 干部工作类　有组织部对全市干部队伍建设规划、指示，关于对市管干部考核、选拔、教育、任免的意见、报告、批复；该部干部配备意见；关于干部在职培训工作计划、方案、报告；关于干部审查、鉴定、提拔、调配、管理的指示、规定、通知及干部工作计划、报告；关于各级干部参加体力劳动意见、总结及向市委、省委组织部请示、报告；干部档案管理工作决定、报告；组织部关于干部调动情况报告；调动干部手续规定；市管干部名单及各系统干部职务名单等。

4. 统计类　有该部干部定期统计、党的基层组织统计和党员情况统计的通知、办法和统计表；1964 年归侨统计表；党员介绍信和干部行政介绍信存根等。

（五）市委监察委员会

1. 综合类　有中央、市委关于党的监察工作指示、规定、通知；市纪委工作制度；市监察工作计划、总结、通知，通报；市委监委会议及常委会议记录；机构编制意见；贯彻中央、省、市检查工作会议的计划、报告；监委向党代会报告、传达全国第一次监察工作会议文件；市监委关于修改处分党员批准权限的请示及有关请示报告制度的通知；通过典型案件对党员进行纪律教育的报告；各区局贯彻市监察工作会议简报等材料；各区监察工作总结及检查情况向市监委报告；市中层纪委反官僚主义总结；对各级监委信访工作通知、群众来信处理意见；各级监委专、兼职书记、委员名单及监察干部登记表等。

2. 监督检查类　有 1950 年市纪委关于入城以来党员干部违犯党纪及违法行为报告；市监委对有关党组、党员违纪案件的调查、组织结论和处理意见，处理贪污案件统计表；关于面粉计划供应中党员违反党纪情况报告；关于做好整风整社运动中组织处理工作政策界限通知及案件复查情况报告；市监委、各区监委、交通党委关于整顿工厂、企业的调查报告和经验总结；1960 年农村检查工作会议文件；关于农村党员、干部存在违纪等问题向市委、监委报告；关于开展粮食“三反”运动与党员干部违反粮食政策问题情况报告等。

(六)市委宣传部

1. 综合类　有中央、市委关于党的宣传工作指示、通知;市委关于宣传工作会议文件材料及宣传部传达贯彻会议精神的报告;该部宣传工作总结和今后工作方针、任务;宣传工作计划及向华北局的报告;关于改进宣传工作方法,加强调查研究工作意见;关于破除迷信、移风易俗宣传通知;宣传打击刑事犯罪工作指示;宣传部关于向英雄模范人物学习的宣传意见;关于各工厂在合营过程中宣传教育工作总结;该部宣传工作大事记等。

2. 组织人事类　有该部人事工作计划、总结,宣传系统干部统计表;该部机构设置、人员编制、人事调配、干部任免的请示、报告及市委批复;宣传系统各单位市管干部名单及干部调出调入材料;报社、电台关于提拔调整中层干部情况文件材料等。

3. 教育、宣传类　有中央、省、市委关于加强干部职工理论、政策教育和思想工作的决定、意见、报告;宣传部关于开展农民学理论的通知、安排意见;关于在全市开展学习毛主席著作的文件材料;该部关于理论政策学习计划、总结;1960 年召开工农群众学习政治理论积极分子情况报告;关于理论研究工作意见,学习总路线计划、总结,高级干部学习马列主义总结;对职工进行社教讲课材料和对党员教育工作意见;贯彻中央、省委关于加强全党理论学习决定的意见。

有该部关于时事政策、形势和任务宣传工作通知、意见;关于在群众中进行国际主义、爱国主义和社会主义教育,及开展增产节约运动宣传提纲;关于反特、防奸宣传活动专题报告;关于开展禁毒、贯彻婚姻法、宪法等宣传工作通知、办法;宣传部关于市场供应、经济生活、市场物价政策宣传报告;关于减少城市人口、节约粮食消费,及大办农业、大办粮食的宣传工作材料;该部关于工业生产宣传工作指示、总结、调查报告;召开农村宣传工作会议材料;农村扫盲宣传工作报告;国际形势宣传要点、时事宣传参考资料等。

4. 文艺、出版类　有该部关于文艺工作意见、报告;贯彻毛主席对文艺工作指示的报告;该部召开文艺创作座谈会报告;文联(1958—1965 年)工作回顾材料;该部关于农村文化宣传工作指示、报告;关于整顿报刊压缩用纸意见;关于整顿报刊工作请示及华北局宣传部批复;关于出版物发行问题报告、通知;基层单位申请出版内部刊物请示及该部的批复等。

(七)市委统一战线工作部

1. 综合类　有中央、市委关于统战工作指示,党和国家领导人及市委领导同志在统战工作会议上的讲话材料及统战部传达贯彻会议精神的通知、通报;该部工作计划、总结、报告,部务会议记录,部内工作制度、规定;该部关于全市知识分子工作会议文件;关于检查统战工作通知、报告、会议记录;组织各界人士学习总路线的意见报告;各区、县委统战部长会议专题报告等。

2. 组织人事类　有中央、市委统战部关于干部管理工作办法、规定;该部关于统战系统机构编制意见;各单位要求增加编制请示及统战部批复;该部关于各级统战部及统战系统机关干部情况统计表;该部和有关局、大学对民主人士安排;干部管理意见及骨干名单;民族事务委员会等 3 个单位及民主党派 5 个单位关于干部构成、增减、配备情况统计表、年报表;该部关于干部工作规划及后备干部名单;工商联等 6 个单位关于今后干部培养工作计划;该部社会人士安排表等。

3. 民族、宗教、侨务类　有市委及该部关于民族、宗教、侨务工作指示、计划、报告;该部关于民族工作、宗教工作调查统计、专题报告;关于政协工作意见、指示;关于民族政策执行情况;关于宗教人士思想、学习活动情况及召开佛教代表会议文件材料;该部关于尊重少数民族风俗与少数民族职工精减情况报告;关于转发区县统战部民族、宗教、政协工作报告;关于在少数民族中进行整风和社教工作的报告和通报等。

4. 民主党派类　有该部关于党派工作计划、报告、会议文件;党派联席会议记录;该部关于民主党派工作指示、通知、总结;关于民主党派基层工作意见汇报;关于民主党派和知识分子工作向市委报告;各党派情况简介;民革联系社会人士名单及社会人士工作意见、报告;民进、民盟成员名单;该部召开医学界党派专业会议材料,医学界党派合作共事调查研究材料;该部推动党派基层组织开展工作方案、报告、意见等。

5. 工商界类　有中央统战部 1958 年在津召开工商界交心现场会文件材料;该部关于资本主义工商业社会主义改造工作意见、报告、通知;对工商工作和改组同业公会工作计划、报告、通报;关于资本主义工商业和手工业社会主义改造及私方人员情况报告、总结;合营工业清产发息调查表;市委对资改造办公室关于合营企业私方人员待遇、家属从业、社会活动等工作意见、办法、通知等。

(八)市委文教工作部

1. 综合类　有文教部文教工作计划、总结,部务会议记录;市文教部关于贯彻中央文教会议精神材料;关于党领导教育和科研工作意见;关于全市教育、卫生工作总结及文教系统基本数字统计;文教部基层党组织建设意见;各区、各县关于文教系统党组织情况统计表;文教部、组织部关于工资改革、计划、测算材料;1964 年部务大事记等。

2. 组织人事类　有 1956 年文教部各处分工、工作制度及改进领导材料;文教系统机构设置;干部配备、培养、提拔的请示、报告及市委文教部批复;各高等院校党委关于干部任免的请示、报告及文教部批复;文教系统领导干部名单,高级知识分子登记表;卫生系统医疗机构调查及机构合并、改变领导关系请示及文教部批复等。

3. 文教工作类　有天津市教育工作会议材料;文教部制定的教育发展规划;关于中小学教育工作指示;教学改革意见;关于天津大学、南开大学基本情况调查及学系调整报告;关于知识分子工作规划报告;市文教部关于工农教育文件材料;关于农村扫盲情况及业余教育工作报告;关于研究和部署卫生系统工作文件材料;关于贯彻中医政策、卫生局各医院整改工作总结;教学和医疗工作改革的意见报告;关于贯彻中央、市卫生工作指示的报告等。

(九)市委政法部

1. 综合类　有河北省委、市委关于政法工作指示、通知;政法部关于全市政法工作计划、总结、报告;司法工作会议文件;关于公检法工作报告;关于区、县政法工作制度、规定;关于各县政法工作考察报告;政法部关于干部工作总结、规划、报告;关于干部提拔、调动文件材料;关于机构设置、干部任免、人员编制请示、报告及市委批复;政法系统干部管理规定等。

2. 司法类　有市政法部传达贯彻中央、公安部、最高法院关于同刑事犯罪斗争的总结报告;关于特赦工作总结;关于社会治安主要问题的解决意见;对与贪污盗窃行为斗争的几项规定;该部关于各种政治、刑事、严重违法乱纪、投机倒把等案件处理和复查的批复;关于逮捕案件报告及批示材料;关于灾害事故调查处理材料等。

(十)市委工业、交通、基建部

1. 综合类　有中央、市委关于工业、交建工作的指示、通知、会议文件以及各部贯彻意见、报告;各部部务会、党委会议记录;各部工作总结;工交部1956年关于财政经济、工业、手工业问题的报告;1958年刘少奇来津视察指示及工业部贯彻情况报告;工业部关于查定工作和工业会议文件;关于评选劳模工作办法、通知;工业部关于所属各单位高级知识分子工作调查总结及有关数字统计;交通系统扫盲和职工教育工作总结、报告;各部群众来信来访文件材料等。

2. 组织人事类　有各部关于加强企业党的工作意见;健全党的组织、加强干部管理和职工思想工作通知、报告;工业部所属二轻、纺织、重工业等局关于干部组织工作计划、总结、报告;关于工业系统扩大干部管理范围和党委分管干部及加强工程技术干部管理几项规定;各部干部培养、调整规划;工交部及总工会关于从劳模中提拔干部及劳模情况调查报告;各部干部任免、人员处分、机构编制请示及市委批复;各部对所属局干部任职的批复,各部干部、工程技术人员统计表;工业系统抽调干部去公私合营厂工作登记表;工业部对军队转业干部安置报告;各基层党委关于加强工厂党委工作的请示及工业部、市委批复等。

3. 企业管理类　有工业部关于企业管理制度的文件材料;关于工业体制改革报告;关于改进管理工作经验材料;手工业会议文件及手工业者劳动协会工作方案;工业部关于工业总产值、劳动生产率、出勤率及产品质量、劳动工资、新产品试制等项工作完成情况报告;关于产量、总产值、经济成本等各项指标综合统计表;关于工业系统开展群众性技术革命、技术革新报告、简报;工业部开展增产节约反对浪费工作向市委报告及1953年增产节约完成计划情况材料；关于公私合营及生产计划执行与完成国家计划等情况向市委常委报告；关于竞赛作业计划工作报告等。

有交通企业基层政治工作及交通运输企业之间协助情况总结、报告；交建部关于加强企业党的领导工作意见；开展基建检查及基建质量检查工作向市委书记处报告、总结；基建部关于废料综合利用情况及安排意见向市委报告；关于钢铁、煤炭、建筑材料合理运输及节省汽油方案向市委书记处报告；交通部关于无线电清查整顿工作通知；交通系统技术革命、技术革新向市委报告、总结等。

（十一）市委财政贸易工作部

1. 综合类　有中央、市委关于财贸工作指示、通知；财贸部关于全市财贸工作规划、报告、总结；部务会议记录；部机关工作制度、规定；关于加强财贸系统局级党组工作文件材料；有关天津市财贸工作会议及贯彻全国、市财贸会议材料；财贸工作经验介绍文件；市领导在财贸会议上的报告；1961 年财贸会议上关于制止私分商品走后门的报告；财贸系统开展增产节约、提高服务质量的通报、通知；评选劳模工作总结；关于农村财贸职工教育工作报告；对农村公社化后财贸工作新任务请示报告的批复等。

2. 组织人事类　有市委、财贸部关于贯彻中央政治会议精神文件，建立政治机构决定；市委关于试行在商业部门加强党的基层组织工作规定；财贸部关于精简调整财贸职工队伍意见、规划，调整市区财贸体制意见；关于商业企业党的基层组织工作方法的若干规定；关于组织机构设置；干部任免、人员处理通知、决定；财贸系统干部、职工、党员统计表；接收转业军官意见；关于干部教育、提拔报告；关于基层党组织建设、政治思想工作意见；关于基层组织工作会议文件材料；关于修理、理发、副食等行业执行工资制度与改进意见等。

3. 经营管理类　有市财贸部关于财政、市场、物资、物价管理工作通知、规定；华北局调查组关于天津市商业执行党委领导下经理责任制调查报告；市委人民生活办公室关于组织好人民经济生活的工作总结、报告；关于整顿市场及社办修配服务事业的意见，及开展供销社自营业务文件；恢复供销社和开放摊贩市场报告；华北局商业调查组关于天津市商业计划供应、商品货源、工商关系、蔬菜供应、货栈贸易的调查报告与改进意见；华北局与财贸部关于商业体制、商业网点调查报告；财贸部关于改进调整商业体制、营业时间及恢复商业网点的意见、方案；关于物价问题规定；市委关于财政情况向华北局的汇报；关于加强农村人民公社财政工作通知；市财贸部关于改进财贸体制和整顿公社财政工作情况报告；关于清理资金工作报告；关于做好公债工作通知；关于市场供应问题的报告等。

（十二）市委农村工作部

1. 综合类　有中央、农业部、华北行委农林水利局关于农林水利工作指示、通知；该部关于农村工作政策、计划、报告;天津市1956—1957年农业发展规划;市农代会筹备会及第一次农代会记录、提案、决议、总结报告;天津郊区民主建政工作计划、总结与整顿村组织文件;市农委会议记录及农村干部会议材料;1950年郊区工作方案;市委农村工作团工作计划、人员名单;关于小站、津南、双林、天津县4个农场的调查报告;农村工作部关于改进领导,加强管理,改变落后队面貌工作的通知、通报;1962年近郊农委关于生产队体制规模、领导关系、工副业生产、公社机关生产的意见、规定;关于加强农村公社财务、劳动管理工作规定办法;关于近郊宣传、教育、文艺工作意见报告、通报;农村积极分子代表大会报告、授奖名单等。

有市委组织部关于农委、天津县、农林水利局机构问题方案报告;市政府、农委关于机构编制、干部任免及天津县划为4个郊区方案、决定;市农委关于划乡工作计划、总结;关于人民公社机构和体制问题意见;农村干部定期报表;关于农业机构变化、调整及工作范围和各种制度的文件材料;农村干部待遇、提拔任职、干部规划的请示及市农委批复等。

2. 生产、互助合作类　有市农委关于农业生产报告、年度报表;关于农业、渔业生产工作计划、意见;关于春耕生产、秋收分配指示、检查提纲;丰产奖励工作指示、暂行办法;该部加强人民公社经营管理工作的规定、意见;关于农业生产、多种经营、养猪积肥、社办工业的报告、通报;关于各郊区农业经济情况调查表;关于郊区农、林、渔业规划草案;郊区货款征收、生产资料与供应情况文件材料;关于农村工作、粮食定量等问题调查报告;关于加强生产队生产管理通知、通报;1956年国营农场检查工作报告;市农委、民政局等单位关于郊区互助合作指示、总结、报告;市农委、农林水利局关于农业互助合作规划、总结报告;关于郊区历年互助合作情况介绍材料;关于农、林、牧、副、渔及科研、除"四害"讲卫生等项工作规划、指示;农村工作部关于郊区土改问题决定、指示、计划、报告;各区生产自救总结、报告;整社办公室关于农村整社工作指示、意见、报告;在农村中开展社会主义教育运动的意见和教材等。

(十三)市委临时办公室

1. 市委肃反办公室　有中央十人小组办公室关于彻底肃清暗藏反革命分子指示;肃反运动政策,处理反革命分子政策界限的暂行规定;市委关于肃反运动全面规划、肃反总结及统计数字;甄别定案工作总结;政法、建设、工业、交通、文教、统战等系统肃反计划、总结等。

2. 市委审干办公室　有中央、市委关于审查干部工作计划、指示、规定;审干办公室关于审干工作总结;关于审干工作向省委、市委报告;审干情况统计表等。

3. 市委整风反右办公室　有整风反右领导小组会议记录、工作计划、总结;市委领导关于整风反右运动报告;关于运动情况向中央、省委报告;农业系统整风反右工作总结、报告、统计表等。

4. 市委整风办公室　有市委关于划分右倾机会主义分子界限和处理办法的规定;天津市反右倾整风运动总结、报告;整风办公室关于审批定案工作情况报告,及运动结束后遗留问题处理意见；各区、县、局开展运动报告、统计表等。

5. 市委甄别办公室　有甄别办公室关于贯彻中央、华北局、省委甄别工作指示的意见；甄别办公室工作任务、范围及甄别定案规定；关于对贪污分子赃款赃物追缴和处理办法；对城市、农村整风运动组织处理情况统计表等。

6. 市委粮食“三反”小组　有市委关于开展粮食“三反”运动动员报告，关于“三反”试点意见、报告；“三反”会议记录；反对铺张浪费和特殊化作风提纲；关于处理“三反”问题规定、意见；追缴赃款赃物办法；关于粮食系统等组织处理工作意见和处理进度的报告、总结；各区、各系统“三反”简报、统计表等。

天津市革命委员会
全宗号 X54

一、机构概况

1967 年 12 月 1 日，中共中央批准天津市成立革命委员会的报告，12 月 6 日，天津市革命委员会（以下简称市革委）成立。市革委既是党的机构，又是行政机构，实行一元化领导，统一管理全市党、政、财、文各项工作，并建立了党政合一的办事机构。市革委工作机构主要有办公室、政治部、工业生产指挥部、农业生产指挥部、经济计划组、财贸组、政法组、文教组、外事组、接待组等。1968 年 7 月，天津市革命委员会对原 1 室、3 部、6 组进行了调整。调整后的主要机构有办事组、政法部、生产指挥部、供给服务组、文教组、人民保卫组。

1970 年 4 月市革委党的核心小组成立。1970 年 6 月市革委党的核心小组决定增设 4 个办公室，即第一、第二、第三、第四办公室，分别负责专案、调查、口岸、军工 4 个方面工作。同年 9 月 1 日，市革委作出《关于市革委精简机构的决定》，精简后的机构有办事组、政治部、生产指挥部、人民保卫部（另有天津市公安机关军管会牌子）及财贸组、战备办公室和第一、二、三、四办公室。

1971 年 5 月中共天津市第三届代表大会召开，新一届市委成立后，市革委工作机构同时又是市委的工作机构。1973 年市委决定恢复建立市委办公厅、组织部、宣传部、统战部、政研室、政法部、调查部、口岸办公室、农村工作委员会等工作机构。

1977 年 12 月召开天津市第八届人民代表大会，选举产生了新的革委会组成人员。1978 年 8 月以后市委与市革委分开办公。1980 年 6 月召开了天津市第九届人民代表大会，重新建立天津市人民政府，天津市革命委员会撤销。

二、档案情况及内容介绍

馆藏该全宗档案共9027卷，上架排列长度175.5米，档案起止时间为1967—1979年，档案按“年度-机构”分类排列。编有案卷目录和文件目录可供检索。

档案主要内容如下：

（一）综合类

有中央、国务院文件；中央领导及市领导讲话材料；出席全国党代会、人代会文件；天津市党代会、人代会文件材料；年度工作要点；贯彻落实中央各项工作指示、会议精神、讲话、通知、决定，贯彻中央文件精神向中央报告的文件材料；市革委动员支内返津人员返回工作岗位通知、报告；市委、市革委关于控制去外地参观通知，接待外地来津人员规定、通知；天津市地震受灾情况统计，有关震情、灾情报告、通知及抗震救灾工作总结；对抗震救灾、恢复生产有关问题请示、报告；抗震救灾工作有关规定；市委、市革委关于节日庆祝活动的通知、安排；文书、档案、机要保密工作会议文件、管理规定、通知、简报；关于信访工作的报告；市革委大事记等。

（二）组织人事类

有市革委组织工作会议讲话、报告、简报；区局以下单位革委会权限规定；市革委对市级机关、各区局、院校、电台、文教卫生部门成立革命委员会批示；各单位建立党的核心小组请示及市革委批复；市领导在干部座谈会上讲话及干部轮训通知；干部下放劳动安排、意见、报告、通知，“五·七干校”工作会议纪要及“五·七干校”办校问题报告等；天津市落实党的干部政策情况报告，市委组织部选拔培养青年干部意见、报告；市革委干部调配规定、意见；各系统党团干部统计报表；郊县区划变更报告、通知、批复；市革委各部关于改革基层单位管理体制意见、报告；天津市关于党政机构建立、调整、人员编制问题请示及中央批复、决定；人事任免报告、请示及中央、市革委对市级领导、基层单位领导任职的批复；市革委政治部关于部分爱国人士生活补助费意见；市革委关于领导干部休养问题报告等。

（三）宣传类

有市委宣传部年度工作总结；中央领导有关宣传工作指示；市革委贯彻落实中央指示精神决定、报告、通知；市委宣传部对天津市形势和任务分析材料等；活学活用毛泽东思想积极分子代表会报告、讲话及会议纪要、决定；市革委关于新闻出版工作意见、办法、通知等；天津市文化工作会议文件，市领导在华北文艺调演会上讲话，贯彻中央领导对文艺工作指示情况报告，关于电影放映管理工作报告、通知，文物保护工作意见；市革委关于天津市体育工作会议情况报告，中央领导对体育工作指示、讲话，中央领导在天津慰问期间的讲话等。

（四）统战类

有市委统战部工作报告及年度工作要点；基层单位统战工作经验介绍；市革委贯彻中央统战工作精神意见、报告等；市革委对统战对象定性原则规定、通知；市领导在落实知识分子政策会上讲话，落实知识分子政策情况报告、经验介绍等。

（五）教育卫生类

有市委贯彻中央教育工作指示精神通知、报告，天津市教育事业情况汇报；天津市文教工作要点、年度总结；中央领导接见教育工作会议代表讲话；市领导在市文教工作会上讲话，落实全国教育工作会议精神通知、报告等；天津市高等学校教育事业年度计划，大专院校毕业生分配工作意见、报告，天津市高等院校教材改革规划等，市革委关于中专、技校工作会议纪要、报告；天津市中、小学教育专业会议纪要，中、小学教育改革情况报告，天津市业余教育工作会议报告，市革委政治部开展业余教育工作的意见；市革委中学毕业生分配工作报告、通知，中专学校招收知青学员意见、通知；市革委关于稳定教师队伍意见；关于从工人、农民、干部、退伍军人中选拔中学教师意见、通知；市革委关于疾病防治工作通知、报告；关于整顿市容、改善城市环境卫生工作通知、报告；关于做好计划生育工作计划、报告；关于医务人员下放安排意见、报告、通知；天津市卫生工作会议材料，市革委有关医疗管理工作通知、报告等。

（六）农业类

有市委关于农业学大寨运动情况报告；中央及市领导在农业学大寨会上讲话、会议纪要；市革委关于农业生产基本情况材料、农作物布局意见、报告；市革委关于防治病虫害工作报告；全市农业生产计划、总结及情况报告；天津市农业会议纪要、报告、通知，天津市蔬菜工作会议纪要、情况报告，市革委关于搞好蔬菜生产、收购、供应工作意见；市革委关于农村收益分配工作意见、方案及落实情况报告；市革委关于农副业管理意见、通知及年度统计表；市革委关于召开天津市生产救灾工作会议通知、报告，郊区农业受灾情况报告；天津市农业机械化发展规划；市农委关于天津市农田水利建设请示、报告、通知等；天津市防汛工作安排意见、通知等。

（七）工业类

有中央及市领导在全国和市工业会议上讲话；天津地区和天津市经济协作会议情况报告，市革委关于天津市工业生产情况向中央报告；市革委下达年度工业生产计划；天津市工业疏散规划设想；市革委有关企业迁出、迁入工作的安排、通知；工交建战线安全生产情况总结；天津市工业生产计划；天津市工交系统企业管理经验交流会报告；工业企业产品质量管理工作安排意见、报告、简报；中央、市委关于开展增产节约、劳动竞赛运动意见、报告、通知；市革委关于工业生产典型调查材料；市革委生产指挥部关于建厂、并厂的批复；天津市工业发展规划，国家计委、市革委下达国民经济计划通知等。

(八)基本建设类

有中央及天津市革委下达基本建设计划、通知；市革委关于天津市调整基建计划报告，申请追加基建投资报告；关于召开城市建设工作座谈会通知、纪要；关于城市建设和管理工作若干规定；对基层单位关于城市建设征地批复；关于城市房屋管理工作报告、通知等。

(九)财政贸易类

有市革委关于财贸工作总结，天津市财贸工作报告；天津市财贸战线基本数据资料，天津市财贸工作会议文件；市革委关于粮食征购、销售工作意见、报告、通知；中央及天津市革委有关税收管理工作办法、报告、通知，天津市预算收支指标安排意见，市革委关于改革财务制度、加强财政、财务管理工作报告、批复、通知；市革委关于贯彻全国商业、外贸工作会议精神报告，天津市外贸收购计划，关于加强外贸工作通知；市革委关于物资管理的计划、规定、通知；天津市商业工作计划、总结；全国、天津市商业工作会议文件；市革委关于加强工商行政管理工作请示、报告；关于天津市物价管理工作意见等。

有市革委关于城市居民知识青年下乡安家落户工作通知、报告；关于毕业生上山下乡事宜通知；市领导在市知青上山下乡汇报会上的讲话；市革委关于全市上山下乡知识青年安排意见；市革委关于大专院校毕业生及复员退伍军人工资待遇问题意见、报告；有关企、事业单位调资工作意见；关于天津市工资基金暂行管理办法等。

(十)民政类

有市革委关于开展拥军优属运动情况向中央、国务院报告；市领导在拥军爱民大会上讲话；市革委关于做好退伍转业军人安置工作意见、通知；市革委政治部关于追认烈士工作批复；市革委关于社会救济工作通知；对郊县农村受灾情况报告的批复；关于疏散城市人口通知、规划等。

(十一)公安司法类

有市革委关于基层单位发生事故报告；天津市公安、警卫工作会议文件材料；市革委关于户口管理工作意见、规定、报告；关于建立和健全各级保卫组织报告；关于加强保卫工作通知；天津市治安工作会议文件；市委关于社情动态向中央报告；关于加强社会治安工作通告，关于加强节日期间保卫工作通知等。

(十二)外事外经类

有中央领导人关于外事工作讲话；天津市外事工作会议文件；市革委有关外事工作请

示、报告、规定、计划、总结、通知；关于侨务工作通知意见；市援外工作会议情况报告；天津市援外任务完成情况报告；市革委安排援外计划通知，及有关援外事项请示、报告；市革委有关涉外问题规定；天津市与外国友好城市互访报告、总结及有关信件；天津市接待外国实习生及专家资料，中央及市关于培训外国实习生规定；天津市接待外宾工作报告、总结、统计报表等。

（十三）工会、青年团、妇联类

有天津市工会代表大会报告、决议、通知；市革委政治部关于召开共青团代表大会通知；市革委政治部关于整团、建团工作意见、概况；市革委关于加强青少年政治思想工作通知；关于召开妇女代表会通知、报告，及市领导在妇女代表会上讲话；市革委政治部关于开展妇女工作意见等。

中共天津市委办公厅
全宗号 X211

一、机构概况

1948 年 12 月 15 日，经党中央批准，以黄克诚、黄敬、黄火青、许建国、张友渔、黄松龄、吴砚农、丘金、杨英等 9 人组成中共天津市委员会，黄克诚任书记、黄敬任第一副书记，黄火青任第二副书记。中共天津市委是中共中央领导的天津地方党的最高领导机关，主要职责是：贯彻执行中央的路线、方针、政策及各项指示，负责统一领导全市各机关、团体和企事业单位的工作，加强党的思想建设和组织建设，领导全市人民进行社会主义革命和建设。

市委成立之初，工作机构中未设立办公厅，市委机关的秘书、行政事务工作分别由秘书处、总务处负责。1952 年 9 月，根据工作需要成立中共天津市委办公厅，为市委处理日常工作的综合办事机构，第一任办公厅主任为于致远。1954 年底，办公厅增设综合、文教基建政法、区政、党群、工业、财贸、交通运输 7 个办公室。1964 年 2 月，市委办公厅机构调整为办公室、资料室、信访处、秘书处、行政处 5 个部门。

市委办公厅主要围绕市委各个时期的中心任务开展工作，对党中央、市委方针、政策、决策的传达贯彻与执行情况进行调查研究、督促检查、综合协调，为市委领导决策提供信息和依据，为市委机关服务，为基层服务。1973 年 10 月，市委办公厅下设秘书处、机要处、信访处、市区处、编制处。1983 年 9 月，经市委批准，市委办公厅机构调整为 12 个处室，即秘书处、秘书二处、综合处、机要处、机要交通处、党群工作调研处、科教文工作调研处、工交建工作调研处、农村工作调研处、财贸工作调研处、资料室、干部处。

二、档案情况及内容介绍

馆藏该全宗档案共5157卷,上架排列长度110米,档案起止时间为1979—2000年,档案按“年度-问题”分类排列。编有案卷目录和文件目录可供检索。

档案主要内容如下:

有中共中央、中央办公厅及中央各部委下发的有关政策、法规、指导性文件;市委历次党代会、全委扩大会、上级机关召开的会议材料;市委向中央的请示、报告及批复;历届市委名义召开的全市性工作会议材料;市委大事记、工作要点、总结、规章制度、责任制,各类年度报表;印发、转发全市政策性、法规性、指导性文件;市委、市委办公厅对部委办局的请示的批复;市委、市委办公厅干部任免、人事变动请示、通知,各级机构设置、离退休干部的考察材料及报批结果;值班接待报告、日记;党和国家领导人来天津市接待方案;编制出版的重要书刊;邀请市领导出席各部委办局召开的工作会议及各种活动的请示安排;工作建议、督查专报,机关党员、干部学习安排材料等。

中共天津市委组织部
全宗号 X212

一、机构概况

1946年3月,中共天津工作委员会改组为中共天津市委员会,中共天津市委组织部即行成立,作为天津市委的重要部门之一,是市委在党的组织工作方面的办事机构和助手。该部任务是在市委的领导下,贯彻执行中央与市委关于组织工作方面的各项决议,帮助市委挑选与提拔党的干部,发展与巩固党的组织,研究与改进党的组织形式和领导方法,总结与交流有关党的组织工作的经验。该部成立初期设有干部科、组织科、秘书科三科。1951年10月,为适应组织工作发展的需要,根据中央第一次全国组织会议的精神,由市委决定,华北局批准,将市委组织部原有科的编制改设四处一室,即干部管理处、组织指导处、党员管理处、机关支部处及办公室。随着工作内容的增多,后增设为六处一室:办公室、组织指导处、党员管理处、综合干部管理处、党群干部管理处、政法干部管理处、财贸干部管理处。1956 年财贸干部管理处调至别部，增设干部训练工作处。

为加强对干部的考察了解、培养教育，1979 年进一步调整机构设置，设办公室、组织处、干部一处、干部二处、科技干部处、老干部处、审干处。1983 年经市委批准，改设为一室八处：办公室、综合干部处、党群政法干部处、青年干部处、干部培训处、干部审查处、组织处、专业技术干部处、老干部处。目前，该部内设 23 个职能部门，负责全市组织工作、干部工作、人才工作和公务员工作，主要职责是按照市委部署要求，调查研究党组织和干部队伍、党员队伍、人才队伍、公务员队伍建设的新情况、新问题，提出加强全市组织建设的目标、任务、政策、措施，并组织贯彻执行。

二、档案情况及内容介绍

馆藏该全宗档案共 5961 卷、14737 件，上架排列长度 130 米，档案起止时间为 1979—2015 年，档案按“年度-问题”分类排列。编有案卷目录和文件目录可供检索。

档案主要内容如下：

有中央组织部、市委组织部关于组织工作及干部管理工作的指示，通知、报告、计划、总结、意见；部务会会议记录；干部任免材料、组织关系介绍信；各系统干部统计表；退离休干部审批手续；培养中青年干部计划、通知；出国人员统计表、审批手续；落实干部政策、审查干部的通知、请示、报告；《天津组工动态》《天津组工通讯》；天津市组织工作理论研究会议材料等。

中共天津市委宣传部
全宗号 X213

一、机构概况

中共天津市委宣传部随着天津市委的成立而建立，并在实际工作中不断进行自身机构建设。该部成立初期作为市委的有力助手，贯彻中央宣传工作的各项决议，加强对党内外宣教工作的领导，使党的各项方针政策得到有力执行。1952 年 6 月经市委批准，正式设为两处一室：宣传处、政治教育处、办公室。1953 年增设理论研究室。后改设为六处二室：干部教育处、国营企业宣教处、群众宣传处、文化教育处、文学艺术处、文教干部管理处、学习室、办公室。1955 年为进一步改进工作,机构调整为干部教育处、国营企业宣传处、地方工业宣传处、农村及手工业宣传处、时事政策宣传处、文学艺术处、学习室、办公室。实行各按对象分工,宣教合一。目前,该部内设 25 个职能处室,是天津市委主管意识形态方面工作的职能部门。

二、档案情况及内容介绍

馆藏该全宗档案共 825 卷,上架排列长度 24 米,档案起止时间为 1979—1989 年,档案按“年度-问题”分类排列。编有案卷目录和文件目录可供检索。

档案主要内容如下:

有中央、市委宣传部关于宣传工作的计划、总结、报告;有关理论学习、宣传工作的通知、决定;经验交流、辅导材料;部务会会议纪要;干部任免、奖惩、好人好事的表彰及各方面先进人物名单;所属基层单位组织计划、总结、请示、报告;《宣传通讯》《宣传工作参考材料》《支部生活》;市党员干部模范事迹报告会事迹材料等。

中共天津市委统战部
全宗号 X214

一、机构概况

1946 年 8 月,中共天津市委召开扩大会议,决定成立中共天津市委统一战线工作部(简称中共天津市委统战部),负责掌管上层关系、收集情报、调查研究等工作,娄凝先任部长。该部成立初期设三个科:行政科、社会科、党派科。1954 年机构改革,设为一室二处:办公室、党派社会处、工商处。1955 年增设干部处。1986 年设有一室五处,即办公室、工商处、党派处、联络处、宣教处、干部处。2001 年 9 月,按照市委统一部署,机构设置为八个职能处室:办公室、联络处、党派处、民族宗教处、党外干部处、工商经济处、研究室(宣传办公室)、干部处(老干部处)。该部是天津市委主管全市统一战线工作的职能部门,主要职责是研究、宣传、贯彻、落实党的统一战线方针政策;落实市委有关统一战线工作的指示精神;了解天津市统一战线工作的全面情况,并结合天津市的实际提出政策性建议;协调统一战线各方面的关系,发现、培养、选拔、安排党外代表人物,推动天津市中国共产党与各民主党派的合作共事;调动一切积极因素，为天津市社会稳定和民主政治建设、为推进社会主义现代化事业和改革开放服务。

二、档案情况及内容介绍

馆藏该全宗档案共1330卷，上架排列长度26米，档案起止时间为1979—2002年，档案按“年度-问题”分类排列。编有案卷目录和文件目录可供检索。

档案主要内容如下：

有贯彻执行中央关于统一战线的各项方针、政策和市委的有关指示文件；坚持完善党的多党合作和政治协商制度相关文件；党的民族、宗教工作方针政策；党的港澳、对台、海外统战工作方针政策；天津市党外代表人士政治安排有关工作的文件材料；非公经济代表人士的思想政治工作文件材料；党派联席会材料；全国统战工作会议情况报告；《统战简报》《统战工作简讯》《统战信息》等。

中共天津市顾问委员会
全宗号 X4

一、机构概况

1983年12月，经天津市第四次党代表大会通过，成立中共天津市顾问委员会。该委是市委领导下的咨询机构，其主要职能是：对贯彻执行党的方针政策提出建议，接受咨询；协助市委调查处理某些重要问题；宣传党的重大方针、政策；承担市委委托的其他任务。该委内部机构先后设有办公室、秘书处、调研处、工业组、党群组、财经组、农业组、文教组、一处、二处。1993年6月1日，该委撤销。

二、档案情况及内容介绍

馆藏该全宗档案共25卷，上架排列长度0.9米，档案起止时间为1983—1993年，档案按“年度-问题”分类排列。编有案卷目录和文件目录可供检索。

档案主要内容如下；

有该委工作总结;主任办公会议及常委扩大会议纪要;该委第一次全体会议决议、报告,该委领导在第一次会议上讲话及在上海调查材料;关于该委机构设置、干部任免、干部待遇及启用印章通知;党组织统计年报表等。

天津市节约检查委员会
全宗号 X5

一、机构概况

天津市节约检查委员会于 1951 年 12 月 15 日成立,是天津市委、市政府领导下,专门负责全市"三反""五反"运动的临时领导机构。其主要职责是领导全市国家机关、企事业单位进行"三反"运动及领导全市私营工商业进行"五反"运动。该委内部机构设有办公室、秘书室、联络组、统计组、外贸组、内贸长芦组、银行组、工商联组、企业工厂组、公安组、市政组、各区组、部队组、各地办事组、文教组、各级负责首长组、群众接待组、宣教组、报道组和资料组,下辖市委机关、银行、内贸、外贸,文教等 149 个节约分会。1952 年,该委撤销。

二、档案情况及内容介绍

馆藏该全宗档案共 7111 卷,上架排列长度 90 米,档案起止时间为 1951—1954 年,档案按"机构-年度"分类排列。编有案卷目录和文件目录可供检索。

档案主要内容如下:

有该委会议记录及市委领导讲话记录;该委及工业局、工会、公安等 14 个节委分会关于"三反"运动总结及专题报告;该委及各分会关于贪污退赔等问题通知、规定、通报;市法院受理"三反"案件清册;各分会组织系统表及临时驻津机关名册;该委"五反"工作计划;关于定案退赃问题通知、规定;关于收赃及计算标准政策、办法;该委关于结束处理"五反"遗留等问题指示、方案、报告;该委各处、组工作报告等。

中共组织史资料天津市编辑组
全宗号 X8

一、机构概况

中共组织史资料天津市编辑组成立于 1986 年 6 月，是在中共天津市委领导下，按照中央组织史资料中央编纂领导组的统一部署和要求，以市委组织部、市委党史资料征集委员会、市档案馆为主组成的编辑组，主要负责编纂《中国共产党天津市组织史资料》一书。1991 年 5 月编辑工作结束，该编辑组归入中共天津市委组织部。

二、档案情况及内容介绍

馆藏该全宗档案共 188 卷，上架排列长度 6.5 米，档案起止时间为 1986—1991 年，档案按“问题-年度”分类排列。编有案卷目录和文件目录可供检索。

档案主要内容如下：

有市委组织部关于成立中共组织史资料天津市编纂领导小组请示报告及市领导批示；该编辑组关于中共天津市组织史资料编纂工作会议情况汇报；关于编纂工作专门问题请示；关于天津市组织史资料自编本送审稿向市委报告；中共天津市组织史资料编纂工作经费预算、拨款报告；《中国共产党天津市组织史资料》发行范围报告及市领导批示。

有中央、天津市组织史资料编纂业务研讨会文件；该编辑组关于中共天津市组织史资料编纂工作会议材料，天津市组织史资料编纂工作座谈会材料，天津市组织史资料征编工作总结会材料；天津市郊、县组织史资料编审协作会文件；组织史资料审稿工作会文件材料及天津市组织史编纂领导小组会议记录。

有 1920—1987 年中共天津市组织史资料，天津市政权系统组织史资料，天津市军事系统组织史资料，天津市统一战线组织史资料，天津市群众团体系统组织史资料，天津市部分企事业单位和驻津单位组织史资料的依据材料及核对材料；《中国共产党天津市组织史资料》一书征求意见稿、上报本、自编本。

有天津市组织史资料编辑组及各区、县组织史资料编辑组关于组织史资料征编工作总结；1986—1990 年中共组织史资料简报；市编辑组对完成编写任务人员颁发荣誉证书名单，市、各区、县组织史资料编纂领导小组及编辑组成员名单；各区、县组织史编辑工作统计表；该编辑组关于《中国共产党天津市组织史资料》一书约稿出版合同书等。

中共天津市直属机关委员会
全宗号 X9

一、机构概况

1958 年 11 月经市委批准，中共天津市委直属机关党委与中共天津市人委机关党委合并，成立中共天津市直属机关委员会。该委是中共天津市委领导下，负责市委、市人委各部委及市委、市人委直属机关党的工作的领导机关。1962 年 8 月，该委撤销。

二、档案情况及内容介绍

馆藏该全宗档案共 236 卷，上架排列长度 2.7 米，档案起止时间为 1958—1962 年，档案按“年度-问题”分类排列。编有案卷目录和文件目录可供检索。

档案主要内容如下：

有该委工作计划、总结、通知；党委会、常委会及办公会会议记录；该党委组织部关于预备党员转正批示，发展新党员工作计划、总结，传达省、市委组织工作会议报告及讨论情况报告；该党委有关统战工作计划、总结，贯彻省委统战会议报告；党委监察委员会年度工作总结；处理群众来信总结、报告；关于先进支部经验、党员模范事迹通报；基层支部改选工作批示；关于宣传教育工作总结等。

中共天津市委机关委员会
全宗号 X10

一、机构概况

1949 年 2 月 28 日中共天津市委直属党委建立,1950 年 7 月该委撤销。1950 年 8 月,成立中共天津市委机关委员会(以下简称市委机关党委),由市委直接领导,统一领导市委机关及宣传部所属各单位、青委会、妇联会、天津日报社等机关支部工作。1952 年 10 月建立市委直属机关党委,市委机关党委归属市委直属机关党委领导。1953 年 4 月撤销市委直属机关党委后,市委机关党委受市委领导。1956 年 3 月市委对中层党委的组织作了调整,将工会机关党委、党校党委、文化干部学校党委划归市委机关党委领导,市委机关党委改称市委直属机关党委。1958 年 11 月,市委直属机关党委与市人民委员会机关党委合并,成立中共天津市直属机关委员会。1962 年 8 月,中共天津市直属机关委员会再次撤销,中共天津市委机关委员会再度恢复。

该委主要职能是:办理机关党的日常工作,如收发党内文件、转组织关系、收缴党费、工作统计表;审查吸收新党员;对犯错误党员执行纪律处分;掌握党员干部的政治待遇及关心党员干部生活困难、疾病、保健等问题;推动支部组织生活,了解党员干部的思想情况,检查干部的官僚主义作风,保证行政任务的完成;对党员进行教育,管理党员干部的文化理论学习及机关的文娱活动等;了解支部工作情况及干部学习情况;并对支部工作做调查研究,以改进支部工作;领导与推动机关团的工作和保卫工作。

二、档案情况及内容介绍

馆藏该全宗档案共 265 卷,上架排列长度 2.6 米,档案起止时间为 1949—1967 年,档案按“年度-问题”分类排列。编有案卷目录和文件目录可供检索。

档案主要内容如下:

有市委机关党委会议、支委联席会议、纪委检查工作等会议记录;该委工作计划、总结、决定、指示;该委及所属总支、支部年度计划、总结、报告;市委对该党委人事任免、机构设置的批复;市委机关历次党代会文件;该党委防汛、抗洪、捐献救灾工作计划、总结及模范事迹材料；人民来信来访工作总结、通知、通报等；该党委宣传部工作总结、报告；关于时事、文化学习、街头宣传等工作的报告；该党委、所属党委支部社会主义教育工作总结，干部学习情况小结及经验材料；关于干部生活问题意见，关于党内民主生活、党员思想情况报告及所属党委、总支、支部情况汇报记录等。

中共天津市人委机关委员会
全宗号 X11

一、机构概况

1950 年 7 月，建立天津市政府机关党委，由市委直接领导。1952 年 10 月，建立天津市委直属机关党委，市政府机关党委归市委直属机关党委领导。1953 年 4 月，市委直属机关党委撤销，市政府机关党委又直接受市委领导。1955 年 7 月，市政府机关党委改称中共天津市人委机关委员会（以下简称市人委机关党委）。1958 年 11 月，市人委机关党委与市委直属机关党委合并，成立市直属机关委员会。1962 年 8 月，市直属机关委员会再次撤销，市人委机关党委恢复。

二、档案情况及内容介绍

馆藏该全宗档案共 835 卷，排列长度 12.1 米，档案起止时间为 1949—1967 年，档案按“年度-问题”分类排列。编有案卷目录和文件目录可供检索。

档案主要内容如下：

有该委下发各支部通知、指示；该委工作计划、总结；候补党员转正批示，发展党员登记表及存根；对所属单位调查报告；该委党代会会议记录、提案审查报告及召开党代表会的计划、总结；党委会议及部室联席会议记录；该委人事任免、机构变化通知；建党工作计划、总结，党费收支情况报告，基层党组织变更批复，基层党小组工作经验报告；该委有关统战工作计划、总结，所属单位民主人士简历登记表；该委宣传工作计划、总结、报告；关于增产节约情况向市委报告；纪律检查工作总结报告；人民来信工作计划、总结、通知、通报等。

天津市机要交通局
全宗号 X31

一、机构概况

天津市机要交通局于 1953 年 1 月 1 日成立,是市委办公厅领导下的天津市机要交通机关。其主要职能是负责天津市党、政、军各机关绝密、机密文件的传递工作。其内部机构设有办公室、业务科、交通科等。1954 年 7 月 15 日,市委交通科并入机要交通局。1957 年 4 月 1 日,天津市机要交通局撤销。

二、档案情况及内容介绍

馆藏该全宗档案共 63 卷,上架排列长度 2.7 米,档案起止时间为 1952—1957 年,档案按"年度-问题"分类排列。编有案卷目录和文件目录可供检索。

档案主要内容如下:

有中央机要交通总局关于全国机要交通工作会议文件;机要交通联络工作暂行通则;保密工作检查总结报告;中央机要交通局对该局关于改革登记范围批复;该局关于机要文件改革登记暂行办法;人员编制、干部任免、人事福利工作规定、报告、统计;市委交通科并入该局方案及启用新印章通知;华北机要交通局、天津市委秘书处及该局关于机要交通业务工作范围规定、报告、请示、批复;中央机要交通总局关于机要交通业务工作任务、业务学习总结;关于收发业务工作具体问题指示等。

中共天津市国营企业委员会
全宗号 X12

一、机构概况

中共天津市国营企业委员会于 1949 年 4 月 6 日成立,直接受天津市委领导,主要负责天津市全市国营企业党组织的管理工作。其内部机构设有办公室、组织部、宣传部、统战部、纪委会等。1952 年 8 月 20 日,该委撤销。

二、档案情况及内容介绍

馆藏该全宗档案共 107 卷,上架排列长度 0.99 米,档案起止时间为 1949—1955 年,档案按“年度-问题”分类排列。编有案卷目录和文件目录可供检索。

档案主要内容如下:

有该委及所属单位历年工作总结、报告;关于宣传教育工作总结;工人思想情况汇报;有该委所属国营工厂关于党的组织形式与编制决定及组织一览表;该委贯彻市政府评选全市劳动模范决定的文件材料;关于团的工作规定;该委推行公债总结,贯彻劳动保险条例文件等。

中共天津市委私营企业工作委员会
全宗号 X13

一、机构概况

中共天津市委私营企业工作委员会于 1953 年 11 月 15 日成立,负责全市私营工商企业社会主义改造工作。1955 年 2 月 16 日,该委撤销。

二、档案情况及内容介绍

馆藏该全宗档案共104卷，上架排列长度0.63米，档案起止时间为1954—1955年，档案按“问题-年度”分类排列。编有案卷目录和文件目录可供检索。

档案主要内容如下：

有该委组织公私合营工作计划、总结、会议简报；对私营企业和生产合作社情况调查报告、手工业情况期刊资料；该委对私营商业公积金监督意见；市工商局处理私营商业利润分配办法和私营企业盈余分配办法说明；市工商局私营企业开歇业情况报告；市劳动局、市总工会、该委及各区委关于解决停产半停产私营工厂工人生活补助处理意见办法；各区委公私合营工作及统战工作总结报告；天津市私营企业增产节约工作委员会工作简报；市总工会私营企业工作委员会私营商业工运工作计划；对私营企业开展增产节约运动意见和对百货、茶业、五金等行业重点户营业、利润、开支、盈亏等情况调查材料；对私营商业利润分配情况总结报告；对私企职工福利基金情况调查材料等。

中共天津市工业局委员会
全宗号 X14

一、机构概况

1949年11月中共天津市企业委员会（以下简称企业党委）所属的工业处党委撤销后，成立了中共天津市工业局委员会，仍属企业党委领导，负责全市工业企业建党及企业改造工作。1950年4月1日天津市工业局改组为天津市公营工业管理局，党委随之更名为中共天津市公营工业管理局委员会。1952年8月15日企业党委撤销，中共天津市公营工业管理局委员会改称为中共天津市地方国营工业局委员会，直属中共天津市委领导。该委内部机构设有组织部、宣传部、办公室等。1953年中共天津市地方国营工业局党委下属有重工业处、纺织工业处、轻工业处和企业公司分党委。1954年9月12日天津市地方国营工业局撤销的同时，中共天津市地方国营工业局委员会撤销。

二、档案情况及内容介绍

馆藏该全宗档案共200卷，上架排列长度1.74米，档案起止时间为1949—1958年，档案按“年度-问题”分类排列。编有案卷目录和文件目录可供检索。

档案主要内容如下：

有中共天津市委、企业党委工作指示、调令等文件；该委年度工作计划、总结、报告、会议记录；该委组织部、宣传部及团委工作文件；该委第一届党代会提案及代表选票；各分党委工作总结、报告；所属各厂党支部工作总结，各厂参加同业工会文件材料；市工业系统调资文件等。

中共天津市重工业局委员会
全宗号 X15

一、机构概况

中共天津市地方国营重工业局委员会1954年9月成立，负责天津市地方国营重工业企业党组织工作，内部机构设有组织部、宣传部、纪检委等。1955年3月中共天津市委决定成立机电工业局，将天津市地方国营重工业局所属各厂按生产性质、产品用途分为机电工业和重工业两类，分别划归机电工业局和重工业局领导，原中共天津市地方国营重工业局委员会更名为中共天津市重工业局委员会，负责天津市重工业局所属企业党组织工作。1956年3月该委撤销，其所属工厂企业党组织工作交所在区委领导。

二、档案情况及内容介绍

馆藏该全宗档案共160卷，上架排列长度2.4米，档案起止时间为1952—1956年，档案按“年度-问题”分类排列。编有案卷目录和文件目录可供检索。

档案主要内容如下：

有天津市委组织部、市委地方工业部、市纪检委工作指示、批示、调令；该委会议记录及第一届党代会文件材料，年度工作计划、总结、通知；该委组织部、宣传部、纪检委工作总结、报告、通报;组织机构设置、干部调配、提拔、任命文件材料;旅日归国华侨情况专卷;所属示范机器厂、大明轧钢厂、起重机厂等厂党支部工作及各厂生产计划、总结、报告等。

中共天津市国营重工业委员会
全宗号 X16

一、机构概况

1956 年 3 月成立中共天津市国营重工业委员会,负责天津市重工业工厂党的组织工作。该委内部机构设有办公室、组织部、宣传部等。1958 年 5 月该委撤销,其所属党的基层组织交由各所在区委领导。

二、档案情况及内容介绍

馆藏该全宗档案共 110 卷,上架排列长度 1.65 米,档案起止时间为 1956—1958 年,档案按“年度-问题”分类排列。编有案卷目录和文件目录可供检索。

档案主要内容如下:

有该委办公室、组织部、宣传部、监委工作计划、总结、报告;该委整风工作请示报告;信访处理材料;举办支委、党员理论学习训练班文件材料;国营重工业党委第一届代表会议文件;该委对所属厂机构建立批复文件;该委所属基层党委、总支、支部组织、宣传工作总结、报告,党员转正材料;该委企业基建规划、工资改革文件;所属厂年度生产计划、总结、报告,增产节约运动及评选先进生产者文件材料等。

中共天津市重工业委员会
全宗号 X17

一、机构概况

中共天津市重工业委员会于 1952 年 8 月成立，直属中共天津市委领导，负责天津钢厂、天津机器厂等 14 家直属单位和天津造纸厂、人民印刷厂、人民制墨厂 3 家代管单位的党组织工作。其内部机构设有组织部、宣传部、生产部等。1955 年 5 月，该委撤销。

二、档案情况及内容介绍

馆藏该全宗档案共 308 卷，上架排列长度 4.14 米，档案起止时间为 1952—1955 年，档案按“年度-问题”分类排列。编有案卷目录和文件目录可供检索。

档案主要内容如下：

有该委年度工作计划、总结、通知、通报；该委组织部、宣传部、监委工作总结报告；干部提拔、调动及干部审查、吸收党员材料，党的基层组织及党员统计年报；该委财会工作账本；天津市重工业系统党代会文件；重工业系统工资改革及查定工作文件；重工业党委所属单位年度工作总结、报告，支部改选、干部工作计划总结报告；所属单位主要负责人情况统计材料；保密、信访工作文件等。

中共天津市军需工业委员会
全宗号 X19

一、机构概况

1952 年 9 月 3 日，中共天津市军需工业委员会正式成立，直属中共天津市委领导，该委负责管理在津的不属华北军需生产管理局领导的军需工厂和军委总后卫生部天津卫生材料厂的党组织工作。其内部机构先后设有办公室、组织部、宣传部。1954年华北军区后勤部军需生产部党委撤销后，华北军需生产管理局党支部归入中共天津市军需工业委员会领导。1956年3月7日，中共天津市委决定将中共天津市军需工业委员会改组为中共天津市军事工业委员会；1957年3月8日，中共天津市委决定撤销该委，其所属各企业党的组织归所在区委领导。

二、档案情况及内容介绍

馆藏该全宗档案共244卷，上架排列长度2.31米，档案起止时间为1949—1969年，档案按"年度-问题"分类排列。编有案卷目录和文件目录可供检索。

档案主要内容如下：

有该委工作计划、总结、报告、指示、决议及会议记录；中共天津市委组织部对该委干部提升、任免的批示、批复、通知；该委组织部审干及干部工作计划、总结、报告；发展党员、党员关系与干部行政关系介绍信存根，党员统计登记表、党费收据存根与干部档案材料；该委宣传部工作计划、总结、报告；该委纪检委工作总结、通报，市纪检委、市委组织部纪检工作指示；中共天津市委、市委工业部有关召开天津市军需工业党代会的计划、指示与天津市军需工业第一届党代会文件、会议照片及小组讨论记录材料、代表资格审查报告与代表登记、统计表；军需工业党委会委员名单等。

该委所属各厂支部工作计划、总结、报告；保密工作总结、报告；模范党员事迹材料，劳动竞赛质量检查工作计划、总结、报告；工资改革计划、方案；信访工作文件材料等。

中共天津市纺织管理局委员会
全宗号 X20

一、机构概况

1949年，中共天津市企业委员会下设有中共中国纺织建设公司委员会(以下简称中纺党委)；1950年9月，中纺党委更名为中共天津华北纺织管理局委员会；1954年10月，正式更名为中共天津市纺织管理局委员会。该委是在天津市委领导下，负责天津市国营棉纺企业党的工作的领导机构，内部机构设有办公室、宣传部、组织部等。1955年3月，该委撤销。

二、档案情况及内容介绍

馆藏该全宗档案共266卷，上架排列长度3.5米，档案起止时间为1949—1955年，档案按“年度-问题”分类排列。编有案卷目录和文件目录可供检索。

档案主要内容如下：

有该委及棉纺厂党委年度工作计划、总结、报告；该委党委会会议记录；纺管局第一届一次党代会文件材料及出席、列席代表登记表；该委组织工作计划、总结、报告；干部提拔、调动、任免批示、通知；市纺织系统模范、模范小组事迹材料；优秀党员和劳动模范事迹材料；党员训练班总结、报告；党员登记表、党员干部统计表；纪检工作指示、规定和计划、总结；干部评资材料及评资工作总结；该委宣传工作计划、总结、报告；支部教育计划和学习情况汇报；该委关于婚姻法、普选工作及抗美援朝宣传计划、总结；统战工作计划、总结及市委统战部通报；保密工作指示、通知、通报；增产节约竞赛总结；人民来信来访处理材料等。

中共天津市国营棉纺工业委员会
全宗号 X21

一、机构概况

中共天津市国营棉纺工业委员会成立于1956年6月，其前身是中共天津市纺织管理局委员会。该委属天津市委领导，是天津市国营棉纺企业党的领导机构，负责纺织管理局所属企业党组织工作。内部设有组织部、宣传部等机构。1958年5月，该委结束工作。

二、档案情况及内容介绍

馆藏该全宗档案共166卷，上架排列长度4.5米，档案起止时间1956—1958年，档案按“年度-问题”分类排列。编有案卷目录和文件目录可供检索。

档案主要内容如下：

有该委关于棉纺系统党代会报告、决议、会议记录及候选人情况介绍登记表；该党委工作指示、报告、会议记录；该委关于开展先进生产者运动规定及经验总结；安置复员军人情况报告;工资改革计划;该委关于组织工作意见、建党工作小结;新党员质量检查工作计划、总结;该委干部分配计划、干部分级管理初步意见;干部培训统计;干部下放工作综合情况报告材料;宣传工作指示、规定、计划、学习安排;支委训练班情况总结、报告;监委、常委会议记录;人民来信来访材料等。

中共天津市地方国营纺织工业局委员会
全宗号 X22

一、机构概况

中共天津市地方国营纺织工业局委员会成立于 1954 年 9 月,属中共天津市委领导,是天津市地方国营纺织系统企业党的领导机构,负责全市针织、毛织、织布等企业单位党组织的工作。1956 年 3 月,该委撤销。

二、档案情况及内容介绍

馆藏该全宗档案共 173 卷,上架排列长度 5.4 米,档案起止时间为 1951—1956 年,档案按“年度-问题”分类排列。编有案卷目录和文件目录可供检索。

档案主要内容如下:

有该委及基层单位党委工作计划、总结、安排、通知及该委党委会会议记录;该委组织工作总结;基层支部工作计划、总结;干部工作总结;干部提拔调动材料;干部变动编制统计表;党务干部工作计划;党员分布情况统计表;该委关于党员入党及转正批示;统战工作文件材料;宣传工作会议及保密工作材料;处理人民来信来访规定、意见;动员职工回乡及粮食定量、推销公债材料等。

中共天津市地方国营第一轻工业局委员会
全宗号 X23

一、机构概况

1954 年 9 月,在原天津市地方国营工业管理局轻工业处的基础上,成立了天津市地方国营第一轻工业局,同时建立了中共天津市地方国营第一轻工业局委员会。该委是中共天津市委领导下的天津市一轻工业系统行业企业党的领导机构,负责所属单位党员的思想教育、党的组织发展以及党组织与党员管理工作。其内部机构设有办公室、组织部、宣传部、监委、机关党委和团委,下辖中华火柴厂、利民造纸公司、橡胶厂、印刷厂、罐头厂等 17 家单位的党组织。1956 年 3 月,该委撤销。

二、档案情况及内容介绍

馆藏该全宗档案共 233 卷,上架排列长度 4. 5 米,档案起止时间为 1952—1956 年,档案按“年度-问题”分类排列。编有案卷目录和文件目录可供检索。

档案主要内容如下:

(一)综合类

有该委及所属党组织工作计划、总结、报告;一轻系统第一次党代会材料;该委基层工作会议材料;该委办公室会议记录;关于推销公债通知、报告;群众来信来访材料;工作通报;该委监察工作计划、报告等。

(二)组织人事类

有市委及该委关于组织工作指示;所属单位组织工作计划、总结、报告;该委干部任免、干部处分呈报表及市委批复;党员、干部统计表,新发展党员、候补党员转正登记表;建党工作总结;所属党组织机构设置意见等。

(三)宣传类

有该委所属厂宣传工作计划、总结;该委第二次宣传会议材料;宣传工作通报等。

中共天津市地方国营第二轻工业局委员会
全宗号 X24

一、机构概况

1954 年 9 月，在原天津市企业公司的基础上成立了天津市地方国营第二轻工业局，同时建立了中共天津市地方国营第二轻工业局委员会。该委是中共天津市委领导下的天津市二轻工业系统行业企业党组织的领导机构，负责所属单位党员教育、党的组织发展建设，以及党组织与党员管理工作。其内部机构设有办公室、组织部、宣传部、监委和机关党委，下辖天津面粉厂、天津印刷厂等 18 家企业的党组织。1956 年 3 月，该委撤销。

二、档案情况及内容介绍

馆藏该全宗档案共 194 卷，上架排列长度 2.7 米，档案起止时间为 1952—1956 年，档案按“年度-问题”分类排列。编有案卷目录和文件目录可供检索。

档案主要内容如下：

（一）综合类

有该委党委纪检、宣传工作文件；二轻系统党代会会议材料；所属单位干部学习四中全会精神总结；天津市第二次工业会议记录；该委关于反贪污工作指示、通知；关于公私合营工作计划方案；增产节约竞赛评比计划、经验总结；该委宣传工作通报等。

（二）监察类

有该委纪委关于监察工作指示、安排、通报；该委及各支部纪律检查工作情况报告；反贪污检查工作简报等。

（三）组织类

有该委整党、建党工作总结；所属厂党代会组织工作报告；所属各支部总结报告材料；关于干部提拔、调动文件；企业管理处等 7 家单位组织工作计划、决议；党员统计报表等。

中共天津市国营轻工业委员会
全宗号 X25

一、机构概况

中共天津市国营轻工业委员会成立于 1956 年 5 月 29 日，前身是天津市国营工业党务工作委员会。该委是市委领导下负责全市国营轻工系统企业党的领导机构，主要任务是在全市国营轻工业企业中，贯彻市委对工厂企业各项工作方针政策、指示和决定，加强党对国营工厂、企业的政治领导和思想领导。该委内部机构设有办公室、组织部、宣传部、监委、机关党委和团委。该委下辖有天津造纸总厂、天津卷烟厂、五四三厂、五四五厂、天津油脂化学厂等 18 家企业。1958 年 5 月 5 日，该委撤销。

二、档案情况及内容介绍

馆藏该全宗档案共 81 卷，上架排列长度 2. 7 米，档案起止时间为 1956—1958 年，档案按“年度-问题”分类排列。编有案卷目录和文件目录可供检索。

档案主要内容如下：

(一) 综合类

有该委年、季度工作计划、总结、报告；市轻工系统第一次党代表大会代表名单、会议报告等文件；学习与贯彻党代表会决议情况报告；党委会、常委会和党委扩大会会议记录；召开党外技术人员座谈会记录；所属单位整改复查工作报告及第一个五年计划执行情况报告；群众来信来访材料；该委监察工作月、季、半年计划及总结、报告等。

(二) 组织类

有该委及所属单位有关干部任免、配备请示及市委批复；所属单位审干工作报告、总结；基层单位关于组织改选问题请示及该委批复；所属单位下放干部情况登记表等。

(三) 宣传类

有该委宣传工作计划、通知、简报；该委支委训练班计划、通知及名单等。

中共天津市电业局委员会
全宗号 X26

一、机构概况

中共天津市电业局委员会成立于 1954 年 12 月 10 日，是中共天津市委领导下的天津电业系统行业企业党组织的领导机构，负责所属单位思想教育、党的组织发展，以及党组织与党员管理工作。其内部机构设有办公室、组织部、宣传部、监察室，下辖发电一厂、二厂、三厂、四厂、五厂及线路工程大队等 11 家单位的党组织。1956 年 4 月 10 日，该委撤销。

二、档案情况及内容介绍

馆藏该全宗档案共 12 卷，上架排列长度 0.45 米，档案起止时间为 1954—1956 年，档案按“年度-问题”分类排列。编有案卷目录和文件目录可供检索。

档案主要内容如下：

有该委及所属单位党的工作计划、总结；监察工作总结；该委组织工作计划、总结；该委关于干部任免请示及市委批示；该委干部调查表及批示新党员材料；宣传部工作计划、通知；专题总结报告等。

中共天津市市政工程局委员会
全宗号 X27

一、机构概况

中共天津市市政工程局委员会于 1954 年 5 月成立，前身是 1953 年 5 月成立的中共天津市市政工程局工作委员会。该委负责天津市市政工程局所属系统各单位党的工作。1955 年 3 月由于市政工程局更名为市建设局，中共天津市市政工程局委员会随之更名为中共天津市建设局委员会。1956 年 4 月后，中共天津市建设局委员会又与建筑工程局党委及公用局党委合并，组建了中共天津市市政建设委员会。

二、档案情况及内容介绍

馆藏该全宗档案共 67 卷，上架排列长度 2.7 米，档案起止时间为 1951—1955 年，档案按“年度-问题”分类排列。编有案卷目录和文件目录可供检索。

档案主要内容如下：

有该委工作计划、总结，机构变更、干部任免、提拔、调动文件；该委组织部工作请示、报告；该委宣传部政治理论学习计划、总结、报告及支部宣传教育材料；该委第一届党代会文件材料；该委统战工作、工会、团委及信访工作文件材料；该委所属单位党组织工作总结、报告等。

中共天津市建设委员会
全宗号 X28

一、机构概况

1956 年 3 月，中共天津市建设局委员会与中共天津市建筑工程局委员会合并，成立了中共天津市建设委员会；1956 年 4 月 9 日，中共天津市建设委员会改称为中共天津市市政建设委员会，该委负责原公用局党委、建筑工程局党委和建设局党委及其所属单位的党组织工作。1960 年 5 月 19 日，市公用局党委、市建筑工程局党委和市政建设局党委重新成立后，中共天津市市政建设委员会撤销。

二、档案情况及内容介绍

馆藏该全宗档案共 208 卷，上架排列长度 5.4 米，档案起止时间为 1955—1959 年，档案按“年度-问题”分类排列。编有案卷目录和文件目录可供检索。

档案主要内容如下：

有该委常委会会议记录；该委年度工作计划、报告及工作简报等；该委第一届党代会文件；干部教育、配备提拔文件材料；该委宣传部宣教工作计划、总结；职工思想教育、整风学习及增产节约宣传材料；该委监察工作计划、总结；党员干部花名册及党员统计材料；该委所属基层党组织工作计划、总结及组织变动、干部调整请示报告；该委所属单位工程技术人员登记表，全系统职工情况统计表；该委所属单位开展技术革新、技术革命比武经验汇编及新机具技术资料；建设团委工作计划、报告；中共天津市委对该委各项工作指示、通知等。

中共天津市公用委员会
全宗号 X29

一、机构概况

1952 年 9 月成立中共天津市公用委员会，直属中共天津市委领导，负责天津市邮政局、电信局、公用局，及其所属系统单位的党组织工作。1953 年 8 月 1 日，邮政、电信二局合并成立邮电党委后，该委更名为公用局党委。1956 年 4 月公用局党委与建筑工程局党委、建设局党委合并，成立中共天津市市政建设委员会。

二、档案情况及内容介绍

馆藏该全宗档案共 308 卷，上架排列长度 4.5 米，档案起止时间为 1949—1956 年，档案按“年度-问题”分类排列。编有案卷目录和文件目录可供检索。

档案主要内容如下：

有该委召开第一届党代会文件；该委年度工作计划、总结、报告、会议记录、通知、简报；天津市委任免市公用系统党组织干部通知；该委所属单位党组织各项工作上报文件；公用局党总支、公用局党组和公用局党委工作文件材料等。

中共天津市邮电委员会
全宗号 X30

一、机构概况

中共天津市邮电委员会于 1953 年 8 月 1 日成立,直属中共天津市委领导,职能是负责天津全市邮政电信系统各企业及邮电部在津单位党的工作。党委内部机构设有办公室、组织部、宣传部、武装部等。1964 年 2 月 12 日,该委撤销。

二、档案情况及内容介绍

馆藏该全宗档案共 597 卷,上架排列长度 11.7 米,档案起止时间为 1952—1964 年,档案按"年度-问题"分类排列。编有案卷目录和文件目录可供检索。

档案主要内容如下:

(一)综合类

有该委年度工作计划、总结、报告,会议记录;机构设置、干部配备材料及邮电组织系统表;宣传工作计划、总结;邮电党代会及先进集体、先进生产者代表会议文件;该委关于邮电业务、企业管理、邮电机构及组织变更、干部配备问题请示报告和市委批复文件;组织生产技术革新和增产节约运动的总结报告;邮政电信系统清理要害工作计划、总结报告;邮电系统各单位党务工作汇报及团委工作计划、总结等。

(二)组织类

有该委组织部年度工作计划、总结,干部管理与培训文件材料;关于组织处理、年终鉴定材料及党群干部登记统计表;市委对基层党支部改选、机构设置、人事安排审批文件等;邮电系统 4 个专业局、3 个工厂关于组织工作、干部情况汇报,组织工作经验交流会文件;邮电系统军队转业干部安置综合材料,邮电系统接收新党员及预备党员转正备案表等。

(三)纪检类

有纪检委成立报告;纪律检查工作计划、总结;1954—1960 年纪律检查委员会和监委会会议记录等。

（四）民兵工作类

有邮电系统民兵工作计划、总结、报告；成立民兵办公室和武装委员会通知；民兵组织状况呈报表；1963 年天津市直属机关首届民兵代表会议文件等。

中共天津市内贸委员会
全宗号 X32

一、机构概况

中共天津市内贸委员会（以下简称内贸党委）成立于 1953 年 3 月，前身是 1951 年 1 月成立的市工商党委。1956 年 3 月内贸党委撤销，其所属企业、站、司及基层党组织移交所在区委领导。1961 年成立市一商局党委，负责内贸工作。1962 年 7 月，一商局党委改为内贸党委，属市委领导，是天津市内贸系统党的领导机构，主要负责天津市内贸系统一商局、二商局、水产局、供销社、粮食局党的工作；同时还负责内贸系统基层领导干部的考察、管理及党员、干部、职工的政治思想教育工作等。内贸党委内部机构设有办公室、组织部、宣传部、监委、武装部等。1965 年 5 月，该委撤销。

二、档案情况及内容介绍

馆藏该全宗档案共 946 卷，上架排列长度 18.9 米，档案起止时间为 1950—1979 年，档案按“年度-机构”分类排列。编有案卷目录和文件目录可供检索。

档案主要内容如下：

（一）综合类

有该委党委会、常委会、党组扩大会、党代会记录、纪要、简报；市财贸工作会议材料；工作计划、总结、报告；关于组织机构设置、撤销、人员任免请示，及市委、市人委批复、通知；关于企业经营管理工作规定、条例、办法；工资待遇及工资指标通知；档案、保密工作总结、报告、通知；先进集体、先进个人名单和事迹材料；所属单位关于民兵工作计划、报告；民兵组织、武器弹药管理及复员、转业军人登记表；关于防汛抗洪工作安排、总结；支援灾区捐献工作安排、总结及经验交流材料；有关统战工作指示、总结、报告；对私方人员生活待遇、退职及请假、还乡规定等。

(二)组织监察类

有党委生活会、机关支委会记录;党员思想报告;党员教育、培训工作安排、报告、通知;关于党员、干部统计报表及人员名册;内贸团委、常委会记录;团委委员名单;内贸团委、基层团委关于团组织发展规划、决定;学习毛主席著作计划、通知;先进团员名单;该委监察工作会会议记录;监察工作计划、总结;该委关于建立基层党委监委及委员名单的批复等。

中共天津市外贸委员会
全宗号 X33

一、机构概况

中共天津市外贸委员会成立于 1951 年 1 月,1953 年 3 月撤销,1961 年 7 月经市委决定重新建立。该委是天津市外贸系统党的领导机构,具体职责是在全市外贸系统宣传贯彻党的外贸工作方针政策,发展和整顿党的组织,管理党员组织生活,并监督外贸业务计划的实施至完成。该委内部机构先后设有秘书室、组织部、宣传部、纪检委、团委等。1965 年 5 月,该委撤销。

二、档案情况及内容介绍

馆藏该全宗档案共 512 卷,上架排列长度 11.7 米,档案起止时间为 1950—1964 年,档案按"年度-机构"分类排列。编有案卷目录和文件目录可供检索。

档案主要内容如下:

(一)综合类

有该委年度工作安排、总结、报告;党委会、常委会、党组联席会记录,党委扩大会、书记、部长碰头会及党员干部会记录、纪要;关于机构建立、人事安排请示及市委批复;关于企业管理工作规定、条例、通知;机关革命化指示及岗位责任制情况文件;关于加强政治思想工作综合报告;有关档案、保密工作指示、报告、规定;人民来信来访处理意见;先进集体和先进个人名单及事迹材料;基层单位关于民兵工作安排、总结、报告及统计年报;防汛抗洪工作安排、简报及宣传材料；外贸系统防汛团和各连队关于防汛抗洪四好连队评比工作材料等。

（二）组织类

有关于支部设置请示及市委组织部、财贸部批示；组织工作计划、总结、报告；贯彻组织工作会议安排、通知；干部队伍建设及干部考察、调整意见；党组织调整文件；党员轮训调查材料；年度党员分布统计表；关于借阅干部档案、调查索要转递档案规定、通知；监察工作指示、计划、总结、报告；传达贯彻全省监察工作会议材料；处理人民来信来访材料等。

（三）统战类

有统战工作指示、安排、简报及外贸系统统战工作概况；私方人员辅导委员会组织机构设置及人员安排情况记录；外贸企业同私方共事意见；对私方人员教育管理意见等。

（四）宣传类

有天津市委、市委宣传部及外贸委员会关于宣传工作安排、意见、报告、通知；该委关于在职干部轮训教育安排、意见和情况汇报；关于经济形势、市场问题宣传意见；农村人民公社条例讨论总结；国际形势、法制宣传教育情况汇报、小结；关于社教工作总结、简报；党课教育简报；反修学习综合报告等。

（五）团委工作类

有关于调整补充团委成员和建立团委常委会意见；关于团组织发展、改选工作计划、安排、报告；团的职权范围及工作制度、规定；团组织和专职团的干部情况统计表；先进团支部、团员、青年事迹报告；传达贯彻团代会意见、提纲、通知等。

中共天津市高等学校委员会
全宗号 X35

一、机构概况

中共天津市高等学校委员会于 1955 年 3 月 17 日成立，1956 年 6 月 10 日正式撤销，负责天津市各高等学校（包括天津市工农速成中学）的党组织工作，内部机构设有组织部、宣传部。撤销后，各高校党组织工作直接由中共天津市委领导，日常工作由市委文教部（教育部）管理。

二、档案情况及内容介绍

馆藏该全宗档案共 91 卷,上架排列长度 3.6 米,档案起止时间为 1954—1959 年,档案按“年度-问题”分类排列。编有案卷目录和文件目录可供检索。

档案主要内容如下:

有该委年度工作计划、总结、报告、通知、通报与工作记录;各高校(包括附中)建党工作计划、总结、报告及各种基本数字统计表和党费存根;部分高校教职员名册;天津市高校第一届党代会文件;接待外宾与信访工作情况报告等。

中共天津市学校委员会
全宗号 X36

一、机构概况

中共天津市学校委员会于 1949 年 10 月 15 日成立,属中共天津市委领导,负责管理全市各大中小学校党的工作。1949 年 11 月,各小学党的工作交所在区委领导;1950 年 7 月,各中学党的工作也交由所在区委领导;1950 年 7 月 30 日,中共天津市学校委员会撤销。1951 年 9 月 20 日,中共天津市委决定重新成立中共天津市学校委员会。该委负责天津市大中学校党务及群众工作,内部机构设有办公室、组织部、宣传部及巡视组。1955 年 2 月 8 日,该委撤销。

二、档案情况及内容介绍

馆藏该全宗档案共 643 卷,上架排列长度 9.9 米,档案起止时间为 1949—1955 年,档案按“年度-问题”分类排列。编有案卷目录和文件目录可供检索。

档案主要内容如下:

有该委党委会议记录,年度工作计划、总结;该委机构设置及干部任免、调动、审查请示、报告和市委批复文件;学校党代会文件;各校支委名单及党员统计表、教职员统计表;中学土改工作团名单;各大学民主党派人员名单,上级有关转业军人工作文件及该委转业军人安置工作总结、转业军人登记表；关于学校招生工作与毕业生分配工作综合材料；该委刊物《党的工作通讯》《中学党的工作通讯》编辑与出刊材料；学校团委工作汇报等。

中共天津市委党校
全宗号 X37

一、机构概况

中共天津市委党校前身是 1949 年 2 月成立的天津市政治训练班，属中共天津市委直接领导。天津市政治训练班的任务是以短期训练班的形式，对天津市原地下党员和中华人民共和国成立后各项工作中的积极分子、新党员进行时事政策和党的基础知识的培训。1953 年初，天津市政治训练班改称中共天津市委党校，教学任务转为对全市在职初级干部轮训。1954 年，学校设经济建设和党史党建 2 个教研室；1956 年，正式成立了哲学教研室、政治经济学教研室、政治常识教研室、中共党史教研室、党的建设教研室。自 1956 年 4 月，开始招收区级正副科长、20 级以上党员干部和党政部门正式党员到校学习。

1957 年 1 月 15 日，中共天津市委决定将中共天津市委党校和天津市行政干部学校合并，成立中共天津市委中级党校，学校设办公室、教务处、组教处、行政处及各教学研究室。1959 年 2 月，河北省沧州、天津专区地委党校与中共天津市委中级党校合并；1961 年 6 月，与中共天津市委中级党校分开。2001 年，中共天津市委党校与天津行政学院（天津市管理干部学院）合并。

二、档案情况及内容介绍

馆藏该全宗档案共 1960 卷，上架排列长度 33.3 米，档案起止时间为 1949—1997 年，档案按“年度-问题”分类排列。编有案卷目录和文件目录可供检索。

档案主要内容如下：

（一）综合类

有该校党委会会议记录；各处室工作请示、报告和工作计划、总结；民兵工作、信访工作、保密工作、防汛工作、计划生育工作、爱国卫生工作计划、总结、检查、报告等；该校文档资料管理规定、办法；该校党代会文件；团支部工作总结；该校干部下厂、下乡调查材料；该校大事记;该校下达各区分校更换印章通知;该校到华北局党校、河北省委党校、北京市委党校采访学习资料等。

(二)组织人事类

有组织机构、人员编制文件;机构变更、各处室职责范围通知、规定;干部调整、配备、提拔任用、调动方面通知、决定材料;干部鉴定、模范党员、公勤人员奖评材料;教职员工名册及评定薪金、工资改革文件;行政管理制度、规定;人事工作总结及各种统计表,该校干部队伍发展变化情况资料等。

(三)教学管理类

有中共天津市委宣传部、组织部关于党校教学工作指示、意见,各级党政领导讲话材料;该校教学工作计划、总结、报告;各教研室教学计划与教学资料,该校《教学工作通讯》;各学员班(初级班、中级班、轮训班等)学习情况简报与学员鉴定登记表、统计表;校刊《求知》编辑与出版工作文件材料等。

(四)基建、财会类

有市财政局关于财会预决算审核及学员收费文件规定;基建计划请示、报告及市计委、城建办公室指示、批复;该校基建设计图纸、设计任务书与合同执照书,工程施工情况报告,基建概算报告,基建物资供应、财务管理办法、规定等。

中共天津市委国际活动指导委员会
全宗号 X38

一、机构概况

中共天津市委国际活动指导委员会成立于 1953 年 10 月,是中共中央国际活动指导委员会和中共天津市委领导下的天津市国际活动指导机关。其主要职能是负责对天津市官方性、半官方性国际活动工作的监督、指导和检查工作。其内部机构先后设有办公室、秘书组、宣传组、文艺组。1958 年 3 月,该委撤销。

二、档案情况及内容介绍

馆藏该全宗档案共674 卷,上架排列长度 7.65 米,档案起止时间为 1951—1958 年,档案按“年度-问题”分类排列。编有案卷目录和文件目录可供检索。

档案主要内容如下：

(一)综合类

有中央国际活动工作会议文件及工作简报；该委出席国际经济会议，世界和平会议代表文件材料及国际活动工作总结；该委国际活动工作计划、报告，会议记录；该委机构编制、组织分工、人事任免及启用印章文件等。

(二)外事活动类

有该委外事会议文件；接待外宾工作标准、规定、办法、请示及市委批复；接待外宾工作经验总结；接待各国政治、经济、文化、教育、科技、群众团体等代表团(队、组)和各界人士、专家访问计划、日程安排、名单；部分国家、组织、外宾简介资料；参观考察与其他活动记录、报告、总结、通报；来津外宾统计表等。

中共天津县委员会
全宗号 X39

一、机构概况

中共天津县委员会(以下简称天津县委)成立于1948年12月，当时属河北省委领导，1952年4月，天津县划归天津市，同时天津县委改由天津市委领导。在中共天津市委领导下，天津县委负责领导全县党的工作，负责中央及省、市委各项方针、政策在全县的贯彻执行和各项工作任务的完成。其内部机构先后设有办公室、组织部、宣传部、纪检委等。1953年5月，天津县撤销，改建为天津市4个郊区，天津县委随之撤销。

二、档案情况及内容介绍

馆藏该全宗档案共475卷，上架排列长度5.4米，档案起止时间为1949—1964年，档案按“年度-问题”分类排列。编有案卷目录和文件目录可供检索。

档案主要内容如下：

(一)综合类

有天津县委关于全县工作计划、总结、报告；县党代表大会报告、决议、通知；县委会、区委书记联席会会议记录；县委及区干部扩大会议情况报告；县委主要领导人讲话记录稿；天津县委关于机构建立、组织编制、人事任免通知；区工作计划、总结、报告；区、村基本情况调查材料；模范村及模范个人材料和评比工作总结、报告、通报等。

有天津地委、县委关于土改工作指示、办法、总结；县委关于土改准备工作典型调查统计表；查田定户指示；土改经验交流大会材料；结束土改工作决定等。

有天津县委、工会、青年团、妇联工作计划、总结、报告；共青团代表大会、青年干部会议情况报告；妇女代表会议及集训妇女干部工作材料；贯彻婚姻法工作报告等。

（二）组织类

有天津县委及组织部关于组织工作、支部工作指示、规定、总结、报告；关于干部提拔、干部集训、党员集训工作计划、总结及登记表；干部编制及党组织状况统计表、分布图表；全县党员统计表；县、区级干部增减月报统计表；所属单位干部登记表；天津县委、纪检委关于纪检工作指示、规定、通报等。

（三）宣传类

有天津县委及宣传部关于宣传工作指示、计划、总结、报告；各区宣传工作总结、汇报；该县委关于建立宣教机构指示、制度、报告；建立宣传网指示、决定；时事及中心工作宣传提纲资料；专题宣传工作总结、报告；宣传员骨干训练总结、报告；模范宣传员代表大会计划、总结、报告等。

（四）政法类

有河北省委、天津县委及县公安局、县法院关于公安、司法、治安工作指示、通报、总结；县委关于建立保卫委员会通知；取缔反动会道门、破获匪特案件总结，报告；公安局关于监狱管理工作总结、报告；天津县委、县武装部关于民兵工作计划、总结、报告；县武装部干部扩大会议简报、总结；冬训基干民兵工作总结、报告；县武装部部长、政治教导员、副部长、副政治教导员任命书等。

（五）农业类

有天津县委、县政府关于农业、副业生产、节约度荒、防汛工作指示、计划、总结、报告；农业生产合作社生产计划、总结、报告；供销合作社工作报告；农业生产互助合作资料；农货及税收工作总结；麦收、秋征及征收粮食工作指示、总结、报告等。

中共天津市委党史研究室
全宗号 X224

一、机构概况

中共天津市委党史研究室的前身是中共天津市委党史资料征集委员会。1981 年 4 月 21 日,市委决定建立天津市党史资料征集委员会,在市委秘书长领导下具体负责党史资料的征集工作。同年 11 月 24 日,经市委同意将市委党史资料征集委员会办公室作为常设机构,设 10 名人员编制。1995 年 12 月 15 日,中共天津市委党史资料征集委员会改为中共天津市委党史研究室,为市委直属事业单位。

二、档案情况及内容介绍

馆藏该全宗档案共 417 卷,上架排列长度 7.5 米,档案起止时间为 1981—2000 年,档案按“年度-问题”分类排列。编有案卷目录和文件目录可供检索。

档案内容主要如下:

有该研究室年度工作方案、计划、总结、会议记录;党史资料委员会全委会会议通知、会议决定与会议记录;年度工作简报;该研究室形成的相关文件、颁发的有关通知,及出版的刊物等。

中共天津市委科学技术工作部
全宗号 X269

一、机构概况

中共天津市委科学技术工作部是市委的派出机构,在市委领导下,负责科技方面的党的工作,讨论决定科技方面的重大问题,其主要任务是:贯彻执行党和国家有关方针、政策、法规;研究决定全市科技发展战略、宏观管理和科技体制改革等重大问题;负责归口单位党的建设、干部工作和思想政治工作,以及科学技术群众团体工作。

二、档案情况及内容介绍

馆藏该全宗档案共90卷,上架排列长度2米,档案起止时间为1984—1989年,档案按“年度-问题”分类排列。编有案卷目录和文件目录可供检索。

档案主要内容如下:

有该部工作的有关请示、批复;科技部对该部的相关指示与建议;该部各类会议记录;该部所办刊物等。

中共天津市委对外经济贸易工作部
全宗号 X271

一、机构概况

1983年7月1日,中共天津市委对外经济贸易工作部成立。1985年3月23日,中共天津市委对外经济贸易工作部撤销,建立中共天津市委外经外事工作委员会。1996年1月18日,市委外经外事工作委员会改为市委对外经济贸易工作委员会,领导管理我市外经外事系统党的工作,负责本系统党的思想政治工作、干部管理工作、党的基层组织工作、纪律检查工作等,保证党的路线、方针、政策的贯彻执行,保证外经外事任务的完成。

二、档案情况及内容介绍

馆藏该全宗档案共220卷,上架排列长度7米,档案起止时间为1983—2004年,档案按“年度-机构”分类排列。编有案卷目录和文件目录可供检索。

档案主要内容如下:

有该部信访情况与报告;表彰文明单位、优秀工作者的通知;该部简报;会议记录;该部机构设置、人员变动的相关请示、批复等。

天津日报社
全宗号 X315

一、机构概况

《天津日报》是中共天津市委的机关报，直属市委宣传部领导，创刊于 1949 年 1 月 17 日。1948 年 12 月，在天津解放前夕，天津城工部受中央的指令，筹建《天津日报》；1949 年 1 月 15 日，天津解放当天，接管《天津国民日报》《益世报》。1949 年 1 月 17 日，《天津日报》诞生，这是我国创刊的第一家城市综合性大报，发行全国和欧美等十五个国家和地区，平均日发行量近百万份。

二、档案情况及内容介绍

馆藏该全宗档案共 1274 卷，上架排列长度 42 米，档案起止时间为 1949—1989 年，档案按“年度-机构”分类排列。编有案卷目录和文件目录可供检索。

档案主要内容如下：

有该报社党委会记录、生活会记录，职代会、共青团工作、纪检、老干部工作计划、总结；编委会记录；各项规章制度；目标管理责任书；奖励、处分、聘任干部，职称评聘、工资福利待遇，以及上级有关方针、政策的规定；对该社机构、编制、主要领导人的任免、批复；评选先进个人、集体的决定、通知等。

政务档案

天津市人民政府
全宗号 X53

一、机构概况

天津市人民政府(以下简称市政府)于1949年1月15日成立,是天津市人民代表大会的执行机关,是天津市地方国家行政机关。

1949年1月—1954年8月,天津市政府的主要职能是完全肃清一切残余敌人和散兵游勇及任何进行武装抵抗分子;接收一切公共机关产业和物资,并加以管制;恢复并维持正常的社会秩序,消灭一切混乱现象;建立系统的革命政权机关等。这一时期市政府直属工作机构设有办公厅(秘书厅)、研究室、人事处、交际处、新闻出版处、宗教事务处、地政处、园林广场处、水利处等。

1954年8月天津市第一届人民代表大会召开后(1955年1月—1967年市政府改称天津市人民委员会,以下简称市人委),重新确定了市政府的主要职能:执行市人民代表大会的决议,以及国务院发布的决议、命令、规定;规定行政措施,发布决议和命令;领导所属各工作部门和各区政府(人民委员会,下同)的工作;改变或撤销所属工作部门不适当的命令、指示和各区政府不适当的决议、命令;依照法律规定任免和奖惩国家机关工作人员;执行经济计划和预算,管理经济、文化建设和民政、公安工作;保护社会主义的全民所有制财产和劳动群众的集体所有制财产,保护公民私人所有的合法财产,维护社会秩序,保障公民的人身权利、民主权利和其他权利;保证少数民族的权利和尊重少数民族的风俗习惯,帮助少数民族发展政治、经济和文化的建设事业;保障妇女同男子的平等的政治权利,劳动权利,同工同酬和其他权利;办理上级国家机关交办的其他事项。市政府内部机构先后设有办公厅、交际处、宗教事务处、档案处、政法办公室、区政办公室、国家资本主义办公室。

二、档案情况及内容介绍

馆藏该全宗档案共 24193 卷、43321 件，上架排列长度 534.65 米，档案起止时间为 1949—2005 年，档案按“年度-机构”分类排列。编有案卷目录和文件目录可供检索。

档案主要内容如下：

（一）综合类

1. 会议　有 1949 年 9 月—1954 年第一届至第四届天津市各界人民代表会议文件；1954 年 8 月—1966 年第一届至第六届天津市人民代表大会文件；天津市选举委员会关于历次选举人民代表工作报告、规定、计划、总结、统计材料；天津市人委全体（扩大）会议文件；市长联合办公会会议记录、纪要；市政府财经工作会议记录；市政府党组会议文件；市政府召集的区长、局长会会议记录；1950—1952 年天津各界协商委员会会议记录等。

2. 接管　有市政府各局、处接收工作方针、步骤、总结；市政府关于处理敌伪逆产暂行条例及清理公产、逆产、敌伪产业登记联系办法；华北人民政府、市政府关于代管财产的指令；市政府对各局接管物资调拨及处理办法的批复等。

3. 土改　有天津市军事管制委员会关于解决郊区农田土地问题暂行办法的决定；市政府关于解决市郊农田土地遗留问题的决定、报告、办法，及政务院对该决定补充规定的批复；关于郊区土地改革工作报告、总结；天津市土改前各阶层土地占有情况统计表；天津县、塘大区关于土改调整土地工作报告、总结；郊区土改补课安排、办法、统计材料等。

4. 抗美援朝　有市政府对天津市慰问中国人民志愿军千万元运动募集委员会（以下简称募委会）募款工作的批示；关于募委会组织系统和募集手续说明；募委会募款号召书、感谢信、工作总结；各界《抗美援朝卫国保家公约》；市政府、市公共卫生局关于组织抗美援朝志愿医疗队赴朝鲜的批示、报告、人员名单，及天津市收治志愿军伤病员安排、总结；市政府关于选派本市志愿赴朝参加抗美援朝运输队司机工作的通知及人员名单；天津赴朝鲜慰问中国人民志愿军代表团工作报告、总结、大事记、会议记录、报告、讲话稿及关于相声演员常宝堃牺牲情况向市长的报告；1958 年市政府关于欢迎志愿军归国接待工作安排、总结、会议记录、领导讲话和慰问信等。

5. 党务　有市政府机关党代会文件；市政府机关党委工作计划、总结；关于加强党的建设问题工作意见、总结；党员统计表等。

6. 文秘　有市政府关于工作报告制度、会议制度、案件催检制度的规定；关于文书秘书工作的办法、规定；印信条例；各区、局及有关单位报市政府关于启用印信的备案文件；市政府关于档案管理、文书处理办法；关于保密工作规定、计划、总结；市政府关于信访工作的规定、计划、总结、会议文件,及市领导对信访案件的批示;天津市编印的《天律市政周报》《天津市法令汇编》《市政动态》《情况简报》底稿等。

(二)组织人事类

有市政府关于加强市政府组织领导的决定;天津市人民政府组织条例;市政府办公厅组织规程及各局组织条例,各区组织通则;关于各行政单位编制管理办法;市政府对市区、局等单位关于机构建立、调整、撤销、精简、改变隶属关系的决定、批复、通知;市政府各系统直属单位职能、负责人、组织编制报表;天津市整编计划表;国务院、市政府关于机关工作人员奖惩、任免的规定、办法;中央人民政府内务部任免天津市市级领导干部的命令、批复;市政府对区、局等单位干部任免、处分的批复、通知;干部统计表等。

(三)劳动工资类

有市领导关于宣传贯彻《劳资关系暂行处理办法》报告;市政府关于劳资关系政策执行情况报告;关于加强劳动力管理的指示;关于《天津市劳动力统一介绍暂行办法》及招用职工的规定;关于劳动力管理、调配、招用对各局请示的批复;关于处理中、外企业劳资争议问题对市财经委、劳动局请示的批复;国务院、市政府关于干部、职工退职退休办法、通知;市政府关于干部退职退休对教育局等单位请示的批复;国务院关于劳动保护法规和市政府关于有害作业工人保健食品发放范围和标准的规定、通知;市政府关于动员知识青年上山下乡工作计划、报告;关于知识青年参加农业建设若干问题的规定、通知等。

有1949年天津市军管会、市政府发放工资办法、通知;1951年市政府关于干部、工人工资折合“工资分”标准规定、通知;国家劳动部、国务院人事局关于工资标准的规定;市政府关于工资改革规定、实施计划;关于工人、复员转业军人、教师、医务人员、大中专毕业生工资待遇的规定、通知;市政府、市计委劳动工资年度计划和统计年报等。

有政务院、秘书厅批准市政府试行《天津市国营公营企业劳动保险暂行条例》及《实施细则》;国家人事部、劳动部、市政府关于假期待遇的规定;市政府关于公费医疗管理实施办法;国家劳动部关于对生活困难职工补助标准的规定及市政府实施意见、办法等。

(四)对资改造类

有市政府对资改造办公室关于对资改造计划、报告、会议记录、简报;市政府对各局对资改造改组规划方案请示的批复;对各局关于公私合营工厂并厂、接管、改变企业所有制性质和隶属关系请示的批复;市政府关于公私合营厂利润分配办法;市政府对资改造办公室关于天津市资本主义工商业改造基本情况概要;市政府关于举办对资改造展览会通知、报告;各局对资改造工作总结、报告;市政府对资改造办公室召开的公私合营企业干部、职工代表会、资方人员座谈会,商业系统公股代表会会议文件;市政府对私方座谈会提出问题的处理意见;市政府第七办公室全行业公私合营企业基本情况统计;公私合营商业普查表等。

(五)政法类

1. 公安、司法　有天津市军管会、市政府关于清理散兵游勇的决定;公安局、民政局关于取缔反动会道门工作计划、总结、报告及市政府的批示;市政府对市法院判决请示的批复、指令、布告;市政府关于管理军火、无线电发射器、消防器、交通送电线路、危险品、特种经营工作指示、规定、办法;政务院、内务部对市政府关于禁烟禁毒工作请示的批复;市政府关于禁烟禁毒的命令、布告、宣传材料,及烟民烟毒登记办法实施细则、调研办法、规则;公安局、民政局禁烟禁毒工作实施计划、报告、总结;对民政局关于乐户自动转业、歇业及解散乐户代表处的批示、通知;市政府关于调解仲裁组织、调解程序的条例、规定;市政府关于加强户口管理的意见及对市公安局关于天津市户口管理实施细则请示的批复;天津市户口管理调查材料等。

2. 民主建政　有中央及市政府关于民主建政的指示、决定、市领导讲话、电台广播稿;市政府、民政局及各区关于民主建政工作计划、方案、会议记录、工作通报;市政府关于民主建政工作总结、调查报告、统计表;关于区公所具体任务与组织机构决定;关于加强区政建设的决定及城市居民委员会组织条例、工作纲要;市政府关于建立街道与调整街道辖区范围的批示等。

3. 区划　有 1949—1966 年国务院关于汉沽、天津县、天津专区、沧州专区划归天津市辖的批示;1961 年天津专区、沧州专区重新划归河北省管辖的批示;天津市与河北省划界的来往文书;国务院关于天津市建立 4 个郊区及北大港区的批复;市政府关于调整行政区划决定、批复、定界图;关于行政区、街道、道路命名、更名的批示、通知等。

4. 优抚　有 1949 年市政府和驻津部队召开纪念在平津战役中牺牲烈士活动会议记录、悼词、照片、通知;华北人民政府、市政府关于清明节举行纪念革命烈士活动指示、通知;国务院、河北省政府关于修建平津战役革命烈士纪念碑对市政府请示的批复;市政府关于修建、扩建烈士纪念馆对民政局请示的批复;市政府对民政局等单位关于追认烈士称号请示的批复;天津市复员、转业、退伍军人代表会议文件;华北人民政府、市政府关于拥军优属工作检查、指示;市政府关于残废军人、烈属优抚工作条例、规则;关于做好复员退伍军人安置工作的意见、通知等。

5. 社会救济　有政务院、市政府关于救济失业工人暂行办法;市政府与市政协讨论救济失业工人联席会议记录;市政府关于失业工人、公教人员救济与就业办法的意见;劳动局关于失业工人情况报告;华北人民政府、市政府关于救济灾民、疏散城市人口指示、办法,及市政府对民政局请示的批复;市政府关于收容灾民、散兵指示、通知;市政府关于民政局收容乞丐计划的批复及该局此项工作总结;市政府关于贫苦市民患病医疗减免费暂行办法;天津市人民救济代表会议文件;市政府、总工会慰问河北省灾区农民代表团工作总结;市政府关于支援邢台地震灾区情况报告等。

6. 社团管理　有市政府关于民政局社团临时管理规则请示的批复;关于慈善团体、会馆登记与处理办法的批示;关于各社团申请登记的批复;市政府关于民政局结束会馆、同乡会实施方案请示的批复等。

7. 移民、动员还乡　有 1956 年市政府关于民政局向青海省移民报告的批示及市移民垦荒委员会工作总结;1955—1961 年市政府关于动员流入城市人口还乡生产的指示、计划、总结、宣传材料;对已还乡人口做好安置工作的通知;市政府关于动员外调干部、职工、军官的留津家属外迁问题的指示、统计表,及外迁中具体问题的解决办法、通知等。

8. 贯彻《婚姻法》　有 1953 年政务院、市政府关于检查《婚姻法》执行情况的指示、总结;市政府关于结婚登记暂行办法;天津市贯彻《婚姻法》运动委员会工作计划、总结、报告及宣传提纲、情况通报;市政府关于婚姻登记、离婚案件统计及各区、局工作总结等。

9. 人口统计、户口管理　有 1953 年、1964 年天津市人口普查方案、总结、报告、宣传材料及人口统计资料;市政府关于加强户口管理工作的意见、规定、调查报告;关于部队及个人、集体申请在津落户的批示等。

10. 监察　有市政府关于批准实行人民监察委员会试行组织条例和监察通讯员工作暂行办法的通知;关于监察局组织简则和变更监察机构的批示;市监察委员会工作计划、总结、报告;市政府关于市监察委员会对有关单位和案件检查、调查处理意见请示的批复等。

(六)国防类

1. 人防　有市政府关于天津市人民防空委员会组织条例及市区、重点单位建立人防组织的意见;市政府及办公厅关于人防工作指示、决定;市政府关于天津市人民防空建筑管理维修暂行办法和批准人防委员会关于控制防空工事的批复;市政府、警备司令部防空联合布告;人防委员会会议决定、记录等。

2. 征兵　有市政府关于办理预备军士和士兵登记工作规定;市政府历年征兵工作命令、实施计划、总结等。

(七)文教、卫生、体育类

1. 文化　有市政府关于保护市内文物建筑的规定、通报及确定文庙等 4 处古建筑为保护重点的文件;关于考古发掘工作的批复;市政府关于文化馆、艺术馆、博物馆及文艺团体、出版社成立、撤销、接管、合并、改变领导关系的批示;关于文化局对天津市私营文化事业进行改造的情况和今后意见的批示;对民间职业艺术表演团体和艺人救济工作的通知;市政府关于新闻发布暂行办法;市属机关报道秘书工作暂行细则等。

2. 教育　有市政府关于天津市文教工作计划及计划执行情况报告；关于大、中、小学校成立、撤销、合并、命名对教育局等单位请示的批复；关于私立学校管理办法和中、小学校董事会暂行组织纲要对教育局请示的批复；关于天津市私立中、小学情况调查及市教育局接收工作汇报、总结；关于中小学奖学金对市财经委、教育局请示的批复；关于私立中小学收费办法的指示；市扫盲委员会关于扫盲工作计划、总结、报告；1959 年天津市文教群英会先进集体和先进工作者登记统计表，群英会代表名册及事迹摘要，出席全国和省文教群英会代表名册等。

3. 卫生　有市政府关于卫生防疫、公私立医院管理、计划生育工作规定、办法、通知；关于饮食业、旅店业、文娱场所卫生管理办法对文化局请示的批复；对公共卫生局关于接管、改造私立医院、诊所请示的批复；关于天津市医疗机构编制、经费问题对公共卫生局请示的批复；关于开展爱国卫生运动指示、通知及评选先进工作材料等。

4. 体育　有市政府关于体育场馆工作暂行条例、开放办法；关于体育事业机构成立、撤销、调整对市体委请示的批复；关于天津市第一届机关工作人员体育运动大会，天津市大、中学生田径体操运动大会组织工作文件；关于开展广播体操活动的通报；对接待外国体育团体计划的批示等。

（八）民族、宗教、侨务类

有市政府交际处关于宗教人士来津接待计划、总结；市政府关于宗教工作指示；关于寺庙管理的规定；关于集中管理佛教文物的通知；关于宗教团体登记、统计、调查资料；市政府关于侨务工作检查情况报告；1955—1957 年市政府与有关部门接待 10 批日本归侨名册；市政府关于日本、朝鲜归侨安置工作对侨办请示的批复，及侨办、劳动局工作总结；关于华侨学生就业安置工作总结、报告及华侨学生来信的批示等。

（九）外事类

有 1953—1958 年市政府与有关单位迎接中国在日本殉难抗日烈士遗骨工作计划、总结、报告、烈士名单及与日本有关方面来往文书；市政府关于协助日本、苏联侨民回国的工作计划、总结、报告；关于签发外国侨民居留证暂行办法；外国侨民团体简介和侨民统计表；关于安置朝鲜、印尼侨民就业问题对外办请示的批复；关于接待外宾工作对外办请示的批复等。

（十）工业类

有市政府关于私营企业、公私合营企业条例及施行办法；天津市企业投资条例、加工订货办法；关于在国营、公营企业中建立工厂管理委员会与工厂职工代表会议的决定；天津市工业会议文件；市政府关于设立、调整工业行政管理机构的决定、通知；关于工厂建立、撤销、合并、接管、改变隶属关系对工业局请示的批复;关于向新疆、甘肃、内蒙古、山西等地迁厂、支援技术人员的批示、通知;1965—1966 年市领导对天津市技术后方专用设备、汽车、自行车、手表歼灭战工作的批示、讲话;市政府关于新产品试制、投产对工业各局请示的批复;关于设备购置、调拨及处理呆滞物资问题对工业局请示的批复;关于企业资金管理、利润留成、产品价格管理办法、通知;关于开展增产节约运动的指示;关于生产发明、技术改进合理化建议奖励条例;关于安全生产管理的指示、通知等。

(十一)交通类

有市政府关于交通运输规划;关于改善交通秩序,加强运输工作的指示;关于加强铁路沿线安全护路工作指示;关于公路管理、养路组织管理、征收养路费办法及实施细则;关于装卸价、汽车运价规定、批示;河北省交通厅、市政府关于交通部门机构成立、撤销、调整的意见通知;市政府关于港务、航务规则及码头、码头仓库管理办法;关于水上船舶登记管理对公用局、公安局请示的批复;交通部、市政府关于港务系统机构隶属关系调整的批示、通知;邮电部、河北省政府、市政府关于邮电问题的决定、批示、通知等。

(十二)城乡建设类

1. 基建　有市政府关于城市规划及规划管理工作的指示;关于征用土地建筑规范、处理违章建筑简则、办法;通用设计使用管理试行办法;申请建厂程序的规定;公私合营营造业暂行规则及发运条例;基本建设统一分配物资管理办法;市政府关于年度基建控制指标调整基建项目通知及基本建设统计表;关于新建工厂、医院、学校、道路、桥梁、公园等工程对各局请示的批复等。

2. 房地产　有市政府关于公房经营管理的规定、指示;关于房屋租赁条例;关于房地产交易所组织规程及房屋交易暂行办法;关于对有单位调整、调拨、接收房屋的批示;市政府关于土地管理暂行办法;关于天津市地租租额标准、地价标准和地价区的划分说明;对有关单位申请征用土地的批复等。

3. 绿化　有市政府关于发动群众爱护树木的指示及关于保护堤岸苗木的布告;关于开展植树造林运动的计划、通知等。

(十三)计划、经济管理类

1. 计划　有华北行政委员会、天津市政府关于天津市经济、计划工作的指示、意见;天津市国民经济五年计划报告;年度国民经济计划和计划执行情况报告;计划管理和计划编制工作规定及对有关单位计划编制问题请示的批复等。

2. 物价　有市政府关于加强物价管理的指示;关于市场物价管理办法;关于贯彻全国物价会议意见;关于调整工业产品、农副产品收购与销售价格的通知等。

3. 工商行政　有河北省政府、天津市政府关于加强市场管理打击投机倒把活动的指示；市政府关于私营工商业归口管理的规定；关于私商管理通则和取缔市场投机违法行为暂行办法；关于市场管理办法；关于加强对摊贩市场领导管理工作意见和小商小贩管理办法；关于合作社登记、调整问题对市财经委和市供销合作社请示的批复；华北人民政府、市政府、工商局关于商标注册办法等。

(十四)财政金融类

1. 财政　有市政府关于严肃执行国家财务、税收政策的指示、通知；关于贯彻中央统一财经工作方案；1949—1966年天津市财经收支预算、决算；关于区、县人民公社财政体制的规定和财务管理的指示；国务院、市政府关于国营工业、交通企业对财务管理的规定；市政府关于公营企业之间债权、债务处理办法；关于行政司法收费、医疗收费和控制社会集团购买及会议费开支的管理办法；关于基建、科研、新产品试制、社会救济、文教卫生等拨款的指示、意见；关于财政局对地方各工业企业进行财务检查报告的批示等。

2. 税务　有华北人民政府、市政府关于征税工作指示，及市政府关于天津征收情况向中央的报告；政务院、华北人民政府、河北省政府关于各税种征收条例、办法及天津市实施细则；政务院、市政府、市地政处关于契税减缓办法及标准；市政府、税务局关于处理工商税、工商经营税征收问题计划、报告、会议记录；市政府关于开展纳税检查工作通知、通告；关于郊区受灾地区税收减免的规定、通知；市政府研究室关于税收调查、统计材料等。

3. 金融　有华北人民政府、市政府关于销毁兑换伪钞的指令及市政府、公安局关于发行新人民币的指示、办法；市政府关于天津市地方金库办事细则；关于国家财产强制保险规定及保险检查情况报告；华北人民政府关于外汇管理汇兑暂行办法等。

(十五)商业类

有天津市财贸会议、土产会议文件；华北物资交流大会和天津市城乡物资交流大会计划、总结、组织方案及专题报告；市政府关于加强粮油市场管理的指示；关于粮食、蔬菜、煤炭供应问题的指示；关于节日物资调拨方案及商品供应、货币回笼报告；国务院关于城市粮食定量供应与定量标准的意见；市政府关于粮油实行定量、凭证凭票供应、粮食搭配销售办法；关于整顿保健食品发放管理和调整发放标准的通知；关于棉布实行统购统销方案和居民消费用布分配意见的通知；华北人民政府关于华北区对外贸易管理暂行办法；市政府关于年度外贸收购和出口计划；关于建立出口基地三年计划；关于出口工业品增产措施、专案贷款执行情况报告；市出口办公室关于参加广州交易会总结、报告；全市外贸出口年报表等。

(十六)农业类

有国务院、河北省政府关于农业资金的分配使用和管理的规定；华北局关于国营农场工作条例;市政府关于公有农田管理、代耕工作管理办法;奖励生产规定;农村社队工副业经营管理的规定;天津农村工作会议、郊区区长会议、农村积极分子会议文件;天津市农业长远规划、年度计划安排通知;市政府关于春耕春播、秋收秋种、田间管理、防治虫害及抗水旱灾害、积肥、推广良种、农机管理工作指示、报告、通知;关于夏收、秋收分配意见的通知;关于稻田改旱田向农民传授旱田作物种植技术的情况报告、通知;关于改造穷队、支援穷队无偿投资的规划、办法通知;关于建立工农联盟、青光、板桥等农场和蔬菜副食生产基地的批示;1955年市政府、农林局、建设局关于津西大洼开荒工程规划、会议记录、总结,及市政府对市计委关于水利工程设计任务书的批复;市政府办公厅对土地调整方案的批复;1962年市政府关于垦荒工作机构设置、人员管理、安置、工资、户口及生活供应问题的批示、报告、通知等。

(十七)渔业类

有市政府关于渔业生产的指示;市领导对渔业机械化规划的批示;市政府关于利用近郊坑塘养鱼的规定及关于北大港渔业生产管理办法、布告;关于渔业增产奖励办法;关于整顿机关、团体和工矿企业单位海上渔业生产的通知;水产局、沿海各县关于渔业生产年度计划、生产进度及安全生产情况报告;市政府对西郊区、宁河县关于渔民治鱼及治鱼纠纷的批复等。

(十八)水利防汛类

有市政府关于历年防汛工作的指示;关于河道管理规则及深井管理办法;关于疏浚河道及筑防汛堤的批示;关于国营场水站管理工作批示、意见;关于北大港围堤工程计划、报告;1966年天津市子牙新河指挥部关于工程设计施工方案、会议纪要、验收报告、工程预决算等材料;1963年市政府关于防汛抗洪斗争指示、报告、总结、评选先进等材料等。

天津县人民政府
全宗号 X63

一、机构概况

天津县人民政府(以下简称天津县政府、县政府)成立于1949年1月,起初由河北省人民政府领导,后改由天津市人民政府领导。天津县人民政府负责天津县行政管理及全县农业生产、水利建设、救灾等组织领导工作,内部机构设有秘书室、农业科、民政科、财政科等。1953年5月,天津行政区划改变,天津县政府撤销。

二、档案情况及内容介绍

馆藏该全宗档案共1102卷，上架排列长度13.6米，档案起止时间为1949—1953年，档案按“年度-问题”分类排列。编有案卷目录和文件目录可供检索。

档案主要内容如下：

（一）综合类

有天津县政府关于全县工作计划、总结、报告；县政府会议记录；天津县各界代表会议决议、报告、通知及决议执行情况报告、代表情况材料；天津市政府、县政府关于区划变动指示、通知；该县干部登记制度、办法；干部学习规定、通知；抗美援朝运动指示、计划、总结、简报；县政府机关工作计划、制度；办公室各项制度、调查统计、生产报道、报告；秘书工作总结、报告；文书工作细则及公文处理暂行办法；接收国民党天津县政府档案材料等。

（二）政法类

有天津县政府、公安局、法院等关于社会治安工作指示、通知；县政府关于严禁赌博、贩卖迷信品，及取缔反动会道门指示；关于镇压反革命指示、总结、报告；天津县治安工作计划、报告、简报；监察工作计划、总结、报告；关于民政、优抚、救济工作总结、汇报；民兵工作、武器管理工作指示、通知；民兵和青壮年军训工作指示、总结、报告；新兵管理与接交工作指示及入伍登记表等。

（三）农业类

有天津县政府关于农业生产工作计划、总结、报告；关于生产评比工作指示、总结；县政府关于搞好春耕、秋耕生产通知；关于防治病虫害指示、报告；天津县各区农业生产统计调查表；农场经营利润统计表；农场工作计划、报告；生产合作社工作计划、总结、报告；救灾工作总结、报告；灾情、灾民救济情况统计调查表；土改工作指示及土改中处理铁路沿线土地办法；土改后农村土地、人口基本情况登记表；结束土改工作汇报等。

（四）财税类

有天津县政府及税务局关于税收工作计划、总结、报告与统计表；新税制推行工作总结、报告；关于税法、税务联合组织规定；税款管理办法、补充指示；天津县各区征收、收货统计表；该县关于农业、土地、货物、营业、运输等各项税收规定、计划、通知；合营企业缴纳工商业税暂行办法；河北省政府、天津专署关于建立财政机构、业务范围及产权移交通知及组织条例；该县关于各项经费开支标准、规定、通知；农业贷款工作计划、总结、报告；关于物资调拨，银行货币管理指示、通知；地方财政管理工作指示、办法；国营企业资产清理与估价暂行办法;关于工资改革指示、计划、通知与报表等。

(五)工商类

有天津市政府、天津县政府等关于工商业工作计划、总结、汇报;该县工商业调查、市场管理工作指示、通报;工商户、营业证管理问题的指示、通知;摊贩登记换证办法、通知及县政府批复;有关开、歇业换证申请材料;合作社、联合社、供销社工作计划、总结、报告等。

(六)劳动类

有河北省政府、天津市政府关于劳动工作指示、计划、总结;该县关于公私企业劳动力调配、工人解雇手续,以及雇用临时工暂行办法、规定;关于私营企业职工、店员每日工时规定;天津县就业统计表、总结,失业工人登记表;关于劳动模范参观团工作总结、报告;各区劳动模范登记表;农业生产模范受奖名单;天津县村、组、社受奖名次表;模范民工、小队事迹报告;评选劳动模范暂行办法、通知;评模工作部署、总结、报告及模范名册等。

(七)农田水利类

有天津市政府、天津县政府等关于水利工作计划、总结、汇报;海河放淤工程计划、总结;河防工程管理养护意见及修整海河放淤区各闸启闭办法;县政府关于排水纠纷处理及排除积水报告;农田水利工程统计表;春工工作计划、总结、报告;防汛工作指示、总结、报告,防汛分界及防汛布置图;防汛经费开支通知;县政府关于公路养护、修桥工作指示、通知、办法;交通运输工作指示、通知;运输车辆登记管理办法;渡船管理指示、办法;关于电讯工作请示及县政府批复;土地登记、发照、占地补偿及用地赔损登记;天津县区域图;基建工作及公产房地调拨管理工作指示、通知;植树造林工作指示、通知、总结等。

(八)文教卫生类

有天津专署、天津县政府等关于文教工作方针、任务、总结;该县文化工作概况及工作计划;关于文艺工作计划、文艺训练班计划;教育工作总结、报告;培训专职教师计划及在职干部文化学习计划,小学教育工作计划、纲要;关于教员调任、提升、辞职事项申请材料、通知;县、村教员登记表;模范教师事迹;该县体育工作计划;县第一届人民体育运动大会总结、报告;卫生工作指示、计划、总结、报告;基层卫生人员训练班工作报告;灭蚊、灭蝇、灭虫工作计划、办法等。

天津市人民政府合作交流办公室
全宗号 X447

一、机构概况

1981 年,天津市人民政府批准建立天津市计划委员会协作办公室。1982 年,成立天津市人民政府经济协作领导小组,市经济协作办公室作为领导小组的办事机构。2009 年 6 月,天津市人民政府经济协作办公室更名为天津市人民政府合作交流办公室。该办是负责本市跨地区合作交流工作的市政府直属机构,主要职责是贯彻执行有关国内合作交流战略、方针和部署,组织推动与各省市的区域合作,负责国内招商引资工作的统筹规划、宏观指导和推动协调,组织落实本市承担的对口支援和对口帮扶工作,负责本市政府代表团出访外地的组织、联络、协调和服务等。其内设机构包括:秘书处、综合处、合作发展处、对口支援一处、对口支援二处、环渤海区域经济处、人事处、驻外办、管理处、投诉协调处、联络服务处以及机关党委等,其下属单位有大厦管理处、协作中心、招待所、综合服务处等。

二、档案情况及内容介绍

馆藏该全宗档案共 1252 卷,上架排列长度 23. 9 米,档案起止时间为 1980—2000 年,档案按“年度-机构”分类排列。编有案卷目录和文件目录可供检索。

档案主要内容如下:

(一)综合类

有该办党委会会议记录、纪要;重要工作请示及领导批复;人大提案;接待上级领导视察工作的请示、批复;年度工作计划、总结;地方性法规政策、措施;合作交流问题调研报告;对外宣传、建设管理、办公自动化等工作的请示和批复;财务、保密、档案管理工作有关文件;机关及所属单位人员编制、干部任免、调出调入、调资定级等管理规定等。

(二)业务类

有关于国内招商引资工作与外省市的合作交流文件;组团参加外地合作、招商引资、经贸洽谈文件;援藏、援疆工作规划、计划;对口支援青海省、甘肃省及重庆市万州区有关工作规划、计划;环渤海发展合作战略、规划;驻津办事机构设立、审批、管理、协调文件;市政府驻外办事处的管理、指导、服务工作文件等。

(三)财会类

有该办管理援藏、援疆专项资金及组织实施对口支援项目文件;监管驻外办事处财产和固定资产工作文件;在经济业务活动中产生的会计报表、会计账簿、会计凭证等。

天津市人民政府驻成都办事处
全宗号 X447c

一、机构概况

1996 年 7 月 10 日,市政府批准成立天津市人民政府驻四川办事处,和天津市人民政府驻重庆办事处实行两块牌子、一套班子。2003 年 11 月 20 日,驻四川办事处正式更名为天津市人民政府驻成都办事处,同时撤销市政府驻重庆办事处,天津市驻重庆、四川两办事处的工作辐射区域正式合并。2005 年 8 月,天津市再一次调整驻外办布局,昆明办也被撤销,成都办的工作范围进一步扩大到川、渝、云、贵、藏五省一市,成为天津市驻西南地区唯一的政府派出机构。

该办事处内设秘书处、经济合作处和信息调研处。其主要职能是为天津市与西南地区省、区、市政府之间政务交流和高层互访提供服务;为天津市对口支援重庆三峡库区万州和西藏昌都的有关工作提供服务;为天津市委、市政府了解西南地区改革开放和经济、社会发展方面的信息提供服务;为天津市与西南地区政府和民间的招商引资和经济合作提供服务;为西南地区天津商会的工作开展提供服务。

2018 年,按照《天津市人民政府机构改革方案》要求,撤销天津市人民政府驻成都办事处。

二、档案情况及内容介绍

馆藏该全宗档案共 8519 件,上架排列长度 10.2 米,档案起止时间为 1995—2018 年,档案按“年度-机构”分类排列。编有文件目录可供检索。

档案主要内容如下：

（一）综合类

有该办党委会会议记录、纪要；党员名册；纪检工作文件；工会、共青团形成的文件材料；职代会会议文件；劳动竞赛、评比表彰先进、计划生育和女工工作文件；政务会议、办公会议记录、纪要；工作计划、总结、报告、规定、制度、办法；上级和该办关于文秘、信访、信息、档案、行政管理、全面质量管理、承包经营管理文件材料；审计、监察、廉政工作计划、总结、统计报表、规定、办法等。

（二）组织人事类

该办机构设置、撤销、合并、更改和启用印章；人员定编、干部任免、劳动工资、职工退休、离休、死亡抚恤文件材料；专业技术职称评聘、思想政治工作和安全生产文件材料；该办和上级机关关于干部、职工教育培训和会议文件材料；省、地方下发通信保卫工作文件；本办制定的通信保密管理制度条例、规定和会议文件材料等。

天津市人民政府驻福州办事处
全宗号 X447f

一、机构概况

1987 年 11 月，天津市人民政府批准设立天津市人民政府驻福州办事处。1991 年 12 月，经天津市政府批准撤销厦门联络处，成立市政府驻厦门办事处；2001 年 8 月，政府机构精简，厦门办撤销，归口福州办事处领导。该处为市政府派出机构，隶属市合作交流办公室归口管理，内设秘书处、经济合作处、信息调研处等职能处室。该办事处代表市政府与福建、江西两省在政治、经济、文化等方面建立联系，并在驻地处理有关事宜。该处主要工作职责是开展经济交流与合作，建立和完善互惠互利的合作机制；促进天津与驻地经济优势互补，促进共同发展；担负信息交流、招商引资、接待服务、培训挂职干部、为驻地的天津企业服务等任务。2018 年，按照《天津市人民政府机构改革方案》要求，撤销天津市人民政府驻福州办事处。

二、档案情况及内容介绍

馆藏该全宗档案共4081件,上架排列长度5.27米,档案起止时间为1986—2018年,档案按“年度-机构”分类排列。编有文件目录可供检索。

档案主要内容如下:

有该处机构(含党、群、团组织)设置、会议纪要、大事记;该处干部任职、党组工作、党员花名册、干部职工花名册;年度和专项工作计划、总结、统计、报表;房产购销合同、金额较大的设备购销合同;受市以上有关部门表彰等材料;部门年度工作计划、总结、情况汇报、目标责任完成情况报告等。

天津市人民政府驻广州办事处
全宗号 X447g

一、机构概况

天津市人民政府驻广州办事处成立于1984年,同年成立天津市人民政府驻深圳办事处,1987年成立天津市人民政府驻深圳办事处珠海联络站;1988年成立天津市人民政府驻海南办事处,隶属天津市人民政府驻广州办事处。天津市人民政府驻广州办事处设秘书处、信息调研处、经济合作处三个部门,设深圳办、珠海办、海南办三个直属机构。该处负责天津市人民政府与各驻地政府有关部门商谈经济技术合作;落实联合、协作项目;协调天津市人民政府在各驻地各单位的有关事宜;完成天津市人民政府交办的各项任务。2018年,按照《天津市人民政府机构改革方案》要求,撤销天津市人民政府驻广州办事处。

二、档案情况及内容介绍

馆藏该全宗档案共7032件,上架排列长度11.05米,档案起止时间为1984—2018年,档案按“年度-机构”分类排列。编有文件目录可供检索。

档案主要内容如下:

有该处机构(含党、群、团组织)设置、会议纪要、大事记;干部任职、党员花名册、干部职工花名册;年度和专项工作计划、总结、统计、报表;经费年度预决算报表、房产购销合同、金额较大的设备购销合同;受市以上有关部门表彰等材料;部门年度工作计划、总结、情况汇报、目标责任完成情况报告;经费支出的请示、批复、一般性合同、协议等。

天津市人民政府驻上海办事处
全宗号 X447h

一、机构概况

天津市人民政府驻上海办事处为市政府派出机构,隶属天津市人民政府合作交流办公室,始建于 20 世纪 50 年代。1979 年,天津市政府批准设立天津市人民政府驻上海办事处,内设机构包括秘书处、信息调研处、经济合作处。该处主要职能是贯彻执行国家和天津市有关加快环渤海地区发展、扩大对内开放的战略、方针和部署;负责与苏浙沪皖省(市)委、政府有关部门以及各区县党政领导机关部门的日常联络和沟通;负责组织、协调天津市在“长三角”地区招商引资和合作交流工作;负责协调、推动天津产品到“长三角”地区拓展市场和企业拓展联合项目工作;负责收集和整理“长三角”地区的政治、经济、社会、科技、文化等全方位的综合信息;负责市领导及有关部门、区县团队到“长三角”地区学习考察的联络接待工作;负责与中央各部委、各兄弟省市驻沪办事机构的联系,做好天津与各省、市驻沪机构的合作与交流;负责天津市各区县挂职锻炼干部培训工作等。2018 年,按照《天津市人民政府机构改革方案》要求,撤销天津市人民政府驻上海办事处。

二、档案情况及内容介绍

馆藏该全宗档案共 3850 件,上架排列长度 6. 12 米,档案起止时间为 1978—2018 年,档案按“年度-机构”分类排列。编有文件目录可供检索。

档案主要内容如下:

有该处历年工作计划、总结;工作情况汇报、大事记、组织沿革;党组会会议记录、主任办公会会议记录;干部任免职材料;机关及下属企业干部统计年报表、工资统计年报表;关于单位机构设置、编制确定的请示、批复;该处人员工资确定审批表;先进个人、先进集体材料;有关人员信访材料;有关接待材料;签订的有关合同书、协议;记账凭证、账簿及财务报告等。

天津市人民政府驻济南办事处
全宗号 X447j

一、机构概况

天津市人民政府驻济南办事处成立于 2005 年 8 月，内设秘书处、经济合作处，主要负责招商引资、信息调研、联络协调、对外宣传等工作，承担进一步密切天津市与山东省的合作，并联系服务河北省、山西省及服务区域内的环渤海相关城市，加强与这些地区合作，扩大双向信息交流等任务。2018 年，按照《天津市人民政府机构改革方案》要求，撤销天津市人民政府驻济南办事处。

二、档案情况及内容介绍

馆藏该全宗档案共 3661 件，上架排列长度 4. 25 米，档案起止时间为 2005—2019 年，档案按“年度-机构”分类排列。编有文件目录可供检索。

档案主要内容如下：

有该处历年工作计划、总结；党组会会议记录、全体会会议记录；干部任免职材料；群众意见建议梳理材料；该处内部控制手册；关于单位机构设置、编制确定的请示、批复；招商引资台账及佐证材料；该处签订的有关合同书、协议等。

天津市人民政府驻沈阳办事处
全宗号 X447s

一、机构概况

天津市人民政府驻沈阳办事处成立于 1987 年 12 月 12 日，是天津市人民政府驻东北地区唯一的政府派出机构，内设办公室和业务处两个机构。该处主要负责联络协调、招商引资、信息调研、对外宣传、接待服务以及服务驻地天津企业等相关工作。2018 年,按照《天津市人民政府机构改革方案》要求,撤销天津市人民政府驻沈阳办事处。

二、档案情况及内容介绍

馆藏该全宗档案共 3991 件,上架排列长度 8.5 米,档案起止时间为 1987—2019 年,档案按“年度-机构”分类排列。编有文件目录可供检索。

档案主要内容如下:

有中央、省委、市委、市合作交流办等相关部门下发的文件;该处负责领导联络协调、招商引资、信息调研、对外宣传、接待服务以及服务驻地天津企业等相关事宜的文件材料;人事任免文件、工作总结、会议纪要等。

天津市人民政府驻乌鲁木齐办事处
全宗号 X447w

一、机构概况

天津市人民政府驻乌鲁木齐办事处成立于 1993 年,隶属于天津市政府合作交流办公室,内设经济合作处、秘书处 2 个部门。该处主要职能是做好两地政治、经济、科技、文化交流的联络、协调和服务工作;及时为市委、市政府及有关部门的宏观决策提供服务;采取多种渠道和方式为天津市引进资金、项目、技术和人才;在驻地利用各种形式和渠道加强和扩大对天津的宣传;为两地政府间交往和区域经济合作等活动提供接待服务和便捷条件;通过一定形式把驻地天津企事业单位和天津籍工商人士组织起来,主动地为他们的发展和维权提供服务;发挥培养锻炼天津挂职干部的基地作用;积极服务天津对口援疆工作。2018 年,按照《天津市人民政府机构改革方案》要求,撤销天津市人民政府驻乌鲁木齐办事处。

二、档案情况及内容介绍

馆藏该全宗档案共 2337 件,上架排列长度 2.81 米,档案起止时间为 1990—2018 年,档案按“年度-机构”分类排列。编有文件目录可供检索。

档案主要内容如下：

有该处历年工作计划、总结；经费及收支情况报告；党组会会议记录；党风廉政建设责任书；干部任免职材料；该处组织参加的重要专题会议的通知、名单、议程、报告、领导讲话等重要文件；该处签订的有关合同书、协议；关于机构改革的相关通知；财务情况说明及财务预算等。

天津市人民政府驻西安办事处
全宗号 X447x

一、机构概况

天津市人民政府驻西安办事处成立于 1988 年，是天津市政府派出机构，代表天津市政府在陕西、甘肃、宁夏等三省区开展工作，上级主管部门是天津市人民政府合作交流办公室，内设秘书处、经济合作处、信息调研处。作为天津市政府的派出机构，该办主要工作职责是代表天津市政府在驻地处理有关事宜，开展经济交流与合作，促进天津与驻地经济优势互补，密切天津与陕甘宁三省区的经济合作，建立和完善互惠互利的合作机制，促进共同发展，并负有信息交流、招商引资、接待服务、挂职干部的培训和为驻地的天津企业服务的职能。2018 年，按照《天津市人民政府机构改革方案》要求，撤销天津市人民政府驻西安办事处。

二、档案情况及内容介绍

馆藏该全宗档案共 2286 件，上架排列长度 6.8 米，档案起止时间为 1982—2018 年，档案按“年度-机构”分类排列。编有文件目录可供检索。

档案主要内容如下：

有该处历年工作计划、总结；党组会会议记录、主任办公会会议记录；干部任免职材料；教育实践活动相关材料；各年度收文簿；该处招商引资相关工作的请示、批复、通知及工作简报；信息调研工作情况统计报表等。

天津市人民政府交际处
全宗号 X60

一、机构概况

天津市人民政府交际处成立于1949年2月。1952年5月,该处合并到市政府行政处,成为行政处下的交际科,交际科对外仍保留交际处名义。1954年,恢复交际处。该处是在天津市人民政府领导下,负责办理市政府交际行政及招待事务工作的职能机构。其内部机构先后设有办公室(秘书室)、总务科、交际科、招待所,另下辖有镇南道、兴安路、云南路3个招待所,及国民、天津、起士林3个饭店,还有天津市干部俱乐部及驻北京办事处。1969年,该处撤销。

二、档案情况及内容介绍

馆藏该全宗档案共269卷,上架排列长度2.55米,档案起止时间为1949—1969年,档案按“年度-问题”分类排列。编有案卷目录和文件目录可供检索。

档案主要内容如下:

(一)综合类

有全国交际处长会议文件;该处工作细则、规章制度;年度工作计划、报告、总结;处务会会议记录、工作简报;该处关于节约检查、节约指标工作报告;检查浪费积压情况报告;关于对所属单位行政管理办法的批复;该处及所属单位关于机构成立、组织编制及启用印信文件;该处人事任免、调配工作通知、报表;干部统计年报,干部名册及各企业单位职工名册;干部、职工工资调整及福利待遇、奖惩工作规定、办法等。

(二)业务类

有全国接待工作会议和外事工作会议文件材料;该处招待内外宾、专家工作计划、总结,接待各地来宾情况简报;招待国内外来宾、参观团工作登记、统计表,招待标准及收费办法;组织节日与纪念日庆祝活动情况材料;接待内外宾工作问题与有关机关单位来往文件等。

(三)事务类

有该处关于家具物品调整、购买文件;该处接管各企业的批示、报告、总结文件,财产清理统计;所属企业会计报表;银行对账单;各招待所家具名册及各种移交清册等。

天津市人民政府编制委员会
全宗号 X55

一、机构概况

1950 年 12 月,天津市人民政府编审委员会成立。1951 年 12 月,改称天津市编制委员会,1952 年 7 月,改称天津市人民政府编制委员会。该委先后由天津市政府、市委组织部、市人事局领导,是全市主管机构和干部编制工作的行政管理机关,负责全市企事业管理机构编制的拟定,并管理国家机关、党派、群众团体的机构与编制工作。该委设有办公室负责日常工作。

二、档案情况及内容介绍

馆藏该全宗档案共 1023 卷,上架排列长度 21.25 米,档案起止时间为 1949—1994 年,档案按“年度-问题”分类排列。编有案卷目录和文件目录可供检索。

档案主要内容如下:

有市委、市人委及人事局关于编制工作指示、规定、方案、意见;该委工作计划、总结、请示、报告及市委批复;会议记录、纪要;该委机构编制综合方案及调查研究材料;该委人员任免通知;全市行政机关、党派、群众团体编制统计表;机关团体行政编制人数统计表;行政部门组织机构人员编制明细表;年度机关行政部门编制与现有人数比较统计表;年度机关行政部门人员编制变动统计表;临时机构情况统计表;该委更改名称启用印信文件;市政府工资制人员现行等级统计表;改变工资计划情况材料;工资计划综合表、结算表及报告;处理人民来信材料等。

天津市计划委员会
全宗号 X78

一、机构概况

天津市计划委员会(以下简称市计委)成立于1954年7月,1956年12月改为天津市经济计划委员会,1960年6月28日,恢复天津市计划委员会名称。1970年10月30日,由市物资局、劳动局、统计局、上山下乡办公室、复员军人安置办公室、经济计划组合并成立了天津市综合计划局。1973年1月1日,重新恢复天津市计划委员会。市计委是天津市政府领导下的全市国民经济与社会发展计划的行政管理机构。其主要职能是负责编制全市长期和年度国民经济与社会发展计划及计划执行情况检查,并负责重大经济问题的调查研究,提供国民经济与社会发展情况分析报告等项工作。市计委内部机构先后设有办公室、综合处、工业处、农业处、商业处、物资处、财务成本处、劳动工资处、农林文教处、生产处、基建处、统计处、物价处、财贸处、长远规划处、治理“三废”办公室、支内办公室等。

二、档案情况及内容介绍

馆藏该全宗档案共13432卷、4424件,上架排列长度286.5米,档案起止时间为1955—2001年,档案按“年度-机构”分类排列。编有案卷目录和文件目录可供检索。

档案主要内容如下:

有该委工作计划要点;党组会会议记录、纪要;整改工作方案及市内各县意见汇集;参加第四次全国计划会议准备会材料;该委召开天津市第一次计划工作会议报告、通知;关于天津市国民经济计划纲要报告及执行情况检查材料;该委有关天津市工业、商业、农林、文教、财政、基建、物资等发展计划;国民经济平衡综合资料和工作报告;关于编制计划方法、程序规定,及郊区保留计划机构意见;该委关于组织机构设置、处室分工及任免干部文件;关于外省市成立驻津办事处及业务工作与该委来往文件;该委关于农业生产、财政金融、物资供应等工作问题通知、报告;人民来信来访工作指示、总结、通知;该委启用印章通知等。

天津市综合计划局
全宗号 X79

一、机构概况

天津市综合计划局成立于1970年9月,受天津市革命委员会领导,是由原天津市工业生产指挥部经济计划组、物资局、外经局、统计局、劳动局、增产节约办公室、煤炭办公室、上山下乡办公室、复员军人安置办公室等单位合并组成的,是管理全市劳动、物资、统计等国民经济计划工作的职能部门。其主要职责是负责全市国民经济计划的编制与统计,以及物资、劳动、支援内地、知识青年上山下乡、疏散城市人口工作管理事项。其内部机构先后设有办事组、政工组、经济计划组、物资组、统计组、劳动组、物价组、人保组、落实政策组、支内办公室、上山下乡办公室、战备办公室、节约办公室、复员安置办公室、废钢铁办公室等。该局另下辖天津市金属材料公司、天津市机电设备公司、天津市木材公司、天津市建筑材料公司、天津市化工轻工公司、天津市生产资料服务公司、天津市物资回收公司,并代管中央在津事业单位:中国化工轻工公司华北一级站、中国金属材料公司华北一级站、中国建筑材料公司华北一级站、中国木材公司华北一级站、物资管理部天津储运公司等。1972年底,该局撤销。

二、档案情况及内容介绍

馆藏该全宗档案共249卷,上架排列长度5米,档案起止时间为1970—1972年,档案按“年度-机构”分类排列。编有案卷目录和文件目录可供检索。

档案主要内容如下:

(一)综合类

有该局年度工作安排、总结;该局党委历次会议记录;该局第一次党代会文件;该局党委书记在局党委扩大会议上总结发言材料等。

(二)组织人事类

有该局关于组织机构设置、人员编制、启用印信的请示报告与市革委批复、通知;关于所属部门职责范围规定;所属单位关于建立革命委员会与委员分工请示及该局批复;该局关于成立复员退伍军人安置领导小组、成立回收利用服务站通知；该局对所属单位建立党委、党支部批复，市委对该局党委会组成和常委分工批复；关于恢复建立天津市计划委员会、天津市物资局、天津市劳动局请示、报告及市革委批复，市革委关于撤销该局通知；该局对所属单位企业领导干部调整、任免批示；所属单位关于干部调动的请示报告及该局批复；机关调资统计表等。

（三）计划类

有全国计划会议文件；天津市 1970—1972 年计划会议文件；华北五省市区经济管理体制及改革试点座谈会文件；该局关于天津市 1972 年生产、物资计划衔接会议情况汇报及会议文件材料；市革委下达国民经济计划通知；该局关于天津市国民经济概况及编制国民经济计划工作情况汇报；关于天津市计划执行情况总结、报告；天津市 1970—1972 年“四五”规划设想材料；该局关于 1971 年疏散天津市人口计划安排意见；关于天津市重点基建项目投资、原材料供应、生产计划落实问题；天津市承担援外工作计划任务；中央企业下放后存在问题向国家计委汇报材料及国家计委解决意见；天津市关于解决本市沙石基地建设、疏散城市人口、企业搬迁等问题与河北省协商情况报告；天津市支援河北省物资情况汇总表。

天津市经济委员会
全宗号 X110

一、机构概况

天津市经济委员会于 1962 年 7 月在原天津市工业生产委员会和天津市交通运输委员会基础上成立，受天津市人民委员会领导，是管理天津市工业生产和交通运输的职能部门。其职责是贯彻执行天津市委、市人委关于工业生产和交通运输方面的方针、政策；会同有关部门定期研究制定全市工业、交通部门的中心任务，统筹安排工业交通工作；督促和检查工业交通部门生产计划完成情况；组织协调各工业、交通部门所需物资的调度、调剂等工作。其内部机构先后设有办公室、军工生产办公室、综合处、物资协作处、企业管理处、重工业处、轻工业处、技术处、交通处、第一生产处、第二生产处、协作处、教育处。

二、档案情况及内容介绍

馆藏该全宗档案共6172卷、17610件，上架排列长度175.1米，档案起止时间为1958—2009年，档案按“年度-问题”分类排列。编有案卷目录和文件目录可供检索。

档案主要内容如下：

（一）综合类

有该委党组会会议记录；该委关于天津市工业交通工作要点、报告、安排意见、总结，及市委批示意见；关于机关职责范围、工作制度暂行规定；该委启用印信通知；市委关于开展增产节约运动动员报告；市人委关于天津市无线电台设置和使用管理办法、规定，及对天津市各局、企业设置无线电台批复；该委关于传达贯彻全国工业交通会议情况报告；天津市工业、基建、交通工作会议文件等。

（二）人事类

有市委关于该委干部任免通知；该委1961—1964年干部统计年报；该委关于干部调动与培训及提拔新生力量登记表；关于工业交通系统调资工作意见、报告、总结；干部工资情况调查表及调资名单；该委1965年评选工交企业先进集体材料；关于1962年天津市继续压缩城市人口、精简职工工作意见与各局精简工作总结；天津市工业交通系统压缩城市人口精简职工综合报表等。

（三）工业生产类

有该委关于天津市工业生产工作安排意见及完成情况总结报告；下达日用工业品、农业机械、内燃机、拖拉机与汽车配件、配套产品、农具生产计划通知及落实情况报告总结；部署天津市重大措施与重点工程所需设备任务的通知；该委和各工业局执行情况总结、报告；关于支援内地建设、出口援外生产任务通知、计划、报告；关于发展优质钢、合金钢规划及生产安排意见；天津市各工业局及公司提高产品质量、增加品种与改进工艺流程请示及市委与该委批复、通知；该委及有关区、局对天津市各企业新产品试制、投产情况调查报告；该委关于新技术产品生产协作定点任务落实情况报告；该委工业生产情况简报表等。

（四）企业管理类

有该委关于在天津市各工业企业传达贯彻工业“七十条”意见，天津市各工业局、厂试行工业“七十条”企业整顿管理工作情况报告、总结；该委向市委报送的“天津市工业工作条例”；天津市各局向该委报送的企业改组调整规划方案；天津市电机工业局关于企业厂房调整改组方案及该委批示；该委关于提高产品质量、加强技术管理工作意见；关于产品质量检查评比工作经验总结表等。

(五)交通运输类

有该委关于加强运输组织工作通知;关于交通运输工作基本情况报告、总结;国家经委华北工作组对天津地区交通运输基本情况调查报告;机械工业局、新河船舶厂关于渔轮、帆船、运输船等制造、生产计划,设备维修存在问题请示、报告、总结及市委与该委批复、通知;天津市内河航运局关于海河疏浚、津蓟铁路施工、新港船闸修复、渔船航道疏浚请示、报告及市人委与该委批复;该委编印的《天津市工业交通战线》;天津市工业交通生产会议文件等。

(六)财务经营类

有该委关于天津市工业交通企业扭转亏损、增加盈利及改善经营管理工作方案及安排意见;该委对地方工业、企业经营情况调查报告;对部分产品确定价格规定、通知;该委及计委关于组织地方工业产品供产销计划平衡工作方案;该委、财委及纺织工业局关于购买生产所需设备付款办法规定、通知;中央、国家经委、市人委等单位关于清理企业之间拖欠贷款问题规定、办法、意见、通知等。

(七)物资设备类

有该委关于节约煤电工作安排意见、报告、总结;物资管理局、供销合作社关于加强天津市废旧物资回收利用和经营管理工作报告;天津市清仓指挥部关于清仓积压多余物资收购处理办法、规定、通知;该委及各工业局关于清仓验收工作情况报告、总结;市委批转该委关于工业企业设备维修工作规划;该委关于天津地区交通运输、起重运输设备调查报告;天津市轻工、化工、塑料制品等行业购置生产设备计划、报告等。

天津市人民政府信息化办公室
全宗号 X411

一、机构概况

天津市人民政府信息化办公室于2001年4月成立,是主管全市信息化工作的市政府直属机构。该办负责推进全市国民经济与社会服务信息化工作,拟订全市信息化发展战略、方针政策,编制信息化总体规划。该办承担原市信息化工作领导小组办公室的职能;承担无线电管理的职能;承担市电子振兴办公室、市金卡工程办公室的职能;承担原市广播电视局广播电视传送网统筹规划与行业管理的职能。该办下设综合处、发展计划处、应用工程处、政策法规处、产业协调处五个职能处室。

二、档案情况及内容介绍

馆藏该全宗档案共9839件,上架排列长度17.85米,档案起止时间为1996—2009年,档案按“年度-机构”分类排列。编有文件目录可供检索。

档案主要内容如下:

有该办党组、行政会议文件材料,工作会议、专业会议材料;该办及其内部职能部门活动形成的工作计划、总结、报告;财务报表、凭证、账簿、审计等文件材料;党委、团委、工会和内部组织机构在工作活动中形成的文件材料;该办制定的工作条例、章程、制度等文件材料;干部任免、调配、培训,专业技术职务评定等文件材料;该办与有关单位签订的各种合同、协议书等。

天津市国有资产监督管理委员会
全宗号 X316

一、机构概况

天津市国有资产监督管理委员会(以下简称市国资委)成立于2004年6月18日。市国资委为市政府直属的特设机构,市政府授权其代表国家履行出资人职责,依法对企业国有资产进行监督管理。市国资委的监管范围是市政府出资的经营性国有资产和部分非经营性国有资产。其内部机构设有办公室、信访办、研究室、政策法规处、业绩考核处、统计评价处、产权管理处、规划发展处、企业改革改组处等。

二、档案情况及内容介绍

馆藏该全宗档案共11389件,上架排列长度63.75米,档案起止时间为2004—2009年,档案按“年度-机构”分类排列。编有文件目录可供检索。

档案主要内容如下:

有该委主任办公会会议纪要、会议通知及会议材料;国有资产监督相关制度、法规;有关企业股权、增资、上市、纠纷、债务、重组、改制、转让、破产等方面的请示、批复、函件等;组建企业、设立投资项目的请示、批复;有关企业年度监督检查报告;有关企业监事会会议材料;国有资产清产核资审查工作文件;法制宣传工作文件等。

天津市人民政府地方国营工业局
全宗号 X104

一、机构概况

天津市人民政府地方国营工业局于 1949 年 11 月成立,当时定名天津市人民政府工业局。1950 年 3 月 13 日,更名为天津市人民政府公营工业管理局。1952 年 9 月 6 日,又更名为天津市人民政府地方国营工业局。该局是天津市人民政府直接领导下的,负责天津市各公营工业企业的行政管理机关,其职责是编订所属工厂的建设、生产、原料收购与供应计划;对所属工厂及业务机构进行技术与业务指导;检查所属工厂和业务机构的工作,并进行各项工作的系统统计与总结;组织所属工厂与业务机构职工的劳动竞赛并推进与生产业务有关的各种运动;按期向市政府报告工作执行情况,并随时提供改进意见,提请市政府批准任免该局各处及所属厂领导干部;任免科级以下干部。该局内部机构先后设有局长办公室、生产资料科、技术研究室、行政科、业务部、技术改进科、生产改进科、资料科、第一生产部、第二生产部、秘书处(室)、计划处、生产管理处、基建处、财务处(科),人事处(室)、经营处、保卫处。下辖企业 100 多个。1954 年 9 月 12 日,该局撤销。

二、档案情况及内容介绍

馆藏该全宗档案共 4167 卷,上架排列长度 60.5 米,档案起止时间为 1949—1954 年,档案按"年度-问题"分类排列。编有案卷目录和文件目录可供检索。

档案主要内容如下:

(一)综合类

有中央、华北及市政府工业计划、条例、指示;该局局务会议、局属各厂厂长及军代表联席会议文件,党、政、工、团会议;该局及所属单位组织规程、机构设置、撤销、调整隶属关系、人员定编方面决定、批示;公私合营工作计划、总结、统计;为处理敌伪财产与市财经委与所属单位的来往文书;该局及所属单位参观、访问、调查报告;局及所属单位定名、更名、启用印信决定、通知;处理来信来访批示、总结;文书、档案、保密工作规定、通知等。

(二)人事类

有中央、市政府、该局人事工作条例、规定、计划、总结及调查、统计材料;该局评选先进集体、模范个人办法,及先进集体、模范个人事迹材料;人员任免、奖惩、调迁、录用、转正、辞职、退休、鉴定材料;安置军转干部、归国华侨文件;办理外籍人员回国文件;该局劳动工资条例、办法、标准;调整工资工作调查、方案、总结及评薪定级批复;该局劳动计划及完成情况统计;劳动生产率情况分析;局及所属单位监察工作会议文件及工作计划、总结;该局职工劳保规定、统计表;职工福利问题规定等。

(三)生产类

有该局及所属单位生产工作会议文件;该局生产指挥责任制度、标准操作方法、产品检验制度等项生产管理文件;工厂民主化管理报告;推行成本管理、车间核算经验材料;合理化建议、增产节约竞赛运动办法、条例、总结、统计报表、会议记录;查定工作计划、报告、总结;该局所属企业产值、产量、产品、质量、劳动生产率、成本降低率统计表;企业生产控制数字、单位原料消耗定额及组织技术措施计划月报表;设备数量、类型、性能、生产能力及利用率调查材料等;该局生产责任事故处理办法、安全操作规程、机器安全责任制及安全生产制度;开展安全运动文件等。

(四)经营类

有全国、天津市召开的供销工作、物资交流及加工订货、清仓工作会议文件;该局供销工作计划、总结、条例;物资分配、调拨批示、统计表及处理积压呆滞物资统计表、工作总结;产品价格、原料价格调查表;该局仓库管理、储运工作制度及清仓工作决定、总结;物资评价文件;为申请外汇向国外订货手续、统计表及与外商纠纷处理文件;该局加工订货工作安排与案件处理文件;对驻外埠办事处、站管理文件及业务来往文书等。

(五)财会类

有中央、华北、市政府及该局关于财务工作制度、计划、总结和会议文件;该局及所属单位财务预、决算;财务收支报表;清产核资、盘点清估及资产负债报表;资金运用、划拨、变动、清理、核定通知、报表,流动资金运转分析调查;成本核算计划、总结、报表;损益计算统计表;该局利润、折旧计划完成情况报告、提缴办法及统计报表;所属单位处理产权、债权、债务问题的报告及该局批示;基建投资控制数字、投资范围、拨款及财务收支报表等。

（六）基建类

有中央、天津市及该局关于基建工作条例、规定和会议文件；该局及所属单位基建计划及完成情况统计报表；新建、扩建工程项目选址、拨地、建筑设计、机器技术设计图纸及文字说明，及该局对基建计划任务书审核、批复、通知；工程施工合同验收报告；零星修缮工程计划、安排等。

天津市重工业局
全宗号 X109

一、机构概况

天津市人民政府地方国营重工业局成立于 1954 年 9 月 12 日，是天津市人民政府领导下，负责天津市重工业系统企业的经营管理、生产建设和对资改造工作的行政管理机构。1955 年 2 月，更名为天津市重工业局。其内部机构先后设有办公室、重工业处、化工处、人事处、计划处、财务处、供销处、生产处、合营处、监察室、技术室、化工技术研究室、对私改造办公室、安技科等。1959 年 3 月 28 日，该局更名为天津市冶金局。

二、档案情况及内容介绍

馆藏该全宗档案共 553 卷，上架排列长度 11.55 米，档案起止时间为 1954—1959 年，档案按“年度-问题”分类排列。编有案卷目录和文件目录可供检索。

档案主要内容如下：

（一）综合类

有该局年度工作计划、总结、报告；局务会及所属企业厂长会会议记录；该局所属企业全面规划方案，及成立长远规划委员会文件；该局关于机构成立、撤销、合并、变更、启用印信请示、报告及市政府批复、通知；增产节约和劳动竞赛方案，及举办劳动模范先进事迹展览会文件材料；文书档案、保密工作总结等。

（二）人事类

有该局人事工作制度、规定，该局干部任免、奖惩、人员调配请示及市政府批复；所属企业职工定级、退职退休、临时工转正请示、报告及该局批复、通知;该局干部职工名册及劳动模范名册;该局及所属企业关于职工工资、福利待遇规定、方案;公私合营企业工资改革方案及技术工人等级评定标准等。

(三)生产类

有该局召开技术专业会议及工业生产计划会议文件材料;该局及所属企业生产工作计划、总结、报告;关于生产管理、产品质量检验、劳动力管理及调配工作文件规定;新产品试制、技术改造、技术监督工作计划、报告、总结;关于工业生产技术经济定额指标和设备统计、调拨决定;该局主要产品计划完成情况统计表,历年产品产值统计表等。

(四)经营类

有市计委及该局关于经营供销工作指示、报告、总结;该局及所属企业关于产、供、销问题及与国外订货问题请示、报告及市计委批复、通知;关于经费协议、调整产品价格文件;物资供应统计综合报表等。

(五)合营类

有该局1956年公私合营企业改组规划方案、意见;对私改造工作报告、总结;申请合营及扩展合营计划;关于所属合营企业划归、迁并问题请示、报告及该局批复;合营企业工作人员福利待遇及资方人员薪金问题政策规定;对私改造工作简报等。

(六)基建财务类

有该局及所属企业财务工作制度,财务收支计划、决算报告,债权债务及资产估价清册、财产移交清册;该局基建工作计划、总结,及基本建设项目计划执行情况报告;该局及所属企业关于征地、所需经费、厂房车间改建、扩建及划归问题请示、报告及市政府、建设局批复、通知;工程设计任务书,基建财务决算报告等。

中央人民政府纺织工业部华北纺织管理局
全宗号X122

一、机构概况

1949年1月,中国人民解放军天津市军事管制委员会接管原中国纺织建设公司天津分公司,同年5月1日将该公司更名为天津中国纺织建设公司,1950年10月6日又将其改称中央人民政府纺织工业部华北纺织管理局。该局是中央人民政府纺织工业部领导下，主管华北地区各棉毛纺织厂、印染厂、纺织机械厂生产建设的行政管理机关。其内部机构设有秘书处、计划处、制造处、工务处、机料处、业务处、财务处、私营纺织工业管理处、人事处、劳动处。1954 年 8 月 28 日，该局撤销。

二、档案情况及内容介绍

馆藏该全宗档案共261 卷，上架排列长度6.01 米，档案起止时间为1949—1954 年，档案按“年度-问题”分类排列。编有案卷目录和文件目录可供检索。

档案主要内容如下：

（一）综合类

有该局历次局务会会议记录及大事纪要材料；该局组织机构设置、变更、调整、启用印信请示、报告及中纺部批复、通知；该局职责范围规定；华北地区纺织工业企业概况材料；中纺部及该局关于开展增产节约、评选模范工作指示、报告；该局及所属单位年度工作计划、总结；该局党支部工作计划、总结等。

（二）人事类

有中纺部及该局关于人事管理、福利待遇规定；关于军队转业干部、大中专毕业生安置、分配、工资、待遇工作指示、规定、通知；该局关于干部、技工定期培训规定及提拔干部统计年报；所属厂关于干部任免、提升、调动、处分请示及该局批复；该局对所属厂关于职工录用、退休、离职、奖惩批复、通知；该局及所属厂职工调资、评级工作计划、总结；该局年度劳动工资计划等。

（三）生产类

有中纺部及该局关于生产技术、原材料管理工作指示、规定；该局关于提高印染质量、改进产品设计工作指示、总结；关于军布生产质量检查报告；关于新产品试制、技术革新、合理化建议工作报告、总结；年度生产工作安排及所属厂生产计划完成情况报告、总结；该局对所属厂历年生产率与产品质量各项指标比较资料等。

（四）财务经营类

有中纺部及该局关于财会制度、固定资产调拨与利润缴纳办法规定、章则；该局各项财务收支计划完成情况及财务工作总结；年度财务决算报告；财产移交清册；中纺部及该局关于加强商标注册管理规定、通知；该局及所属厂关于产品价格规定；该局供销工作指示、总结与工业产品总产值计算表等。

（五）基建类

有中纺部及市建委关于基建工程施工与工程费用规定、通知；该局年度基建工作计划、总结；该局对所属厂扩建、改建工程请示的批复；所属厂报送技术设计任务书；该局基建财务决算报告；基建财务收支计划等。

中央人民政府纺织工业部供销总局华北供销分局
全宗号 X123

一、机构概况

中央人民政府纺织工业部供销总局华北供销分局成立于 1953 年 8 月 1 日，是在中央人民政府纺织工业部供销总局和华北纺织管理局领导下的纺织原材料及产品供销业务行政管理机构。其主要职能是负责华北地区各棉纺织厂所需统配物资供应；指导协助各厂销售各种自销产品；办理代购、代收、代运、代销及集中储备工作。其内部机构设有局长室、监察室、秘书科、计划科、材料科、原料科、销售科、仓储科、财务科、代办科、保卫科、运输队。1956 年 9 月 25 日，该局改称中央人民政府纺织工业部供销总局天津供销分局，受天津市纺织管理局领导，业务范围也相应改变。

二、档案情况及内容介绍

馆藏该全宗档案共 114 卷，上架排列长度 1.71 米，档案起止时间为 1953—1956 年，档案按“年度-问题”分类排列。编有案卷目录和文件目录可供检索。

档案主要内容如下：

（一）综合类

有该分局历次局务会会议记录；历年工作计划、总结及各项专题报告；供销总局及该分局关于组织机构建立、变更、合并、撤销，以及人员编制、启用印信通知；该分局所属厂报送的组织条例章则；该分局关于干部任免、提升、调动请示及华北纺管局批复；人事工作报表；华北纺管局关于固定资产管理办法、规定及该分局固定资产清册等。

（二）业务类

有供销总局下发的年度供销工作任务；该分局年度供销工作计划、总结；该分局与河北省纺管局关于物资供应工作分工负责协议；该分局关于物资清查工作办法，关于仓储工作检查报告、总结；该分局1954年市场调查总结、报告；关于洋麻调拨、收购计划及收购情况报告；物资供产销计划调查表；统筹物资计划执行情况表与综合年报；物资供应统计年报；纺织工业产品销售计划等。

天津市纺织管理局
全宗号 X124

一、机构概况

天津市纺织管理局成立于1954年8月28日，其前身是1950年成立的华北纺织管理局。天津市纺织管理局是天津市人民政府领导下，管理全市纺织工业的行政机关。其职能是按党和国家发展企业生产的方针、政策，对全市纺纱、织布、印染等行业企业的生产管理与生产技术工作进行领导与组织管理，并保证国家各项经济计划指标的完成。该局内部机构设有办公室、监察室、计划处、生产技术处、财务处、劳动处、保卫处、人事处。1958年10月3日，该局与天津市毛麻丝工业局合并。

二、档案情况及内容介绍

馆藏该全宗档案共453卷，上架排列长度8.09米，档案起止时间为1954—1958年，档案按“年度-机构”分类排列。编有案卷目录和文件目录可供检索。

档案主要内容如下：

（一）综合类

有该局历次局务会会议记录及年度工作计划、总结；关于开展增产节约运动指示、规定；该局对中央及市委、市政府关于天津市纺织工业生产发展情况报告；该局关于组织机构设立、变更、人员编制、职责范围、启用印信章程、通知；纺织部关于监察工作指示及该局历年监察工作计划、总结；该局所属厂出席天津市先进生产者代表会议名单及模范事迹材料；该局工业企业综合年报等。

（二）人事类

有纺织部及该局关于人事制度、工资标准、大中专毕业生分配工作指示、规定、办法；关于工资改革及测算方法规定；该局关于干部培训工作指示及总结报告；关于干部任免、调动、奖惩决定、通知；所属厂职工评定等级、退职退休、福利待遇、职工处分请示及该局批复；该局劳动工资年报及工资调查表等。

（三）生产类

有纺织部及该局关于加强生产技术管理、提高产品质量、改进工艺设计指示、规定；关于新产品试制及合理化建议工作指示、总结；纺织部颁发生产技术管理章则及该局贯彻执行情况总结；该局关于机械设备研制、制造、安装、检修规定、通知；该局生产计划完成情况总结等。

（四）财会类

有纺织部及该局关于会计制度、财务收支计划、经费开支标准规定；该局财务工作总结及年度财务收支计划；该局及所属厂历年财务成本调查基本报表；该局工业企业决算报告；该局及所属厂财产移交清册等。

（五）供销类

有该局关于产品供应、调拨、价格等问题指示；关于供销工作规定、总结；关于商标注册指示、办法等有关文件等。

（六）基建类

有该局基建计划及基建工程项目调整、拨款问题指示、规定、通知；基建财务计划与决算报告等。

天津市纺织工业局
全宗号 X125

一、机构概况

天津市纺织工业局前身是1954年9月成立的天津市人民政府地方国营纺织工业局，1958年3月5日改称天津市毛麻丝工业局。1958年10月3日，天津市毛麻丝工业局与天津市纺织管理局合并，名称为天津市纺织工业局。该局是天津市人民委员会领导下，负责管理全市棉、毛、麻、丝、针织、印染等行业企业的行政机关。其内部机构先后设有办公室、人事处、劳动处、财务处、计划处、生产处、机电处、基建处、供销局（供销处），另下辖6个公司和14个大厂。

二、档案情况及内容介绍

馆藏该全宗档案共1422卷，上架排列长度27.63米，档案起止时间为1954—1975年，档案按“年度-机构”分类排列。编有案卷目录和文件目录可供检索。

档案主要内容下：

（一）综合类

有该局历次局务会及党委（党组）会会议记录；各年度工作计划、总结；该局及所属单位组织机构建立、合并、调整、撤销、人员编制、启用印信请示及市政府与该局批复、通知；市政府及该局对所属单位机构迁并、改变领导关系批复、通知；该局历年党员统计年报；团委工作计划、总结及团组织发展情况报告；该局所属工业企业历史沿革及综合年报等。

（二）人事类

有该局关于制定八年干部成长规划意见及干部培训措施；市政府及该局关于干部任免、调动、提升及干部申请转工人决定、批复；该局关于纺织工业历年提拔干部情况调查表及干部统计年报；所属单位1955—1956年被评为全国及市级先进生产者名单；该局对所属单位职工升级、奖惩、退休批复；该局人事统计年报；该局劳动工资计划完成情况总结、报告；关于所属企业工资改革测算方案及汇总表；所属企业各类人员工资标准表；劳动工资综合年报等。

（三）生产类

有该局关于提高产品质量、增加新品种新花色新式样工作规划、意见、纲要及所属单位工作总结；所属单位关于产品质量检查工作报告；该局关于生产安排意见及历年生产计划完成情况总结；关于开展增产节约、技术革新运动通知、报告、总结；关于技术工作基本情况报告、总结及技术工作规则；关于高精尖产品规划意见及投产情况调查表；该局新产品试制情况报告及新产品一览表；工业产品品种明细表；所属企业年度产值产量汇总表等。

（四）供销类

有该局关于商标清理调查及贯彻执行商标管理规定通知；所属厂关于申请使用与变更商标注册文件；该局关于产品经营、销售情况总结材料、供销年报；纺织产品销售综合年报；物资供应年报；历年供销财务决算报告等。

（五）合营类

有该局关于纺织系统社会主义改造、生产改组初步意见；关于公私合营与生产改组工作情况报告、总结;关于扩展公私合营计划,及所属公司1955年扩展公私合营企业基本情况调查表;关于按行业企业合营及全面规划调查报告;该局对针织、毛麻丝、棉织、服装缝纫、印染5个行业合营情况调查报告、总结等。

(六)基建类

有该局年度基建工作总结、报告;所属单位关于改扩建厂房申请拨地请示及市建委批复;所属恒源纺织厂改建厂房请示,及市计委为此向中央纺织部报送的工程设计任务书、工程审查等材料;该局基建投资计划执行情况总结、报告;该局及所属厂向市计委、建委报送基建投资计划;基建综合年报;基建财务决算报告等。

(七)财会类

有该局关于财务计划执行情况总结、报告;年终财务工作检查报告;所属厂固定资产管理办法、总结及综合年报;该局历年财务、成本决算报告;所属企业历年资本与盈亏情况调查表;所属厂财产清册等。

天津市地方国营第一轻工业局 全宗号X135

一、机构概况

1954年9月22日,在原天津市地方国营工业局轻工业处基础上,成立了天津市地方国营第一轻工业局。该局是天津市政府领导下的,负责全市橡胶、造纸、玻璃、制药、木材加工行业生产管理的行政管理机构。该局内部机构先后设有办公室、供销科、财务科、技术研究所、生产处(后分为橡胶、化学、轻工3个处)、计划处、安技处、经理处、人事工资处(科)、公私合营处(科)等。该局还下辖有橡胶、造纸、制药、玻璃、木材加工、轻工业6个专业公司,大中华橡胶厂、中华火柴厂、丹华火柴厂、搪瓷厂等7个企业。1958年3月5日,该局与天津市第二轻工业局合并,改组为天津市轻工业局。

二、档案情况及内容介绍

馆藏该全宗档案共914卷,上架排列长度17.85米,档案起止时间为1954—1958年,档案按“年度–问题”分类排列。编有案卷目录和文件目录可供检索。

档案主要内容如下：

（一）综合类

有该局年度工作计划、总结；关于天津轻工业情况报告；局务会会议记录；局党委、团委关于组织工作指示、通知、报告；该局所属单位党、团组织关于组织建设与发展计划、总结；监委会会议记录及监察工作要点等。

（二）人事类

有该局所属企业概况一览资料；企业领导关系变更和企业改组规划、请示及市政府批复；人事工作计划、总结和人事专题会议文件；该局关于组织机构、人员配备及干部教育工作意见、情况报告；关于精简劳动力支援农业生产计划、报告；干部任免和调动工作请示及市政府批复；劳动保护工作总结；劳资工作计划、总结和劳动工资统计年报等。

（三）生产计划类

有该局关于生产和科研发展远景规划；企业生产调整规划方案、总结；该局及所属单位关于生产计划、总结；供销工作安排、总结；产品质量和标准工作计划、总结；科研新产品工作计划、总结；该局产值、产量及资金、成本统计年报等。

（四）基建财务类

有该局关于基建工作计划和执行情况总结；基建工程项目确立文件；工程投资建议和投资情况年度报表；基建财务决算统计年报；该局及所属单位关于财务工作规定、制度和财务预算、决算报表等。

天津市地方国营第二轻工业局
全宗号 X141

一、机构概况

1954 年 9 月 23 日，天津市地方国营第二轻工业局在原天津市地方国营工业局企业公司基础上成立，是天津市政府领导下，负责管理全市食品、皮革、油脂、文教、印刷等轻工行业企业的行政管理机构。该局内部机构先后设有办公室、监察室、总工程师室、计划处、财务处（科）、供销处（科）、安技处（科）、人事处、合营处、生产管理处、基建科、保卫科等。该局下辖食品、皮革、油脂、文教印刷 4 个专业公司，以及恒大烟草厂、天津罐头厂、天津植物油厂、工农兵乐器厂、华北制绳厂、起士林食品厂、津南制革厂、七星摄影器材厂、照相机厂等 9 个企业。1958 年，该局撤销。

二、档案情况及内容介绍

馆藏该全宗档案共 933 卷，上架排列长度 22.95 米，档案起止时间为 1954—1958 年，档案按“年度-问题”分类排列。编有案卷目录和文件目录可供检索。

档案主要内容如下：

（一）综合类

有该局工作计划、总结；行业发展远景规划；局务会议决定、会议记录；监察工作总结；人民来信来访工作总结；该局团委关于组织工作计划、总结；团支部大会会议记录等。

（二）合营类

有该局关于公私合营工作计划、总结、专题报告；关于公私关系报告；公私合营企业基本情况调查报告；关于实施全行业合营决定、方案；对资改造工作计划和总结报告；全行业进行对资改造工作方案；公私合营和对资改造会议记录、会议情况汇报；该局及所属单位关于公私合营企业管理请示及市政府批复等。

（三）人事类

有该局关于机构编制和职责范围规定；人事管理制度、办法；内部劳动管理规定；该局及所属单位关于企业合并、移交、迁并请示及市政府批复；工人技术教育工作计划、总结；干部和技术人员培训情况报告；该局关于干部配备和任免请示及市人事局批复；工资评定工作计划及执行情况总结；工资改革方案及奖励办法；劳动工资年报；职工基本情况调查表等。

（四）生产类

有该局关于生产管理工作指示、办法；各行业生产安排方案；生产情况专题总结、报告；合营企业生产情况报告和生产竞赛方案、总结；产品质量检查总结；工业总产值、主要产品产量实际完成情况汇总表；该局及所属单位关于技术组织措施计划及执行情况报告；技术工作总结及技术会议文件；新产品试制投产计划、奖励办法、经验总结；关于合理化建议等发明工作方案、奖励办法、总结；关于推广交流先进生产经验总结材料；产品、原料供销工作计划；产、供、销平衡工作方案、报告、总结；关于产品价格调整计划、办法；该局关于安技工作制度、规则、计划；关于安全生产检查总结等。

(五)基建类

有该局及所属单位关于基本建设工作计划、总结;基建财务收支计划;基建投资与基建用款计划、报告;基建财务预算、决算报表;基建情况及投资完成情况报表等。

(六)财会类

有该局关于财务管理办法、规定;行政经费开支标准;财务工作总结;财务收支专题计划、总结;关于成本管理工作总结、报告;所属单位关于产权股权和债权债务方面报告、请示及该局批复等。

天津市县社工业管理局
全宗号 X146

一、机构概况

天津市县社工业管理局于 1959 年 2 月 20 日成立,其前身是天津市地方工业管理局(该局 1959 年 1 月 26 日由原天津专区电力机械工业局、盐务化学工业局和轻工业局合并成立)。该局负责天津市县社工业企业的管理工作,包括生产计划平衡,原材料调拨、分配,产品价格管理等,同时负责天津市各县地方工业局的业务指导工作。该局直属单位有 11 个企业、2 个院校,其内部机构先后设有办公室、人事劳动科(人事教育处)、财务计划处、盐务化学工业处、轻工业处、电力工业处、机械工业处、基本建设科、供销处、生产处、公社工业处和轻化工研究所。1961 年 2 月 7 日,该局撤销。

二、档案情况及内容介绍

馆藏该全宗档案共 96 卷,上架排列长度 1.44 米,档案起止时间为 1959—1961 年,档案按“年度-机构”分类排列。编有案卷目录和文件目录可供检索。

档案主要内容如下:

(一)综合类

有河北省委、天津市委工作指示;该局局务会会议记录、年度工作计划、总结;县社工业情况简报、通报;局党组会会议记录、党团支部工作计划、请示、报告;直属厂厂长和各县工业局局长会议记录；局直属厂与各县工业局年度工作总结；工业整顿检查及支援农业专题报告；生产工具改革及农副产品综合利用经验材料；天津县社工业发展十年史（1949—1958年）资料等。

（二）人事类

有县社工业系统县以上行政管理机构变动和干部任免调动文件材料；市劳动局及该局劳动工资、劳动保护、干部培训、职工教育、安全生产方面文件材料等。

（三）生产类

有该局县社工业生产规划；该局科技规划会议文件与直属厂、县属厂上报技术资料；该局轻工业生产计划及各种轻工产品生产情况报告和统计资料；河北省轻工业局有关轻工业生产指示、通知；各县轻工业生产情况报告；该局化工生产计划安排、请示报告；化肥生产专题会议材料；各县化肥农药生产和技术革新、技术革命情况总结报告；该局农业机械生产安排与情况报告及半成品、自制品暂行管理办法和机械生产设备维修制度办法、规定；天津地区电气化规划材料及电气化工程进度统计报表；各县电厂、电站工作情况报告与经验介绍；该局电力生产计划、总结与专题报告等。

（四）基建类

有该局基建投资计划、基建财务管理请示、报告；该局所属轻工、纺织、建材、机械、冶金、化工、食品、电力各工厂企业基建工作请示报告与基建统计年报表等。

（五）供销类

有上级机关供销工作指示和物资管理规定、办法；该局供销工作总结、物资分配指标；各县工业局供销工作总结报告等。

（六）财会类

有该局年度财务计划、总结及计划统计工作指示、通知；该局统计报表、生产年报汇总表、职工人数工资汇总表、工种技术等级汇总表；各县工业局和局直属厂企业财务管理工作总结、报告及各种统计年报表等。

天津市人民委员会材料供应处
全宗号 X176

一、机构概况

1953 年,在天津市财政局建工科的基础上成立市财政局基本建设材料供应处,负责全市基本建设所需主要建筑材料的采运、加工、储存和调拨工作。1953 年,市财政局基本建设材料供应处改为市政府直辖处更名为天津市人民政府材料供应处。1955 年 2 月,天津市人民政府材料供应处改为天津市人民委员会材料供应处,归口市建设办公室领导。其内部机构下设五科二室,包括办公室(秘书科)、人事室、计划科、业务科、会计科、生产管理科、保卫科。

二、档案情况及内容介绍

馆藏该全宗档案共 141 卷,上架排列长 2.38 米,档案起止时间为 1952—1957 年,档案按"年度-机构"分类排列。编有案卷目录和文件目录可供检索。

档案主要内容如下:

有该处年度工作计划、总结;各项规章制度;接受各砖瓦厂移交清册;年度财务决算;生产计划和年报;干部配备、提拔机构编制;劳动计划;财务制度、办法;职工调查统计;监察工作计划、总结;专业干部安置、职工福利材料;会议记录等。

天津市建筑材料工业局
全宗号 X177

一、机构概况

1958 年,天津市人民委员会物资供应处改为天津市建筑材料局,主要负责全市建筑材料的生产供应,下设六处一室,分别为办公室、人事处、计划处、生产技术处、劳动工资处、财务供销处、基本建设处。1964 年,市建筑材料局改为天津市建筑材料工业局,归市经委领导。1970 年,由市建工局、规划局、市政局三个局合并成天津市建设局,原建筑材料工业局改为建筑材料工业公司,归属建设局领导,职能不变。1973 年,天津市建设局撤销,恢复原天津市建工、建材、市政三个局的建制;撤销天津市建筑材料工业公司,改为天津市建筑材料工业局。1986 年,市建筑材料工业局更名为建筑材料工业管理局,对天津市建筑材料工业实行行业管理。1994 年,经天津市经济体制改革委员会、天津市城乡建设委员会批准,改组为天津市建筑材料集团总公司。2000 年 11 月,经市委、市政府批准,改制为天津市建筑材料集团(控股)有限公司。2018 年 1 月,经市委、市政府批准,同意天津建材集团混合所有制改革实施方案。

二、档案情况及内容介绍

馆藏该全宗档案共 1335 卷、7733 件,上架排列长度 47.63 米,档案起止时间为 1952—2018 年,档案按“年度-机构”分类排列。编有案卷目录和文件目录可供检索。

档案主要内容如下:

(一)综合类

有该局党委常委会记录;局党委年度工作计划、总结;局党委对干部任免职务的批复;党委对各级领导班子调整的批复;局党代会形成的材料;组织改选工作的批复;组织工作年度报表;先进党组织、先进党员材料;廉政建设、党风党纪规定、办法;局党委对宣传工作的安排;老干部待遇规定;局长办公会会议记录;局长办公会纪要;机构设置、变更的批复;该局制定的规章制度;机构调整方案;企业升级标准、细则、办法;企业升级评定、复审意见等。

(二)人事类

有职称评定、干部培训文件;工资、福利、奖惩规定;干部录用,人员、机构编制文件;干部管理制度、办法;各类专业学校立案批复;外经工作规定、办法;出国人员申报批复;劳动保护规定;安全管理制度、办法;劳动工资计划、统计年报;劳动保险规定、办法;集体经济工作规定等。

(三)基建技改类

有基建项目批复材料;下达调整基建计划;基建项目费用批复;施工质量规定、基建财务、抗震工作规定;材料调价文件;技改项目立项批复,技改项目可行性研究批复,技改项目规定、办法等。

（四）生产类

有年度计划，调整年度计划；技措项目批复；生产用电规定；横向联合、统计工作文件；科技新产品工作规定、办法；新产品技术鉴定；新产品科研项目经费批复；工艺管理、规定、办法；产品质量标准；能源计划，能源、设备管理条例、办法；五年以上的发展计划；项目建议书；物资平衡分配计划；物资供应和管理规定、办法等。

（五）财会类

有财务管理制度规定；调整价格批复，价格政策；年度报表；会计凭证、会计账簿；财务成本、收支、计划、编报规定等。

天津市第一机械工业局
全宗号 X180

一、机构概况

1959 年 3 月 29 日，天津市人民委员会决定撤销天津市机电工业局和手工业局，成立天津市人民委员会机械工业局。1964 年 2 月 11 日，市人委决定将天津市人民委员会机械工业局改为天津市第一机械工业局。1968 年 2 月，经天津市革命委员会批准，成立天津市第一机械工业局革命委员会。1978 年 8 月 1 日，不再使用革命委员会名称，改回天津市第一机械工业局。该局是在市委、市政府和机械工业厅领导下，统管全市机械行业的职能机构。其内部机构设有办公室、政治部（下设秘书处、组织处、宣传处、干部处、机关党支部）、计划处、生产处、科技处、基建处、军工处、劳动工资处、财务处、保卫处、行政处、战备办公室、援外办公室、物资管理处、局干校等处室。

二、档案情况及内容介绍

馆藏该全宗档案共 975 卷，上架排列长度 22.95 米，档案起止时间为 1959—1985 年，档案按“年度-机构”分类排列。编有案卷目录和文件目录可供检索。

档案主要内容如下：

（一）综合类

有该局党委、常委会会议记录；党组会会议记录；局长办公会会议记录；该局工作计划、总结;党代会及选举结果、职务任命;局系统成立组织机构、启用印章批复;体制变动、局属单位合并、改组、更名、接管工厂企业移交材料;档案、信访工作文件;组织党员、职工学习材料;上级有关纪检工作指示、通知;工会常委会记录;评选全国优秀人物、集体名单;工会积极分子名册、综合统计年报;团干部统计表;组织青年开展各种竞赛材料;“五四”青年节总结表彰材料等。

(二)组织人事类

有该局干部任免请示、批复;机构设置、人员编制材料;老干部离退休请示、批复;劳动、工资、劳动生产率计划;企业定员定额、调资、退职退休批复;技术干部考核管理、干部调配、专业干部职称晋升材料;分配大学生登记表;奖惩条例、职工调动、招工报告、工人培训、考核材料等。

(三)业务类

有该局年度生产计划及经营计划;局系统主要经济技术指标计划、综合统计报表、合同纠纷、产品注册、商标、产品订货、交易展销等材料;上级有关统计、产品销售问题规定、通知;企业调整改组规划;新产品考核计划;机械工业发展规划调查报告;重点产品企业、行业发展规划方案、任务书;各类学校技改措施方案报告、批复;科研新产品试制计划、新产品鉴定与工艺审批、颁发新产品许可证书材料;技术引进、立项、签约、出口的报告、批复;科技成果及合理化建议奖报告、批复;年度质量指标考核计划;新工艺、新技术推广材料;质量创优工作规定;生产调度会会议纪要等。

(四)基建财务类

有该局房屋建筑、震灾重建、技术改造基建项目设计、计划;小型土建和大修项目申请、批复;工程预算调整、基建经费审批;人防工程相关材料;成本、利润、资金计划;经济核算、清产核资、产品价格批复;财务开支制度;会计报表、账簿、凭证等。

天津市第二轻工业局
全宗号 X184

一、机构概况

自 1954 年以来,天津二轻工业的发展主要经历了五个阶段:1954 年至 1959 年为手工业生产合作社联合社时期;1960 年至 1964 年为市公社工业局和市手工业局合署办公时期;1965 年至 1967 年为天津市第二轻工业局时期;1968 年至 1978 年为天津市第二轻工业局革命委员会时期;1978 年后为天津市第二轻工业局时期,至 1996 年改组为天津市二轻工业总公司。该局是在手工业基础上,经过社会主义改造,逐步发展起来的日用工业品生产部门。其主要内设机构有党委办公室、组织部、纪检委员会、统战部、机关党委、团委、局长办公室、人事处、老干部处、教育处、劳动工资处、规划处、科技处、外经处、联社办、审计处、财务处等。

二、档案情况及内容介绍

馆藏该全宗档案共 5764 卷,上架排列长度 95.76 米,档案起止时间为 1954—1997 年,档案按“年度-机构”分类排列。编有案卷目录和文件目录可供检索。

档案主要内容如下:

(一)综合类

有该局党委、常委会会议记录;局长办公会会议记录;该局及上级制定的规章制度、工作计划、总结规划;对所属企业改组、归口、撤销的请示、批复;关于所属企业隶属关系调整、更改厂名、厂房调整、机构编制、并厂、分厂的请示、批复;建立新公司选举产生党委会的报告、批复;该局及所属单位总支委员会改选及书记委员任免的批复;关于党员表彰先进、纪检监察、信访工作的通知、报告、批复;党组织、党员统计年报表;该局及所属单位外事工作的请示、任务、批件等。

(二)业务类

有该局生产建设计划、长远规划;生产计划完成情况的报告、通知;关于产值、产量、供销的批复;有关设备分配、计划、管理的通知、报告;新产品研制、投产、挖潜措施项目的报告、通知;有关技术引进、技术改造的计划、汇报、情况年报;科研项目完成情况统计表;企业调整工作、停产、破产、兼并、出租厂房、经济纠纷的请示、批复、通知、协议;关于下达计量检测标准、划拨标准补助费的通知、批复;生产调度纪要;统计资料简报等。

(三)人事类

有该局及所属单位干部年度统计报表;干部任免、调动、大中专毕业生分配的通知、介绍信、报到证;关于离退休干部、劳动模范待遇的通知、请示;全民、集体事业单位工作人员人数、劳动工资统计年报表;职工教育工作基本情况统计表;工资、奖励政策的通知、批复等。

(四)基建财务类

有该局基本建设财务决算报表;下属企业、各行业处、研究所财务决算;该局及所属单位基建计划、施工项目、厂房大修、投资计划的通知、报告、函；财务年度决算报表；资金活动情况财务决算表等。

天津市冶金工业局
全宗号 X185

一、机构概况

天津市冶金工业局成立于 1958 年 3 月 5 日。天津市人民委员会第十五次会议决议，将原统管化工、冶金两大行业的重工业局划分为化学工业局和重工业局，重工业局统一管理全市冶金工业企业，称天津市重工业局，后于 1959 年 5 月 1 日，改称天津市冶金工业局。1995 年 11 月 6 日，根据市委、市政府审定的《天津市市级党政机构改革实施方案》，天津市冶金工业局改组为天津市冶金工业总公司，原局的行政和行业管理职能逐步转移给市经济委员会。天津市冶金工业局是直属市政府领导的行政管理局，其职能为领导所属单位的生产发展和建设，统一负责冶金行业规划、设计、技术改造和调整，企业生产经营与管理，协调企业产、供、销、运输工作及人事任免事项等。该局内设机构有：行政设 17 个处室（办公室、人事处、计划处、财务处、企管处、劳动处、审计处、安环处、保卫处、科技处、教育处、能源处、基建处、生产处、机动处、集体处、行政处），党委设 6 个部处室（组织部、宣传部、老干部处、纪律检查委员会、党委办公室、机关党委），另设工会、团委。

二、档案情况及内容介绍

馆藏该全宗档案共 5033 卷，上架排列长度 70.56 米，档案起止时间为 1958—1995 年，档案按“年度-机构”分类排列。编有案卷目录和文件目录可供检索。

档案主要内容如下：

（一）综合类

有该局局务会、党委、常委扩大会会议记录；党组会会议记录、纪要；该局、党组年度工作总结、计划；关于机构调整、迁并厂、启用印章的通知、规划、请示、批复；所属各厂概况；冶金工业十年史；冶金局大事记；信访工作总结等。

（二）业务类

有该局关于执行产品质量标准的通知；提高产品质量的报告、统计年报；关于各项安全技术规程、检验标准的通知、规定；产品试制工作计划、报告、通知；下达产品指标和生产计划的报告、通知；该局关于工程项目的设计报告、设计任务书、批复；所属各厂财产移交清册等。

（三）人事类

有该局所属公司、厂干部任免、调动、职工奖惩相关规定；关于机构调整、人员编制的通知、报告；关于劳动力管理暂行规定的通知；职工精简工作材料；抽调职工支援内蒙古的任务通知等。

（四）基建财务类

有财务制度暂行管理办法；年度财务决算报告；该局所属单位年度基建、财务决算报表；年度基建计划；所属单位基建用地的请示、批复、通知等。

天津市电子仪表局（天津中环电子信息集团有限公司）
全宗号 X194

一、机构概况

天津市电子仪表局前身为天津市电机工业局，成立于 1959 年 5 月 13 日，下辖电讯器材、仪表、电机、电器 4 个公司，共 128 个企业。1964 年，市电机工业局改组为市第二机械工业局，将电机、电器 2 个公司划出。1986 年 5 月，市第二机械工业局改组为天津市电子仪表工业管理局，通称天津市电子仪表局，对国营和地方电子仪表业实现统一管理。该局内设机构为：党办、局长办、人防办、组织处、干部处、宣传处、综合计划处、生产处、科研处、技术处、财务处、外经处、劳动教育处、物资供应处、工会、团委。

1995 年该局改组为天津市电仪总公司，1996 年更名为天津市电子仪表工业总公司。2000 年 5 月 30 日，天津市电子仪表工业总公司改制为天津市中环电子信息集团有限公司，2008 年更名为天津中环电子信息集团有限公司。2020 年，公司进行混合所有制改革。该公司内部机构先后设有党办、组织部、宣传部、统战部、老干部处、机关党委、工会、资产经营部、劳动保险部、人事教育部、法律事务部、审计监察部、市场开发部、证券部、董事会办公室、信息化部、审计部、人力资源部、投资合作部、经济发展部、安全环境部等。

二、档案情况及内容介绍

馆藏该全宗档案共5806卷、37709件,上架排列长度221.91米,档案起止时间为1960—2020年,档案按"年度-机构"分类排列。编有案卷目录和文件目录可供检索。

档案主要内容如下:

(一)综合类

有总经理办公会会议纪要、集团公司董事会各类决议、通知;公司改革、职工安置实施方案;经营业绩、安全生产、法制工作材料;申报"海河工匠杯"技能大赛、"希望之星"工程活动、天津市自主创新与新动能人才培养培训工作材料;绩效考核、干部任免、人员调整、公开招聘材料;天津市电子工业大事年表(1930—1983年)、天津市电子仪表工业总公司2000—2004年大事记等。

(二)党建类

有党委工作要点、中心组学习记录、党委工作情况汇报;年度党建工作实施方案;接收党组织党员关系材料;各类专题党课材料;表彰先进党支部、优秀共产党员材料;纪检监察工作、党风廉政建设工作材料等。

(三)企业管理类

有技术改造、项目投资文件材料;关于振兴市管国有企业老字号工作方案;工业企业技术创新工作安排;科技型企业改革方案和工作台账备案报告;年度投资计划及完成情况报告、年度招标采购工作总结及计划等。

(四)财务审计类

有财务会计报表、预算决算报告、审计报告、资产评估报告以及清产核资相关材料等。

天津市农业机械局
全宗号 X390

一、机构概况

天津市农业机械局前身为渤海区农垦管理局,成立于1950年,1980年11月更名为天津市农业机械局。1983 年市政府决定撤销市农业机械局，在市农林局内设立农业机械管理处。2002 年 4 月，改为天津市农业机械发展服务中心，对外使用原市农业机械局印章。2010 年 6 月，市委办公厅、市政府办公厅颁发文件，成立农业机械管理办公室，为市农委内设机构，挂市农业机械发展服务中心牌子。该局内设综合处、发展计划处、技术服务处、装备管理处、安全监理处等。2018 年，根据市政府文件要求，农业机械管理办公室（市农业机械发展服务中心）撤销。

二、档案情况及内容介绍

馆藏该全宗档案共 519 卷、4583 件，上架排列长度 39.6 米，档案起止时间为 1973—2000 年，档案按“年度-机构”分类排序。编有案卷目录和文件目录可供检索。

档案内容主要如下：

（一）综合类

有市农委关于农林、农机部门调整机构等问题的批复、决定；关于该局部门隶属关系及人事任免的请示、通知；该局局长办公会记录；关于机构编制、职工工资的文件材料；科技人员统计年报；该局及所属单位基建计划、财务决算的批复、通知；关于宣传、教育工作的安排、通知等。

（二）业务类

有该局农机生产作业计划；关于农业机械化管理的通报、通知；所属单位关于农机管理、购置、出厂鉴定、价格管理的批复、报告；关于农机配件购置的批复；关于农机站移交问题的批复；关于物资供应站农机需求分配的方案、报告；支农投资使用情况的报告；农机产品市优评审委员会的通知、报告等。

天津市文化教育委员会
全宗号 X72

一、机构概况

天津市文化教育委员会于 1950 年 7 月成立，1955 年 2 月撤销。该委撤销后，成立天津市人民委员会文教办公室。1961 年 5 月,恢复天津市文化教育委员会。该委是天津市政府领导下,负责天津市文化、教育、卫生、体育等方面工作的行政管理机关。其内部机构设有办公室、综合处、高等教育处、普通教育处、业余教育处、卫生体育处、文化处。

二、档案情况及内容介绍

馆藏该全宗档案共 273 卷,上架排列长度 2.98 米,档案起止时间为 1950—1967 年,档案按“年度-问题”分类排列。编有案卷目录和文件目录可供检索。

档案主要内容如下:

(一)综合类

有该委党组会会议记录;各项工作计划、总结;所属单位有关行政管理方面请示、规定、通知;该委关于人事任免、人员精减指示、批复;文教系统大事记;评选先进工作者请示、批复等。

(二)教育类

有河北省人委关于教育工作指示、通知;该委关于高等教育、普通教育、业余教育工作计划、总结、简报等。

(三)卫生体育类

有市爱委会关于开展爱国卫生运动及干部医疗问题的指示、通知;该委关于加强妇幼保健工作安排意见;体育工作计划、总结等。

天津市第二教育局
全宗号 X318

一、机构概况

1979 年 5 月,为了积极发展半工半读教育,加强对半工半读教育事业的领导,成立天津市第二教育局。天津市第二教育局是市人委直接领导下的教育行政机构,其主要职能是组织推动全市工业、交通、基建、财贸系统半工半读教育事业的发展(包括制定发展规划、组织筹办学校、确定专业、领导教学、培养与管理师资队伍、总结交流经验等),并协同有关局办好全日制中等专业教育、职业教育和职工业余教育。其内部处室先后设有：办公室、审计处、高教处、职工处、农教处、中专处、人事处、培训处、政治处、财务处等。

二、档案情况及内容介绍

馆藏该全宗档案共1872卷，上架排列长度38.25米，档案起止时间为1965—1995年，档案按“年度-机构”分类排列。编有案卷目录和文件目录可供检索。

档案主要内容如下：

(一)综合类

有该局党组会会议记录；局务会会议记录、纪要；局长办公会会议记录；年度工作总结报告；机构设置、干部任免的通知、请示、批复；先进个人、集体登记表、通知；优秀教师、教育工作者审批表及事迹报告；人事工作的通知、报告、批复；劳动工资、职工增减情况统计表；基建决算报表，财务会计决算报表等。

(二)业务类

有教育事业发展及半工半读工作的规划；教育会议文件汇集；关于建校、增设专业的请示、批复、通知；年度计划、招生、分配工作的通知、请示、批复；半工半读经验总结会议文件；半工半读学校情况报告、统计、报表；工农教育工作计划、报告；农村扫盲工作报告；职工岗位培训和成人教育工作的意见、通知；教师基本情况表；中等专业学校录取新生登记表、毕业证书发放登记表；普通高校夜大、函授站毕业生名册；成人高校教学进程表、毕业证发放表；“七·二一”大学毕业生学历认证资格审查的批复；职工中专毕业生名册及颁发毕业证书的批复；电视中专毕业生名单等。

天津市高等教育局
全宗号 X319

一、机构概况

1981年3月，中共天津市委将原天津市高等教育委员会与市文教委员会合并为天津市文教委员会，内设办公室、高校教学处、科学研究处、计划财务处、基建物资处、人事处、学生处暨招生办公室、教育处、卫生处。1983 年 6 月，天津市委为加强高校工作，从市文教委员会划分出部分力量，建立天津市高等教育局(以下简称市高教局)，时任局长钱其璈，副局长金永清、石荣、马庆骧。市高教局成立时的主要任务为贯彻党的方针、政策，根据市委指示对高校进行督促检查；编制长远计划；推动高校德、智、体各方面的工作；负责高校招生、毕业分配和学籍管理工作；管理高等学校教师职称评定等人事工作；安排市属高校的物资基建及事业经费；外事工作；推动后勤和校容整顿工作。该局内设机构包括办公室、教学处、科研处、学生处、人事处、计划处、基建处、行政处、招生办公室。1995 年 6 月，天津市委、市政府进行机构改革，撤销天津市教育卫生委员会、市高等教育局等机关，组建天津市教育委员会。

二、档案情况及内容介绍

馆藏该全宗档案共 1450 卷，上架排列长度 43.2 米，档案起止时间为 1984—1995 年，档案按“年度-机构”分类排列。编有案卷目录和文件目录可供检索。

档案主要内容如下：

有关于高等院校人事工作通知；关于招生计划、增设专业工作的请示、报告等；关于留学生、研究生、中专生调配计划的请示、批复；出国人员选拔审批派出和外国学者来华讲学等外事问题的通知和批复；关于大学机关后勤、编制、保卫、用房等问题的请示、报告；高等院校教育教学管理工作文件；高等院校基建管理、学校发展规模等问题文件；关于科技教育体制改革、筹建科技公司等问题的意见、报告；高校科研信息；高校教师聘任制工作会议文件；与用人单位签订接收委托培养本、专科学生合同；关于下达市属院校重点学科经费、规划和建设文件；高校学生思想政治工作文件；教学改革经验交流文件等。

天津市教育卫生委员会
全宗号 X320

一、机构概况

1979 年 3 月，中共天津市委撤销天津市革命委员会文教组，建立天津市革命委员会高等教育委员会和天津市革命委员会文教委员会。1981 年 3 月，天津市委将天津市高等教育委员会与市文教委员会合并为天津市文教委员会。1983 年 8 月，根据中共天津市委决定，天津市文教委员会改设为天津市教育卫生委员会，何国模兼教卫委主任、党组书记，于愫为副主任、党组副书记，陈兆雄、周延昌为副主任、党组成员。该委为天津市人民政府的教育卫生工作部门，在市委、市政府领导下，负责管理市教育局、第二教育局、高教局和市卫生局的行政业务工作和有关外事工作；同时对天津市各区、县、局的教育卫生工作进行指导。该委内设机构包括办公室、调研室、教育处、卫生处、计划处、招生委员会办公室。

1986 年 2 月，天津市委机构改革，撤销中共天津市委教育卫生工作部和市教育卫生委员会党组，建立中共天津市委教育卫生工作委员会，与市教育卫生委员会实行统一领导，分工负责。市委教育卫生工作委员会是市委派出机构，在市委领导下负责教育卫生领域党的工作。市教育卫生委员会是市人民政府管理教育卫生工作的职能部门。市委教育卫生工作委员会、市教育卫生委员会的主要任务是贯彻执行党和国家有关方针、政策；研究天津市教育卫生事业发展战略，组织制订发展规划、中长期计划、年度计划；加强宏观管理，会同有关部门研究教育卫生事业经费、基建投资和专项费用、物资、外汇等方面的分配及综合平衡；组织全市人才的预测和培养，使天津市教育卫生事业与国民经济协调发展；管理归口单位党的建设、干部工作和思想政治工作。

1995 年 6 月，天津市委、市政府进行机构改革，撤销天津市教育卫生委员会、高等教育局、第二教育局，组建天津市教育委员会。保留中共天津市委教育卫生工作委员会，同天津市教育委员会实行合署办公。

二、档案情况及内容介绍

馆藏该全宗档案共 1460 卷，上架排列长度 30.6 米，档案起止时间为 1980—1995 年，档案按“年度-机构”分类排列。编有案卷目录和文件目录可供检索。

档案主要内容如下：

（一）综合类

有调整市教卫委机构体制方案；市高教委与市文教委合并为市文教委的通知；市文教委改为市教卫委通知；筹建市教科院的请示及批复等；市文教委全市普教工作文件；思想政治工作文件；初高等学校统计年报及基建工作报告；各类型托幼园所基本情况统计；全市教育事业计划；教卫工作要点；教育改革工作的请示及批复；全市普教工作会议文件、市职业技术教育工作会议文件、加强公费、劳保、医疗管理工作会议文件；市招考中心成立的请示及批复；成立留学生人员服务中心文件；卫生工作总结等。

（二）业务类

有市革委高教委关于高校招生、财务计划、基建工作的规定和通知；大学调资基本情况；

大学出国人员审批、接待外国专家计划安排等;教育改革文件;进修生增编、教授聘任问题文件;高校增设专业、调整学制文件;举办成人高校本、专科班通知;毕业生增加编制及高校毕业生分配计划;市属高校建立重点学科等的意见;建立各区县药检机构、计划生育技术指导所、食品卫生监督检验所的批复;高校教师兼课酬金收费标准规定;中小学师资工作会议文件汇集;讲师团工作总结;深化城市教育综合改革文件等。

天津市教育委员会
全宗号 X464

一、机构概况

天津市教育委员会成立于 1995 年 9 月,是由原市高等教育局、第二教育局和教育卫生委员会三个委局合并组建而成。2000 年 12 月 2 日,根据天津市政府文件精神,天津市教育局撤销,并入天津市教育委员会。该委主要职责是贯彻国家有关教育工作的法律法规,研究起草地方性法规,研究拟订教育发展战略、规划,管理各类高等教育、高等职业教育、中等及中等以下各类教育、成人教育,管理全市教师工作,参与拟定毕业生就业政策,指导学校思想政治工作、德育工作、体育、卫生、艺术、国防教育等。该委内设处室主要包括:办公室、法制处、发展规划处、高等教育处、高职高专教育处、成人教育处、中等职业教育处、中学教育处、小学教育处、学前教育处、德育处、学生处、民办教育处等。

二、档案情况及内容介绍

馆藏该全宗档案共 2123 卷,上架排列长度 47.7 米,档案起止时间为 1995—2000 年,档案按“年度-机构”分类排列。编有案卷目录和文件目录可供检索。

档案主要内容如下:

(一)综合类

有该委各年度会议记录;年度工作计划、总结;指令性和法规性文件;人事任免文件;工会工作材料;信访、纪检、宣传教育文件材料等。

(二)教育类

有教育改革和发展规划、计划类文件;中等、高等学校年度招生指导计划;教育信息统计类文件；学校课程、教材管理类文件；师资队伍建设、教学质量评估相关文件；学籍管理相关文件；学校思想政治理论课程和教材相关文件；学生心理健康教育文件材料；社会实践、勤工助学、劳动教育文件材料；毕业生就业政策、就业指导和服务工作文件；指导学校体育、卫生、艺术、国防教育和军训工作文件；民办教育发展规划和政策；国际交流、出国留学工作文件材料；高校科研工作相关文件等。

（三）基建财务类

有该委办公楼建设项目的请示、批复、建设及验收材料；办公楼维修相关材料；会计凭证、会计账簿、会计报表等。

天津市科学技术委员会
全宗号 X75

一、机构概况

天津市科学工作委员会成立于 1957 年 3 月 4 日，是市政府领导下的负责全市科学技术工作的行政管理机构。1959 年 1 月 23 日，天津市科学工作委员会改组为天津市科学技术委员会（以下简称市科委）；1968 年 11 月 29 日，市科委和市科协、市技术局合并为市科学技术局。市科委内部组织机构先后设有工业技术处、农业技术处、情报处、地震办公室、办公室、人事科、科学工作科、财务科。另外，该委按专业还设有数学物理、化学化工、机械电机、土木建筑水利、纺织、生物农业、经济、历史语言、医学等 10 个学科小组。

二、档案情况及内容介绍

馆藏该全宗档案共 879 卷，上架排列长度 13.0 米，档案起止时间为 1956—1985 年，档案按“年度-问题”分类排列。编有案卷目录和文件目录可供检索。

档案主要内容如下：

（一）综合类

有该委工作安排，委务会会议记录；关于科研机构职责情况报告；专业会会议记录；科技和科研工作计划、总结；该委党组扩大会会议记录；党团员统计报表；纪检监察工作报告等。

（二）组织人事类

有该委机构编制方案，机构管理与调整意见、方案及市政府批复；科研机构与技术力量基本情况调查报告；关于人事任免、职工福利、工资评定及机构设置请示、报告及市政府、市人事局批复等。

（三）科技计划类

有科委科研项目登记表和工作完成情况报告；科技发展规划和科研成就报告；新产品试制开发计划和新技术发展情况总结等。

（四）科研费用类

有该委科研概算、预算报表；基建投资控制数字报表；科研经费使用规定；科研经费计划与执行情况汇报；科研三项补助经费文件等。

（五）财会类

有该委财务会计决算报告；工资发放表和统计年报；调整工资综合统计表，清产核资报表等。

天津市人民政府财政经济委员会
全宗号 X77

一、机构概况

天津市人民政府财政经济委员会于 1949 年 9 月 10 日正式成立，是在政务院财政经济委员会和天津市人民政府双重领导下，统一领导全市财政经济工作的国家行政机关。其具体职责是协助市政府在业务上管理指导天津市财政局、税务局、公用局、供应局、粮食局、供销合作总社、工商局、外贸局、商业局（第一、第二、第三商业局）、工业局、港务局、交通局、人民银行天津分行、长芦盐务局及铁路、邮电、农林水利等单位的工作。该委员会成员由本市各财经部门负责人、公营和私营企业代表及部分专家等 45 人组成。其主要职责是贯彻执行中央和市人民政府的有关决定；拟定业务范围内的方针政策及工作计划；督促检查所属各局、处、行、社工作；审核所属各局、处、行、社的财务预算、决算；处理、协调所属单位之间的关系；完成其他经市人民政府决定授权或指定处理的事项。

该委员会成立以后内部办事机构变化频繁，先后设有秘书组、财经组、工业组、办公室、统计处、计划处、私营企业处、人事分处、城市建设委员会。同时,设有工业管理委员会、私营企业委员会、仓库调整委员会,此外,还聘请各方面专家和代表设立生产制度委员会、对外贸易研究委员会、外汇审核及税务研究委员会等。1955 年 2 月 10 日,该委撤销。

二、档案情况及内容介绍

馆藏该全宗档案共 7022 卷,上架排列长度 94. 52 米,档案起止时间为 1949—1955 年,档案按“年度-问题”分类排列。编有案卷目录和文件目录可供检索。

档案主要内容如下:

(一)综合类

有中央及天津市财经工作法令、规章制度、条例办法、指示;中央及天津市财经工作会议文件,天津市供、产、销专业会议文件;该委及所属单位组织机构、人员编制、隶属关系及人事任免、奖惩、调遣的决定、通知;增产节约、爱国增产竞赛及合理化建议运动计划、总结、报表;关于外事工作及外资企业管理规定、通知;管理财经学校工作的指示;该委内部财会、总务工作规定、办法;文档、机要、资料管理及印信、机关登记工作文件;处理人民来信来访总结、汇报等。

(二)计划类

有中央及该委关于编制国民经济计划、规划、指示、办法及各种计划表格编制方法和说明;全国及天津市计划会议文件;天津市第一个国民经济五年计划;所属单位关于编制国民经济计划的报告、请示及该委批复;全市各企业国民经济计划执行情况报告等。

(三)统计类

有中央及该委关于统计工作命令、条例、指示及统计报表格式说明;全国及天津市统计工作会议文件;该委与所属单位关于统计工作报告、总结及来往文书等。

(四)工业类

有中央及天津市关于工业行政管理法令、条例、决定;中央及天津市工业会议文件;各工厂生产能力、设备等基本情况登记调查材料;1950 年全国工矿企业统一普查文件;工厂查定工作计划、总结;建立工人管理委员会、建立责任制工作文件;生产改革、生产技术工作文件;清产核资、设备购置调拨统计报表、通知;成本核算、产值、利润及产品不变价格计算分析、调查、统计材料;产品规格、种类、质量、价格、调查总结;该委对工厂接交、合并、迁移批复;中央、该委、长芦盐务局盐务会议文件,盐田收归国有及盐的产、运、销管理工作计划、总结;该委、电业部门工业用电会议文件,及工业用电管理工作调查、总结;该委关于开展安全运动材料等。

(五)贸易类

有内贸、外贸20余个专业贸易公司工作计划、总结;专业会议文件,该委对各公司业务工作指示、批复;有中央及该委关于内贸工作政策、法令、条例、办法;全国及市内贸会议文件;天津市内贸情况调查材料;华北、天津市物资交流大会组织情况及工作总结;该委关于市场物价调查、调整与管理办法;关于商品供销、采购规定及组织管理工作文件;中央和该委关于私营工商业改造的政策及会议文件;该委关于公私合营工作基本情况总结及对私营工商业户要求公私合营批复;该委关于合作社工作章则、法令;中央及天津市外贸工作会文件等。

(六)劳动工资类

有全国及天津市劳动工资工作会议文件;市军管会、该委处理劳资关系规定,劳资情况调查、专题报告;天津市企业劳资协商会议总结及经验介绍;天津市工资等级标准、工资控制数字意见、奖金处理办法;该委对调整工资工作指示及对所属单位调资方案批复;工资问题调查统计、分析研究材料;市政府及该委关于失业工人安置、生活补助及救济金征收办法;该委关于天津市劳动力分布、配备情况调查;劳动就业计划、失业工人登记统计情况报告及处理意见;失业工人生产自救情况材料;关于职工医疗教育、生育、死亡、假期及女工保护规定、办法;关于安全卫生、防止中毒、劳动纪律规定、办法等。

(七)财税类

有中央、市政府关于财务管理工作命令、决定、规定;全国及天津市财务工作会议文件;该委关于财务预算、决算、概算编制计算办法;预算、决算、岁出、岁入报表;关于经费开支、供给标准规定、指示;该委关于发行及推销公债条例、规定、报告和统计报表;该委对机关所属生产单位接管、移交批复;中央、市政府关于税收条例及征收、减免、调整税收办法;中央及该委税务工作会议文件等。

(八)金融类

有全国及天津市金融工作会议文件;军管会、该委对金、银、银钱业管理办法;关于私营银行、钱庄组织简则、章程;军管会、该委关于兑换、肃清伪币工作方案、总结;市政府、该委关于货币、现金、证券管理命令、办法;市人民银行存、贷款业务管理办法、总结;该委及市人民银行关于外汇使用、外汇交易所管理条例、规定及工作总结;信托公司、投资公司章程、登记申请、组织情况及业务工作报告;军管会、该委对成立保险公司的批示,及贯彻执行政务院强制保险的通知;天津市证券交易所成立、撤销及业务工作文件等。

(九)物资类

有政务院关于国家统一分配物资管理条例、办法及物资目录,全国物资分配工作会议文件，该委及有关单位关于分配物资供应、调拨、作价工作报告、统计表；该委关于分配物资计划、节约物资计划及计划执行情况报告；全市库存物资及分配情况调查；该委关于处理呆滞物资规定、批复等。

（十）交通运输类

有中央及天津市交通运输、港务工作会议文件；天津铁路运输计划、货运情况统计及该委对申请建铁路专用线基建计划的批复；该委关于内河航运、海洋运输管理规定及情况统计表；市政府关于天津港区划定、港区统一管理决定、办法，港区维修工程计划及仓库交接来往文书；船舶检查管理登记章程及调查统计；该委及公用局关于天津市公用事业经营工作管理及综合与专题工作计划、总结；该委关于私营运输经营管理办法；对邮电工作指示及国家关于邮电工作规定；关于仓库管理工作规定、办法；仓库分布、使用情况调查统计及移交文件；仓库修建工作计划，清仓工作办法及统计报表；关于危险品仓库与危险品管理规定等。

（十一）基建类

有该委关于基本建设投资拨款、拨地、工程用料批准程序规定、办法；全国及天津市基建工作会议文件；部分企业、事业单位基本建设计划、总结、统计报表；该委对天津市大型基建工程、基建计划书批复；建设市工人新村工作文件等。

（十二）农村、水利类

有全国及天津市农林、水产会议文件；全市农业生产情况统计；该委关于国营农场管理工作文件；关于林业生产管理规定及对毁林处理办法；全市渔业生产计划、总结、调查及渔业贷款情况报告；该委关于建立渔业生产合作社文件；对水产品供销收购指示及水产市场选址、修建的批示等。

天津市财政贸易委员会
全宗号 X85

一、机构概况

1960年6月，天津市人委财粮办公室与市物价委员会合并成立天津市财政贸易委员会。该委是天津市委、市人委领导下，负责全市财政贸易工作的行政管理机构，市财政局、市税务局、市供销合作社、市粮食局、一商局、二商局、副食品局、水产局、外贸局均归其领导。该委主要任务是调查研究财贸工作情况，督促检查财贸行政工作；结合计委和有关部门平衡全市工农业产品生产的产、供、销年季度计划，以及财贸部门劳动工薪计划；掌握购、销、调、存、赚的基本情况；协助解决商业部门经营管理问题，掌管工商行政管理工作以及网点调整工作。该委内部机构开始设有7处1室，后多次变动，主要有财政金融处、工商行政管理处、物价处、商业处、市场处、轻工业处、农林（农业）处、综合技术处、劳动工薪处、办公室。

二、档案情况及内容介绍

馆藏该全宗档案共969卷，上架排列长度22.95米，档案起止时间为1960—1967年，档案按“年度-问题”分类排列。编有案卷目录和文件目录可供检索。

（一）综合类

有该委党组会会议记录、各项工作计划安排、报告；该委委务会、局长联办会会议记录、纪要；该委大事记，市财政贸易年度工作计划、总结报告；该委及财贸系统各局机构编制、启用印信、干部配备、干部统计、人事安排文件材料；该委关于商业体制机构调整意见方案，财贸系统调整机构体制、精减人员、干部下放计划、总结、报告；历年财贸系统职工队伍统计材料、干部名册、职工统计；部队转业军人安置、财贸院校毕业生分配文件材料；有关财贸系统工资福利和存在问题的请示、报告与调查材料及市人委批复等。

有财贸系统开展反浪费、比学赶帮超运动文件；财贸系统防空备战、防汛抗洪救灾专卷，支援工农业生产，组织商品下乡工作队情况报告；历年财贸系统各局、行、社及区县财委工作上报综合文件材料等。

有中央财贸部及省、市委对财政贸易工作的指示及中央领导讲话；中央、华北区、省、市财贸工作会议文件，省、市商业工作会议文件，市物价会议文件，华北区物资交流会文件，市财贸政治工作会议文件；国务院财办、华北局对天津商业工作调查材料，天津《财贸工作简报》、各期《财贸情报》等。

（二）业务类

有中央财贸部、国务院以及省、市人委关于财政金融工作政策法规指令性文件；国务院及省、市人委关于财政收支、预算管理、银行信贷、资金管理、税政税收管理、工商行政市场摊贩管理各项指示、办法、规定；该委关于财贸物资分配供应工作计划、办法、通知；组织供销社、货栈消费合作社物资流通各项文件；压缩社会集团购买力规定文件；省、市人委、市财委、计委、经委下达的外贸物资收购与出口计划文件；市人委、财委关于粮食、油料、棉麻稻等主要经济作物及农副产品、水产品、蔬菜的产、购、销政策、指示、办法及有关文件；国务院、河北省委关于按经济区域组织商品流通文件；天津市委、市人委有关发展全市近郊副食品基地的措施、计划安排及调查报告；省、市人委、市财委关于企业扭转亏损、增加盈利工作的规划、办法与情况汇报，及对该委有关问题的审批文件；省、市人委、该委安排日用品工业生产和市场供应指示；天津市日用品工业生产简报、日用工业品供销资料汇编；小商品、日用百货、针棉织品、轻工化工、五金交电产品、农药化肥及医疗、修配、洗染服务等非商品价格调整文件及各种凭证供应商品票证样本；省商业厅对该委有关干鲜果品、烟酒副食、木材家具、中西药、粮油、水产、蔬菜价格调整请示的批复文件；该委对粮食、油脂、副食、水产品、蔬菜、柴炭等市场供应工作计划、指示、通知，及购销安排意见和向上级的请示报告；该委华侨物资供应规定及供应情况报告；该委有关对外贸易收购的计划、通知和外贸内销计划意见；有关居民购买力、货币流通、城镇储蓄、节日市场供应的调研材料；天津市工业品外调外销情况调查材料等。

天津市民族事务委员会
全宗号 X186

一、机构概况

天津市民族事务委员会成立于 1953 年 4 月，是隶属于天津市人民政府的行政管理机构，业务上接受国家民族事务委员会的指导，行政上受市人民政府领导。其主要职责是在市委、市政府的领导下，督促检查民族政策的执行情况，协助发展少数民族政治、经济、文化，促进民族团结。该委内设办公室、民族处、宗教处、经济处，另领导两个群众团体——天津市回民文化促进会和天津市伊斯兰教协会。

二、档案情况及内容介绍

馆藏该全宗档案共 772 卷，上架排列长度 8. 82 米，档案起止时间为 1953—1990 年，档案按“年度-机构”分类排列。编有案卷目录和文件目录可供检索。

档案主要内容如下：

（一）综合类

有该委党组、党支部、党小组、干部会议等记录；市民族工作会议、民委委员会议材料；有关民族、伊斯兰教重要工作的请示、报告、批示；年度工作计划、总结；中央领导讲话、报告；成立伊协、回协的请示、批复、工作任务、简章、委员名单；信访工作报告；档案工作情况汇报；民族工作简报、动态与信息等。

（二）民族事务类

有关尊重少数民族风俗习惯的规定；少数民族人口统计表；民族工作参考资料；民族工作总结；少数民族概况；接待少数民族地区代表团及少数民族重大节日活动情况；民族政策执行情况和意见；少数民族文化教育工作报告；“开斋节”“古尔邦节”放假、粮油补助办法；少数民族政治、技术训练班学员情况、就业计划等材料；国家民委增拨少数民族事业费的通知；对少数民族生产补助金使用的计划请示；成立回民安葬服务馆的请示、批复；回民公墓使用证、埋葬办法和殡葬价格意见及调整方案等。

（三）宗教事务类

有伊协筹委会备案申请及委员名单；清真寺历史变化；修复、开放清真寺的请示及批复；清真寺土地出租的请示、批复；朝觐、斋月情况报告；伊斯兰教生产学习公约及管理办法等。

（四）人事类

有该委及所属单位编制方案的请示、批复；区县民族机构设置意见；干部的任免、调动及退休的材料；干部精简方案、名单；工资改革方案、报告、名单；思想汇报、考绩总结；人员出国访问材料；干部、党员年度统计表等。

天津市民政局
全宗号 X65

一、机构概况

天津市民政局成立于 1949 年 1 月 17 日。该局是天津市人民政府领导下，统管全市民政工作的国家行政管理机关。其主要职能是贯彻执行全国和天津市人民政府民政工作方针、政策、指示，拟定全市民政事业法规、实施办法，负责全市拥军优属、荣复转退军人安置、社会救济、救灾、社会福利事业、婚姻登记等项工作。其内部机构先后设有秘书处（秘书室）、行政科、社会福利科、户政科、不管科、人事室、社会科、民政科、优抚科、郊区科、保育科、总务科（室）、农村工作科、生产科、侨务科、财务科（室）、收容教养科。

二、档案情况及内容介绍

馆藏该全宗档案共2443卷，上架排列长度48.45米，档案起止时间为1949—1999年，档案按“年度-机构”分类排列。编有案卷目录和文件目录可供检索。

档案主要内容如下：

（一）综合类

有该局局务会、集体办公会会议记录；天津市民政工作会议文件；该局年度工作计划、总结；该局对所属单位更改名称批复；接待苏联盲人协会代表团文件；干部任免、职工工资评定、人事变动请示及市政府批复，通知；该局年度财务预决算、事业费预算；局属单位财务管理、开支标准规定；该局接收国民党天津市民政局、天津县政府、卫生院、临时参议会、税捐稽征处、社会服务处、社会部天津职业介绍所、社会局社会福利科清册；接收国民党天津市民众自卫队、军民合作总站、自卫总队、训练团、陆军军官会清册；政务院、华北区及市政府关于禁烟禁毒工作通令、暂行办法；市政府关于宗教工作指示和基本原则；天津市寺庙情况调查、管理规定等。

（二）区街建政类

有中央及天津市政府关于基层政权建设指示；市政府关于区街政权组织工作条例、方案；市、区各界人民代表会议组织通则；市政府及该局关于居民工作规划纲要；街办事处居民组织工作通报；整顿街道组织工作办法等。

（三）优抚安置类

有中央内务部、市政府关于优抚工作指示、规定、批复；该局年度优抚工作计划、总结、统计；救济事业费预算；关于军干伤亡优待抚恤暂行条例；优抚对象政治、物质待遇规定；军干烈属死亡埋葬费补助及医疗补助办法；革命军人失踪、牺牲、病故及家属请领抚恤金文件；春节、八一建军节拥军优属工作文件；市内烈军属情况调查；荣复转退军人安置情况材料；还乡移民工作文件材料等。

（四）烈士及陵园类

有中央内务部及该局关于烈士称号审批工作与有关机关往来文书；该局关于烈士陵馆、陵园、坟基修建及烈士陵墓迁移工作指示、办法；市政府及该局关于接收在日死亡劳工遗骨运津工作总结、人员名册等。

（五）生产救灾类

有华北区政府、天津市政府及该局关于预防春荒、救灾，支援灾区、灾民供应工作指示、规定;贫苦军属、贫苦市民生产自救工作及动员灾民还乡工作总结、通知;生产自救工作统计年报;全市贫民、灾民情况调查等。

(六)社会福利生产类

有市人委、财政局关于社会福利生产、纳税问题指示;该局社会福利生产情况汇报、总结;社会福利企业财务管理、福利费使用规定;各福利厂职工工资等级标准及临时工录用、转正、奖惩请示与该局批复等。

(七)社会救济类

有全国第四次城市救济工作会议文件;天津市冬令救济委员会组织规程;该局关于市区社会救济标准文件;贫苦市民修房补助、盲人乘车补助办法;社会救济工作统计表;关于郊区救济款评议及集中发放工作与各郊区来往文书;救济户分类排队工作报告;中央内务部、市人委关于苏朝侨民生活救济批复;全市合并组慈善团体方案;开展盲聋童教育工作文件等。

(八)收容教养类

有中央内务部、河北省民政厅关于残、老、儿童收容及劳动教养工作指示、规定、通知;该局关于收容人员服务待遇和生活标准规定;收容处理乞丐委员会组织规程;收容处理乞丐布告、暂行办法;收容人员统计表;教养院院民收容处理及奖惩办法;教养工作经验;天津市劳动教养机构管理细则等。

(九)婚姻类

有政务院、内务部关于各省市自行拟定婚姻登记办法、贯彻《婚姻法》指示;市政府及该局婚姻登记办法,婚姻登记统计表;婚姻年龄统计表;婚姻登记工作疑难问题、外侨婚姻问题请示及市政府批复等。

(十)社团登记类

有市政府及该局关于社团登记工作批复;社团登记管理办法、实施细则;外侨团体情况介绍及登记办法;对未申请登记非法社团处理暂行办法;天津市各社团申请登记报告、机构简介、职员名册;社团情况调查,社团登记审查处理初步意见等。

中国人民救济总会天津市分会
全宗号 X66

一、机构概况

中国人民救济总会天津市分会成立于1951年1月,是中国人民救济总会及天津市人民政府领导下的群众性社会福利救济组织。其内部机构先后设有秘书室、办公室、救济福利课、研究课、总务课,及教养科、生产科、人事科。1955年5月,该会撤销。

二、档案情况及内容介绍

馆藏该全宗档案共198卷,上架排列长度3米,档案起止时间为1951—1955年,档案按"年度-问题"分类排列。编有案卷目录和文件目录可供检索。

档案主要内容如下:

(一)综合类

有市政府对该会工作检查报告;该会工作计划、总结、报告;该会办事细则、集体办公及行政会议记录;组织编制、领导关系,业务范围及启用印信文件;关于慈善团体、会馆、医院等单位开办、接收、合并、移交材料;该会所属单位调整更改名称通知;该会人事任免、调整通知;干部评级、定薪通知;该会关于干部教育计划、处理决定;该会财务预算、决算等。

(二)业务类

有全国救济工作会议文件;该会召开救济代表会议总结、报告、通知及章程、会刊、提案审查报告;该会关于救济福利工作计划、总结、简报;该会募捐寒衣工作计划、总结、报告;该会关于孤儿弃婴领养、贫苦市民死亡埋葬,及生产单位徒工提升、劳动队管理、收容处理办法、规定;收容人员统计表;该会教养工作、儿童福利院、育幼院工作各项制度、办法、规定;该会关于天津市慈善团体、会馆、调查总结,财产处理方案、指示、办法、意见;该会盲人生活出路调查材料及该会关于盲人要求生活出路问题向市政府的请示及市政府批复文件等。

天津市劳动就业委员会
全宗号 X67

一、机构概况

天津市劳动就业委员会成立于1952年8月。该委是天津市人民政府领导下,由市政府人事处、市劳动局、工商联、总工会、财政局、民政局、教育局、外贸局、建委、合作总社、公安局、纺织管理局、人民银行天津分行、妇联等单位人员联合组成的,负责全市组织管理与解决劳动就业问题的行政管理机构。其内部机构设有办公室。1954年,该委撤销。

二、档案情况及内容介绍

馆藏该全宗档案共65卷,上架排列长度0.85米,档案起止时间为1952—1954年,档案按“年度-问题”分类排列。编有案卷目录和文件目录可供检索。

档案主要内容如下:

(一)综合类

有该委年度工作计划、总结、报告及会议记录;各区、塘沽分会向该委员会请示、汇报;该委关于劳动就业工作指示、通知;该委组织编制及启用印信文件;人民群众来信来访材料;年度财务预算、决算等。

(二)业务类

有中央关于失业人员统一登记办法及处理失业工人办法;该委关于失业人员登记办法细则;劳动力调配暂行办法、工作细则;关于改进就业介绍手续具体办法;劳动就业登记工作报告、总结;失业工人登记与自行就业工作情况调查报告;失业人员审查清理工作计划、总结;改进调配工作典型试验工作总结;关于失业人员中心组工作情况调查及恢复中心组报告;劳动就业工作情况简讯、简报、通讯、通报;各工厂、企业向该委员会报送的需工计划表等。

天津市失业工人救济委员会
全宗号 X68

一、机构概况

天津市失业工人救济委员会成立于 1950 年 5 月，该委由市总工会、劳动局、工商联、合作总社、民政局、妇联、建设局、对外贸易局、财政局人员联合组成，是解放初期天津市人民政府领导下的管理救济失业工人的行政机构。其内部机构先后设有办公厅、组教处、生产处、工赈处、救济处、会计处。1952 年 8 月，该委撤销。

二、档案情况及内容介绍

馆藏该全宗档案共 128 卷，上架排列长度 1. 19 米，档案起止时间为 1950—1952 年，档案按“年度-问题”分类排列。编有案卷目录和文件目录可供检索。

档案主要内容如下：

(一) 综合类

有该委工作计划、总结、报告及会议记录；机关行政管理制度及决定；组织机构编制、公文处理办法及启用印信文件；工赈队移交建委通知；人民群众来信材料等。

(二) 业务类

有市政府关于失业工人救济工作及失业工人还乡生产指示、通知；该委对各区失业工人救济工作组的指示；关于失业工人救济金缴收问题向市政府的请示及市政府批复；关于救济失业工人工作通告、条例、规定、暂行办法；失业工人登记、救济、医疗补助、生产贷款等项制度；天津市失业工人救济工作汇报；转业训练工作总结；工赈队、文化学习班、师资训练班、生产自救厂失业工人登记情况报告及统计表；失业工人登记分类业务情况电报；失业工人宣传纲要；该会与各厂订立劳动失业工人学徒方案、报告、合同；工赈队以工代赈工程计划、总结、统计表等。

(三) 财会类

有该委财政、会计规章制度、办法；关于救济金征收、发放工作总结报告、通知、规定、统计表;为救济金征收及开支等问题与有关单位来往文书;失业工人救济粮款收支情况简报;失业工人救济金缴付及外侨缴纳救济金通告;失业工人救济费、预算决算、收支概算及救济金数目等。

天津市支援河北省灾民募集寒衣委员会
全宗号 X69

一、机构概况

天津市支援河北省灾民募集寒衣委员会成立于1956年9月,主要职能是组织与发动天津市广大职工、干部和群众,积极进行募捐寒衣工作,帮助河北省灾民度过水灾。该委设有办公室,负责日常工作。1956年11月,该委撤销。

二、档案情况及内容介绍

馆藏该全宗档案共10卷,上架排列长度0.45米,档案起止时间为1956年9—11月,档案按“问题”分类排列。编有案卷目录和文件目录可供检索。

档案主要内容如下:

有该委成立及结束文件;支援河北省灾民募集寒衣工作方案、宣传提纲;募集寒衣工作通知、通报、简报、总结及会议记录;天津市各区募集寒衣综合统计报表;该委关于调拨寒衣和捐款问题与河北省救灾委员会等单位来往文件;募集寒衣工作中人民来信材料;河北省灾区对天津市工人阶级感谢信等。

天津市侨务办公室
全宗号 X189

一、机构概况

天津市侨务办公室的前身为天津市侨务工作委员会。1957 年 3 月，经时任市长、副市长第九次联合办公会议批准成立天津市侨务工作委员会，简称“侨工委”。1960 年 6 月，经市委第十七次全体会议决定改为天津市华侨事务委员会。1978 年中共中央批准成立“侨务办公室”；同年 11 月，中共天津市委成立天津市革命委员会侨务办公室；1980 年 7 月，改为天津市侨务办公室。该办的主要职能是在市委市政府领导下，管理本市侨务工作，具体包括调查研究有关侨务情况，侨务政策宣传教育工作，指导、督促本市贯彻执行侨务政策，保护侨汇，搞好华侨、归侨统战工作等。该办下设四个处，分别为秘书处、国内处、对外宣传联络处（港澳台处）、经济科技处（经济投诉协调处）。

二、档案情况及内容介绍

馆藏该全宗档案共 915 卷，上架排列长度 20.40 米，档案起止时间为 1955—2000 年，档案按“年度-问题”分类排列。编有案卷目录和文件目录可供检索。

档案主要内容如下：

（一）综合类

有该办党组会会议记录；该办工作计划、总结、请示、报告；人事任免、机构编制、干部统计材料；调资工作计划、总结；工作简报；重要信访工作材料；有关年度财务预决算、经费开支预算的意见、通知等。

（二）业务类

有全国侨联工作会议的讲话、报告；外交部领事司有关侨务政策通知；落实侨务政策的报告；有关归侨安置、救济、婚姻、住房、户口等方面的办法、通知、批示；华侨华人、港澳同胞在津落户定居、捐赠审批材料；贫困归侨困难补助审批材料；接待华侨、华人、港澳同胞工作材料；归侨子女升学、假期活动、就业情况材料；归侨荣获先进模范称号事迹材料及登记表；归侨参加人代会、政协、民主党派及国庆观礼统计登记材料等。

天津市监察局
全宗号 X64

一、机构概况

1950 年 10 月,天津市人民监察委员会成立;1955 年 2 月,改为天津市监察局。该局是天津市政府领导下的行政管理机关,其职能是对全市各级国家机关、企事业单位工作人员职责履行情况进行监察,同时检查指导各下属机关的监察工作。该局内部机构先后设有秘书室、办公室、政法文教科、工业建设科、财贸科、人事科、公民控诉处理处、工业监察处、商业监察处、财建监察处,及建工局监察室、建设局监察室、公用局监察室、建设交通监察处和农业处。1959 年 6 月,该局撤销。

二、档案情况及内容介绍

馆藏该全宗档案共 778 卷,上架排列长度 11.71 米,档案起止时间为 1951—1959 年,档案按“年度-机构”分类排列。编有案卷目录和文件目录可供检索。

档案主要内容如下:

(一)综合类

有该局工作计划、总结及专题报告;常务会、局务会会议记录;监察工作会议报告;天津县监委及地方工业局监察工作报告;市政府及该局关于监察机构编制及人事管理、干部教育工作指示、通知;塘大区监委成立启用印章通知;监察机关组织条例、通则及监察室设置情况材料;该局及派驻监察室组织简则;该局对粮食、棉布收购、供应、保管工作检查报告等。

(二)监察类

有公私合营企业财务管理工作检查报告;对有关单位损失浪费及产品质量、流动资金等问题检查报告;该局财建监察工作总结;港口货运、堵塞问题专题检查报告;关于工程质量、进度、农场管理工作检查报告;该局商业监察工作计划、总结;外贸系统专题检查报告;对违反经营政策检查报告;对执行增产节约计划中存在问题检查报告;商业监察工作会议文件;该局农业处工作总结报告等。

天津市人民检察院
全宗号 X323

一、机构概况

天津市人民检察院原为天津市人民检察署，建立于1950年9月，为天津市人民政府的组成部分。根据1954年9月21日第一届全国人民代表大会第一次会议通过的《中华人民共和国检察院组织法》规定，天津市人民检察署改为天津市人民检察院。1950年9月至1954年9月，天津市人民检察署隶属最高人民检察署和天津市人民政府领导；1954年9月至1958年2月，市人民检察院在最高人民检察院的统一领导下工作；1958年2月至1967年1月，市人民检察院受河北省人民检察院领导。1978年11月，根据中央指示精神，市委第683次常委会讨论决定，建立天津市人民检察院。其职能是监督人民政府、公安、司法机关执行政策法令情况，受理人民刑事诉讼，进行侦查，提起公诉；对属于行政处分范围的案件提供意见和材料；参与重大民事案件的诉讼。

二、档案情况及内容介绍

馆藏该全宗档案共1470卷，上架排列长度38米，档案起止时间为1950—1993年，档案按"年度-问题"分类排列。编有案卷目录和文件目录可供检索。

档案主要内容如下：

(一)综合类

有全国检察工作会议、市检察工作会议及领导讲话；华北及十省市检察长座谈会；市政府及上级检察机关指示、命令、工作条例办法；该院党组会会议记录、院务会会议记录；检察工作各项制度、规定、意见、办法；有关肃反、镇反、审判监督等方面的工作计划、总结、专题报告、方案；组织机构设置涉及的合并、撤销、组织条例、机构划分、隶属关系转换、启用印章、迁址等方面的意见、报告、批复；有关刑事案件受理、案件侦查的规定办法及管辖范围；劳改工作动态、总结、专题报告；检察委员会研究案件会议记录、检察工作总结报告；重大案件、批捕人犯情况、审查起诉、出庭公诉情况综合统计报表；打击经济犯罪的通知、总结、工作记录；检察系统先进表彰情况等。

（二）人事类

有该院人事工作计划、总结；人员配备情况统计表；干部任免、奖惩、调配等方面规定、请示、批复；干部管理规定、工作人员名册；工资管理工作政策、规定、标准；工资改革方案、劳保福利统计、毕业生分配文件等。

天津市司法局
全宗号 X190

一、机构概况

天津市司法局成立于1955年4月26日。1958年天津市高级法院、中级法院、司法局根据市委“精简机构”“紧缩编制”的精神决定合署办公。1959年6月，市人委根据全国人大决定撤销市司法局。1979年11月16日，根据市革委决定恢复市司法局。该局职能是负责管理本市各级人民法院的设置，机构编制，司法制度建设，管理和培训司法干部，领导律师组织、公证机关工作，组织开展法律宣传和法制教育活动，协同有关部门管理政法院校，培养司法专业人员，指导人民调解委员会工作等。其内部机构包括办公室、司法业务处、干部管理处、宣传教育处、律师公证处等。

二、档案情况及内容介绍

馆藏该全宗档案共1627卷，上架排列长度30.26米，档案起止时间为1950—1995年，档案按“年度-机构”分类排列。编有案卷目录和文件目录可供检索。

档案主要内容如下：

（一）综合类

有该局党组、局务会会议记录；年度及专项工作计划、总结；市政府对该局机构设置、人员编制、办公地址、局领导任免等工作的指示、通知；该局对各区、县法院机构设置、编制的批示、通知；该局干部任免、惩戒、录用、调动、受训、晋升级别、工资改革工作规划、规定、批复、通知、名单、统计登记表；该局机关党委、支部机构设置、工作计划、总结、报告及统计表；该局财务决算、业务决算、固定资产清册、清查报表、司法业务经费报表；接待外国代表团和国内参观团的材料等。

（二）业务类

有司法部、最高法院关于司法工作政策性批复、决定、通知；本市司法工作会议文件；该局对各区法院的指示、通知；各区法院的工作计划、总结、报告、案件调查、统计报表；市人民调解工作会议文件、工作总结、表彰材料；选举、撤销和培训人民陪审员工作的计划、总结；司法宣传工作总结、计划、通知、会议文件；公证工作政策、法规、章程、工作计划、报告、总结、会议文件、统计报表、公证员资格任命通知；律师工作机构设置、报告、批复、工作总结、会议文件、统计报表；律师资格考核审批的规定、办法及资格任命通知；建立警校、司法政治学校及创办《天津法制报》的请示、报告、批复等。

天津市监狱局
全宗号 X413

一、机构概况

天津市监狱管理局（简称天津市监狱局）是天津市人民政府主管全市履行监管改造罪犯职责工作部门的管理机构，由天津市司法局管理。其主要职能是根据人民法院生效判决所确定的刑种、刑期、依法收押罪犯，依法对罪犯实施思想改造、心理矫治和行为规范管理活动；依法对罪犯进行思想教育、文化教育和职业技术教育，依法组织罪犯劳动，通过劳动使罪犯转变思想、矫正恶习、增长劳动技能，通过刑罚和改造，将罪犯改造成为自食其力的守法公民。

该局共设 13 个处室，包括办公室、政治部、监察室、狱政管理处、教育改造处、生活卫生处、生产指导处、财务处、劳资处、行政装备处、老干部处、基建处、工会；下属 11 个押犯单位：天津市监狱、河西监狱、梨园监狱、杨柳青监狱、西青监狱、李港监狱、港北监狱、女子监狱、津西监狱、未成年犯管教所、新生医院。

二、档案情况及内容介绍

馆藏该全宗档案共 3122 卷，上架排列长度 66.28 米，档案起止时间为 1949—1988 年，档案按“年度-机构”分类排列。编有案卷目录和文件目录可供检索。

档案主要内容如下：

有该局各部门职责范围、基本情况简介；党员、党组织统计年报；机关干部、公安干警统计年报；干部任免提拔、奖惩表彰、调出调入；狱政管理工作制度规定；劳教、少教工作计划、总结和管理教育规定；劳改、劳教管理工作的安排、意见、请示、报告；在押犯、拘役犯年度、季度、月统计表；劳教、少教、少犯年度、季度、月统计表；刑满释放、解教人员重新犯罪情况调查等。

天津市财政局
全宗号 X87

一、机构概况

天津市财政局于 1949 年 1 月成立，是天津市人民政府领导下主管全市财政工作的行政职能部门，主要负责全市财务行政、财务审计的指导管理与监督事宜。1952 年 10 月，市粮食局并入市财政局；1958 年 8 月市税务局并入市财政局。1962 年 7 月，市税务局与市财政局分开，建设银行天津分行从市财政局划出。1968 年，市财政局革委会成立；1969 年 12 月，市税务局、市财政局两局合并成立天津市财政局革命委员会。1983 年，各区县财政、税务机构分开设置，但市财政局财政、税务机构未分开，有时以天津市财政局和天津市税务局的名义分别行使职权。该局内部机构先后有办公室、人事室、预算管理处、行政事业财务处、企业财务处、税政处、农村工作处和建设银行天津分行等。

二、档案情况及内容介绍

馆藏该全宗档案共 10761 卷，上架排列长度 194.65 米，档案起止时间为 1949—1999 年，档案按“年度-问题”分类排列。编有案卷目录和文件目录可供检索。

档案主要内容如下，

(一）综合类

有该局局务会记录，该局及各区局年度财政工作计划、总结、专题报告；该局信访、财务工作文件材料；全国财政厅（局）长会议、全国省市华北区财政税务工作会议文件；财政监察工作会议文件，省财政厅、该局关于财政监察工作的通知、规定，及该局财政监察工作计划、报告、通报;市财政工作检查报告;全国大中城市财政银行企业财务工作现场会议文件材料;天津市财政银行会议文件;市财政财务金融先进集体和个人代表会议文件材料;国民党财政局直接税局、货物税局等档案移交清册等。

（二）人事类

有该局人事工作计划、总结;该局有关市财税机构设置、人员编制、干部任免、配备、提拔、调动、奖惩向市委、市人委、市政府的请示报告与市委、市人委、市政府的批复、调令、任命通知书;该局及所属机构提拔干部呈报表、调整机构更换印章与机构内部分工具体规定;该局干部退离职、休养、抚恤、评级定薪规定文件及干部名册等。

（三）行政事业财务类

有天津市有关行政机关、文教卫生事业、公安司法、市政建设,城市公用事业等财务管理制度、办法、规定;中财部颁发的行政机关、民主党派、人民团体、救济分会、红十字会经费供给标准规定办法;各级政府总预算、单位预算会计制度;行政财务各项开支标准、财务结算办法规定;市政府关于各区改由市财政局直接供应的指示、决定;社会救济开支标准制度办法规定;转业军人待遇供给标准规定办法;工会经费收缴制度规定办法;全国各地区物价津贴表;国家机关工作人员工资标准表;天津市执行国家机关工作人员全部实行工资制和改行货币工资制的具体规定办法等。

（四）企业财务类

有省市企业财务管理专业会议文件;工业企业、农林企业、建筑企业、商业企业、行政机关公用事业企业、公私合营企业等企业财务会计制度及财务管理规定办法;企业决算报告编造规定,企业征税办法规定,企业资金信贷管理、固定资产、流动资金、奖励基金管理及企业亏损补贴办法规定;企业清产核资、滞积压物资移交办法规定;各企业单位财务管理、经营管理方面经验总结、报告;年终决算报表;该局企业提取奖励基金办法、规定,企业资金信贷管理通知、规定等。

（五）基建财务类

有该局对各单位基建决算审核意见及市计委各主管局批准各单位基建投资计划通知;该局基建财务计划、财务决算编报及基建财务管理文件规定;基建工程投资拨款安排规定;各系统基建财务管理工作报告等。

（六）金融类

有市人民银行财务管理规定办法、银行出纳业务条例;银行清理资金规定办法及销毁票币明细表;市人民银行监销 1957—1960 年国家公债工作文件;天津市恢复保险工作及保险业务各项通知、规定；交通银行天津分行、建设银行天津分行、天津投资公司机构编制、内部分工职责范围规定和干部名册与薪金表；天津市华侨投资公司投资情况报告；特种资金管理办法规定；天津县地方金库办事细则等。

（七）农林牧业财务类

有农林牧各业财务管理规定办法，农业税征收制度办法规定，灾款减免征收会计报解制度规定办法；该局有关农业税负担调查材料与改进农村人民公社财政管理体制的通知、规定；供销合作社财务管理通知、规定等。

天津市财政局公产清理处
全宗号 X89

一、机构概况

天津市财政局公产清理处成立于 1952 年 9 月。其主要职能是在财政局领导下负责办理全市敌逆产的调查，拟议及执行查封、没收、代管事项，对清理物资的接收、保管与处理，监督指导公产公股的清理工作。其内部机构设有办公室及负责敌逆产调查工作的一、二科，负责敌逆产执行及仓库保管工作的三科。1953 年 12 月，该处撤销。

二、档案情况及内容介绍

馆藏该全宗档案共 1373 卷，上架排列长度 20. 6 米，档案起止时间为 1952—1953 年，档案按“年度-问题”分类排列。编有案卷目录和文件目录可供检索。

档案主要内容如下：

有市政府、财政局关于公股公产清理及敌逆产案件处理法令规定；该处关于公股公产清理工作计划、总结、报告、统计表及会议文件；该处组织程序、工作制度；启用印信文件；结束公股公产清理工作总结及移交清册等。

天津市税务局
全宗号 X90

一、机构概况

1949 年 2 月，天津市人民政府税务局成立；1955 年 4 月改称天津市税务局。1958 年 8 月，市税务局与市财政局合并；1962 年 7 月，市税务局重新建立。该局是在天津市人民政府领导下，负责全市国营、私营、公私合营所有单位各税种征收、利润监交、税源调查、税务管理的行政管理机关。其内部机构先后设有办公室、秘书室、人事科(室)、税政科、经营科、稽征科、会计科、总务科、稽查科、计划检查室、保卫室、税政一处(科)、税政二处(科)、税政三处(科)、监察室、行政处、郊区工作处、人事监察室、计划处、利润监交处等。

二、档案情况及内容介绍

馆藏该全宗档案共 3150 卷，上架排对长度 45.9 米，档案起止时间为 1949—1969 年，档案按“年度-问题”分类排列。编有案卷目录和文件目录可供检索。

档案主要内容如下：

(一)综合类

有全国税政实施纲要；全国税务、利润监交工作会议、华北局纳税会议文件；该局局务会、联合办公会等会议文件；财政部、国家税务总局、华北区税务局关于执行新税制、加强税收工作指示；关于企业利润监交规定；国营企业特殊纳税、进出口货物纳税、评价核税及地方各税滞纳处理规定，国家储备物资、军需物品纳税规定；该局关于郊区受灾地区税收减免、倒闭工商户公债股票抵交税款规定；清理欠款、没收品处理办法；年度税务工作计划、总结；地方税、特种消费行为税、工商业税征收工作总结；货物税评价工作及推行新税制总结；在津外商企业调查材料；税收分析简报；该局及所属单位机构设置、变动、更换印信文件及档案资料销毁清册；人民来信工作总结；增产节约计划、总结、通知等。

(二)人事类

有该局人事工作总结；关于干部年终考绩办法；干部、职工调动、离职、辞职、停薪留职、复职、奖惩、任免方面请示、通知及上级批复;该局干部登记表,积极分子名单等。

(三)税收类

有国家税务总局、市政府及该局关于各税种纳税、减免规定;照票证花管理、税源控管、所得税汇算清缴、房地产清估、严禁私屠、商货税税率变更等规定;特种消费税、印花税、屠宰税、商品通税暂行条例;关于货物运输、公私合营企业存款收入利息所得税问题通知;各国使、领馆进出口携带物品免税免验、简化交纳印花税通知;清理市场旧存货物问题通知;总帖名册、临商税、营业税工作手册;货物税、商品流通税税额表;各行业纯益率情况表等。

(四)检查类

有市人委关于检查工作规则;违章处理办法、通知;该局关于清理积案规定;清理市场、清理滞纳检查工作、税源检查工作总结、通报、简报;屠宰税税源管理违章处理调查报告等。

(五)会计统计类

有全国计划统计会议文件材料;国家税务总局、华北区税务局关于计划统计工作办法;关于退税范围及手续通知;奖金处理通知,岁入会计、金库管理通知;华北区税务局与该局业务往来文书;该局会计表报、税务管理、行政经费支出规定;统计、会计工作总结;会计制度;税收计划表;关于税收完成情况及税收税源分析材料,经费决算等。

天津市人事局

全宗号 X83

一、机构概况

天津市人民政府人事处成立于1949年6月,1953年1月改称天津市人民政府人事局,1955年2月改称天津市人民委员会人事处,1959年7月改称天津市人民委员会人事局,1964年12月改称天津市人事局。1967年12月该局停止办公,于1973年8月22日恢复办公。该局是天津市人民政府领导下,负责管理全市国家机关、企事业单位干部工作的行政机关。其职责是管理国家机关、企事业单位干部调配、调动、录用、奖惩及统计工作;管理国家机关、事业单位工作人员的工资、福利、退职、退休工作;办理市政府系统任免干部手续及人事申诉、控诉等工作;管理高等院校、中专学校毕业生及军队转业干部的接收、分配和调整工作。其内部机构设有办公室(秘书室)、教育科、干部科(处)、福利科(处)、病休干部管理组等。

二、档案情况及内容介绍

馆藏该全宗档案共7465卷、17731件，上架排列长度181.05米，档案起止时间为1949—1999年，档案按“年度-机构”分类排列。编有案卷目录和文件目录可供检索。

档案主要内容如下：

（一）综合类

有该局党组会会议记录与历次局（处）务会会议记录；历年工作总结、报告及各项业务专题总结报告；组织条例与工作细则，该局（处）机构设立、调整、改变名称、人员编制通知；信访、保密、统计、档案及启用印信工作的规定、总结、报告、通知；该局党支部会会议记录；支部工作计划、总结、报告；民兵组织整顿统计表等。

（二）人事类

1. 综合　有市政府关于人事工作指示、办法、条例、通知；全国、河北省及天津市人事工作会议文件；该局人事工作会议记录及人事工作简报；人事工作计划、总结；天津市国家机关干部定期统计表；该局人事工作调查报告；干部培训、鉴定及培养提拔工作计划、总结、通知；选拔留学生、研究生办法、指示、通知等。

2. 干部任免　有中央、市政府及该局干部任免条例及规定；1953—1956年天津市关于局以上领导干部任免请示及中央批复、通知；市政府关于天津市各系统科长级以上干部任免批复、通知；市人委历次全体扩大会议通过干部任免名单及任命通知书；各区选举正、副区长及委员报局备案文件等。

3. 干部调配　有全国高等院校毕业生调配工作会议记录；市政府及该局关于高等院校毕业生调配工作指示、计划、总结；全国各省、市干部申请调入天津市及天津市干部申请调出商调函与批准手续材料；对各系统干部申请调动批复、通知等。

4. 干部奖惩　有该局关于国家行政机关工作人员奖惩细则，干部奖惩工作调查报告、总结；各系统模范集体和个人先进事迹材料等。

5. 干部分配　有该局关于高等院校及中等学校毕业生分配方案、指示与工作报告、总结；关于部队转业干部和复员军人分配计划、报告、总结及统计表；接待旅日归国华侨工作报告、总结及分配计划等。

6. 干部下放　有市政府关于干部下放工作指示、规定、报告；天津市下放干部工作会议文件；关于下放干部工作计划、总结及调整工作通知；下放干部参加劳动规划表、统计表及工作简报等。

(三)工资福利类

有中央、市政府及该局关于工资、福利问题指示、规定;福利费使用、管理办法规定及福利费收支统计表;干部退职退休、病休假待遇问题指示、规定,退职退休人员统计表;国家机关工作人员家属困难补助费、子女抚养费规定;大中专学生、部队转业军人工资待遇规定;各单位评定级别、调整工资请示及该局批复;该局对干部工资摸底测算情况及福利工作调查报告;各单位调资决算汇总表;该局《工资简报》及工资年报表等。

天津市劳动局
全宗号 X84

一、机构概况

天津市劳动局成立于1949年9月,是天津市人民政府领导下的行政管理机关。该局主要职责是在天津市贯彻执行党和国家有关劳动工资工作方针、政策和法令,负责劳动力管理、失业工人安置,组织失业人员和在职工人的技术培训,监督、检查、执行劳动保护与保险制度,负责退职退休工人管理,处理劳资纠纷等项工作。其内部机构先后设有办公室、人事室、总务科、调运科、审查科、劳动力介绍所、失业工人救济科、工资科(处)、劳动保护科(处)、调研处、调配处、计划处、培训处、县社处、社会劳动力管理处、企业劳动力管理处、锅炉监察处、研究室、保卫科、工赈总队等。

二、档案情况及内容介绍

馆藏该全宗档案共3188卷,上架排列长度51.85米,档案起止时间为1949—1995年,档案按“年度-机构”分类排列。编有案卷目录和文件目录可供检索。

档案主要内容如下:

(一)综合类

有该局年度工作计划、总结、局务会、局长联合办公会会议记录;劳动部颁发《劳动规划纲要》及该局贯彻执行情况材料;该局组织条例、机构设置、调整、编制请示及市政府批复;该局干部任免、职工调动、评薪定级、奖惩、退职退休、临时工转正方面规定、请示及市政府批复;国务院、市人委关于精简城镇人口计划、安排、规定;该局出版的《劳动法令选辑》《劳动参考资料》《劳动局工作十年史》等。

(二)劳动力管理类

有劳动部、市人委关于劳动力管理、控制、调剂工作章程、规定、办法、指示;该局关于劳动力管理、调配工作计划、总结;天津市建筑工人统一调配法令章程、暂行办法及规定;伤残军人、归侨学生以及城市闲散劳动力管理登记、工作安排、方案;招聘职工、子女顶替、亦工亦农及试工工作规定、报告、指示;对资改造企业职工归口工作安排情况调查报告;市人委及该局关于国家建设征用土地后安置农民问题通知、报告、批示等。

(三)劳动保护保险类

有该局劳动保护工作会议文件,劳动保护工作计划、报告、总结;劳动部及该局制定的劳动保护、劳动保险规定、条例、实施细则;国家"十一五""十二五"计划期间劳动保护工作具体规划、意见;该局关于安全技术、粉尘毒物防护、防暑降温、女工保护、卫生管理工作计划、措施、规定;该局、市总工会关于国公营贸易部门订立劳动保险集体合同计划、总结,劳动保险资助金、退休金,及病残抚恤问题程序、规定、请示及市政府批复;锅炉监察工作及安全管理规定、报告、总结;《天津市劳动保护十年史》等。

(四)劳资关系类

有该局召开劳资协商会议文件;关于组建劳动争议仲裁委员会请示及市政府批复;中央、市政府及该局处理劳资关系、劳资争议政策、规定、总结;私营企业资方对劳资关系处理暂行办法反映等。

(五)工资类

有国务院、劳动部关于企事业单位、国家机关工资标准、福利待遇规定及该局实施细则、工资改革方案、计划、总结、调查报告;该局关于职工生活、工资水平、商品价格增减变化情况调查报告;下放人员劳动工资统计及津贴补助规定;新建、合建单位职工工资标准、计件工资奖励制度规定;公私合营企业调整工资、福利待遇规定、办法及私营企业工资情况调查统计;《天津市劳动工资十年史》(1949—1959年)《劳动工资文件汇编》《解放前后劳动工资统计资料》等。

(六)失业救济类

有全国失业工人救济工作会议文件;政务院、市政府及该局关于失业救济办法、指示和发放救济金标准、范围章程;该局关于职工老弱病残、医疗丧葬、失业救济办法、情况报告;编制救济事业费决算及救济费收支情况统计表等。

(七)培训类

有该局培训工作专题计划、总结、报告;培训学校编制、学制、师资管理、毕业生分配、招生工作计划、方案等问题请示及该局批复;技校工种、等级、学员人数及全市机械技术工人调查统计;该局所属技校基建投资、设备购置、财产清理、经费使用计划、报告、批复等。

天津市人民政府知识青年上山下乡办公室
全宗号 X80

一、机构概况

1968 年 12 月 30 日,天津市革命委员会将天津市中学生分配办公室改名为天津市革命委员会上山下乡办公室;1973 年 10 月 18 日,又改称天津市知识青年上山下乡办公室;1974 年 8 月 5 日,再改称天津市革命委员会知识青年上山下乡办公室;1980 年 8 月,正式改定为天津市人民政府知识青年上山下乡办公室(以下简称市知青办)。市知青办是在天津市政府领导下,负责全市知识青年上山下乡工作的专门机构。其主要职能是会同有关部门做好天津市中学生分配及知识青年上山下乡的动员、安置、管理和教育等工作。其内部机构先后设有秘书组(处)、宣传组(处)、物保组、外勤组、动员安置处、信访处、带队干部管理处、计划动员处等。1980 年 10 月 6 日,天津市政府决定将市知青办并入市劳动局,对外仍挂“天津市人民政府知识青年上山下乡办公室”牌子。

二、档案情况及内容介绍

馆藏该全宗档案共 208 卷,上架排列长度 2.98 米,档案起止时间为 1968—1981 年,档案按“年度-机构”分类排列。编有案卷目录和文件目录可供检索。

档案主要内容如下:

(一)综合类

有该办组织机构设置、干部编制、干部任免、人员调动和启用印章通知、请示、报告及市革委批复;该办及有关单位关于为向郊区疏散城市人口新建“卫星”“五七”“战斗”“东风”公社问题讨论会议纪要及市委批复;天津市关于知识青年上山下乡政策、规定;市招生办、市教育局等单位关于毕业生分配政策、规定、报告；该办关于行政事务工作专题报告等。

（二）宣传类

有全国知青场队经验交流会及全国知青工作会议文件材料；天津市知青工作会议文件材料；该办关于知识青年上山下乡工作情况简报、内部参考资料；关于整顿和加强街道历届毕业生工作宣传提纲；该办关于学习先进知青、培养先进典型意见、报告；接待外地代表团通知；欢送知青下乡及慰问天津市下乡知青大会材料等。

（三）动员安置类

有全国安置下乡知青经验交流会议文件材料；该办关于中学生分配到工矿企业、下乡知青回津落户规定、通知、意见；市知青办、财政局关于天津市郊区、县安置城镇下乡知识青年所需经费的请示报告及财政部复函；该办批转汉沽区革委会关于中学毕业生到农村插队安置经费、宣传经费使用和粮食供给通知；该办行政经费预、决算及知青经费收入、拨付、结存、房屋变价规定；各区、局上山下乡知青及疏散人口统计表；该办关于本市街道历届毕业生分配遗留问题的请示报告及天津市革委会批复；关于知青下乡计划、规划与工作安排；市计委关于下达知青木材计划及木材公司关于知青木材供应指标通知等。

（四）带队干部类

有市委组织部关于轮换带队干部通知；市知青办、人事局关于选派和轮换带队干部意见；市知青办、市财贸组关于下乡知青带队干部经费开支补充规定；该办关于带队干部工作守则；举办带队干部集训、学习班等问题通知等。

天津市气象局
全宗号 X368

一、机构概况

天津市气象局成立于 1966 年 5 月，隶属于河北省气象局。1967 年天津改为直辖市，市气象局归市政府领导，下设政治部、办公室、业务处、气象台 4 个部门。1983 年 12 月，国家气象局基本完成对天津市气象局的上收任务，市气象局隶属国家气象局统一管理。其主要任务是在国家气象局和天津市委、市政府领导下，按照统一领导，分级管理，气象部门与地方政府双重领导，以气象部门为主的原则，组织和管理全市气象工作。其内设处室包括办公室、人事处、科教处、业务处、计划财务处、机关党委;其直属事业单位包括气象台、气科所、气候资料室、气象仪器计量检定所、人工影响天气办公室、气象科技咨询服务部、行政事务管理处、塘沽气象台、天津气象学会等。

二、档案情况及内容介绍

馆藏该全宗档案共455卷,上架排列长度7.74米,档案起止时间为1970—1990年,档案按"年度-机构"分类排列。编有案卷目录和文件目录可供检索。

档案主要内容如下:

(一)综合类

有该局党委会会议记录;党员、党组织统计表;先进党支部、优秀党员的决定;局核心组会议记录;建制、机构编制等问题的请示、意见、批复;调整机构、启用印章的通知;年度工作总结;行政管理工作情况的报告;干部任免、技术干部职称评定的通知、决定;劳动工资情况统计报表等。

(二)业务类

有各项业务规章制度;市气象台请示、报告、汇报材料;人工降雨问题的报告、方案;城市防洪气象服务工作的通知、规定;气象台迁址的报告、批复;市气象科学技术发展规划;发展科研项目的报告、规划;气象仪器计量检定的报告、批复;国家气象局综合统计报表;气象简报等。

天津市环境保护局
全宗号 X348

一、机构概况

1978年,中共天津市委决定,将原天津市计委环境保护办公室改为局级单位,归口市建委代管。1980年,为加强防治环境污染,保护人民健康,促进经济发展,天津市人民政府决定将原天津市人民政府环境保护办公室改为天津市环境保护局,是市人民政府管理全市环境的主管与综合部门。其主要职能为负责建立健全生态环境保护监督管理制度;负责重大生态环境问题的统筹协调和监督管理；负责监督管理本市减排目标落实；负责提出生态环境保护领域固定资产投资规模和方向、市级财政性资金安排意见，配合有关部门做好组织实施和监督工作；负责环境污染防治监督管理；指导协调和监督生态保护修复工作；负责核与辐射安全监督管理；负责生态环境准入监督管理；负责生态环境监测工作；负责应对气候变化工作；组织开展生态环境保护督察；统一负责生态环境监督执法；组织指导和协调生态环境保护宣传教育工作等。该局内部机构先后设有秘书处、计划处、管理处、水源保护处、大气保护处、科研监测室、教育处、调研室等。

二、档案情况及内容介绍

馆藏该全宗档案共943卷、5437件，上架排列长度22.5米，档案起止时间为1980—2006年，档案按“年度-问题”分类排序。编有案卷目录和文件目录可供检索。

档案内容主要如下：

（一）综合类

有该局党组会、局务会、局长办公会记录；机构调整、干部任免的通知、批复；专业技术人员名册、统计表；全市环保工作会议的请示、报告、发言材料；工业企业环保经验交流会材料；关于评选全国环境宣教优秀工作者的通知、公报；全市环境系统表彰大会的通知、总结、报告；该局思想政治工作、宣传工作要点、总结；关于职工教育、培训的通知、意见；《环境监测简报》《环境情况反映》期刊等。

（二）业务类

有城市环境综合整治定量考核工作的请示、批复、汇报；关于环境污染问题的请示、报告、批复；环保基建投资计划、批复；关于污水处理设施及污水回用的报告、通知；关于海河、永定河、蓟运河水质污染情况及处理意见的报告、通知；水污染物排放问题的报告；环境监测工作安排、报告；年度大气、噪声防治计划、总结等。

天津市园林管理局
全宗号 X278

一、机构概况

1958 年 2 月 26 日,天津市建设局养护管理处分为两部分,其中市政工程管理部分改为天津市建设局市政工程管理处,园林绿化部分改为天津市建设局园林处,即为天津市园林管理局前身。1973 年成立天津市市政工程局,天津市建设局市政工程管理处撤销,市政工程局下设园林管理处。1979 年 3 月 5 日,天津市革命委员会决定将天津市市政工程局园林管理处改称天津市园林管理处;同年撤销天津市园林管理处,建立天津市园林管理局。该局是负责本市城市绿化工作的行政机构,其主要职责包括编制城市园林绿化专业规划,编制全市城市园林绿化建设和实施计划,拟定园林绿化法规和规章,指导推动群众绿化工作,负责全市园林行业统计等。其内设职能处室有组织处、办公室、总工程师室、绿化办公室、生产计划材料处、财务处、劳动工资处、科技教育处、保卫处、武装部、宣传处等;其直属单位有园林工程处、园林规划设计科研处、园林学校。

二、档案情况及内容介绍

馆藏该全宗档案共 2187 卷,上架排列长度 39.95 米,档案起止时间为 1958—2000 年,档案按"年度-机构"分类排列。编有案卷目录和文件目录可供检索。

档案主要内容如下:

(一)综合类

有该局党委会、党委民主生活会记录;局务会、局长办公会会议纪要;关于机构调整、增设机构的文件;领导班子年度工作考核情况报告、评定表;关于评选先进单位、先进个人的通知、登记表;组织工作文件材料;党员统计报表;评选先进党支部、优秀党员的通知、决定、事迹材料;关于廉政建设、纪检工作的工作要点、通知、情况总结;该局工会年度工作要点、总结等。

(二)人事类

有该局关于干部任免调动工作文件;落实政策、干部奖惩相关规定;组干工作计划、总结;工资福利、老干部工作文件、统计报表;社科专业人员、工程技术人员晋升文件;干部培训学习情况的安排、总结;调整工资审批表、名册、测算表;院校毕业生、军转干部分配计划等。

(三)业务类

有园林绿化规划;园林绿化及其设施管理暂行办法;春秋植树、街景绿地的计划、预决算文件;对外交换动物等外事工作文件;苗木生产计划;公园规划、建设、预决算、施工安排、设施维修、工作总结文件;小区绿化、道路绿化的请示、报告、总结;关于科技、教育工作的计划、工作要点、总结、通知等。

(四)财会类

有园林绿化财务统计年报表;苗木生产、工程投资经费的计划、请示、批复、通知等;重点工程、道路绿化建设的投资计划、补助资金的材料;公园绿地养护管理、配套费的请示、报告;关于财务审计方面的报告、批复等。

天津市环境卫生管理局
全宗号 X300

一、机构概况

1978 年 10 月,根据天津市委文件精神,天津市环境卫生管理局成立,与市爱国卫生运动委员会合署办公。其主要职能是拟定环境卫生专项规划和年度项目计划方案,起草市环卫行业管理方面的法规、规章,负责指导、监督和检查公共场所、道路、公厕、居民社区等区域的环卫工作等。2000 年,环卫局与市容管理办公室、市爱卫委办公室合并,组建市容环境管理委员会。其内部机构先后设有办公室、组织处、业务处、环卫处、财务基建处、人事处、政治处、计财处等。

二、档案情况及内容介绍

馆藏该全宗档案共 684 卷,上架排列长度 10. 12 米,档案起止时间为 1978—2000 年,档案按“年度-机构”分类排列。编有案卷目录和文件目录可供检索。

档案主要内容如下：

(一)综合类

有该局建立、启用印章、干部任免的请示、通知；局长办公会会议记录；工作要点、安排、规划、总结；年度财务报表、统计年报；干部及技术人员统计表；全国城市卫生检查、环境综合整治、检查的通知、安排、方案等。

(二)业务类

有垃圾清运汇总表、比较表；重点地区规划表、达标路一览表；环卫工作会议的通知、人员名单、领导讲话；垃圾转运站现场会的通知、报告、讲话；慰问、服务环卫工人材料；垃圾处理场可行性研究、规划、请示、批复、报告；有关水洗道路、公厕设施的情况汇总表等。

天津市市容管理办公室
全宗号 X301

一、机构概况

天津市市容机构成立于1959年11月，即当时的天津市整顿市容委员会。1976年5月，成立天津市市容整顿领导小组，下设市容整顿办公室。1981年6月，鉴于当时拆除震灾临建、整顿市容，市委市政府决定将原天津市市容整顿办公室改为天津市市容管理办公室。1984年1月5日，天津市人民政府下发文件，撤销市容管理办公室，成立天津市市容管理委员会，归口管理市环境保护局和环境卫生局；1986年1月28日，改称天津市市容卫生管理委员会。1996年10月11日，撤销市容卫生管理委员会，在市城乡建设管理委员会内设市容管理办公室，对外称天津市市容管理办公室。

该办主要职能为研究制定天津市市容管理规划、工作计划、管理标准和业务政策；管理市容工程建设资金和专项业务经费；对建筑景观、市政、公用、交通设施、园林绿化、户外广告、公共场所、窗口地区的有关市容市貌的工作进行监督检查，指导协调；负责大型公建夜景灯光装饰的审查、参与城市风貌建筑保护工作等。其内设处室包括秘书处、计划处、协调处、管理处、环境处、综合处等，下设事业单位包括市城市建设管理监察大队、《城市监察》杂志编辑部、市综合街道整修办公室、天津站地区管理办公室。

二、档案情况及内容介绍

馆藏该全宗档案共679卷，上架排列长度9.78米，档案起止时间为1978—2000年，档案按“年度-机构”分类排列。编有案卷目录和文件目录可供检索。

档案主要内容如下：

（一）行政类

有该办党组会会议记录；民主生活会、党建工作文件材料；党组工作安排、总结；办公会会议记录；工作计划总结、会议纪要；环卫规划；环卫系统基本情况统计、环卫体制改革、大事记；环卫简志；系统工作会议、迎检材料；环卫工人节活动安排、争先创优表彰活动安排；环卫社会宣传工作发展规划；纪检、监察、纠风工作要点、总结；机关党委、工会工作要点、总结等。

（二）人事类

有该办干部任免材料；各类技术职务任职材料；党员、干部及工资福利报表；人员编制、内部机构调整、局直属单位机构建立及变动相关请示、报告与批复；公务员年终考核、表彰决定等。

（三）业务类

有城市基础设施项目计划；道路、公厕等级、清扫保洁规定；环卫业务、垃圾袋装管理、冬季清雪工作安排；三大工种各项规章制度；业务表彰决定；项目技术鉴定、科研工作及经费计划安排；垃圾处理场、旱厕改造设计、设备、评估报告；环卫专用车辆的购置、分配、管理及报废审批；环管员守则、着装管理规定；环卫监察工作安排、考核评比、执法责任制、环境卫生监察处罚程序；垃圾处理计划；工地达标创优活动安排及表彰决定；加强垃圾处理、环境清整实施意见；垃圾临时处置场设置管理办法、意见等。

（四）财务基建类

有该办财务决算报表；审计报告及结论；各类财务预算；城市维护费等专项经费计划；资产调拨文件；转发有关委、办、局财务规定、办法；基建财务预算批复等。

天津市建设委员会
全宗号 X154

一、机构概况

1949 年 9 月,天津市人民政府都市建设委员会成立;1950 年 1 月,天津市人民政府都市建设委员会改为天津市市政建设委员会;1952 年 10 月,又改为天津市人民政府城市建设委员会,该委于 1955 年 2 月撤销。1957 年 7 月 30 日,成立天津市建设委员会,是天津市人民政府主管城市建设规划和管理的综合行政职能部门;1960 年 6 月 28 日,该委改名为天津市基本建设委员会。1964 年 2 月,天津市基本建设委员会将基本建设工作移交市计委负责,天津市基本建设委员会改称为天津市人民委员会城市建设办公室,负责原天津市基本建设委员会承担的城市建设工作。1964 年 11 月 13 日,天津市人民委员会城市建设办公室改为天津市城市建设委员会。1965 年 7 月 7 日,经市人委会议决定,恢复天津市建设委员会,负责天津市城市建设和基本建设工作。1972 年成立天津市革命委员会基本建设委员会;1977 年恢复天津市建设委员会。其内部机构先后设有办公室、人事室、研究室、政治处、综合处、基建处、城市管理处、村镇建设处、科技处、城市交通管理处,规划设计处、涉外处等。

二、档案情况及内容介绍

馆藏该全宗档案共 18186 卷、12463 件,上架排列长度 434. 35 米,档案起止时间为 1949—2009 年,档案按“年度-机构”分类排列。编有案卷目录和文件目录可供检索。

档案主要内容如下:

(一)综合类

有中共中央、国务院、国家计委、建委及天津市委、市人民政府颁布的关于城市基本建设政策法规性文件,对市建委关于组织机构和有关全市基本建设、城市建设等方面工作请示的指示、批复文件;全国基建工作会议文件材料;该委党组会、委务会会议记录;年度基建工作计划、总结、报告及有关城市建设规划条例;关于外事接待及援外工作文件;该委机构设置及干部任免、调配、奖惩、工资、福利、待遇与退、离职工作文件材料;该委直属机构及城建系统组织机构与编制工作文件;该委各处室工作总结、报告;该委行政事务文件材料;该委系统防汛工作总结、报告;该委天津市城市建设大事记、城市公用事业大事记、城市规划市政工程简介、城市建设十年史及画册(1949—1958 年)等。

(二)规划管理类

有该委城市规划方案及规划说明;规划总图与示意图;该委关于天津地区(各县)工业点规划、市区规划、市区商业网点规划、居民区规划;住宅与公用配套设施规划、道路规划材料及海河流域规划与规划管理工作文件材料;该委对市政工程局、公用局、电业局、建工局、建材局和各施工建设单位申报施工计划批复等。

有中央及省市领导机关关于基建工程投资、预算管理、基建审批权限方面指示及各项规定;该委有关工程选址、土地划拨工程施工与人行道管理办法及违章管理规章办法;该委编制有关建筑企业及城市公用事业投资计划;市政设施维护投资计划、建筑工程费用项目划分规定及工程预算定额材料预算价格规定;全市各机关、部队、工厂、学校、医疗卫生、科研机构及各驻津单位等关于工程选址、征地、勘测设计工作方面报审文件与该委批复;各建设施工单位建筑执照申请材料;全市有关市政工程、公用设施、道桥工程、上下水道工程、热力管道工程、电力工程、电讯工程、液化石油气管道工程、污河改造工程、铁路专用线工程、防汛工程等工程勘测设计、施工竣工、验收管理工作文件材料等。

天津市市政建设委员会
全宗号 X155

一、机构概况

1949 年 9 月,天津市人民政府都市建设委员会成立;1950 年 1 月,改称天津市市政建设委员会。1952 年 10 月,改为天津市人民政府城市建设委员会。该委在天津市人民政府领导下,负责制定市政建设计划、办法,是负责全市市政建设工作的国家行政管理机关。该委内部机构设有秘书室、工程师室、资料室。

二、档案情况及内容介绍

馆藏该全宗档案共 76 卷,上架排列长度 1.5 米,档案起止时间为 1949—1950 年,档案按“年度-问题”分类排列。编有案卷目录和文件目录可供检索。

档案主要内容如下：

有该委员会组织规程；委务会、都市测量会、市内新建工厂审核会等会议记录、纪要；整理墙子河、线路管道、环境卫生专门委员会会议记录；天津市政府关于天津市建设使用公有、私有土地暂行办法；天津市财经委关于 1950 年天津市标准地价区等级表；天津市公有设施损坏修复办法；河北省政府关于内河航政管理暂行办法；市内各河划分管理初步意见；处理南运河沿岸浮房的通知；天津市公安局关于水上公安局界内各河违章建筑调查统计表；1950 年海河航运障碍调查表；1950 年市政建设计划；市政建设、公用交通 1951 年事业费预算书；市内线路计划、马路修建竣工图、工程预决算表报、道路断面标准；水利处关于河道管理规则；海河工程处关于海河放淤区各闸启闭办法；天津市各主要道路最大交通量示意图、示意表；该委与天津市建设局、园林广场处、地政处等单位关于征地、防汛造林、市政建设工作的往来函件；市政府统一发布市政新闻暂行办法；市政系统各机关人员抚恤问题的通知；《天津市市政工程》季刊出版的计划、发行范围报告及市政府批复等。

天津市市政工程局
全宗号 X196

一、机构概况

天津市市政工程局成立于 1952 年 7 月 1 日，下设市政工程管理处、路桥工程处、沟渠工程处。1955 年 2 月，市政府决定将市政工程局和建设委员会的规划处合并改组，成立天津市建设局。1970 年 4 月，建设局、建工局、建材局三局合并，成立天津市建设局，直至 1972 年底三局分开，恢复天津市市政工程局。该局是市政府领导下的负责市政工程建设和管理工作的单位，是集政府职能、企业管理、设计科研、第三产业、职工教育为一体的综合局，负责全市市政工程、道路、桥梁、排水、公路、地下铁路、设计施工、养管等工作。其内设机构包括组织处、干部处、武装部、机关党委、工会、团委、办公室、劳资处、财务处、计划处、科技处、设施管理处、教育处、定额站、劳动处、安技处等处（室）。

二、档案情况及内容介绍

馆藏该全宗档案共 4732 卷，上架排列长度 103.02 米，档案起止时间为 1952—1989 年，档案按“年度–机构”分类排列。编有案卷目录和文件目录可供检索。

档案主要内容如下：

（一）综合类

有该局成立、启印、组织编制、业务范围相关文件；党委常委会、局务会、专业会会议记录；年度工作计划、总结、报告；关于组建公司、机构合并、单位改制的相关文件；有关企业升级、整顿、评比的通知、报告；党员、党组织统计报表；党代会安排、名单、报告；年度表彰先进登记表；信访工作要点及总结等。

（二）人事类

有该局干部任免、调动文件；工人调动、解雇、复工、录用文件；关于调整工资、奖惩办法及评级总结；技术干部待遇、工资标准文件；该局干部、工程技术人员、部队转业干部、学生登记表、名册；干部管理办法、工人考勤奖惩暂行办法；干部工人工资统计表；干部工人冬训计划、总结、报告等。

（三）业务类

有城市公用事业、水利事业计划；下水道工程、因工刨路管理办法、规程；各区养护道路沟渠工作计划；市政建设工程竣工验收与决算制度；有关工程质量管理、验收、检验的通知、报告；全市河道管理规则；关于桥梁、海河闸等抗震鉴定计划、总结；市政设施管理、养护的计划、报告；道路、木桥、下水道设计定额；道路更改路名及改换路名牌文件；有关科研计划、课题、经费、成果的报告、批复、通知；有关安全生产、安全评比的通知、报告等。

（四）基建财务类

有该局年度基建计划、报表；行政、事业、养护管理年度财务预算、决算及有关文件；下属单位年度决算，清产核资、物资计划材料；该局及所属单位关于经费开支、购置设备器材的规定、请示、批复、报告；该局及下属单位会计报表；有关财务工作的制度、请示、通知等。

天津市引滦工程指挥部
全宗号 X156

一、机构概况

1981 年 5 月 15 日,国务院副总理万里在天津召开会议,决定把潘家口水库和大黑汀水库拦蓄的滦河水引入天津,兴建引滦入津工程;1981 年 5 月 22 日,天津市引滦工程筹备组成立;1981 年 9 月 27 日,天津市引滦工程指挥部正式成立。该指挥部是天津市人民政府专门承担兴建引滦入津工程的临时机构。指挥部内部机构设办公室、政治部、工程部、后勤部、拆迁安置办公室、规划设计室。另外,在施工沿线派驻 11 个现场工作组;在各施工建设单位和有关郊县设立工程分指挥部 21 个。1983 年 9 月 11 日,引滦入津工程竣工;1984 年 4 月 1 日,天津市人民政府将天津市引滦工程指挥部更名为天津市重点工程指挥部。

二、档案情况及内容介绍

馆藏该全宗档案共 463 卷,上架排列长度 6.92 米,档案起止时间为 1981—1984 年,档案按“年度-机构”分类排列。编有案卷目录和文件目录可供检索。

档案主要内容如下:

(一)综合类

有中央领导对天津市委、市政府关于引滦入津工程报告批复和谈话纪要;国务院关于解决天津城市用水问题指示文件;国家计委、经委、水利部、地质部召开有关引滦工程专题会议文件材料;市委、市政府关于引滦工程指挥部机构设置、人事安排、各部室职责范围、规章制度等文件资料;建立引滦工程管理机构有关文件等。

有指挥部党委全委会会议记录;指挥部指挥会议,联合办公会议、现场办公会议、工程设计施工协调会议、工程工作会议、工程施工座谈会议记录等文件材料,全国水利工作会议文件;该指挥部工作计划、总结、请示报告及指挥部大事记;引滦工程各施工单位、分指挥部工作报告;工程竣工验收(包括工程纪念性雕塑工程)及工程通水庆功活动材料;工程展览会文件材料;中央领导视察引滦工程讲话材料;国务院各部委检查组、天津市人民政府检查团工作文件材料;国家计委引滦工程投资文件;工程指挥部与南开大学引滦工程经济效益调查材料等。

有该指挥部政治部部务会会议记录、纪要;政治工作总结报告及大事记;指挥部工作人员名册;干部借调材料;指挥部防火保卫工作文件;先进集体与先进个人登记表、工程立功人员名册;工程政治工作、劳动竞赛经验汇编及宣传材料;引滦工程《政工简报》《情况反映》及对施工部队、施工单位和工程协作地区慰问活动材料等。

(二)规划设计类

有引滦工程选线、地质勘测、工程总体设计和工程投资总概算会议文件材料;工程设计概要;工程数据汇编及设计图纸(包括纪念性雕塑工程)等。

(三)工程施工类

有引滦工程设计、施工协调、施工技术处理专题会议文件;工程施工设计单位施工总结报告、工程旬报、工程简报、工程竣工验收、工程质量管理文件材料及工程交付使用财产总表与明细表、竣工决算报告;工程物资、电力供应文件;工程各分指挥部及施工单位有关施工计划、项目投资、施工费用请示报告等。

(四)后勤工作类

有工程后勤部部务会会议记录、纪要、工作简报;后勤部工作总结与后勤工作交流会文件;工程投资包干会议文件;《引滦工程包干合同实施办法》;工程生活物资供应、后勤财务管理、会计核算及医疗卫生、劳动保护工作总结、报告等。

(五)运输工作类

有工程运输部部务会会议纪要、运输部工作要点、总结报告及工程物资供应工作文件;物资供应情况简报等。

天津市重点工程指挥部
全宗号 X157

一、机构概况

天津市引滦入津工程竣工后,为了加强对全市重点建设工程的领导,1984 年 4 月 1 日,天津市政府决定将引滦工程指挥部改为天津市重点工程指挥部。天津市重点工程指挥部是天津市委、市政府领导下的市级重点工程建设管理机构,负责天津市重点工程建设的组织实施。该指挥部内部机构设党委办公室、办公室、工程部、物资供应部、财务部、拆迁办公室。另外,在重点工程建设单位和有重点工程项目的区县相继成立了16个重点工程建设分指挥部。1990年5月,天津市重点工程指挥部党群与行政内部机构分开。行政机构有办公室、工程处、技术处、规划处、设计室、计划处、财务处、设备处、物资处、人事处、行政处、保卫处;党群机构有党委办公室、纪律检查委员会、工会、团委。1992年底,该指挥部撤销。

二、档案情况及内容介绍

馆藏该全宗档案共562卷,上架排列长度8.43米,档案起止时间为1983—1992年,档案按“年度-机构”分类排列。编有案卷目录和文件目录可供检索。

档案主要内容如下:

(一)综合类

有市领导关于城市重点工程建设历次讲话材料;指挥部年度工作总结、工作会议文件与大事记;重点工程专题会会议记录、纪要(包括采暖供暖热管网工程、民用煤气化工程、引滦入塘工程、东郊煤气厂工程、第一发电厂建设工程、海河二道闸工程、京津塘高速公路工程,军粮城电厂扩建工程、建港工程等);重点工程检查团工作活动文件材料;工程慰问表彰活动材料;重点工程旬报、简报及工程动态反映材料;该指挥部文档、信访、保密、外事工作文件;该指挥部党委会会议记录、纪要;年度工作计划、安排;整党实施方案,党员思想教育与整党工作总结;党员登记材料和党委工作大事记;民用煤气化工程施工建设先进集体和个人登记表等。

(二)人事类

有该指挥部人事工作总结;干部任命决定、干部调级、奖惩、技术人员资格认定文件;干部管理、转退军人安置、成人教育及招工、工资、福利待遇方面文件材料;退休人员花名册等。

(三)工程施工类

有市计委、市建委下达的工程建设施工计划;该指挥部下达规划设计施工任务书及工程技术质量标准与规定;安全施工质量管理文件;设计审查文件;各项重点工程(包括配套工程)施工单位施工方案、施工计划安排、施工情况报告、竣工验收材料及工程设计图纸、设计证书等。

(四)物资供应类

有该指挥部物资供应计划、物资协调会会议纪要、物资供应情况报告及物资管理、进口设备审查文件和物资供应工作规章制度；修建材料设备供应站铁路专用线文件；材料站有关收支、经营、资金问题的文件及保温管材储存费标准文件等。

（五）财会类

有市建委下达基建投资计划文件；市计委、财政局、建行颁发地方基建财务决算；重点工程基建预拨款计划文件；该指挥部报送与下达基建计划、拨付工程款的文件；申请外汇工程投资和资金管理的请示报告；年度审计财务决算和财务检查文件材料；重点工程承包单位工程竣工结算报告；引滦入津工程财产移交明细表等。

天津市援助巴基斯坦综合体育设施领导小组办公室
全宗号 X158

一、机构概况

天津市援助巴基斯坦综合体育设施领导小组办公室（以下简称援巴办），成立于 1974 年 12 月 30 日，由市建委领导；1978 年 3 月 11 日，移交市体委领导。援巴办负责承担援助巴基斯坦综合体育设施建设项目的总体规划和具体施工方案的技术指导实施，以及物资供应、财务决算、土建工程、配套工程设计等工作。其内部机构设有办公室、秘书组、政工组、物资组、技术组、财务组。该工程于 1984 年 9 月 20 日正式竣工，援巴办于 1986 年底撤销。

二、档案情况及内容介绍

馆藏该全宗档案共 147 卷，上架排列长度 5.2 米，档案起止时间为 1974—1986 年，档案按“年度-问题”分类排列。编有案卷目录和文件目录可供检索。

档案主要内容如下：

（一）综合类

有国家体委、外经部、市体委关于援助巴基斯坦综合体育设施总体规划、会议纪要、工作安排、工作汇报、报告；外经部、市建委关于下达援巴体育工程任务函件及援外工作规章制度汇编；援巴办各年度工作要点、计划、总结及赴巴考察报告；援巴办机构成立、编制问题请示及市委批复；市建委、体委关于援巴筹建工作交接情况报告；援巴工程竣工典礼及巴基斯坦总统在体育馆揭幕式上讲话;援巴办历年大事记、工作简报等。

(二)人事类

有援巴办关于人事任免、人员调配请示及国家体委、市委批复;出国人员派出计划、安排、人员登记;出国人员休假制度规定;工作人员工资基金转移单、职工升级、调资、奖金审批表;工资发放清册及实行技术服务补贴规定、通知等。

(三)物资类

有国家体委、外经部关于机电产品、铁路运输、进出口设备、物资、保险、报关等问题规定、说明、通知;援巴办关于设备物资调拨、订购合同请示及国家体委批复;设备材料作价清册,申请物资供应请示、报告等。

(四)基建财务类

有援巴办关于体育场馆综合设施工程工作总结、报告;市体委关于援外成套项目工程设计方案、设计概算批准书、竣工决算书;成套项目执行情况报告;关于工程技术验收情况报告;体育场、馆工程图及总平面图;援外财务决算报告;各种会计账目登记,支出明细表等。

天津市建设局革命委员会
全宗号 X179

一、机构概况

1970 年 9 月,遵照中央相关指示精神,在建工局、建设局、建材局、城市规划服务组四个单位基础上新建天津市建设局革命委员会。该委组建后主要承担原四个单位所承担的天津市政建设、道路桥梁、市政规划、建筑工程任务。该革委会下设办事组、政工组、人保组和武装部。

二、档案情况及内容介绍

馆藏该全宗档案共 246 卷,上架排列长度 4. 25 米,档案起止时间为 1970—1972 年,档案按"年度-问题"分类排列。编有案卷目录和文件目录可供检索。

档案主要内容如下：

（一）行政类

有该委党代会文件材料；组织处理报告及批复；团的建设文件；征集新兵工作文件；机构人员编制、启用印章文件；上山下乡、疏散回津工作文件；档案、保密工作文件；该委工作情况简报等。

（二）业务类

有生产计划、生产管理、三线工程文件；基建设置、设备购置、申请拨地文件；物资计划、物资管理及统计工作文件；劳动人事、劳动保护管理文件；财务、资产管理、财务决算、成本管理文件；技术革新、科研工作文件；援外项目有关材料等。

天津市建筑工程局
全宗号 X159

一、机构概况

天津市建筑工程局成立于 1952 年 7 月 4 日，是天津市政府领导下的负责管理全市建筑工程行业企业的行政管理机关。1994 年 10 月，经市委、市政府批准，天津市建筑工程局整建制改组为天津市建工集团总公司，成为具有独立法人资格的经济实体。1995 年 8 月，经市政府批准实行国有资产授权经营。2001 年在市政府部署下，再次实施改制，由天津市建工集团总公司改制为天津市建工集团（控股）有限公司。2000 年后该公司主要内设部门有总经理办公室、经营处、人事处、财务处、企业管理处、生产处、科技质量处、安技处、国有资产管理处、审计处、保卫处。

二、档案情况及内容介绍

馆藏该全宗档案共 6028 卷，上架排列长度 89. 25 米，档案起止时间为 1952—2000 年，档案按“年度-问题”分类排列。编有案卷目录和文件目录可供检索。

档案主要内容如下：

（一）综合类

有该局计划、报告、总结；局务会会议记录；人民来信处理总结；召开党委政治工作会议和建工系统各届党代表大会会议报告、发言；监察工作简则、计划、总结；局团委组织工作总结、报告；该局及所属单位内部机构编制及职责范围规定；市人委及该局劳动、人事工作制度、计划、总结；工人技术等级评定标准、规定；工资、保险、劳动福利制度规定；该局所属单位定额工作执行情况总结；市劳动局及该局工人工资标准和工资调整、改革工作总结；劳保工作报告；卫生保健工作总结；职工教育与培训工作报告；干部调配、任免、奖惩报告、请示及市人事局批复等。

（二）业务类

有召开建筑工程和固定建筑工人专题会会议记录、决定；建筑管理工作总结；基建工作专题总结；工程质量与工程检查总结；劳动工作总结；该局及所属单位技术管理技术操作和质量验收标准、规定；基建工程计划与基建投资计划；基建工程结算调整计划；基建工程设计、施工情况报告、统计报表；开展增产节约竞赛总结、报告；推广先进工作法和解决建筑问题指示、决定等。

（三）财会类

有该局及所属单位关于财务收支计划、财务预算、决算年度报表；固定资产投资、负债情况统计；年度审计报告；领导干部离任审计报告；资产购置、统计、处置及器材管理的意见等。

天津市人民政府建设局
全宗号 X160

一、机构概况

天津市人民政府建设局成立于 1950 年 3 月 20 日，前身是天津市工务局。该局是天津市政府领导下负责天津市政建设的行政管理机关，主要负责全市道路、桥梁、涵洞工程兴建及养护管理，公园、苗圃、绿化建设，违章建筑调查，取缔及核发修理占用刨路等各项执照，及营造厂商、建筑师测绘员登记查验的管理工作。该局内部机构先后设有秘书室、技术室、人事室、市政管理科、新兴工程处、养护管理处、园林处、建筑材料公司、塘大公务处及建筑管理科。1952 年 7 月 1 日，该局撤销。

二、档案情况及内容介绍

馆藏该全宗档案共431卷，上架排列长度7.1米，档案起止时间为1950—1952年，档案按“年度-问题”分类排列。编有案卷目录和文件目录可供检索。

档案主要内容如下：

（一）综合类

有该局及所属单位工作计划、总结、报告；局务会、联席会会议记录；人事管理制度规定、条例；该局人事任免、调动文件；关于原工务局材料科、新开河工程处改组及人员配备文件；该局关于工人工资标准、评定办法，工资名册和薪金制人员调整待遇材料；关于业务分工组织情况表及启用印信制度；改组新兴工程处、养护处等单位文件材料；拟定天津市非机动车辆行驶市区管理规则；市政建设概况资料等。

（二）市政建设类

有该局建设工程计划；关于配合卫生工程局确定道路系统整理计划；因工刨路暂行规则；关于公有设施损坏、修复办法及限制公私营建取土办法；天津市建设道路系统计划；翻修大沽路、南马路等路段碴石灌油路材料；关于路段侧石加固、打桩工程材料；接修水池水管工程材料等。

（三）养护管理类

有该局养护与管理道路、桥梁办法；市内桥梁更换桥面及补修工程预决算图；各街道路路牌管理请示及该局批复；拆除分界界杆、灯杆及京津路旧碉堡等障碍物与有关单位来往文书；各区工程处将抽水房交养护总段管理清册等。

（四）园林类

有该局下发公有树林管理保护法；接收公房管理局移交公园清册；移交、接收大围堤树林、宜兴花园材料；开辟水上公园决定及地形图；核实下发贾家沽道等处土地使用证文件；恢复中山公园通知；改建旧德国公园说明书略图、计划及市政府批复；造林计划及植树运动总结；春季林业工作季报等。

（五）财会类

有该局财会办法、规定、标准；年度支出预算、收入概算；工程建设事业费分配及计算汇总表；新兴道路工程费年度计算表；桥梁费、行政经费年度计算汇总表；工程进度预算表；所属单位移交各项清册等。

天津市人民政府工务局
全宗号 X161

一、机构概况

天津市人民政府工务局成立于 1949 年 1 月,1950 年 3 月改为天津市人民政府建设局。该局是市政府领导下管理天津市区建设的行政管理机关,主要负责全市市区道路、桥梁、河坝、码头工程的修建、养护管理、农场、苗圃、公园的管理,建筑物的修建、审核工作。其内部机构先后设有秘书、调查研究、人事、会计、工程师、农林 6 个室及总务、工程、建筑、材料、沟渠 5 个科,另下辖铁木工厂、材料总厂、园林管理所及工程处等单位。

二、档案情况及内容介绍

馆藏该全宗档案共 278 卷,上架排列长度 4.1 米,档案时间为 1949 年,档案按“问题”分类排列。编有案卷目录和文件目录可供检索。

档案主要内容如下:

(一)综合类

有该局工作计划、总结;局务会、联席会、专业会会议记录;市委对新市区建设意见及该局施测示意图等。

(二)人事财会类

有该局干部配备、机构编制系统表;职员任免、调遣、离职文件;职员名册;该局财会工作规定;该局及所属单位各月份经费预算、收支预算;供给制和包干制人员经费预算;该局发放薪金名册、办法等。

(三)业务类

有该局农林牧渔行政概算文件;掏挖化粪井、疏浚下水道、接修支管、因工刨路等工作暂行规则;工程设计方案,施工参考材料及竣工验收办法;市民自修道路办法;该局及所属单位工程计划;修筑八里台碴石路、修补大丰桥桥面等工程文件;京津桥设计图及竣工图;关于路段埋管、修管工程文件材料;植树计划及农田灌溉计划;修理公园、花场等工程文件材料;该局编制的林业机构计划表;新开河工程材料;该局所属新开河工程、材料总厂、木工厂、园林管理所四单位及该局防汛材料;下辖四单位组织机构成立、职工任免、调遣名单;新开河工程处关于疏浚、船闸等工程材料;木工厂承做工务局交办工程材料;园林管理所关于开辟八里台公园意见;植树计划等。

天津市人民政府卫生工程局
全宗号 X162

一、机构概况

天津市人民政府卫生工程局成立于 1950 年 3 月 13 日,是天津市政府领导下的负责全市卫生工程的行政管理机关。该局主要负责全市下水道工程兴建和养护管理,环境卫生管理及垃圾粪便清除与处理等工作。该局内部机构先后设有秘书、人事、会计、技术 4 室及工程科、粪便处理科和总务科。1952 年 6 月,该局撤销。

二、档案情况及内容介绍

馆藏该全宗档案共 330 卷,上架排列长度 5.8 米,档案起止时间为 1950—1952 年,档案按“年度-问题”分类排列。编有案卷目录和文件目录可供检索。

档案主要内容如下:

(一)综合类

有中央卫生部卫生会议文件;该局及有关单位颁发的关于市政建设法令章则;该局局务会会议记录;年、月度工作计划、总结;该局及所属单位组织编制、机构变动请示及市政府批复;该局人事任免文件;关于职工提升、调入、调出材料;关于评模及奖励决定、条例;该局会计室财政法规、供给制度等。

(二)业务类

有该局关于器材经营办法;关于防汛抽水机合同;该局为购置水泥、天车等事项与有关单位所订合同及蓝图;营造商登记表;该局基建计划、物资需用计划表;会同有关单位测量街道地形实施办法及勘查测量文件;修复、管理屠宰场会议记录;地政处勘查测量办法、总结;

为污水处理问题与市建委等来往文书;二马路等路段埋管工程材料;参加全国卫生展览会综合资料;有关下水道、抽水房等工程材料;墙子河土方工程图;所属单位关于养护分段交接清册;各清洁队关于房屋修建预算、图纸文件等。

天津市人民政府园林广场处
全宗号 X164

一、机构概况

天津市人民政府园林广场处成立于 1950 年 9 月,主要职能是在天津市人民政府领导下,负责全市园林绿化工程的建设管理工作。该处内部机构先后设有秘书室、技术室、会计科、工程科、园艺科、公园管理科。1952 年 7 月,该处撤销。

二、档案情况及内容介绍

馆藏该全宗档案共 122 卷,上架排列长度 2.3 米,档案起止时间为 1950—1952 年,档案按“年度-问题”分类排列。编有案卷目录和文件目录可供检索。

档案主要内容如下:

(一)综合类

有该处及所属单位工作计划、总结、报告;处务会会议记录;组织规程、办事细则;市人代会提案执行情况文件;市政府对该处成立、机构调整决定;关于组织编制、启用印信、交接迁移文件;与有关单位业务来往文书等。

(二)人事类

有该处人事工作章则;干部培养计划;干部职工任免、调遣材料;干部职工统计名册;工资调整办法及评薪定级文件等。

(三)业务类

有中央及市政府关于园林工作指示;园林绿化建设报告及植树、苗木推广统计表;园林建设管理、树株保护、植树办法;公园游览规则、园林场苗林概况及管理规则;公路行道树木调查文件;园林建设使用土地申请文件;园林工程设计;拟定公园名称说明及扩建公园景区纲要；各公园工程合同、蓝图；各公园内建筑物修缮及拆除工程文件；公园追加设备工程、制造小汽船工程、修理转塔等工程与有关单位来往文书及工程进度大纲等。

（四）财会类

有该处财政会计办法；器材凭证种类及使用办法；会计报表、工资预算、计算明细表及行政经费预算等各项报表；园艺工程各种签报合同；各项工程预算及草图等。

天津市交通运输委员会
全宗号 X149

一、机构概况

天津市交通运输委员会成立于 1959 年 12 月，是在市人委领导下负责领导全市交通运输和邮电工作，对交通、邮电部门实行督促、检查和指导的行政管理机关。其内部机构设有办公室、基建规划处、水运处、公路邮电处、铁路处、市内运输处。1962 年 8 月 11 日，该委与天津市工业生产委员会合并，成立天津市经济委员会。

二、档案情况及内容介绍

馆藏该全宗档案共 101 卷，上架排列长度 1.72 米，档案起止时间为 1959—1962 年，档案按“年度-问题”分类排列。编有案卷目录和文件目录可供检索。

档案主要内容如下：

（一）综合类

有该委党组会会议纪要、总结；市人委关于交委、交通局、汽车技校、县管航运社等机构、体制成立批复；关于交通系统组织机构、人员编制、干部任免报告、请示及市人委、编委的批复；交通部、市委、市人委及该委等单位关于年、季、月度工作计划、生产计划安排意见和通知；关于交通邮电发展规划、基建项目投资意见、通知；关于铁路专用线总体改造规划、报告、批复；关于技术革新、技术革命及一条龙运输大协作会议材料等。

（二）业务类

有省、市港务局等单位关于铁路、陆路、水运办法、规划、报告、通知；关于交通、邮电、运输、河网化工程、码头管理的请示、报告、函件及市委、市人委指示、批复；关于车型改造、车船维修、配件生产指示、通知；市人委关于修建津蓟铁路、铁路专用线总体改造规划，地方铁路规划，交通邮电三年、八年规划意见、通知及该委下属单位上报长远规划；市人委、财政局关于该委财政支出、会计决算、投资请示、报表的批复等。

天津市革命委员会口岸办公室
全宗号 X150

一、机构概况

天津市革命委员会口岸办公室于1973年5月在塘沽成立，前身是1969年3月组建的港口保卫组和中国人民解放军天津市公安机关军管会港口保卫组。1970年2月，港口涉外领导小组成立；1970年9月改称天津市革命委员会第三办公室，天津市革命委员会口岸办公室是在此基础上演变而来的。该办公室直接受市革委领导，属于国家涉外地方港口协调管理机关。其主要职责是贯彻执行党的涉外政策，对天津港口岸工作进行调查研究，掌握动态，组织协调，指导处理涉外工作。该办内部机构设有秘书、业务、外事3个处。

二、档案情况及内容介绍

馆藏该全宗档案共60卷，上架排列长度0.79米，档案起止时间为1969—1974年，档案按“年度-问题”分类排列。编有案卷目录和文件目录可供检索。

档案主要内容如下：

有市领导在成立港口保卫组会议上讲话；市口岸办公室关于港口涉外工作请示、报告及市革委批复；口岸办公室会会议记录、纪要；市革委关于机构设置、人员编制、人事任免通知；涉外纪律和外事接待规定；口岸办公室业务工作总结、报告；港口工作人员调离情况统计；改进外轮服务工作报告等。

天津市公用交通局
全宗号 X151

一、机构概况

天津市公用交通局于 1958 年 4 月由原天津市公用局和天津交通运输局合并成立，主要负责全市公用与交通系统业务及行政管理工作。其内部机构先后设有办公室、运输处、群运处、公用科(处)、基建供应处、机务处、运务处、财计处等。1960 年 6 月，该局撤销。

二、档案情况及内容介绍

馆藏该全宗档案共 220 卷，上架排列长度 4.68 米，档案起止时间为 1958—1960 年，档案按“年度-机构”分类排列。编有案卷目录和文件目录可供检索。

档案主要内容如下：

(一)综合类

有该局局务会、党组会会议记录；年度工作计划、总结；增产节约运动计划、安排、通知及总结报告；机关党支部工作计划、总结，党员关系介绍信存根；市人委、市委交通部对该局及所属单位领导干部任免通知及组织机构成立、变更请示的批复；所属单位机构设置、变更名称、启用印章、转换归属关系备案文件；市人委改进市交通运输管理体制的指示；关于整顿市容、改善环境卫生工作向市人委的请示、报告；信访、文档工作文件等。

(二)人事类

有市人委、市劳动局颁发的劳动工资、人事制度、办法、规定；该局人事工作规章制度、劳动工资统计报表；关于组织编制、精简机构、所属单位科级以上干部任免、调动、奖惩文件；干部下放劳动工作总结；抽调职工支援外地建设文件；市公交系统先进工作者事迹材料；职工培训教育情况报告；该局所属各单位工程技术人员资格认定及提拔、调动批准文件；该局所属单位职工福利、生活补贴文件；评定工人工资文件等。

(三)计划类

有中建部、河北省交通厅、市计委下达交通运输及工业生产计划；该局编制的年度公用交通运输计划;城市公用事业计划、规划;该局所属单位公用事业计划、交通运输计划、劳动工资计划及交通运输季、月计划执行情况分析报告材料;1959年全国公路科学研究重点计划等。

(四)公用事业类

有该局编制的公用事业业务管理规定、办法,渡口码头管理办法及实施细则;渡口、路灯管理、殡葬业务月报材料;关于公共汽车儿童购票办法规定;接管海河码头及卫津河码头文件材料;天津市公共电汽车客流量调查材料;城市公用事业统计资料等。

(五)运输类

有市运输公司、市电车、汽车公司关于货运客运业务管理规定办法;三轮运输社成立及拨地用房请示与运输公司批复、通知;市运输公司关于马车、三轮车短途运输管理规定、办法;装卸工人管理规定、办法;该局编制的运输工作年报;河网化规划意见及水运工作文件;水上运输计划及工作总结、航运工作规划及年度总结;市交通运输委员会冬季冰上运输指示等。

(六)基建类

有市人委颁发的基建工作管理办法;市财政局颁发的基建拨款规定办法;该局及所属单位年度基建计划及基本建设财务收支预决算报告;对公共汽车公司、电车公司、运输公司、电车修造厂、汽车修理厂、煤气厂及殡葬、码头渡口、路灯管理所等所属单位基建工程用地审批文件等。

(七)物资类

有该局及有关单位物资供应工作规定;物资供应工作计划及物资供应工作、清仓物资统计年报;所属单位外汇订货合同;申请采购物资文书;第二个五年计划期间物资设备需用量建议文件等。

(八)安全技术类

有上级机关及该局关于交通安全、劳动保护工作指示;安全竞赛运动文件;该局安全技术管理及车辆管理工作文件、安全工作通报;所属单位安全技术工作总结报告及安全技术工作制度、规定等。

(九)科技类

有市科委对该局颁发的科研项目计划和对该局科学技术情报工作的指示;科技情报工作安排、科技合作项目申报材料;重大科学技术项目资料等。

(十)财会统计类

有该局及所属单位财务成本计划、财务收支计划及决算报告;该局行政经费结算报告;

交通运输财务成本会计制度;统计制度规章、办法;全市公路运输统计年报、公用事业统计年报、劳动工资统计年报、干部统计年报;该局及所属单位财产清查报表;全市财务工作会议、公用交通系统财务工作会议文件;该局对所属单位固定资产调查材料等。

天津市公用局
全宗号 X152

一、机构概况

1949 年 1 月天津解放后,成立天津市人民政府公用局,并于 4 月 1 日正式办公。该局属天津市人民政府领导,主要负责全市水厂、电厂和电汽车交通督导、路灯业务管理,以及渡口、广告、标准钟、交通艇、码头、仓库、公墓管理业务等,同时负责建立健全全市公用事业各种规章制度。1958 年 4 月,该局与市交通运输局合并为天津市公用交通局。该局内部机构设有秘书室、人事室、调研室、技术室、保卫处、会计室、计划科、基建科、业务管理科、公用科、劳动工薪科等。1960 年 6 月,该局正式定名为天津市公用局。该局内部机构设有办公室、干部教育处、业务处、技术处、劳动工薪处、基建供应处、安全保卫处,1963 年设煤气事业处,1965 年 7 月设政治处。

二、档案情况及内容介绍

馆藏该全宗档案共 3233 卷,上架排列长度 50. 15 米,档案起止时间为 1949—2000 年,档案按“年度-机构”分类排列。编有案卷目录和文件目录可供检索。

档案主要内容如下:

(一)综合类

有该局局务会会议记录、局长业务分工及各处室职责范围规定;有关公用交通方面各项法令汇编及公用交通事业管理规章办法;有关私营中西餐、旅店、澡堂等服务行业管理初步意见;局所属单位机构调整、更换印章备案材料;该局对私改工作指示通知;该局及所属单位开展增产节约运动文件材料及信访工作总结;市委、市人委关于该局成立党组的指示和对该局市管干部任免、调动、提拔的批示、通知;局党组关于公用交通事业各项工作向市委、市人委的请示、报告;公用党委、常委会会议记录;局机关党支部工作计划总结报告、会议记录;监察工作计划、总结;公用党委对该局党员转正批示;1965 年该局建立政治工作机构的通知与该局党委政治部工作计划、报告等。

(二)人事类

有该局人事工作计划总结、人事任免、提拔、调动、奖惩与机构编制请示及市政府批复;对该局所属单位干部任命、职工提拔、奖惩、调动的批复、通知;该局所属单位职工子弟教育费补助暂行办法;劳动工资计划及统计年报;劳动保护规章、办法;新工人培训、转业军人安置文件材料;该局所属单位干部统计年报;该局抽调技术人员支援工业建设文件;该局职工薪金调整评定材料等。

(三)业务类

有该局关于车船检验登记统计材料;各种公用设施管理规则办法;公用设施扩建报批文件材料;各河渡口、码头设置材料、接管私营渡口与制发私营渡口管理办法文件;路灯管理工作计划、总结;电汽车线路调整文件;自来水价格调整办法、规定,自来水管理暂行办法;铺设自来水管道管理办法;统一收付水电表押金办法、规定;取缔违章无照行驶车罚款规定;非机动车过户及车辆遗失牌照补领登记办法规定等。

有市公用运输系统联合办公会会议记录;搬运公司业务会会议记录;天津城市公用事业计划和长远规划;城市公用事业统计报表;该局所属单位运营服务统计年报及运营服务计划;该局所属单位年度与长远规划;殡葬服务规划及管理办法;所属殡葬服务所制度与业务管理文件等。

(四)科研类

有该局及所属单位科研工作计划、职工合理化建议及科研项目试验报告、技术改进办法、危险物品安全管理办法规定;该局所属各单位制定的技术规程制度;技术工作计划、总结,对该局所属各单位技术管理工作调查报告;质量指标完成情况分析材料等。

(五)基建物资类

有该局与所属单位历年基建计划、基建决算报告、基建投资统计年报、基建工程设计任务书;该局所属单位修建车库、办公楼、职工宿舍请示、报告及工程设计任务书;该局年度物资供应统计;基建计划执行情况分析;该局为配合市政工程建设与有关单位的往来文书等。

(六)财会类

有该局行政经费决算报告;生产财务计划、财务成本计划及财务管理各项规定办法;该局与所属单位劳动工资统计年报;基建财务决算报告和财务资产情况分析材料;该局及所属单位财务年度决算报告;该局制定的财务成本管理规定办法等。

天津市邮电管理局
全宗号 X153

一、机构概况

天津市邮电管理局于1956年3月15日由天津市邮局与市电信局组建成立，隶属国家邮电部，是负责全市邮政电信工作的行政管理机关。1958年4月1日，天津市邮电管理局与河北省邮电管理局合并，改称河北省邮电管理局。1960年3月21日，该局恢复。该局内部机构先后设有邮政科、会计科、基本建设科、干部科、检查科、总务供应科、秘书室、办公室、保卫室、技术业务处、人事教育处、计划财务处（科）、基建供应处等。该局下属机构有市邮局、市长途报话局、市内电话局等。

二、档案情况及内容介绍

馆藏该全宗档案共909卷，上架排列长度13.62米，档案起止时间为1955—1964年，档案按“年度-问题”分类排列。编有案卷目录和文件目录可供检索。

档案主要内容如下：

（一）综合类

有国家邮电部及该局对邮电事业发展工作请示、规划；该局局务会会议记录；该局及下属单位关于邮电管理方面的制度、规定、总结；邮电系统五年规划和邮电专业会议记录；防汛抗洪工作总结等。

（二）人事类

有该局及所属单位组织编制和人事管理规章；市人事局、劳动局关于劳保工作办法和工资改革评定标准、决算报表；该局及所属单位关于干部配备、人员调动决定、请示及市人事局批复；该局职工教育工作规章、制度和奖惩命令、通报等。

（三）业务类

有国家邮电部、该局及所属单位关于邮政、电讯业务方面规章制度；该局及所属单位关于各项基本业务工作计划、报告；电信技术业务先进经验推广工作和技术研究工作计划、总结、报告;通讯设备维护管理规章制度等。

(四)基建类

有国家邮电部、该局及所属单位对邮电基建工作规定、办法;该局及所属单位有关基建工程计划和电话有线广播网工程技术设计书;市话线路扩建工程技术设计书;基建会计制度和基建财务年度报表等。

(五)财会类

有该局及所属单位关于行政经费开支预算、决算报表;财务工作管理制度;债权债务方面通知、信函等。

天津市地方铁路管理局
全宗号 X389

一、机构概况

1982年12月10日,天津市政府办公厅批准成立天津市地方铁路管理局,归市建委管理。1983年5月31日,天津市地方铁路管理局对外开展工作。该局主要负责铁路综合性工程建设、桥梁工程建设、隧道工程建设、市政工程建设、民用工程建设、铁路运输。该局主要接收、建设的铁路有天津炼油厂专用线、李港铁路延伸线邓东段、官许线、别山线,延展里程共159.10公里,正线里程117.59公里,准轨159.10公里。

二、档案情况及内容介绍

馆藏该全宗档案共2140卷,上架排列长度25.93米,档案起止时间为1983—2000年,档案按“年度-机构”分类排列。编有案卷目录和文件目录可供检索。

档案主要内容如下:

(一)综合类

该局各级党组织、纪检委、团组织、工会组织的成立、改选和领导任免情况的请示、批复;团市委、总工会、表彰“双十佳”“十杰”、新长征突击手、优秀团员、先进团委的决定;市政府、编委、该局关于成立变更基层单位的请示、批复及局机关各处室职责范围;市人大、市政府、该局关于各级领导干部的任免职通知及转干审批表;该局对市人大代表、政协委员提案和人民来信来访的答复;局务会会议记录、工作安排、总结;职工人数、工资总额等统计年报表;市政府、计委、建委关于外商投资、招商等外事管理办法等。

(二)经营管理类

该局铁路发展规划;市计委、建委下达基建更改运输生产计划;国务院、市政府、物价局关于调整铁路、水运、物资等价格的通知;基层单位的经济承包责任书、机关工作目标责任书;市国资局、财政局及该局国有资产、固定资产管理办法、规定及清产核资有关办法、规定;该局关于晋升国家二级地方铁路企业标准和评审全国地方铁路一级企业达标的报告、批复等。

(三)生产技术类

该局关于生产组织、调度指挥文件;市建委、城建档案馆及该局编制竣工文件、工程竣工验收、工程管线、科技档案管理细则等通知;关于基建、大修、更改工程项目立项的请示、批复、验收纪要;国务院、市政府、建委等关于标准法、技改、抗震、防冻剂、烟道等管理文件;关于锅炉管理、建筑安全管理、安全生产责任制、安全检查、起重机、压力容器等设备安全技术管理的实施细则、规定、办法、会议纪要等。

天津市交通局
全宗号 X195

一、机构概况

1953 年 12 月,天津市人民政府委员会第三届第七次会议决定成立天津市人民政府交通运输管理局,1955 年 2 月 1 日改称天津市交通运输管理局,1955 年 2 月 23 日又改称天津市交通运输局。1970 年 10 月 30 日,经市革委会批准,天津市交通运输局、天津市内河航运局、天津市邮电局、天津市机要交通局和天津市联运办公室合并,成立天津市交通局革委会。1974 年 7 月 23 日,内河航运局、邮电局、机要交通局划出,分别单独设局,天津市交通局恢复组建。该局职能为负责组织拟定全市综合交通运输发展战略;组织编制综合交通运输体系规划、中长期规划和专项规划;负责编制公路、水路、港口年度建设计划和养护计划,并组织实施;统筹协调公路、水路、铁路、航空和公共客运、轨道交通等多种运输方式和基础设施的配套衔接等。其内设机构包括办公室、局党办、干部处、组织处、劳资处、财务处、计划统计处、教育处、科技处、基建处、宣传处、工会等。

二、档案情况及内容介绍

馆藏该全宗档案共4363卷,上架排列长度75.6米,档案起止时间为1954—2003年,档案按"年度-机构"分类排列。编有案卷目录和文件目录可供检索。

档案主要内容如下:

(一)综合类

有该局党委年度工作计划、总结、专题报告;局党委常委会(扩大)及党组会会议记录、纪要;党组织建立、撤销、改选及委员增补、分工的请示、批复;党组织、团组织统计年报;局务会、联席会、局长办公会会议记录、纪要;有关机构建立、调整、合并、撤销、接管的文件材料等。

(二)业务类

有该局交通运输、工业生产计划、统计年报;关于制定、颁布运输政策相关文件;有关公路客货运输及水运工作的专题调查报告、规划、方案;科研、新技术推广、技术改造工作计划、统计年报;关于公路货物装卸费、运费的请示、批复、通知;关于企业经济体制改革、企业经济核算的请示、批复等。

(三)人事行政类

有该局关于干部职工任免、奖惩、录用、离职、退休文件;劳动工资计划、统计报表;调整工资工作安排、总结;该局及下属单位"以工代干"人员转干审批表;基本建设统计年报;财务计划、预算、决算;物资供应统计年报表;固定资产统计年报等。

天津市交通委员会
全宗号 X380

一、机构概况

1983 年 6 月，天津市交通委员会成立，负责全市交通运输和邮电通讯的统一管理和协调。其主要职责是组织贯彻执行党和国家关于交通邮电工作的路线、方针、政策、法令和规定，统筹平衡全市运力、运量，组织完成交通运输生产、财务计划，协调运输部门和物资部门的工作关系，组织合理运输和联合运输以及重点物资的运输，组织加强交通运输安全和客货质量管理工作等。其内设机构有办公室、综合处、运输处、规划处、交通管理处、安全质量处等。

二、档案情况及内容介绍

馆藏该全宗档案共 348 卷、1337 件，上架排列长度 5.1 米，档案起止时间为 1983—2006 年，档案按“年度-机构”分类排列。编有案卷目录和文件目录可供检索。

档案主要内容如下：

有该委关于建立机构的请示、批复、报告、通知；年度工作安排及工作总结；主任办公会会议纪要、机关大事记；该委机构改革文件；关于下属单位建立机构的请示、批复；干部任免的报告、通知及审批表；工资改革的通知、方案及调查表；党员干部统计表；关于运输管理工作的规定办法、请示、报告、通知；有关安全质量、劳保方面的规定、办法、条例、通知；关于安全质量活动的安排、总结等。

天津市农林局
全宗号 X165

一、机构概况

1953 年 4 月 2 日，在原天津市水利处、民政局郊区科、天津县农业科、中央人民政府农业部渤海区农垦管理局基础上成立天津市农林水利局。1958 年 5 月 16 日，该局并入天津市农村工作委员会。1959 年 1 月，天津市与天津专区、沧州专区合并后，成立天津市农林局，1961 年 3 月，天津市与天津专区、沧州专区分开，撤销天津市农业局，成立天津市近郊农业局。1962 年 11 月 1 日，天津市近郊农业局的农林工作业务分离出来，成立天津市农业局，1963 年 3 月 27 日，天津市农业局改称天津市农林局。

天津市农林局是在天津市人民政府领导下负责全市农业发展的政策、规划和组织实施，指导全市农业生产布局和结构调整，拟定农业科技发展规划和有关政策，负责全市农业生态环境保护，指导全市农业乡村集体经济、合作组织的经营管理和农业对外经济技术交流与和合作的行政管理机关，其主要内设机构有办公室、政策法规处、综合计划处、科技教育处、粮经作物管理处、蔬菜管理处、农村生态管理处、市场信息处、财务处（审计处）、组宣处、劳动人事处、老干部处等。

二、档案情况及内容介绍

馆藏该全宗档案共 3678 卷，上架排列长度 75.06 米，档案起止时间为 1949—2000 年，档案按“年度-机构”分类排列。编有案卷目录和文件目录可供检索。

档案主要内容如下：

（一）综合类

有该局年度工作计划与工作总结；历次局务会会议记录与工作通报；关于保密、文书、行政管理工作规定；机构建立、变更、人员编制、启用印信请示及市政府批复、通知；天津市农业系统先进工作者会议文件材料；关于计划、统计工作指示及编制天津市农林水利发展规划材料；劳动力调配计划及执行情况总结；该局年度物资供应、分配计划；历年农业统计表及工作总结；关于人事工作总结、报告；关于人事任免、退职、退休及奖惩工作规定、通知；该局关于工资标准、福利待遇工作规定及调整工资工作总结；关于劳动工资计划及完成情况总结、报告；该局及所属单位劳动工资测算表与统计年报；所属系统职工人数调查表等。

（二）业务类

有该局对农业生产、选种、播种工作指示、通知及农业生产工作方案；历年农业生产计划与执行情况总结、报告；水稻、小麦生产技术情况调查及种植技术工作总结；郊区荒地开垦工作计划、报告；农业生产基本情况年报表；农业生产专题报告；关于农场管理与经营管理制度规定；所属农场工作检查报告、总结；所属农场关于生产建设与发展方向报告；农场工作总结、土地面积调查表；关于畜牧生产工作指示及发展规划；关于畜牧生产及防疫、兽医管理工作计划、总结；牧场扩建计划；关于植物保护、病虫害防治、农药机械使用工作指示、报告；蝗虫防治工作通知及防蝗灭蝗工作报告、总结；该局对水产养殖工作指示、计划、总结、报告；海洋渔业生产安排等。

（三）财务基建类

有农业部及该局关于财务工作指示、规定、通知；该局企业生产财务计划及完成情况总结、报告；关于水费征收办法；该局历年财务收支计划及决算报告；资产移交清册；年度基建计划及完成情况总结、报告；所属农场、拖拉机站关于工程拨款请示及该局批复；该局水利基建工程检查工作报告；灌溉管理工作总结；基建工程财务决算报告与预算；基建工程设计任务书及图纸等。

天津市水利局
全宗号 X166

一、机构概况

1953 年 4 月 2 日，在原天津市水利处、民政局郊区科、天津县农业科、中央农业部渤海区农垦管理局基础上成立天津市农林水利局；1958 年 5 月 16 日并入天津市农村工作委员会。1959 年 1 月，天津市与天津专区、沧州专区合并后，成立天津市水利局；1961 年 3 月，天津市与天津专区、沧州专区分开，撤销天津市水利局，成立天津市近郊农业局。1962 年 11 月 1 日，天津市近郊农业局的水利工作业务分离出来，成立了天津市水利电力局，1965 年底水利与电力分开，正式成立天津市水利局。该局是天津市人民政府领导下，负责天津市河道堤防、大闸、扬水站、水文、灌溉、防汛管理及水利事业发展规划、工程建设的行政管理机关。2009年,天津市水利局更名为天津市水务局,同时加挂天津市节约用水办公室牌子。其内部机构主要设有办公室、规计处、政策法规处、财审处、干部人事处、政务服务处、水资源管理处(市节约用水办公室)、建设与管理处(南水北调建设管理处)、河湖保护处、水旱灾害防御处(农村水利处)、排水监督处、安全监督处等。

二、档案情况及内容介绍

馆藏该全宗档案共1277卷,上架排列长度20.57米,档案起止时间为1953—1985年,档案按“年度-问题”分类排列。编有案卷目录和文件目录可供检索。

档案主要内容如下:

(一)综合类

有水利建设与基建工作年度计划、总结;天津市水利工程远景规划文件;该局参加全国水利会议工作情况报告;国务院对国家计委关于天津市供水和排水问题报告的批复;该局局务会会议纪要与工作计划、总结;关于组织机构设置、人员编制请示报告及市政府批复、通知;关于干部任免、提拔、处分通知、决定;干部定期统计表;国家机关工作人员福利开支报告表;天津市水费征收办法请示报告及市政府批复;市政府对该局所属各水利站移交郊区领导问题批复及各水利站移交清册等。

(二)业务类

有该局向市政府报送关于参加中央水利部召开引黄济卫引水使用及独流减河遗留问题座谈会报告;市政府制发《天津市河道管理规则》及该局实施细则;市政府颁发《天津市关于国家建设征用土地暂行实施办法》及该局补充意见;市政府与市防汛指挥部关于防汛、防潮、除涝、抗旱等工作指示、计划、总结及有关会议记录;取水许可制度和水资源费征收制度的制定、实施办法;水资源保护规划,排污总量控制意见;节水政策规划、用水规划;有关全市水利工程建设的行业管理制度,水利建设可行性报告,水利基建项目建议书和可行性报告;引滦入津工程管理及其他外调水源的输水管理工作;关于农村水利工作政策、发展规划的意见;南水北调工程建设委员会决定事项的落实和监督检查执行情况的请示、报告和批复等。

天津市各撤销农场
全宗号 X167

一、机构概况

津沽区农垦管理局与渤海区农垦管理局及其所属农场、天津市人民政府园林广场处与渤海区农垦管理局合营苗圃、渤海区农垦管理局天津机米厂、天津市青年农场、天津市人民政府农林水利局小淀农场、天津市人民政府农水利局津南农场等单位,都属于农场或农场管理机构,由于机构性质、隶属关系、存在时间、档案数量等多方面历史原因,这些单位的档案作为“天津市各撤销农场”全宗进行管理。馆藏该全宗档案共 92 卷,上架排列长度 1.8 米,档案起止时间为 1949—1956 年,档案按“机构-问题”分类排列。编有案卷目录和文件目录可供检索。

二、档案情况及内容介绍

(一)津沽区农垦管理局与渤海区农垦管理局及其所属农场

1949 年 4 月 1 日,津沽区农垦管理局成立,该局是统管津沽地区各农场的农场管理机构,其内部机构有秘书室、技术室、经营部,下辖 8 个农场。1950 年 3 月 10 日,该局更名为渤海区农垦管理局,直属中央人民政府农业部领导,日常工作由农业部垦务局管理,其内部机构设秘书室、计划研究室及生产合作科、灌溉管理科等,另下辖 11 个农场。1949 年 1 月,中国人民解放军天津市军事管制委员会接管部农林接管处将接收的茶淀农场一、二、三场和茶淀难民合作农场归津沽区农垦管理局领导,该局改为渤海区农垦管理局后,这些农场更名为渤海区农垦管理局茶淀区合作农场。1952 年 3 月 16 日,渤海区农垦管理局茶淀区合作农场交天津市公安局新生农场统一管理,场名撤销。

档案主要内容如下:

有津沽区农垦管理局及渤海区农垦管理局局务会会议记录;人事管理,干部调动文件材料;局属各农场土地类型调查材料;天津市军事管制委员会接管部农林接管处接管茶淀区和茶淀难民合作农场文件材料;茶淀区农场 1949 年工作总结;该场人事管理、人员登记表、干部任用文件材料；该场生产、种植计划；苗圃造林工作总结报告；果园、鱼塘苇圈、副业生产经营情况报告；该场1951年农业生产合作组概况及模范合作组事迹材料；该场财务年度计划及清产核资物资登记清册等。

（二）天津市人民政府园林广场处与渤海区农垦管理局合营苗圃

1950年6月，天津市人民政府园林广场处与渤海区农垦管理局合作经营苗圃（管理津郊小孙庄农场出地170亩，包括农垦管理局原有苗圃50亩），经营培育杨柳槐及松柏等树苗。该合营苗圃由天津市人民政府园林广场处和渤海区农垦管理局共同组成管理委员会，该委员会于1950年9月24日启用"天津市人民政府园林广场处、渤海区农垦管理局合营苗圃"印章。1951年3月，该苗圃由小孙庄农场接管，改为渤海区农垦管理局直属农场。

档案主要内容如下：

有该苗圃1950年工作日记、造林育苗计划及年度工作总结报告；该苗圃与华北农业科学研究所、北京市人民政府建设局等有关造林、采种、育苗方面往来函件等。

（三）渤海区农垦管理局天津机米厂

1949年10月，天津机米厂成立，由市职工消费合作社负责领导管理。该厂主要承碾渤海区各农场所产稻米，加工成品统交渤海区农垦管理局供销科，配给粮食公司供给天津市场。1951年9月，该厂归渤海区农垦管理局直接领导，1952年3月24日，该厂移交农业部国营芦台农场。

档案主要内容如下：

有该厂1951年工作总结及职工评薪、评选劳模文件材料，该厂财产明细表及移交清册等。

（四）天津市青年农场

1956年春，天津市农林水利局决定在跨天津西郊和静海县两区间的赤龙河夹道洼成立青年农场，安置失学、失业青年。后经勘查研究，放弃赤龙河夹道洼，将青年农场场址改设在塘沽区黑猪河两岸荒地。1956年8月23日，市农林水利局启用"天津市青年农场筹备处"公章。1956年9月8日，因塘沽盐管局把黑猪河东部地区全部建为晒盐场，该农场筹备工作宣告结束。

档案主要内容如下：

有该农场基建计划与设计任务书，筹建工作会议记录与移交文件等。

（五）天津市人民政府农林水利局小淀农场

天津市农林水利局小淀农场，1949年时是天津县三区北仓合作农场的一部分，1953年3月，市农林水利局接收后改称为天津市人民政府农林水利局小淀农场。1956年，该农场撤销，其土地划归天津市北郊区。

档案主要内容如下：

有该农场各年农业生产计划、生产成本计划；农产品收支预算、财务年度计划；基建计划；农作物种植面积与收获量统计报表；该农场年度工作总结；该场机构编制，启用印信文件材料；人事调动、工资改革文件；技术人员与工人调资情况材料及职工名册；生产竞赛及增产节约、半年奖励文件材料等。

（六）天津市人民政府农林水利局津南农场

1953年5月，天津市人民政府农林水利局津南农场成立，1955年8月1日，该农场撤销，其土地房屋拨交天津西郊区。

档案主要内容如下：

有该农场1954年年度生产成本及财务收支计划；基本建设决算报告；职工名册，职员调动调级文件材料；该农场撤销文件等。

天津市人民政府水利处
全宗号 X168

一、机构概况

天津市人民政府水利处成立于1950年3月，是天津市人民政府领导下的水利工程行政机构。其主要职责是负责全市堤防建设、管理、维修、防汛、排渍及市郊农田水利建设等工作。其内部机构先后设有处长室、秘书室、技术室、人事科、会计科、材料科、设计科、工程科、河防科、水利科、农业科、农场测量队。1952年10月，该处撤销。

二、档案情况及内容介绍

馆藏该全宗档案共293卷，上架排列长度4.56米，档案起止时间为1950—1956年，档案按“年度-问题”分类排列。编有案卷目录和文件目录可供检索。

档案主要内容如下：

（一）综合类

有全国水利工作会议文件；天津市水利工作报告及水利建设资料；该处工作计划、总结、报告;处务会会议记录;该处机构成立通知;该处组织规程、职责范围、业务工作方面章则办法、制度;该处与建设局业务划分、接管及移交清册;该处合理化建议处理办法及市政府批复;该处对天津市各方面用水情况调查及水文资料;处理人民群众来信文件等。

(二)人事类

有该处机构编制及干部职工任免、调动、奖惩制度、通知;薪资评定、调整办法;工资标准及名册等。

(三)水利工程类

有该处水利工程管理工作计划、总结、报告;全市水利工程维修施工、河防工程设计、修建、加固养护管理方面章则、办法、制度;天津市新开河、海河、子牙河、卫津河等河流水道整理、河道疏浚、护岸改建、堵口、复堤、涵洞维修、灌溉等工程设计文件、图纸及意见书;工程进度表等。

(四)防汛类

有市防汛总指挥部组织规程、决定、总结;该处防汛工作计划、总结、报告及会议材料;汛期抢险办法、人员编制;防汛工程意见书及预算、概算;防洪工程水位统计表等。

(五)材料类

有该处水利器材、物资管理报告、通知;工程器材采购、管理办法及分配、运输计划、报告、总结;物资计划表等。

(六)财会类

有市财政局及该处关于会计工作规定;预算编制及预算管理办法;财政制度检查报告;该处关于财政收支材料;水利工程建设事业费、抗旱防汛经费、基建费、工程维修预算、决算、收支概算;会计收支报表等。

天津市物价委员会
全宗号 X81

一、机构概况

天津市物价委员会于1957年10月成立,1958年第四季度与市工商局合署办公,改称天津市市场物价委员会。1960 年 6 月 2 日，市人委第三办公室和市场物价委员会合并，成立天津市财政贸易委员会，但对外仍保留天津市市场物价委员会名称。1964 年，恢复天津市物价委员会的名称。该委是天津市人民委员会直接领导下的全市市场物价行政管理机关。其主要职能是根据中央的物价方针和政策，领导与管理全市工业、商业、手工业、农业等各个系统的物价工作。其内部机构先后设有办公室、市场行政处、工业品价格处、农产品价格处、轻工产品价格处、重工业产品价格处等。

二、档案情况及内容介绍

馆藏该全宗档案共 2084 卷、661 件，上架排列长度 42.18 米，档案起止时间为 1956—2001 年，档案按“年度-机构”分类排列。编有案卷目录和文件目录可供检索。

档案主要内容如下：

（一）综合类

有市人委批准成立物价委员会和明确职权范围及处室职责方面文件；该委组织机构设置、人员编制、干部配备方面文件和干部花名册；党员、干部情况统计表；市场物价工作计划、要点、总结；市场物价会议文件及加强物价市场管理工作意见、规定、通知、报告；物价规章制度和产（商）品目录，物价工作经验交流会和参加全国物价会议材料等。

（二）农产品价格类

有该委蔬菜购销价格安排方案、通知；水产、肉、蛋等 15 种商品价格通知和批复；农产品成本调查和集市管理规定、办法等。

（三）轻工产品价格类

有该委工业品地区差价、手工业品利润和小商品价格安排、规定、通知；市场物价管理规定和物价检查文件；关于调整药品、纸张、针织品等 19 种商品价格通知；全国物委、商业部、二轻部三类工业品价格座谈会会议纪要和贯彻会议提纲、报告；市财委、市经委及该委关于举办三类轻工业品、日用品展览会情况报告等。

（四）重工业产品价格类

有该委年度价格调整建议，物价工作安排及重工业产品价格调整通知；调整煤炭及小农具价格通知；该委关于物价分级管理文件，国营工商业产（商）品作价原则及降低部分小商品价格报告、通知；改变供应外宾商品通知及军工产品、消防器材价格通知；铁路货运价格调整方案通知及改革要点说明等。

（五）工商管理类

有该委小商贩管理改造意见、报告；设立天津市市场交易管理所意见；对外商管理工作文件等。

天津市工商局
全宗号 X82

一、机构概况

天津市工商局于1949年1月15日成立，1950年3月改称天津市商业局，1950年7月与天津市私营工业管理局合并后，改称天津市工商局。1957年，天津市工商局与天津市物价委员会合署办公。该局是天津市人民政府领导下，负责全市工商业管理工作的行政机关，其主要职责是贯彻执行公私兼顾政策，指导生产向有利于国计民生的方向发展；配合有关部门组织城乡物资交流；管理各贸易市场；办理中外公私营工商业开业、歇业、转业登记与发证；管理商标注册；管理度量衡；办理公私企业加工订货，并监督其按期完成任务；代表公股管理公私合营企业工作；指导同业公会工作；处理工商户违章事项；管理赴外地及来津采购工作；对私营工商业进行统计调查工作。

该局所属单位有各区工商分局和12个内贸专业公司，内部机构先后设有秘书室、研究室、人事室、会计室、一至五科（分别负责工商业登记、商标注册、市场管理、加工订货，指导私营工商业生产经营、指导工商联工作），及度量衡检验所、生产改进科、办公室、业务室、保卫科、监察室，1952年5月增设加工订货管理处、公私合营企业管理处，同时将原负责私商及国营贸易科室改为处。

二、档案情况及内容介绍

馆藏该全宗档案共7786卷，上架排列长度152.15米，档案起止时间为1949—2000年，档案按“年度-机构”（永久保管）、“年度-问题”（长期保管）分类排列。编有案卷目录和文件目录可供检索。

档案主要内容如下：

（一）综合类

有该局党组会会议记录；局务会、局长碰头会及该局召开的其他行政会会议记录；机关工作规章制度；该局业务问题向上级机关请示、报告及上级机关批复；党总支、支部及所属单位党支部工作计划、总结、会议记录；党组织发展计划、总结；党员政治学习、思想教育工作安排、总结材料；该局内部组织机构设置、调整及人员组织编制问题请示和市政府、财经委批复；该局对所属单位机构设置及编制批复；对市党代会、市工会代表会、市工商联会议提案处理文件；该局文书、档案、保密工作、启用印信规定，及移交清册、通知；保卫工作制度、总结、登记统计报表；财务预算、决算材料、表册等。

（二）人事类

有该局及所属单位人事工作计划、总结及会议记录；干部考勤、考绩工作制度；人事任免、奖惩及获奖人员事迹材料；该局及所属单位调整工资、评薪定级工作报告，调查统计材料；干部名册、调动存根、统计报表；该局关于机关工作人员退职、退休、病假、公费医疗方面规定、办法、批示等。

（三）工商业管理类

1. 综合　有政务院、华北人民政府对私营工商业管理条例及该局实施办法；中央、天津市领导人谈对私营工商业政策及该局贯彻意见；市财经委、该局关于天津市私营工商业重估财产、调整资本实施办法、工作计划和组织纲要；该局关于改造与改组旧工商业同业公会工作报告、方案、上级批示，筹备成立天津市工商业联合会工作文件；天津市各行业同业公会组织章程、会员名册、人员安排文件；市财经委、该局关于调整私营工商业行业会议文件，调整私营工商业行业工作方案、总结，换证工作及调整后新行业类型、分类目录；该局关于私商业联营工作会议记录及并厂并店计划；联营企业组织章程、劳资协议书、投资协议书、保证书；关于私营企业盈余分配办法、利润分配计划执行情况总结及调查材料；市政府关于度量衡器制造、使用规则；该局关于度量衡器管理、检查办法；关于商标注册工作报告等。

2. 工商业登记管理　有华北人民政府、市政府及该局关于工商业登记办法、布告、申请书式样文件；市政府、市财经委及该局对私营工商业部分行业限制开业登记指示、通知；该局1949—1958年形成的关于工商户登记档案等。

3. 私营工业管理　有该局编制全市私营工业产品产值计划、产量计划、主要物资需求计划；市财经委、计委及该局关于私营工业年度生产安排方案和执行情况报告；该局关于私营工业发展情况和指导工作总结、报告；关于私营工业各行业户数、人数、开业、歇业、转业情况调查统计材料；关于私营工业主要产品产、供、销平衡情况表；私营工业资产、产值年报表；该局关于私营工业设备、动力、产品、生产能力、原材料、燃料调查统计材料；关于私营工业供、产、销情况统计材料；关于私营工业停业、半停业调查报告和调整部分行业生产总结；关于私营工业接受国家扶植数量、价值统计表；市财经委及该局关于加工订货管理办法、实施计划；中央、市财经委及该局对加工订货核算成本、上缴利润意见、办法；天津市加工订货会议文件；市财经委、该局、工商联关于成立加工订货评议委员会文件及该委员会工作条例；该局关于私营工业产品及加工订货总量比较表，主要产品加工订货产销收购比重及产销统计等调查统计材料；该局及所属单位关于加工订货工作的经验、总结；该局关于私营工业技术改进情况总结；关于私营钢铁、化学、纺织、制革、文教用品等行业改进生产技术规定和推广产品规格、质量、操作规程及技术经验交流材料等。

4. 私营商业管理　有市财经委及该局关于对私营批发商、零售商进行安排、维持指示、方案、总结；中央、市政府关于对粮食、棉布、食用油实行统购统销指示、规定；粮、棉、油实行计划供应后该局对私营粮食行业、花纱布行业、食油行业整顿方案、管理规定及工作总结；该局调整私营商业文件及调整后情况反映；全市私营商业开业、歇业、转业变化统计表；各行业户数、人数统计，批发商转业统计，全市各行业商品进销情况统计、营业额统计、盈亏情况统计及盈亏分配统计等。

5. 摊贩管理　有市政府及该局关于摊贩管理办法、安排意见，对违章摊贩处罚布告；税务局及该局关于摊贩征税办法；摊贩委员会组织章程、委员审查任用规定和改组工作文件；该局关于摊贩登记换证及整理摊贩市场、清理无照摊贩工作总结；关于摊贩经营情况调查等。

6. 行商、经纪人、交易员管理　有该局关于《天津市行商管理办法》实施细则；行商管理委员会章程；关于行商登记、换证管理办法、总结；关于行商经营范围及代购、加工、纳税问题意见；行商开业、歇业、转业及资金情况与经营情况统计表；市政府、市财经委及该局关于经纪人管理办法；天津市经纪人临时工作委员会订立《经纪人联合公约》；该局关于经纪人佣金收费标准规定；经纪人开业、转业登记申请书及花名册；天津市自由市场、粮食市场、山干货市场、猪肉市场、花纱布交易所等市场交易员名册等。

7. 手工业管理　有市委及该局对手工业管理工作意见；华北手工业工作会议文件；市财经委及该局关于对成立手工业联合会批复；手工业联合会组织章程、整顿方案、总结；市政府及该局关于对建立手工业劳动者协会批示及该协会章程、工作方案；该局关于手工业登记规定、允许开业和限制开业登记意见、普查换证工作方案；关于手工业总产值计划控制数字及对手工业产销工作安排；手工业户开业、歇业、转业情况统计表；手工业户数、人数、产量、产值统计表；部分行业会员名册等。

（四）市场管理类

有市政府、市财经委及该局关于对建立与撤销天津市粮食、纱布、棉花、烟草、蔬菜、水产等市场或交易所批复；关于市场管理与取缔经营惩处非法交易办法；天津市市场组织章程及市场管理工作总结；天津市市场销量、成交值统计表、价格比较表；该局关于天津市各大商场建立商场委员会批示及商场委员会委员名单、组织章程；各大商场经营、管理情况调查材料；关于机关、部队、国家企事业单位、私商在津购销物资登记管理规定；关于机关和国营企业违法采购和违法登记条例等。

（五）会议类

有华北地区第二届物资交流大会、天津市工业展览会、天津市城乡物资交流大会、天津市年货大会组织章程、组织方案、会场管理办法、工作总结及统计报表；天津市工商业各行业专业会议及天津市供产销专业会议、加工订货专业会议、安排生产专业会议、统一公营购销管理专业会议提案、座谈会记录、典型材料调查、统计报表及会议总结等。

（六）公私合营类

有政务院关于公私合营企业公股整理办法；该局关于私营工商业全行业合营方案、综合报告、工作简报；该局关于公私合营企业改组改造情况，私营工商业户公私合营申请及该局批复；市政府及该局对公私合营企业生产经营工作指示；该局关于公私合营企业经营管理办法和会议管理办法；关于公私合营企业生产经营情况报告；关于资方人事安排规定；市政府及该局关于全行业公私合营后资方、工人工资及福利待遇问题暂行办法；关于公私合营企业办理股权登记办法、发放股息方案和资方所得定息情况调查；市委关于对手工业实行社会主义改造宣传提纲；该局关于手工业改造行业范围、行业、户数、人数情况调查；手工业改造工作情况统计表；市政府、该局关于摊贩改造意见小结；各区对小商小贩改造方案、步骤、做法和工作小结；该局关于摊贩公私合营情况调查等。

天津市物资管理局
全宗号 X192

一、机构概况

天津市物资管理局始建于 1958 年 9 月，原称为天津市物资供销局。1962 年 10 月，市人民委员会根据国家对重要物资实行集中统一管理的要求，改为天津市物资管理局。1970年8月，天津市革命委员会精简机构，将物资局、劳动局、统计局撤销，合并成立天津市综合计划局；1972年12月，综合计划局撤销，恢复天津市物资管理局。1993年12月28日，根据市委市政府文件精神，撤销天津市物资管理局，成立天津物资集团总公司，原物资管理局行政管理职能转移给天津市计划委员会，物资经营服务职能转由天津市物资集团总公司承担。其内设机构先后包括党委办公室、机关党委、纪律检查委员会、组织部、干部处、老干部处、工会、团委、办公室、保卫部、安技处、生产处、外经处、进口处、企业管理处、企业发展部、供应调度处、市场处、燃料处、金属回收办、财务处、基建处等。

二、档案情况及内容介绍

馆藏该全宗档案共4403卷，上架排列长度76.44米，档案起止时间为1958—2000年，档案按“年度-机构”分类排列。编有案卷目录和文件目录可供检索。

档案主要内容如下：

（一）党群类

有关于建立、撤销该局基层党委的请示、批复；该局党委委员任命相关文件；设置监察委的请示、意见；党委会会议记录；党务工作安排、总结；党员和党组织统计年报表；关于政治思想工作、保密工作的决定、安排；党员、干部年度统计表；团委工作安排、总结；团徽发放登记表；团组织情况统计表等。

（二）行政类

有该局成立、机构设置、启用印章、人员编制、职责分工的请示、批复；局务会会议记录；机构调整、撤销有关文件；工会表彰先进有关文件；技术人员、大中专毕业生需要计划；职工福利待遇、劳动保护指标；关于财务管理、收支计划、经费开支、资金调拨、贷款等财务问题的通知、批复、报告；财务决算报告；基建管理工作的请示、批复、设计任务书、基建报表等。

（三）业务类

有该局关于物资管理、经营工作的请示、批复；全市物资计划、物资分配情况统计表；物资管理相关规定、办法；关于物资催调、仓库移交、储运工作情况的报告；物资进口、外汇统计工作有关文件；燃料工作调运、分配、管理有关文件；煤炭重油分配、供应、协作工作有关文件；节能工作下达计划、评选先进、监测工作的意见、通知；《天津物流》期刊等。

天津市中小企业发展促进局
全宗号 X472

一、机构概况

根据市委、市政府文件精神，于 2009 年成立天津市中小企业发展促进局。该局负责全市中小企业和非国有经济发展统筹规划、综合协调、组织推动和指导服务工作。该局内设机构主要有综合处、机关工委、区县经济服务中心(处)、地区经济服务处、中小企业服务中心、企业投资促进中心、经济运行处、服务发展处、调研处(政策法规处)等，所属事业单位包括天津市中小企业生产力促进中心、天津市中小企业发展中心。2018 年，根据市委、市政府文件精神，该局撤销，其职能分别划入市发展改革委、市政府合作交流办公室、市商务局、市工业和信息化局。

二、档案情况及内容介绍

馆藏该全宗档案共 16942 件，上架排列长度 111. 2 米，档案起止时间为 2009—2018 年，档案按“年度-机构”分类排列。编有文件目录可供检索。

档案主要内容如下：

(一)综合类

有该局局长办公会、局务会会议记录；工作会议材料汇编、规章制度汇编；公务员录用统计表；干部调动、选拔任用文件材料；关于党风廉政建设、警示教育、作风纪律整治的情况汇报、实施方案；关于开展保密宣传、信访工作的报告、函件；政务公开年度报告、总结、统计表；审计工作文件材料等。

(二)业务类

有发改委、农委、该局关于区县重大项目的实施计划、通知；该局关于认定年度中小企业创业基地的决定；重大项目建设进度、情况汇报；示范园区发展情况的调查报告；促进中小型科技企业发展的政策、实施办法；中小企业扩建改造、技改、优化项目、设备购置等专项资金申请、项目情况说明、可行性报告；深入推进供给侧结构性改革文件材料；安全生产大检查、大排查、大整治工作方案;惠农资金专项清查工作方案、情况汇报、总结;该局和有关单位关于举办融洽会、中博会文件材料;关于示范工业园区、自贸区招商引资工作汇报、通知等。

(三)资料类

有《天津通志·规划志》《天津通志·农业志》;天津年鉴、中小企业年鉴、经济普查年鉴、规划年鉴、科技年鉴、统计年鉴、区县年鉴;天津市人口普查资料;乡镇企业经济分析、文献汇编、农业农村文件汇编;全国乡镇企业统计年报;民营经济发展白、蓝皮书;中小企业信息化工程十年回顾与展望等。

中央人民政府对外贸易部天津对外贸易管理局
全宗号 X91

一、机构概况

1949 年 3 月 18 日,华北对外贸易管理局在天津成立,该局在华北人民政府领导下负责管理华北地区对外贸易事宜。1951 年 1 月 15 日,该局名称改为中央人民政府贸易部天津对外贸易管理局,归中央人民政府贸易部直接领导。1952 年 9 月,中央人民政府对外贸易部成立,该局更名为中央人民政府对外贸易部天津对外贸易管理局。

该局职能是执行中央有关进出口贸易管理法规、命令、决定;办理天津口岸及其腹地区(原华北 5 省 2 市)公司进出口厂商的登记、组织及管理工作;负责天津口岸进出口货物的品种、价格、数量及输出入贸易的掌握与管理事宜;审核与签发天津口岸进出口申请书与许可证;负责国内外市场情况的调查研究与进出口货品、物价、货值的分析统计;结合银行贯彻外汇管理政策、取得海关及其他有关部门的密切配合,贯彻对外贸易管理政策等。

华北对外贸易管理局时期,内部机构设有 4 处 1 科,即秘书处、行政处、出口处、进口处、商情物价科;改为天津对外贸易管理局后,内部机构设办公室、出口科、计划科、行政科、人事科、总务科。

二、档案情况及内容介绍

馆藏该全宗档案共 1548 卷,上架排列长度 23.22 米,档案起止时间为 1949—1952 年,档案按“年度-机构”分类排列。编有案卷目录和文件目录可供检索。

档案主要内容如下：

(一)综合类

有中央工商部、贸易部、华北区人民政府、天津市军管会、市财委颁布的对外贸易政策、法规、指示性文件；该局及所属各专业贸易公司、进出口联营组、北京办事处工作计划、总结、报告及大事记；该局局务会、各界代表会、各专业贸易公司联席会会议记录；文秘机要、行政事务文件材料等。

有该局与中贸部、市外事处为关于外事、外商问题往来函件；与清华、北大、燕京、北洋各校及协和医院等单位关于文教、卫生用品贸易问题往来函件；与私商客户关于私商管理往来函件；与青岛、上海、广州、福州、旅大、昆明、武汉等城市及华东、华南等地关于对外贸易工作业务往来函件及联合办公记录；各省、市外贸局文件材料，私商外商贸易行材料等。

有中贸部、工商部、市财委关于调整统计国民经济资料表报制度、规定文件；该局各专业贸易公司、驻京办事处及商检局呈报年度进出口物资统计资料；有关各工厂、企业、机关所需物资情况调查；进出口物资供求情况调查；各种商品要求标准调查，国产品需进口原料调查，国产品产销出口情况调查，国外商情报告等。

(二)人事类

有该局人事工作计划、总结、报告；该局机构调整及干部任命、调动、提升、奖惩的请示报告和中贸部、市财委的批复、指示、通知；该局与各专业公司有关增设编制及干部调动、提升文件，干部、技术人员试用、录用及其福利待遇问题向中贸部、市财委的请示、报告；该局对天津海关、商检局、航政局、北京办事处等机构变更、人事任免、奖惩等问题请示的批复等。

(三)业务类

有中央贸易部、市财委及该局关于进出口贸易管理政策、条例、外汇管理统制办法，出口货物种类及价格管理和进口转口物资管理办法、规定；古玩出口审查鉴别办法；禁止及限制进出口货物管理办法规定，液体燃料、化工原料、麻醉药品等邮运管理办法规定；进出口厂商与企事业单位进出口货物申请及该局批示、通知、函件；全国进出口公司经理联席会议、进出口公司代购会议文件材料；该局对进出口猪鬃、土产、油脂、蛋品、皮毛、畜产等各专业贸易公司进出口业务计划呈报审核材料；该局就出口货物订购、储运、阅检、调拨、保留等业务问题给中贸部呈请报告，及为以上业务问题与市商检局、邮政局、海关、铁路局和各贸易公司的往来函件；该局业务宣传材料，外国进出口商情资料及商品价格汇编材料等。

(四)审计财会类

有财政部、工商部、华北人民政府有关财政统筹统支、税收管理等方面政策、法规、指令性文件；该局财会年度预决算、公产管理、房产经营管理文件材料；该局关于各专业贸易公司用款外汇周转与中贸部、银行的往来函件;各专业贸易公司基建设备、房屋维修等方面与该局来往文书;该局及所属单位关于劳动保险、干部保健、医疗费规定等。

天津市第一商业局
全宗号 X279

一、机构概况

天津市第一商业局成立于 1955 年 8 月,直属天津市人民委员会领导。1970 年 10 月 30 日,市革委文件批准天津市第一商业局与第二商业局合并为天津市第一商业局革委会。1978 年 7 月 28 日,根据市政府通知,恢复天津市第一商业局名称。该局主要任务是积极促进引导天津市日用工业品生产,对主要商品实行统购包销,组织批发供应,为工农业生产和消费者服务。其内设机构主要包括办公室、行政处、信访办、保卫处、企业管理处、教育处、监察室、业务一处、业务二处、计划处、物价处、党委办公室、团委、工会等。

二、档案情况及内容介绍

馆藏该全宗档案共 6879 卷,上架排列长度 130. 14 米,档案起止时间为 1953—1999 年,档案按“年度-机构”分类排列。编有案卷目录和文件目录可供检索。

档案主要内容如下:

(一)党群类

有该局党委、常委会会议记录、常务工作通知;党委工作计划、工作总结、专项报告;宣传工作总结、安排、领导讲话;基层组织审批文件;党组织、党员统计年报;组织关系介绍信;纪检工作总结;纪律检查情况来信、来访文件;共青团组织情况统计表;基层团组织改选文件;团员奖惩有关文件;工会年度工作总结,经费、职工生活文件等。

(二)行政类

有该局会议材料;关于成立机构的文件;企业体制改革的意见、领导讲话;监察工作的政策、规定、总结;有关防汛工作的安排、意见;外事工作的请示、报告;接待群众来信来访形成的文件;安全保卫工作标准、报告;消防、治安工作的通知、通报;评选先进单位、先进个人的材料等。

（三）业务类

有关于日用工业品的产销、资金供应政策、加强管理的文件；购销总值年报表；社会商品零售额年报；商品流转统计年报；重点日用工业品购销存数量表；关于商品价格变化、价格管理、物价检查工作文件；年度工业统计报表、年报；关于增撤网点、变革经营项目文件；关于清理整顿公司、横向经营合作文件；关于节假日市场供应文件；关于外汇管理文件等。

（四）人事类

有劳动人事工作要点、总结、管理规定；劳动工资统计表、年报；关于劳动保险、劳动保护等问题文件；企业离退休、退职人员待遇审批表、花名册；职工教育统计年报；有关干部教育、学历的管理办法；老干部工作安排、情况统计表、工作总结等。

（五）财会类

有年度财务分析报告；该局所属站、司、商场主要财务指标资料；关于资金使用、财务处理、基建资金计划等有关财务工作问题的材料；审计局对该局所属站、司、商场的审计报告、决定；关于审计工作总结、安排、报告等。

天津市第二商业局
全宗号 X92

一、机构概况

天津市第二商业局于 1955 年 8 月成立，是天津市人民政府领导下的行政管理机关。其主要职能是负责全市百货、五金、交电、化工、石油、医药、专卖、木材、煤建、文化用品、药材、纱布等日用工业品市场供应；负责日用工业品的原料供应和加工订货安排；对私营批发商、零售商（绸布、新药、百货等 22 个行业）进行社会主义改造；统一安排市场，汇总全市社会商品流转计划，并负责该局经营商品物价。该局内部机构先后设有财会处、业务处、计划处、组技处、物价处、私改处、办公室、人事室、监察室、工资处。1958 年 8 月，该局并入天津市第一商业局。

二、档案情况及内容介绍

馆藏该全宗档案共 660 卷，上架排列长度 12.75 米，档案起止时间为 1955—1958 年，档案按“年度–机构”分类排列。编有案卷目录和文件目录可供检索。

档案主要内容如下：

（一）综合类

有该局关于精简机构、机构变动、处室职能分工，以及人员编制方案、通知；该局及所属公司年、季工作计划、总结、专题报告；该局召开先进工作者代表会议方案及总结报告；市人委及该局关于开展劳动竞赛、增产节约运动指示、方案、总结等。

（二）人事类

有该局干部任免、调动通知及干部升级呈报表；干部工作规划、统计年报，及干部奖惩结论、批示，人事工作计划和总结、规定；该局填报全国工资调查表、汇总表；国营商业工作人员技术等级标准、工资等级表；该局所属国营企业工资改革方案、总结；该局所属各公司新公私合营企业工资改革决算表、分配指标及实施方案；该局关于劳动工资工作安排、公私合营药材行业工资测算方案及有关工资材料；公私合营商业福利工作制度等。

（三）监察类

有商业部、上级监察机关关于监察工作要点、指示、通知；第一届全国商业监察会议文件；该局及所属单位监察工作计划、指示、通知和专题报告等。

（四）业务类

有商业部关于对外区采购和跨区供应等问题规定；市人委关于天津市市场管理暂行办法；该局关于加强外地商业部门来津采购计划商品管理报告；该局关于节日商品供应工作方案与总结；商品流转计划执行情况检查报告；关于经营工作通知和所属单位工作专题总结、报告；公私合营商业经营管理办法、意见、通知；该局关于业务问题与有关单位来往文书等。

（五）计划类

有商业部颁发所属系统需要统配部管物资申请、订货办法等有关规定；商业部、市统计局和该局关于统计工作制度、规定、报表；该局所属公司质量检查试点工作总结；工业企业计划、劳动工资计划测算表等。

（六）组织类

有商业部、省商业厅及该局关于商品经营管理、调整商业网通知、办法；市人委关于改革本市商业体制指示；该局对所属公私合营商业规划方案的批复；局属系统单位基本建设计划、请示及该局批复和竣工决算表；局所属各公司单位机构人员普查、国营及公私合营、合作商业机构人员统计表、调查表；公私合营商店机构设置、变动报告等

（七）物价类

有国务院、商业部及该局关于商品价格制定和调整文件；关于物价制度、商品调拨作价

指示、办法、报告、规定;所属单位物价工作总结、工农业商品比价调查等。

(八)财会类

有商业部关于财会工作规定、办法;该局关于财务工作开支等问题对所属单位批复;该局年度会计决算、各项事业费、基本建设决算报告;该局财务计划、检查分析及财务状况说明书;该局及所属公司财产管理工作总结,年度劳动工资、增产节约计划和报表;该局所属国营企业经费开支办法;第一个五年计划(1953—1957 年)期间国营商业公司总营业额分配情况说明;公私合营商业会计制度,及清产核资、定息情况调查表和统计报表等。

天津市第二商业局(原天津市第三商业局)
全宗号 X283

一、机构概况

天津市第二商业局前身为天津市第三商业局,经天津市人民委员会批准,于 1955 年 8 月建立。为了加强副食品生产、购销和供应工作的领导,更好地安排城乡人民生活,第三商业局于 1959 年 9 月 19 日成立天津市副食品局。1970 年 10 月,副食品局与粮食局、供销社合并成立天津市第二商业局。该局基本职责是贯彻执行党的路线、方针、政策,发挥对所属商业企业的统筹、协调、服务、监督作用,支持帮助农副业生产,搞活商品流通,繁荣本市副食、饮食、服务工作,搞活经营,改善管理,提高素质,搞好市场供应服务,为满足人民物质生活需要和社会主义现代化建设服务。该局内部机构包括办公室、计划处、业务处、物价处、财务处、基建处、人事工资处、监察室、保卫处和私改办公室。

二、档案情况及内容介绍

馆藏该全宗档案共 2664 卷,上架排列长度 45.9 米,档案起止时间为 1955—1970 年,档案按“年度-机构”分类排列。编有案卷目录和文件目录可供检索。

档案主要内容如下:

(一)综合类

有该局及系统综合性文件;该局工作安排、工作总结;组织机构建立批复;该局所属各单位的行政监察工作指导文件;组织和制度建设文件;对私改造的规定、办法和对饮食、副食、蔬菜、禽蛋、水产、肉食、旅店、照相等行业改造方案及各种统计工作相关文件等。

(二)人事类

有企业单位干部、职工的调整、调剂工作相关文件;该局管理行政干部任免工作文件;新职工的录用及临时工的转正审批文件;各类人员工资报批文件,局机关工作人员编制、工资调整、晋级工作文件等。

(三)业务类

有市场调研、审查、制订、平衡和汇总;局系统计划、统计工作、监督指导、贯彻计划、统计制度的执行文件;有关副食品生产、收购、批发、零售供应情况文件;系统的储存、调运、重点节日副食品供应和日常副食品供应情况文件;贯彻执行商品分配供应政策;商业网点调整、变动相关文件;市场物价管理和调查研究;商品进销价格的调整及商品价格变化情况,物价检查工作安排等。

(四)财务基建类

有年度财务分析报告;局系统财务、会计工作汇总;掌握与监督局系统的资金使用、利润上交相关文件;贯彻财务制度的正确执行情况;有关财务方面制度拟定工作相关文件;局系统的基本建设计划申请报告、批复;基建施工、验收、物资、材料的计划;基建资金使用工作文件等。

天津市郊区供销合作社
全宗号 X178

一、机构概况

天津市郊区供销合作社成立于 1955 年 1 月 1 日,1957 年 1 月 1 日天津市农产品采购局和天津市郊区供销合作社合并,组成天津市供销合作社。市郊区供销合作社下属单位有东、南、西、北郊区社,塘沽郊区社;市社另设两个经理部,分别为生产资料经理部和肥料经理部。

二、档案情况及内容介绍

馆藏该全宗档案共 91 卷,上架排列长度 1.28 米,档案起止时间为 1954—1958 年,档案按“年度-机构”分类排列。编有案卷目录和文件目录可供检索。

档案主要内容如下：

该社年度工作计划、总结；业务会议记录；专项工作计划、报告；干部任免通知；调整建立机构的报告、批复；职工工资改革方案、总结；对社商改造规划、方案、报告；商品经营管理、物资供应制度、物价、农副产品、牲畜市场、车辆、农具、饮食业等管理的办法、通知；基建计划、财务报表等。

天津市供销合作总社
全宗号 X98

一、机构概况

天津市供销合作总社于 1949 年 2 月成立，受华北供销合作总社和天津市人民政府双重领导，是负责组织领导天津全市群众性(农民)合作经济组织的行政管理机构。该社成立初期，在全市机关、工厂、学校、街道中组织建立消费合作社，在城市组织手工业生产合作社，在农村农民中组织供销合作社等。该社基本任务是通过供销业务为农业生产服务，发展城乡物资交流，支援国家工业化、巩固工农联盟；根据国家计划与价格政策，通过各种合同制度和有计划的供销业务，吸引个体农民与手工业经济，使之逐步纳入国家计划轨道，并促进其社会主义改造；在国营商业领导下，扩大有组织的市场，逐步实现对农村私商的社会主义改造等。该社内部机构先后设有办公室、人事室、秘书室、审计室和生产指挥部、业务部、消费指导部 3 部，另外下设农民服务社、塘大区分社和 12 个工作组、7 个办事处等。1954 年，根据中央关于实行国营商业与合作社商业城乡分工精神，撤销天津市供销合作总社。1955 年 1 月，建立天津市郊区供销合作社。1957 年 1 月，市农产品采购局与市郊区供销合作社合并，更名为天津市供销合作社。1970 年 10 月，市供销合作社、市副食品局、市粮食局合并，成立天津市第二商业局。1975 年 12 月，天津市革命委员会决定恢复成立天津市供销合作社。

二、档案情况及内容介绍

馆藏该全宗档案共 2264 卷，上架排列长度 40. 8 米，档案起止时间为 1949—1999 年，档案按“年度-问题”分类排列。编有案卷目录和文件目录可供检索。

档案主要内容如下：

（一）综合类

有该社及基层社月、季、年度工作总结报告与综合情况报表；社务会会议决议；历史发展沿革资料；该社党组、机关支部及党的基层组织工作计划、总结报告及党员统计表；统战工作会议记录材料；全市合作社社员代表大会文件材料；市合作社理监事会工作报告；该社保卫、保密工作报告、通知、信访工作总结报告；该社年度财会计划、总结；财会工作业务章则；劳动工资统计等。

（二）组织人事类

有该社及所属区社基层生产消费合作社社章草案、整建社工作及机构、编制、启用印信文件材料；该社人事工作会议文件材料；人事工作计划、总结及各类数字统计报表材料；人事工作章则；该社及各区社干部工作计划、总结报告，干部调动配备、提拔录用的决定、通知；干部考核，鉴定、调级、职工调资文件材料；各区社评选奖励劳模工作文件材料等。

（三）业务类

有该社经营业务会议、商品供应会议、计划配备会议、仓储会议及物价工作会议文件材料；统一售价工作总结；市社及各区社资金管理、使用及财产清理文件；《中华人民共和国合作社法（修正草案）》《中华人民共和国合作社条例（草案）》《全国合作社暂行工作条例（草案）》；该社合作社商标管理、物价管理及物资供应工作规定办法；零售商品计划与销售商品明细表、农副产品推销统计表；合作社加工生产与生产社产销运输情况综合文件材料；合作社经营业务调研材料；实行社员分红方案与分红情况总结报告；各级合作社贷款运用检查通报与账务情况通报等。

天津市农产品采购局
全宗号 X93

一、机构概况

天津市农产品采购局成立于 1956 年 2 月 23 日，是在中央农产品采购部和天津市人民委员会领导下的行政机关。其主要职能是根据国家的方针、政策，统一领导全市农产品的采购、加工、供应工作；保证中央农产品采购部下达天津计划任务的完成。该局内部机构设有办公室、人事室、监察室、业务处、生产企业管理处、储运处、计划处、财务处。1956 年 12 月 7 日,该局撤销。

二、档案情况及内容介绍

馆藏该全宗档案共 69 卷,上架排列长度 1.7 米,档案起止时间为 1956 年 2 月—12 月,档案按“机构”分类排列。编有案卷目录和文件目录可供检索。

档案主要内容如下:

(一)综合类

有农产品采购部关于各省、市、县的农产品采购厅、局及所属企业职责范围暂行规程;农产品采购部、全国供销合作总社颁发的《关于棉、麻、烟、茶、畜产品业务交接方案》;天津市土产品交流大会方案、简报、总结报告;该局所属公司工作安排、总结;该局干部管理规定;工人、临时工调动、离职和工资改革文件;关于劳保条例及对所属单位指示;该局关于机构建立、整编工作计划、批示、通知;关于开展劳动竞赛工作通知;该局及所属公司关于监察工作计划、检查、工作简报;该局处理人民来信来访工作指示;农产品采购部、全国供销总社关于采购农产品协议书执行情况报告等。

(二)业务类

有农产品采购部、市二商局及该局关于农、畜产品收购价格指示、意见;农产品采购部关于下达全国烟麻采购、销售、调拨计划指标事项通知;该局关于物价政策执行情况检查通报;该局所属公司关于烟麻供应作价问题报告;农产品采购部关于生产技术、生产管理指示、规定、报告;该局所属畜产公司关于生产计量计划执行情况报告;农产品采购部对该局及所属公司关于基建工作请示的批复和该局基建统计、报表;农产品采购部全国储运工作会议文件;市人委对该局和所属公司关于商品运输工作指示,及该局工作报告、办法;该局对所属公司关于仓库保管工作指示及所属公司报告;农产品采购部及该局所属公司业务工作计划和统计工作报告、总结;该局及所属厂年度、季度计划;所属工业企业统计工作报表等。

(三)财会类

有农产品采购部颁发的会计制度及资金管理、信贷结算办法、通知、指示;该局所属公司清理财产工作总结,利润完成及上缴情况报告;该局汇总所属公司年、季度财务费用计划和农产品流通费用计划检查说明;该局所属加工厂年、季、月度会计报表等。

天津市人民政府供应处
全宗号 X94

一、机构概况

天津市人民政府供应处于1949年1月15日成立,始称天津市人民政府财政局供应处;1950年1月,改称天津市人民政府供应局;1952年7月,改称天津市人民政府供应处。该处受天津市人民政府和中央粮食管理总局领导。其主要职能是办理天津市党、政、军及过往部队的粮食、燃料与马草的供应和支援前线等事项;办理粮食调运、加工及仓储保管;代中央粮食管理总局及各省、市粮食局办理在津采购、代办保管与批发各种物资等工作;领导所属各粮库、运输队及面粉、机米加工业务;指导天津县粮食局的业务。该处内部机构先后设有秘书室、行政科、财会科、调运科、保管科、食宿总站、人事股、保卫股,另下辖6个仓库,1个加工厂。1952年10月1日,该处撤销。

二、档案情况及内容介绍

馆藏该全宗档案共179卷,上架排列长度3.0米,档案起止时间为1949—1952年,档案按“年度-机构”分类排列。编有案卷目录和文件目录可供检索。

档案主要内容如下:

(一)综合类

有该处年度、月份工作总结;该处会议记录;机关工作制度;安全组织工作暂行规则;关于启用印章公函;关于试用人员改为正式职员薪资调整通知;粮站组织章则;业务经营、计划介绍,履行爱国公约材料;该处所属单位关于公文处理办法;该处关于保卫股职权范围规定等。

(二)人事类

有该处人事工作总结;干部调整、提拔、配备登记表;干部离职增减情况统计表;该处学习检查总结等。

(三)调运类

有中央财政部关于公粮运输期间人畜伤亡、车船损坏赔偿费开支规定;关于海运物资统一托运办法;该处关于装卸运价暂行办法;该处所属仓库、调运工作总结;中央粮食管理总局关于公粮加工业务管理方案;该处所属厂粮食加工工作总结、统计表等。

(四)保管类

有该处粮食保管工作会议材料,及粮食保管工作检查、奖惩等制度;粮食清仓消毒工作总结;仓储检查情况月报表;仓库粮食容量统计表;粮食伤耗统计表;器材管理工作方案;所属仓库实物管理工作总结报告等。

(五)食宿总站类

有天津市人民政府关于食宿招待站规则布告;食宿总站各分站建设情况报告;食宿总站所属分站工作计划、总结;分站合并后器具物品移交清册;食宿总站会议记录等。

(六)财会类

有该处会计联席会议及业务改进会会议记录;关于财务费节约方案;粮价计算材料;干部工资调整报告表;该处所属仓库职工工资表等。

天津市粮食局
全宗号 X95

一、机构概况

天津市人民政府粮食管理局成立于 1953 年 12 月 9 日,1955 年 2 月 24 日改称天津市粮食局,是天津市人民政府领导下,负责全市粮食购销、市场供应和企业经营的行政管理机关。1958 年 12 月天津专区与沧州专区划归天津市管辖后,两个专区粮食局曾并入天津市粮食局。1961 年天专、沧专划出,天津市粮食局工作范围亦随区划改变。1969 年 4 月 23 日,成立天津市粮食局革命委员会;1970 年 10 月,该局与市供销合作社、市副食品局合并,成立天津市第二商业局,市粮食局成为该局所属天津市粮油公司;1973 年 1 月 19 日,重新恢复天津市粮食局。该局内部机构先后设有办公室、人事处、劳动处、业务处、行政处、监察处、计划统计处、财务会计处、供应处、储运处、工业处、油脂处、郊区处、农村购销处、保卫处、科学研究室、政治部。

二、档案情况及内容介绍

馆藏该全宗档案共5414卷，上架排列长度101.15米，档案起止时间为1949—1998年，档案按"年度-机构"分类排列。编有案卷目录和文件目录可供检索。

档案主要内容如下：

（一）综合类

有全国粮食厅局长会议、农村粮食生产会议、全市粮食工作评比及先进个人经验交流会议及该局局务会会议文件材料；该局年度工作计划、总结、报告；关于机构设置、合并、撤销、调整方案、请示、报告、批复；举办社会主义建设成就展览及防汛抗洪展览材料；增产节约竞赛运动方案、总结；粮食进出口合同、协议；粮食工作大事记；《粮政汇编》及文书档案；保密工作和印信启用文件；来信来访工作总结；全国、本市及该局监察工作会议文件；国家及本市监察工作条例、细则；该局监察工作总结；监察人员名册等。

（二）人事类

有该局人事工作计划、总结；人员配备情况统计表；干部任免、奖惩、调配、人员录用、退职退休、临时工转正与定级方面规定、请示、批复；资方人员安排、总结；干部下放、培训工作计划、总结、报告；工资管理工作政策、规定、工资标准、工资改革方案；劳动工资统计表、决算表，劳保福利规定、办法等。

（三）计划统计类

有全国商品流转计划及执行情况总结；统计工作总结及各项统计制度、规定；该局粮食收支、产销盈亏、粮油出口及劳动、市场物价计划；粮食综合统计资料汇编等。

（四）供应类

有粮食部、市人委关于粮食统购统销、代购代销、城镇粮食供应、粮食市场工作指示、批复；该局粮食供应办法、方案、实施细则；节日粮食供应及对知识分子、华侨、学生、铁路、军用、工业粮油供应标准规定；防疫、救灾粮食供应规定；粮油调拨、价格调整及控制粮食外流管理规定、办法；粮油征购政策规定及工作简报；粮油票证管理及使用规定；各类人口用粮统计及编制说明等。

（五）粮食工业类

有全国粮食加工会议、面粉技术研究会议、粮食生产会议文件；该局粮食工业十年发展概况、粮食综合利用发展规划；天津市粮食生产、委托加工、技术鉴定等方面计划、规定、总结;粮食产品、质量、产值产量、产品成本与利润等计划、统计报表;该局工业企业管理、劳动定额、设备维修、安全生产、事故处理等方面的规定、报告;生产统计汇总表;生产奖励制度,粮食损耗管理办法;粮食加工合同等。

(六)储运类

有该局储运工作章程、条例、规定;储运专题会议及调运工作会议文件;粮食科学保管研究与长远规划;仓库管理、仓储定额、安全保管、除虫与防治霉烂工作管理办法、规定;检查化验标准、虫粮等级规定;仪器管理、使用与操作规程文件材料;运输工作指示、计划、总结,粮油运输报耗、损失等问题处理办法;运输工作先进经验介绍;包装器材管理使用规定等。

(七)油脂工业类

有全国及该局油脂系统工作会议、油脂工业技术革新综合利用现场会、油脂系统经理会议及业务比武大会文件材料;该局有关油脂工作专题总结,油脂工艺规程及改进意见;粮油商品流转计划及执行情况报告、植物油工业基本情况、生产安排及利润核定方案;工业、社会零售用油计划、统计与分析总结;食油产、供、销平衡表编制说明;粮食部关于食油购、销、调、存核对资料;该局油脂工业各项计划统计资料,关于天津市场油脂、油料价格统计资料及价格指数计算表等。

(八)郊区工作类

有天津市农业生产计划、安排、指示;该局粮油征购工作计划、总结、报告;粮食检验及作价规定;夏粮入库方案;兑换成品粮规定、办法;化肥换购工作指示、通知;郊区粮油购销及奖励规定、办法;关于选好、留好种籽工作指示、办法、通知等。

(九)基建财务类

有该局财务规章制度及各项费用开支规定;财务清查工作及财产清点估价规定、移交清册;财务计划及投资拨款、固定资产购置办法;财务预、决算报表;有关扩建、改建办公楼、厂房、仓库、宿舍的建筑设计图纸、审批材料;工程合同、工程决算报告及基本建设统计报表等。

(十)科研类

有该局粮食科研项目计划、总结、报告;技术革新发展规划、纲要;关于深层烘干设计、薯类综合利用、食用酵母、粮食加工、保管、仓储、机械、营养分析等科研项目的试验报告等。

天津市副食品局
全宗号 X96

一、机构概况

天津市副食品局于1959年9月19日成立,是天津市人民委员会直接领导下,负责全市副食品采购、供应工作的行政管理机关。其主要职能是管理天津市区、县商业局及食品行业公司,负责全市副食品的收购、调运、加工、储存及市场供应等工作。该局内部机构先后设有办公室、人事室(政治办公室)、财会处、计划处、市场物价处、企业基建处、业务处、生产处(生产办公室)、竞赛办公室、储运处、工业管理处、组织技术处等。1970年10月,该局撤销。

二、档案情况及内容介绍

馆藏该全宗档案共999卷,上架排列长度10.2米,档案起止时间为1959—1970年,档案按"年度-问题"分类排列。编有案卷目录和文件目录可供检索。

档案主要内容如下:

(一)综合类

有该局党委贯彻全国财贸政治工作会议及市委扩大会议情况报告;该局年、季、月工作计划安排;天津市革命委员会对该局机构设置、变更的批复、通知;该局常委、全委扩大会会议记录、纪要;该局党委、总支工作总结;支部政治思想工作条例;该局党组关于加强学习情况报告;党组织和党员统计报表等。

(二)组织人事类

有市委组织部及该局关于人事任免通知;市人委机关党委对该局党委、总支组成人员批复;该局调整干部管理体制意见;关于机构编制、人员安排意见报告;党委对所属公司监委委员批复;关于成立副食品科学研究所报告;红桥区商业职业学校移交天津市副食品局领导通知;该局与市供销合作社互相移交有关业务工作报告、纪要;对各级专卖事业机构命名的通知等。

(三)财务市场类

有该局所属工业企业劳动工资统计年报;财务决算年报;年度财务指标完成情况分析;

商品流转计划;工业生产、基本建设决算年报;关于市场物价工作总结、报告;关于对经营商品、服务项目定价、调价、调拨作价、购销价通知;该局对所属企业成本投料规定及请示事项批复;对残损变质商品处理办法等。

(四)经营管理类

有河北省人委关于收购农产品奖售物资通知;市人委关于发展养猪几项具体政策规定;该局关于改进经营管理和商业体制机构调整情况意见、报告;开展技术革新、技术革命、增产节约工作总结;副食品生产整改方案、总结;关于组建副食品生产基地安排意见;对小商小贩改造通知,以及加强批零协作总结、报告;关于组织货源、开展对流贸易情况及今后意见报告;召开储运工作会议文件;关于运输工作安排、规划意见、总结等。

(五)副食类

有该局关于改进饮食行业货源供应作价与供应办法通知;关于改进饮食业食油供应请示及市财委批复;改进果品供应工作总结、报告;对副食、烟、粮等实行票证管理及发放范围通知;关于撤销高价饭馆恢复原级经营情况报告;关于蔬菜分配情况检查报告,行业用粮完成情况安排,蔬菜肉食经营情况报告;该局所属公司关于取消平价糕点和部分卷烟、肉蛋等商品敞开供应通知等。

天津市文化局
全宗号 X199

一、机构概况

天津市人民政府文化局成立于 1950 年 3 月,1952 年 8 月更名为天津市人民政府文化事业管理局;1955 年 3 月,更名为天津市文化局。1970 年 12 月,成立天津市文化局革命委员会,并于 1978 年恢复天津市文化局。该局是天津市委市政府领导下的负责全市文化艺术工作的政府行政管理机构,其内设机构包括办公室、组织部、文教组、计财处、劳动工资处、艺术处、文化处、出版处、文物处、电影处、援外办公室等。

二、档案情况及内容介绍

馆藏该全宗档案共 3302 卷、63085 件,上架排列长度 159. 8 米,档案起止时间为 1949—

2014 年,档案按“年度-机构”分类排列。编有案卷目录和文件目录可供检索。

档案主要内容如下:

(一)综合类

有文化部关于文化事业管理工作的指示、建议、规定;该局年度工作计划、总结、汇报;关于体制调整和机构建立、更名的请示、报告;该局及所属单位关于干部任职问题的请示、批复;该局关于群众文化工作的文件;各类专题工作会议文件材料;该局基本建设工作统计年报、财务年报等。

(二)业务类

有天津市文化、文物事业计划、统计年报;关于剧院建设投资相关材料;电影院工业及电影管理工作的通知、批复;电影发行放映计划的通知;举办电影周、电影展览的通知;建立艺术研究所、儿童剧院的请示、报告;图书机构工作的请示、报告;接待意大利、德国等艺术团文件材料等。

天津市人民政府新闻出版处
全宗号 X57

一、机构概况

天津市人民政府新闻出版处成立于 1950 年 5 月,是天津市人民政府领导下,专门负责对全市新闻出版事业进行指导、监督和管理的行政管理机构。其内部机构先后设有秘书室、新闻发布科、出版管理科、编审科。1952 年,该处撤销。

二、档案情况及内容介绍

馆藏该全宗档案共 142 卷,上架排列长度 1.7 米,档案起止时间为 1950—1952 年,档案按“年度-问题”分类排列。编有案卷目录和文件目录可供检索。

档案主要内容如下:

(一)综合类

有中央、市政府关于新闻出版工作的政策法令、工作批示、规定及通知;该处工作计划、总结、报告及办事细则;会议记录与工作月报;该处组织机构编制概况及人事任免通知;机关财政、薪金及保卫、学习文件材料等。

(二)出版管理类

有全国出版工作会议文件材料;全国各大行政区新闻出版机关任务与组织规定;该处出版编辑工作总结、报告;《天津日报》《新生晚报》出版计划;天津市出版业各项情况调查;报贩联合会组织情况及组织章程、总结;该处关于整理内部刊物规定、办法;管理报纸、书店工作报告、意见;该处有关报纸书刊创刊、停刊、登记、发行、管理的制度、办法等。

(三)新闻发布类

有全国新闻工作会议文件材料;该处关于新闻发布工作指示、报告及新闻发布会记录;该处关于外国记者登记办法;接待国内外新闻工作者及记者参观团工作总结;发布市政府新闻底稿及各单位新闻工作通讯稿件等。

(四)编审类

有该处对各机关内部刊物审查意见、报告;进出口刊物管理检查、取缔问题暂行办法、通知、报告;对有关单位申请进口书刊批示意见;各机关、企业、学校等单位为申请内部刊物出版和停刊事宜与该处来往函件;各书店加入联营申请书;各机关、学校、团体内部刊物调查表;申请发行报刊登记表;各书店概况报告表等。

天津市新闻出版局(天津市版权局)
全宗号 X309

一、机构概况

1979 年 3 月 9 日,中共天津市委决定,成立天津市出版局,归市委宣传部领导。天津市出版局成立以后,市文化局出版处和所属天津人民出版社(包括印刷厂)、天津美术人民出版社(包括印刷厂)、印刷物资站、市新华书店,以及原印刷工业局所属第一印刷厂、红旗印刷厂,均划归该局领导。1987 年 7 月 29 日,根据中共天津市委文件精神,决定在市出版局的基础上组建天津市新闻出版局,列入市人民政府工作部门序列。1988 年 9 月 3 日,天津市人民政府批准同意,天津市新闻出版局加挂天津市版权局牌子,对内仍是天津市新闻出版局的版权处,对外以天津市版权局的名义开展工作。该局内部机构设有办公室、政策法规研究室、图书音像电子出版管理处、报纸期刊管理处、印刷管理处、书报刊电子出版物市场管理处、版权管理处、人事教育处等。

二、档案情况及内容介绍

馆藏该全宗档案共774卷,上架排列长度15.3米,档案起止时间为1979—1995年,档案按“年度-机构”分类排列。编有案卷目录和文件目录可供检索。

档案主要内容如下:

(一)综合类

有该局党委会会议记录;局务会会议记录;办公会会议记录;各年度年终总结及先进评比情况;民主生活会、党建工作文件材料;党组工作安排、总结;各季度出版季报表;报纸杂志出版年报表;系统全民劳资统计年报;全民、商业统计报表;图书发行统计表;市政府、宣传部、该局关于局系统机构设置请示、报告、批复;关于体制改革意见报告等。

(二)业务类

有出版系统工作部署;关于期刊图书评奖的通知;编辑守则;干部普查更动表及汇总表;该局系统年度决算;关于打击非法出版的通知;关于社会出版期刊管理问题;印刷设备更新改造及普查情况报告;图书发行流转年报等。

(三)人事类

有该局干部任免材料;各类技术职务任职材料;党员、干部及工资福利报表;机构人员编制、内部机构调整、局直属单位机构建立及变动相关请示、报告与批复;公务员年终考核、表彰决定等。

天津市旅游局
全宗号 X312

一、机构概况

天津市旅游局成立于 1978 年 12 月 13 日，是隶属于天津市人民政府的行政管理机构，业务上接受国家旅游局的领导。1996 年 4 月 18 日，根据市委、市政府文件决定，市旅游局改为事业单位。2000 年 6 月 15 日，天津市旅游局改制为天津市旅游（控股）集团有限公司。该局主要职能是对全市旅游业实行行政管理和行业管理；对局属企、事业单位进行领导和管理。其内部机构先后设有党办、组干处、办公室、人事处、财务处、审计处、企管处、保卫处、政法处、计统处、旅管处、市场处、教育处、工会、团委等。

二、档案情况及内容介绍

馆藏该全宗档案共 2218 卷、10234 件，上架排列长度 59.5 米，档案起止时间为 1979—2014 年，档案按“年度-机构”分类排列。编有案卷目录和文件目录可供检索。

档案主要内容如下：

（一）党群类

有该局党委会会议记录；政工会会议记录；党员、党组织年报表、政治学习安排；表彰先进党组织、党员的通知、决定；纪检工作年报表；团代会、青年集体标兵登记；成立工会组织的请示、批复等。

（二）行政类

有该局年度工作总结、计划；机关处室职责范围；局务会会议记录；局属合资企业立项申请、报告、批复；领导分工、机构变更的通知、批复；市旅游工作会议文件；该局工作目标责任制；旅游信息等。

（三）业务类

有该局涉外活动礼品处理文件；置装管理规定；申请营业执照、部门建立划归的请示、批复；企业化管理方案统计分析；合资企业独立核算的申请、批复；拍摄旅游影片的合同、协议、拍摄提纲；世界旅游日活动方案；年度旅游客源分析；对旅游饭店进行星级评定工作的请示、批复等。

（四）人事财会类

有该局干部任免批复；旅游部门工资年报表；干部年度普查表；工资基数核定文件；军转干部分配通知；移交职工名册；专业技术评聘工作的报告、批复、名单；退休职工审批表；“以工代干”转干工作总结、名册；年度财务分析；外汇管理文件；固定资金折旧的规定、会计制度报告等。

天津市卫生局
全宗号 X357

一、机构概况

天津市卫生局成立于 1949 年 6 月，实际工作从 1949 年 1 月开始，是负责全市医疗卫生工作的市政府组成部门。其主要职能包括贯彻执行国家有关卫生、食品安全、药品、医疗器械的法律、法规、规章和方针政策；组织实施国家基本药物制度；承担食品安全综合协调、组织查处食品安全重大事故的责任，依法组织制定食品安全地方标准；拟订卫生改革与发展目标、规划和年度计划；拟定社区卫生、妇幼卫生、农村卫生发展规划和改革措施；负责疾病预防控制工作；负责卫生应急工作等。其内部机构先后设有党委办公室、组织处、办公室、政策法规处、医政处、疾病控制处、卫生执法监督处、中医处、卫生应急办公室、社区卫生处、妇幼卫生处、医械处、人事处、食品安全综合协调处、审计处等。

二、档案情况及内容介绍

馆藏该全宗档案共 6642 卷，上架排列长度 144.84 米，档案起止时间为 1949—1994 年，档案按“年度-机构”分类排列。编有案卷目录和文件目录可供检索。

档案主要内容如下：

（一）综合类

有该局党委会、局务会会议记录；单位机构变动、人员调动相关文件；医院、卫生院机构更名、设置的批复；年度工作计划、总结、报告；职工名册、干部统计表；调资工作相关政策；职称审批表、专业技术人员任职资格批复、专业技术职务审批；党员、党组织统计年报；财务决算；基建计划、报告等。

（二）业务类

有卫生工作会议材料；天津市药政管理来往函件；新药品、新产品规格标准及变更规格标准的审批材料；卫生事业统计年报；健康普查工作报告、通知；科研成果鉴定材料；乡村医生花名册；新药鉴定会文件；卫生防疫工作的通知、报告；市场药品质量管理的通知、报告等。

天津市医药管理局
全宗号 X334

一、机构概况

天津市医药管理局于 1979 年 12 月 6 日正式成立，是根据天津市革委会文件精神，由化工局所属的制药公司，一商局所属的药材公司、医药公司、医药采购供应站，二机局所属的医疗器械工业公司为主体组建而成。该局负责全市中西药品、医疗器械的生产和经营，是工商合一的管理体制。1996 年 7 月 1 日，根据市委市政府文件精神，将天津市医药管理局改组为天津医药总公司。1997 年 3 月 28 日改组为天津市医药集团有限公司，并以其为核心组建天津医药集团。

二、档案情况及内容介绍

馆藏该全宗档案共 233 卷，上架排列长度 4. 93 米，档案起止时间为 1979—1985 年，档案按“年度-问题”分类排列。编有案卷目录和文件目录可供检索。

档案主要内容如下：

（一）综合类

有该局下属有关部门在各项工作中形成的规定、决策、干部任免、表彰决定等文件材料；行政办公室形成的有关领导班子会议的记录；工作会议及有关行政管理工作形成的文件材料；信访、档案、信息工作形成的文件材料；安全保卫、审计、人事、教育、外事工作形成的文件材料等。

（二）经营管理类

有关于改革、发展规划等方面的文件材料；关于经营管理的综合性统计报表；关于财务管理、市场管理工作形成的文件材料；关于国有资产管理工作形成的文件材料等。

（三）生产管理类

有生产综合性管理工作形成的文件材料；科技质量管理、新品开发工作形成的文件材料；设备、环保、安全工作形成的文件材料；项目投资工作、基建、技改项目工作形成的文件材料等。

中华人民共和国天津卫生检疫局
全宗号 X394

一、机构概况

中华人民共和国成立后，中央人民政府卫生部防疫处设立防疫科，接管了原有的 17 个海陆空检疫所，并更名为交通检疫所，天津卫生检疫所由卫生部直接领导。1992 年 10 月，天津卫生检疫所更名为天津卫生检疫局。1998 年 3 月，国家进出口商品检验局、国家动植物检疫局和国家卫生检疫局合并组建国家出入境检验检疫局，并于 1998 年 4 月成立。同时，其设在天津的直属局——天津出入境检验检疫局于 1999 年 8 月 10 日挂牌成立，天津卫生检疫局撤销。

二、档案情况及内容介绍

馆藏该全宗档案共 421 卷，上架排列长度 3.49 米，档案起止时间为 1989—1999 年，档案按“年度-问题”分类排列。编有案卷目录和文件目录可供检索。

档案主要内容如下：

有该局年度工作计划总结；局务会会议记录；党支部工作总结报告、党委会记录；关于卫生检疫的请示、报告及批复；关于机构设置调整人员编制的请示、报告及批复；离退休干部统计表；工资统计报表；关于卫生检疫相关业务的通知；监察工作安排；进出口检验相关制度等。

中华人民共和国天津动植物检疫局
全宗号 X400

一、机构概况

1964 年 2 月，国务院决定将动植物检疫从外贸部划归农业部领导，并于 1964 年后在天津等全国 27 个口岸设立了动植物检验所。1992 年，天津动植物检疫所更名为天津动植物检疫局。该局主要负责进出口动植物及其产品检疫检验和有关的旅客邮件检疫工作；贯彻执行动植物检疫条例、细则中有关动植检政策规定，并解决处理业务技术问题；负责接受报验，并组织人员进行扦样检验，签发结果完成检疫业务，并做好旅检动植检值勤的组织工作和管理工作；按操作规定规程进行检验，隔离试种观察和检疫对象的科学研究，不断提高检验技术水平。1999 年，该局撤销。

二、档案情况及内容介绍

馆藏该全宗档案共 809 卷，上架排列长度 6.38 米，档案起止时间为 1967—1998 年，档案按“年度-机构”分类排列。编有案卷目录和文件目录可供检索。

档案主要内容如下：

有该局年度工作计划总结；职工发薪名册；干部统计年报表及党员党组织年报表；干部调配奖惩统计报表及花名册；关于动植物进出口检疫情况的报告、函；检验业务统计报表；关于动植物检疫相关工作的请示、报告及批复；关于技术职称相关的请示批复通知；口岸动植物检疫大事记和收集有关译著的通知等。

天津市审计局
全宗号 X349、X349Y

一、机构概况

1983 年 1 月 9 日，天津市人民政府第 83 次常务会议，决定成立天津市审计院和各区、县审计分院。1983 年 3 月 7 日，天津市审计院筹备组成立，4 月 2 日，各级审计院改称审计局。同年 8 月，天津市审计局正式成立。该局是天津市人民政府的内设机构，其主要职能是拟定全市审计工作的方针、政策，参与拟定审计、财经方面的法规，制定审计工作规划计划和规章制度，并监督执行；向市政府报告和向市政府有关部门通报审计情况，提出制定和完善有关政策法规、宏观调控措施的建议；依据《中华人民共和国审计法》规定，直接进行审计工作。其内部机构先后设有办公室、法制处、人事教育处、信息化处、老干部处、财政审计处、金融审计处、行政审计处、经贸审计处、社会保障审计处等。

二、档案情况及内容介绍

馆藏该全宗档案包括文书档案（X349）637 卷，审计档案（X349Y）663 卷，档案起止时间为 1982—1993 年，档案按“年度-问题”分类排列。编有案卷目录和文件目录可供检索。

档案主要内容如下：

（一）综合类

有筹建审计机关相关文件；局务会记录；工作计划、总结；审计工作会议的通知、领导讲话；审计情况报表；审计工作程序、制度、职责、任务、规定；干部任免、干部编制文件；财政审计工作座谈会资料；审计简报；信息与动态等。

（二）业务类

有该局对部分公司企业经济效益情况的审计文件；该局对部分医院设备使用效益的审计文件；该局对部分银行贷款项目的审计文件；该局对天津市公路养路费情况的审计文件；该局对执法部门罚没收支情况的审计文件；该局对各区年度财务决算的审计文件等。

天津市审计局直属分局
全宗号 X264、X264Y

一、机构概况

1986 年 1 月 9 日，天津市政府办公厅批准天津市审计局建立两个审计分局，即天津市审计局第一分局和天津市审计局第二分局，同年 10 月初，两个分局正式对外办公。1990 年 2 月，将第一分局和第二分局合并，组建天津市审计局直属分局。该局工作范围是由第一、二分局的范围合并而成。其内部机构先后设有办公室、党支部、人事科、综合科、法规科、工会、团总支、审计一科到审计七科等。

二、档案情况及内容介绍

馆藏该全宗档案包括文书档案（X264）458 卷，审计档案（X264Y）1215 卷，档案起止时间为 1990—1999 年，档案按“年度-机构”分类排列。编有案卷目录和文件目录可供检索。

档案主要内容如下：

（一）综合类

有该局筹建相关文件；干部任免、编制等文件；党风廉政建设及纠风工作安排；业务培训计划、考勤制度、实习管理办法；审计项目计划、审计统计报表；工作计划、总结；党组会、局务会会议记录；表彰先进相关文件等。

（二）业务类

该局对部分企业财务收支的定期审计文件；对部分工厂厂长届满审计文件；对部分企业经营责任的审计文件；对部分企业资产、负债、损益的审计文件；对部分医院以及部分机关单位财务收支情况的审计文件等。

天津市计量管理局
全宗号 X274

一、机构概况

天津市计量管理局前身是天津市工商局度量衡检定所，成立于 1949 年，后改称天津市计量管理所，其工作任务是组织编制度量衡三种器具的检定和管理。1977 年，根据市革委文件精神，成立天津市标准计量管理局。1981 年 1 月，根据市政府文件精神，将天津市标准计量管理局分设为天津市标准局和天津市计量管理局。其内部机构先后设有办公室、总工程师办公室、政治处、管理处、检定处、计划器材处、行政处、基建处、人保处、组宣处等。1989 年，该局与市标准局组建天津市技术监督局。

二、档案情况及内容介绍

馆藏该全宗档案共 1020 卷，上架排列长度 14.79 米，档案起止时间为 1949—1990 年，档案按“年度-机构”分类排列。编有案卷目录和文件目录可供检索。

档案主要内容如下：

(一)综合类

有成立“度量衡检定所”布告；所务会、局务会会议记录；该所(局)工作任务、机构设置、人员编制、干部任用、启用印章的文件；职工名册；干部调动的通知；科技人才、知识分子、业务骨干登记及统计表；全市计量工作会议和全国标准化与计量工作现场会资料；会计决算报表等。

(二)业务类

有度量衡检定工作统计表、检定方法；计量和标准化工作计划、发展规划；技术革新项目材料；计量科研、新产品试制项目材料；计量仪器设备生产和综合物资计划；国家计量局有关具体检定操作、技术改进的意见和批复；国家计量局关于建立计量基准、标准项目及该局报送新建计量标准项目考核计划、报告、批复、通知等。

天津市质量技术监督局
全宗号 X461

一、机构概况

天津市质量技术监督局前身是天津市计量局与天津市标准局，市计量局是于 1978 年在原市计量管理所基础上成立的，市标准局是政府职能部门，于 1982 年正式办公。1989 年 3 月 27 日，根据市委文件精神，撤销市标准局和市计量管理局，组建天津市技术监督局，负责统一管理和组织协调全市的技术监督工作。该局主要职能包括贯彻执行国家有关质量技术监督工作的方针、政策、法律、法规，拟定本市质量技术监督方面的地方性法规，组织制定本市质量技术监督事业发展规划，管理全市质量监督工作，统一监督管理全市标准化、计量和认证认可工作，管理本市质量技术监督的宣传、教育、培训和科技工作等。该局内设机构先后包括办公室、人保处（人事处）、综合计划处、宣传教育处、科学技术处、标准化处、计量监督处、计量管理处、质量监督处、条件保证处、法规处、认证处等。

二、档案情况及内容介绍

馆藏该全宗档案共 1223 卷，上架排列长度 18.9 米，档案起止时间为 1989—2000 年，档案按“年度-机构”分类排列。编有案卷目录和文件目录可供检索。

档案主要内容如下：

（一）综合类

有该局党组会、局务会、局长办公会会议记录、纪要；人事任免通知；技术监督系统机构情况调查表；业务统计年报；表彰全国质量监督管理先进工作者的通知；调资审批表；表彰先进党支部、优秀党员、党务工作者文件；科技、教育、外事工作计划、总结等。

（二）业务类

有宣传贯彻标准化法律法规的批示；召开生产许可证工作会议文件；天津市产品质量监督条例；成立、撤销计量检定站的批复、通知；申请建立计量站和开展检定业务的批复；行政执法监督检查情况的通知、报告；对不合格产品的通报及处理决定；核发生产许可证、查处无证工作的通知;申请核定执行检验收费标准的通知等。

(三)资料类

有质量技术监督工作相关年鉴、《质量监督与消费》杂志、《技术监督信息》《天津市技术监督局简报》等。

(四)财会类

有关于专项补助、定额拨款的批复;局属单位申请经费问题的批复;关于财务开支、收据管理、收费标准的通知;审计工作决定;财务相关制度;财政预决算的通知、函、请示等。

天津市统计局
全宗号 X386

一、机构概况

天津市统计局于1953年3月正式成立,是在天津市人民政府的直接领导下,负责组织和领导全市统计工作的职能部门。1958年9月,天津市统计局与河北省沧专、天专两地统计局合并,仍称天津市统计局,业务上受河北省统计局指导。1970年10月,天津市成立综合计划局,统计局机构撤销后合并到综合计划局,改为综合计划局统计组。1972年2月,天津市成立计划委员会,统计组改为计划委员会统计处。1978年6月,天津市统计局正式恢复局建制。

二、档案情况及内容介绍

馆藏该全宗档案共9608卷,上架排列长度209.1米,档案起止时间为1949—2002年,档案按“年度-机构”分类排列。编有案卷目录和文件目录可供检索。

档案主要内容如下:

有该局年度统计工作要点、总结;局务会、党组会会议记录;有关人事工作、机构编制、干部任免文件;干部统计年报;国民经济计划执行情况报告;全市统计报表管理、审批工作文件;城市基本情况卡片;国民收入统计年报;国民生产总值年报;全市统计人员培训工作文件;统计数字及报表管理办法;统计法规检查工作文件;工业、交通、物质、能源统计工作文件及统计报表制度；工业总产值、净产值统计；农业、社会、劳动工资、基建、物资统计工作文件及统计报表制度；主要物资消费与库存统计；机电设备使用与库存统计；财贸、物价统计工作文件、报表制度；私营、公私合营工业、农业、商业、手工业等方面的统计资料等。

天津市人口普查办公室
全宗号 X205

一、机构概况

1964 年 3 月，根据中共中央、国务院关于进行第二次全国人口普查工作的指示，组成河北省人口普查领导小组，并设立天津市人口普查领导小组及其办事机构——天津市人口普查办公室。该办公室负责传达贯彻中央指示、组织人口普查队伍、编制规划和预算、搞好普查试点、宣传教育群众等工作。此后，每次开展全国人口普查工作，天津市均设立相应的人口普查领导小组及人口普查办公室，组长由市委、市政府一名主要领导担任，副组长由一位市政府办公厅领导和统计局、公安局等单位各一位领导担任，小组成员从天津市各相关单位抽调。市人口普查办公室按分工不同下设秘书组、登记组、整顿户口组、编码组、宣传组、行政组等，随着普查工作的进展，工作人员的增加，以及普查技术手段的不断进步，按需要编配增删工作组。市人口普查领导小组负责领导各区、县、街道、乡镇人口普查领导小组及其办公室的成立和开展工作。

二、档案情况及内容介绍

馆藏该全宗档案共 450 卷、524 件，上架排列长度 12.6 米，档案起止时间为 1964—2013 年，档案按“年度-机构”分类排列。编有案卷目录和文件目录可供检索。

档案主要内容如下：

馆藏该全宗为天津市第二次、第三次、第四次、第五次、第六次人口普查档案汇集，内容包括中央、河北省关于开展人口普查工作的指示及通知；天津市各区普查工作经验介绍简报；各区普查方案和宣传教育材料；各区普查统计汇总和各类统计说明；人口普查办公室工作简报；人口普查办公室召开工作会议及领导讲话等；质量标准检查验收资料；人口普查工作意见、提纲、情况、公报；关于整顿户口工作的计划、安排、通知；关于试点质量控制、数据处理结果、编码差错的报告和分析；关于筹建电子计算站机房及人口普查资料库情况报告；人口普查资料汇编；手工汇总资料汇编；关于人口预测及人口发展趋势分析；关于举办中国人口普查论文国际研讨会材料等。

天津市工业普查办公室
全宗号 X208

一、机构概况

为完成第二次全国工业普查工作，于 1984 年 6 月成立天津市工业普查办公室。该办公室具有双重职能，即承担领导小组的组织推动工作，又具体组织工业普查的准备，包括普查试点工作。

二、档案情况及内容介绍

馆藏该全宗档案共 2050 卷，上架排列长度 55.8 米，档案起止时间为 1984—1995 年，档案按“年度-问题”分类排列。编有案卷目录和文件目录可供检索。

档案主要内容如下：

馆藏该全宗为天津市第二次和第三次工业普查档案汇集，内容包括全国工业普查试点工作会议文件；全国工业普查数据处理座谈会文件；关于工业普查干部培训工作的安排通知；全国科技普查培训会议文件；工业普查简报；工业普查问题解答；工业普查宣传工作文件；工业普查布置阶段工作文件；工业普查数据质量控制文件；工业普查分析研究讲座文件；资料分析研究文件；清查工业企业花名册；大中型企业大数审核表；工业普查主要工业产品产销存目录；工业普查方案；工业普查企业代码表；市各局工业普查机构人员经费、干部培训基础工作整顿表；关于工业普查经费预算报告；记账凭单；天津市各工厂企业工业普查表；天津市工业普查资料汇编；天津市工业普查资料宏观分析；天津工业结构分析等。

天津市农业普查办公室
全宗号 X209

一、机构概况

根据中央和国务院部署要求，我国分别于 1997 年、2006 年底和 2016 年进行第一次、第二次和第三次全国农业普查。天津市政府根据国务院对农业普查工作的要求，分别于 1995 年、2005 年和 2015 年组建天津市第一次、第二次和第三次农业普查领导小组及其办公室，成员由市领导及有关单位组成。

天津市农业普查领导小组主要负责协调和解决普查中的重大问题。天津市第一次农业普查领导小组组长及副组长由主管市长、市政府主管秘书长、市农委主任及市统计局局长担任，成员单位包括市计委、市经委、市农委、市外经贸委、市交委、市商委、市建委、市科委、市体改委、市财政局、市农林局、市公安局、市土地局、市水利局、市水产局、市畜牧局、市劳改局、市农场局、市乡镇企业局、市农机局、市物价局、市审计局、市广播电视局、市统计局。

市农业普查领导小组办公室是全市普查工作的具体组织实施机构，负责筹措农业普查经费及准备阶段的工作，包括方案的准备，各级普查机构的建立，各级组织试点，各种普查培训等。该办公室下设秘书组、综合组、调查组、数据处理组等。随着每一次普查组织实施工作的不断成熟和技术手段的应用，普查领导小组办公室依照惯例和新部署新要求具体开展工作。

二、档案情况及内容介绍

馆藏该全宗档案共 60 卷、394 件，上架排列长度 4.5 米，档案起止时间为 1996—2010 年，档案按“年度-问题”分类排列。编有案卷目录和文件目录可供检索。

档案主要内容如下：

馆藏该全宗为天津市第一次、第二次和第三次农业普查档案汇集，内容包括关于开展农业普查工作的文件及资料；关于试点综合文件资料及领导讲话；拟定农业普查方案及全面布置普查工作的文件及资料；关于农业普查培训工作的文件；关于农业普查宣传工作的文件；关于农业普查地址编码工作的文件；关于农业用地工作的文件；农业普查现场登记质量抽查验收标准工作文件；农业普查工作进度情况小结、报告；表彰先进工作文件；农业普查大事记；农业生产经营服务单位普查表；农业普查住户类普查表；普查员工作日志；关于开展农村居民家庭状况调查的文件；《全国农业普查条例》宣传手册；各区数据评估基础数据质量检查村名单；农业普查主要数据公报；农业普查研究课题；农业普查资料汇编等。

人大、政协及各民主党派、工商联、群众团体档案

天津市人民代表大会常务委员会
全宗号 X310

一、机构概况

根据 1979 年 7 月五届全国人大二次会议通过的《关于修正〈中华人民共和国宪法〉若干规定的决议》和《地方组织法》中“县级以上地方各级人民代表大会,设立常务委员会,作为同级人民代表大会的常设机关”的规定,设立天津市人民代表大会常务委员会。该机构是天津市人民代表大会的常设机关,对市人民代表大会负责并报告工作。常务委员会会议由主任召集,每两个月至少举行一次。历届人大常委会机构先后设有办公厅、法制委员会(政法委员会、法制工作室)、经济财政委员会、规划建设委员会、科教委员会(教育科学文化卫生委员会)。

二、档案情况及内容介绍

馆藏该全宗档案共 8833 件,上架排列长度 6.72 米,档案起止时间为 1979—1990 年,档案按“年度-机构”分类排列。编有文件目录可供检索。

档案主要内容如下:

(一)人代会类

有人代会及其历次会议的会议安排、通知、代表名册、会议记录、工作报告、决议等会议材料;历届人代会代表所提意见、建议、综合材料;人大代表视察工作的通知、计划、安排、情况报告;中共中央、市领导在选举工作会议上的讲话;选举工作细则规定、总结报告;党组会会议记录;人大常委会会议记录、简报、签到单;主任办公会会议纪要;人事任免通知;法律、法规修改意见、说明;政府工作报告的决议;各级市领导选举结果;启用印章的通知等。

(二)下设委员会类

有法制委关于延长羁押和案件办理期限的批复;法院、检察院工作报告、决议、提案、审

查报告;检察院延长审限的请示、报告;政法委员会制定条例的修改说明、决议、草案、修改稿;政法委员会会议通知、座谈记录;经济财政委会议记录、纪要、意见、通知;科教委员会年度工作安排、意见、报告、总结;规划建设委员会年度工作安排、意见、总结、法律法规修改意见;信访处工作总结;党支部工作总结;支部改造工作意见、细则;机关党委年度工作要点、总结等。

中国人民政治协商会议天津市委员会
全宗号 X41

一、机构概况

中国人民政治协商会议天津市委员会(以下简称天津市政协)的前身是1949年9月成立的天津市各界人民代表会议协商委员会。天津市各界人民代表会议协商委员会是中华人民共和国成立后天津市各界人民代表会议的常设机构,1955年3月,中国人民政治协商会议天津市委员会成立后,其历史任务完成。

中国人民政治协商会议天津市委员会是中国人民爱国统一战线的地方组织,是中国共产党领导的多党合作和政治协商的重要机构,天津市政协在中国共产党领导下接受政协全国委员会的工作指导,按照《中华人民共和国宪法》和《中国人民政治协商会议章程》进行工作,发挥政治协商和民主监督作用,组织参加该会的各党派、团体和各族各界人士参政议政是天津市政协的主要职能。天津市政协常务委员会由主席、副主席、秘书长和常务委员组成,在常务委员会下设办公厅,办公厅内部机构有秘书处、人事处、联络处、行政处等,另外设有若干专门委员会作为组织政协委员开展经常性工作的重要形式,各专门委员会下设办公室,负责日常工作。

二、档案情况及内容介绍

馆藏该全宗档案共2931卷,上架排列长度54.66米,档案起止时间为1949—2000年,档案按“年度-机构”分类排列。编有案卷目录和文件目录可供检索。

档案主要内容如下:

有天津政协各界代表会议、常委会议、全委会议文件材料;市政协年度工作总结,市政协各专门委员会工作总结报告；抗美援朝情况与组织土地改革工作团文件材料；组织各界人士学习座谈会议记录、读书会情况简报；全国政协、全国人大代表在津视察活动总结材料；市政协机关党、团支部工作计划、总结；市政协委员及各界人士生活补助文件；政协干部评薪定级、退职退休手续及去世委员治丧情况材料等。

致公党天津市委员会
全宗号 X6

一、机构概况

中国致公党是以归侨、侨眷中的中上层人士和其他有海外关系的代表性人士为主组成的，具有政治联盟特点，致力于发展中国特色社会主义的政党。1981 年底，致公党中央谢白寒、赵平来津筹建天津致公党；1982 年 8 月成立中国致公党天津筹备小组，由许乃波任组长，廖隆干、郑振妙为成员。1983 年 9 月成立致公党天津市委员会，许乃波任主任委员，李宏硕、郑振妙为委员，9 月底增补温士现、张炎骅为委员，1984 年 5 月又增补卢鹤文、吴爱娟为委员。该市委会下设知识分子工作委员会、妇女工作委员会和致公开放大学校务委员会，并主办致公电教开放大学。

二、档案情况及内容介绍

馆藏该全宗档案共 321 卷、950 件，上架排列长度 4. 92 米，档案起止时间为 1982—2006 年，2000 年以前档案按“年度-问题”分类排列，2000 年以后档案按“年度-机构”分类排列。编有案卷目录和文件目录可供检索。

档案主要内容如下：

有致公党天津市委员会历次主委会、常委会、市委会以及其他重要会议文件材料；该市委会年度工作计划、工作要点、工作总结、大事记；该市委会贯彻致公党中央有关组织工作方针、政策的情况与贯彻意见；各级组织的筹建、改选、换届工作文件材料；党员建设和后备干部队伍建设文件材料；建立健全各项规章制度文件材料等。

中国民主促进会天津市委员会
全宗号 X56

一、机构概况

中国民主促进会是从事教育、文化、出版及科技等工作的有代表性的知识分子组成的，具有政治联盟性质的，致力于建设有中国特色社会主义的政党，是与中国共产党通力合作的参政党，1945 年 12 月 30 日在上海正式宣告成立。中国民主促进会的天津地方组织是 1951 年 8 月开始筹建的，1953 年 1 月 4 日正式建立中国民主促进会天津分会。

二、档案情况及内容介绍

馆藏该全宗档案共 818 卷、1247 件，上架排列长度 12 米，档案起止时间为 1952—2006 年，档案按"年度-问题"分类排列。编有案卷目录和文件目录可供检索。

档案主要内容如下：

有该市委会组织成员名单、发展会员情况、人员管理、任免文件；年度计划、总结；会议记录与发言稿；组织机构设置与更迭文件；对于中央及市委政策方针进行研讨的相关材料等。

中国民主同盟天津市委员会
全宗号 X233

一、机构概况

中国民主同盟（简称民盟）是中国共产党领导的爱国统一战线的组成部分，民盟是同中国共产党通力合作的参政党，是主要由从事文化教育以及科学技术工作的高中级知识分子组成的，具有政治联盟特点的，致力于社会主义事业的政党。民盟天津市委员会隶属于中国民主同盟中央委员会，是中国人民政治协商会议天津市委员会的组成单位。天津民盟始建于 1950 年，是中华人民共和国成立后在天津建立最早的民主党派地方组织。

二、档案情况及内容介绍

馆藏该全宗档案共 890 卷、2876 件，上架排列长度 40 米，档案起止时间为 1950—2006 年，档案按“年度-问题”分类排列。编有案卷目录和文件目录可供检索。

档案主要内容如下：

有该市委会历届换届工作的文件材料，基层组织换届、组织发展、组织培训的文件材料；该市委会奖惩盟员的文件材料；主委会、常委会、全委会会议记录；该市委会年度大事记；该市委会各专业委员会的文件材料；《天津盟讯》《天津民盟简介》；民盟参政议政方面的调研报告、提案及答复；该市委会组织的各种社会服务活动形成的文件材料等。

中国国民党革命委员会天津市委员会
全宗号 X234

一、机构概况

中国国民党革命委员会(简称民革)于 1948 年 1 月 1 日在香港成立。民革是由原中国国民党民主派和其他爱国民主人士创建,具有政治联盟特点的,接受中国共产党领导并与之通力合作,共同致力于建设有中国特色社会主义和祖国统一事业的参政党。天津市的民革组织于 1950 年 11 月开始筹备,1951 年正式成立民革天津市分部筹备委员会,召集人为杨亦周。1953 年 7 月召开全体党员大会,正式成立中国国民党革命委员会天津市委员会(以下简称民革天津市委员会),下设秘书处、组织处、宣传处。1958 年 11 月,民革天津市委员会召开第二届党员大会,增设社联工作。民革的主要任务是团结、教育成员及所联系的社会人士,帮助他们进行思想改造,推动他们参加各项政治运动和社会主义改造,以及参加社会主义建设,并且了解反映一些社会人士、工程技术人员,以及有代表性的机关干部的政治思想情况。

二、档案情况及内容介绍

馆藏该全宗档案共 1255 卷、4964 件,上架排列长度 83 米,档案起止时间为 1951—2006 年,档案按“年度-问题”分类排列。编有案卷目录和文件目录可供检索。

档案主要内容如下:

有民革天津市委员会成立文件、工作计划、总结报告、规章制度,基层工作和各种业务活动文件,历次党员大会材料;有关发展组织、成员名册;有关宣传工作计划、总结、学习、座谈文件材料;社联工作计划、总结、宣传文件材料等。

中国民主建国会天津市委员会
全宗号 X455

一、机构概况

中国民主建国会(以下简称民建)是主要由经济界人士组成的,具有政治联盟特点的,致力于社会主义事业的政党。中国民主建国会天津市委员会(以下简称民建天津市委员会)是直辖市一级的地方组织,隶属于民建中央委员会,受中共天津市委领导,是中国共产党领导的爱国统一战线的主要组成部分。天津民建组织的发展,是在中共各级组织的帮助下进行的。1989 年 12 月,民建天津市委员会与天津市工商联开始分署办公。该委内部机构包括三室四处:办公室、研究室、直属工委办公室、组织处、宣传处、人事处、社会服务处。

二、档案情况及内容介绍

馆藏该全宗档案共 423 卷、3488 件,上架排列长度 13 米,档案起止时间为 1990—2006 年,档案按"年度-机构"分类排列。编有案卷目录和文件目录可供检索。

档案主要内容如下:

(一)综合类

有该市委会召开代表大会文件;该市委会常委、主委会记录、纪要、决议、决定;主委办公会记录、纪要、决议、决定;处长办公会记录、纪要、决议、决定;该市委会大事记、年度计划、要点、总结、规划;民建中央日常指导性文件;国务院、市政府颁布的有关政策;财务、审计、福利、税收、物价文件;公文处理、档案、保密工作文件;印信规章制度;资产评估、固有资产管理、募捐、公费医疗、车辆管理、绿化、献血、代表选举有关材料等。

(二)组织人事类

有该市委会职工调出、调入、考核、转干、定级、调资、干部任免、退休、出国、人员信息采集、目标管理、统计报表、干部政治学习、业务培训材料;会员情况统计报表、新会员入会申请表、会员奖惩材料等。

(三)材料类

有老年中心学习组学习情况材料;该市委会信息、会刊、经验材料、会议材料;该市委会会章、会史教育、报道、剪报材料；代表提案、答复、建议材料及反馈情况；举办建华工贸学院有关材料；统计报表、简报、经验交流材料；企业家联谊会、妇女委员会有关材料等。

天津市工商业联合会
全宗号 X43

一、机构概况

1950年3月6日，设立天津市工商业联合会筹备委员会，同年4月29日天津市工商联合会正式成立（以下简称市工商联）。该会是天津市人民政府领导下，由全市工商业者联合组成的群众团体。其具体职责是团结全市工商业者执行国家政策、遵守法律、法令，反映工商业者有关问题和意见，维护工商业者的合法权益，组织指导工商业者发展生产、促进城乡与内外物资交流，调解劳资关系，联系组织工商业者政治理论学习、改造思想和参加各种爱国活动。其内部机构先后设有办公室、组织处、宣教处、辅导处、工商业家属委员会，另组织有退休工商业者老年组、工商史料组。

二、档案情况及内容介绍

馆藏该全宗档案共4316卷，上架排列长度70.55米，档案起止时间为1950—1989年，档案按“年度-机构”分类排列。编有案卷目录和文件目录可供检索。

档案主要内容如下：

（一）综合类

有市、区工商联年度工作计划、总结、报告；市工商联所属各行业历史总结，行业改组方案；市、区工商联组织章程；机构、编制调整请示及市人委批复；公私合营条例，全市私营工商业发展概况；《工商界大事记》《天津工商简报》《工商界整风简报》《工商史料选辑》；1949—1963年天津市私营工商业投资情况和人数统计资料等。

（二）会议类

有全国工商界自我改造经验交流会议文件，市工商联会员代表大会文件；常委会、执委会联席扩大会议文件；全市工商界先进生产者和先进工作者代表大会文件；工商界家属代表座谈会及生活互助金工作会议文件;市工商联、店员工会召开劳资协商会议材料等。

(三)人事类

有市工商联干部任免、奖惩、离职、退休、评级定薪请示、报告及市政府批复;市、区工商联委员及职员名册,全市工商界先进工作者登记名单;市工商联各行业劳资纠纷处理办法、意见;工商界劳资人数、户数综合统计表;市政府、市工商联关于私营企业生产、工时、工资及劳保福利规定、方案、指示等。

(四)同业公会类

有市工商联各行业公会成立、撤销通知;各行业公会登记表、组织章程,历史沿革材料;委员、会员及在职资方人员登记表;历届委员改选情况会议记录、工作总结;各行业公会支援抗美援朝计划及和平公约、爱国签名书;全市各行业生产建设、经营发展总结;市工商联各行业联营、联销、联购组织章程;供销协议及业务会议文件;各行业工商业户联营并厂、申请合营、歇业、开业、变更情况调查报告及市工商局、工商联指示、批复等。

天津市总工会
全宗号 X44

一、机构概况

1949 年 1 月天津解放后,开始筹建华北总工会天津办事处,同年天津市总工会筹备委员会成立。1950 年 1 月 14 日,天津市总工会正式成立,1954 年 4 月 12 日改称天津市工会联合会,1958 年 9 月 1 日,改称天津市总工会。天津市总工会是全市工人阶级的群众性组织和领导机关,受中共天津市委和中华全国总工会领导和指导。市总工会的主要职责是根据党的方针政策,代表和维护职工合法权益,团结、教育与组织职工群众,在社会主义革命和建设中发挥主力军作用。其内部机构先后设有办公室、生产部、宣教部、生活部、女工部、组织部、财务部、国际部、合营部和行政处等。

二、档案情况及内容介绍

馆藏该全宗档案共 4221 卷,上架排列长度 74.7 米,档案起止时间为 1949—2002 年,档案按“年度-机构”分类排列。编有案卷目录和文件目录可供检索。

档案主要内容如下：

（一）综合类

有召开全市工会工作会议的通知、报告、统计表；天津市第一至第八届工会会员代表会文件材料；天津市基层工会工作会议通知、动员报告；该会组织调整、干部提拔及建立党组请示及市委批示；该会年、季、月工作计划纲要；关于公私合营企业工会领导工作报告；传达贯彻全总执委会、市委工业会议情况报告；市总工会党务工作计划、总结、报告；召开工会系统党代表会议总结、报告及选举办法；关于组织工作、纪委工作意见、计划；传达全国总工会关于工厂管理、民主改革、私企等工作指示、报告；关于加强党对工会领导调查报告；关于改进基层工会工作方案、决议；关于工厂管理、职工代表会、民主改革工作办法、决议，生产竞赛、签订集体合同问题报告；学习大庆经验材料；五好职工座谈会及比学赶帮运动工作报告；职工参加防汛抗洪文件材料；市总工会领导在基层工作会议、区产业领导会议、市委工业会议上的报告稿；市总工会各个年度团支部工作计划、总结、团员名单及干校工作计划、总结等。

（二）组织类

有组织工作计划、总结；关于各级工会名称、产业划分规定；建立区办事处组织工作总结，调整工会基层组织、精简机构计划、总结；该会关于干部提拔、任免、训练工作通知、报告、总结；关于工资、奖励及评模工作文件材料；召开天津市优秀工会积极分子代表会文件材料；关于改进合营后的工商业工会组织形式材料等。

（三）宣传类

有市总工会领导在宣传工作会议、干训班上讲话稿；该会宣传工作计划、总结；职工教育工作计划、总结；职工抗美援朝计划、总结；关于高等教育、文化学习、扫盲宣传、查定教育、技术教育、业余教育及政治教育方面工作计划、总结、报告；广播、俱乐部工作计划、总结；关于工人学习政治及举办哲学训练班报告、总结等。

（四）生产类

有生产工作计划、总结；支援农业、支援岳城水库等工作总结、汇报；关于生产运动、技术革命、合理化建议及劳资关系方面工作汇报、总结；工厂管委会概况、总结与统计表；职工参加企业管理、经济核算文件，职工代表会报告、总结；基建工作总结、报告；关于削减工程、降低造价、检查浪费工作总结等。

（五）劳动保护类

有生活福利工作计划、总结；关于职工福利、劳保条例、薪资方面规定、办法；贫苦工人治病减免及工人疗养暂行办法；合营企业职工福利、生活情况调查通知、办法；职工生活困难补助、互助会、宿舍分配、职工亲属享受医疗待遇事项暂行规定；安置老弱病残与退休养老职工工作意见、办法；关于生产安全的通知、指示、报告；保险工作计划、总结等。

（六）女工类

有女工工作计划、总结；女工代表会议文件；工会系统女英雄、女模范事迹介绍材料；该会向全国总工会、省工会女工工作汇报及工作经验材料；工会系统三八红旗手、积极分子会议报告；该会关于保育、托儿工作总结、汇报材料；女工保护、《婚姻法》贯彻等工作经验、报告等。

（七）财会类

有财务工作总结、报告；文教费使用规定、办法、通知；会计组织规程；会计科目及财务预决算与收支暂行办法；整顿财务工作、经费管理工作计划、总结；财务管理制度；退休费支出问题请示及省工会批复；厉行节约、反对浪费工作检查报告；关于加强财务机构、控制购买力与劳保金补助及冻结用款工作规定、通知；基层财委组织条例及会计处理办法；该会经费管理委员会工作计划、总结、报告等。

天津市各产业工会全宗汇集
全宗号 X45

一、机构概况

1949 年 1 月天津解放后，各公营企业工厂及私营大工厂陆续建立了职工代表会组织，在此基础上，1949 年 4 月召开天津市第一次职工代表大会，建立各产业职业工作委员会。到 1949 年底，建立起纺织、铁路、市政、五金、化学、产联六大产业工会。经过几次变动，到 1964 年，全市建立的产业工会组织有铁路、邮电、纺织、轻工、食品、市政、建筑、化学、财政金融、店员、搬运、电业、海员、教育、文艺、新闻出版、医务、机关、盐业、手工、民航、商业、公运、一机、二机、冶金、航道、物资、军工、交通运输及公用工会，以上这些产业职业工会是天津市总工会各所在行业职业系统党委领导下的相对独立的工人群众组织。

二、档案情况及内容介绍

馆藏该全宗汇集是由重工业、一机、五金、电业、化学、轻工、纺织、金贸、金融、商业、店员、海员、邮电、医教14个行业职业工会(以下简称各产业工会)档案组成的。馆藏该全宗汇集档案共830卷,上架排列长度17.1米,档案起止时间为1949—1966年,档案按"机构-年度"分类排列。编有案卷目录和文件目录可供检索。

档案主要内容如下:

(一)综合类

有各产业工会工作计划、总结;各产业工会常委会会议记录;组织工作总结;关于文教、宣传工作计划、总结;各产业工会召开会员代表大会及先进生产者代表会议通知、决议、报告;群众来信来访材料;重工、海员工会接待日本、印度等国家工会代表团计划、报告;店员工会关于私营商业订立集体合同总结;纺织工会关于私企工作计划及基层单位推广合理化建议经验总结;商业工会关于对私改造工作计划、意见;邮电工会启用印模及该会撤销通知等。

(二)劳资福利类

有各产业工会关于劳动保护、劳动保险及福利工作计划、报告、条例;关于工资改革、劳资争议等工作总结;纺织、邮电工会关于女工及家属工作计划、总结、报告;邮电等工会关于困难补助、退休养老、补助金问题的意见等。

(三)生产竞赛类

有各产业工会关于生产、劳动竞赛计划、总结;关于评选模范、先进生产者意见、总结、名单;各产业工会关于增产节约经验介绍情况简报;金贸工会关于国营、私营商业系统开展反浪费经验总结;商业工会试行八小时工作制经验总结及商业职工服务质量调查报告等。

中国共产主义青年团天津市委员会
全宗号 X47

一、机构概况

1949年2月,成立天津市青年工作委员会;1953年1月,中国新民主主义青年团天津市委员会成立，天津市青年工作委员会同时撤销。1957 年 5 月，中国新民主主义青年团天津市委员会改称中国共产主义青年团天津市委员会（以下简称团市委），延续至今。团市委是在团中央、中共天津市委领导下的天津市先进青年群众组织，负责领导全市共青团的工作，团结组织广大团员和青年，努力学习，积极参加社会主义各项建设事业。其内部机构设有办公室、组织部、宣传部、学生部、青工部等。

二、档案情况及内容介绍

馆藏该全宗档案共 7856 卷，上架排列长度 111.6 米，档案起止时间为 1949—1999 年，档案按“年度-机构”分类排列。编有案卷目录和文件目录可供检索。

档案主要内容如下：

（一）综合类

有团中央、天津市委关于青年团工作指示；该委工作计划、总结及会议记录；青年团天津市代表大会文件；团市委委员、候补委员名单；全国青年社会主义建设积极分子大会文件材料及天津市出席人员名单和重要事迹材料；出席河北省社会主义建设青年红旗手积极分子大会材料及表扬名单和发言材料；团中央表扬先进集体和先进个人名单及事迹材料等。

（二）组织类

有中共天津市委及团委关于组织工作指示、计划、总结与会议记录；该委组织机构设置及干部调动、人事任免通知、决定；关于天津市团组织、团员、干部构成情况统计表；团的专职干部配备及干部、领导干部登记表；团员奖惩统计表；学校组织情况及党员、民青名单，新民主主义青年团民青调查简报等。

（三）宣传类

有团中央、天津市委关于宣传工作指示、通知；团市委宣传工作计划、总结、报告及会议记录；对青年进行共产主义道德教育计划、通知、通报及讲课提纲；《天津团讯》工作计划及宣传要点和各期团讯等。

（四）统战类

有团市委关于统战工作计划、意见、总结及会议记录；天津市第一至第三次青年代表大会总结、报告、决议及代表登记册；团市委关于外宾接待工作规定、通知等。

（五）青工青农类

有市总工会、团市委关于青工工作计划、安排；团市委青工工作总结、会议记录；徒工培训和技工学校工作报告；各国营企业在“红五月”竞赛、爱国主义竞赛中团的工作情况报告；增产节约竞赛中青工工作总结；青年突击队、青年班组工作经验交流会材料；工厂企业中进行民主改革工作意见、经验；职工业余教育工作情况调查；所属团组织上报团市委先进集体和先进个人事迹材料等。

团市委关于农村团的工作计划、总结、通知、会议记录；人民公社团委书记会议材料；农村青年工作动态；基层团干部训练计划；郊区青年学习技术积极分子会材料；下乡青年代表事迹材料等。

（六）学校类

有团市委关于学校团的工作意见、计划、总结、报告及会议记录；关于学生工作计划、意见、总结；申请转团及民青登记材料；参加中央团校学习党员与脱产人员名单；大、中学生欢庆天津解放筹备大会文件；关于成立学生联合会筹备材料；团市委等负责同志关于学校工作报告；学联工作计划、总结、报告；各届学生代表大会通知、决议、报告；学校团的纪律检查工作意见、报告等。

（七）少年类

有团市委关于少先队工作计划、总结、通知；天津市少先队工作会议材料；历年少年部活动总结、报告；儿童节活动计划、通知及活动情况材料；小学教师团的工作计划、总结、报告、通知及寒假学习班计划、总结、报告等。

中国共产主义青年团天津市中层机关团委全宗汇集
全宗号 X48

一、机构概况

从 1949 年 1 月天津解放至 1956 年，天津市各系统机关单位陆续建立了团的组织，包括市委机关团委、市人委机关团委、市直机关团委，以及国营重工业、重工业、工业、军工、轻工业、一轻、二轻、纺管、棉纺、邮电、公用、建设、内贸、外贸、银行、交通运输、交通港务各局等市级机关中层团委，通称天津市中层机关团委。这些团委属天津团市委及所属各系统党委领导，负责领导各所属系统团组织的工作。

二、档案情况及内容介绍

馆藏该全宗档案共970卷，上架排列长度17.1米，档案起止时间为1949—1964年，档案按“年度-问题”分类排列。编有案卷目录和文件目录可供检索。

档案主要内容如下：

（一）综合类

有天津市委关于加强党对团的工作领导规定；团市委关于团组织工作指示、计划；各系统及所属单位团组织工作计划、总结、报告；各系统团委、全委、常委会会议记录；各系统团代会及贯彻团代会情况材料等。

（二）组织类

有团市委对各系统团组织机构设置、启用印信、人员任免通知；各系统干部配备情况统计表；团员及团干部综合情况统计表；发展团员备案表；团市委关于接收新团员权力授予部分基层团委、总支决定；各系统所属团支部工作计划、总结、报告；关于纪律检查工作总结；团员组织关系介绍信存根、团费交纳统计表等。

（三）宣传类

有团市委及各系统团委与所属基层团组织关于宣传工作计划、总结；各系统团委关于团员和青年思想情况总结，团员模范事迹登记表；评选五好青年、社会主义建设积极分子事迹材料；对青年进行共产主义道德品质教育，及开展节约活动计划、总结、报告；团课讲座及学习先进人物活动材料等。

天津市妇女联合会
全宗号X50

一、机构概况

天津市妇女联合会（以下简称市妇联）于1949年2月筹备，11月正式建立，成立之初称天津市民主妇女联合会，1957年改称为天津市妇女联合会。市妇联是中共天津市委领导下，团结、教育全市妇女积极参加各项政治活动和劳动生产，维护妇女、儿童合法权益的妇女群众组织。其最高权利机关为全市妇女代表大会。在全市妇女代表大会闭会期间由执行委员会行使工作职能,执行委员会下设秘书处、组织部、宣传教育部、妇女儿童福利部、生产部五个部门。1973 年 10 月,经市委批准确定,市妇联设办公室、组宣部、妇幼保健部、市区妇女工作部、农村妇女工作部五个部门。1997 年 1 月,市妇联机关机构改革,设 10 个职能部门,包括办公室、组织部(联络部)、宣传部、权益部、儿童工作部、城乡工作部、培训部(市妇女培训中心)、实业发展部、调研室、老干部处。

二、档案情况及内容介绍

馆藏该全宗档案共 1391 卷,上架排列长度 26.1 米,档案起止时间为 1949—2000 年,档案按"年度-机构"分类排列。编有案卷目录和文件目录可供检索。

档案主要内容如下:

(一)综合类

有市妇联筹委会工作情况、组织章程;部长联席会会议记录、常委会会议记录、党组会会议记录;支部工作及政治学习计划、总结及市委批复;天津市妇代会总结报告;领导讲话;专题工作计划、总结;妇女运动、妇女工作、妇女参政材料等。

(二)组织人事类

有该会组织工作报告、总结;改选妇代会组织意见及基层妇女组织问题报告、总结;妇代会建立会员制材料;关于党员管理、接收新党员、民主生活等计划、总结;干部鉴定、培养计划、总结、统计表;关于任免干部、机构变动、改进领导工作通知、意见等。

(三)宣传类

有该会宣传工作计划、总结;发动妇女参加文明礼貌月活动通知、工作安排;庆祝"国际劳动妇女节"活动通知、宣传材料及市委、市妇联领导讲话;宣传《婚姻法》工作总结、报告;抗美援朝宣传纲要;宣传勤俭建国、勤俭持家意见;计划生育宣传材料等。

(四)福利权益类

有关于妇女、儿童福利工作计划、总结;计划生育及妇女保健工作意见、总结、调查报告;关于贯彻《婚姻法》工作计划;妇女就业问题报告;女工保护调查研究材料及意见,天津市保护女工条例说明书及试点初步情况;工商业者家属工作计划、总结;缩减女合同工及退职女工安置工作意见、总结;关于机械、运输行业女工及公社女工劳动保护工作情况和意见办法;该会对托幼工作指示及调查情况等。

天津市各代会全宗汇集
全宗号 X51

一、机构概况

馆藏该全宗主要包括天津市革命职工代表会（以下简称市工代会）、天津市贫下中农代表会（以下简称市农代会）、天津市市级机关革命干部代表会（以下简称市干代会）三个群众组织的档案。

二、档案情况及内容介绍

馆藏该全宗档案共 403 卷，上架排列长度 7.2 米，档案起止时间为 1967—1979 年，档案按“年度-机构”分类排列。编有案卷目录和文件目录可供检索。

档案主要内容如下：

（一）市工代会

有中央领导接见天津市赴京汇报代表团谈话纪要汇编；该会工作计划、总结；该会召开成立大会文件及代表名单；该会全委、常委会会议记录；该会下发关于加强扩大工代会通知；举办常委、委员学习班请示、报告、通知；该会关于进驻工宣队通知、公告、简报；该会增补委员情况表；清产核资工作总结；中央、市革委、市抓革命促生产指挥部等单位发来通知、规定、通报；该会编发第 3—367 期《革命职工报》；该会年度财务预算、劳资报表、会计账簿和凭证等。

（二）市干代会

有该会会议资料汇编；该会召开代表大会名单、议程、发言稿以及会议参考资料等。

（三）市农代会

有该会领导在机关干部会议上的讲话；常委、全委会会议记录；该会工作总结；贯彻执行中央、市革委通知情况材料；组织工作会议纪要；该会所属机构变化文件；干部任免请示、报告，及市革委批复；关于区农代会组织工作材料；毛泽东思想学习班简报；农业系统抓革命、促生产会议文件材料；该会关于打击投机倒把活动通知；赴北京汇报代表团情况简报、纪要；

建立贫下中农毛泽东思想宣传队指挥部及人员配备文件；关于春耕生产通知；该会发表声明、公开信、情况简报；各郊区县贫协工作情况、意见、报表等。

中苏友好协会天津分会
全宗号 X52

一、机构概况

中苏友好协会天津分会成立于1949年12月，是中共天津市委领导下的不分宗教信仰、职业、性别的群众性宣传教育组织。该会主要职能是发展和巩固中苏两国的友好关系，增进中苏两国文化与经济及各方面的联系合作，介绍和推广苏联建设的经验和成就。其内部设有理事会，理事会下设干事会处理日常工作，干事会下设机构有办公室、秘书处、组织部、宣传部、文化服务部、研究出版部、俄文推广部。1958年10月，该会撤销。

二、档案情况及内容介绍

馆藏该全宗档案共152卷，上架排列长度4.25米，档案起止时间为1949—1966年，档案按"年度-问题"分类排列。编有案卷目录和文件目录可供检索。

档案主要内容如下：

（一）综合类

有全国第一次中苏友好工作会议文件；天津市中苏友好协会筹备工作计划、会议记录；该会章程、机构编制、人员分工、人事任免文件材料；工作人员登记表；人事工作及党、团支部工作总结、报告；各支会工作总结、报告；会费收支情况报告；该会年度预算、决算表等。

（二）业务类

有天津市中苏友协第一至第五次会员代表大会文件；该会关于苏联专家及苏联对外文协驻津代表团活动记录；纪念列宁、斯大林诞辰及庆祝苏联十月革命节和中苏盟约活动通知、汇报、总结；中苏友好月活动计划、总结、报告；该会关于中苏友好馆建筑、设计和开工计划、总结；中苏友好馆活动日程表、记录表、演出合同登记表及座谈会记录；关于天津市人民与苏联基洛夫工厂友谊交往事项与中苏友好协会来往信件；关于组织中苏友好图片展览、俄文教学等项工作计划、总结、报告；该会赠送苏联书报及对外文协向该会赠送书籍清单等。

天津市社会科学界联合会
全宗号 X350

一、机构概况

天津市社会科学界联合会是中共天津市委领导下的人民团体，是天津市社会科学界学术性社会团体的联合组织。1958 年，天津市哲学社会科学学会联合会（以下简称社联）成立，有哲学、经济、历史、教育、语文五个学会。1979 年，随着社联活动的恢复，相关社会科学学会和研究会成倍数增长，天津市社会科学学术研究与交流日益广泛与深入。1989 年，为更好地体现社联的地位和职责，更加科学地反映社联的性质和特点，中共天津市委批准其更名为天津市社会科学界联合会。该联合会按照市委市政府要求，履行市级社科类社会组织业务主管单位职责，领导和管理所属社科类社会组织党建工作，指导所属社科类社会组织开展工作。其主要工作任务有联系服务社会科学工作者，反映社会科学工作者的意见和诉求，依法维护社会科学工作者的合法权益；组织协调天津市社会科学界的重点调研课题和重大学术活动，组织推动社会科学学术团体、研究机构开展学术研究活动，促进学术交流；组织开展社会科学界学者服务基础活动，宣传普及社会科学知识；负责社会智库平台建设，为市委市政府决策提供咨询服务和智力支持；组织开展社会科学咨询服务，促进社会科学理论研究成果社会化等。

二、档案情况及内容介绍

馆藏该全宗档案共 433 件，上架排列长度 4.5 米，档案起止时间为 1978—1995 年，档案按“年度–问题”分类排列。编有文件目录可供检索。

档案内容主要如下：

（一）综合类

有该联合会常委会、党组会、办公会记录；年度工作总结、计划；机构人员和所属各学会情况；全国社科联协作会议的请示、通知、综述；变动内设机构的请示、通知；干部调资、人事任免的通知；社科界学会工作积极分子审批表；《社联简报》等。

(二)业务类

有天津市统计学会、农村金融学会、高等教育学会章程;专题学术讨论会的报告、议程、纪要;申请成立相关学会的请示、报告、批复;各相关学会更名的申请、批复;相关学会资格审查的报告;关于创办、调整相关期刊的批复等。

天津市红十字会
全宗号 X191

一、机构概况

天津市红十字会于 1951 年 3 月 30 日改组成立,同年 6 月 1 日与民政局合署办公,于 1952 年 7 月 28 日分署,改成由红十字总会、市政府双重领导,市卫生局在业务上具体指导的独立机构。该会于 1970 年撤销,1979 年重新恢复组建。

二、档案情况及内容介绍

馆藏该全宗档案共 1250 卷,上架排列长度 14.28 米,档案起止时间为 1950—2000 年,档案按“年度-机构”分类排列。编有案卷目录和文件目录可供检索。

档案主要内容如下:

(一)综合类

有该会党组会会议记录;会长集体办公会会议记录;理事会会议记录;行政会会议记录;该会改组及会员代表大会材料;总会制定的会章及各项制度;该会工作计划、总结;各区成立红十字会的报告、文件;会费使用、管理办法;接待友好国家代表团材料;《天津红十字》期刊;红十字简讯;红十字工作资料汇编等。

(二)人事类

有该会干部人员编制、奖惩、工资调整文件材料;人事工作制度;人事工作计划;干部统计年报;干部职工调动介绍信;关于评选先进集体、先进个人工作材料等。

(三)业务类

有支援抗美援朝、成立保健所、接收医院文件材料;开展卫生防疫工作材料;关于训练红十字医士、红十字卫生员的意见、报告;救护训练工作报告、计划;关于社会救助工作材料;街道红十字会工作方案;医士管理工作材料等。

文教、卫生档案

天津工人日报社
全宗号 X46

一、机构概况

《天津工人日报》前身是《天津工人报》,《天津工人报》于 1949 年 7 月 1 日由天津市总工会宣传部创刊,1950 年 12 月间停刊。1951 年底,经中共天津市委批准,《天津工人日报》重新出版,作为天津市总工会机关报于 1952 年 5 月 1 日复刊。报社机构分为编辑部与工厂两部分,报社还设有总务科、资料室及人事科、会计科。1960 年,报社编辑部设总编室、秘书组、生产经济组、政治时事组、理论文教组、美术组,经理部负责报社的行政及生产管理工作。

二、档案情况及内容介绍

馆藏该全宗档案共 78 卷,上架排列长度 2. 7 米,档案起止时间为 1951—1965 年,档案按"年度-问题"分类排列。编有案卷目录和文件目录可供检索。

档案主要内容如下:

有该报编辑部各年度工作计划、总结及工作通报、情况简报;关于报纸错误检查报告;关于改进报刊方案,社内各种规章制度;报社党支部工作计划、总结;报社干部与工人名册等。

天津青年报社
全宗号 X49

一、机构概况

《天津青年报》创刊于 1949 年 6 月 12 日,社长由团市委宣传部负责人兼任。该报创刊时为周刊,后改为每周二、三、四出刊,从创刊到 1950 年底停刊共出版 370 期。1956 年 7 月 1 日,天津青年报复刊。该报编委 7 人,实行集体领导下的分工负责制,编辑部分青工、文教、时事、文化体育、团的生活、读者来信、美术 7 个组,另设有秘书组。

二、档案情况及内容介绍

馆藏该全宗档案共 42 卷,上架排列长度 2.7 米,档案起止时间为 1956—1962 年,档案按“年度-问题”分类排列。编有案卷目录和文件目录可供检索。

档案主要内容如下:

有该报社办报方案,组织机构及干部配备文件;编委工作计划、总结;编辑业务检查材料与差错登记;编委会会议记录及出版用纸和改版问题请示报告;中共天津市委负责同志对报社工作指示;建立《天津青年报》通讯员队伍材料;学习《中国青年报》等单位经验资料;1956 年和 1957 年该报《情况与资料》(1-73 期),1958 年《情况简报》等。

天津市文史研究馆
全宗号 X42

一、机构概况

天津市文史研究馆成立于 1953 年 6 月 27 日,是天津市人民政府领导下的文化事业单位,负责天津地方文史资料收集、整理和研究编写工作。1956 年该馆改由市委统战部领导,其内部机构设有办公室及史料组、考古组、绘画组、文娱组。

二、档案情况及内容介绍

馆藏该全宗档案共 95 卷，上架排列长度 1 米，档案起止时间为 1953—1969 年，档案按“年度-问题”分类排列。编有案卷目录和文件目录可供检索。

档案主要内容如下：

有政务院、市政府关于成立文史研究馆决定；该馆年度工作方案、计划、总结、馆务会会议记录；建馆十周年纪念会议文件；组织章程、机构设置、编制、启用印信通知、请示及市政府批复；人事任免、人员调动、工资、福利待遇方面请示、报告及市政府批复；该馆简介、馆员档案材料及人员名册；馆员作品及著作介绍；文化部、市政府关于古典文学整理及资料收集办法、指示等。

天津市生产教养院
全宗号 X70

一、机构概况

天津市生产教养院成立于 1949 年 7 月，隶属天津市民政局领导。其主要职能是收容天津市贫苦无依的老、残、孤、寡者，组织全体院民进行生产，并通过劳动生产改造思想，达到生产教养、自给自足。其内部机构先后设有秘书室、生产部（科）、管教部、办公室、院务科、教养科、人事科，另下属有 14 个生产教养单位。1952 年 9 月，该院撤销。

二、档案情况及内容介绍

馆藏该全宗档案共 75 卷，上架排列长度 1.2 米，档案起止时间为 1949—1952 年，档案按“年度-问题”分类排列。编有案卷目录和文件目录可供检索。

档案主要内容如下：

（一）综合类

有该院工作计划、总结、报告；集体办公与扩大会会议记录；该院简史，工作方案、制度、组织规程;所属单位工作总结,办事细则;乞丐劳动队赴外地工作报告;市政府关于结束天津市收容处理乞丐委员会指示及移交清册;该院关于设立缝纫工厂请示及民政局批复;该院接管工作总结及移交清册;房地产及农田管理移交清册;第一、二丐民所划归该院领导通知及移交清册;该院与11区关于明确该院所属完全小学领导关系来往文书;该院及所属单位组织机构设置、变更、撤销、启用印信、人员配备、干部任免文件;该院第一、二丐民所工作人员等级工资评议、调整报告表、登记表等。

(二)业务类

有市政府关于丐民收容处理问题指示及民政局对该院业务工作指示;该院关于所属各厂考勤、棉织厂工徒增奖、升级办法;该院所属各厂实行劳保合同、合理化建议奖励条例;该院出刊《工作通讯》请示及民政局批复;该院实行供给制决定;诊疗办法细则;院民收容处理、供给标准、副业生产分红,工徒请假奖惩办法;丐民提升为工徒,及对犯错误工徒处理若干规定办法;广仁堂节妇安置处理办法、意见、总结;关于儿童领养问题报告、通知及情况调查表;该院对院民进行政治思想教育、进行丐民翻心运动、生产竞赛活动计划、总结、报告等。

(三)财会类

有该院生产单位会计规程;人员、生产、财产情况统计表;生产决算等。

天津市行政干部学校全宗汇集
全宗号 X73

天津市行政干部学校全宗汇集是由天津市行政干部学校和河北省天津专区干部文化补习学校的档案构成。

一、天津市行政干部学校(天津市政治学校)(1949—1957年)

(一)机构概况

天津市政治学校于1949年11月创办,直接受中共天津市委领导,初期培训对象以国民党留用人员为主,同时根据需要培训手工业生产合作社骨干和公私合营企业中私方实职人员及司法民政干事等。从1954年起,为适应第一个五年计划的需要,学校的教学任务转为培养提高干部的工作能力和政策理论水平,以轮训各机关企业的在职干部为主。由于教学任务的改变,中共天津市委于1954年3月2日批复该校改名为天津市行政干部学校。

天津市政治学校机构设有校党委、校部和3个教学部。天津市行政干部学校取消了教学部,学校设办公室、教务处(教学研究处)和哲学、政治经济学、马列主义3个教研室及行政处等。天津市行政干部学校于1957年并入天津市委中级党校。

(二)档案情况及内容介绍

馆藏该校档案共2598卷,上架排列长度27.9米,档案起止时间为1949—1958年,档案按"机构-问题"分类排列。编有案卷目录和文件目录可供检索。

档案主要内容如下:

有天津市政治学校机构编制、干部配备、调动离职及奖惩文件材料;该校干部、党员、教职工登记表、花名册及供给制划分级别、评定薪金名单;党委会、校务会会议记录;教学工作计划,总结报告及学员情况材料;班主任联席会议记录,校刊、图书馆工作计划、总结;经费开支、财务预、决算报告等。

有天津市行政干部学校党委会会议记录、工作总结报告,校务会会议记录;各学期教学计划及学员情况材料;该校调整机构文件,各科室工作计划、总结;校党委组织工作、宣传工作计划、总结与干部提拔任用、调动考核材料及各种统计表;工资改革评定薪金名单;团委工作、信访工作文件材料;天津市政治学校——天津市行政干部学校大事记等。

二、天津市行政干部学校(天津市工农干部文化补习学校)(1951—1962年)

(一)机构概况

天津市工农干部文化补习学校于1951年4月23日成立,该校教学宗旨是招收有初级阅读能力的工农干部,进行相当于完全小学程度的教育,学制2年。1951年10月25日,该校改为天津市工农速成初等学校;1954年3月3日,改为天津市干部文化补习学校;1955年3月28日,该校组建党委会,直接受中共天津市委领导,日常工作由市委组织部管理。

1962年8月,天津市干部文化补习学校改为天津市行政干部学校。该校教学任务是为区科级以上的干部进行文化补习及轮训。该校机构设有办公室、总务处、马列主义教研室、语文教研室、数理化教研室。

(二)档案情况及内容介绍

馆藏该校档案共512卷,上架排列长度7.68米,档案起止时间为1951—1968年,档案按"机构-问题"分类排列。编有案卷目录和文件目录可供检索。

档案主要内容如下:

有天津市工农干部文化补习学校干部任免及招生工作文件材料;天津市工农速成初等学校机构编制、启用印信、干部任命及党员名册;校务会会议记录,教学工作安排,教职员名册及学员材料;天津市干部文化补习学校机构编制、启用印信、干部任免及干部统计表报材料;该校第一次党代会文件;教学工作计划安排,教职员名单及学员情况登记表;年度财务预决算等。

天津市行政干部学校机构编制、启用印信、干部任免材料;校党委会议记录及党员名册;教务会议记录及教学工作安排;学员情况登记表;人事工作、工会工作及保卫、信访工作文件;总务、文档工作、保密、统战工作文件材料;该校财务预决算、调整工资文件;转业军人登记卡、抚恤证及团员关系介绍信存根等。

三、河北省天津专区干部文化补习学校

(一)机构概况

河北省天津专区工农干部文化补习学校(也称天津专区工农速成初等学校和天津专区干部文化补习学校)成立于1950年3月。该校招收天津专区各县(包括沧专、保专等)具有二、三年小学文化程度的工农干部,学制2—3年,使学员达到小学毕业文化程度。该校在校长领导下,设教导、总务2处,分别负责教学工作和总务管理工作。

(二)档案情况及内容介绍

馆藏该校档案共159卷,上架排列长度23.85米,档案起止时间为1950—1958年,档案按“年度-问题”分类排列。编有案卷目录和文件目录可供检索。

档案主要内容如下:

有该校校务会会议记录,校党、团支部工作计划、总结、会议记录;发展党员、团员决定,党员团员登记表;该校各学期教学工作计划、总结、报告;教职员提级、定级花名册,学员供给转移证、学员登记表、学籍簿;该校固定资产明细表与年度收支预决算表等。

天津市政治学校
全宗号 X74

一、机构概况

天津市政治学校前身是1956年冬创办的天津专区工商政治学校，受天津地委直接领导，内部机构设有教务、教学、总务。该校自1956年冬至1959年春共办了4期学习班，招收培训县镇工商界学员五百余人。1958年6月，天津专区工商政治学校与沧县专区政校合并。1959年春，天津专区工商政治学校改名为天津市政治学校，改由天津市委统战部领导。该校由1959年春至1964年办了4期学习班和8期骨干读书会，招收培训工商、文教、医务、宗教界学员一千一百多人。1965年后，该校干部陆续参加社会主义教育运动和“四清”运动，到1969年重新安排工作，该校再没有恢复。

二、档案情况及内容介绍

馆藏该全宗档案共90卷，上架排列长度1.0米，档案起止时间为1956—1969年，档案按“年度-问题”分类排列。编有案卷目录和文件目录可供检索。

档案主要内容如下：

有该校校务会会议记录、党支部工作总结及支部改选、接收党员材料，党团关系介绍信、党团组织活动及材料及交纳党费存根；该校干部调动、调级文件，干部登记表；该校教务工作计划、总结，招收学员与学员基本情况材料等。

天津市恩光医院
全宗号 X76

一、机构概况

天津市恩光医院前身是一家私立医院,1949 年 1 月天津解放后医院得到扩建。1956 年 2 月,经市人委批准,改为市立天津市恩光医院,同年 6 月 4 日停诊,改为新华区产院。

二、档案情况及内容介绍

馆藏该全宗档案共 6 卷,上架排列长度 0.3 米,档案起止时间为 1950—1956 年,档案按“年度-问题”分类排列。编有案卷目录和文件目录可供检索。

档案主要内容如下:

有市卫生局关于医疗防疫工作指示、规定、通知;该院财务、会计管理工作规定、通知;人事工作规定、通知;工作制度、办法、简章;行政事务工作请示及卫生局批复;该院关于医疗问题、房屋管理问题、人民来信处理事项与有关单位来往文书;该院结束情况报告及房地产契约证件等。

天津企业管理培训中心
全宗号 X388

一、机构概况

天津企业管理培训中心是中日两国政府的合作项目,正式落成于 1986 年 3 月 15 日,隶属于天津市人民政府,具有职业培训、企业咨询、对外交流、科研信息、学历教育等五项基本功能。2004 年 1 月 20 日中共天津市委、天津市人民政府发文决定,依托中心成立天津市经济学院、中共天津市委工业工委党校、天津市国资委党委党校。中心下属天津市广播电视大学经委直属工作站、天津市格鲁职业技能培训中心、天津格鲁领导力培训中心、天津市经理学院、思科网络学院。2009 年 11 月,经天津市政府批准,天津中德现代工业技术培训中心和天津企业管理培训中心整合重组为天津中德职业技术学院。

二、档案情况及内容介绍

馆藏该全宗档案共 169 卷,上架排列长度 2.72 米,档案起止时间为 1982—1990 年,档案按“年度-机构”分类排列。编有案卷目录和文件目录可供检索。

档案主要内容如下:

(一)综合类

有关于成立该中心的请示、通知;党员和党组织统计年报表;中日双方例会记录及外事活动记录册;该中心部处长例会记录;大事记登记册;各项规章制度办法;任免通知及表彰优秀的文件材料;关于赴日、德、西参加讲座及培训和该中心举办重大技术装备管理干部培训班的通知等。

(二)业务类

有该中心各项培训、发展规划文件材料;有关培训管理的综合性统计报表;设备、环保、安全、待遇方面文件材料;进修管理、培训管理文件材料等。

天津广播电视大学
全宗号 X438

一、机构概况

天津广播电视大学始建于 1958 年 7 月,前身是天津市红专广播函授大学。该校是市教委直属,运用广播、电视、文字、教材、音像教材、计算机课件及网络等多种媒体,进行现代远程开放教育的新型高等学校。学校下设 1 个直属开放学院,2 个二级专业学院、22 个分校和 18 个工作站。

二、档案情况及内容介绍

馆藏该全宗档案共 608 卷，上架排列长度 9.98 米，档案起止时间为 1974-2011 年，档案按“年度-问题”排列。编有案卷目录和文件目录可供检索。

档案主要内容如下：

（一）综合类

有关于该校筹建、成立的文件；建立党组织、干部任免的请示、批复；校务会、行政会会议记录；党政联席会、校长办公会会议记录；党员、干部统计年报；职工考核、奖励办法、公文处理、档案管理相关文件；对外交流工作材料；审计工作实施办法、工作安排；工资统计年报；经费预算、批复、财务工作计划等。

（二）业务类

有关教学管理的规定；成立远距离高等教育研究会的请示、批复；各科毕业设计、考试规定；教师职责、工作量计算、外出任课、兼课的管理办法；普通专科班管理、复学、毕业的规定、纪要、报告；校园经济管理、自费学习人员管理办法、规定；直属工作站验收材料等。

天津市教育科学研究院
全宗号 X446

一、机构概况

天津市教育科学研究院是 1985 年 12 月成立的教育科研机构。其职能是研究天津市教育改革和发展的理论与实践问题，为教育决策服务，为基层教育改革和发展服务。该院设有各类教育研究所 8 个，院刊编辑部 1 个，名师名校长研究中心 1 个，科研管理、行政管理、后勤服务等部门。

二、档案情况及内容介绍

馆藏该全宗档案共 38 卷，上架排列长度 0.43 米，档案起止时间为 1986—1996 年，档案

按“年度–问题”排列。编有案卷目录和文件目录可供检索。

档案主要内容如下：

有该院筹建相关文件；院长办公会记录；年度工作计划、工作要点；该院大事记；国外教育信息；教育科学优秀论文评选材料；基建问题文件；申请专业技术职务指标的请示；干部任免材料等。

工商企业档案

天津百货采购供应站
全宗号 X409

一、机构概况

天津百货采购供应站建于1953年1月1日,全称为中国百货公司天津采购供应站,隶属于中央商业部,并同时接受地方行政领导。该站主要负责对天津市日用工业品的收购和向全国的调拨批发任务,同时还担负有关进口物资的接收和调拨。该站主要经营的商品有日用百货商品、文体用品、针棉织品、自行车及零件、收音机、糖果、食品以及玻璃、碱面、麻袋等。1984年,该站改制为地方企业,由天津市第一商业局直接领导,同时接受商业部百货局的业务指导。企业内部共设有31个部门科室,其中包含8个业务经营部和1个工业品贸易市场,其余为行政职能科室。

二、档案情况及内容介绍

馆藏该全宗档案共2119卷,上架排列长度30.16米,档案起止时间为1953—1994年,档案按“年度-机构”分类排列。编有案卷目录和文件目录可供检索。

档案主要内容如下:

(一)综合类

有该站党委历年工作计划、总结、会议记录;支部决议;党委、纪委、组织改选;中层以上干部任免;党员关系转移介绍信;组织工作统计报表;“七一”活动文件材料;先进党组织、优秀党员先进材料及上级关于组织工作、政策落实、信访等方面的有关规定;工会历年的预算决算及会计报表、有关专项活动的安排、总结等。

(二)人事类

有机构变更、人员调动、干部任免形成的材料;工资制度报表;上级关于劳动工资、劳保福利工作的指示、通知；该站有关技工培训、技术等级考核的规定；离退休干部职工待遇问题的规定；职称评定有关文件等。

（三）业务类

有年度、季度商品流转计划；该站制定的经营方案、经营活动分析；业务经营计划、总结及专题汇报材料；专业商品的调研资料；进货合同执行情况检查材料；产销情况调查材料汇总；上级有关加强市场预测的工作文件；建立各信息联络网相关材料等。

天津针织品采购供应站
全宗号 X437

一、机构概况

天津针织品采购供应站成立于 1956 年 1 月 1 日，受商务部和天津市商业局双重领导。该站主要负责按照国家下达的计划指标，收购当地产品，输往东北、西北、华北、西南各地，在计划经济体制下，起到安排生产、组织市场供应的作用。1996 年该站改制，成立天津瑞奇针织商贸有限公司。

二、档案情况及内容介绍

馆藏该全宗档案共 2705 卷，上架排列长度 36.08 米，档案起止时间为 1955—1999 年，档案按“年度-机构”分类排列。编有案卷目录和文件目录可供检索。

档案主要内容如下：

（一）综合类

有该站党委会会议记录；党委监察、建党工作总结、报告；站务会会议记录；各项制度与办法；该站成立、合并、更换名称、启用印章的文件；有关计划编制、统计、调研工作文件；重点工作方案专题报告、总结、汇编；先进部门、小组、个人名单及受奖事迹材料；干部提拔任免请示、报告、批复；干部年报表；会计报表等。

（二）业务类

有该站月、季、年财务计划及执行情况文件；参加供应会、商品分配、订货会议形成的文件;商品成本价格及变更情况文件;商品原料卡片;经营品种的检验标准及变更情况文件;物价工作调研会议资料;全国针织品购、销、存总结、统计资料;针织品商品标准化工作文件等。

天津市烟酒公司
全宗号 X97

一、机构概况

天津市烟酒公司成立于1982年12月10日,直属天津市人民政府领导,是集商工贸于一体的市级企业机构,负责全市烟酒生产、购销、出口、批发等项业务。该公司组织机构设有办公室、人事工资科、生产科、技术科、计划科、供应科、财务科、业务科、储运科、市场科、基建设备科、安技科。1986年底,该公司撤销。

二、档案情况及内容介绍

馆藏该全宗档案共272卷,上架排列长度2米,档案起止时间为1982—1986年,档案按"年度-机构"分类排列。编有案卷目录和文件目录可供检索。

档案主要内容如下:

(一)综合类

有该公司年度工作计划、总结;公司党委历年会议记录与公司经理办公会会议纪要;所属企业机构建立、变更、撤销、启用印信请示、报告及该公司批复、通知;关于表彰该行业先进集体、先进工作者决定;该公司纪检工作情况报告;党组织、党员历年统计年报等。

(二)人事类

有该公司人事任免、福利待遇、离退职、奖惩的材料;关于党员表彰决定;该公司对所属企业工资改革调整方案批复及所属厂工资调整标准规定、总结;所属厂增资汇总表等。

(三)业务类

有该公司所属工厂企业整顿、普查工作计划、总结;公司所属厂新产品试制、投产及生产情况报告、总结;商业部关于天津市"津酒"荣获国家银奖、优质奖和新产品奖的批复;该公司工业总产值、产品产量月报表及生产统计年报等。

（四）财会类

有该公司关于财务开支、企业资金管理规定；年度财务决算报表；该公司对所属厂归还贷款、提取利润留成、减免税问题的批复、通知等。

（五）基建类

有该公司对所属厂厂房扩建、迁并、维修报告批复；该公司基建投资年报表；对所属厂职工自筹资金申建宿舍批复；所属老企业关于技术设备改造实施方案、设计任务书报告及该公司批复；该公司对天津渤海啤酒厂引进南斯拉夫设备项目报告批复；对天津啤酒厂引进英巴斯公司啤酒项目报告批复；对天津果酒厂申建中意合资葡萄酒公司报告、批复等。

（六）安技类

有该公司劳动保护，安全技术评比表彰工作通知、计划、总结；安全技术工作会议纪要；公司所属厂关于尘毒污染环境调查报告及制定保护措施；关于工人安全培训及锅炉、气瓶等生产设备定期检测规定、通知等。

天津百货大楼集团有限公司
全宗号 X355

一、机构概况

天津百货大楼集团有限公司前身是中原股份有限公司，始建于 1926 年。1949 年由中国人民解放军天津市军事管制委员会接管，更名为华北地区百货公司，为天津市第一家国营商业企业大型百货零售商场。1992 年 11 月召开股份公司创立大会，该公司由国营企业转为股份制企业。2003 年，经过资产重组，成立天津百货大楼集团有限公司。其内设机构包括党委、组织科、团委、人事科、教育科、保卫科、业务科、经理办公室、开发科、集体科、计统科、财会科等。

二、档案情况及内容介绍

馆藏该全宗档案共 561 卷，上架排列长度 11.87 米，档案起止时间为 1953—1987 年，档案按“年度-机构”分类排列。编有案卷目录和文件目录可供检索。

档案主要内容如下：

(一)综合类

有该公司党委会会议记录；年度工作总结；竞赛奖励、精简机构、干部任免的规定、方案、通知；人事制度职权范围；干部任免的通知；职工教育工作的规划、请示、批复；年度财务工作总结；年度会计决算报告等。

(二)业务类

有零售业务操作规程；年度商品流转计划及检查；经营总结及销售劳动效率比较表；物价管理制度的规定、总结；票证管理办法；仓库检查制度；关于市场情况的简报；各项经济指标完成情况的分析、计划等。

天津劝业场
全宗号 X433

一、机构概况

天津劝业场始建于1928年，是驰名中外的中华老字号。天津劝业场1956年公私合营，1966年更名为人民商场，1980年复名，1997年成立天津劝业场(集团)股份有限公司。

二、档案情况及内容介绍

馆藏该全宗档案共1142卷，上架排列长度20.06米，档案起止时间为1956—2000年，档案按“年度-机构”分类排列。编有案卷目录和文件目录可供检索。

档案主要内容如下：

(一)综合类

有该商场党委会、党代会会议记录；公私合营职权范围暂行办法；合营前后概括情况；商场工作总结；机构调整职责范围；财产管理实施办法；股东大会文件；年度工作总结、安排；统战工作安排、意见；团委工作会议记录；先进工作者、综合奖评比工作文件等。

(二)业务类

有该商场业务经营方案；商场综合评比意见；商品流转统计报表；清产核资表；企业升

级、经济效益、企业管理专题报告；零售商店经济指标月报；该商场购、销、存总值及主要商品统计资料；股票上市方案、中期报告；上级股票申请、配股、管理、批管、扩股文件；相关合同、协议等。

中国杂品出口公司天津分公司
全宗号 X429

一、机构概况

中国杂品出口公司天津分公司是天津轻工业品进出口公司的前身，按照对外贸易部文件决定，组建于 1953 年 4 月 1 日。该公司受北京中国杂品出口总公司和驻津的对外贸易部华北特派员办事处的双重领导。其内设机构包括经理室、秘书科、人事科、业务一科、业务二科、储运科、财会科、计划科等。

二、档案情况及内容介绍

馆藏该全宗档案共 2165 卷，上架排列长度 28.48 米，档案起止时间为 1953—1960 年，档案按“年度-机构”分类排列。编有案卷目录和文件目录可供检索。

档案主要内容如下：

（一）综合类

有该公司支部总结；支委会会议记录；党员增减统计表；工会总结材料；公司工作总结；各项制度、管理办法；组织机构职责范围的修正、整改方案；统计年报；干部工作总结报告；反贪污检查工作简报、总结；会计决算报表；劳资年报表等。

（二）业务类

有贸易商行、股东、私商职员情况登记表；私营进出口商组织合营方案；私营企业历史概况；价格掌握表；商品价格方案、价目表；出口商品流转计划；对东南亚国家计划出口情况表；计划统计商品目录等。

中国轻工业品进出口公司天津分公司
全宗号 X430

一、机构概况

1961 年 3 月,天津杂品进出口公司在体制上分成两个公司,一个是中国纺织品进出口公司,另一个是中国轻工业品进出口公司天津分公司。该公司主要经营纸张类、文教用品类、百货类及建材类商品。1979 年,该公司内又派生出中国轻工业品进出口公司天津文教体育用品公司,将日用机械、百货杂品、建材、餐具、器皿五个业务科划归为中国轻工业品进出口公司天津分公司经营;将纸张、文教用品、体育乐器三个业务科划归为天津文教体育用品分公司经营。该公司至 1987 年,已成立 13 个业务科,出口的轻工业品按大类累计达 120 多种,花色规格 2000 多种。

二、档案情况及内容介绍

馆藏该全宗档案共 4019 卷,上架排列长度 53.6 米,档案起止时间为 1961—2001 年,档案按"年度-机构"分类排列。编有案卷目录和文件目录可供检索。

档案主要内容如下:

有该公司工作安排意见和工作总结;工会总结;公司统计年报;各项规章制度方案;支委会会议记录;接待外宾总结报告;干部年报统计表;各类商品价格方案及价格表;与国外公司签订的协议书;与各地区一般户及代理户成交卡片;职工代表会会议材料;职工情况登记报表;年度财务计划;会计决算报表;该公司领导班子成员表;纪检工作报表;党员和党组织统计年报表;轻工天津分公司与美国合资经营敖奇快餐部文件材料;市经贸委关于同意组建天津国际贸易有限公司的批复;关于十届职代会的报告、记录、改革方案、管理办法;该公司大事记等。

天津市矿山公司
全宗号 X103

一、机构概况

天津市矿山公司成立于 1958 年 10 月 7 日，属天津市重工业局领导，负责黑色金属矿物与耐火材料的生产管理工作。该公司下辖有涞源矿、开平矿。其内部机构设有办公室、人事工薪科、生产计划科、财经科、经营科、安技科、基建科、运输科。1959 年 5 月，该公司撤销。

二、档案情况及内容介绍

馆藏该全宗档案共 18 卷，上架排列长度 0.45 米，档案起止时间为 1958—1959 年，档案按“年度-问题”分类排列。编有案卷目录和文件目录可供检索。

档案主要内容如下：

有该公司工作计划、总结、报告；关于机构成立、人员编制与机构调整请示、报告及重工业局批复、通知；重工业局关于缩减矿山公司机构决定、通知；该公司关于干部任免、人员调动、奖惩、转业军人分配请示、报告及重工业局批复、通知；关于采矿工人工资、福利待遇规定、通知及重工业局指示；生产计划、总结及生产计划执行情况调查报告；该公司基建投资计划、报告等。

天津市人民政府地方国营工业局联合机器厂
全宗号 X105

一、机构概况

1951 年 5 月，由益津机器厂、天昌机器厂、中华机器厂合并，正式成立天津市公营工业管理局联合机器厂，1952 年 11 月改称为天津市人民政府地方国营工业局联合机器厂。该厂是在天津市地方国营工业局重工业处领导下的,制造全齿轮车床、蒸汽锅炉及工具机的生产企业。其内部机构先后设有总务科、人事科、生产管理科、计划科、劳动工薪科、技术检验科、工具科、材料储运科、会计科、经营科、基建科、安全技术劳动保护科、保卫科、技术室,另下辖有3个分厂和技工学校。1953年9月1日,该厂撤销。后由地方国营工业局重工业处组建联合机器厂清理委员会,1954年2月清理委员会改称清理组,1955年底清理组撤销。

二、档案情况及内容介绍

馆藏该全宗档案共275卷,上架排列长度3.1米,档案起止时间为1951—1955年,档案按“年度-问题”分类排列。编有案卷目录和文件目录可供检索。

档案主要内容如下:

(一)综合类

有该厂职工代表大会文件材料;年度工作计划、总结、报告;厂务会会议记录;各科室工作条例、办事细则;该厂机构成立、撤销、合并、迁移、变更请示、报告及市工业局、重工业处批复;启用印信通知;市工业局关于确定该厂隶属关系通知、批复;该厂关于接收工厂工作报告;清理委员会工作总结、报告等。

(二)人事类

有该厂关于人事任免、奖惩、调动、临时工转正请示、报告及市工业局、重工业处批复、通知;技术干部调查统计,干部职工名册;评奖评模方案、劳动模范名单及事迹材料;退职退休、定职定级请示、报告及市工业局、重工业处批复、通知;该厂有关调整工资会议材料、调资方案总结;工资等级清册;职工劳保福利、劳动保险、医疗等问题条例、规定、报告等。

(三)业务类

有该厂生产工作计划、总结;技术改造、技术革新工作报告、方案;产品检验标准、技术标准规定、方案;生产操作规程;生产计划完成情况及产品、产值、质量、消耗检查情况统计表;关于生产成本、原材料消耗、物资供应、设备调拨工作计划、报告、统计;公私营企业生产概况调查报告;关于增产节约、合理化建议实行奖励办法、规定,生产事故调查报告;苏联专家对该厂提出改进生产建议及该厂制定的具体措施、计划;该厂推销工作计划、总结、报告;成本价格、销售利润、国内外订货情况统计;产品分配程序明细表、处理呆滞积压产品材料报表等。

(四)财务基建类

有该厂及所属分厂固定资产移交清册;资产负债、债权债务统计报表;该厂财务决算报告;基建工作计划、总结、报告;关于新建厂征地、拨款问题请示、报告及市工业局批复;迁建厂计划任务书、协议书;该厂基建工程设计图纸及财务决算报告等。

天津市新华机械制造厂
全宗号 X106

一、机构概况

天津市新华机械制造厂成立于 1951 年 11 月,隶属于天津市人民政府行政处领导,负责铁路号志器材和电讯器材的生产、经营工作。其内部机构设有总务科、人事科、生产管理科、业务科、技术科、会计科、保卫科,另下辖 3 个分厂。1952 年 3 月,该厂改由天津市地方国营工业局领导。

二、档案情况及内容介绍

馆藏该全宗档案共 18 卷,上架排列长度 0. 45 米,档案起止时间为 1949—1954 年,档案按“年度-机构”分类排列。编有案卷目录和文件目录可供检索。

档案主要内容如下:

有该厂党、政、工、团委员联席会、厂务会会议记录;工作计划、总结、报告;各科室办事细则、规章制度;组织条例及机构成立、编制、变更事项请示及市政府行政处批复;关于人事任免、调动、奖惩请示、报告,及市政府行政处批复;评选劳模标准、人员名册;该厂生产工作计划、总结,开展增产节约工作报告,钢材采购工作报告;该厂资产清查估价、核定资金会议文件材料,财务决算报告,交接清册等。

天津益津机器厂
全宗号 X107

一、机构概况

天津益津机器厂建立于 1938 年，始称兴华明工厂。1949 年 1 月天津解放后，该厂由中国人民解放军天津市军事管制委员会接管，同年 10 月与原华北军区特种兵部队新建厂合并经营，更名为天津市人民政府公用局企业公司机器厂，11 月正式改称为天津益津机器厂，隶属于天津市人民政府公营工业管理局。该厂主要从事纺织、制冷、印刷等机器修造业务，其内部机构设有工务科、人事科、检验科、保卫科、会计科、业务科。1951 年 5 月，该厂与天昌机器厂、中华机器厂联合，成立天津市公营工业管理局联合机器厂。

二、档案情况及内容介绍

馆藏该全宗档案共 21 卷，上架排列长度 0.32 米，档案起止时间为 1949—1950 年，档案按“年度-问题”分类排列。编有案卷目录和文件目录可供检索。

档案主要内容如下：

有该厂工厂管理委员会、厂务会和干部扩大会会议记录；向市工商局申请登记营业报告书；该厂办事细则，各工种定员及产品检验负责制度、规定；组织人事工作总结、汇报；关于保卫工作通知；市工业局及该厂关于机电部门工人技术标准及统一薪资发放标准规定；该厂关于节约运动总结报告；生产计划统计表、生产管理月报表；1949 年原材料购入及使用情况总结报告；物资调拨清册及与有关单位业务来往函件；市工业局及该厂 1951 年修建工程计划，通知；该厂关于扩展厂址、购买房屋、仓库问题的调查、请示及市工管局批复；市工业局及该厂关于机器设备调拨、评价问题通知；流动资产债权、债务明细表等。

天津建国电线厂
全宗号 X108

一、机构概况

天津建国实业工厂创建于 1947 年 3 月，为私营企业。1953 年 12 月，该厂改为公私合营的天津建国电线厂，由天津市工业局重工业处领导，为电线生产企业。其内部机构设有厂长室、生产计划科、经营科、人事工薪科、会计科、总务科及生产车间。1954 年 9 月，该厂停产清理。

二、档案情况及内容介绍

馆藏该全宗档案共 25 卷，上架排列长度 0.38 米，档案起止时间为 1950—1954 年，档案按“问题-年度”分类排列。编有案卷目录和文件目录可供检索。

档案主要内容如下：

有市工业局关于劳资协商会议简则通知；该厂关于机构设置、人事安排请示及工业局批复；1954 年该厂职工人数统计、干部登记表、职工名册；该厂生产计划完成情况及产品产值统计表；申请基建款报告；该厂停产清理工作总结、报告，重估资产清册、汇报表；1954 年度固定资产及低值易耗品登记表；1953—1954 年财务决算报告、财务收支概况及银行周转情况统计表；1953—1954 年成本计划表等。

天津市钢铁工业公司
全宗号 X111

一、机构概况

天津市钢铁工业公司成立于 1956 年 1 月，是市重工业局领导下的行政管理机构，负责全市钢铁行业公私合营企业改组、并厂规划和生产管理工作。其内部机构设有办公室、人事科、工薪科、供销科、技术科、生产科、计划科、安技科、检验科、总务科、财务科、保卫科，另下辖23个企业。1958年9月25日，该公司撤销。

二、档案情况及内容介绍

馆藏该全宗档案共37卷，上架排列长度0.9米，档案起止时间为1956—1958年，档案按“年度-机构”分类排列。编有案卷目录和文件目录可供检索。

档案主要内容如下：

有该公司召开钢耗专业会议、技术工作会议、社会主义劳动竞赛经验交流会议文件材料；该公司年度工作计划、总结、报告；对资改造工作总结；1956年该公司所属企业改组并厂规划方案；该公司机构成立、启用印信、变更、人员编制请示、通知及重工业局批复；干部任免、调动、奖惩及临时工转正方面的请示、报告及重工业局批复；重工业局及该公司关于工资改革工作报告、方案、指示；该公司对所属企业产值产量情况调查及生产计划完成情况报告；提高产品质量、增加品种工作规划工作纲要；生产技术、产品检验标准及设备管理方面文件规定；所属企业清产核资统计，基建财务决算报告等。

天津市五金线材工业公司
全宗号 X113

一、机构概况

天津市五金线材工业公司成立于1956年1月，是天津市重工业局领导下的全市五金线材企业行政管理机构，负责所属五金线材行业改组规划、生产管理工作。其内部机构设有办公室、人事科、工薪科、生产计划科、财务科、监督科，另下辖21个企业。1958年5月25日，该公司撤销。

二、档案情况及内容介绍

馆藏该全宗档案共84卷，上架排列长度1.25米，档案起止时间为1956—1958年，档案

按“年度-问题”分类排列。编有案卷目录和文件目录可供检索。

档案主要内容如下：

有该公司召开五金线材行业专业会议文件；年度工作计划、总结、报告；所属行业改组并厂规划方案；该公司机构成立、编制、变更请示及重工业局批复；干部任免、职工奖惩、临时工转正及职工干部退职退休请示、报告及重工业局批复；该公司工资改革测算方案、劳动工资统计办法、规定；关于工业生产计划执行情况报告；对生产发明、技术改进、合理化建议奖励办法、规定；开展增产节约、劳动竞赛总结、报告；对资改造工作总结；该公司财务制度、条例；固定资产调拨暂行规定；该公司及所属企业关于基建投资计划、总结；基建项目设计任务书等。

天津市染料化学工业公司
全宗号 X114

一、机构概况

天津市染料化学工业公司成立于 1956 年 1 月 11 日，是市重工业局领导下，负责全市染料行业改组规划和生产管理工作的行政机构。其内部机构设有办公室、中心实验室、人事科、工资科、计划科、生产技术科、财务科、供销科、行政科、安技科、技术监督科、保卫科、对私改造办公室，另下辖 34 个企业。1957 年 7 月 31 日，该公司撤销。

二、档案情况及内容介绍

馆藏该全宗档案共 92 卷，上架排列长度 1.8 米，档案起止时间为 1956—1958 年，档案按“年度-问题”分类排列。编有案卷目录和文件目录可供检索。

档案主要内容如下：

有该公司年度工作计划、总结、报告及长远规划；生产技术工作会议文件材料；机构成立、编制、迁并、变更请示及重工业局批复，启用印信通知；干部任免、调动、奖惩请示、报告及重工业局批复；干部、职工名册；该公司有关产品质量、品种规划及新产品试制计划、总结；增产节约、劳动竞赛工作报告、总结；财务成本计划、固定资产统计报表；该公司及所属企业基建投资计划、工程项目设计任务及工程图纸，基建财务决算报告；苏联、罗马尼亚专家在天津市染料行业参观访问材料等。

天津市油漆颜料工业公司
全宗号 X115

一、机构概况

天津市油漆颜料工业公司成立于1956年1月20日,是天津市重工业局领导下,负责全市油漆颜料制造行业生产规划、企业改造和生产管理工作的行政机构。其内部机构设有办公室、中心实验室、人事科、工资科、财务科、计划科、生产科、供销科、技术科、技术监督科、安技科、行政科,另下辖64个企业。1958年3月31日,该公司撤销。

二、档案情况及内容介绍

馆藏该全宗档案共90卷,上架排列长度2.1米,档案起止时间为1956—1958年,档案按"年度-问题"分类排列。编有案卷目录和文件目录可供检索。

档案主要内容如下:

(一)综合类

有全国油漆颜料工业现状与发展远景规划报告会文件;该公司召开油漆颜料专业会议文件;该公司工作计划、总结、报告;机构成立、撤销、合并、迁移、变更的请示及重工业局批复;所属各厂组织机构编制表;关于对资改造工作计划、总结;该公司合理化建议书及评选先进工作者标准文件;第二个五年计划文件材料;苏联、民主德国专家来津参观油漆颜料行业材料等。

(二)人事类

有该公司人事工作制度、规定、总结;干部任免、奖惩、调配请示及重工业局批复;干部职工和资方人员名册;工资改革工作方案、总结、工资福利决算表,劳动工资年报等。

(三)业务类

有该公司及所属各企业生产改组计划、方案、总结;关于劳动竞赛、生产奖励方案、规定;劳动保护、安技工作计划、报告、总结;生产计划、安排、产品发展规划及执行情况报告;生产技术操作规程;成本计划计算报表;所属厂关于提高产品质量、增加新品种、新产品试制计划、总结、工作纲要等。

（四）基建财会类

有该公司财务工作规定、计划、总结，财务决算；合营企业资产负债表、移交清册、清产估值核资清册；固定资产年报；基建工作计划、总结、报告，基建工程设计任务书及年度计划执行情况报告；基建财务决算报告等。

天津市铝品制造工业公司
全宗号 X116

一、机构概况

天津市铝品制造工业公司成立于1956年1月19日，是天津市重工业局领导下，负责全市铝品行业的合营改组和企业管理工作的行政机构。其内部机构设有办公室、人事室、劳动工薪科、计划科、生产技术科、财务科、安技科、检验科、行政科、供销科，另下辖28个企业。1957年7月31日，该公司撤销。

二、档案情况及内容介绍

馆藏该全宗档案共39卷，上架排列长度4.3米，档案起止时间为1956—1957年，档案按“年度-问题”分类排列。编有案卷目录和文件目录可供检索。

档案主要内容如下：

有该公司年度工作计划、总结、报告；对资改造工作计划，报告；机构成立、编制、迁并、变更请示、报告及重工业局批复；精简机构方案；启用印信通知；该公司干部任免、调动、奖惩请示及重工业局批复；干部、职工名册；工资改革测算方案；该公司1956—1957年度关于提高产品质量、增加新品种规划，生产计划及生产完成情况总结；所属各厂产品成本利润资金统计报表；安全技术、劳动保护工作计划、规定、总结；财务收支成本计划汇总表；固定资产调拨意见；基建投资计划、工程项目设计任务书及工程图纸；基建财务决算报告等。

天津市第四钢铁厂
全宗号 X117

一、机构概况

天津市第四钢铁厂建于 1958 年 8 月,始称新兴铁厂北仓分厂,1959 年 5 月该厂正式改称天津市第四钢铁厂,隶属于天津市冶金局,是生产钢铁、矽铁、钢材等产品的企业。该厂内部机构设有党委、整风办公室、团委、厂长办公室、人事科、生产科、基建科、动力科、安技科、财务科、供销科、技术监督科、行政科及矽铁车间。1961 年 8 月,该厂撤销。

二、档案情况及内容介绍

馆藏该全宗档案共 188 卷,上架排列长度 2.85 米,档案起止时间为 1959—1961 年,档案按“年度-问题”分类排列。编有案卷目录和文件目录可供检索。

档案主要内容如下:

(一)综合类

有 1959—1961 年党委工作总结和计划;党委会会议记录、决议、报告;关于社会主义教育材料;统战工作、监察工作计划、总结;团委 1959—1961 年工作计划、总结;团员干部名单;先进集体及个人事迹资料;该厂各项管理制度;开展劳动竞赛计划、总结;开展原材料增产节约指示、通知、通报;各科室、车间整改方案;关于职工升级奖励办法通知、指示;1959—1961 年人事工作计划、总结等。

(二)业务类

有该厂主要经济计划;生产调度工作暂行规定;1959—1961 年季度、年度生产计划完成情况总结、生产年报及统计表;物资供应年、季、月统计报表;物资清查统计报告;该厂生产设备改进、检修请示、报告;冶炼白云石矽铁车间设备安装、调配材料及进度统计报表;1959 年基本建设和基建措施计划项目表;500/300mm 轧钢车间基建工程设计图纸;建设 20 孔焦炉计划任务书;流动资金分管试行制度;1959—1960 年季度、全年财务成本决算表等。

天津市化学制造工业公司
全宗号 X118

一、机构概况

天津市化学制造工业公司成立于1956年1月19日,属天津市重工业局领导。1958年3月,该公司与油漆颜料工业公司合并后,仍称化学制造工业公司,改属天津市化工局领导。该公司是负责全市化学制造行业的生产和企业管理工作的行政领导机构,其内部机构设有办公室、人事科、总务科、劳动工薪科、计划科、财务科、供销科、生产技术科、安技科、技术监督科、基建科、保卫科及私改办公室、中心实验室,另下辖138个企业。1958年10月,该公司撤销。

二、档案情况及内容介绍

馆藏该全宗档案共74卷,上架排列长度2.7米,档案起止时间为1956—1958年,档案按"年度-问题"分类排列。编有案卷目录和文件目录可供检索。

档案主要内容如下:

有该公司行业改组规划方案,工作计划、总结、报告;对私改造工作总结;该公司关于机构成立、启用印信、机构编制与变动问题请示、通知及重工业局批复;干部任免、录用、调动、奖惩方面请示、报告及重工业局批复;劳动工资、福利待遇规定;该公司关于生产及安全技术工作总结、报告;提高产品质量、增加新品种、新产品试制工作报告、规划及工作纲要;生产设备、物资调拨、产品产销情况及生产能力调查报告;该公司工作简报;基建工作计划、总结及基建财务决算报告等。

天津市棉织品印染公司
全宗号 X126

一、机构概况

天津市棉织品印染公司成立于1956年1月18日,先后受天津市纺织管理局和天津市纺织工业局领导,是主管全市印染行业公私合营、生产改组与恢复发展生产建设的行政管理机关。其内部机构设有办公室、人事科、保卫科、计划科、劳动工资科、生产技术科、劳动保护科、经营科、财务科、技术监督科、基建科。1958年,该公司停产。

二、档案情况及内容介绍

馆藏该全宗档案共83卷,上架排列长度1.5米,档案起止时间为1955—1958年,档案按“年度-问题”分类排列。编有案卷目录和文件目录可供检索。

档案主要内容如下:

(一)综合类

有该公司年度工作安排、总结;天津市印染行业经验交流会议材料;该公司历史简况及印染行业十二年远景规划;该公司关于精简机构初步意见;该公司及所属工厂组织机构、人员配备系统表;纺织局对该公司所属厂迁并、改变隶属关系问题批示、通知;该公司所属工厂关于组织机构设立请示及该公司批复;所属厂工业企业年报;该公司关于财务开支范围及损益处理权限规定;年度财务决算报告及财务计划执行情况总结;关于财务成本管理工作意见,所属厂财务成本分析报告等。

(二)人事类

有纺织局关于干部管理、惩戒规定、通知;该公司关于人事、工资工作总结;该公司、所属厂人事安排方案;关于干部基本情况调查统计表及干部提拔统计表;该公司、所属厂关于干部提升、处分请示与纺织局批复;关于职工退休、离职工作规定及有关文件;该公司及所属厂劳动工资年度计划;所属厂职工晋级、调整工资及临时工转正问题请示及公司批复等。

(三)业务类

有纺织局及该公司关于印染行业提高产品质量、增加花色品种工作计划、通知及工作方案;关于印染行业各工种工人技术标准的规定;关于棉布印染成品物理指标检验加工品质总结、报告;该公司关于开展增产节约竞赛活动意见、方案及报告、总结;纺织局下达年度生产计划及该公司完成情况总结;该公司关于生产管理与生产技术成就工作总结;产值产量综合月报;所属厂设备综合年报与企业生产设备使用情况月报;纺织局对该公司所属厂平衡设备所需投资批复等。

天津市针织品织造工业公司
全宗号 X127

一、机构概况

天津市针织品织造工业公司于 1956 年 1 月 14 日成立,该公司属天津市纺织工业局领导,是负责领导全市私营针织行业进行社会主义改造和生产改组的行政管理机构。其内部组织机构先后设有办公室、对私改造办公室、人事科、工资科、生产管理科、基建科、经营财务科、技术科、计划科、手工业管理科。1958 年 9 月 27 日,该公司撤销。

二、档案情况及内容介绍

馆藏该全宗档案共 48 卷,上架排列长度 1.72 米,档案起止时间为 1955—1958 年,档案按“年度-问题”分类排列。编有案卷目录和文件目录可供检索。

档案主要内容如下:

(一)综合类

有该公司年度工作计划、总结;天津市针织工业历史沿革;该公司关于天津市针织工业十二年规划初步方案;关于天津市针织工业全行业公私合营后迁并厂工作总结、请示及纺织局批复;所属厂关于组织机构建立、撤销、合并,干部任免、调动、职工处分请示及该公司批复;该公司劳动工资计划与简报;财务决算报告等。

(二)业务类

有纺织局及该公司关于针织品质量、规格与检验标准规定、通知;该公司关于提高产品质量、增加品种初步规划方案;该公司及所属厂生产计划完成情况检查报告、总结;关于各工种工人生产技术标准规定;关于所属各厂开展先进生产者运动竞赛评比奖励办法、规定、意见;关于生产发明、技术改进及合理化建议奖励暂行办法;先进经验汇编及推广先进经验工作总结等。

天津市服装缝纫工业公司
全宗号 X128

一、机构概况

天津市服装缝纫工业公司成立于 1956 年 1 月 19 日,属天津市纺织工业局领导,是负责主管全市服装缝制工业行业恢复生产及对资改造工作的行政管理机关。该公司内部机构设有办公室、人事工薪科、生产技术科、经营会计科、计划科、技术监督科、保卫科、劳保科,另下辖 189 个工厂企业。1958 年 8 月 26 日,该公司撤销。

二、档案情况及内容介绍

馆藏该全宗档案共 200 卷,上架排列长度 2. 98 米,档案起止时间为 1956—1958 年,档案按“年度-问题”分类排列。编有案卷目录和文件目录可供检索。

档案主要内容如下:

(一)综合类

有该公司历年工作计划、总结;所属厂组织机构设置、变更、人员编制、启用印信请示及该公司批复、通知;该公司与有关局对企业划拨改变隶属关系问题通知;该公司对所属厂迁并厂问题批复;天津市服装工业概况材料;纺织工业局及该公司关于财务开支范围与损益处理权限暂行规定;该公司各年度财务决算报告;关于保密、档案工作总结及处理人民来信来访情况报告等。

(二)人事类

有该公司关于人事制度、劳动规则规定、通知;该公司及所属厂关于干部任免、提升、调动、奖惩通知、通报;该公司各年度人事报表;纺织工业局及该公司关于工资改革及企业停工期间工资支付办法、规定;关于下放干部工资待遇暂行办法;该公司劳动工资综合年报;职员名册等。

(三)业务类

有纺织工业局关于技术发明、改进及合理化建议工作暂行办法,及该公司开展合理化建议工作总结;纺织工业局及该公司关于提高产品质量、增加品种与加强验收工作指示、规定;该公司及所属厂关于生产技术管理和质量检查工作总结;所属厂生产能力与生产技术情况调查报告;该公司生产工作总结及所属厂历年生产计划执行情况报告;关于所属厂物资与原材料年度供应计划;该公司关于产品价格规定;关于改进经营管理工作意见;所属企业关于产品商标注册及改变经营方法请示及该公司批复;该公司1956—1958年新样品规格说明;产品推销统计年报等。

(四)基建类

有该公司所属厂关于申请基建拨地请示,及该公司向市建委申请拨地材料;纺织工业局及该公司对所属厂申建车间、仓库用款批复;所属厂报送基建设计任务书等。

天津市各棉织品织造公司(第一至第四公司)
全宗号X130—133

一、机构概况

天津市棉织品第一、二、三、四织造公司(以下简称棉一、棉二、棉三、棉四)均成立于1956年1月20日。该四个公司在天津市纺织工业局的领导下,是负责全市棉织行业各企业经营管理的行政机关。各公司的责任范围如下:棉一负责天津市原第八区范围内的152户棉织品织造厂;棉二负责原第七区范围内的144户棉织品织造厂;棉三负责原第一、二、五区范围内的72户棉织品织造厂;棉四负责原第三、四、六区范围内的84户棉织品织造厂。该四个公司的职责是负责筹划所辖厂扩展公私合营、进行生产改组与改造;负责对公私合营、私营企业统一安排生产与管理及技术领导等工作。各公司内部机构均设有办公室、人事科、计划科、生产技术科、技术监督科、劳动工资科、劳动保护科、会计科、经营科、基建科、保卫科。该四个公司于1957年6月17日同时撤销。

二、档案情况及内容介绍

馆藏该四个全宗档案共335卷,上架排列长度5.03米,档案起止时间为1956—1957年,档案按“年度-问题”分类排列。编有案卷目录和文件目录可供检索。

档案主要内容如下:

(一)综合类

有该四个公司年度工作计划、总结;纺织工业局对该四个公司所属厂迁并厂批示、通知;四个公司所属厂联并厂规划方案;天津市棉织行业十二年规划初步方案;四个公司对所属厂组织机构建立、合并、人员编制指示及批复、通知;四个公司职责范围规定;关于信访、保密工作、启用印信规定、报告、通知等。

(二)人事类

有纺织工业局及四个公司关于人事,工资、福利等问题指示、条例、通知;四个公司关于人事工作总结及所属厂人事安排方案;对所属厂干部提升、调动及职工处分批复、通知;关于工资改革方案、工资测算问题请示及纺织工业局批复;年度劳动工资计划;所属厂职工工资调查表及工资福利情况统计表;职工人数表等。

(三)业务类

有纺织工业局及四个公司关于提高产品质量、增加品种工作纲要及工作总结;关于开展增产节约竞赛活动指示、报告、总结;四个公司关于棉织行业各工种生产标准及产品质量验收标准规定;对所属厂下达年度生产计划及各厂计划执行情况总结、报告;关于加强生产技术管理与新产品试制工作计划、总结;天津市棉织业产品种类汇总表等。

(四)基建类

有四个公司对合营企业厂房、仓库等设施改建、扩建远景规划方案及规划图;四个公司关于申请拨地扩建厂房基地问题与建设局来往文书;所属厂基建工程设计任务书;公私合营企业房地产规划方案;所属厂关于增添机器设备请示及公司批复、通知等。

(五)财会类

有纺织工业局及四个公司关于财务管理与损益处理权限规定、通知;四个公司年度财务成本计划与财务决算报告;公司及所属厂财产清册;历年资本与盈亏情况调查表及综合表;所属厂固定资产明细表等。

天津市棉织工业公司
全宗号 X134

一、机构概况

天津市棉织工业公司成立于 1957 年 6 月 17 日，先后由天津市纺织工业局和天津市纺织管理局领导，是负责全市棉织工业全行业公私合营、企业改组及生产建设的行政管理机关。其内部机构设有办公室、人事科、劳动工资科、经营科、计划科、安全卫生科、财务科、生产技术科、基建科，另下辖有 44 个工厂企业。1958 年，该公司改组。

二、档案情况及内容介绍

馆藏该全宗档案共 81 卷，上架排列长度 1.21 米，档案起止时间为 1957—1958 年，档案按“年度-问题”分类排列。编有案卷目录和文件目录可供检索。

档案主要内容如下：

（一）综合类

有该公司工作安排、总结；该公司及所属厂关于组织机构建立、变更、合并、启用印信通知及职责范围规定；纺织工业局对该公司及所属厂干部任免、提升、调动批示、通知；该公司对所属厂关于工人调配、临时工转正问题批复；关于公私合营企业改组规划方案及所属厂执行情况报告；关于文书档案、信访工作规定、报告等。

（二）人事类

有纺织工业局关于减产停工期间对劳动力管理规定、通知；该公司对所属厂停工期间工资支付办法批复；所属厂变相工资福利改革调查表；该公司所属厂先进生产者评比、奖励办法的批复等。

（三）业务类

有该公司所属厂关于改进企业管理、提高质量、降低成本工作方案与专业会议文件；关于开展厂际劳动竞赛方案及情况报告；该公司年度、季度生产计划执行情况总结；所属厂关于生产技术措施报告及该公司批复等。

(四)财会类

有纺织工业局及该公司关于改进财务成本管理工作意见及该公司财务工作总结;该公司财务决算报告;年度财务账册;所属厂财产清册;关于固定资产报废、调拨请示及该公司批复;所属公私合营企业关于债权债务、股权股息问题请示及该公司批复等。

天津市橡胶工业公司
全宗号 X136

一、机构概况

天津市橡胶工业公司成立于1956年1月10日,是第一轻工业局领导下的行政管理机构,下辖139个企业。该公司主要职能是负责全市橡胶行业公私合营企业改组规划、生产经营、企业管理工作。其内部机构设有办公室、人事科、计划科、生产科、供销科、检验科、安技科、技术科、财务科、工资科、保卫科、行政科、私改办公室。1958年9月25日,该公司撤销。

二、档案情况及内容介绍

馆藏该全宗档案共89卷,上架排列长度1米,档案起止时间为1956—1958年,档案按“年度-问题”分类排列。编有案卷目录和文件目录可供检索。

档案主要内容如下:

有该公司召开全市橡胶行业专业会议文件;橡胶行业全面规划方案;年度工作计划、总结、报告;关于企业管理专题总结;合营工作简报;关于机构成立、编制、合并工作请示及一轻局批复;干部任免、调动、奖惩请示、报告及一轻局批复、通知;干部职工和资方人员名册;劳动工资计划、工资年报;关于改进生产技术、提高设备效能报告、总结;所属各厂生产、设备情况调查表;该公司产值产量年报;开展增产竞赛与举办技术培训计划、报告;先进生产者事迹材料;该公司及所属企业有关厂房改建、扩建、征地请示、报告及一轻局批复、通知;基建财务决算报告;基建项目设计任务书;工程验收报告及工程图纸等。

天津市玻璃制品工业公司
全宗号 X137

一、机构概况

1956 年 1 月 21 日,天津市玻璃制品工业公司成立。该公司是市第一轻工业局领导下的,负责管理全市国营玻璃制品行业企业的行政管理机构。其内部组织机构先后设有办公室、私改办公室、计划科、生产科、技术科、检验科、安技科、财务科、供销科、人事科、保卫科和试验场,另下辖 60 多个企业。1958 年 9 月 5 日,该公司撤销。

二、档案情况及内容介绍

馆藏该全宗档案共 265 卷,上架排列长度 3. 98 米,档案起止时间为 1956—1958 年,档案按“年度-问题”分类排列。编有案卷目录和文件目录可供检索。

档案主要内容如下:

(一)综合类

有该公司支部大会记录;该公司人民来信来访工作总结、报告;综合提案处理情况报告等。

(二)人事类

有该公司关于人事工作指示、规定;人事工作计划、总结;关于人员教育和干部培养规定、制度;关于职工文化教育工作和劳动纪律情况报告、总结;关于干部任免、调动请示及市一轻局批复;该公司及所属单位关于工资改革计划、总结、综合报表等。

(三)业务类

有该公司及所属单位生产管理制度、规定,生产协作情况调查报告;综合生产会议记录;关于产品试制与安全生产情况报告;先进技术经验交流和合理化建议报告;产品质量标准;关于产供销平衡情况报告;物资计划供应情况报告;国内外加工订货契约等。

(四)基建类

有该公司关于基建工程投资计划和情况报告;该公司所属单位关于土地使用、厂址迁移、房屋修建请示及市政府、一轻局批复;关于基建设备调拨与添置报告、请示及该公司批复;该公司关于基建财务年度报表等。

(五)财会类

有该公司关于财务管理制度;关于企业奖金、基金发放办法;所属单位关于债权债务、产权股权请示及该公司批复;该公司关于财务检查情况报告关于财务成本年度报表等。

天津市制药工业公司
全宗号 X138

一、机构概况

天津市制药工业公司成立于 1956 年 1 月 28 日,是市第一轻工业局领导下的行政管理机构,下辖 89 个企业。其职能是负责全市制药行业改组规划、清产估价、生产、经营及企业管理工作。公司内部机构设有办公室、人事工资科、生产技术科、计划科、检验科、安技科、保卫科。1958 年 3 月该公司改由市化学工业局领导,同年 10 月该公司撤销。

二、档案情况及内容介绍

馆藏该全宗档案共 121 卷,上架排列长度 1.8 米,档案起止时间为 1956—1958 年,档案按“年度-问题”分类排列。编有案卷目录和文件目录可供检索。

档案主要内容如下:

有该公司召开制药行业专业会议文件;年度工作计划、总结、报告;所属行业改组规划方案;该公司机构成立、启用印信、编制情况请示及一轻局批复、通知;该公司所属企业关于干部任免、录用、调整、临时工转正请示、报告及一轻局批复;劳动生产计划,安全技术工作总结;产品标准、产品消耗及历年产品产量、生产技术、设备统计报表;新产品试制、发明创造、技术改进工作报告、指示;增产节约、劳动竞赛实行奖励办法规定;财务预决算报告、固定资产年报;该公司及所属企业有关征地、拨地请示、报告及一轻局批复;工程设计图纸,基建财务决算报告等。

天津市造纸工业公司
全宗号 X139

一、机构概况

1956 年 1 月,天津市造纸工业公司成立。该公司是市第一轻工业局领导下的,负责管理全市造纸行业企业的行政机构。其内部机构先后设有办公室、人事科、工资科、生产科、计划科、技术检验科、安技科、供销科、财务科、基建科、设备维护科、对资改造办公室,公司下辖 15 个企业。1958 年 9 月,该公司撤销。

二、档案情况及内容介绍

馆藏该全宗档案共 91 卷,上架排列长度 1. 36 米,档案起止时间为 1956—1958 年,档案按“年度-问题”分类排列。编有案卷目录和文件目录可供检索。

档案主要内容如下:

(一)综合类

有该公司工作规则、总结;关于劳模评选标准;该公司党、团支部工作计划、总结;该公司信访工作总结等。

(二)人事类

有该公司关于人事管理工作制度;组织编制和职责范围规定;人员调动与干部任免通知、请示及市一轻局批复;关于职工教育、奖惩规定;职工劳保、福利待遇规定;市一轻局及该公司关于工资改革评定标准和该公司所属企业报表等。

(三)业务类

有该公司及所属单位关于生产管理工作规章制度;产品质量与产品规格标准、规定;新产品试制情况报告;关于产品销售情况报告;开展增产节约竞赛情况总结;该公司关于调整产品价格请示及市一轻局批复;关于产品销售和加工订货契约、合同等。

(四)基建类

有该公司及所属单位基建计划;基建工程设计图纸;所属单位关于厂房扩建与设备更新

请示及市一轻局、该公司批复;该公司及所属单位基建财务报表等。

(五)财会类

有该公司及所属单位关于财务管理制度;关于奖金、基金管理办法;行政经费支出报表;财务决算报表;成本利润统计表等。

天津市轻工业公司
全宗号 X140

一、机构概况

天津市轻工业公司于1956年1月20日成立,是市第一轻工业局领导下的,负责管理全市轻工行业企业的行政管理机构。该公司内部机构先后设有办公室、工资科、人事科、生产科、技术检验科、安技科、供销科、财务科、对私改造办公室、监察室、基建科,另下辖150多家企业。1958年9月,该公司撤销。

二、档案情况及内容介绍

馆藏该全宗档案共109卷,上架排列长度1.5米,档案起止时间为1956—1958年,档案按“年度-问题”分类排列。编有案卷目录和文件目录可供检索。

档案主要内容如下:

(一)综合类

有该公司会议记录;信访工作总结;该公司党、团支部关于组织工作计划、小结;党支部会议记录;党员转正意见;团员个人规划、总结及团费收支情况材料等。

(二)人事类

有该公司及所属单位关于组织编制、职责范围及劳动人事管理规定、制度;人事调动、干部任免通知及人员奖惩通报;工资评定标准、统计报表等。

(三)业务类

有该公司及所属单位关于生产管理方面规章制度;生产计划与产值产量情况统计报表;产品销售情况报告;劳动竞赛规定、技术检验标准等。

（四）基建类

有该公司及所属单位关于修建厂房及职工宿舍工程设计图纸、工程建设合同；房地产租赁、交换通知与来往函件；基建技改措施材料；基建投资预算、决算报表等。

（五）财会类

有该公司及所属单位关于财务管理制度；财务成本、财务收支情况统计报表等。

天津市食品工业公司
全宗号 X142

一、机构概况

1956 年 1 月，天津市食品工业公司成立，是天津市第二轻工业局领导下的，负责全市食品行业企业管理的行政管理机构。该公司内部机构设有办公室、人事科、工资科、计划科、基建科、财务科、安技科、技术检验科、资改室、生产科、供销科，另下辖有 161 个企业单位。1958 年 9 月，该公司撤销。

二、档案情况及内容介绍

馆藏该全宗档案共 15 卷，上架排列长度 0.9 米，档案起止时间为 1956—1958 年，档案按“年度-问题”分类排列。编有案卷目录和文件目录可供检索。

档案主要内容如下：

该公司党支部工作计划、总结；预备党员转正材料；新党员质量检查计划；支部大会会议记录等。

天津市文教用品工业公司
全宗号 X143

一、机构概况

1956年1月,天津市文教用品工业公司成立,是市第二轻工业局领导下的,负责管理全市文教用品行业企业的行政机构。该公司内部机构先后设有办公室、人事工资科、计划科、生产科、安技科、技术检验科、财务科、供销科等,公司下辖205个企业。1958年6月,该公司与油脂化学工业公司合并,改组成立天津市文教日用化学工业公司。

二、档案情况及内容介绍

馆藏该全宗档案共297卷,上架排列长度4.5米,档案起止时间为1956—1958年,档案按"年度-问题"分类排列。编有案卷目录和文件目录可供检索。

档案主要内容如下:

(一)综合类

有市二轻局及该公司长远规划方案;该公司工作计划、总结、专业会议材料;关于保密、保卫及防汛工作计划、报告;该公司党、团支部组织工作计划要点等。

(二)人事类

有该公司及所属单位关于人事工作和劳动力管理规章、制度;该公司组织编制和职责范围规定;关于职工教育和福利待遇规定;关于人员调动和干部任免请示及市二轻局批复;关于工资定级和职称评定规定、总结、统计报表等。

(三)业务类

有该公司及所属单位关于生产管理工作制度;产品质量标准和质量信息反馈报告;关于销售专题会议总结;开展增产节约竞赛活动报告、总结;该公司所属单位关于技术革新与改进情况报告;产品加工订货合同;产品价格调整报告;物资供应情况报告等。

(四)基建类

有该公司及所属单位关于基建工程技术设计方案;该公司房产管理办法;所属单位关于

房地产拨购、借换和租用请示及该公司批复;该公司及所属单位基建财务统计报表等。

（五）财会类

有该公司关于财务管理制度、办法;行政经费开支情况报告;产权股权和资金、资产情况报告;该公司所属单位清产核资清册等。

天津市油脂化学工业公司
全宗号 X144

一、机构概况

1956 年 1 月 18 日,天津市油脂化学工业公司成立,是市第二轻工业局领导下的,负责管理全市油脂化学工业企业的行政机构。该公司内部机构设有办公室、资改室、人事科、生产计划科、技术室、财务科、供销科等,另下辖 74 个企业。1958 年 6 月 5 日,该公司与文教用品工业公司合并,组成天津市文教日用化学工业公司。

二、档案情况及内容介绍

馆藏该全宗档案共 200 卷,上架排列长度 3 米,档案起止时间为 1956—1958 年,档案按"年度-问题"分类排列。编有案卷目录和文件目录可供检索。

档案主要内容如下:

（一）综合类

有该公司工作计划、总结;公司会议记录;企业管理职责制度等。

（二）人事类

有该公司关于劳动力管理规定、制度;关于干部培养与提高工人技术素质情况报告;关于干部任免与调动请示及市二轻局批复;关于劳保福利调查方案、情况报告;关于工资改革方案和技术等级标准;关于工资测算与工人定级、定薪情况报告、统计表;劳动统计年度报表等。

（三）业务类

有该公司关于生产计划完成情况报告;该公司及所属单位关于开展生产竞赛报告、经验总结;开展增产节约运动工作总结;关于推广先进生产经验计划、总结;该公司所属第一植物油厂、华北香皂厂扭亏情况报告;该公司生产计划执行情况;材料及产值、产量统计表等。

(四)基建类

有该公司关于基本建设工程计划、总结;该公司及所属单位关于基建用地和基建投资情况报告;所属单位关于设备更新、厂房修建请示及该公司批复;该公司基建财务年度报表等。

(五)财会类

有该公司关于财务管理工作制度;所属单位关于产权股权和债权债务处理情况报告、请示及该公司批复;该公司关于资产评估标准、规定等。

天津市皮革鞋帽工业公司
全宗号 X145

一、机构概况

1956 年 1 月,天津市皮革鞋帽工业公司成立,是隶属于市第二轻工业局的行政管理机关,主要职能是负责全市皮革鞋帽行业企业的管理工作。该公司内部机构先后设有办公室、生产科、计划科、检验科、财务科、安技科、工资科、供销科、人事科、对资改造办公室等,另下辖 150 多个企业。1958 年 9 月,该公司撤销。

二、档案情况及内容介绍

馆藏该全宗档案共 224 卷,上架排列长度 3.36 米,档案起止时间为 1956—1958 年,档案按“年度-问题”分类排列。编有案卷目录和文件目录可供检索。

档案主要内容如下:

(一)综合类

有该公司行业工作远景规划方案;专业会议发言稿、决议;各项工作方案、年度计划、总结报告;生产竞赛评比标准;信访工作情况报告等。

(二)人事类

有该公司及所属单位关于组织编制、人事管理制度、规章;人事调动、干部任免请示及市二轻局批复、通知;职工教育与职工福利工作规章;劳动模范评选标准;工资评定和统计报表等。

(三)业务类

有该公司及所属单位关于生产计划;关于产品质量标准、产品销售计划、情况报告;该公司产品价格调整请示及市二轻局批复;物资供需情况报告;关于生产技术管理方面规章制度;技术改进情况报告等。

(四)基建类

有该公司及所属单位关于基建工程项目计划、合同、图纸;基建工程进度情况报告;该公司建材供求与基建用款请示及市二轻局批复等。

(五)财会类

有该公司及所属单位有关财务工作管理制度;成本利润分析情况报表;产权股权与债权债务方面契约、通知;清产核资报表、清册等。

华北振华企业总公司
全宗号 X147

一、机构概况

华北振华企业总公司于 1951 年 3 月成立,属天津市工业局领导,是负责天津、北京、邯郸等地 9 个厂矿企业生产管理和经营活动的行政管理机关。其内部机构设有办公室、人事科、生产管理科、技术室、供销部。1952 年 4 月 26 日,该公司撤销。

二、档案情况及内容介绍

馆藏该全宗档案共 83 卷,上架排列长度 1.51 米,档案起止时间为 1949—1951 年,档案按“年度-问题”分类排列。编有案卷目录和文件目录可供检索。

档案主要内容如下:

(一)综合类

有该公司所属工厂人事工作总结;该公司人事变动材料;评选劳动模范材料;员工调资

工作批示、统计;1950年天津市财政经济委员会向该公司拨交工厂通知等。

(二)业务类

有该公司对所属厂生产计划、供销工作批示;关于产品质量、成本核算方法及推广先进经验材料;所属工厂开展劳动竞赛意见、报告;开展技术革新、技术改造工作材料;该公司关于生产统计、管理、财会制度暂行办法和实施细则;对所属工厂基本建设问题的批示等。

新中国经济建设公司
全宗号 X148

一、机构概况

新中国经济建设公司于1948年10月在石家庄成立,1949年迁往天津,1950年又迁往北京。该公司受中共中央办公厅直接领导,属机关合作社经济性质,是以机关合作社方式培养经济建设干部,发展社会经济,创造国家财富的群众福利社会保险事业。该公司下辖32个单位,分别设在石家庄、天津、北京等地,其内部机构设有经理办公室、秘书处、人事处、企业处、供销处、财务处。另在石家庄、大连、西安设分公司。1952年4月15日,该公司撤销。

二、档案情况及内容介绍

馆藏该全宗档案共67卷,上架排列长度1.8米,档案起止时间为1948—1952年,档案按"年度-问题"分类排列。编有案卷目录和文件目录可供检索。

档案主要内容如下:

有该公司及天津供销处年度工作计划、总结、报告;办事细则、工作制度;天津供销处处务会会议记录;该公司机构成立、人员编制与调整请示、报告;人事任免、奖惩、调动请示、报告;所属单位印鉴册、负责人登记表;劳保条例及工人、职员劳动保险登记卡片;该公司关于加强供销业务联系决定、指示;召开采购推销工作会议文件与生产计划、总结;所属单位生产经营往来明细表、损益表;货币收支计划执行情况统计表;买卖货物契约、商品明细表;会计工作制度与财务收支计划损益计算表、会计移交清册、财产估价登记清册;资产负债统计及货栈负债平衡表,纳税申报明细表、房产证件移交表等。

天津市照相机厂
全宗号 X339

一、机构概况

天津市照相机厂是我国照相机行业建厂最早,研制并生产国产第一架照相机的厂家,隶属于天津市轻工业局。1956 年 4 月 18 日,天津市政府将平和机器修理厂、万象工业社、利群工业社等私营企业合并,组建成立公私合营天津市照相机制造厂。1956 年 11 月 6 日,更名为国营天津市照相机制造厂,后更名为天津市照相机厂。1984 年 3 月 1 日,正式组建天津市照相机总厂,隶属于天津市第二机械工业局。

该厂产品主要有 1956 年国产"七一牌"120 照相机,1958 年投产幸福 I 型 120 照相机,1959 年试制晨光单反 135 相机,1964 年至 1965 年试制东方牌 S1 型 135 照相机等。该厂先后设有厂长办公室、秘书室、人事保卫科、生产计划科、经营科、检验科、总务科、财务科、供销科、安技科、质管科、设计科、工艺科等。1993 年 12 月,该厂工作结束。

二、档案情况及内容介绍

馆藏该全宗档案共 393 卷,上架排列长度 6. 15 米,档案起止时间为 1956—1993 年,档案按"年度-问题"分类排列。编有案卷目录和文件目录可供检索。

档案主要内容如下:

(一)综合类

有上级下达的年度计划方案;该厂厂务及党委会会议记录、厂部工作大事记;各科各类工作总结、党员统计报表;人事年报表、干部任免表、先进个人光荣册、各科职责范围明细、厂内各项规章制度、安全生产操作规程及安全建设措施等。

(二)业务类

有照相器材厂报表清册、计划完成月报表;品种规划措施、进口订货合同、生产情况报告;设备一览表;全国照相机工业会议情况汇报、照相机攻关会战综合报告、兼并照相机快门厂的报告、函件;照相机行业联营并厂材料汇编、东方 EF-35 相机创优资料汇编;照相物镜光学系统图纸;各类获奖证书及荣誉证书等。

(三)财会类

有财务收支计划、决算报表;财务成本计划报表;劳动工资年报表;申请经费请示报告;清产核资报表、盘点物资清册;工资待遇福利问题决定等。

天津自行车厂
全宗号 X421

一、机构概况

天津自行车厂前身是1936年日本财阀小岛和三郎在天津开办的昌和工厂,厂址在原天津第四区小孙庄靠近海河边盐坨地的老闸口处,主要生产铁猫牌26寸自行车和文件保险柜。1941年昌和工厂增加器材,增制枪械及修配工作,主要生产19式步枪和军用自行车。1945年昌和工厂由国民党政府经济部冀热察绥平津区办事处接收,这个时期主要生产"胜利牌"及"中字牌"自行车。

1949年1月天津解放后,该厂由天津市军事管制委员会工业接管处接管,厂名改为军管天津机器厂第二分厂,隶属于天津市军管会领导,1949年1月25日恢复生产。1950年7月5日,由该厂工人设计的10辆28寸自行车样品完工,定名为"飞鸽牌",成为新中国最早诞生的国产自行车。1952年天津自行车厂改建,隶属于天津市轻工业局。

该厂先后设办公室、资料室、秘书科、生产计划科、技术科、工艺科、动力科检验科、供销科、会计科、保卫科、粮食生活科、劳资科、安技科、行政科、基建科、人事科、工会及各类车间等。2008年,该厂工作结束。

二、档案情况及内容介绍

馆藏该全宗档案共2505卷,上架排列长度34.39米,档案起止时间为1949—2008年,档案按"年度-问题"分类排列。编有案卷目录和文件目录可供检索。

档案主要内容如下：

（一）综合类

有该厂各年度各类工作计划总结，年度技术安全总结、各类会议记录、职工代表大会材料；党支部工作总结报告及建党材料；人员编制、调动、干部任免、各部门统计报表、组织机构和定员图表文件材料；“八五”立功奖章获得者、先进班组审批表及全国轻工业优秀班组推荐表；天津自行车厂初步设计材料、天津自行车厂概况、大事记；组建飞鸽自行车有限公司的方案、决定、通知等。

（二）业务类

有生产计划材料、技术科工艺规程、先进模范设计材料；技术科试制摩托车文件材料；质量标准改进分析、电镀烤漆产品质量分析报告；工业企业基层年报等。

（三）财会类

有财务工作计划、年度财务预算决算报告、会计季度报表、劳动工资报表、固定资产清册等。

天津蓝天集团股份有限公司
全宗号 X370

一、机构概况

天津蓝天集团股份有限公司改制前为天津市牙膏厂，前身是同昌行牙粉厂。1932 年 3 月，同昌行在天津建厂，厂址在原河北区平安街 42 号。该公司历史沿革见下表。

天津蓝天集团股份有限公司历史沿革

时间	名称与隶属	变更情况	地址
1956 年 7 月	天津市公私合营利民牙粉牙膏厂 隶属天津市油脂化学工业公司	天津牙粉牙膏行业实行公私合营，同昌行并行	原红桥区锅店街金店胡同 13 号
1958 年 7 月	天津市公私合营五洲日用化学厂 隶属天津市油脂化学工业公司	与天津市公私合营五洲化妆品厂、大春林化妆品厂合并	原河北区复兴道，1959 年迁往原河东区六纬路 87 号
1960 年 10 月	天津市五洲日用化学厂 隶属天津市日用化学工业公司	企业调整，天津市化妆品厂并入	原河东区六纬路 87 号

续表

时间	名称与隶属	变更情况	地址
1964 年 7 月	天津市五洲日用化学厂 隶属天津市日用化学工业公司	化妆品类天津市百花化妆品厂，天津市万里化妆品厂分离出去	原河东区六纬路 87 号
1966 年 3 月	天津市牙膏厂 隶属不变	企业更名	不变
1975 年 7 月	不变	与天津软管厂合并	不变
1981 年 8 月	天津市牙膏厂 隶属天津市牙膏化妆品工业公司	原天津市东风锻造厂并入天津市牙膏厂	河东区张贵庄路 78 号
1998 年 3 月	天津蓝天集团有限责任公司牙膏厂 隶属天津一轻总公司	天津市牙膏厂与天津市合成洗涤剂厂合并组建成有限责任公司	原河东区六纬路 87 号
2000 年 12 月	天津蓝天集团股份有限公司 隶属天津一轻集团控股公司	实行股份制改造	河东区张贵庄路 78 号

二、档案情况及内容介绍

馆藏该全宗档案共 346 卷，上架排列长度 25.8 米，档案起止时间为 1960—1990 年，档案按“年度-机构”分类排列。编有案卷目录和文件目录可供检索。

档案主要内容如下：

（一）综合类

有该公司各年度工作总结、计划方案；支委会会议记录、干部规划方案、厂务会会议记录、职工代表大会决议、党员干部统计年报表；年度大事记、工作制度汇编、机构变更文件材料、各科室职责范围；先进集体先进个人登记表、优质高产技术奖励名单；牙膏软管厂合并的批复及搬迁工作相关内容等。

（二）业务类

有牙膏成品原料标准及检验方法；生产统计年报、产品质量鉴定报告；物资供应规定、多种原材料年终盘点表、技术工作规定细则、技术转让协议、出口规划、制管车间土地房屋使用证；提高牙膏质量、改进工艺、开展新工艺的请示、报告；关于牙膏产品的调整方案；成品车间岗位责任制、工艺操作规程；牙膏历年生产数量文件等。

（三）财会类

有各年度财务计划及决算报告；东风锻造厂物资资金情况、劳动工资月报等。

天津市渤海啤酒厂
全宗号 X392

一、机构概况

天津市渤海啤酒厂于 1982 年由天津市红星农机厂改建而成，1985 年 10 月正式投产，隶属于酿酒工业公司领导。该厂是“七五”计划期间国家重点项目，先后引进民主德国、保加利亚、南斯拉夫先进设备及工艺，属于全国大型啤酒厂之一。该厂主要经营菊花、天王、新力、水晶宫、渤海、津峰、佳思清爽等多种啤酒，另外还生产麦芽饮料及副产品，其中新力牌啤酒 1986 年被评为天津市优质啤酒。该厂先后设有党支部、政治办公室、厂长室、行政办公室、生产办公室、经营办公室、基建办公室、人事教育办公室，下设麦芽车间、啤酒车间、化验室、动力车间等。该厂于 1993 年 10 月停产，1994 年 8 月 8 日结束工作。

二、档案情况及内容介绍

馆藏该全宗档案共 265 卷，上架排列长度 4.2 米，档案起止时间为 1980—1990 年，档案按“年度-机构”分类排列。编有案卷目录和文件目录可供检索。

档案主要内容如下：

（一）综合类

有该厂组织沿革及概况、投产剪彩资料；建立党支部的决定、支委会组成及分工、团支部建立报告及批复；党支部扩大会会议记录、厂务会会议记录、各年度工作总结；领导干部任免决定、党员和党组织统计年报表、人员调入接收函、劳动工资年报表、职工花名册、先进工作者名单等。

（二）业务类

有技术引进和设备进口建议书；关于生产用水及申请打井的报告；大麦引种筛选试验报告；企业概括年报表、各项工作管理制度、企业整顿规划方案及生产各项指标计划等。

（三）基建财会类

有一期基建工程的批复通知、交接清单及房屋土地使用登记表、核定调整用地及准予使用土地的通知等;扩建工程设计任务书、两万吨啤酒厂初步设计资料、工程年报、二期基建工程纪要、三期基建工程布置图;年度财务报告、基建工程财务决算等。

飞鸽自行车集团公司(天津)
全宗号 X414

一、机构概况

飞鸽自行车集团公司(天津)的前身为天津自行车厂。该全宗档案始于1955年天津市车具行业公私合营时期,历经天津市车具工业公司(隶属于原天津市机电工业局)、天津市自行车工业公司、天津一轻局日用机械工业公司、天津市自行车零件厂、飞鸽自行车集团公司(天津)五个历史阶段。飞鸽自行车集团公司(天津)于1988年4月1日正式成立,隶属于天津市第一轻工业局。1989年9月1日,该公司全建制由一轻局划出,实行计划单列,行政关系归口天津市经济委员会,党的关系归口中共天津市委工业工作委员会。该公司实行总经理负责制,负责开发、生产、经营飞鸽自行车及零件与自行车专用设备,以扩大出口,提高质量,增加品种,降低成本为目标,加速向外向型发展。该公司机构先后设有党委工作部、纪委、工会、团委、生产经营部、劳动人事部、技术开发部、财务部、销售部、供应部、对外贸易部等。

二、档案情况及内容介绍

馆藏该全宗档案共1992卷,上架排列长度32米,档案起止时间为1955—1990年,档案按“年度-机构”分类排列。编有案卷目录和文件目录可供检索。

档案主要内容如下:

(一)综合类

有该公司年度工作总结;经理办公会、党委会会议记录;集团公司简报;党委工作要点、基层厂团组织文件、工会工作文件;干部提拔任免文件;先进企业、先进集体登记表;公司组织机构调整、改组并厂请示通知;企业实行党政分开试点安排计划;关于组建飞鸽集团公司会议纪要、飞鸽集团合营规划方案等。

（二）业务类

有双喜自行车零件质量标准、工艺守则规程、行业工人技术等级标准、产品质量评定鉴定书、产品质量标准及检验化验的细则；技术改造文件，重大技术革新项目汇编；年度生产指标、设备能力调查表、物资供应计划表、工业企业年报汇总表；五年计划设想及规划、自行车行业十年发展规划、集团公司“八五”规划；总厂及基层单位企业年鉴、行业大事记汇总；飞鸽集团公司成立大会专卷；公司组织沿革；关于工作体制、机构调整请示报告等。

（三）财会类

有各厂股东及代理人调查表、公私合营工业历年资产利润、清产核资工作文件；财务计划文件、财务决算、劳动工资年度报告；出厂价格调整核算表、财产清点估价清单、移交清册、估价清册、资产负债表等。

天津市电子元件工业公司
全宗号 X296

一、机构概况

天津市电子元件工业公司前身为无线电元件工业公司，于 1978 年 10 月 1 日成立，后与半导体器件工业公司合并组成无线电元器件公司。1981 年 11 月 1 日，更名为天津市电子元件工业公司，同时将二机局所属各公司和半导体器件厂集中管理，成立半导体器件工业公司。该公司内部机构设有生产科、劳资科、保卫科、安技科、供销科、财务科、科研科、技术科、办公室、节能办等，另下辖 30 个企业。1987 年 5 月 5 日，该公司撤销。

二、档案情况及内容介绍

馆藏该全宗档案共 411 卷，上架排列长度 6.8 米，档案起止时间为 1978—1988 年，档案按“年度-机构”分类排列。编有案卷目录和文件目录可供检索。

主要内容如下：

（一）综合类

有该公司年度党委工作计划、总结、汇报；年度党委会会议记录；党组织改选、改建及增补委员会的报告、批复、通知；对干部任免职的报告、批复；对干部技术职称任聘的通知、审批表；干部统计年报表；干部调出、调入、退休、退职审批表；以工代干人员转干审批表；司务会会议记录；工业普查、精神文明、计划生育表彰审批表；安全保卫年报表；职工安置、处分及培训的批复、审批表；年度财务计划、生产经营计划的批文、通知等。

(二)业务类

有该公司工作计划、总结、规划；工业基本情况、总产值年报；关于技术引进技术改造项目的报告、通知、批文；年度供销工作计划、通知、报表等。

天津市半导体器件工业公司
全宗号 X297

一、机构概况

天津市半导体器件公司于 1978 年 10 月 1 日成立。1979 年 8 月 1 日，无线电元件工业公司与半导体器件工业公司合并为无线电元器件公司。1981 年 11 月 1 日成立天津市半导体器件工业公司，将二机局所属各公司器件厂集中管理，统一规划，统一组织专业化生产，发展品种，提高质量，加速器件行业发展。公司成立之初有所属单位共计 20 个，包括无线电专用设备厂、工农半导体器件厂、制冷器厂、延安塑料制品厂、卫东半导体材料厂、津红纸制品厂等。该公司内部机构包括办公室、财务科、计划科、劳动科、保卫科、生产科、技术科、行政科、供销科、组织科、干部科、宣传科、工会、团委等。1987 年 5 月 5 日，该公司撤销。

二、档案情况及内容介绍

馆藏该全宗档案共 269 卷，上架排列长度 3.83 米，档案起止时间为 1978—1987 年，档案按“年度-机构”分类排列。编有案卷目录和文件目录可供检索。

档案主要内容如下：

(一)综合类

有该公司党员及党组织年报表；党组织改选、改建及增补委员的报告、批复；党内表彰的名单、审批表、通知；年度党委工作计划、总结、汇报、记录；工会年报表；职代会代表名单、审批表、讲话;年度共青团工作及对团组织改选的总结、批复、通知;该公司工作计划、总结、规划;“学大庆”表彰及其工作总结、通知、审批表;司务会会议记录;工业普查、精神文明表彰审批表;安全保卫年报表、通报;上级下达的年度各项经济指标和完成情况;该公司基建项目、人防工程、住宅建设计划、报告、批复等。

(二)业务类

有工业企业基本情况及总产值、产品产量年报;该公司关于技术引进、技术改造项目的报告、通知、批复;该公司科研产品试制、定型、投产计划及经费的报告、函复、通知;产品创优获奖及经费的通知;年度供销工作计划、通知、报表;年度上缴利润承包基数、免征调节税及奖金的报告、批复、通知等。

(三)人事财会类

有该公司干部任免职报告、批复、通知;干部技术职称任聘的通知、审批表;干部统计年报表;干部调出、调入、退休、退职审批表;工代干人员转干审批表;年度劳资报表;追加劳动工资审批表;职工安置、培训的批复、审批表;工资改革审批表;年度财务决算报告等。

天津市光学仪器工业公司
全宗号 X298

一、机构概况

天津市光学仪器工业公司于 1978 年 10 月 1 日成立。该公司主要负责对所属企业的人、财、物、供、产、销实行统一领导,统一指挥,统一管理,以提高经营管理水平,提高产品技术水平、生产水平。公司成立之初所属单位共计 19 个,包括光学仪器厂、第二光学仪器厂、电影机厂、照相机厂、照相器材厂、复印设备厂等。该公司内部机构包括办公室、技术科、保卫科、组织科、生产科、干部科、财务科、宣传科、劳动科、安技科、计划科、供销科、工会、团委等。1987 年 5 月 5 日,该公司撤销。

二、档案情况及内容介绍

馆藏该全宗档案共 396 卷,上架排列长度 6. 46 米,档案起止时间为 1978—1987 年,档案按"年度-机构"分类排列。编有案卷目录和文件目录可供检索。

档案主要内容如下：

(一)综合类

有该公司年度党委工作计划、总结、汇报；年度党委会会议记录；党代会及公司党委选举的安排、报告、批复；党员及党组织年报表；党组织改选、改建及增补委员的报告、批复；工会年报表；职代会代表名单、审批表；年度共青团工作及对团组织改选的总结、批复、通知；该公司工作计划、总结、规划；"学大庆"表彰及其工作总结、通知、审批表；司务会会议记录；安全保卫年报表、通报；上级下达的年度各项经济指标和完成情况；基建项目、住宅建设计划、报告、批复；公司、企业机构调整的报告、批复、通知；建立新兴集体企业的报告、批复等。

(二)业务类

有工业基本情况、总产值、产品产量年报；该公司技术引进、技改项目的报告、批复、通知；产品试制、定型投产计划及下拨经费的报告、函复、通知；产品创优获奖的通知；年度供销工作计划、通知、报表；年度财务计划及生产经营计划的批复、通知；年度上缴利润承包基数、免征调节税及拨款的报告、批复、通知等。

(三)人事财会类

有该公司干部任免职的报告、批复；干部技术职称任聘的通知、审批表；干部统计年报表；干部调出、调入、退休、退职审批表；以工代干人员转干审批表；年度劳资报表；追加劳动工资审批表；工资改革审批表；职工安置、培训的批复、审批表；年度财务决算报告等。

天津市自动化仪表工业公司
全宗号 X299

一、机构概况

天津市自动化仪表工业公司于 1959 年 5 月 12 日成立。该公司主要产品有电工仪表、热工仪表、汽车仪表、科研仪器、建筑仪器等 120 多种。公司成立之初所属单位共计 24 个，包括电子仪器厂、仪表厂、第一气象仪器厂、电木厂、塑料理化厂、光明电镀厂、矿山仪表厂等。该公司内部机构包括党办、办公室、干部科、组织科、宣传科、战备科、工会、团委、劳动科、保卫科、供销科、计划科、技术科、财务科、生产科等。1987 年 5 月 5 日，该公司撤销。

二、档案情况及内容介绍

馆藏该全宗档案共529卷，上架排列长度8.84米，档案起止时间为1959—1987年，档案按“年度-机构”分类排列。编有案卷目录和文件目录可供检索。

档案主要内容如下：

（一）综合类

有该公司党委工作计划、总结；党委会会议记录；党员及党组织统计年报表；党组织改选、改建及增补委员的报告、批复；工会年报表；职代会代表名单、审批表；年度共青团工作及对团组织改选的总结、批复、通知；该公司工作计划、总结、规划；“学大庆”表彰及工作总结、通知、审批表；司务会会议记录；安全保卫工作年报表、通报；上级下达的年度各项经济指标和完成情况等。

（二）业务类

有该公司技术引进、技改项目的报告、批复；科研产品试制、定型、投产计划及经费的报告、函复、通知；产品创优获奖及下拨经费的通知；年度供销工作计划、通知、报表；年度财务计划及生产经营计划的批复、通知等。

（三）人事财会类

有该公司干部任免职报告、批复；干部技术职称、审批表；干部统计年报表；干部调出、调入、退休、退职审批表；以工代干人员转干审批表；年度劳资报表；追加劳动工资审批表；年度财务决算报告等。

天津市立达集团有限公司
全宗号 X427

一、机构概况

天津立达集团有限公司经天津市人民政府和国家对外经济贸易部于1981年2月15日批准成立，是天津市人民政府直接领导下的全民所有制企业，成立时定名为天津市经济开发公司。经天津市人民政府批准，于1986年6月2日更名为天津市经济开发总公司，后更名为天津立达集团有限公司。该公司宗旨是遵照国家颁布的有关法律、法令、条例，本着平等互利的精神，开展多种形式的国际、国内经济贸易合作，为扩大对外经济贸易，促进社会主义现代化建设服务。公司最高权力机构为董事会，董事会由董事长、副董事长、董事若干组成，实行董事会领导下的总经理负责制。

二、档案情况及内容介绍

馆藏该全宗档案共1113卷，上架排列长度13.94米，档案起止时间为1981—2000年，档案按“年度-机构”分类排列。编有案卷目录和文件目录可供检索。

档案主要内容如下：

有该公司年度工作总结、情况汇报；经理办公会会议纪要，董事会会议纪要；干部增加情况调查表；规章制度汇编；财务决算的批复及财务审计报告；工资年度报表、干部情况明细表；本单位相关业务工作的请示、批复及相关文件等。

天津市自来水集团有限公司
全宗号 X324

一、机构概况

天津市自来水集团有限公司前身是天津市自来水厂，1950年3月1日，经天津市人民政府决定，将济安自来水公司与天津市自来水厂合并改组为天津市自来水公司，负责全市水政建设工作。其内设机构包括秘书室、工程师室、总务科、人事室、业务科、会计科、保卫科、输水科、材料科、化验室、企划室、河水厂、井水厂、新兴工程处等。

二、档案情况及内容介绍

馆藏该全宗档案共942卷，上架排列长度15.73米，档案起止时间为1949—1984年，档案按“年度-机构”分类排列。编有案卷目录和文件目录可供检索。

档案主要内容如下：

(一)综合类

有该公司党委会会议记录；职工代表大会材料；所属单位建立党支部的请示、批复；党员转接关系介绍信；共青团代表大会材料；该公司经理办公会会议记录；年度工作计划、安排、总结；企业整顿工作报告、总结、方案；增产节约运动的报告、计划；供水章则、制度；新建扩建的报告、批复、通知；组织机构、编制、人员任免、奖惩等方面的请示、批复、通知；干部统计年报；职工名册；订立师徒合同、集体合同的通知、批复；核定工资文件；基建计划；财务决算报告；财产、设备、经营等方面的情况统计、调查表等。

(二)业务类

有该公司生产责任制工作报告、决定；生产工作计划、总结；科研工作计划；技术革新资料汇编；深井管理实施细则；验表、收费、供水等方面的管理办法、职责范围、工作手册；建立水厂、调整水价、水表管理等方面的请示、批复、方案；水源污染及水质管理工作的报告、总结；所属水厂变更领导、租金等问题的报告、通知；供水配套工程设计文件等。

天津市燃气集团有限公司
全宗号 X314

一、机构概况

1964 年 5 月 8 日，根据天津市人民委员会精神，天津市公用局研究决定成立天津市公用局煤气事业处。1982 年 5 月 20 日，将天津市公用局煤气事业处改为天津市煤气公司。2000 年 10 月，改制成立天津市燃气集团有限公司。该公司内部机构设有党委办公室、行政办公室、液化气管理处、规划科、人事科、天然气管理所、集体经济管理科、安全防火科。

二、档案情况及内容介绍

馆藏该全宗档案共 1487 卷，上架排列长度 18.36 米，档案起止时间为 1956—1990 年，档案按“年度-机构”分类排列。编有案卷目录和文件目录可供检索。

档案主要内容如下：

（一）综合类

有该公司党委工作计划、总结；党委会会议记录；党代会文件；党风建设、党员民主评议材料；纪检工作指示、通知、报告、会议纪要；宣传工作指示、通知；党员培训材料；精神文明建设、宣传报道材料；工会会议、职代会、劳动竞赛、劳模评选、文体活动等材料；共青团会议、青年工作、文体宣传活动等材料；行政事务、安全保卫、财务、人事等文件材料等。

（二）业务类

有液化气、煤制气的销售及价格制定办法、制度；城市煤气工作条例、规定、通知；产品质量管理工作总结；科学技术工作会议材料；各技术专业发展规划；安全防火检查、专业培训考核、现场会材料；灶具、钢瓶生产文件；生产基建计划；各项经济技术指标、统计分析、统计报表；工程建设请示、批复等。

金融档案

交通银行天津分行
全宗号 X99

一、机构概况

1949 年 3 月 15 日,中国人民银行天津分行实业部撤销,改为天津交通银行,后改称交通银行天津分行。该行属于公私合营企业性质,归属中国人民银行天津分行领导。其主要职能是受政府委托办理公私合营企业财务监督,统一管理公私合营企业中公股、代管股和指定公私合营企业再投资股的股权;办理国家对公私合营中增资拨款和对私营企业实行公私合营的投资拨款及应得股息红利和其他款项的收解事务;办理其他有关银行业务的受托事项。该行内部机构设有秘书科、计划科、会计科、中央合营企业科、地方合营企业科。

二、档案情况及内容介绍

馆藏该全宗档案共 503 卷,上架排列长度 10.2 米,档案起止时间为 1949—1963 年,档案按“年度-问题”分类排列。编有案卷目录和文件目录可供检索。

档案主要内容如下:

(一)综合类

有交通银行总管理处工作安排及扩展机构、迁址与启用新章的请示、报告;该行关于人员调动、升迁、奖惩、留用名册;评选先进工作者办法;该行工作计划、总结及附表;各科及投资公司工作计划、总结;市计委下达国民经济计划;交通银行总管理处关于业务工作安排的指示、会议报告;该行会议记录、专题报告、综合报告、工作经验交流材料等。

(二)业务类

有财政局、中国人民银行天津分行关于发放私股定息规定、通知;交通银行总管理处及该行对合营企业发付定额股息及公债推销、处理问题规定;对公私合营企业基本建设及四项费用投资拨款规定及处理办法；中央及地方公私合营企业财务管理规定；该行对公私合营企业财务管理通知；财务基建决算批示；该行会计预算、决算及账务处理办法；该行审核中央与地方公私合营企业财务基建决算；编制公私合营工业财务收支计划、办法及检查执行情况报告；对公私合营企业财务基本情况统计工作指示、报告等。

有该行关于经营公产订立租金统一标准、契税暂行条例；总行关于房产保险、修缮、产权、登记税契、购房的指示、办法；人民造纸厂、山海关汽水公司、天津粘板股份公司、天津东升化学颜料厂股份有限公司等企业情况介绍、股东会议记录；固定资产估值及易耗品盘存表等。

中国人民银行天津市分行合作部
全宗号 X100

一、机构概况

中国人民银行天津市分行合作部成立于 1949 年 3 月 1 日，是在中国人民银行天津市分行直接领导下，以扶助新中国合作经济与农业经济发展为宗旨的金融机构。该部在经理、副经理下设有秘书科、人事科、业务科、会计科、出纳科、资料科，另外在市内设有 4 个分理处。1952 年 6 月，该部撤销。

二、档案情况及内容介绍

馆藏该全宗档案共 121 卷，上架排列长度 1.81 米，档案起止时间为 1949—1952 年，档案按“年度-问题”分类排列。编有案卷目录和文件目录可供检索。

档案主要内容如下：

（一）综合类

有该部部务会会议记录及年度工作计划、总结；该部及所属分理处关于组织机构建立、合并、调整、启用印信请示及天津市分行批复；天津市分行及该部关于各科室工作范围规定；该部组织条例暂行规则；天津市分行及该部关于人事、福利待遇规定；该部关于人事、考绩鉴定工作计划、总结；关于干部调动、奖惩与干部培训计划请示及天津市分行批复；关于干部配备情况统计表等。

（二）业务类

有该部及所属农场、分理处关于业务工作报告、检查总结；该部业务统计分析材料；总行、天津市分行及该部关于放款章则、暂行办法及实施意见；天津市分行关于调整公私存放利率、计息办法、指示、通知；天津市分行及该部关于农业贷款、小本贷款、埠外采购贷款章程及暂行办法；天津市分行关于试办城市信用合作社指示、意见及关于合作银行业务经营范围决定；该部及所属分理处关于扶持生产贷款、信用合作、货币管理、小本贷款、农业贷款及贷款检查专项业务总结、报告；该部对手工业、小型工业、农业、盐业、渔业、地毯业、工业联营、各国营农场及小本贷款工作调查报告与扶持合作计划；该部协助农民抢救津郊稻田水灾报告；关于天津市城乡物资交流情况调查资料；该部会计工作总结；关于汇兑、储蓄业务报告；会计工作暂行规则；天津市分行关于出纳制度规则、办法；关于财务管理办法；实验农场年终决算报告等。

天津市投资股份有限公司
全宗号 X101

一、机构概况

天津投资股份有限公司成立于1951年6月，是天津市人民政府财政经济委员会直接领导的金融机构。其主要负责吸收社会资金与私营工商业转业资金，帮助私人资本主义工商业实行社会主义改造；根据国家计划，投资有利于国计民生的生产事业；举办信托业务，对工业企业放款。该公司内部机构设业务部、证券交易服务部及企划室、计核室、秘书室等。

二、档案情况及内容介绍

馆藏该全宗档案共408卷，上架排列长度7.65米，档案起止时间为1951—1963年，档案按“年度-问题”分类排列。编有案卷目录和文件目录可供检索。

档案主要内容如下：

（一）综合类

有该公司筹委会向市工商局申请批准开业登记备案文件；筹委会会议记录；筹委会全体

常委会会议记录;筹委会向该公司董事会移交财产及账目清册;天津市证券交易所向该公司移交证券交易业务文件;该公司组织机构、职责权限规定;人事调动、奖惩暂行办法;职工薪金表,职工聘任、辞职、离职通知等。

(二)业务类

有该公司业务工作章则、办法;市人民政府对该公司资金来源批示;市计划委员会对该公司业务计划批复;关于各工商企业投资计息规定;工商企业向该公司申请投资、贷款所订契约;关于处理股权变更与冻结文件材料;该公司投资企业股东会议记录;该公司及证券交易所、人民银行天津分行关于投资发行证券以筹集社会资金投入生产契约;该公司证券交易税务文件;发行第一至第三批证券向市税务局缴纳利息所得税规定;向市税务局报送所得税材料等。

天津市证券交易所
全宗号 X102

一、机构概况

天津市证券交易所成立于1949年6月1日,是中国人民银行天津市分行领导下经营证券交易的专门机构。其主要负责组织社会闲散资金发展生产、流通证券、繁荣经济、促进生产建设。其内部机构先后设有经理办公室、业务科、财务科、调研科(股)、总务股、人事股、文书股、计算股、场务股、交割股、会计股。1952年7月22日,该所撤销。

二、档案情况及内容介绍

馆藏该全宗档案共73卷,上架排列长度1米,档案起止时间为1949—1952年,档案按“年度-问题”分类排列。编有案卷目录和文件目录可供检索。

档案主要内容如下:

(一)综合类

有该所会议记录;内部机构建立、调整及人员编制、职责分工文件材料;该所人事工作计划、总结;关于员工录用、调动、奖惩规定、通知;干部配备、调动及年终鉴定统计表;员工调整薪金报告表;员工名册等。

(二)业务类

有中国人民银行天津分行及该所关于场务管理、证券抵押放款、投资证券上场及委托代办股票过户方面指示、规定、通知;该所拟定证券交易管理办法,经纪人申请登记办法及营业简则;关于推销公债工作规定及推销工作总结;经纪人缴纳税款和增收保证金规定、通知;天津市各企业、公司证券上场申请书及股票上场事项公告;经纪人申请上场交易通知、公告;该所与上场公司关于证券冻结及挂失事项来往文书等。

天津信托有限责任公司
全宗号 X508

一、机构概况

天津信托有限责任公司是经中国人民银行批准的非银行金融企业,成立于 1980 年 11 月,名称为中国人民银行天津信托投资公司;1988 年,改组为天津信托投资公司;2002 年,更名为天津信托投资有限责任公司;2009 年,更名为天津信托有限责任公司。2020 年 8 月,公司进行混合所有制改革,成为上海上实(集团)有限公司成员企业。该公司主要经营的业务范围是人民币与外汇信托存款、放款、投资、租赁、担保见证、咨询和代理证券发行转让及人民银行批准的其他业务。其经营的宗旨是,在国家政策计划指导下,按照《信托投资公司管理办法》,坚持贯彻对外开放、对内搞活和改革的方针,运用金融信托灵活多样的业务方式,积极为社会管财、理财、筹集与融通资金,为发展国民经济、稳定货币、提高社会经济效益服务。

二、档案情况及内容介绍

馆藏该全宗档案共 355 卷,上架排列长度 6.8 米,档案起止时间为 1980—2001 年,档案按“年度-问题”分类排列。编有案卷目录和文件目录可供检索。

档案主要内容如下:

(一)综合类

有该公司党务、宣教、工会、共青团相关文件材料;董事会、行政管理相关的请示、批复、汇报、通知;人员调整、工资福利文件材料;财务、审计相关文件材料;有各类统计报表;会计、账簿、凭证,各年度预、决算书等。

(二)业务类

有各类信托、证券、外汇业务、资产管理方面的请示、批复、工作方案;信息技术、综合治理方面的请示、批复、工作方案;控制信贷规模要点;临时周期贷款办法;信托贷款代理工作文件材料;常规稽核工作的通知、报告、方案等。

(三)基建类

有基本项目依据性文件的立项计划,工程地质、水文地质勘测报告,工程地形测量报告;设计方案、设计计算书;开工报告、工程技术要求、技术交底、图纸会审、施工方案、建筑材料试验报告、施工定位测量、地质勘测、基础工程竣工图、隐蔽工程验收记录;质量评定、安装质量评定、标测量记录;竣工验收报告、项目质量书等。

重要赛事、活动档案

第四十三届世界乒乓球锦标赛组织委员会
全宗号 X169

一、机构概况

第四十三届世界乒乓球锦标赛于1995年5月1日至14日在天津举行。中共天津市委、市政府于1994年1月24日成立了天津第四十三届世界乒乓球锦标赛组织委员会,负责赛事筹备及组织领导工作。组委会下设办公室、宣传部、竞赛部、大型活动部、广电部、技术部、接待部、社会环境部、医卫部、安保部、场馆部、集资部、财务部13个职能部室。

二、档案情况及内容介绍

馆藏该全宗档案共579卷,上架排列长度15.3米,档案起止时间为1992—1996年,档案按“机构-年度”分类排列。编有案卷目录和文件目录可供检索。

档案主要内容如下:

(一)综合类

有世乒赛筹备工作方案、工作计划安排、具体措施;接待国际乒联主席情况报告、国际乒联有关组织指南材料;国务院、国家体委、市政府综合性指导材料、天津市委办公厅有关意见建议;组委会会议纪要、组委会秘书长办公会会议记录、组委会各部室工作总结、开闭幕式活动综合文件材料;天津市各系统迎世乒赛情况总结报告材料;召开世乒赛工作总结表彰大会的决定、通知;先进单位、先进个人材料等。

(二)竞赛类

有世乒赛竞赛工作实施方案;工作计划、会议记录、总结、比赛抽签仪式文件材料;各国运动员报名登记表、比赛规程,颁奖仪式实施方案;天津体育中心技术服务系统、彩屏显系统技术方案及报告;合练联调情况报告、协调工作会会议纪要;计时记分系统工作流程设计方案、计算机网络系统实施方案及协议书、国家体委专家举办专题讲座的文件材料;赴美国、德国考察调研报告等。

(三)宣传类

有世乒赛宣传工作方案;计划安排总结、宣传工作快报、中宣部有关做好世乒赛宣传工作的指示;青年志愿者系列活动安排意见、请示报告;邀请国际乒联新闻顾问和中央广播电台、新华社、全国晚报总编辑的有关文件;部分省市党报负责人座谈会材料;世乒赛会徽、吉祥物、会歌征集评选综合文件材料;印制出品世乒赛资料、画册等各项承制合同、协议书、委托书;广播电视台合成演练计划、开幕式电视解说脚本、报道计划;转播工作、电视广播资金筹集综合文件等。

(四)财会类

有组委会财务部固定资产登记清册、财务管理制度规定汇编、财务决算、审计报告;门票、彩票专项审计报告;财务情况分析报告;物资清缴工作文件、固定资产分配与财产物资移交综合文件;物资捐赠明细表、现金记账、银行存账、物资入库记账凭证、年度会计记账凭证;集资部筹委会关于成立服务总公司和基金会的综合文件;捐赠总体规划实施方案及各国各界捐赠等方面综合文件材料;世乒赛彩票发行管理、销售综合文件材料;组委会各部经费决算;集资部记账凭证、捐赠收据存根等。

(五)综合保障类

有世乒赛医疗卫生工作实施方案;医护、卫生监督、医疗中心的综合文件;天津体育中心建设工程综合文件材料;夜景灯光设置及广告清整文件;市环保局迎世乒赛领导小组环保治理工作综合文件;市级其他部门及各区相关社会环境综合治理文件资料等。

(六)资料类

有第四十三届世界乒乓球锦标赛会歌和歌曲集《共享阳光》《天津欢迎你》宣传册、《我爱乒乓球》等读物;《体坛风云》《世乒风云录》《紫荆》杂志;有第四十三届世界乒乓球锦标赛专用导游图册、观众指南、技术手册等。

1999 年世界体操锦标赛组织委员会
全宗号 X236

一、机构概况

1999 年世界体操锦标赛(第三十四届世界体操锦标赛)于 1999 年 10 月 8 日至 16 日在天津举行,主题是和平、友谊、繁荣、发展。1998 年 7 月 28 日由中共天津市委、市政府和国家体育总局共同组成 1999 年世界体操锦标赛组织委员会。组委会设办公室、竞赛部、接待部、大型活动部、宣传部、安保部、集资部、财务部、医务部、青年志愿者部和邮电通讯中心、广播电视中心等部门,负责组织筹备、协调运作全部赛事。

二、档案情况及内容介绍

馆藏该全宗档案共 275 卷,上架排列长度 6.65 米,档案起止时间为 1997—1999 年,档案按“机构-问题”分类排列。编有案卷目录和文件目录可供检索。

档案主要内容如下:

(一)综合类

有申办世界体操锦标赛的请示、批复及报告;组委会成立的请示、组委会机构设置及人员安排等各项工作方案;志愿者招募、调配管理细则内容;宣传、安保、接待、医疗卫生、餐饮方面的工作方案;纪念品、纪念册定制的请示等。

(二)竞赛类

有比赛颁奖规则、场地布置、器材购置文件材料;参赛人员、记者、媒体报名表;比赛成绩册、竞赛日程安排、工作进展情况汇报、竞赛工作会会议纪要等。

(三)财会类

有组委会财务收支预算报告、财务管理、经费使用等规定;收支汇总表、账簿;集资、彩票、邮票、纪念币等发行问题的请示、批复;捐赠、广告发布协议书等。

(四)实物类

有各类证件、门票式样;会徽、金银铜奖牌、纪念章、纪念币、纪念册、书画作品等。

第二十九届奥运会足球比赛天津赛区办公室
全宗号 X343Z

一、机构概况

根据第二十九届奥组委足球预赛城市工作会议及奥组委相关文件指示精神,2005 年成立第二十九届奥林匹克运动会组织委员会足球预赛天津赛区领导小组,组建天津赛区办公室。办公室下设秘书行政部、接待部、竞赛部、财务部、场馆部、市场开发部、新闻宣传部、安保部、志愿者部。天津赛区办公室负责按照奥组委的整体竞赛方案和国际足联的要求,组织实施竞赛(含测试赛)相关工作;参与奥组委有关奥运会足球赛事的决策;参加奥组委组织的有关培训和考察等。2008 年奥运会结束后,奥足赛天津赛区办公室随之撤销。

二、档案情况及内容介绍

馆藏该全宗档案共 4590 件,上架排列长度 6.7 米,档案起止时间为 1994—2008 年,档案按“年度-机构”分类排列。编有文件目录可供检索。

档案主要内容如下:

(一)建设类

有市体育中心体育场建设立项报告、前期调研论证报告、成立天津市奥林匹克投资开发中心的请示、建设体育中心工程的会议纪要;资金预算使用可行性研究报告、配套工程设计建设、工程承包意向书、招标评审、施工合同、项目审计决算;内部工作制度、规定等。

(二)综合类

有成立赛区领导小组的请示批示、领导小组人员组成、机构设置等文件;组委会、党组会、专题会议等各类会议纪要;内部管理制度规定、岗位职责、工作计划安排等文件;城市奥运期间运营相关方案请示;志愿者招募工作方案;新闻报道、电视转播宣传工作方案等。

(三)竞赛类

有比赛训练场地使用安排,火炬传递路线,火炬手选拔方案请示,票务管理、证件制作、车辆安排、兴奋剂检查文件材料,参赛运动员裁判员名单,比赛日程安排等。

（四）综合保障类

有安保、酒店餐饮、医疗交通、气象环境等方面工作方案及相关请示建议、函；突发事件应对预案等。

（五）财会类

有经费预算、奥运商品特许经营资料文件；财产物资管理相关请示及规定等。

（六）实物类

有门票、工作证、记者证、车证、贵宾停车证；请柬、集邮册、画册；火炬传递人员服装、文化衫、福娃手工制品、书法作品等。

2007年女足世界杯天津赛区组织委员会 全宗号X343N

一、机构概况

经国际足球联合会批准，2007年中国女足世界杯于2007年9月10日至30日在中国天津、上海、成都、武汉、杭州同时举行。天津赛区宣传主题为“迎奥运，促和谐”。在中国组委会成立之后，中共天津市委、市政府于2006年9月10日成立天津赛区组织委员会。天津赛区组委会是领导机构，下设办公室、竞赛部等8个部室作为赛区赛事的办事机构，各部室在组委会的集中领导下按照各自职责，分工合作，负责整个赛事的组织、筹备、管理、协调等各项具体工作。

二、档案情况及内容介绍

馆藏该全宗档案共784件，上架排列长度1.7米，档案起止时间为2005—2007年，档案按“机构-问题”分类排列。编有文件目录可供检索。

档案主要内容如下：

有承办赛事的请示、确认函；成立天津赛区组委会的请示；接待国际足联考察的报告、筹备工作计划安排；赛区工作简报；赛程抽签安排；新闻宣传广告类资料；票务、制证、礼品制作类资料；安保、交通、酒店餐饮、医疗安排类资料；相关会议议程、各类会议记录、纪要；志愿者招募、人员组织、责任分工类资料；各部各类工作总结、表彰工作文件资料等。

第六届东亚运动会组织委员会执行局
全宗号 X420

一、机构概况

第六届东亚运动会于 2013 年 10 月 6 日至 15 日在天津举行。2009 年 4 月 24 日,经国务院批准,第六届东亚运动会组委会在天津正式成立,组委会办事机构为组委会执行局。组委会执行局下设办公室、竞赛组织部、新闻宣传部、对外联络部、大型活动部、场馆工程环境部、市场开发部、信息技术部、人力资源部、接待服务部、后勤保障部、财务管理部、法律事务部、医疗卫生部、监察审计部、安全保卫部、志愿者部、反兴奋剂委员会等 18 个工作部门。组委会执行局负责按照市委、市政府和国家体育总局的总体要求,在组委会的领导下,全权负责组委会的日常筹备工作,包括制定方案、综合协调、组织实施、监督检查各项组织筹备工作的落实情况等。

二、档案情况及内容介绍

馆藏该全宗档案共 4939 件,上架排列长度 11.9 米,档案起止时间为 2008—2014 年,档案按"年度-机构"分类排列。编有文件目录可供检索。

档案主要内容如下:

(一)综合类

有组委会机构设置、人员组成、考察学习、接待安排、项目设置、场馆使用、志愿者选拔、使用等相关请示、批复、汇报;先进集体、个人奖励评选、推荐的请示、登记表;赛后物资处置的请示批复等。

(二)竞赛类

有赛事及开闭幕式安排、各类人员注册登记、比赛器材购置、各类门票、证件、手册制作、门票销售、服装制作、奖牌、奖状制作等请示、批复;比赛成绩报告、兴奋剂检查报告等。

(三)宣传类

有会徽、会歌、吉祥物宣传口号征集、宣传片制作、纪念品定制销售、新闻报道、赛事转播等相关请示、批复、安排等。

（四）财会类

有资金使用请示、赞助商捐赠、代理、特许经营、商品销售等代理、授权协议、委托书；知识产权保护相关方相关请示、批复等。

（五）综合保障类

有安保、卫生防疫、酒店、餐饮配送、交通服务保障等相关工作的请示、批复等。

（六）实物类

有各类会徽、吉祥物、门票票样、各类证件式样；开闭幕式首日封邮品、纪念品，各类奖牌、奖状和纪念章等。

第十二届亚洲男子排球锦标赛组织委员会
全宗号 X343P

一、机构概况

2003 年 9 月 5 日至 12 日，“三星杯”第十二届亚洲男子排球锦标赛在天津体育馆和大港体育馆举行。由亚排联主办，中国排协、天津市体育局、天津日报报业集团、天津电视台共同承办。有韩国、日本、澳大利亚、巴基斯坦、新西兰等国家和中国台北等地区的 15 支男排代表队参赛。2003 年 8 月 6 日成立大赛组委会，下设办公室、竞赛部、接待部、集资财务部、场管部、安保部、医务部等 7 个部门作为办事机构，组委会统一组织协调大赛的各项工作。

二、档案情况及内容介绍

馆藏该全宗档案共 71 件，上架排列长度 0.2 米，档案时间为 2003 年，档案按“问题”分类排列。编有文件目录可供检索。

档案主要内容如下：

有承办第十二届亚洲男子排球锦标赛请示、确认函；成立组委会的请示批复，组委会成员名单；新闻宣传报道文件资料；赛事日程安排，场馆事项安排；相关工作会议纪要；秩序册；赞助商协议书等。

国庆天津市彩车设计制作领导小组
全宗号 X416

一、机构概况

按照国务院相关会议通知精神和北京市庆祝活动筹委会关于庆祝中华人民共和国成立60、70周年群众游行彩车设计制作工作方案要求,天津市人民政府成立由市领导同志负责,由市委宣传部、市发改委、科委、财政局、公安局、规划局、文化局、滨海委、交通集团、社科院、交管局、消防局、天津电视台、天津大学、南开大学、师范大学、天津美院、天津工艺美院等部门负责同志组成的天津市国庆彩车设计制作领导小组,组织开展彩车设计任务活动。

二、档案情况及内容介绍

馆藏该全宗档案共332件,上架排列长度3米,档案起止时间为2009—2019年,档案按“年度—机构”分类排列。编有文件目录可供检索。

档案主要内容如下:

(一)综合类

有成立彩车领导小组的意见、相关会议记录;彩车模型交接单;宣传工作方案;彩车设计方案、设计人员名单、设计经费等。

(二)实物类

有彩车模型、荣誉证书、创新奖牌等。

天津春季全国商品交易会办公室
全宗号 X340

一、机构概况

第 1—9 届天津春季商品交易会相继于 1994—2002 年在天津举行,由天津市人民政府和中国商业联合会主办,国家经贸委为支持单位,天津市商委、市经委、市外经贸委、市农委、天津经济技术开发区共同承办。商品交易会成立了交易会办公室,负责交易会各项具体工作。

二、档案情况及内容介绍

馆藏该全宗档案共 69 卷、285 件,上架排列长度 2.1 米,档案起止时间为 1993—2002 年,档案按“年度-问题”分类排列。编有案卷目录和文件目录可供检索。

档案主要内容如下:

有举办会议的请示、筹办工作的报告、交易会活动日程安排;有关领导讲话、各地参会人员名单;相关接待安排、新闻宣传报道等。

中华人民共和国第十三届运动会组织委员会
全宗号 X467

一、机构概况

天津市于 2011 年 8 月 16 日取得中华人民共和国第十三届运动会(以下简称全运会)的主办权。2017 年 8 月 27 日,第十三届全运会开幕,赛期为 8 月 28 日至 9 月 8 日。来自全国各省市、港澳台地区和行业体协的约 8500 名运动员,参加了 20 多个大项比赛。组委会内部机构设置分为办公室、人力资源部、竞赛组织部、接待服务部、信息技术部、场馆工程部、新闻宣传部、广播电视部、开闭幕式文体展演部、市场开发部、财务部、群体工作部、志愿者工作部、安全保卫部、医疗卫生部、食品药品监督检查部、后勤保障部、纪委监察部、开闭幕式工作部、市容环境部、审计部、综合保障部、应急管理部、反兴奋剂工作部、全运村部等。

二、档案情况及内容介绍

馆藏该全宗档案共 9834 件,上架排列长度 35.7 米,档案起止时间为 2012—2019 年,档案按“年度-机构”分类排列。编有文件目录可供检索。

档案主要内容如下:

有组委会各部工作阶段安排、总结;开闭幕式具体日期安排、各类文体展演方案;比赛日程;确定会徽、吉祥物文件材料;各类比赛、服务预算报表及各种赛事承办服务采购项目订购合同;出版印刷服务项目采购文件;各种会议纪要;各种培训读本、组织纪律规范守则、各种应急保障方案等。

第三篇

非全宗形式档案

天津市档案馆馆藏非全宗形式档案材料，
包括舆图、图纸，照片，印章，实物，音像共五部分。

第一章　舆图、图纸档案

馆藏各类舆图、图纸档案共计2900余件，起止时间为1904—2006年，划分为中华人民共和国成立前和中华人民共和国成立后两类。

一、中华人民共和国成立前舆图、图纸档案

主要有《大清帝国图》(1905年)、《中国北部部分交通路线图纸》(1936年)、《冀东分县图》(1936年)、《民国时期天津租界侵占界图》(1938年)、《最新天津明细图》(1943年)、《天津日本租界图》(1943年)、《最新大天津市街地图》(1944年)、《天津特别市新区界道路图》(1944年)、《华北大地图》(1944年)、《天津市现行区域图》(1946年)、《整理墙子河工程平面及断面详图》(1946年)、《天津市全图》(1947年)、《天津市地形全图》(1947年)等。

有《舰艇后尾弹簧图》(1936年)、《汽车制动弹簧机械图》(1937年)、《救护车主体图》(1937年)、《标图箱图纸》(1938年)、《风电安装说明书》(1938年)、《电子自动电梯图纸》(1941年)、《(飞机)尾翼灯图纸》(1941年)、《集装箱图纸》(1947年)等。

二、中华人民共和国成立后舆图、图纸档案

主要有《华北五省新行政区划简图》(1949年)、《中南行政区划图》(1950年)、《皖北灾情图》(1950年)、《热河省全图》(1950年)、《华东行政区划图》(1951年)、《山西省行政区划图》(1951年)、《浙江省行政区域图》(1951年)、《辽宁省行政区划图》(1954年)、《河北省水灾示意图》(1956年)、《全国土壤概况图》(1958年)、《华北地区地形图》(1956年)等。

有《天津市全图》(1949年)、《最新天津市街道详图》(1949年)、《天津县第六区各村电灯路线应建全图》(1950年)、《天津市地形全图》(1953年)、《天津市交通运输初步规划示意图》(1953年)、《天津市学校分布图》(1953年)、《天津市规划示意图》(1954年)、《天津市堤闸工程现状图》(1958年)、《天津港水工设施图集》(1997年)等。

第二章　照片档案

馆藏照片档案共计6.3万余件，起止时间为1937—2008年，划分为中华人民共和国成立前照片、中华人民共和国成立后照片、重大活动照片和社会征集照片等。

一、中华人民共和国成立前照片

主要有天津海河三岔河口一带照片、天津塘沽轮船海运照片（1948年）、东亚面粉厂大楼照片（1948年）、天津市第一医院手术室照片（1948年）、天津市立传染病医院外景照片（1948年）、天津市救济院幼稚园照片（1948年）、天津市第六平民食堂照片（1948年）、天津市街道自由摊贩市场照片（1948年）、天津市邮政信差开取信箱照片（1948年）等。

二、中华人民共和国成立后照片

主要有天津市秋季人民体育大会照片（1949年）、歌剧《小二黑结婚》剧照（1953年）、水上公园园景（1953年）、春天的北宁公园园景（1953年）、十月电影院外景（1954年）、天津市第一发电厂照片（1950年）、天津拖拉机厂制造学校照片（1953年）、天津市电业局发电厂新建大变电站照片（1953年）、船闸过船情形照片（1953年）、子牙河破堤工程进行情况照片（1953年）、新华广播电台首次开播照片、天津市工人医院照片、天津市工农速成中学照片（1953年）、庆祝“天津号”民航诞生照片、中山门工人新村建设照片（1952年）、天津医疗队等赴川抗震救灾现场工作照片（2008年）等。

三、重大活动照片

主要有市领导在会见国际乒联主席时讲话照片（1994年）、第十二届亚洲乒乓球锦标赛开幕式照片（1994年）、第四十三届世界乒乓球锦标赛开幕式照片（1995年）、第三十四届世界体操锦标赛开幕式照片（1999年）、国际少儿艺术节开幕式照片（2000年）、第六届亚欧财长会照片（2005年）、第二十九届夏季奥运会火炬接力天津市传递活动照片（2008年）、天津夏季达沃斯会议现场照片（2008年）等。

四、社会征集照片

主要有万国桥照片、天津鼓楼照片、闽粤会馆照片、文庙大成门照片、天津蓟县风光照片(1999年)、天津市世纪广场照片(1999年)、天津市危改房屋照片(1999年)、天津市中心花园照片(1999年)、海河夜景照片(1999年)、天津市体育中心夜景照片(1999年)、昔日的北安桥照片(1999年)等。

第三章　印章档案

馆藏天津市解放以来各级党政机关、群众团体在不同时期使用过的不同质料的印章档案共2000余枚,主要分为党群系统印章和行政系统印章等。

一、党群系统印章

主要有天津市军事管制委员会、中共天津市委、中共天津市革命委员会党组、中共天津地委工业部、中共天津市委组织部、中共天津市委宣传部、中共天津市农村工作委员会、中共天津市外贸委员会等印章;中共天津市机关行政管理局委员会、中共天津港务局委员会、中共天津市建设局委员会、中共渤海石油公司委员会、中共天津市烟酒公司委员会等印章;中共天津县委组织部、中共宝坻县委员会、中共天津市南开区革命委员会等区、县印章;中国共产主义青年团天津市委员会、天津市妇女联合会等群团组织印章等。

二、行政系统印章

主要有天津市人民政府、天津市物价委员会、天津市经济计划委员会、天津市基本建设委员会、天津市人民政府公安局、天津市机械工业局、天津市农业机械工业局等委、局印章;天津市津东郊区欢坨乡人民政府、天津县第六区公所等区、乡印章等。

第四章　实物档案

实物档案主要包括日常接收的实物档案，天津市委、市政府在外事活动和省市交往中接收的礼品档案，以及从世乒赛、世体赛、奥运会、达沃斯论坛等重大活动和疫情防控等重大事件工作中征集来的实物档案，馆藏票证旧钞等，共计9000余件。

主要有中央银行壹角钞、中央银行伍元钞、交通银行壹元钞、交通银行伍元钞、直隶省银行壹元钞、中国银行壹元钞、中国联合准备银行壹元钞、卢布伍元钞，天津市粮食局面粉票、天津市布票及鞋票、天津市面粉购买证、天津市毛线及毛衣购货证、全国粮票、天津市收购畜禽蛋品凭证、天津市副食品局发放的烟票、天津市副食品局购菜卡片，老火车牌牙粉包装盒、天津同昌行工厂徽章、牛牌牙粉包装袋、民国时期请柬、荣誉军人证书、新式结婚礼节单、天津电影制片厂八五年立功奖杯、天津电影制片厂《女帅男兵》宣传画、《香魂女》宣传画、《黑眼睛》宣传画、《童年的风筝》宣传画、亚欧财长会议各种证件，第三十四届世界体操锦标赛会徽、奖牌、纪念球拍、纪念邮册、文化衫，第四十三届世界乒乓球锦标赛证书、纪念币，第六届东亚运动会奖牌、纪念章、纪念品，2008年夏季达沃斯论坛纪念邮票、2008年夏季达沃斯论坛先进单位奖牌、志愿者服饰，2010年天津夏季达沃斯论坛（第六届新领军者年会）奖牌、荣誉证书，国庆六十周年彩车模型，天津医疗队支援湖北恩施前方指挥部队旗等。

第五章　音像档案

馆藏音像档案共计2.8万余张(盘),起止时间为1957—2018年,主要有《清宫秘档》、建国五十周年天津成就展“辉煌五十年”(1999年)、人民日报图文数据库、中国历史文化名城天津、天津市第一次农业普查工作会议(1996年)、《为了中国工业的腾飞》(1995年)、1999年国家信息化发展论坛、2002年国家信息化发展论坛、智能建筑高峰论坛(2005年)、中国大连首届领军者年会(2007年)、第三届民营经济论坛(2007年)、2008年天津夏季达沃斯论坛会议现场录像、第四十三届世乒赛开幕式及闭幕式(1995年)、2008年奥运会女足天津赛区录像、《共和国脚步》、《百年南开》南开中学百年纪念电视纪录片(2004年)、《历史的乐章——天津历史风貌建筑巡礼》(2004年)、天津国际汽车贸易展览会(2001年)、第四届PECC国际贸易投资博览会(2005年)、中国天津商业联合与发展国际年会、第六届亚欧财长会(2005年)录音、录像资料等。

第四篇

馆藏资料

清代和民国时期资料

馆藏清代和民国时期形成的资料，主要包括法规、公报、报告、年鉴统计、史志、专著、名录、外文资料、报纸、期刊画册等10类，内容涉及政治、经济、文化、教育、市政、司法、公共事业等多方面，是社会各界编史修志和历史研究的重要参考，对档案史料具有重要辅助与佐证作用。检索工具主要有资料目录。

一、法规

主要有《大清光绪新法令》(1909年)、《中华民国法规汇编》(1933年)、《中华民国法规大全》(1936年)、《中华民国法规辑要》(1941年)、《中国宪法》(1943年)、《现行法规辑要》(1943年)、《国民政府法规汇编》(1945—1946年)、《内政法规汇编》(1940—1944年)、《地政法规汇编》(1944年)、《司法法令汇编》(1946年)、《地方自治法规选辑》(1946年)、《选举法规辑要》(1947年)、《非常时期经济管制法规辑要》(1941年)、《经济法规汇编》(1942年)、《金融法规大全》(1947年)、《新经济政策法规一览》(1948年)、《粮食配售法规汇编》(1948年)、《教育法令汇编》(1936年)、《教育法规》(1946年)、《卫生法规汇编》(1943年)、《邮政规程》(1936年)、《电政法令汇刊》(1940年)、《水利法规汇编》(1944年)、《营建法规》(1945年)、《兵役法规汇编》(1942年)、《军需法规》(1943年)、《国防部史政法规汇编》(1947年)、《军队合作法规》(1948年)、《天津特别市公署财政局章则汇编》(1938年)、《天津市政府法规汇编》(1946年)、《天津市政府单行法规汇编》(1946年)等。

二、公报

主要有《国民政府公报》(1931—1944年)、《内政公报》(1939年)、《教育公报》(1938—1942)、《国民政府教育部教育公报》(1940—1942年)、《教育部公报》(1947—1948年)、《司法公报》(1919—1945年)、《法部公报》(1939—1940年)、《治安部公报》(1939—1940年)、《立法院公报》(1940—1941)、《司法行政公报》(1940—1943年)、《资源委员会公报》(1945—1948年)、《国防部公报》(1946—1948年)、《经济部公报》(1947年)、《实业公报》(1938—1942年)、《商标公报》(1940年)、《天津市政府公报》(1935—1937年)、《天津特别市公署公报》(1939—1943年)、《天津特别市政府公报》(1943—1945年)、《河北省政府公报》(1935—1947年)、《河北省公报》(1937—1945年)等。

三、报告

主要有《天津特别市行政撮要》(1939年)、《天津特别市公署行政撮要》(1941年)、《天津市政府施政工作报告》(1947年)、《建设总署工作报告》(1940年)、《天津市政府公用局工作报告》(1947—1948年)、《天津市教育局工作报告》(1948年)、《天津市政府卫生局工作报告》(1948年)、《天津市工务局工作报告》(1948年)、《天津市银行工作报告》(1948年)、《全国主要都市工业调查初步报告提要》(1948年)、《天津海河调查报告》(1927年)、《天津特别市水灾救济实录》(1939年)、《天津特别市机器漂染厂调查报告》(1943年)等。

四、年鉴统计

主要有《天津棉鉴》(1931年、1937年)、《天津市商会年鉴》(1933年)、《天津市统计年鉴》(1935年)、《全国银行年鉴》(1936年)、《中国外交年鉴》(1941年)、《财政年鉴》(1945年)、《国民政府年鉴》(1946年)、《中国经济年鉴》(1947年)、《中国金融年鉴》(1947年)、《中国贸易年鉴》(1947年)、《天津物价年报》(1913年)、《华北物价年报》(1943年)、《中国纺织建设公司天津公司统计年报》(1946—1948年)、《天津经济统计月报》(1946—1948年)、《天津特别市教育统计》(1930、1942年)、《天津市工业统计》(1935年)、《华北教育统计》(1940—1942年)、《海河、子牙河、南运河水位统计表》(1940年)、《社会调查与统计》(1943年、1948年)、《社会行政统计》(1945—1948年)、《天津市社会经济概况统计表》(1945—1946年)、《天津市主要统计资料手册》(1947—1948年)、《平津调查丛刊》(1948年)等。

五、史志

主要有《中日外交史》(作者:吴敬恒、蔡元培、王岫盧,1928年)、《中国实业志》(1933—1935年)、《远东之危机》(作者:史汀生,1936年)、《太平洋战争之展望》(作者:周以洞,1942年)、《中国兵役史要》(1942、1946年),《抗战史页》(1945年)、《抗战纪实》(作者:赵曾俦等,1947年)、《联合国概览》(1947年)、《天津市银行简史》(1948年)等。

六、专著

主要有《马寅初演讲集》(1923年、1925年)、《银钱业撮要》(作者:郎仙洲,1933年)、《保险学概论》(作者:何炳松、刘秉麟,1934年)、《胡适论学近著》(作者:胡适,1935年)、《教育心理》(作者:王书林,1935年)、《中国之新金融政策》(作者:马寅初,1936年)、《华北经济概论》(作者:田中忠夫,1936年)、《中国经济建设与农村工业化问题》(作者:翁文灏、顾翊羣,1941年)、《经济学概论》(作者:马寅初,1943年)、《战后国际投资问题》(作者:张德昌,1945年)、《铁路与公路》(作者:张佐周,1945年)、《中国国家经济政策》(作者:曾克夫,1946年)、《自治财政论》(作者:刘善述,1947年)、《中央银行概论》(作者:陈行,1948年)、《天津的经济地位》(作者:李洛之、聂汤谷,1948年)等。

七、名录

主要有《南开同学录》(1920—1933年)、《天津工商大学一九三零班毕业纪念册》(1930年)、《天津市政府职员录》(1936年)、《冀察政务委员会职员录》(1937年)、《天津紫竹林华商公会会员录》(1938年)、《天津市商会会员名册》(1943年)、《中国银行津行及所属职员录》(1946年)、《东京工大同学会津分会同学录》(1947年)、《中国名将录》(1947年)、《天津各机关首长通讯录》(1948年)等。

八、外文资料

英文资料主要有《但丁:神曲》(1897年)、《一个博物学家在华西》(1913年)、《中国矿业》(1922年)、《1923年中华年鉴参考书》(1923年)、《1924年中国名人录》(1924年)、《1930年芝加哥每日新闻报历书与年鉴》(1930年)、《中国铁道史》(1935年)、《世界经济(1935—1937)》(1937年)、《中国新货币体系》(1936年)、《美国统计摘要》(1947年)等。

日文资料主要有《满洲要览》(1905年)、《天津日本人商业会议所周报》(1918—1924年)、《满蒙概说》(1927年)、《天津商业会议所时报》(1927年)、《天津贸易概览》(1935年)、《东亚商工经济月报》(1938—1941年)、《满铁调查月报》(1938—1941年)、《国际知识及评论》(1939年)、《中国战时经济论》(1939年)、《天津物价调查表》(1939年)、《哈铁概观》(1940年)、《战时经济法令集》(1941年)、《华北经济的发展》(1944年)等。

其他语种资料主要有《领事馆、领事和领事法》(意大利文,1908年)、《外国与意大利经济学家》(意大利文,1936年)、《商法》(法文,1911年)、《国际商会贸易政策以及贸易壁垒》(法文,1929年)、《来自中国的众神》(德文,1920年)、《有趣的远东》(德文,1931年)、《俄法词典》(俄文、法文,1924年)等。

九、报纸

主要有《庸报》(1939—1943年)、《新民报》(1939—1942年)、《民国日报》(1945—1949年)、《大公报》(1946—1948年)、《益世报》(1946—1948年)、《中央日报》(1947—1948年)、《社会日报》(1947—1948年)等。

十、期刊画册

主要有《青年进步》(1922—1923年)、《北洋画报》(1927—1935年)、《河北省银行经济半月刊》(1946—1947年)、《冀北电力月刊》(1947—1948年)、《国防月刊》(1946—1948年)等。

革命历史和中华人民共和国成立后资料

馆藏革命历史和中华人民共和国成立后资料主要包括我党、政、军机关及群众团体形成的资料，检索工具主要有资料目录。

革命历史资料

主要有《新青年》(1916 年、1925 年)、《中国青年》(1924—1927 年)、《向导》(1924—1927)、《红旗日报》(1930—1931 年)、《红旗周报》(1931—1934 年)、《红色中华》(1931—1937 年)、《斗争》(1933—1934 年)、《解放》(1937—1940 年)、《新华日报》(1939—1949 年)、《晋绥日报》(1940—1949 年)、《太岳日报》(1940—1949 年)、《东北日报》(1945—1948 年)、《大江日报》(1947 年)、《长城日报》(1947 年)、《前进报》(1947 年)、《东北前锋日报》(1947 年)、《奋斗日报》(1947—1948 年)、《民众日报》(1947—1948 年)、《新生晚报》(1947—1948 年)、《边区政报》(1949 年)等。

中华人民共和国成立后资料

一、党群资料

党群资料包括中共中央及地方各级党委机关和群众团体在各项活动中编发的各类刊物、参考资料等。

(一)综合

主要有《中国共产党第七届中央委员会第六次全体会议(扩大)文集》(1956 年)、《中国共产党第八次全国代表大会文件》(1956 年)、《中国共产党第八届中央委员会第十一次全体会议公报》(1966 年)、《若干政策问题文件汇编》(1973 年)、《天津工作》(1949—1993 年)、《天津建设》(1955 年)、《天津简讯》(1964—1985 年)、《天津通讯》(1969—1971 年)等。

（二）组织监察

主要有《干部理论教育文件汇编》（1956年）、《党的监察工作论文集》（1955—1956年）、《组织工作通讯》（1951—1952年）、《组织工作》（1952—1966年）等。

（三）宣传工作

主要有《中共天津市委宣传工作会议大会发言记录汇集》（1957年）、《宣传通讯》（1950—1956年）、《宣传工作简讯》（1956年）、《宣教动态》（1956—1965年）、《宣传动态》（1979—1983年）、《宣传工作》（1986年）等。

（四）统战工作

主要有《统战政策文件汇编》（1958年、1962年）、《统一战线政策学习参考资料》（1956年）、《统一战线工作》（1950—1965年）等。

（五）群众团体

主要有《中华全国总工会主要文件汇编》（1954年）、《天津市1955年劳动模范大会汇刊》（1955年）、《天津市1961年劳动模范光荣册》（1962年）、《河北省天津市工会第八届代表大会文件汇编》（1964年）、《中国工人》（1950年）、《中国工运》（1953—1954年）、《工会工作》（1966年）、《共青团组织工作手册》（1965年）、《妇女工作通讯》（1953年）、《天津社联通讯》（1963年）等。

二、行政资料

行政资料包括国务院及各级政府及其职能机构编发的反映各项行政事务、工作方面的法令汇编、统计资料、刊物简报等。

（一）综合

主要有《全国人民代表大会常务委员会会议文件汇辑》（1955—1958年）、《中央人民政府法令汇编》（1949—1950年）、《天津市人民政府委员会一九五〇年全年工作报告》（1951年）、《关于天津市发展国民经济的第一个五年计划的报告》（1955年）、《天津市第一届人民代表大会第一次会议提案执行情况报告》（1955年）、《天津市人民委员会工作报告》（1962年）、《河北省天津市第六届人民代表大会第一次会议汇刊》（1965年）、《中华人民共和国全国人民代表大会常务委员会公报》（1983—2020年）、《中华人民共和国国务院公报》（1956—1987年）、《天津市政》（1949—1951年）、《天津市政周报》（1952—1961年）、《天津政报》（1962—1995年）等。

(二)外交侨务

主要有《外交参考资料》(1951 年)、《国际文献选集》(1951 年、1954—1955 年)、《侨务政策文件资料汇编》(1955 年)、《亚非地区华侨情况介绍》(1955 年)、《华侨人口参考资料》(1956 年)、《关于侨务政策及其他若干问题》(1956 年)、《侨务政策汇编》(1978—1981 年)等。

(三)政法公安

主要有《一九四九年各地司法工作总结报告选辑》(1950 年)、《中央人民政府法令汇编》(1952—1955 年)、《天津市法令汇编》(1949—1956 年)、《司法工作手册》(1953—1956 年)、《中央政法公报》(1950—1954 年)、《政法工作简报》(1954 年)、《人民检察》(1956—1965 年)、《人民公安》(1956—1965 年)、《公安建设》(1953—1966 年)、《人民司法工作》(1957 年)、《司法工作通讯》(1957 年)、《天津市高级人民法院工作简报》(1955 年)等。

(四)劳动人事

主要有《中央劳动法令汇编》(1953 年)、《劳动参考资料》(1953 年)、《人事工作》(1954 年)、《劳动法令选辑》(1955 年、1957 年)、《劳动通讯》(1956—1964 年),《1956 年工资改革文件汇编》(1957 年)、《工资福利工作文件汇编》(1960—1961 年)、《劳动力管理工作文件汇编》(1961 年)、《人事工作文件选编》(1963 年、1980—1986 年)、《劳动工资文件汇编》(1974—1987 年)、《奖惩工作文件汇编》(1984 年)、《天津市劳动保护资料》(1951 年)等。

(五)计划统计

主要有《国民经济年度计划编制办法(草案)》(1962 年)、《天津市第一个五年经济计划纲要(草案)》(1955 年)、《计划经济简报》(1965—1966 年)、《历年劳动统计资料汇编》(1956 年)、《统计工作通讯》(1953—1956 年)、《统计工作学习参考资料》(1954—1955 年)等。

(六)工业交通

主要有《解放以来天津工业建设的伟大成就(1949-1958)》、《天津市工业计划工作会议典型报告专辑》(1953 年)、《天津市一九七五年工业学大庆经验交流会文件汇编》(1975 年)、《国营工业企业管理工作条例》(1961 年)、《手工业工作参考资料》(1954 年)、《货运办法汇编》(1950 年),《客运办法汇编》(1950 年)、《全国铁路工作检查报告专辑》(1951 年)、《中国工业》(1949—1955 年)、《人民交通》(1950—1954 年)、《重工业通讯》(1953—1955 年)、《手工业合作通讯》(1956—1957 年)、《工业交通工作通讯》(1956—1960 年)、《工业简讯》(1958 年)、《铁道工作通讯》(1964—1966 年)、《天津工业交通战线》(1965 年)等。

(七)城建公用

主要有《建筑设计参考资料》(1954 年)、《天津市城市建设资料简明手册》(1955 年)、《建筑材料技术资料汇编》(1958 年)、《天津市城市公用事业参考资料》(1963 年)、《天津市公用事业资料汇编》(1979 年)、《天津市城市园林编年大事记》(1996—2000 年)等。

(八)农林水利

主要有《一九五一年全国农业生产计划表汇集》(1951 年)、《农村工作指南》(1953 年)、《农村工作文件选编》(1954 年)、《农垦工作文件选辑》(1956—1957 年)、《河北省天津专区农业工作会议资料汇编》(1963 年)、《天津市农业学大寨经验交流会文件汇编》(1973 年)、《林业法令汇编》(1951 年)、《全国林业历史资料》(1956 年)、《粮食月报》(1950 年)、《农村工作通讯》(1953—1954 年)等。

(九)财税金融

主要有《中央财政公报》(1950 年、1951 年、1955 年)、《税务丛刊第一种中央税务法令汇集》(1952 年)、《企业财会制度选编》(1952—1964 年)、《商业企业财务会计工作经验选编》(1964 年)、《财政规章制度选编》(1975—1984 年)、《金融规章制度选编》(1981 年)、《中华人民共和国财政法规汇编》(1987 年)、《天津金融通报》(1949—1950 年)、《天津税务统计》(1950—1955 年)、《天津税务通讯》(1951 年)、《中国金融》(1951—1957 年)、《天津银行通讯》(1951 年)、《财贸战线》(1964—1966 年)等。

(十)商业贸易

主要有《商业组织与管理文件汇编》(1983 年)、《对外贸易论文选集》(1955 年)、《对外贸易资料汇编》(1959 年)、《对外贸易系统改善经营管理经验汇编》(1964 年)、《商业部公报》(1952—1955 年)、《对外贸易》(1954—1964 年)等。

(十一)文化教育

主要有《文教政策汇编》(1950—1954 年)、《文教参考资料》(1950—1951 年)、《教育文献法令汇编》(1953—1963 年)、《天津市文教建设参考资料汇编》(1954 年)、《全国文化工作会议资料选辑》(1956 年)、《天津市中学教育工作经验汇编》(1956 年)、《文化通讯》(1953—1956 年)、《高等教育通讯》(1953—1954 年)、《教学研究》(1956 年)等。

(十二)科技卫生

主要有《科技知识》(1959—1960 年)、《天津科技参考资料》(1959—1960 年)、《农村科普资料汇编(水稻)》(1965 年)、《天津市卫生会议汇刊》(1951 年)、《卫生法令汇编》(1957 年)、《天津市医药卫生系统一九六二年科研成果汇编》(1963 年)、《卫生法规汇编》(1982—

1992年)等。

三、报刊资料

(一)报纸

主要有《人民日报》(1946—2005年)、《天津日报》(1949—2001年)、《天津工人》(1967—1971年)、《引滦入津报》(1982—1983年)、《天津外贸》(1984—1986年)、《今晚报》(1986—2022年)、《天津港湾报》(1993—1998年)、《天津对外经贸》(1997—1998年)、《每日新报》(2012—2022年)、《渤海早报》(2012—2016年)等。

(二)期刊画册

主要有《红旗》(1958—1962年)、《科学实验》(1975—1984年)、《天津农业科学》(1994—2018年)、《中国档案》(1994—2022年)、《近代天津图志》(1992年)、《造福百万群众的壮举——天津市危改工程实录》(2000年)、《世纪危改》(2000年)、《中国大使摄影集》(2009年)、《中国妇女运动百年》(2010年)等。

附　　录

附录一　馆藏档案全宗名册

中华人民共和国建立前档案全宗名册

全宗号	全宗名称	案卷数量(卷)	起止时间(年)
J1	天津特别市政府	13601	1917—1945
J2	天津市政府	11800	1926—1949
J3	天津市参议会	615	1935—1949
J4	国民大会天津市代表选举事务所	36	1945—1948
J5	天津市政府诉愿审议委员会	35	1945—1949
J6	天津新闻检查所	35	1930—1936
J7	天津特别市新闻事业管理所	60	1935—1945
J8	天津特别市防护团	60	1940—1945
J9	天津市政府外事处	632	1942—1948
J10	外交部驻平津特派员公署	697	1939—1956
J11	外交部特派员河北交涉公署	398	1905—1946
J12	天津市前英法意租界官有资产与官有义务债务清理委员会	107	1941—1948
J13	天津市日侨管理处	268	1939—1948
J14	天津市党政接收委员会	212	1945—1946
J15	天津市临时处理隐匿敌伪物资委员会	249	1933—1946
J16	天津区汉奸财产清查委员会	850	1946—1947
J17	河北平津区敌伪产业清查委员会天津分会	1087	1929—1947
J19	行政院河北平津区敌伪产业处理局	68701	1919—1949
J20	中央信托局天津分局 中央信托局河北平津区敌伪产业清理处全宗汇集	10615	1914—1949
J21	行政院院长临时驻平办公处	39	1946—1947
J22	行政院院长临时驻平办公处天津分处	38	1945—1946
J23	监察院冀热察区监察委员行署天津办事分处	14	1940—1949
J24	经济部冀热察绥区特派员办公处驻津办事处	1403	1945—1947

续表

全宗号	全宗名称	案卷数量(卷)	起止时间(年)
J25	天津市社会局	10211	1909—1949
J26	天津市民政局	629	1947—1949
J27	天津特别市第一区公署	200	1905—1943
J28	天津特别市第二区公署	63	1937—1945
J29	天津特别市第三区公署	23	1937—1943
J30	天津特别市特管区公所	50	1943—1944
J31	天津市第二区公所	283	1939—1949
J32	天津市第三区公所	456	1941—1949
J33	天津市第四区公所	150	1944—1949
J34	天津市第五区公所	675	1944—1949
J35	天津市第六区公所	30	1932—1948
J36	天津市第七区公所	637	1940—1949
J37	天津市第八区公所	772	1940—1949
J38	天津市第九区公所	145	1943—1948
J39	天津市第十一区公所	83	1943—1949
J40	天津特别市公署警察局	736	1937—1943
J41	天津特别市屠宰场	48	1945
J42	天津市警察局第九分局	1271	1947—1948
J43	河北省高等法院天津分院及检察处联合全宗	41495	1916—1949
J44	天津市地方法院及检察处联合全宗	246371	1937—1949
J45	朱道孔法律事务所	1118	1921—1954
J46	冀北师管区司令部	1667	1939—1949
J47	军事委员会战时运输管理局平津物资运输处	88	1945—1946
J48	空军第三转运所	4	1947—1948
J49	联合勤务总司令部平津被服总厂天津工厂管理处	6750	1945—1949
J50	天津市筹购马料委员会	21	1947—1949
J51	天津县政府(1912—1937年)	507	1903—1937
J52	天津县公署	1630	1918—1945
J53	天津县政府(1945—1949年)	1693	1922—1949
J54	天津市财政局(1928—1937年)	4764	1928—1937

续表

全宗号	全宗名称	案卷数量(卷)	起止时间(年)
J55	天津特别市财政局	5654	1937—1945
J56	天津市财政局(1945—1949年)	83446	1931—1951
J57	天津市财政局各区捐务征收所全宗汇集	1121	1914—1949
J58	天津市财政局捐务牙税办事处	281	1932—1933
J59	天津市财政局粮食牙行营业税稽征所	93	1936—1942
J60	天津特别市公署财政局捐务征收所	52	1937—1944
J61	天津特别市财政局牙税稽征所	304	1937—1944
J62	天津特别市财政局沿河沿海船捐征收处	73	1937—1941
J63	财政部天津货物税局	949	1938—1949
J64	财政局天津直接税局	888	1938—1949
J65	资源委员会平津办事处	251	1946—1949
J66	中国纺织建设股份有限公司天津分公司	4129	1945—1952
J67	中国恒大企业股份有限公司	639	1919—1948
J68	天津市政府公营事业管理处	326	1939—1947
J69	天津市企业有限公司	451	1945—1949
J70	农林部河北垦业农场	561	1945—1949
J71	农林部天津接运办事处	13	1946—1947
J72	农林部冀鲁区海洋渔业督导处	90	1945—1949
J73	河北田赋粮食管理处天津区储运处	1086	1914—1955
J74	河北省政府海河区稻谷购运处	9	1948
J75	河北省农垦局	204	1940—1946
J76	河北省合作农场实验所	340	1946—1948
J77	河北省农田局	375	1852—1948
J78	天津日华联合牛业协会	183	1940—1944
J79	华北物资物价处理委员会食粮管理局天津特别市分局	84	1943—1945
J80	天津特别市粮食配给办事处	42	1944—1945
J81	天津民食调配处	18	1948—1949
J82	中国粮食工业公司沈阳办事处	39	1947—1948
J83	天津特别市公署公用处	1068	1938—1945
J84	天津市公用局	1637	1904—1949

续表

全宗号	全宗名称	案卷数量(卷)	起止时间(年)
J85	天津市公用局运输事务所	345	1925—1949
J86	天津市公用局公共汽车管理处	118	1946—1948
J87	天津市公用局电车临时管理处	1052	1905—1949
J88	天津市公用路灯管理委员会	51	1945—1950
J89	华北政务委员会建设总署天津建设工程局	281	1938—1947
J90	天津市工务局	3975	1926—1949
J91	天津市政府卫生工程处	175	1945—1946
J92	交通部天津电信局	5294	1905—1955
J93	资源委员会冀北电力有限公司天津分公司	1835	1904—1949
J94	天津市煤焦供应委员会	133	1946—1947
J95	天津市灰煤商业同业公会煤炭购销供应处	84	1935—1947
J96	天津特别市土地局	1156	1927—1948
J97	天津市政府官产处	48	1931—1932
J98	天津市财政局土地官产办事处	376	1926—1936
J99	联合勤务总司令部河北省营产管理所天津分所	98	1930—1949
J100	天津市土地办事处	87	1935—1936
J101	天津市地政局	3138	1945—1950
J102	东北物资调节局平津办事处	60	1947—1950
J103	天津市整理海河委员会	1802	1904—1948
J104	天津市整理海河善后工程处	255	1929—1935
J105	华北水利委员会	219	1935—1951
J106	直隶全省内河行轮董事局	1028	1914—1935
J107	天津特别市内河航运局	42	1937—1939
J108	交通部公路总局第八区运输处	1386	1906—1949
J109	交通部公路总局汽车器材总库平津分处	233	1945—1949
J110	天津市教育局	5935	1905—1955
J111	天津市儿童福利委员会	10	1947—1948
J112	天津私立特一中学　天津市立工业职业学校全宗汇集	135	1936—1949
J113	天津市各社教区民众教育馆全宗汇集	726	1929—1948
J114	天津市奖助优秀贫寒学生运动委员会	14	1948

续表

全宗号	全宗名称	案卷数量(卷)	起止时间(年)
J115	天津特别市公署卫生局	2090	1937—1945
J116	天津市卫生局	1247	1937—1949
J117	天津市各区卫生事务所全宗汇集	475	1936—1949
J118	天津特别市公署卫生局妇婴健康检查所	5	1940—1944
J119	天津特别市政府药剂生讲习所	10	1944—1945
J120	天津市性病防治所	69	1945—1949
J121	天津市卫生材料厂	376	1945—1948
J122	卫生部天津市中央医院	264	1943—1949
J123	天津市立第一医院	926	1929—1955
J124	天津市立第四医院	99	1945—1949
J125	天津市卫生局临时第七医院	9	1946
J126	天津市传染病医院	62	1945—1949
J127	天津特别市第三公园	90	1937—1942
J128	天津商会	14045	1903—1955
J129	天津市各行业同业公会全宗汇集	11104	1884—1954
J130	天津市广仁堂	594	1878—1955
J131	天津市救济院	1479	1912—1948
J132	华北救灾委员会天津分会	146	1939—1945
J133	天津区救济特捐募集委员会	17	1948—1949
J134	天津市各会馆团体全宗汇集	1153	1848—1956
J135	中华民国红十字会天津分会	181	1934—1951
J136	输出入管理委员会天津区办事处	365	1937—1948
J137	津海关接收敌伪码头仓库办事处	240	1945—1948
J138	长芦盐务管理局	3857	1921—1949
J139	长芦盐运使署盐务稽核处	1	1934—1935
J140	天津市训练团	7	1947—1948
J141	中央印刷厂北平厂天津油墨部	4	1940—1949
J142	协和印刷股份有限公司	28	1946—1949
J143	天津交通银行	919	1931—1949
J144	天津市仁立实业股份有限公司	58	1930—1948

续表

全宗号	全宗名称	案卷数量(卷)	起止时间(年)
J145	北洋纱厂	56	1919—1949
J146	恒源纺织股份有限公司	44	1919—1948
J147	中国纺织建设公司天津第四纺织厂	163	1824—1948
J148	中国纺织建设公司天津第五纺织厂	153	1922—1949
J149	天津纸业股份有限公司第一厂	465	1770—1956
J150	中华火柴厂	94	1918—1948
J151	东亚烟草厂	242	1909—1949
J152	天津联昌电机机械厂股份有限公司	42	1941—1954
J153	天津植物油料厂	361	1936—1949
J154	中国纺织建设公司天津第二纺织厂	122	1943—1950
J155	天津市第三化学厂	115	1909—1949
J156	中国纺织建设公司天津第一纺织厂	185	1946—1948
J157	中国纺织建设公司天津第三纺织厂	219	1931—1949
J158	日本打字机厂	20	1945—1947
J159	天津商品检验局	324	1932—1948
J160	中国纺织建设公司天津第七纺织厂	198	1936—1948
J161	中国银行天津分行	5750	1912—1964
J162	天津市第十区公所	35	1934—1949
J163	天津市第十二区公所	2	1943—1944
J164	河北省立女子师范学院	377	1934—1949
J165	国立国术体育师范专科学校	45	1930—1949
J166	天津习艺所	2	1903—1904
J167	曹勷个人档案	26	1722—1913
J168	天津航业股份有限公司	671	1929—1954
J169	河北省银行	1548	1929—1949
J170	中央银行天津分行	1350	1931—1949
J171	山西裕华银行天津分行	43	1938—1949
J172	财政部天津金融管理局	692	1937—1949
J173	中央合作金库河北省分库	449	1947—1949
J174	新记公司	177	1929—1939

续表

全宗号	全宗名称	案卷数量(卷)	起止时间(年)
J175	财政部驻冀鲁察热区财政金融特派员办公处驻天津办事处	155	1934—1946
J176	仁发公钱庄天津分庄	161	1946—1950
J177	川康商业银行天津分行	128	1946—1950
J178	天津市银行	243	1935—1949
J179	天津中国国货银行	106	1931—1942
J180	中央合作金库信托部驻津办事处	32	1947—1948
J181	天津证券交易所	80	1947—1949
J182	恒记盐号	18	1941—1946
J183	鼎丰泰新记煤栈	17	1932—1936
J184	盐记代办南宫县总店	19	1929—1936
J185	交阜东南业记津店	24	1923—1928
J186	中和盐业公司天津分公司	39	1925—1948
J187	中国农民银行天津分行	431	1942—1949
J188	诚孚信托公司经理开源垦殖股份有限公司	402	1920—1935
J189	益成物产贸易公司	49	1947—1950
J190	中央合作金库第五区区稽核办公室	54	1948
J191	财政部经济部天津交易所监理员办公处	70	1948—1949
J192	联合征信所平津分所	35	1946—1948
J193	四行联合总管理处天津分处	262	1935—1948
J194	中央银行天津分行接收联银清算组	47	1941—1946
J195	通成公司天津分公司	357	1928—1943
J196	大业进出口贸易股份有限公司天津分公司	290	1946—1955
J197	祥业盐号　业记豫益恒盐号全宗汇集	130	1920—1931
J198	中国旅行社天津分社	45	1925—1954
J199	中孚商业银行天津分行	1191	1915—1952
J200	建业银行天津分行	226	1946—1953
J201	久安信托股份有限公司	364	1920—1952
J202	中国实业银行天津分行	1905	1919—1952
J203	新华信托储蓄商业银行天津分行	1636	1917—1952
J204	浙江兴业银行天津分行	1615	1915—1952

续表

全宗号	全宗名称	案卷数量(卷)	起止时间(年)
J205	东莱银行天津分行	450	1917—1952
J206	聚兴诚银行天津分行	293	1945—1952
J207	中国通商银行天津分行	306	1945—1952
J208	国华银行天津分行	307	1929—1952
J209	中国垦业银行天津分行	597	1923—1952
J210	联合商业储蓄信托银行天津分行	1040	1922—1952
J211	金城银行天津分行	5077	1917—1952
J212	中南银行天津分行	1192	1922—1952
J213	通济盐业公司天津分公司	21	1947
J214	上海商业储蓄银行天津分行	1356	1923—1953
J215	大陆银行总经理处	3355	1920—1948
J216	大陆银行天津分行	3021	1919—1955
J217	盐业银行天津分行	4130	1915—1952
J218	天津市特别市公署警察局	12752	1921—1945
J219	天津市警察局	54953	1945—1949
J220	中国国民党天津特别市执行委员会	573	1945—1949
J221	宪兵第二十团	592	1942—1949
J222	天津警备司令部	3148	1932—1949
J223	天津市民众自卫队	201	1946—1949
J224	天津民国日报社	35	1945—1947
J225	河北省会公安局	128	1929—1937
J226	赵泉律师事务所	1394	1906—1949
J227	人名录	983	1912—1951
J228	教育部青年辅导队	276	1945—1948
J229	塘沽军警署全宗汇集	855	1922—1948
J230	各县公署警察局全宗汇集	149	1929—1948
J231	天津共济社	585	1914—1955
J232	天津第一航务工程局	56	1928—1949
J233	济安自来水公司	188	1911—1948
J234	兴元化学公司　大沽化工厂全宗汇集	32	1945—1948

续表

全宗号	全宗名称	案卷数量(卷)	起止时间(年)
J235	中央无线电器材厂	338	1938—1950
J236	行政院华北物资供应办事处	63	1946—1948
J237	设计委员会	14	1934—1951
J238	中国纺织建设公司天津第六厂	10	1946—1949
J239	安顺酒精厂	37	1941—1947
J240	天津造纸厂	24	1942—1948
J241	天津炼钢厂	272	1941—1948
J242	平津汽车修配总厂	486	1942—1949
J243	天津体育器材厂	41	1922—1947
J245	天津第一面粉厂	6	1943—1949
J246	天津工矿企业全宗汇集	170	1923—1951
J247	天津市文化运动委员会	7	1946—1948
J248	大兴纺织染厂股份有限公司	71	1927—1948
J249	天津市度量衡检定所	25	1934—1937
J250	天津市各机关全宗汇集	965	1930—1958
J251	天津各社会团体全宗汇集	113	1906—1948
J252	天津市各中学全宗汇集	3205	1906—1953
J253	天津市各小学全宗汇集	456	1919—1949
J254	天津市政府各机关全宗汇集	253	1913—1949
J255	山东省政府各机关	11	1946—1948
J257	天津设备发电总厂	684	1938—1969
J56f	天津市财政局房地契	78858	1741—1956
W1	天津海关	14145	1859—1949
W2	河北邮政管理局	4754	1877—1948
W3	海河工程局	1875	1898—1949
W4	美孚石油公司	4078	1913—1952
W5	天津美商德士古煤油公司	8311	1925—1952
W6	美孚石油德士古火油档案汇集	534	1914—1952
W7	天津公懋洋行	6462	1922—1953
W8	美丰洋行	305	1913—1953

续表

全宗号	全宗名称	案卷数量(卷)	起止时间(年)
W9	美国总统轮船公司	811	1927—1941
W10	中华平安股份有限公司	807	1928—1948
W11	天津慎昌洋行	978	1924—1954
W12	天津公利洋行	814	1946—1951
W13	美古绅洋行天津分行	532	1932—1951
W14	天津远东皮毛行	100	1938—1954
W15	天津德盛洋行	15	1941—1953
W16	天津吉时洋行	8	1946—1951
W17	各教会全宗汇集	345	1833—1953
W18	天津美以美会妇婴医院	27	1914—1950
W19	英国工部局	2039	1890--1953
W20	天津英国商会	117	1905—1952
W21	中华协会天津英联委会	15	1907—1950
W22	天津联谊共济会	64	1900—1950
W23	天津英商太古公司	4123	1902—1955
W24	天津颐中烟草公司	2409	1912—1952
W25	天津和记洋行	2510	1924—1952
W26	天津山海关有限公司	582	1902—1952
W27	天津隆茂洋行	398	1900—1952
W28	先农工程公司	1681	1901—1954
W29	永昌泰股份有限公司	219	1924—1955
W30	安利有限公司	325	1896—1956
W31	普丰洋行	86	1915—1955
W32	河东业兴有限公司	65	1903—1954
W33	敖禄士洋行	29	1923—1954
W34	仁记洋行	20	1914—1941
W35	隆祥洋行	44	1931—1951
W36	保禄洋行	12	1918—1950
W37	卜内门股份有限公司天津分公司	28	1946—1953
W38	高林股份有限公司	46	1933—1956

续表

全宗号	全宗名称	案卷数量(卷)	起止时间(年)
W39	天津裕中饭店有限公司	34	1903—1954
W40	法商电力股份有限公司天津分公司	1483	1909—1953
W41	永兴洋行	928	1915—1956
W42	天津中法义隆房产公司	262	1908—1954
W43	天津居留民团	1764	1912—1945
W44	天津市日侨归国准备会	31	1945—1946
W45	华北电业股份有限公司天津分公司	195	1936—1946
W46	华北交通株式会社天津铁路局自动车处	55	1937—1945
W47	天津德美医院股份公司	41	1924—1951
W48	华德贸易公司	74	1921—1945
W49	天津礼和洋行	51	1925—1941
W50	宝丰洋行	40	1925—1940
W51	美最时　克福满　禅臣三洋行全宗汇集	7	1911—1944
W52	天津电车电灯公司	2597	1902—1950
W53	义品地产公司	5567	1900—1956
W54	天津比国沙城电器制造厂工程联络处	866	1948—1961
W55	天津瑞士百利洋行	875	1931—1960
W56	陆安股份有限公司	25	1933—1954
W57	立多利房产股份有限公司	1157	1934—1953
W58	天津海昌洋行	116	1924—1943
W59	天津大陆油厂	244	1936—1955
W60	中美工商建设股份有限公司	337	1946—1949
W61	天津义记进出口行	393	1947—1955
W62	天津海华行	95	1946—1956
W63	天津中国化学工业社	839	1946—1956
W64	天津庆林贸易行	246	1939—1955
W65	天津信华进出口行	280	1946—1956
W66	锦文行	161	1938—1958
W67	惠隆股份有限公司	268	1946—1956
W68	大威贸易行	150	1950—1957

续表

全宗号	全宗名称	案卷数量(卷)	起止时间(年)
W69	永亨利记贸易行	469	1942—1956
W70	锦全庆记	602	1933—1956
W71	天津泰记行	329	1942—1956
W72	公和号	691	1932—1956
W73	华大正记天津分行	146	1950—1956
W74	同义公药行	282	1932—1956
W75	荣茂昌行	161	1942—1956
W76	辛中贸易股份有限公司	452	1937—1956
W77	宝兴恒贸易行	98	1951—1956
W78	和威贸易行	120	1951—1956
W79	丰隆贸易有限公司	401	1941—1956
W80	同生贸易行	340	1946—1956
W81	福安企业股份有限公司天津分公司	181	1949—1956
W82	和生贸易行	129	1950—1956
W83	利兴进出口行	114	1948—1956
W84	华有贸易股份有限公司	161	1946—1956
W85	裕发合贸易行	17	1946—1956
W86	平远贸易行	79	1951—1956
W87	中孚贸易股份有限公司	76	1950—1956
W88	合记工厂	94	1931—1956
W89	增懋行	233	1946—1956
W90	永亨贸易股份有限公司	649	1938—1957
W91	万隆股份有限公司	640	1935—1956
W92	天津和源贸易行	197	1947—1956
W93	天津中益贸易行	305	1949—1956
W94	天津晋达贸易行	122	1947—1956
W95	大茂企业股份有限公司天津分公司	242	1949—1956
W96	天津东泰新股份有限公司	623	1936—1956
W97	南侨股份有限公司天津分公司	281	1943—1956
W98	京华股份有限公司天津分公司	751	1949—1956

续表

全宗号	全宗名称	案卷数量(卷)	起止时间(年)
W99	天津镒友新记商行	344	1941—1956
W100	南洋股份有限公司天津分公司	398	1947—1956
W101	大通贸易行	32	1951—1956
W102	德程津行	45	1949—1956
W103	天津荣生贸易行	86	1951—1956
W104	晋华贸易行	213	1944—1956
W105	兴华科学仪器行天津分行	406	1946—1956
W106	馨华企业股份有限公司	8	1947—1952
W107	正大贸易行	14	1952—1956
W108	天津泰生贸易行	102	1951—1956
W109	天津海联贸易行	431	1949—1956
W110	天津惠安行	796	1936—1956
W111	永丰进出口贸易行	31	1949—1956
W112	新华贸易行	162	1949—1952
W113	志仁贸易行	47	1949—1956
W114	天津新懋行	76	1949—1956
W115	兴达贸易行	116	1945—1956
W116	天津三一企业有限公司	370	1949—1956
W117	三泰华行	157	1946—1956
W118	华仪工程贸易行天津分行	162	1947—1956
W119	平津隆泰贸易行	171	1946—1956
W120	亨通贸易股份有限公司	1047	1930—1955
W121	中英贸易商行	90	1936—1956
W122	天津兴安商行	314	1946—1956
W123	天津大成实业公司	99	1949—1956
W124	大华贸易商行	47	1946—1956
W125	华信贸易行	36	1951—1955
W126	华峰贸易行	28	1951—1956
W127	华美贸易行	4	1953—1954
W128	物华进出口有限公司	24	1949—1954

续表

全宗号	全宗名称	案卷数量(卷)	起止时间(年)
W129	瑞昌行	4	1949—1955
W130	汇昌贸易行	5	1951—1954
W131	昆明贸易行	11	1949—1954
W132	春源行	85	1949—1956
W133	裕昌贸易行	4	1951—1954
W134	惠成行	28	1953—1956
W135	同记有限公司	6	1948—1949
W136	新义电工器材行	3	1950—1955
W137	联丰海外贸易行	2	1953—1954
W138	宝康贸易行	56	1951—1955
W139	大成生记	125	1949—1956
W140	顺泰丰行	146	1949—1956
W141	兴记贸易行	32	1950—1955
W142	圆通贸易有限公司	10	1953—1955
W143	建成贸易行	54	1951—1956
W144	兴业科学商行	36	1950—1955
W145	裕德号	63	1949—1955
W146	庞森贸易行	9	1951—1955
W147	星侨行	29	1950—1956
W148	大孚贸易行	17	1952—1956
W149	津通贸易行	37	1953—1956
W150	天隆贸易行	14	1951—1955
W151	恒隆商业有限公司	50	1949—1955
W152	万华贸易行	28	1951—1956
W153	中城贸易行	18	1952—1956
W154	华德贸易行	67	1950—1956
W155	盛锡福进出口行	5	1949—1956
W156	信生华行	1	1952—1954
W157	胡启记行天津分行	1	1952—1954
W158	恒昌贸易行	1	1952—1954

续表

全宗号	全宗名称	案卷数量(卷)	起止时间(年)
W159	合丰贸易行	1	1952
W160	同祥号	1	1953—1955
W161	新懋股份有限公司	1	1953—1955
W162	宏生商行	1	1951—1954
W163	中信土产贸易行	2	1952—1954
W164	兴隆洋行	104	1925—1955
W165	辅中物产贸易股份有限公司	78	1945—1956
W166	永丰泰贸易行	12	1951—1956
W167	人人企业股份有限公司天津分公司	21	1947—1956
W168	大来贸易行	34	1946—1956
W169	兆孚有限公司	29	1949—1956
W170	协众行	16	1951—1956
W171	恒兴进出口行	11	1949—1956
W172	益中行	31	1948—1955
W173	惠民股份有限公司	18	1949—1956
W174	裕泰贸易行	13	1950—1956
W175	万和地毯厂	12	1950—1955
W176	万通贸易行	25	1951—1956
W177	赵寿伯羽毛厂	12	1952—1956
W178	聚丰贸易行	18	1949—1956
W179	鼎盛贸易行	18	1948—1955
W180	德记贸易行	9	1946—1955
W181	丰昌行	10	1949—1955
W182	宝德生羽毛厂	54	1949—1956
W183	鑫华贸易行	18	1946—1955
W184	中美企业股份有限公司	104	1946—1955
W185	华生贸易行	5	1949—1955
W186	中发商业股份有限公司	3	1950—1955
W187	仁丰华行	3	1952—1956
W188	同记贸易行	11	1951—1956

续表

全宗号	全宗名称	案卷数量(卷)	起止时间(年)
W189	博隆贸易行	3	1947—1955
W190	华贸股份有限公司	3	1949—1956
W191	华兴仁记地毯商行	1	1954—1955
W192	大伟行　宏济津行等三十户全宗汇集	97	1949—1956
W193	济安自来水公司	61	1901—1949
W194	意大利驻津领事馆	17	1912—1943
W195	开滦矿务局塘沽经理处	1	1948
W196	横滨正金银行天津支店	2094	1899—1946
W197	德华银行天津分行	1795	1889—1946
W198	三井洋行	2080	1904—1956

革命历史及中华人民共和国成立后档案全宗名册

全宗号	全宗名称	案卷数量		起止时间(年)
		案卷级(卷)	文件级(件)	
X1	中共天津市工作委员会(地下党)	351		1936—1949
X2	中国人民解放军天津市军事管制委员会	3150		1947—1954
X3	中国共产党天津市委员会	39014		1949—1968
X4	中共天津市顾问委员会	25		1983—1993
X5	天津市节约检查委员会	7111		1951—1954
X6	中国致公党天津市委员会	321	950	1982—2006
X8	中共组织史资料天津编辑组	188		1986—1991
X9	中共天津市直属机关委员会	236		1958—1962
X10	中共天津市委机关委员会	265		1949—1967
X11	中共天津市人委机关委员会	835		1949—1967
X12	中共天津市国营企业委员会	107		1949—1955
X13	中共天津市委私营企业工作委员会	104		1954—1955
X14	中共天津市工业局委员会	200		1949—1958
X15	中共天津市重工业局委员会	160		1952—1956
X16	中共天津市国营重工业委员会	110		1956—1958

续表

全宗号	全宗名称	案卷数量		起止时间(年)
		案卷级(卷)	文件级(件)	
X17	中共天津市重工业委员会	308		1952—1955
X18	中共天津市国营工业党务委员会	23		1954—1957
X19	中共天津市军需工业委员会	244		1949—1969
X20	中共天津市纺织管理局委员会	266		1949—1955
X21	中共天津市国营棉纺工业委员会	166		1956—1958
X22	中共天津市地方国营纺织工业局委员会	173		1951—1956
X23	中共天津市地方国营第一轻工业局委员会	233		1952—1956
X24	中共天津市地方国营第二轻工业局委员会	194		1952—1956
X25	中共天津市国营轻工业委员会	81		1956—1958
X26	中共天津市电业局委员会	12		1954—1956
X27	中共天津市市政工程局委员会	67		1951—1955
X28	中共天津市建设委员会	208		1955—1959
X29	中共天津市公用委员会	308		1949—1956
X30	中共天津市邮电委员会	597		1952—1964
X31	天津市机要交通局	63		1952—1957
X32	中共天津市内贸委员会	946		1950—1979
X33	中共天津市外贸委员会	512		1950—1964
X34	中共天津市宣教委员会	4		1949
X35	中共天津市高等学校委员会	91		1954—1959
X36	中共天津市学校委员会	643		1949—1955
X37	中共天津市委党校	1960		1949—1997
X38	中共天津市委国际活动指导委员会	674		1951—1958
X39	中共天津县委员会	475		1949—1964
X41	中国人民政治协商会议天津市委员会	2931		1949—2000
X42	天津市文史研究馆	95		1953—1969
X43	天津市工商业联合会	4316		1950—1989
X44	天津市总工会	4221		1949—2002
X44RL	天津市劳动模范协会	11367		1951—2006
X45	天津市各产业工会全宗汇集	830		1949—1966

续表

全宗号	全宗名称	案卷数量		起止时间(年)
		案卷级(卷)	文件级(件)	
X46	天津工人日报社	78		1951—1965
X47	中国共产主义青年团天津市委员会	7856		1949—1999
X48	中国共产主义青年团 天津市中层机关团委全宗汇集	970		1949—1964
X49	天津青年报社	42		1956—1962
X50	天津市妇女联合会	1391		1949—2000
X51	天津市各代会全宗汇集	403		1967—1979
X52	中苏友好协会天津分会	152		1949—1966
X53	天津市人民政府	24193	43321	1949—2005
X54	天津市革命委员会	9027		1967—1979
X55	天津市人民政府编制委员会	1023		1949—1994
X56	中国民主促进会天津市委员会	818	1274	1952—2006
X57	天津市人民政府新闻出版处	142		1950—1952
X58	天津市人民政府外事办公室	5670		1949—2000
X59	天津市人民政府宗教事务处	687		1951—1990
X60	天津市人民政府交际处	269		1949—1969
X61	天津市档案管理处	557		1956—1983
X62	天津市革命委员会机关事务管理局	583		1973—1990
X63	天津县人民政府	1102		1949—1953
X64	天津市监察局	778		1951—1959
X65	天津市民政局	2443		1949—1999
X65S	民政局社团登记	616		1949—1967
X66	中国人民救济总会天津市分会	198		1951—1955
X67	天津市劳动就业委员会	65		1952—1954
X68	天津市失业工人救济委员会	128		1950—1952
X69	天津市支援河北省灾民募集寒衣委员会	10		1956
X70	天津市生产教养院	75		1949—1952
X71	联合国国际难民组上海办事处	14		1951—1956
X72	天津市文化教育委员会	273		1950—1967

续表

全宗号	全宗名称	案卷数量		起止时间(年)
		案卷级(卷)	文件级(件)	
X73	天津市行政干部学校全宗汇集	3269		1949—1968
X74	天津市政治学校	90		1956—1969
X75	天津市科学技术委员会	879		1956—1985
X76	天津市恩光医院	6		1950—1956
X77	天津市人民政府财政经济委员会	7022		1949—1955
X78	天津市计划委员会	13432	4424	1955—2001
X79	天津市综合计划局	249		1970—1972
X80	天津市人民政府知识青年上山下乡办公室	208		1968—1981
X80R	天津市上山下乡知识青年个人档案汇集		3748	1965—2013
X81	天津市物价委员会(天津市物价局)	2084	661	1956—2001
X82	天津市工商局	7786		1949—2000
X82G	天津市工商局工商企业登记	164043		1949—1956
X83	天津市人事局	7465	17731	1949—1999
X84	天津市劳动局	3188		1949—1995
X85	天津市财政贸易委员会	969		1960—1967
X86	天津市计划生育委员会	1026	2259	1963—2004
X87	天津市财政局	10761		1949—1999
X87Q	天津市财政局(地契)	27		1949
X88	天津市人民政府敌伪产业清理局、公产清管局联合全宗	5059		1949—1986
X89	天津市财政局公产清理处	1373		1952—1953
X90	天津市税务局	3150		1949—1969
X91	中央人民政府对外贸易部天津对外贸易管理局	1548		1949—1952
X92	天津市第二商业局	660		1955—1958
X93	天津市农产品采购局	69		1956
X94	天津市人民政府供应处	179		1949—1952
X95	天津市粮食局	5414		1949—1998
X96	天津市副食品局	999		1959—1970
X97	天津市烟酒公司	272		1982—1986

续表

全宗号	全宗名称	案卷数量		起止时间(年)
		案卷级(卷)	文件级(件)	
X98	天津市供销合作总社	2264		1949—1999
X99	交通银行天津分行	503		1949—1963
X100	中国人民银行天津分行合作部	121		1949—1952
X101	天津市投资股份有限公司	408		1951—1963
X102	天津市证券交易所	73		1949—1952
X103	天津市矿山公司	18		1958—1959
X104	天津市人民政府地方国营工业局	4167		1949—1954
X105	天津市人民政府地方国营工业局联合机器厂	275		1951—1955
X106	天津市新华机械制造厂	18		1949—1954
X107	天津益津机器厂	21		1949—1950
X108	天津建国电线厂	25		1950—1954
X109	天津市重工业局	553		1954—1959
X110	天津市经济委员会	6172	17610	1958—2009
X111	天津市钢铁工业公司	37		1956—1958
X112	天津市钢材改制公司	99		1959—1964
X113	天津市五金线材工业公司	84		1956—1958
X114	天津市染料化学工业公司	92		1956—1968
X115	天津市油漆颜料工业公司	90		1956—1958
X116	天津市铝品制造工业公司	39		1956—1957
X117	天津市第四钢铁厂	188		1959—1961
X118	天津市化学制造工业公司	74		1956—1958
X119	天津市国防科学技术工业办公室	732		1964—1978
X120	天津市小三线指挥部	971		1966—1989
X121	国营天津光明机械厂	1384		1965—1990
X122	中央人民政府纺织工业部华北纺织管理局	261		1949—1954
X123	中央人民政府纺织工业部供销总局华北供销分局	114		1953—1956
X124	天津市纺织管理局	453		1954—1958
X125	天津市纺织工业局	1422		1954—1975
X126	天津市棉织品印染公司	83		1955—1958

续表

全宗号	全宗名称	案卷数量		起止时间(年)
		案卷级(卷)	文件级(件)	
X127	天津市针织品织造工业公司	48		1955—1958
X128	天津市服装缝纫工业公司	200		1956—1958
X129	天津市纺织复制工业公司	10		1961
X130	天津市棉织品第一织造公司	138		1956—1957
X131	天津市棉织品第二织造公司	71		1956—1957
X132	天津市棉织品第三织造公司	89		1956—1957
X133	天津市棉织品第四织造公司	37		1956—1957
X134	天津市棉织工业公司	81		1957—1958
X135	天津市地方国营第一轻工业局	914		1954—1958
X136	天津市橡胶工业公司	89		1956—1958
X137	天津市玻璃制品工业公司	265		1956—1958
X138	天津市制药工业公司	121		1956—1958
X139	天津市造纸工业公司	91		1956—1958
X140	天津市轻工业公司	109		1956—1958
X141	天津市地方国营第二轻工业局	933		1954—1958
X142	天津市食品工业公司	15		1956—1958
X143	天津市文教用品工业公司	297		1956—1958
X144	天津市油脂化学工业公司	200		1956—1958
X145	天津市皮革鞋帽工业公司	224		1956—1958
X146	天津县社工业管理局	96		1959—1961
X147	华北振华企业总公司	83		1949—1951
X148	新中国经济建设公司	67		1948—1952
X149	天津市交通运输委员会	101		1959—1962
X150	天津市革命委员会口岸办公室	60		1969—1974
X151	天津市公用交通局	220		1958—1960
X152	天津市公用局	3233		1949—2000
X153	天津市邮电管理局	909		1955—1964
X154	天津市建设委员会	18186	12463	1949—2009
X155	天津市市政建设委员会	76		1949—1950

续表

全宗号	全宗名称	案卷数量		起止时间(年)
		案卷级(卷)	文件级(件)	
X156	天津市引滦工程指挥部	463		1981—1984
X157	天津市重点工程指挥部	562		1983—1992
X158	天津市援助巴基斯坦综合体育设施领导小组办公室	147		1974—1986
X159	天津市建筑工程局	6028		1952—2000
X160	天津市人民政府建设局	431		1950—1952
X161	天津市人民政府工务局	278		1949
X162	天津市人民政府卫生工程局	330		1950—1952
X163	国家测绘局第一大地测量队	223		1950—1970
X164	天津市人民政府园林广场处	122		1950—1952
X165	天津市农林局	3678		1949—2000
X166	天津市水利局	1277		1953—1985
X167	天津市各撤销农场	92		1949—1956
X168	天津市人民政府水利处	293		1950—1956
X169	第四十三届世界乒乓球锦标赛组织委员会	579		1992—1996
X170	天津市工业调整办公室	47		1964—1966
X171	天津市体育运动委员会(天津市体育局)	2146		1949—2000
X172	天津市第一轻工业局	10269		1957—1995
X173	天津市水产局	3116	7097	1954—2018
X174	天津市节约检查委员会银行分会第37支会	140		1952
X175	天津市外贸局	6267		1953—1993
X176	天津市人民委员会材料供应处	141		1952—1957
X177	天津市建筑材料工业局	1335	7733	1952—2018
X178	天津市郊区供销合作社	91		1954—1958
X179	天津市建设局革命委员会	246		1970—1972
X180	天津市第一机械工业局	975		1959—1985
X181	天津市机电工业局	193		1955—1959
X182	天津市农业机械工业局	38		1960—1963
X183	中华人民共和国天津进出口商品检验局	2256		1949—1999
X184	天津市第二轻工业局	5764		1954—1997

续表

全宗号	全宗名称	案卷数量		起止时间(年)
		案卷级(卷)	文件级(件)	
X185	天津市冶金工业局	5033		1958—1995
X186	天津市民族事务委员会	772		1953—1990
X187	中国人民银行天津分行	993		1949—1990
X188	天津市化工局	2906		1957—1990
X189	天津市侨务办公室	915		1955—2000
X190	天津市司法局	1627		1950—1995
X191	天津市红十字会	1250		1950—2000
X192	天津市物资管理局	4403		1958—2000
X193	天津市广播事业局	298	4727	1949—1962
X194	天津市电子仪表局 (天津中环电子信息集团有限公司)	5806	37709	1960—2020
X195	天津市交通局	4363		1954—2003
X196	天津市市政工程局	4732		1952—1989
X197	天津市科学技术协会	807		1949—1988
X198	天津市教育局	9238		1949—2000
X198R	天津市人民政府招聘委员会	151		1955—1956
X199	天津市文化局	3302	63085	1949—2014
X200	天津市防汛指挥部	176		1949—1955
X201	天津市信访办公室	1107		1976—2000
X202	天津市燕山运输公司	45		1985—1987
X203	中国人民保卫世界和平委员会天津分会	41		1950—1965
X204	中国人民对外文化交流协会天津分会	19		1956—1961
X205	天津市人口普查办公室	450	524	1964—2013
X206	天津市打井办公室	8		1973—1974
X207	中共天津市直属机关委员会	961		1970—1997
X208	天津市工业普查办公室	2050		1984—1995
X209	天津市农业普查办公室	60	394	1996—2010
X210	天津市基本单位普查办公室	13	118	1996—2000 2005—2010

续表

全宗号	全宗名称	案卷数量		起止时间(年)
		案卷级(卷)	文件级(件)	
X211	中共天津市委员会办公厅	5157		1979—2000
X212	中共天津市委组织部	5961	14737	1979—2015
X213	中共天津市委宣传部	825		1979—1989
X214	中共天津市委统战部	1330		1979—2002
X214Z	中共天津市委员会统战部专业档案	53		-
X215	中共天津市委员会政策研究室	635		1979—2000
X216	中共天津市纪律检查委员会	1779		1979—2003
X217	中共天津市委员会工业交通工作部	515		1979—1987
X218	中共天津市委员会基本建设工作部	343	5954	1979—2014
X219	中共天津市委员会财政贸易工作部 (中共天津市委商业工作委员会)	599	373	1979—2003
X220	中共天津市委员会文教工作部 (中共天津市委教育卫生工作委员会)	983		1979—2000
X221	中共天津市委(天津市)农村工作委员会	4124		1978—2001
X222	中共天津市保密委员会办公室	287	152	1980—2001
X223	中共天津市委对台工作小组办公室	201		1981—2000
X224	中共天津市委党史研究室	417		1981—2000
X225	天津市油脂公司	525		1949—1965
X226	天津市供应公司	56		1956—1958
X227	天津市饲料公司	140		1956—1964
X228	天津市粮谷工业公司	134		1956—1965
X229	天津市杂品公司	18		1956
X230	天津市储运公司	197		1956—1958
X231	中国建设银行天津市分行	31		1972—1980
X232	天津市企业公司	376		1949—1954
X233	中国民主同盟天津市委员会	890	2876	1950—2006
X234	中国国民党革命委员会天津市委员会	1255	4964	1951—2006
X235	天津市爱国卫生运动委员会	274		1969—2000
X236	1999 年世界体操锦标赛组织委员会	275		1997—1999

续表

全宗号	全宗名称	案卷数量		起止时间(年)
		案卷级(卷)	文件级(件)	
X237	天津津华审计事务所	376		1993—1996
X238	天津审计事务所	1327		1988—1993
X239	天津华夏会计师事务所	7409		1994—2000
X240	和成银行	12		1950—1952
X241	天津市金融业联营联管档案汇集	64		1950—1952
X242	天津市金融业联合银团档案汇集	28		1949—1953
X243	天津市公私合营银行联合管理委员会	25		1950—1952
X244	公私合营银行天津分行	81		1952—1958
X245	中国人民银行天津分行储蓄部	19		1955—1957
X246	中国人民银行天津分行营业部	10		1949—1952
X247	中国人民银行天津分行 (现金管理部、货币管理部、营业部)	44		1950—1958
X248	中国人民银行天津分行储蓄部	17		1949—1952
X249	中国人民银行天津分行解放初期各办事处档案汇集	215		1949—1952
X250	中国人民银行天津分行“文革”时期办事处档案汇集	179		1965—1970
X251	华北城乡物资交流展览会金融业务第二服务组	7		1951
X252	中国人民银行天津分行发行库	6		1964—1965
X253	中国农业银行天津分行	46		1964—1965
X254	中国人民银行天津分行营业部	151		1962—1984
X255	中国人民银行天津市红桥区办事处	784		1952—1965 1970—1984
X256	中国人民银行天津市河东区办事处	411		1952—1965 1970—1984
X257	中国人民银行天津市塘沽区办事处	828		1949—1984
X258	中国农业银行天津市塘沽支行	21		1964—1965
X259	中国人民银行天津市新华区办事处	93		1952—1958
X260	中国人民银行天津分行七区办事处	12		1952
X261	中国人民银行天津市分行市内各区储蓄处	43		1955—1957
X262	天津银行学校	55		1979—1998
X263	天津无线电联合公司	540		1980—1987

续表

全宗号	全宗名称	案卷数量		起止时间(年)
		案卷级(卷)	文件级(件)	
X264	天津市审计局直属分局(文书档案)	458		1990—1999
X264Y	天津市审计局直属分局(审计档案)	1215		1990—1999
X265	天津市审计局第一分局(文书档案)	87		1986—1989
X265Y	天津市审计局第一分局(审计档案)	302		1986—1989
X266	天津市审计局第二分局(文书档案)	66		1986—1989
X266Y	天津市审计局第二分局(审计档案)	124		1986—1989
X267	中共天津市委政法委员会	767		1983—2000
X268	中共天津市老干部局	230		1983—2000
X269	中共天津市委科学技术工作部	90		1984—1989
X270	中共天津市国防科技工业委员会	53		1986—1989
X271	中共天津市委对外经济贸易工作部	220		1983—2004
X273	天津市标准局	393		1981—1990
X274	天津市计量管理局	1020		1949—1990
X275	天津市人民政府城市集体经济办公室	699		1979—1999
X276	天津市药用玻璃厂	717		1973—1999
X278	天津市园林管理局	2187		1958—2000
X279	天津市第一商业局	6879		1953—1999
X280	天津市人民政府技术改造办公室	389		1984—2000
X281	中共天津市委精简委员会	162		1960—1968
X282	天津市节约检查委员会财产清理处	618		1952—1957
X283	天津市第二商业局(原天津市第三商业局)	2664		1955—1970
X284	天津市财政局革命委员会	252		1970—1974
X285	天津市第一商业局修建公司	97		1957—1986
X286	天津市第一商业局商业学校	7		1961—1983
X287	天津市第二商业局商业学校	42		1960—1983
X288	天津市委内贸四清工作团	276		1965—1966
X289	天津国际少年儿童艺术节组织委员会	20	130	2000—2004
X290	天津革命史编撰委员会	193		1949—1960
X291	天昌机械厂	13		1945—1951

续表

全宗号	全宗名称	案卷数量		起止时间(年)
		案卷级(卷)	文件级(件)	
X292	天津燃料管理委员会	14		1949—1950
X293	天津市综合治理城市环境秩序领导小组办公室	219	610	1999—2003
X294	电讯器材工业公司	508		1959—1978
X295	电子仪器工业公司	168		1977—1987
X296	天津市电子元件工业公司	411		1978—1988
X297	天津市半导体器件工业公司	269		1978—1987
X298	天津市光学仪器工业公司	396		1978—1987
X299	天津市自动化仪表工业公司	529		1959—1987
X300	天津市环境卫生管理局	684		1978—2000
X301	天津市市容管理办公室	679		1978—2000
X302	天津市政府控制社会集团购买力办公室	124		1977—1999
X303	中共天津市委整党办公室	384		1983—1987
X304	中共天津市委计划工作委员会	68		1986—1989
X305	中共天津市委交通口岸委员会	130	1034	1987—2009
X306	中共天津市委工业工委	1792		1987—2010
X307	第四十六届国际住房年		255	2002
X308	天津市第二商业局(集团公司)	4465		1970—2000
X309	天津市新闻出版局(天津市版权局)	774		1979—1995
X309J	天津市新闻出版局稽查队	206	0	1991—2008
X310	天津市人民代表大会常务委员会		8833	1979—1990
X311	天津市人民政府体制改革办公室	398		1983—2000
X312	天津市旅游局	2218	10234	1979—2014
X313	天津市人民政府防空办公室	1877		1969—2000
X314	天津市燃气集团有限公司	1487		1956—1990
X315	天津日报社	1274		1949—1989
X316	天津市国有资产监督管理委员会		11389	2004—2009
X316Q	天津市国有资产监督管理委员会(清产核资)		8347	2006
X317	中央、市委等部门档案汇集	1308		1950—1988
X318	天津市第二教育局	1872		1965—1995

续表

全宗号	全宗名称	案卷数量		起止时间(年)
		案卷级(卷)	文件级(件)	
X319	天津市高等教育局	1450		1984—1995
X320	天津市教育卫生委员会	1460		1980—1995
X322	天津市中学四清工作团	132		1965—1966
X323	天津市人民检察院	1470		1950—1993
X324	天津市自来水集团有限公司	942		1949—1984
X326	天津市政府防治“非典”办公室		1041	2003
X327	天津市第三、四届 PECC 国际贸易投资博览会		132	2003—2005
X328	全国建材博览会	25		1995—2001
X329	中共天津市委金融、综合经济工作委员会	469		1961—2000
X330	第十五届全国书市组织委员会		391	2004—2005
X332	2005 年第六届亚欧财长会议 承办服务工作领导小组办公室		659	2005
X333	天津市土产总公司	113		1985—1997
X334	天津市医药管理局	233		1979—1985
X334M	首届中华(天津)民间艺术精品博览会		65	2001
X335	2001 年香港天津周活动筹备办公室		275	2001
X336	2005 年万科杯世界滑水锦标赛组委会(第 29 届)		70	2005
X338	意大利中国天津周活动组委会办公室		533	2004—2005
X339	天津市照相机厂	393		1956—1993
X340	天津春季全国商品交易会办公室	69	285	1993—2002
X341	中国天津国际纺织服装博览会		99	2002—2004
X342	“三五八十”成就展		34	2003—2004
X342F	2004 秋 2005 春季天津房地产交易会		49	2004—2005
X342Q	2004 国际汽车贸易博览会		4	2004
X343J	警察龙舟赛		10	2004
X343A	2004 年奥林匹克论坛		4	2004
X343P	第十二届亚洲男子排球锦标赛组织委员会		71	2003
X343Z	第二十九届奥运会足球赛天津赛区办公室		4590	1994—2008
X343N	2007 年女足世界杯天津赛区组织委员会		784	2005—2007

续表

全宗号	全宗名称	案卷数量		起止时间(年)
		案卷级(卷)	文件级(件)	
X344K	天津市第十八届科技活动周	0	26	2004
X344G	“感知天津”2007 韩国行活动	3		2007
X345	天津市商业委员会	922	0	1979—2000
X346	国营七一二厂	2025	0	1958—1994
X347	天津市文化用品采购供应站	1546	0	1955—1995
X348	天津市环境保护局	943	5437	1980—2006
X349	天津市审计局	637		1982—1993
X349Y	天津市审计局(审计档案)	663		1983—1992
X350	天津市社会科学界联合会		433	1978—1995
X351	天津市历次经济普查办公室		475	2004—2010
X352	天津市公共交通集团(控股)有限公司	1002		1945—1985
X353	中国企业国际融资洽谈会	28		2006—2007
X354	天津市南市旅馆街股份有限公司	7		1984—2007
X355	天津百货大楼集团有限公司	561		1953—1987
X356	支部生活社	289		1981—1990
X357	天津市卫生局	6642		1949—1994
X358	天津市汽车工业(集团)有限公司	344		1959—1985
X359	天津市化学原料公司	170		1959—1968
X360	天津市有机化学工业公司	140		1958—1968
X361	天津市干部疗养院	11		1959—1966
X362	天津市对外经济贸易委员会	466		1979—1987
X363	天津市畜牧兽医局	522		1980—1989
X364	天津市乡镇企业局	1827	1271	1977—2010
X365	天津市塑料集团有限公司	618		1964—1986
X366	天津市家用电器公司	468		1978—1987
X367	中共天津市卫生委员会	37		1964—1966
X368	天津市气象局	455		1970—1990
X369	天津市地质矿产勘查开发局	1164		1972—1998
X370	天津蓝天集团股份有限公司	346		1960—1990

续表

全宗号	全宗名称	案卷数量		起止时间(年)
		案卷级(卷)	文件级(件)	
X371	天津市河东区手工业局	81		1959—1965
X372	天津市北郊区手工业局	81		1963—1977
X373	天津市皮革制品工业公司	609		1960—1988
X374	天津市体育用品工业公司	58		1978—1982
X375	天津市玩具工业公司	74		1985—1992
X376	天津市五金工具工业公司、 天津市日用五金工业公司	116		1959—1968
X377	天津市第二轻工业局所属企业公全宗汇集	8		1966—1968
X378	天津市二轻机械工业公司	176		1978—1985
X379	中共天津市委第二轻工部在津四清工作团	24		1965—1966
X380	天津市交通委员会	348	1337	1983—2006
X381	天津市对外经济联络局 (中国天津国际经济技术合作公司)	384		1961—1989
X382	天津市电影制片厂	577		1973—2002
X382Y	天津市电影制片厂艺术档案	282		
X383	天津市农业科学院	557		1979—1993
X384	天津夏季达沃斯筹委会		26146	2006—2016
X386	天津市统计局	9608		1949—2002
X387	天津市归国华侨联合会	169		1956—1990
X388	天津企业管理培训中心	169		1982—1990
X389	天津市地方铁路管理局	2140		1983—2000
X390	天津市农业机械局	519	4583	1973—2000
X391	天津市合成化学厂	1177		1949—1996
X392	天津市渤海啤酒厂	265		1980—1990
X393	第十五届北京国际图书博览会		160	2008
X394	中华人民共和国天津卫生检疫局	421		1989—1999
X395	天津市钟表工业公司	795		1969—1986
X396	天津市果品食杂公司	277		1963—1998
X397	百货公司联合全宗	60		1949—1950

续表

全宗号	全宗名称	案卷数量		起止时间(年)
		案卷级(卷)	文件级(件)	
X398	天津市信托公司	827		1949—1965
X399	中华人民共和国塘沽动植物检疫所	345		1966—1990
X400	中华人民共和国天津动植物检疫局	809		1967—1998
X401	天津市日用杂品总公司	1494		1955—1996
X403	天津社会科学院	227		1979—2002
X404	天津市规划局	2070	61491	1974—2015
X405	天津市作家协会	24		1984—1990
X406	天津画院	23		1979—1989
X407	天津市文学艺术界联合会	1115		1950—2000
X408	中国百货公司天津市公司	177		1950—1952
X409	天津市百货采购供应站	2119		1953—1994
X410	天津市棉麻总公司	721		1956—1996
X411	天津市人民政府信息化办公室		9839	1996—2009
X413	天津市监狱局	3122		1949—1988
X414	飞鸽自行车集团公司(天津)	1992		1955—1990
X415	天津市对外友好协会	507		1984—2000
X416	国庆天津市彩车设计制作领导小组		332	2009—2019
X417	天津发电设备总厂	827		1956—2006
X419	天津对口支援略阳津陕联合工作组		2221	2008—2010
X420	第六届东亚运动会组织委员会执行局		4939	2008—2014
X421	天津自行车厂	2505		1949—2008
X422	天津市合成纤维厂	811	1671	1960—2006
X425	天津市五金采购供应站	2019		1950—2000
X426	天津市经济发展研究所	186		1982—1999
X427	天津市立达集团有限公司	1113		1981—2000
X428	天津市交电采购供应站	1732		1951—2000
X429	中国杂品出口公司天津分公司	2165		1953—1960
X430	中国轻工进出口公司天津分公司	4019		1961—2001
X431	天津市第二冶金机械厂	2142		1954—2012

续表

全宗号	全宗名称	案卷数量		起止时间(年)
		案卷级(卷)	文件级(件)	
X432	天津市金属制品实验厂	412		1965—2006
X433	天津劝业场	1142		1956—2000
X436	今晚报	778	4619	1954—2000
X437	天津针织品采购供应站	2705		1955—1999
X438	天津广播电视大学	608		1974—2011
X438X	天津广播电视大学(学籍)	995		1982—1989
X439	中国农工民主党天津市委员会	1126	1237	1956—2006
X440	天津市机械设备成套局	513		1973—1996
X441	天津市泛亚工程机电设备咨询公司	5333		1999—2012
X443M	天津市第二中级人民法院(民事案)	185904		1996—2009
X446	天津市教育科学研究院	38		1986—1996
X446K	天津市教育科学研究院(课题)	213		1987—2004
X447	天津市人民政府合作交流办公室	1252		1980—2000
X447j	天津市人民政府驻济南办事处		3661	2005—2019
X447s	天津市人民政府驻沈阳办事处		3991	1987—2019
X447g	天津市人民政府驻广州办事处		7032	1984—2018
X447f	天津市人民政府驻福州办事处		4081	1986—2018
X447x	天津市人民政府驻西安办事处		2286	1982—2018
X447c	天津市人民政府驻成都办事处		8519	1995—2018
X447h	天津市人民政府驻上海办事处		3850	1978—2018
X447w	天津市人民政府驻乌鲁木齐办事处		2337	1990—2018
X451	九三学社天津市委员会	394	1221	1951—2006
X455	中国民主建国会天津市委员会	423	3488	1990—2006
X457	天津市地方志编修委员会办公室		5973	1984—2018
X461	天津市质量技术监督局	1223		1989—2000
X464	天津市教育委员会	2123		1995—2000
X467	中华人民共和国第十三届运动会组织委员会		9834	2012—2019
X472	天津市中小企业发展促进局		16942	2009—2018
X474	天津市公务员局		7750	2009—2018

续表

全宗号	全宗名称	案卷数量		起止时间(年)
		案卷级(卷)	文件级(件)	
X479	台湾民主自治同盟天津市委员会	526		1979—2001
X487	天津市管理干部学院	1005		1983—2010
X489	天津市企业联合会	291	8227	1980—2018
X494	天津市对口支援湖北恩施前方指挥部		172	2020
X508	天津信托有限责任公司	355		1980—2001
X515	天津市残疾人联合会		2119	1989—2002

附录二
天津市档案馆出版档案资料情况一览表

序号	名称	册数	字数（万）/页数	编著单位	出版单位	出版日期
1	清末天津海关邮政档案选编	1	18.7	中国集邮出版社、天津市档案馆编	中国集邮出版社	1988
2	天津邮政史料（第一至第五辑）	6	281.9	天津市邮政局、天津市档案馆编	北京航空航天大学出版社	1988.5—1993.10
3	天津商会档案汇编（1903—1911）（上下册）	2	189.6	天津市档案馆、天津社会科学院历史研究所、天津市工商业联合会编	天津人民出版社	1989.9
4	北洋军阀天津档案史料选编	1	52.1	天津市档案馆编	天津古籍出版社	1990.2
5	袁世凯天津档案选编	1	25.9	天津市档案馆编	天津古籍出版社	1990.12
6	中国共产党天津市组织史资料（1920—1987）	1	145.5	中共天津市委组织部、中共天津市委党史资料征集委员会、天津市档案馆编	中国城市出版社	1991.6
7	天津接管史录（上卷）	1	72.4	中共天津市委党史资料征集委员会、天津市档案馆编	中共党史出版社	1991.7
8	中国资本主义工商业的社会主义改造（天津卷）	1	90	中共天津市委党史资料征集委员会、中共天津市委统战部、天津市档案馆编	中共党史出版社	1991.9
9	三口通商大臣致津海关税务司札文选编	1	16.7	天津市档案馆编	天津人民出版社	1992.4
10	天津租界档案选编	1	44.1	天津市档案馆、南开大学分校档案系编	天津人民出版社	1992.4

续表

序号	名称	册数	字数(万)/页数	编著单位	出版单位	出版日期
11	天津商会档案汇编(1912—1928)(全三册)	3	约270	天津市档案馆、天津社科院历史所、天津工商业联合会编	天津人民出版社	1993.7
12	日本对华北经济的掠夺和统制	1	83	中国抗日战争史学会、中国人民抗日战争纪念馆编	北京出版社	1995.7
13	解放初期天津城市经济宏观管理	1	38.5	天津市档案馆编	内部出版	1995.9
14	近代天津知名企业经营管理	1	30	天津市档案馆编	内部出版	1995.11
15	天津商会档案汇编、(1928—1937)(上下册)	2	184.9	天津市档案馆、天津社科院历史所、天津工商业联合会编	天津人民出版社	1996.4
16	天津市档案馆指南	1	63	天津市档案馆编	中国档案出版社	1996.7
17	天津商会档案汇编、(1937—1945)	1	90	天津市档案馆、天津社科院历史所、天津工商业联合会编	天津人民出版社	1997.4
18	天津商会档案汇编、(1945—1950)	1	115	天津市档案馆、天津社会科学院历史研究所、天津市工商业联合会编	天津人民出版社	1998.8
19	津沽旧影老照片	1	226页	今明主编	天津社会科学院出版社	1998.11
20	天津手工业的社会主义改造	1	41.9	中共天津市委党史研究室、天津市档案局、天津市第二轻工业局编	天津人民出版社	1998.12
21	天津土地改革运动	1	39.2	中共天津市委党史研究室、天津市档案局编	天津人民出版社	1998.12
22	日本帝国主义在天津的殖民统治	1	44.8	中共天津市委党史研究室、天津市档案局、天津市公安局档案馆编	天津人民出版社	1998.12

续表

序号	名称	册数	字数(万)/页数	编著单位	出版单位	出版日期
23	天津通志·档案志	1	66.6	天津市地方志编修委员会编著	天津社会科学院出版社	1999.12
24	日本掠夺华北强制劳工档案史料集(上下)	2	86.5	居之芬、庄建平编	社会科学文献出版社	2003.9
25	天津名胜景观	1	18	天津市档案馆编	天津人民出版社	2005.1
26	天津地区重大自然灾害实录	1	40	天津市档案馆编	天津人民出版社	2005.1
27	近代以来天津城市化进程实录	1	112.7	天津市档案馆编	天津人民出版社	2005.1
28	天津老戏园	1	16	周利成、周雅男著	天津人民出版社	2005.5
29	天津老教堂	1	15	于学蕴、刘琳著	天津人民出版社	2005.5
30	清代以来天津土地契证档案选编	1	44	刘海岩编	天津古籍出版社	2006.9
31	天津商民房地契约与调判案例选编:1686~1949	1	33	宋美云编	天津古籍出版社	2006.9
32	津海关秘档解译:天津近代历史记录	1	30	天津市档案馆、天津海关编译	中国海关出版社	2006.12
33	券证遗珍:天津市档案馆藏清代商务文书图录	1	49.4	天津市档案馆编	人民大学出版社	2007.1
34	21世纪宜居天津:新型建筑文化家园大观	1	20	天津市档案馆编	天津古籍出版社	2007.8
35	外国人在旧天津	1	23	周利成、王勇则著	天津人民出版社	2007.5
36	中国奥运先驱张伯苓	1	30	孙海麟主编	人民出版社	2007.12
37	天津五大道名人轶事	1	25	天津市档案馆、天津市和平区档案馆编	天津人民出版社	2008.1
38	船王董浩云在天津	1	95	宋美云、周利成主编	天津人民出版社	2008.11
39	天津档案与历史:第1辑	1	27	天津市档案馆编	天津人民出版社	2008.7

续表

序号	名称	册数	字数（万）/页数	编著单位	出版单位	出版日期
40	天津滨海新区经济发展实录（共三卷）	3	100	天津市档案馆编	天津人民出版社	2009. 2
41	天津解放	1	68	天津市档案馆编	中国档案出版社	2009. 9
42	旧天津的新生	1	15	周利成、王向峰编著	天津人民出版社	2009. 7
43	天津金街老字号	1	32	天津市档案馆、天津市和平区政协、文史资料委员会、天津市和平区档案馆编	天津人民出版社	2009. 8
44	旧天津法租界故事	1	27	天津市档案馆、天津市和平区档案馆编	天津人民出版社	2009. 9
45	大陆银行档案史料选编	1	66	天津市档案馆、天津财经大学编	天津人民出版社	2010. 7
46	旧天津的大案	1	19. 5	周利成、王向峰编著	天津人民出版社	2010. 9
47	金城银行档案史料选编	1	82	天津市档案馆、天津财经大学编	天津人民出版社	2010. 10
48	天津商会档案・钱业卷	29	25971 页影印版	天津市档案馆编	天津古籍出版社	2010. 10
49	老天津金融街	1	44	天津市档案馆、中国人民政治协商会议天津市和平区委员会、天津市和平区人民政府金融服务办公室、天津市和平区档案馆编	天津人民出版社	2010. 11
50	旧天津意奥租界故事	1	25	天津市档案馆、天津市河北区档案馆编	天津人民出版社	2011. 5
51	中共天津历史档案选编：1921～1949	1	157	天津市档案馆、中共天津市委党史研究室编	天津人民出版社	2011. 7
52	中国老画报系列	3	30	周利成编著	天津古籍出版社	2011. 9
53	辛亥革命与天津档案资料选编：1905—1915	1	137	天津市档案馆、天津市和平区档案馆编	天津人民出版社	2011. 12

续表

序号	名称	册数	字数(万)/页数	编著单位	出版单位	出版日期
54	天津档案与历史:第2辑	1	23	天津市档案馆编	天津人民出版社	2011. 12
55	中国金融档案:大陆银行卷	32	46109 页	天津市档案馆编	天津古籍出版社	2012. 1
56	盐业银行档案史料选编	1	95	天津市档案馆、天津财经大学、天津市长芦盐业总公司编	天津人民出版社	2012. 2
57	旧天津的日租界	1	32	天津市档案馆、中国人民政治协商会议天津市和平区委员会、天津市和平区档案馆编	天津人民出版社	2012. 6
58	天津档案与历史:第3辑	1	19	天津市档案馆编	天津人民出版社	2012. 11
59	清初良相杜立德	1	16	天津市地方志编修委员会办公室、天津市档案局、宁河县档案局、宁河县地方志编修委员会办公室主编;高殿清著	天津古籍出版社	2012. 1
60	清代侍郎廉兆纶	1	15	天津市地方志编修委员会办公室、天津市档案局、宁河县档案局、宁河县地方志编修委员会办公室主编;高殿清、张金明著	中国文化出版社	2013. 1
61	天津英租界工部局史料选编	3	163	天津市档案馆编	天津古籍出版社	2012. 11
62	档案中的北辰	1	195	天津市档案局(馆)、天津市北辰区地方志编修委员会办公室编	线装书局	2012. 12
63	天津海关档案	36	27105 页	天津市档案馆编	天津古籍出版社	2013. 1

续表

序号	名称	册数	字数(万)/页数	编著单位	出版单位	出版日期
64	天津土地资源管理利用档案选编:1928~1949	1	86	天津市档案馆、天津商业大学编	天津人民出版社	2013.6
65	中南银行档案史料选编	1	105	天津市档案馆、天津财经大学编	天津人民出版社	2013.6
66	天津老南市	1	48	天津市和平区南市街道党工委、办事处,天津市档案馆,天津市和平区政协,天津市和平区档案馆编	天津人民出版社	2013.9
67	天津老商标	1	334页	天津市档案馆编	天津古籍出版社	2013.12
68	天津市档案馆馆藏珍品档案图录(1655—1949)	1	470页	天津市档案馆编	天津古籍出版社	2013.12
69	天津档案与历史:第4辑	1	28	天津市档案馆编	天津人民出版社	2013.12
70	天津运河故事	1	36	天津市档案馆编	天津人民出版社	2014.6
71	津门掌故	1	21.8	周利成著	天津古籍出版社	2014.10
72	清代长芦盐务档案史料选编	1	150	中国第一历史档案馆、天津市档案馆、天津市长芦盐业总公司编	天津人民出版社	2014.12
73	南市沧桑	2	80	林学奇著	天津古籍出版社	2014.12
74	英租界档案	11	5316页	天津市档案馆编	南开大学出版社	2015.2
75	楮墨留芳:天津文化名人档案	1	16	周利成著	天津古籍出版社	2015.5
76	民国风尚志	1	28	周利成著	花山文艺出版社	2015.5
77	日本在津侵略罪证档案图集	1	964页	天津市档案馆编	天津人民出版社	2015.8
78	日本在津侵略罪行档案史料选编	1	180	天津市档案馆编	天津人民出版社	2015.8

续表

序号	名称	册数	字数（万）/页数	编著单位	出版单位	出版日期
79	张伯苓全集	10	550	龚克主编、周利成等副主编	南开大学出版社	2015.9
80	北洋时期长芦盐务档案史料选编	1	172	天津市档案馆、河北省档案馆、天津市长芦盐业总公司编	天津人民出版社	2016.3
81	天津近代历史人物传略（一）	1	35	万新平主编，荣华、方昀、于学蕴副主编	天津人民出版社	2016.10
82	宁波帮在天津史料.人物篇	1	46	宁波帮博物馆、天津市档案馆编	宁波出版社	2016.11
83	天津工商学院（津沽大学）档案图集选编	1	30	天津市档案馆、天津外国语大学编	天津人民出版社	2016.11
84	天津近代历史人物传略（二）	1	40	万新平主编，荣华、方昀、于学蕴副主编	天津人民出版社	2016.12
85	民国画报人物志	1	35	周利成著	广西师范大学出版社	2017.8
86	天津租界档案	36	28093 页	天津市档案馆编	天津古籍出版社	2017.8
87	天津近代历史人物传略（三）	1	32	万新平主编，荣华、方昀、于学蕴副主编	天津人民出版社	2017.9
88	天津近代商会档案选编	9	5277 页	天津市档案馆编	天津古籍出版社	2017.11
89	天津近代纺织工业档案选编	1	130	天津市档案馆、天津工业大学编	天津人民出版社	2017.12
90	老天津风尚志	1	37.5	天津市档案馆编、周利成、邱文利著	天津人民出版社	2018.7
91	天津近代电力档案史料选编	1	210	天津市档案馆、国网天津市电力公司编	天津人民出版社	2018.8
92	长芦盐务档案史料选编（1928—1948）	1	140	天津市档案馆编	天津人民出版社	2018.12
93	天津近代历史人物传略（四）	1	32	万新平主编，荣华、方昀、于学蕴副主编	天津人民出版社	2018.12
94	天津市志.档案志	1	61	天津市地方志编修委员会办公室、天津市档案局（馆）编著	民主与建设出版社	2018.12

续表

序号	名称	册数	字数（万）/页数	编著单位	出版单位	出版日期
95	中共天津历史档案选编（1949年卷）	1	65	天津市档案馆、中共天津市委党校编	中共党史出版社	2019.1
96	档案中的独流	2	1058页	天津市档案馆、天津市静海区独流镇政府编	天津古籍出版社	2018.12
97	天津市蓟州区档案馆藏抗战档案选编	16	5763页	天津市档案馆、天津市蓟州区档案馆编	天津古籍出版社	2018.12
98	天津市蓟州区档案馆藏抗战档案资料选编	4	1143页	天津市档案馆、天津市蓟州区档案馆编	天津古籍出版社	2018.12
99	近代河北省银行档案选编	1	120	天津市档案馆编	天津人民出版社	2019.10
100	天津近代历史人物传略（五）	1	30	万新平主编，荣华、方昀、于学蕴副主编	天津人民出版社	2019.7
101	档案中的宜兴埠	2	1554页	天津市档案馆、天津市北辰区宜兴埠镇政府编	天津古籍出版社	2019.8
102	天津近代工业档案选编（上卷）	1	163	天津市档案馆编	天津人民出版社	2019.8
103	近代海关贸易档案1906—1937	32	11749页	天津市档案馆编	北京燕山出版社	2019.11
104	故纸中的西青（杨柳青卷）	2	1189页	天津市档案馆、天津市西青区文化和旅游局编	天津古籍出版社	2019.12
105	近代经济档案文献汇编（第一辑）	23	13568页	天津市档案馆编	国家图书馆出版社	2020.07
106	天津近代工业档案选编（下卷）	1	167	天津市档案馆编	天津人民出版社	2020.11
107	近代经济档案文献汇编（第二辑）	50	30282页	天津市档案馆编	国家图书馆出版社	2021.10

续表

序号	名称	册数	字数（万）/页数	编著单位	出版单位	出版日期
108	近代天津中国银行档案选编·上卷	1	100	天津市档案馆（天津市地方志编修委员会办公室）、中国银行股份有限公司天津市分行编	天津古籍出版社	2020.12
109	天津近代历史人物传略（六）	1	26	万新平主编、荣华、方昀、阎峰、于学蕴副主编	天津人民出版社	2021.12
110	近代天津租界档案史料选编（英美租界卷）	1	120	天津市档案馆编	天津人民出版社	2022.1
111	老画报里的婚恋故事	1	28	周利成著	广西师范大学出版社	2022.2
112	近代天津中国银行档案选编·中卷（上下册）	2	171.3	天津市档案馆（天津市地方志编修委员会办公室）、中国银行股份有限公司天津市分行编	天津古籍出版社	2022.6
113	天津机要交通史料选编	1	391页	中共天津市委办公厅天津市档案馆	内部资料	2022.07
114	皇权的力场：清前中期天津大盐商的兴衰	1	35.7	天津市档案馆编、吉朋辉著	天津社会科学院出版社	2022.12
115	天津市档案馆藏运河档案汇编	62	31206页	天津市档案馆编	北京燕山出版社	2023.1
116	津门掌故	1	23.2	周利成著	中国文史出版社	2023.3
117	老画报人物志	1	22.6	周利成著	中国文史出版社	2023.3
118	天津老戏园	1	23.2	周利成、周雅男著	中国文史出版社	2023.3
119	北京老画报	1	24	周利成著	中国文史出版社	2023.3
120	上海老画报	1	24.8	周利成著	中国文史出版社	2023.3
121	天津老画报	1	21.5	周利成著	中国文史出版社	2023.3
122	老画报风尚志	1	22.6	周利成著	中国文史出版社	2023.3
123	楮墨留芳：天津近代名人档案	1	21.5	周利成著	中国文史出版社	2023.3

续表

序号	名称	册数	字数（万）/页数	编著单位	出版单位	出版日期
124	民国老画报中的人物之殇	1	36	周利成著	团结出版社	2023.3
125	文人心性：老画报中的文人逸事	1	20.4	周利成著	浙江古籍出版社	2023.4

附录三　天津市档案馆档案文件资料阅览须知

一、单位和个人持有身份证、护照、工作证、介绍信等合法证明，可以利用本馆已开放档案。

利用本馆尚未开放档案，按照中共天津市委办公厅、天津市人民政府办公厅批准的《天津市档案馆馆藏档案资料查阅利用规定》办理。

二、市档案馆保存的档案资料，其公布权属于市档案馆，任何单位和个人不得擅自以任何形式公布。

三、利用者须按照规定阅览、摘录、外借、复制有关档案，并可以通过市档案馆网站、信函、电话、电子邮件等途径进行咨询和委托代查。

四、档案馆档案具有特殊性，为保证档案信息安全，需将手机装入防拍照手机套，进行临时管理，请勿私自打开。

五、借阅档案要当面点清，阅毕按原样封装交回。未经许可不得将档案资料携出阅览室，不得将档案资料转借他人。

六、爱护档案资料，严禁在档案资料上勾抹、描摹，严禁涂改、剪裁或拆卷抽取档案材料。

七、不得摘录与所查问题无关的内容。在研究著述中引用抄录的档案须经市档案馆同意，并在文中注明“天津市档案馆收藏”字样和该档案档号。

八、不得携带易燃易爆等危险物品进入阅览室。阅览室内禁止喧哗，严禁吸烟。

九、凡违反以上规定者，我馆工作人员视情对其进行教育、劝阻，对情节严重者有权停止其利用档案，依法依纪追究其法律责任。

十、阅档时间为工作日上午8:30至11:30，下午1:30至4:30。

十一、延时查档服务：电子阅览室查档时间中午由11:30延至1:30，下午由4:30延至5:30。